中国高被引分析报告

2014

曾建勋　主编

图书在版编目(CIP)数据

中国高被引分析报告.2014 / 曾建勋主编. 一北京：科学技术文献出版社，2017.12
ISBN 978-7-5189-3065-4

Ⅰ．①中… Ⅱ．①曾… Ⅲ．①期刊－文献计量学－统计资料－中国－2014　Ⅳ．① G255.2

中国版本图书馆 CIP 数据核字（2017）第 175006 号

中国高被引分析报告 2014

| 策划编辑： | 周国臻 | 责任编辑： | 赵　斌 | 白建刚 | 崔灵菲 | 王瑞瑞 | 责任校对： | 文　浩 | 责任出版：张志平 |

出 版 者	科学技术文献出版社
地　　址	北京市复兴路 15 号　邮编 100038
编 务 部	（010）58882938，58882087（传真）
发 行 部	（010）58882868，58882874（传真）
邮 购 部	（010）58882873
网　　址	www.stdp.com.cn
发 行 者	科学技术文献出版社发行　全国各地新华书店经销
印 刷 者	北京地大彩印有限公司
版　　次	2017 年 12 月第 1 版　2017 年 12 月第 1 次印刷
开　　本	787×1092　1/16
字　　数	824 千
印　　张	36
书　　号	ISBN 978-7-5189-3065-4
定　　价	298.00 元

版权所有　违法必究

购买本社图书，凡字迹不清、缺页、倒页、脱页者，本社发行部负责调换

中国高被引分析报告 2014

主任编委　戴国强
主　　编　曾建勋
编写人员　赵　捷　　杨代庆　　李旭林　　王　星　　苏　静
　　　　　　张闪闪　　张卓然　　范如霞　　江俊鹏　　李永泽
　　　　　　邹欣欣　　徐少明　　赵莹莹　　池国强　　王　娜
　　　　　　丁遒劲　　刘敏健　　丹　英

通信地址：北京市海淀区复兴路 15 号　　100038
　　　　　中国科学技术信息研究所　信息资源中心
网　　址：http://www.istic.ac.cn
电　　话：010-58882369　58882061
传　　真：010-58882321
电子信箱：library@istic.ac.cn

前　言

近几年来，基于引文进行文献情报计算、知识关联分析已成为科学监测和科学评价的重要手段。针对期刊的各种计量指标如总被引频次、影响因子等不断深入人心，被社会广为应用。然而，除了基于引文的期刊影响力分析外，还可以进行文献计量指标的深度分析，特别是针对地区、论文、作者、研究机构、期刊、图书、会议等进行高被引指数分析，从中了解高影响力的学者、研究机构（大学）、地区（城市）和学术期刊在某一学科领域的影响和贡献，获得各个领域学术研究的进展、影响和趋势报告，为科技人员提供一种动态的、综合的、基于网络的研究分析环境。

为了更加科学地利用海量科学论文引文数据，遴选各学科高被引科学论文，合理测算科研机构的学术影响力，探索科研基础能力的评估方法，使引文统计分析结果更具有可应用性，我们基于"中国知识链接数据库"，全面深化学科高被引分析，编制成《中国高被引分析报告 2014》。报告以我国正式出版的各学科 6000 余种中、英文期刊（不包括少数民族语种期刊和港、澳、台地区出版的期刊）为统计源刊，经过对期刊引文数据的规范化处理，依托"中国知识链接数据库"进行统计分析、数据挖掘和知识链接，再以图谱、表格等方式加以展现，按年编卷出版。

《中国高被引分析报告 2014》以高被引论文为基础，按论文所属学科类别统计，从主题、期刊、作者、机构、图书、会议等多个角度分学科进行高影响力分析，全面展现各个学科领域的高被引情况。按学科领域反映高被引论文、高被引期刊、高被引作者、高被引机构、高被引图书、高被引国外期刊、高被引学术会议等，并利用共词分析、共被引分析、合作分析等方法，借助可视化工具进行论文主题关联分析、作者合著和作者共被引关系分析、期刊共被引关系分析及机构科研合作关系分析，力求直观地展现领域内各种学术主体的被引、合作和主题关联情况。

在整个编写过程中，尽管力求严格规范、细致准确、精益求精。但是，由于一些实际情况，如期刊的更名合并、引用文献著录不规范、期刊缩简写各异或学报版本迭更、作者重名、机构演化变更等，给我们的统计、分析和编写工作带来了很大困难，错误和疏漏在所难免，诚望广大读者不吝赐教，批评指正。

编　者

2017 年 6 月

目　录

第1章　绪　论 1
　1.1　数据来源 1
　1.2　高被引分析指数 2
　1.3　分析框架和方法 4
　1.4　其他说明 6

第2章　**数学学科高被引分析** 7
　2.1　学科论文概况 7
　2.2　高被引论文分析 8
　2.3　研究主题关联分析 9
　2.4　学科高影响力期刊分析 9
　2.5　高被引作者分析 12
　2.6　高被引机构分析 15
　2.7　高被引图书、国外期刊及学术会议 17

第3章　**物理学科高被引分析** 18
　3.1　学科论文概况 18
　3.2　高被引论文分析 19
　3.3　研究主题关联分析 19
　3.4　学科高影响力期刊分析 20
　3.5　高被引作者分析 23
　3.6　高被引机构分析 26
　3.7　高被引图书、国外期刊及学术会议 28

第4章　**化学学科高被引分析** 29
　4.1　学科论文概况 29
　4.2　高被引论文分析 30
　4.3　研究主题关联分析 31
　4.4　学科高影响力期刊分析 31
　4.5　高被引作者分析 34
　4.6　高被引机构分析 37
　4.7　高被引图书、国外期刊及学术会议 39

第 5 章 天文学、地球科学学科高被引分析 ... 40
- 5.1 学科论文概况 ... 40
- 5.2 高被引论文分析 ... 41
- 5.3 研究主题关联分析 ... 42
- 5.4 学科高影响力期刊分析 ... 42
- 5.5 高被引作者分析 ... 45
- 5.6 高被引机构分析 ... 48
- 5.7 高被引图书、国外期刊及学术会议 ... 50

第 6 章 生物科学学科高被引分析 ... 51
- 6.1 学科论文概况 ... 51
- 6.2 高被引论文分析 ... 52
- 6.3 研究主题关联分析 ... 53
- 6.4 学科高影响力期刊分析 ... 53
- 6.5 高被引作者分析 ... 56
- 6.6 高被引机构分析 ... 59
- 6.7 高被引图书、国外期刊及学术会议 ... 61

第 7 章 预防医学、卫生学学科高被引分析 ... 62
- 7.1 学科论文概况 ... 62
- 7.2 高被引论文分析 ... 63
- 7.3 研究主题关联分析 ... 64
- 7.4 学科高影响力期刊分析 ... 64
- 7.5 高被引作者分析 ... 67
- 7.6 高被引机构分析 ... 70
- 7.7 高被引图书、国外期刊及学术会议 ... 72

第 8 章 中国医学学科高被引分析 ... 73
- 8.1 学科论文概况 ... 73
- 8.2 高被引论文分析 ... 74
- 8.3 研究主题关联分析 ... 74
- 8.4 学科高影响力期刊分析 ... 75
- 8.5 高被引作者分析 ... 78
- 8.6 高被引机构分析 ... 81
- 8.7 高被引图书、国外期刊及学术会议 ... 83

第 9 章 基础医学学科高被引分析 ... 84
- 9.1 学科论文概况 ... 84
- 9.2 高被引论文分析 ... 85
- 9.3 研究主题关联分析 ... 85

- 9.4 学科高影响力期刊分析 ... 86
- 9.5 高被引作者分析 ... 89
- 9.6 高被引机构分析 ... 92
- 9.7 高被引图书、国外期刊及学术会议 ... 94

第10章 临床医学学科高被引分析 ... 95
- 10.1 学科论文概况 ... 95
- 10.2 高被引论文分析 ... 96
- 10.3 研究主题关联分析 ... 96
- 10.4 学科高影响力期刊分析 ... 97
- 10.5 高被引作者分析 ... 99
- 10.6 高被引机构分析 ... 102
- 10.7 高被引图书、国外期刊及学术会议 ... 104

第11章 内科学学科高被引分析 ... 106
- 11.1 学科论文概况 ... 106
- 11.2 高被引论文分析 ... 107
- 11.3 研究主题关联分析 ... 108
- 11.4 学科高影响力期刊分析 ... 108
- 11.5 高被引作者分析 ... 111
- 11.6 高被引机构分析 ... 114
- 11.7 高被引图书、国外期刊及学术会议 ... 116

第12章 外科学学科高被引分析 ... 117
- 12.1 学科论文概况 ... 117
- 12.2 高被引论文分析 ... 118
- 12.3 研究主题关联分析 ... 119
- 12.4 学科高影响力期刊分析 ... 119
- 12.5 高被引作者分析 ... 122
- 12.6 高被引机构分析 ... 125
- 12.7 高被引图书、国外期刊及学术会议 ... 127

第13章 妇产科学、儿科学学科高被引分析 ... 128
- 13.1 学科论文概况 ... 128
- 13.2 高被引论文分析 ... 129
- 13.3 研究主题关联分析 ... 130
- 13.4 学科高影响力期刊分析 ... 130
- 13.5 高被引作者分析 ... 133
- 13.6 高被引机构分析 ... 136
- 13.7 高被引图书、国外期刊及学术会议 ... 138

第 14 章 肿瘤学学科高被引分析 139
- 14.1 学科论文概况 139
- 14.2 高被引论文分析 140
- 14.3 研究主题关联分析 141
- 14.4 学科高影响力期刊分析 141
- 14.5 高被引作者分析 144
- 14.6 高被引机构分析 147
- 14.7 高被引图书、国外期刊及学术会议 149

第 15 章 神经病学与精神病学学科高被引分析 150
- 15.1 学科论文概况 150
- 15.2 高被引论文分析 151
- 15.3 研究主题关联分析 152
- 15.4 学科高影响力期刊分析 152
- 15.5 高被引作者分析 155
- 15.6 高被引机构分析 158
- 15.7 高被引图书、国外期刊及学术会议 160

第 16 章 皮肤病学与性病学学科高被引分析 161
- 16.1 学科论文概况 161
- 16.2 高被引论文分析 162
- 16.3 研究主题关联分析 162
- 16.4 学科高影响力期刊分析 163
- 16.5 高被引作者分析 166
- 16.6 高被引机构分析 169
- 16.7 高被引图书、国外期刊及学术会议 171

第 17 章 眼科学学科高被引分析 172
- 17.1 学科论文概况 172
- 17.2 高被引论文分析 173
- 17.3 研究主题关联分析 174
- 17.4 学科高影响力期刊分析 174
- 17.5 高被引作者分析 177
- 17.6 高被引机构分析 180
- 17.7 高被引图书、国外期刊及学术会议 182

第 18 章 耳鼻喉科学学科高被引分析 183
- 18.1 学科论文概况 183
- 18.2 高被引论文分析 184
- 18.3 研究主题关联分析 185

18.4	学科高影响力期刊分析	185
18.5	高被引作者分析	188
18.6	高被引机构分析	191
18.7	高被引图书、国外期刊及学术会议	193

第 19 章 口腔医学学科高被引分析 194

19.1	学科论文概况	194
19.2	高被引论文分析	195
19.3	研究主题关联分析	196
19.4	学科高影响力期刊分析	196
19.5	高被引作者分析	199
19.6	高被引机构分析	202
19.7	高被引图书、国外期刊及学术会议	204

第 20 章 特种医学学科高被引分析 205

20.1	学科论文概况	205
20.2	高被引论文分析	206
20.3	研究主题关联分析	207
20.4	学科高影响力期刊分析	207
20.5	高被引作者分析	210
20.6	高被引机构分析	213
20.7	高被引图书、国外期刊及学术会议	215

第 21 章 药学学科高被引分析 216

21.1	学科论文概况	216
21.2	高被引论文分析	217
21.3	研究主题关联分析	218
21.4	学科高影响力期刊分析	218
21.5	高被引作者分析	221
21.6	高被引机构分析	224
21.7	高被引图书、国外期刊及学术会议	226

第 22 章 农业科学与工程学科高被引分析 227

22.1	学科论文概况	227
22.2	高被引论文分析	228
22.3	研究主题关联分析	229
22.4	学科高影响力期刊分析	229
22.5	高被引作者分析	232
22.6	高被引机构分析	235
22.7	高被引图书、国外期刊及学术会议	237

第 23 章　植物保护学科高被引分析 238
- 23.1　学科论文概况 238
- 23.2　高被引论文分析 239
- 23.3　研究主题关联分析 240
- 23.4　学科高影响力期刊分析 240
- 23.5　高被引作者分析 243
- 23.6　高被引机构分析 246
- 23.7　高被引图书、国外期刊及学术会议 248

第 24 章　农作物学科高被引分析 249
- 24.1　学科论文概况 249
- 24.2　高被引论文分析 250
- 24.3　研究主题关联分析 251
- 24.4　学科高影响力期刊分析 251
- 24.5　高被引作者分析 254
- 24.6　高被引机构分析 257
- 24.7　高被引图书、国外期刊及学术会议 259

第 25 章　园艺学科高被引分析 260
- 25.1　学科论文概况 260
- 25.2　高被引论文分析 261
- 25.3　研究主题关联分析 262
- 25.4　学科高影响力期刊分析 262
- 25.5　高被引作者分析 265
- 25.6　高被引机构分析 268
- 25.7　高被引图书、国外期刊及学术会议 270

第 26 章　林业学科高被引分析 271
- 26.1　学科论文概况 271
- 26.2　高被引论文分析 272
- 26.3　研究主题关联分析 273
- 26.4　学科高影响力期刊分析 273
- 26.5　高被引作者分析 276
- 26.6　高被引机构分析 279
- 26.7　高被引图书、国外期刊及学术会议 281

第 27 章　畜牧、动物医学学科高被引分析 282
- 27.1　学科论文概况 282
- 27.2　高被引论文分析 283
- 27.3　研究主题关联分析 284

27.4 学科高影响力期刊分析 ... 284
27.5 高被引作者分析 ... 287
27.6 高被引机构分析 ... 290
27.7 高被引图书、国外期刊及学术会议 ... 292

第 28 章 水产、渔业学科高被引分析 ... 293
28.1 学科论文概况 ... 293
28.2 高被引论文分析 ... 294
28.3 研究主题关联分析 ... 295
28.4 学科高影响力期刊分析 ... 295
28.5 高被引作者分析 ... 298
28.6 高被引机构分析 ... 301
28.7 高被引图书、国外期刊及学术会议 ... 303

第 29 章 一般工业技术学科高被引分析 ... 304
29.1 学科论文概况 ... 304
29.2 高被引论文分析 ... 305
29.3 研究主题关联分析 ... 306
29.4 学科高影响力期刊分析 ... 306
29.5 高被引作者分析 ... 309
29.6 高被引机构分析 ... 312
29.7 高被引图书、国外期刊及学术会议 ... 314

第 30 章 矿业工程学科高被引分析 ... 315
30.1 学科论文概况 ... 315
30.2 高被引论文分析 ... 316
30.3 研究主题关联分析 ... 317
30.4 学科高影响力期刊分析 ... 317
30.5 高被引作者分析 ... 320
30.6 高被引机构分析 ... 323
30.7 高被引图书、国外期刊及学术会议 ... 325

第 31 章 石油、天然气工业学科高被引分析 ... 326
31.1 学科论文概况 ... 326
31.2 高被引论文分析 ... 327
31.3 研究主题关联分析 ... 328
31.4 学科高影响力期刊分析 ... 328
31.5 高被引作者分析 ... 331
31.6 高被引机构分析 ... 334
31.7 高被引图书、国外期刊及学术会议 ... 336

第32章 冶金工业学科高被引分析 337
- 32.1 学科论文概况 337
- 32.2 高被引论文分析 338
- 32.3 研究主题关联分析 339
- 32.4 学科高影响力期刊分析 339
- 32.5 高被引作者分析 342
- 32.6 高被引机构分析 345
- 32.7 高被引图书、国外期刊及学术会议 347

第33章 金属学与金属工艺学科高被引分析 348
- 33.1 学科论文概况 348
- 33.2 高被引论文分析 349
- 33.3 研究主题关联分析 350
- 33.4 学科高影响力期刊分析 350
- 33.5 高被引作者分析 353
- 33.6 高被引机构分析 356
- 33.7 高被引图书、国外期刊及学术会议 358

第34章 机械、仪表工业学科高被引分析 359
- 34.1 学科论文概况 359
- 34.2 高被引论文分析 360
- 34.3 研究主题关联分析 361
- 34.4 学科高影响力期刊分析 361
- 34.5 高被引作者分析 364
- 34.6 高被引机构分析 367
- 34.7 高被引图书、国外期刊及学术会议 369

第35章 能源与动力工程学科高被引分析 370
- 35.1 学科论文概况 370
- 35.2 高被引论文分析 371
- 35.3 研究主题关联分析 372
- 35.4 学科高影响力期刊分析 372
- 35.5 高被引作者分析 375
- 35.6 高被引机构分析 378
- 35.7 高被引图书、国外期刊及学术会议 380

第36章 电工技术学科高被引分析 381
- 36.1 学科论文概况 381
- 36.2 高被引论文分析 382
- 36.3 研究主题关联分析 382

36.4 学科高影响力期刊分析 383
36.5 高被引作者分析 385
36.6 高被引机构分析 388
36.7 高被引图书、国外期刊及学术会议 390

第 37 章 无线电电子学、电信技术学科高被引分析 392
37.1 学科论文概况 392
37.2 高被引论文分析 393
37.3 研究主题关联分析 394
37.4 学科高影响力期刊分析 394
37.5 高被引作者分析 397
37.6 高被引机构分析 400
37.7 高被引图书、国外期刊及学术会议 402

第 38 章 自动化技术学科高被引分析 403
38.1 学科论文概况 403
38.2 高被引论文分析 404
38.3 研究主题关联分析 404
38.4 学科高影响力期刊分析 405
38.5 高被引作者分析 408
38.6 高被引机构分析 411
38.7 高被引图书、国外期刊及学术会议 413

第 39 章 计算机技术学科高被引分析 414
39.1 学科论文概况 414
39.2 高被引论文分析 415
39.3 研究主题关联分析 415
39.4 学科高影响力期刊分析 416
39.5 高被引作者分析 419
39.6 高被引机构分析 422
39.7 高被引图书、国外期刊及学术会议 424

第 40 章 化学工业学科高被引分析 425
40.1 学科论文概况 425
40.2 高被引论文分析 426
40.3 研究主题关联分析 426
40.4 学科高影响力期刊分析 427
40.5 高被引作者分析 430
40.6 高被引机构分析 433
40.7 高被引图书、国外期刊及学术会议 435

第 41 章　轻工业、手工业学科高被引分析 436
41.1　学科论文概况 436
41.2　高被引论文分析 437
41.3　研究主题关联分析 438
41.4　学科高影响力期刊分析 438
41.5　高被引作者分析 441
41.6　高被引机构分析 444
41.7　高被引图书、国外期刊及学术会议 446

第 42 章　建筑科学学科高被引分析 447
42.1　学科论文概况 447
42.2　高被引论文分析 448
42.3　研究主题关联分析 448
42.4　学科高影响力期刊分析 449
42.5　高被引作者分析 452
42.6　高被引机构分析 455
42.7　高被引图书、国外期刊及学术会议 457

第 43 章　水利工程学科高被引分析 458
43.1　学科论文概况 458
43.2　高被引论文分析 459
43.3　研究主题关联分析 459
43.4　学科高影响力期刊分析 460
43.5　高被引作者分析 463
43.6　高被引机构分析 466
43.7　高被引图书、国外期刊及学术会议 468

第 44 章　交通运输学科高被引分析 469
44.1　学科论文概况 469
44.2　高被引论文分析 470
44.3　研究主题关联分析 471
44.4　学科高影响力期刊分析 471
44.5　高被引作者分析 474
44.6　高被引机构分析 477
44.7　高被引图书、国外期刊及学术会议 479

第 45 章　航空、航天学科高被引分析 480
45.1　学科论文概况 480
45.2　高被引论文分析 481
45.3　研究主题关联分析 481

	45.4	学科高影响力期刊分析	482
	45.5	高被引作者分析	485
	45.6	高被引机构分析	488
	45.7	高被引图书、国外期刊及学术会议	490
第46章	环境科学、安全科学学科高被引分析		491
	46.1	学科论文概况	491
	46.2	高被引论文分析	492
	46.3	研究主题关联分析	493
	46.4	学科高影响力期刊分析	493
	46.5	高被引作者分析	496
	46.6	高被引机构分析	499
	46.7	高被引图书、国外期刊及学术会议	501
第47章	哲学、社会科学学科高被引分析		502
	47.1	学科论文概况	502
	47.2	高被引论文分析	503
	47.3	研究主题关联分析	504
	47.4	学科高影响力期刊分析	504
	47.5	高被引作者分析	507
	47.6	高被引机构分析	510
	47.7	高被引图书、国外期刊及学术会议	512
第48章	经济学科高被引分析		513
	48.1	学科论文概况	513
	48.2	高被引论文分析	514
	48.3	研究主题关联分析	515
	48.4	学科高影响力期刊分析	515
	48.5	高被引作者分析	518
	48.6	高被引机构分析	521
	48.7	高被引图书、国外期刊及学术会议	523
第49章	文化传播学科高被引分析		524
	49.1	学科论文概况	524
	49.2	高被引论文分析	525
	49.3	研究主题关联分析	525
	49.4	学科高影响力期刊分析	526
	49.5	高被引作者分析	529
	49.6	高被引机构分析	532
	49.7	高被引图书、国外期刊及学术会议	534

第 50 章　图书情报档案学科高被引分析 535
　50.1　学科论文概况 535
　50.2　高被引论文分析 536
　50.3　研究主题关联分析 537
　50.4　学科高影响力期刊分析 537
　50.5　高被引作者分析 540
　50.6　高被引机构分析 543
　50.7　高被引图书、国外期刊及学术会议 545

第 51 章　教育学科高被引分析 546
　51.1　学科论文概况 546
　51.2　高被引论文分析 547
　51.3　研究主题关联分析 548
　51.4　学科高影响力期刊分析 548
　51.5　高被引作者分析 551
　51.6　高被引机构分析 554
　51.7　高被引图书、国外期刊及学术会议 556

参考文献 557

第1章 绪 论

1.1 数据来源

《中国高被引分析报告2014》统计了我国正式出版的各学科6000余种中、英文期刊（不包括少数民族语种期刊和港、澳、台地区出版的期刊），经过期刊引文数据规范化处理，依托"中国知识链接数据库"进行统计分析、数据挖掘和知识链接，再以图谱、表格等方式加以展现，按年编卷出版。

根据论文主题，《中国高被引分析报告2014》参考《中国图书资料分类法（第四版）》的学科分类，按照"突出基础、科技类学科，兼顾人文、社科类学科"的原则将统计源论文划分为50个学科，详情见表1-1。

表1-1 《中国高被引分析报告2014》学科分类

章节	学科名称	章节	学科名称
2	数学	20	特种医学
3	物理（含力学）	21	药学
4	化学（含晶体学）	22	农业科学与工程
5	天文学、地球科学（含地理学）	23	植物保护
6	生物科学	24	农作物
7	预防医学、卫生学（含一般理论、现状与发展、外国民族医学）	25	园艺
8	中国医学	26	林业
9	基础医学	27	畜牧、动物医学（含狩猎、蚕、蜂）
10	临床医学	28	水产、渔业
11	内科学	29	一般工业技术
12	外科学	30	矿业工程
13	妇产科学、儿科学	31	石油、天然气工业
14	肿瘤学	32	冶金工业
15	神经病学与精神病学	33	金属学与金属工艺
16	皮肤病学与性病学	34	机械、仪表工业
17	眼科学	35	能源与动力工程（含原子能技术）
18	耳鼻喉科学	36	电工技术
19	口腔医学	37	无线电电子学、电信技术

章节	学科名称	章节	学科名称
38	自动化技术（计算机技术除外）	45	航空、航天
39	计算机技术	46	环境科学、安全科学
40	化学工业	47	哲学、社会科学（含马克思主义、政治、法律）
41	轻工业、手工业	48	经济
42	建筑科学	49	文化传播（含语言文字、文学、艺术、历史、地理除外）
43	水利工程	50	图书情报档案
44	交通运输	51	教育（含体育）

"中国知识链接数据库"共收录2008—2012年的论文1282.8万篇，比上一个5年统计周期的论文数量增长23.03%，在2013年累积被引频次为405.3万次，比2012年度增长18.85%。

1.2 高被引分析指数

为全面反映、客观评判学者、机构及期刊等各个科研主体的高被引情况，本书选取了发文量、被引频次、被引率、5年影响因子、高被引论文、高影响力期刊、高被引作者、高被引机构、高被引图书及高被引学术会议等多种角度来揭示学科被引情况。具体包括以下内容。

（1）发文量/载文量

发文量：在数据统计的时间范围内，某学者或机构在国内正式期刊上发表的学术论文数量；载文量：在数据统计的时间范围内，某期刊登载的学术论文数量。学科发文量：在数据统计的时间范围内，某学者或机构在国内正式期刊上发表的主题隶属于某学科的学术论文数量；学科载文量：在数据统计的时间范围内，某期刊登载的主题隶属于某学科的学术论文数量。

● 5年发文量/5年载文量

统计发文量/载文量的时间范围限定为：5年（2008—2012年），不限定论文主题所属学科。

● 学科5年发文量/学科5年载文量

统计发文量的时间范围限定为：5年（2008—2012年）；同时，论文主题范围限定为：本书所划分的50个学科中的某一个学科。为便于统计，一篇学术论文只隶属于一个学科。

● （期刊）学科载文量占比

某期刊的5年发文中，主题涉及某一学科的学术论文数量占该刊5年发文量的比例。

● 2013年学科发文量

某机构的2013年发文中，主题涉及某一学科的学术论文数量。

（2）被引频次

在文献计量学领域，被引频次常被用于体现学术论文受其他学者关注的程度，并进一步用于反映学术论文的影响力（被引频次并不必然是学术水平的直接体现）。一般情况下，"被引频次"指学术论文被其他学术论文引用的次数。本书在统计被引频次时不排除自引。

● 总被引频次

在统计范围内，被统计对象所发表（或刊载）全部学术论文的被引频次的累计值。

● 2013年被引频次

被统计对象5年（2008—2012年）发文在2013年被其他学术论文引用的次数。若同一被统计对象发表（或刊载）的2篇或多篇论文同时被一篇论文引用，则只计作一次被引。

● 最高被引频次

被统计对象5年间所发表的论文中，在2013年被引用最多的论文的被引频次。

● 篇均被引频次

用作统计的论文集合的平均被引用次数。

● 学科被引频次

在统计范围内，被统计对象所发表/刊载的某学科论文的被引频次。

（3）被引率

以期刊被引率为例（同理可计算学者和机构的论文被引率）：期刊前5年刊载的学术论文中，在统计当年获得过引用的论文占载文总数的比例。被引率反映期刊论文被利用的情况，被引率越高的期刊，其刊载论文的被引用概率越高。具体算法为：

$$\text{期刊被引率} = \frac{\text{期刊前5年刊载并在统计当年被引用过的论文数量}}{\text{期刊前5年刊载的论文数量}} \times 100\%。$$

（4）5年影响因子

5年影响因子主要用于反映期刊所载论文的总体被引情况。

● 期刊5年影响因子

期刊前5年刊载的所有学术论文在统计当年的篇均被引频次。具体算法为：

$$\text{期刊5年影响因子} = \frac{\text{期刊前5年刊载的论文在统计当年的总被引频次}}{\text{期刊前5年刊载的论文数量}}。$$

● 期刊的学科5年影响因子

期刊前5年刊载的所有学术论文中，隶属于某一学科的论文在统计当年的篇均被引频次。具体算法为：

$$\text{期刊的学科5年影响因子} = \frac{\text{期刊前5年刊载的某学科论文在统计当年的总被引频次}}{\text{期刊前5年刊载的某学科论文数量}}。$$

（5）高被引论文

某学科2013年被引用过的论文中，按论文被引频次高低排序，排位在前1%的论文定义为"高被引论文"。

（6）学科高影响力期刊

前5年内刊载过某学科论文的期刊中，将期刊的学科载文量占比、学科被引频次和学科

5 年影响因子都较高的期刊定义为"学科高影响力期刊"。在 2013 年被某学科论文引用较多的国外期刊定义为"高被引国外期刊"。

（7）高被引作者

前 5 年内发表过某学科论文的作者中，将学科论文累计被引频次高低排在前列的作者定义为"高被引作者"。本书只统计论文的第一作者。

5 年发文期刊分布特指同一作者的学科 5 年发文发表在多少种期刊上。

（8）高被引机构

本书将机构划分为高等院校和科研院所两种类型。前 5 年内发表过某学科论文的机构中，将学科论文累计被引频次排在前列的高等院校和科研院所分别定义为"高被引高等院校"和"高被引科研院所"。对于医学类学科，则视具体被引情况列出"高被引医院""高被引高等院校"或"高被引科研院所"等类型的机构。需要说明的是，本书将出现在高被引机构中的行政管理单位归入"科研院所"类别。

（9）高被引图书

在某学科内 2013 年发表的论文中，将引用频次排在前列的图书（合并同一图书的版次）定义为"高被引图书"。本书只统计图书的第一作者。

1.3 分析框架和方法

本书按照 50 个学科来分别统计学术论文的发表和被引，不但从整体上展现学科内论文发表和被引的数量分布和地区分布等概况，还从期刊、作者、机构、图书、会议等侧面反映学科内学术影响力情况，更进一步利用共现、共被引及合著等方法揭示各学术主体之间内在的主题关联。本书的分析框架如图 1-1 所示。

（1）高被引论文分析

①高被引论文 TOP 10。列出学科内 2013 年被引频次排名前 10 位的学术论文的题名、第一作者姓名、来源期刊、发表年份、发表至今的总被引频次（2013 年以前）及 2013 年的被引频次等指数。

②热点研究主题。一方面，由于论文被引存在较长时滞，分析高被引论文的主题难以贴切反映学科的最新研究热点；另一方面，分析 2013 年发表的各学科全部论文的主题，数据量又较大。为此，我们分别抽取各个学科高被引论文的施引文献，借助关键词共现分析来获得各学科的热点主题分布情况，并以知识图谱的形式加以展现。在热点主题关联图中，节点大小代表关键词文档词频的相对高低，链接粗细反映共现次数多少；节点颜色、位置和距离未赋予特定意义。

共词分析是一种研究词语共现现象的计量分析方法，其原理是：具有概念内涵的两个词语在指定范围内多次共同出现，则假定它们之间存在着某种主题关联，共现频率越高则认为主题关联越紧密。

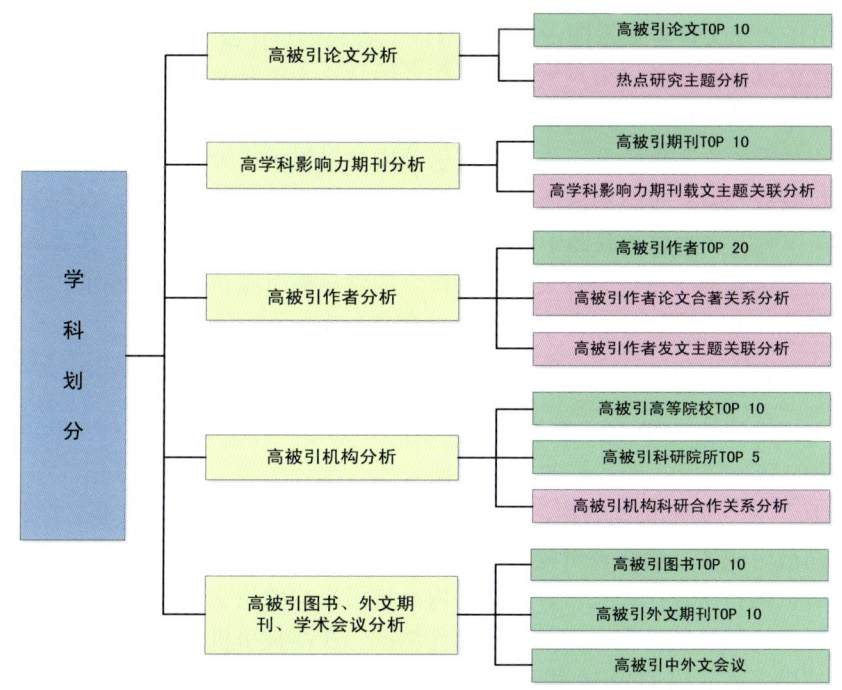

图 1-1 "中国高被引分析"分析框架

（2）学科高影响力期刊分析

①学科高影响力期刊 TOP 10。对于各学科内 2013 年学科 5 年影响因子排名前 10 位的学术期刊，列出期刊的学科 5 年载文量、5 年载文总量、2013 年被引频次、高被引论文数量、5 年影响因子、学科 5 年影响因子等指数。

②学科高影响力期刊载文主题关联。期刊共被引分析可以揭示期刊在载文主题方面的内在关联。利用共被引分析获取 2013 年学科内各期刊之间的共被引情况并加以可视化，以揭示期刊的载文主题关联。在期刊载文主题关联图中，红色节点代表高学科影响力期刊 TOP 10，代表其他期刊的节点则随机赋予红色以外的颜色；节点大小反映期刊的学科 5 年影响因子的相对高低；链接粗细表示共被引关联强弱；节点位置和距离未赋予特定意义。

共被引分析是一种研究 2 篇文献同时被引用现象的计量分析方法，其原理是：2 篇文献被多篇文献同时引用，就假定它们之间具有某种主题关联性或相似性，共被引次数越多表明主题越接近。

（3）高被引作者分析

①高被引作者 TOP 20。对于学科内 2013 年学科被引频次排名前 20 位的作者，列出作者的姓名、单位，5 年发文量、学科 5 年发文量、学科 5 年发文期刊分布，学科被引频次、被引率、篇均被引等指数。

②高被引作者论文合著关系。在不区分作者的论文署名次序的前提下，分析高被引作者 TOP 20 的论文合著情况，从发表论文的角度揭示高被引作者与其他学者之间的科研合作情

况。在高被引作者论文合著关系图中，红色节点代表高被引作者 TOP 20，代表其他作者的节点随机赋予红色以外的颜色；节点大小反映作者的学科 5 年发文量的相对高低；链接粗细表示合著关联强弱；节点位置和距离未赋予特定意义。

③高被引作者发文主题关联。作者共被引分析可以揭示作者在发文主题方面的关联。利用共被引分析获取 2013 年学科内所有作者的共被引情况并加以可视化，以揭示作者的发文主题关联。在作者发文主题关联图中，红色节点代表高被引作者 TOP 20，代表其他作者的节点随机赋予红色以外的颜色；节点大小反映作者的学科被引频次的相对高低；链接粗细表示共被引关联强弱；节点位置和距离未赋予特定意义。

（4）**高被引机构分析**

①高被引高等院校 TOP 10、高被引科研院所 TOP 5。对于学科内 2013 年学科被引频次排名前 10 位的高等院校、排名前 5 位的科研院所（部分医学学科分别列出"医院""高等院校/科研院所"），列出机构名称，学科 5 年发文量、2013 年学科发文量，学科被引频次、被引率、最高被引频次、篇均被引频次等指数。

②高被引机构科研合作关系。分析学科内高被引机构的论文合著情况，从发表论文的角度揭示高被引机构与其他机构之间的科研合作情况。在高被引机构科研合作关系图中，红色节点代表高被引高等院校 TOP 10 和高被引科研院所 TOP 5（部分医学学科分别列出"医院""高等院校/科研院所"），代表其他机构的节点随机赋予红色以外的颜色；节点大小反映机构的学科 5 年发文篇均被引频次的相对高低；链接粗细表示合著关联的强弱；节点位置和距离未赋予特定意义。

（5）**高被引图书、国外期刊及学术会议**

①高被引图书 TOP 10。对于学科内 2013 年学科被引频次排名前 10 位的图书，列出主要责任者、题名、出版社和被引频次。

②高被引国外期刊 TOP 10。对于学科内 2013 年学科被引频次排名前 10 位的国外期刊，列出期刊名称和被引频次。

③高被引学术会议。对于学科内 2013 年学科被引频次较高的中外文学术会议，列出会议名称。

1.4 其他说明

（1）在统计论文被引时，本书将 2008—2012 年（共 5 年）的论文数据都统计在内。如果在统计的时间范围内期刊更名，则将更名前后的被引频次累加为新刊名的被引频次。

（2）在统计中，同一机构的重名作者无法排重，只能按同一作者对待，并对有多个机构的高被引作者进行合并归一。

（3）为了便于统计，当一位作者有 2 个或 2 个以上的作者机构时，均按其第一个机构名称进行统计。如果统计机构被引频次，则只计算第一作者的第一个机构名称。

（4）所有论文分类遵循《中国图书资料分类法（第四版）》。由于标引过程中对论文的理解偏差，可能存在论文所分学科不精确的现象。

第 2 章 数学学科高被引分析

2.1 学科论文概况

2008—2012 年,数学学科共有 71279 位来自 16713 所机构的论文第一作者在 2902 种期刊上发表了 96941 篇学术论文。其中,80%以上的论文产出自 2052 所机构、49834 位作者,发表在 406 种期刊上。在前 5 年发表的这些论文中,有 11796 篇在 2013 年获得过引用,整体被引率为 12.2%,总被引频次为 17122 次,篇均被引 0.18 次;其中,高被引论文有 162 篇,单篇论文最高被引频次为 25 次,累计被引 1258 次,篇均被引 7.77 次(表 2-1)。另外,2013 年数学学科共发表论文 15550 篇,其中有 161 篇在当年获得过引用,总共被引 205 次。

表 2-1 数学学科论文分布情况

年份	论文篇数	2013 年被引频次	2013 年被引率(%)	2013 年高被引论文			
				论文篇数	最高被引频次	总被引频次	篇均被引频次
2008	18652	2947	10.7	19	13	196	10.32
2009	18177	3113	11.9	28	15	194	6.93
2010	19254	3699	13.0	37	22	304	8.22
2011	21426	4192	13.4	44	25	330	7.50
2012	19432	3171	11.6	34	19	234	6.88
合计	96941	17122	12.2	162	25	1258	7.77

从数学学科论文的地域分布来看,2013 年被引频次较高的 5 个省、直辖市或自治区依次是江苏、陕西、北京、山东和河南(图 2-1);5 年论文产出量较多的 5 个省、直辖市或自治区依次是江苏、陕西、山东、河南和北京(图 2-2)。

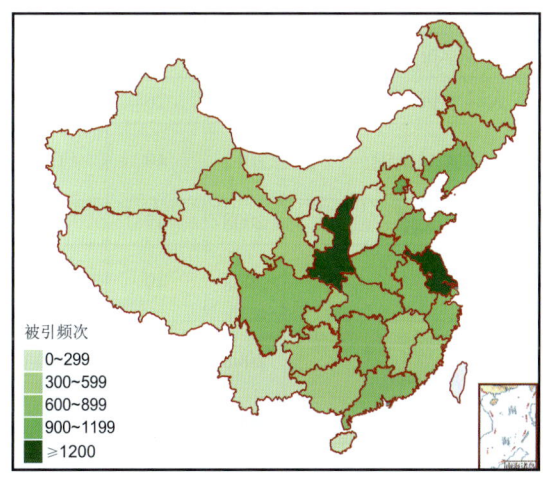

图 2-1 2013 年数学学科地区被引分布

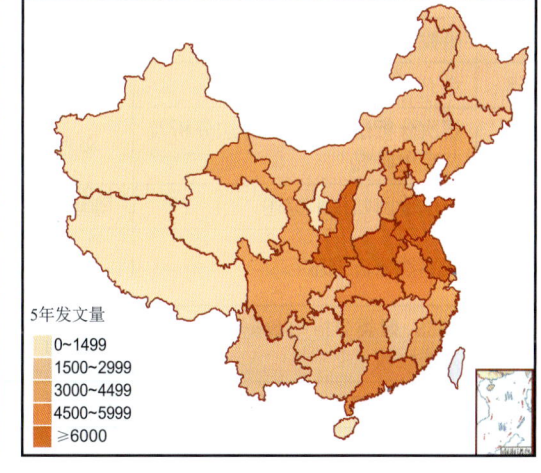

图 2-2 数学学科 5 年论文产出地区分布

2.2 高被引论文分析

在数学学科，2013 年被引频次位居前 10 位的论文（表 2-2）平均被引频次为 17.07 次，是全部 162 篇高被引论文篇均被引频次的 2.2 倍。其中，被引频次最高的论文是史开泉于 2008 年发表的《P-集合》，随后 2 篇分别是程启月于 2010 年发表的《评测指标权重确定的结构熵权法》和刘瑞江于 2010 年发表的《正交试验设计和分析方法研究》。

从论文分布来看，刊载高被引论文数量居前的 3 种期刊分别是《山东大学学报（理学版）》（7 篇）、《模糊系统与数学》（6 篇）和《数学的实践与认识》（6 篇），而《山东大学学报（理学版）》刊载了高被引论文 TOP 10 中的 3 篇；发表高被引论文居前的 3 位学者分别是毕节学院的文开庭（7 篇）、广东第二师范学院的杨必成（5 篇）和山东大学的史开泉（5 篇）；产出高被引论文数量居前的 3 所机构分别是毕节学院（10 篇）、山东大学（6 篇）和华东交通大学（5 篇），而山东大学产出了高被引论文 TOP 10 中的 4 篇。

表 2-2 数学学科高被引论文 TOP 10

序号	论文题名	第一作者	期刊名称	发表年份	被引频次 总频次	被引频次 2013 年
1	P-集合	史开泉	山东大学学报（理学版）	2008	154	35
2	评测指标权重确定的结构熵权法	程启月	系统工程理论与实践	2010	65	26
3	正交试验设计和分析方法研究	刘瑞江	实验技术与管理	2010	77	25
4	一个半离散的 Hilbert 不等式	杨必成	广东第二师范学院学报	2011	39	21
5	P-集合，逆 P-集合与信息智能融合-过滤辨识	史开泉	计算机科学	2012	35	19
6	基于最小二乘法的椭圆拟合改进算法	闫蓓	北京航空航天大学学报	2008	53	15
7	浅议灰色关联度分析方法及其应用	孙芳芳	科技信息	2010	39	14
8	函数 P-集合	史开泉	山东大学学报（理学版）	2011	37	12
8	逆 P-集合	史开泉	山东大学学报（理学版）	2012	26	12
8	层次分析法权重计算方法分析及其应用研究	邓雪	数学的实践与认识	2012	49	12
8	分位数回归技术综述	陈建宝	统计与信息论坛	2008	45	12
8	敏感性分析综述	蔡毅	北京师范大学学报（自然科学版）	2008	49	12
8	SPSS 聚类分析中数据无量纲化方法比较	韩胜娟	科技广场	2008	38	12
8	分位数回归技术综述	陈建宝	统计与信息论坛	2008	45	12

2.3 研究主题关联分析

在数学学科，高被引论文累计被 2013 年发表的 928 篇论文引用了 1258 次。通过分析施引文献关键词的词频及关键词之间的共现关系，获得 2013 年数学学科的热点主题和主题关联，如图 2-3 所示（共现 6 次以下不显示）。由图 2-3 可知："不动点""FC-度量空间""P-集合"等关键词的文档词频较高，是 2013 年学科的研究热点；以"不动点""FC-度量空间"等关键词为主要节点的多个概念相互关联，构成了学科内最为突出的研究主题簇。

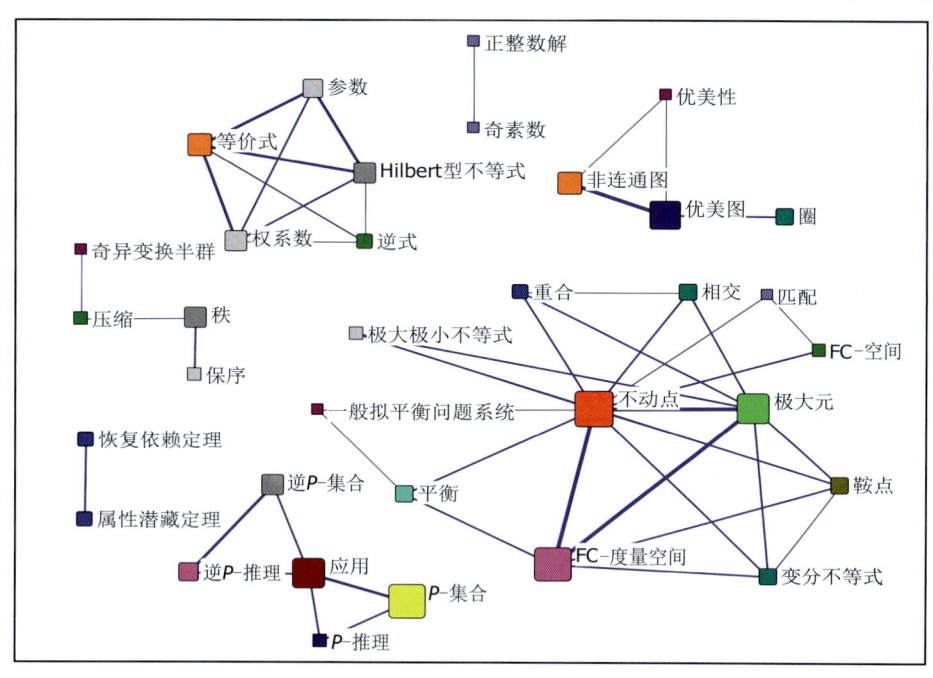

图2-3　数学学科2013年热点主题关联

2.4 学科高影响力期刊分析

2.4.1 学科高影响力期刊 TOP 10

在数学学科，学科 5 年影响因子位居前 10 位的期刊见表 2-3，排在前 3 位的期刊分别是《数理统计与管理》《统计与信息论坛》和《生物数学学报》。在表 2-3 中，学科载文量占其总载文量比例最大的期刊是《计算数学》；前 5 年学科载文在 2013 年被引率最高的期刊是《数理统计与管理》；期刊 5 年影响因子较高的前 3 种期刊分别是《数理统计与管理》《统计与信息论坛》和《运筹与管理》；学科 5 年影响因子与期刊 5 年影响因子差异最大的期刊是《广东第二师范学院学报》。表 2-3 中期刊的学科 5 年影响因子和前 5 年学科载文的 2013 年被引率对比如图 2-4 所示，2008—2013 年期刊 5 年影响因子的变动情况如图 2-5 所示。

表 2-3 数学学科高影响力期刊基本指数

序号	期刊名称	前5年载文量			2013年学科被引			5年影响因子		h指数（学科）
		学科（篇）	占比（%）	总量（篇）	频次	被引率（%）	高被引论文篇数	期刊(2013)	学科(2013)	
1	数理统计与管理	456	56.0	815	338	38.2	6	0.839	0.741	8
2	统计与信息论坛	154	11.6	1326	97	27.9	4	0.581	0.630	7
3	生物数学学报	400	69.1	579	180	29.5	0	0.428	0.450	4
4	计算力学学报	150	13.5	1109	65	32.0	0	0.401	0.433	4
5	计算数学	219	93.6	234	93	25.1	1	0.402	0.425	4
6	运筹与管理	197	17.3	1137	80	22.8	2	0.526	0.406	7
7	广东第二师范学院学报	87	11.8	737	33	9.2	1	0.178	0.379	4
8	东北师大学报（自然科学版）	194	26.0	747	67	21.1	0	0.348	0.345	4
9	重庆师范大学学报（自然科学版）	250	33.1	755	86	22.4	1	0.432	0.344	5
10	汕头大学学报（自然科学版）	112	37.6	298	38	16.1	1	0.258	0.339	3

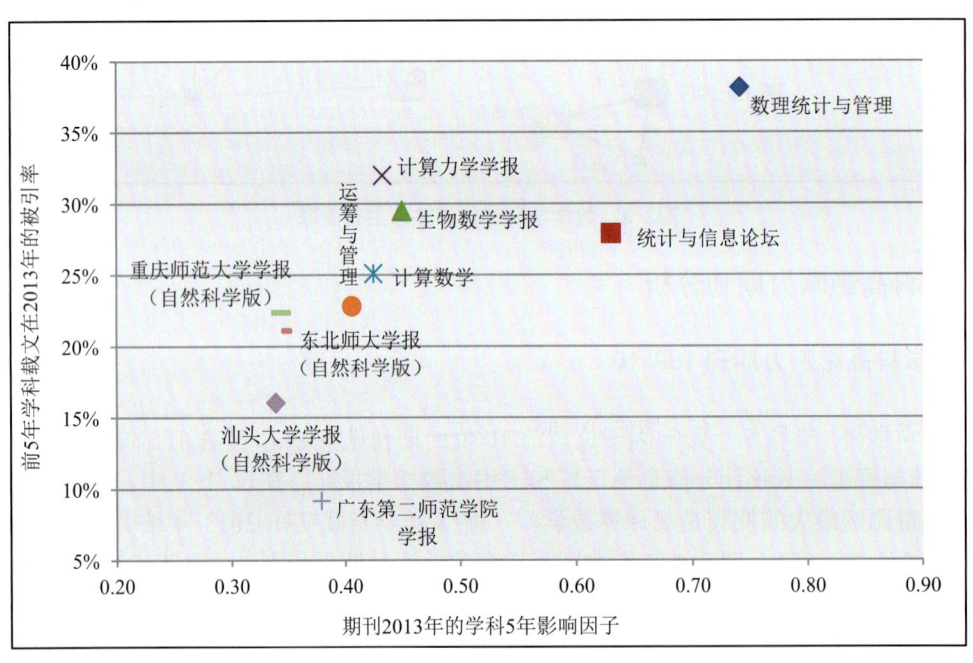

图 2-4 数学学科高影响力期刊对比

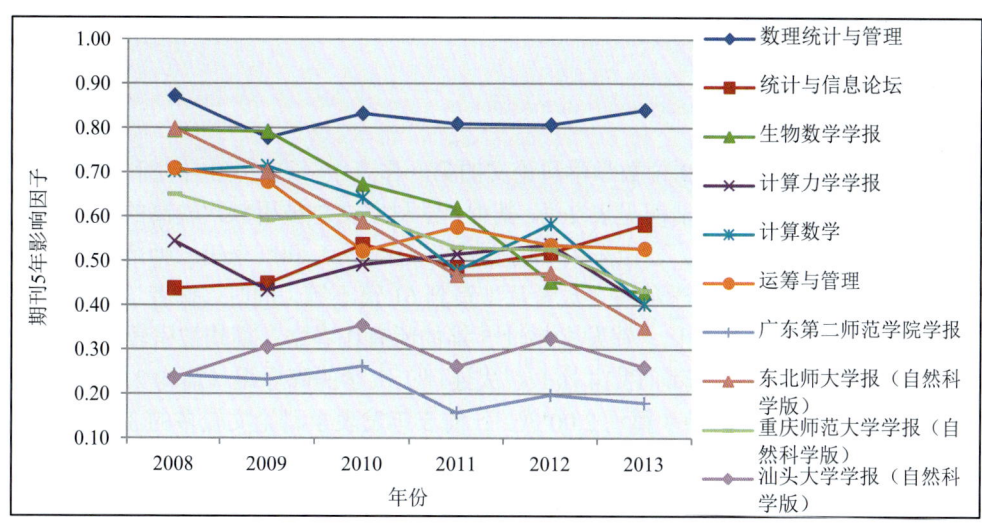

图 2-5 数学学科期刊 5 年影响因子变动

2.4.2 学科高影响力期刊载文主题关联

通过期刊共被引分析,获得数学学科高影响力期刊及与其他期刊之间的载文主题关联,如图 2-6 所示(共被引 9 次以下不显示)。结果显示,数学学科的高影响力期刊相互链接较为松散,显示出该学科高影响力期刊可能各自有着更加青睐的载文主题,热点研究主题各自集中在少数几种期刊上;《数理统计与管理》的学科 5 年影响因子较高,表明该刊在学科内学术影响力较大;《西南大学学报》(自然科学版)与《西南师范大学学报》(自然科学版)、《计算机科学》与《山东大学学报》(理学版)等期刊之间的链接较强,意味着它们之间可能分别有较多相同或相近的载文主题。

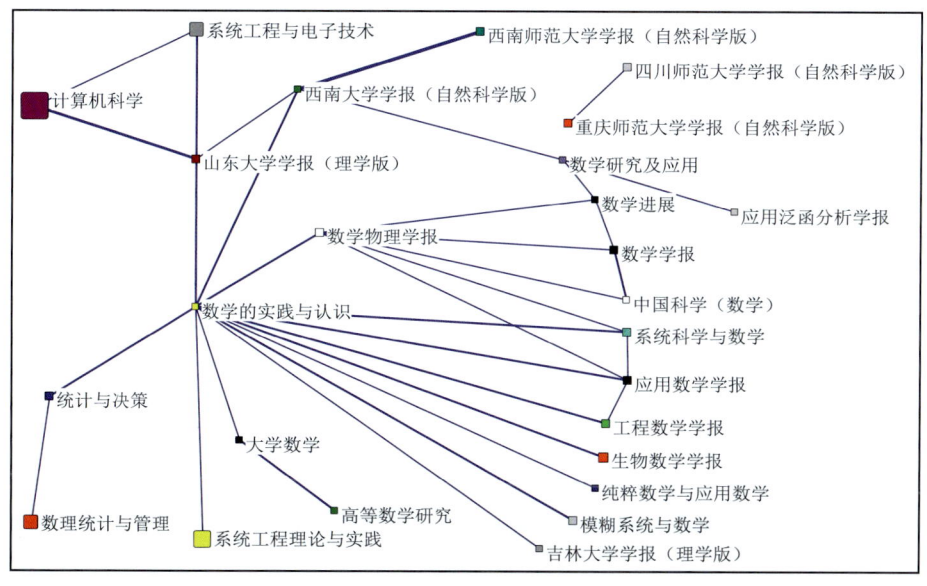

图 2-6 数学学科高影响力期刊载文主题关联

2.5 高被引作者分析

2.5.1 高被引作者 TOP 20

2008—2012 年,在 71279 位数学学科论文的第一作者中,在 2013 年学科被引频次位居前 20 位的学者的发文及被引情况见表 2-4。其中,学科发文总被引频次较高的 3 位作者分别是毕节学院的文开庭(95 次)、山东大学的史开泉(92 次)和广东第二师范学院的杨必成(68 次)。高被引作者的 5 年学科发文数量从 1 篇到 61 篇不等,同时,作者学科发文的期刊分布也在 1 种到 33 种之间变化。在发文超过 5 篇的所有作者中,篇均被引较高的 3 位作者分别是山东大学的史开泉(篇均 13.14 次)、大连理工大学的陈守煜(篇均 2.00 次)和连云港师范高等专科学校的刘秀梅(篇均 2.00 次);前 5 年发表学科论文较多的 3 位作者分别是广东第二师范学院的杨必成(61 篇)、郑州大学的石东洋(58 篇)和邵阳学院的杨甲山(52 篇)。高被引作者的学科发文量和被引量对比如图 2-7 所示。

表 2-4 数学学科高被引作者 TOP 20

序号	姓名	作者单位	前 5 年发文			前 5 年学科发文在 2013 年的被引				h 指数(学科)
			学科发文(篇)	期刊分布(种)	发文总量(篇)	总频次	被引率(%)	最高(次)	篇均(次)	
1	文开庭	毕节学院	49	16	50	95	55.1	9	1.94	6
2	史开泉	山东大学	7	2	12	92	85.7	35	13.14	7
3	杨必成	广东第二师范学院	61	31	61	68	31.2	21	1.11	5
4	石东洋	郑州大学	58	20	58	53	37.9	6	0.91	4
5	吴跃生	华东交通大学	49	26	50	48	26.5	9	0.98	4
6	刘家保	安徽新华学院	31	12	36	38	35.5	7	1.23	4
7	杨甲山	邵阳学院	52	33	54	32	40.4	3	0.62	3
8	于秀清	德州学院	27	8	29	31	40.7	6	1.15	4
8	唐保祥	天水师范学院	27	21	28	31	33.3	6	1.15	4
10	刘秀梅	连云港师范高等专科学校	14	8	22	28	64.3	5	2.00	4
11	莫嘉琪	安徽师范大学	37	14	56	27	40.5	5	0.73	3
12	陈守煜	大连理工大学	13	7	66	26	69.2	7	2.00	5
12	程启月	中国国防大学	2	2	2	26	50.0	26	13.00	1
12	杜先存	红河学院	21	15	29	26	38.1	10	1.24	3
15	刘瑞江	江苏大学	1	1	14	25	100.0	25	25.00	2
16	金瑾	毕节学院	37	14	39	24	24.3	6	0.65	4
17	马亮亮	西北民族大学	16	16	31	23	50.0	6	1.44	4

序号	姓名	作者单位	前5年发文			前5年学科发文在2013年的被引				h指数(学科)
			学科发文（篇）	期刊分布（种）	发文总量（篇）	总频次	被引率（%）	最高（次）	篇均（次）	
18	李平乐	娄底职业技术学院	16	5	16	22	75.0	3	1.38	2
19	廖祖华	江南大学	12	8	12	18	41.7	6	1.50	3
19	郭嗣琮	辽宁工程技术大学	15	7	16	18	33.3	10	1.20	2
19	欧阳耿	漳州师范学院	14	3	15	18	71.4	2	1.29	2
19	朴勇杰	延边大学	44	18	44	18	29.6	3	0.41	2
19	王丰效	喀什师范学院	15	10	17	18	40.0	6	1.20	3
19	邢家省	北京航空航天大学	37	5	38	18	24.3	6	0.49	2

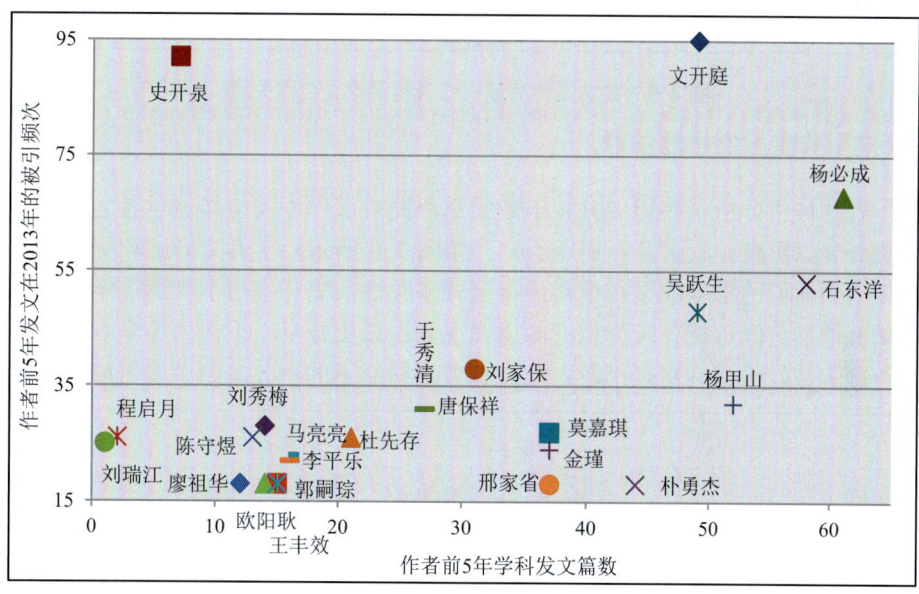

图 2-7 数学学科高被引作者学科发文及被引对比

2.5.2 高被引作者科研合作关系

通过作者合著分析，获得2013年数学学科高被引作者及与其他学者之间的科研论文合作关系（不考虑论文署名次序），如图2-8所示（合著3次以下不显示）。可以看出，数学学科的高被引作者的论文合作现象比较普遍。学者石东洋、杨必成和杨甲山的发文量较多；石东洋的论文合作网络最为突出，在该学科的研究人员中表现出一定的集聚效应；唐保祥和任韩、石东洋和王芬玲等学者之间的合作关系最为紧密，显示出他们可能分别属于同一支科研团队。

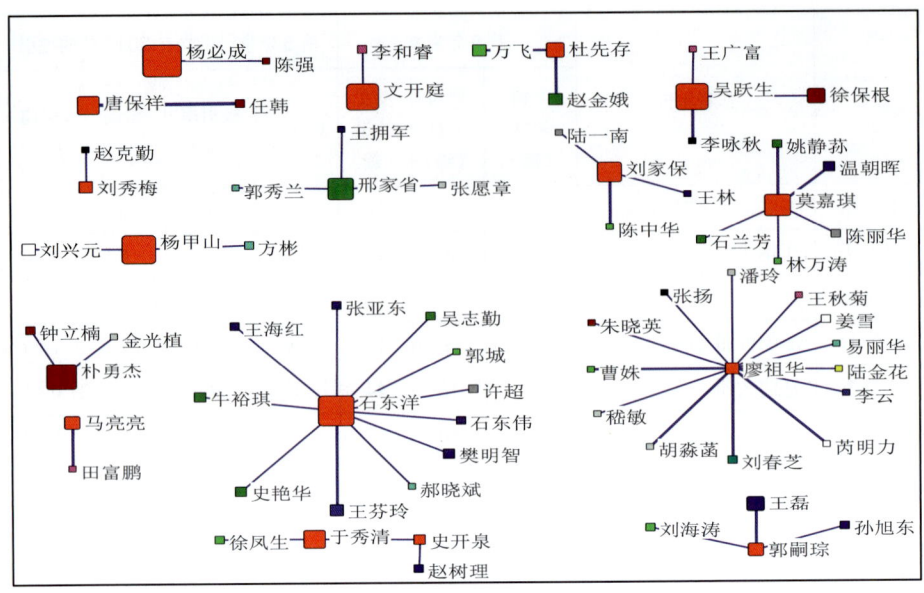

图 2-8 数学学科高被引作者科研论文合作关系

2.5.3 高被引作者发文主题关联

通过作者共被引分析，获得 2013 年数学学科高被引作者及与其他学者之间的发文主题关联（见图 2-9，共被引 3 次以下不显示）。如图 2-9 所示，学者文开庭和史开泉的被引次数较高，显示出他们的学术成果在学科内得到较多关注；史开泉与于秀清等学者之间的链接较强，意味着他们之间可能有较为相近的研究主题；以史开泉、于秀清等学者为主要节点的共被引作者簇人数较多且网络规模较大，意味着这些学者的研究主题关联可能较为紧密。

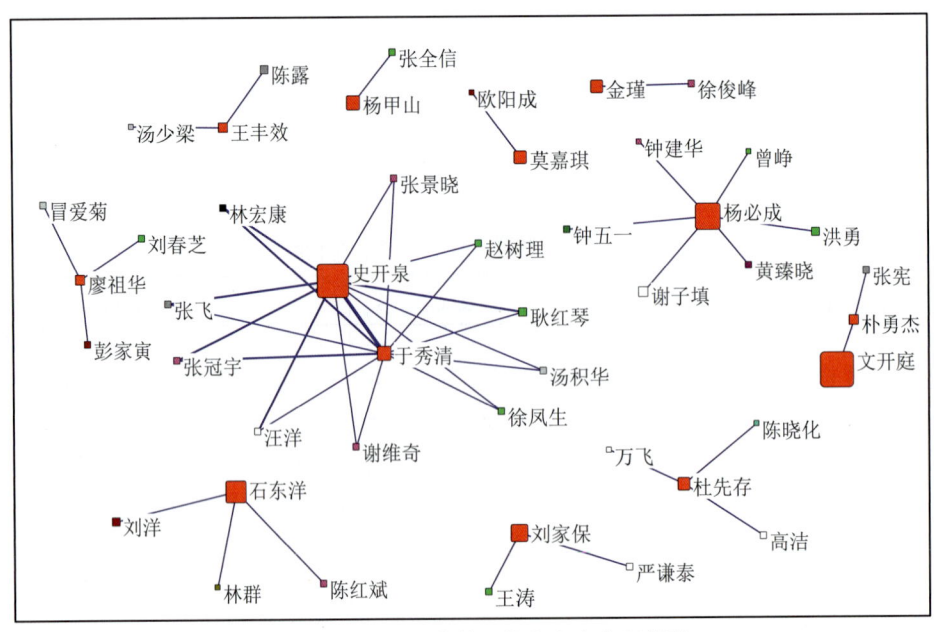

图 2-9 数学学科高被引作者发文主题关联

2.6 高被引机构分析

2.6.1 高被引机构

为便于比较，本书将数学学科的高被引机构分为高等院校和科研院所两种类型。其中，被引频次 TOP 10 高等院校和被引频次 TOP 5 科研院所的发文及被引情况分别见表 2-5 和表 2-6。其中，总被引频次较高的 3 所高等院校分别是陕西师范大学、西北工业大学和山东大学，中国科学院数学与系统科学研究院、北京应用物理与计算数学研究所和中国科学院武汉岩土力学研究所是总被引频次较高的 3 所科研院所；前 5 年学科发文在 2013 年的被引率最高的高等院校和科研院所分别是毕节学院和中国科学院科技政策与管理科学研究所，篇均被引最高的高等院校和科研院所分别是毕节学院和中国科学院科技政策与管理科学研究所。上述高被引机构的论文被引率和篇均被引频次对比如图 2-10 所示。

表 2-5　数学学科高被引高等院校 TOP 10

序号	第一作者单位	学科发文量（篇）		前 5 年学科发文在 2013 年的被引			
		前 5 年	2013 年	频次	被引率(%)	最高(次)	篇均(次)
1	陕西师范大学	949	139	203	15.1	5	0.21
2	西北工业大学	539	86	161	19.3	5	0.30
3	山东大学	268	29	158	17.9	35	0.59
4	毕节学院	159	36	127	27.7	9	0.80
5	西北大学	561	92	118	14.6	5	0.21
6	西北师范大学	682	94	117	11.7	7	0.17
7	大连理工大学	323	47	111	22.3	7	0.34
8	上海理工大学	335	63	109	20.6	5	0.33
9	安徽师范大学	565	91	103	12.4	5	0.18
10	燕山大学	361	65	100	20.8	4	0.28

表 2-6　数学学科高被引科研院所 TOP 5

序号	第一作者单位	学科发文量（篇）		前 5 年学科发文在 2013 年的被引			
		前 5 年	2013 年	频次	被引率(%)	最高(次)	篇均（次）
1	中国科学院数学与系统科学研究院	150	18	47	20.0	4	0.31
2	北京应用物理与计算数学研究所	80	12	21	18.8	3	0.26
2	中国科学院武汉岩土力学研究所	32	4	21	34.4	5	0.66
4	中国科学院科技政策与管理科学研究所	12	2	11	41.7	4	0.92
5	军事医学科学院	23	3	10	17.4	5	0.43

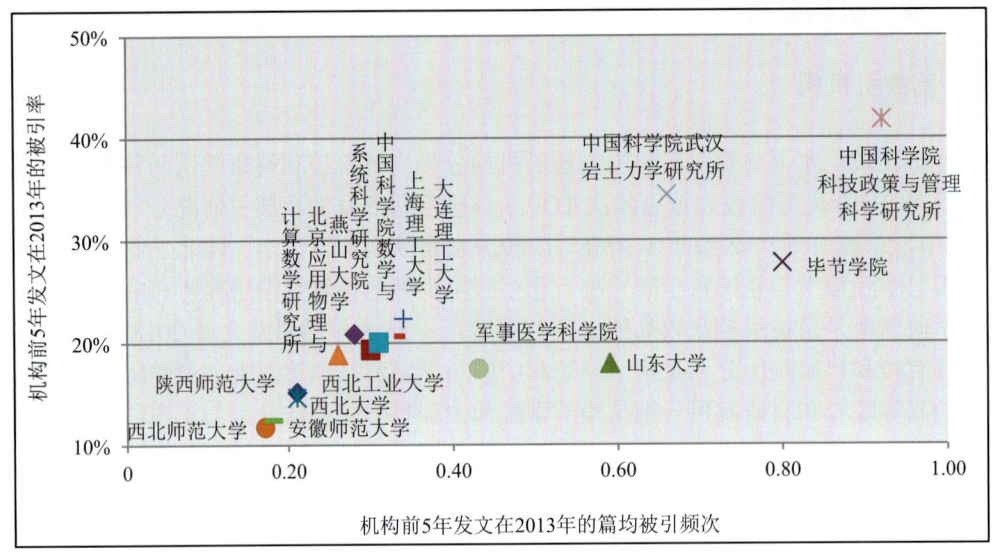

图 2-10　数学学科高被引机构论文篇均被引及被引率对比

2.6.2 高被引机构科研合作关系

通过合著分析，获得数学学科高被引机构之间及其与其他机构之间的科研合作关联，如图 2-11 所示（合作 13 次以下不显示）。分析得知，数学学科的机构合作链接较为紧密，表明学科内各个机构间的合作比较普遍；高被引机构基本主导了机构合作网络，显示出这些机构已经在学科内具有了一定的科研优势。宁夏大学和西北师范大学、上海理工大学和上海第二工业大学等机构之间的合作链接网络较为突出，表明它们的学术合作较为频繁；以陕西师范大学、山东大学与大连理工大学分别为核心组成的机构合作网络具有一定规模。

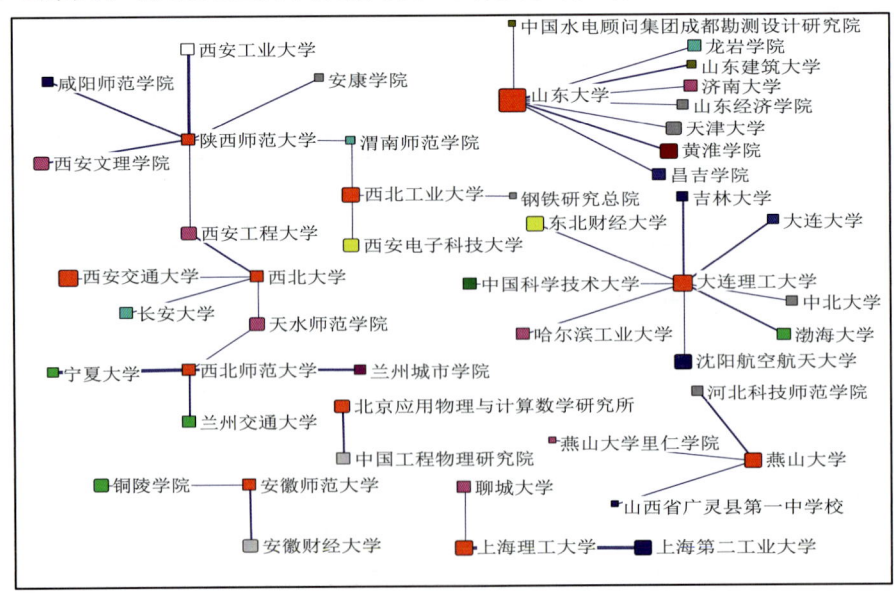

图 2-11　数学学科高被引机构科研合作关联

2.7 高被引图书、国外期刊及学术会议

2013 年,数学学科被引频次位居前 10 位的图书及国外期刊见表 2-7 和表 2-8。其中,被引次数较多的 3 种图书分别是同济大学数学系的《高等数学》、华东师范大学数学系的《数学分析》和姜启源的《数学模型》;被引次数较多的 3 种国外期刊分别是《Journal of Mathematical Analysis and Applications》《Applied Mathematics and Computation》和《Linear Algebra and Its Applications》;被引次数较多的 3 场学术会议分别是"Proceedings of the American Control Conference""SPE Reservoir Simulation Symposium"和"Proceedings of IEEE Conference on Computer Vision and Pattern Recognition"。

表 2-7 数学学科高被引图书 TOP 10

序号	责任者	图书名称	出版社	2013 年被引频次
1	同济大学数学系	高等数学	高等教育出版社	126
2	华东师范大学数学系	数学分析	高等教育出版社	112
3	姜启源	数学模型	高等教育出版社	77
4	匡继昌	常用不等式	山东科学技术出版社	61
5	王高雄	常微分方程	高等教育出版社	54
6	裴礼文	数学分析中的典型问题与方法	高等教育出版社	43
7	茆诗松	高等数理统计	高等教育出版社	41
8	张禾瑞	高等代数	高等教育出版社	40
9	马知恩	常微分方程定性与稳定性方法	科学出版社	39
9	Hardy G H	Inequalities	Cambridge University Press	39

表 2-8 数学学科高被引国外期刊 TOP 10

序号	期刊名称	2013 年被引频次
1	Journal of Mathematical Analysis and Applications	2684
2	Applied Mathematics and Computation	1583
3	Linear Algebra and Its Applications	1062
4	Computers & Mathematics with Applications	924
5	Nonlinear Analysis: Theory, Methods & Applications	885
6	Fuzzy Sets and Systems	789
7	Journal of Differential Equations	773
8	Journal of Computational and Applied Mathematics	762
9	Proceedings of the American Mathematical Society	639
10	Transactions of the American Mathematical Society	616

第 3 章 物理学科高被引分析

3.1 学科论文概况

2008—2012 年，物理学科共有 68231 位来自 11729 所机构的论文第一作者在 2762 种期刊上发表了 79293 篇学术论文。其中，80%以上的论文产出自 1834 所机构、50952 位作者，发表在 314 种期刊上。在前 5 年发表的这些论文中，有 13266 篇在 2013 年获得过引用，整体被引率为 16.7%，总被引频次为 20017 次，篇均被引 0.25 次；其中，高被引论文有 166 篇，单篇论文最高被引频次为 24 次，累计被引 1187 次，篇均被引 7.15 次（表 3-1）。另外，2013 年物理学科共发表论文 13881 篇，其中有 241 篇在当年获得过引用，总共被引 301 次。

表 3-1 物理学科论文分布情况

年份	论文篇数	2013 年被引频次	2013 年被引率（%）	2013 年高被引论文			
				论文篇数	最高被引频次	总被引频次	篇均被引频次
2008	15917	3645	15.3	26	17	214	8.23
2009	16025	3904	16.2	29	19	234	8.07
2010	15497	4207	17.9	32	21	231	7.22
2011	15722	4674	19.3	35	18	251	7.17
2012	16132	3587	15.1	44	24	257	5.84
合计	79293	20017	16.7	166	24	1187	7.15

从物理学科论文的地域分布来看，2013 年被引频次较高的 5 个省、直辖市或自治区依次是北京、江苏、陕西、上海和四川（图 3-1）；5 年论文产出量较多的 5 个省、直辖市或自治区依次是北京、江苏、陕西、上海和四川（图 3-2）。

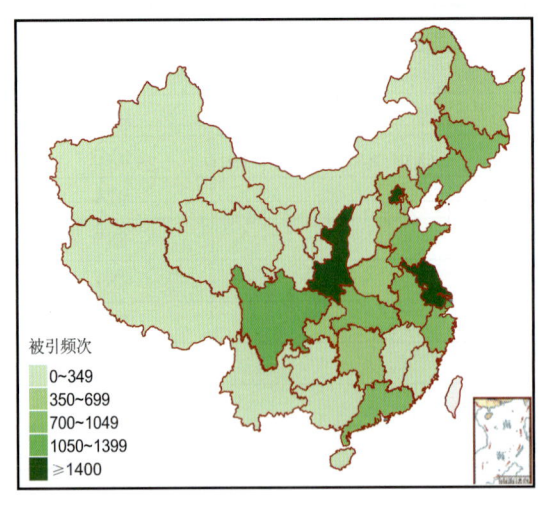

图 3-1　2013 年物理学科地区被引分布

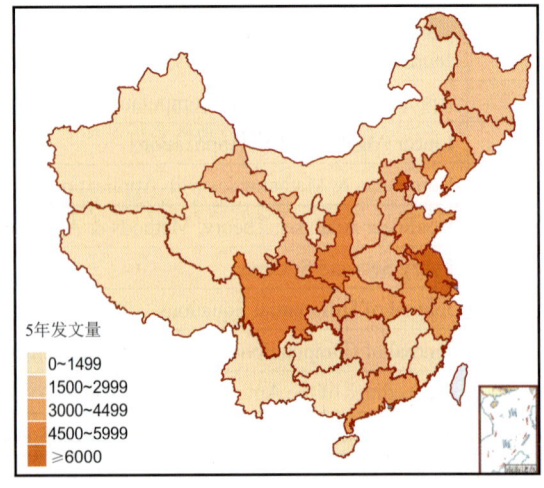

图 3-2　物理学科 5 年论文产出地区分布

3.2 高被引论文分析

在物理学科，2013 年被引频次位居前 10 位的论文（表 3-2）平均被引频次为 13.9 次，是全部 166 篇高被引论文篇均被引频次的 1.9 倍。其中，被引频次最高的论文是崔尔杰于 2009 年发表的《近空间飞行器研究发展现状及关键技术问题》。随后 3 篇分别是张阿漫于 2011 年发表的《不同环境下气泡脉动特性实验研究》、刘纪远于 2009 年发表的《LUCC 时空过程研究的方法进展》和赵沁平于 2009 年发表的《虚拟现实综述》。

从论文分布来看，刊载高被引论文数量居前的 3 种期刊分别是《物理学报》（21 篇）、《光学学报》（20 篇）和《力学进展》（13 篇），而《力学进展》刊载了高被引论文 TOP 10 中的 3 篇；发表高被引论文居前的 3 位学者分别是重庆工商大学的刘启能（5 篇）、辽宁师范大学的吕翎（4 篇）和哈尔滨工程大学的张阿漫（2 篇）；产出高被引论文数量居前的 3 所机构分别是重庆工商大学（5 篇）、西安交通大学（4 篇）和辽宁师范大学（4 篇），而哈尔滨工程大学产出了高被引论文 TOP 10 中的 2 篇。

表 3-2 物理学科高被引论文 TOP 10

序号	论文题名	第一作者	期刊名称	发表年份	被引频次 总频次	被引频次 2013 年
1	近空间飞行器研究发展现状及关键技术问题	崔尔杰	力学进展	2009	39	16
2	不同环境下气泡脉动特性实验研究	张阿漫	力学学报	2011	28	15
2	LUCC 时空过程研究的方法进展	刘纪远	科学通报	2009	52	15
2	虚拟现实综述	赵沁平	中国科学 F 辑	2009	63	15
5	岩爆及其判据和防治	张镜剑	岩石力学与工程学报	2008	78	14
5	近自由面水下爆炸气泡的运动规律研究	张阿漫	物理学报	2008	40	14
7	土木工程结构健康监测系统的研究状况与进展	李宏男	力学进展	2008	57	13
7	机械系统中摩擦模型的研究进展	刘丽兰	力学进展	2008	49	13
9	量子粒子群优化算法的收敛性分析及控制参数研究	方伟	物理学报	2010	25	12
9	大视场高分辨力星载成像光谱仪光学系统设计	薛庆生	光学学报	2011	22	12

3.3 研究主题关联分析

在物理学科，高被引论文累计被 2013 年发表的 954 篇论文引用了 1187 次。通过分析施引文献关键词的词频及关键词之间的共现关系，获得 2013 年物理学科的热点主题和主题关联，如图 3-3 所示（共现 3 次以下不显示）。由图 3-3 可知："光子晶体"和"复杂网络"的文档词频较高，是物理学科近期的热点研究主题；"光子晶体"和"缺陷模"

之间的共现次数较多,显示出它们之间主题关联较为紧密;以"光子晶体"和"透射谱"、"复杂网络"和"混沌同步"等为核心的多个概念相互关联,构成了领域内近期最为突出的研究主题簇。

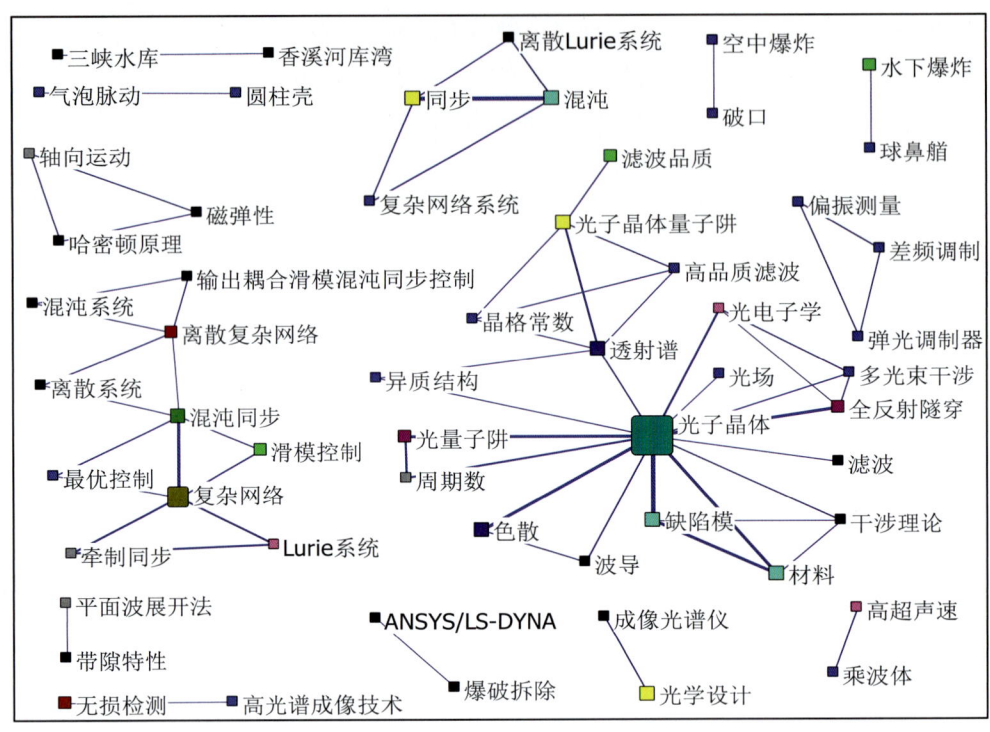

图 3-3 物理学科 2013 年热点主题关联

3.4 学科高影响力期刊分析

3.4.1 学科高影响力期刊 TOP 10

在物理学科,学科 5 年影响因子位居前 10 位的期刊见表 3-3,排在前 3 位的期刊分别是《力学进展》《光学学报》和《声学学报》。在表 3-3 中,学科载文量占其总载文量比例最大的期刊是《爆炸与冲击》;前 5 年学科载文在 2013 年被引率最高的期刊是《力学进展》;期刊 5 年影响因子较高的前 3 种期刊分别是《力学进展》《光学学报》和《声学学报》;学科 5 年影响因子与期刊 5 年影响因子差异最大的期刊是《力学进展》。表 3-3 中期刊的学科 5 年影响因子和前 5 年学科载文的 2013 年被引率对比如图 3-4 所示,2008—2013 年期刊 5 年影响因子的变动情况如图 3-5 所示。

表 3-3　物理学科高影响力期刊基本指数

序号	期刊名称	前 5 年载文量			2013 年学科被引			5 年影响因子		h 指数（学科）
		学科（篇）	占比（%）	总量（篇）	频次	被引率（%）	高被引论文篇数	期刊（2013）	学科（2013）	
1	力学进展	216	66.9	323	259	39.8	13	1.022	1.199	7
2	光学学报	1468	41.2	3561	1109	38.2	20	0.888	0.755	8
3	声学学报	418	77.1	542	280	37.8	1	0.589	0.670	5
4	力学学报	459	57.4	800	263	33.1	2	0.528	0.573	5
5	爆炸与冲击	650	99.9	651	356	30.8	4	0.547	0.548	5
6	大学物理实验	746	67.2	1110	338	28.2	3	0.493	0.453	6
7	波谱学杂志	255	67.8	376	110	28.2	1	0.402	0.431	3
8	物理实验	575	63.1	912	239	28.2	0	0.402	0.416	4
8	实验流体力学	125	19.4	644	52	28.0	0	0.349	0.416	4
10	发光学报	861	66.0	1304	343	25.9	2	0.405	0.398	5

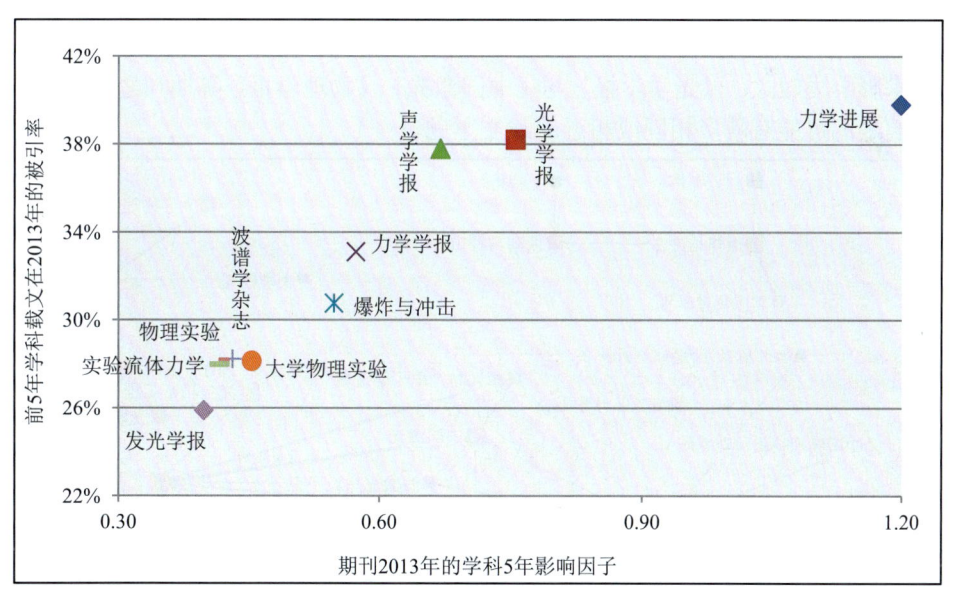

图 3-4　物理学科高影响力期刊对比

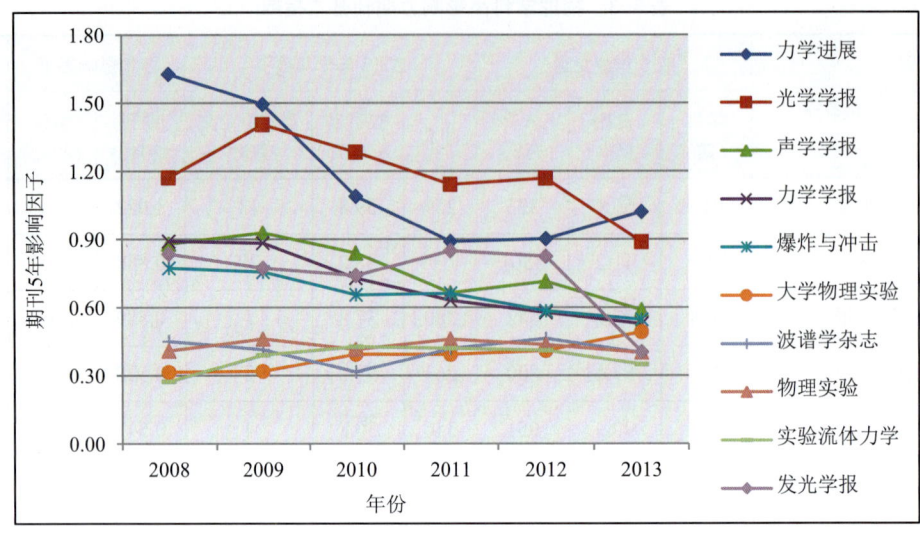

图 3-5 物理学科期刊 5 年影响因子变动

3.4.2 学科高影响力期刊载文主题关联

通过期刊共被引分析，获得物理学科高影响力期刊及与其他期刊之间的载文主题关联，如图 3-6 所示（共被引 15 次以下不显示）。结果显示，物理学科的高影响力期刊相互链接较为密集，基本主导了该学科的期刊共被引网络，显示出该学科高影响力期刊可能共同刊载了许多相近的研究主题。《力学进展》和《光学学报》的学科 5 年影响因子较高，显示出它们的学术影响力较大；《光学学报》与《中国激光》《物理学报》等期刊之间的链接较强，意味着它们之间可能有较多相同或相近的载文主题。

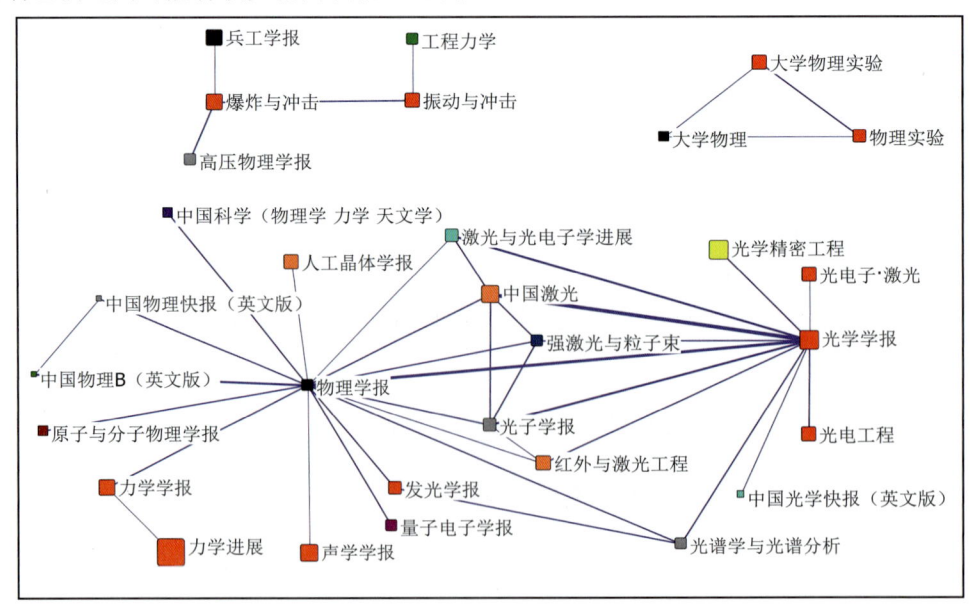

图 3-6 物理学科高影响力期刊载文主题关联

3.5 高被引作者分析

3.5.1 高被引作者 TOP 20

2008—2012 年,在 68231 位物理学科论文的第一作者中,在 2013 年学科被引频次位居前 20 位的学者的发文及被引情况见表 3-4。其中,学科发文总被引频次较高的 3 位作者分别是重庆工商大学的刘启能(77 次)、哈尔滨工程大学的张阿漫(40 次)和河北大学的杨志平(35 次)。高被引作者的 5 年学科发文数量从 1 篇到 58 篇不等,同时,作者学科发文的期刊分布也在 1 种到 23 种之间变化。在发文超过 5 篇的所有作者中,篇均被引较高的 3 位作者分别是华侨大学的程治明(篇均 3.80 次)、辽宁师范大学的吕翎(篇均 2.50 次)和中国科学院长春光学精密机械与物理研究所的薛庆生(篇均 2.44 次);前 5 年发表学科论文较多的 3 位作者分别是重庆工商大学的刘启能(58 篇)、运城学院的吉选芒(51 篇)和东北电力大学的周云龙(48 篇)。高被引作者的学科发文量和被引量对比如图 3-7 所示。

表 3-4 物理学科高被引作者 TOP 20

序号	姓名	作者单位	前 5 年发文			前 5 年学科发文在 2013 年的被引				h 指数(学科)
			学科发文(篇)	期刊分布(种)	发文总量(篇)	总频次	被引率(%)	最高(次)	篇均(次)	
1	刘启能	重庆工商大学	58	23	174	77	43.1	9	1.33	6
2	张阿漫	哈尔滨工程大学	17	9	29	40	47.1	15	2.35	4
3	杨志平	河北大学	47	12	51	35	53.2	3	0.74	2
4	苏安	河池学院	30	15	31	34	40.0	9	1.13	4
5	吴晓	湖南文理学院	40	17	73	30	37.5	6	0.75	2
5	吕翎	辽宁师范大学	12	3	14	30	50.0	8	2.50	4
7	薛庆生	中国科学院长春光学精密机械与物理研究所	9	3	19	22	55.6	12	2.44	3
8	黄志洵	中国传媒大学	27	3	32	21	40.7	5	0.78	3
9	程治明	华侨大学	5	3	5	19	100.0	7	3.80	3
10	李为民	空军工程大学	4	4	8	18	100.0	9	4.50	3
11	卢道明	武夷学院	43	11	44	16	27.9	3	0.37	2
11	谭志中	南通大学	19	4	24	16	47.4	3	0.84	3
11	崔尔杰	中国航天空气动力技术研究院	1	1	2	16	100.0	16	16.00	1
14	刘纪远	中国科学院地理科学与资源研究所	1	1	10	15	100.0	15	15.00	5
14	刘丽兰	西安理工大学	2	2	5	15	100.0	13	7.50	3
14	赵沁平	北京航空航天大学	1	1	6	15	100.0	15	15.00	2

序号	姓名	作者单位	前5年发文			前5年学科发文在2013年的被引				h指数（学科）
			学科发文（篇）	期刊分布（种）	发文总量（篇）	总频次	被引率（%）	最高（次）	篇均（次）	
17	张大成	中国科学院近代物理研究所	2	2	3	14	100.0	11	7.00	2
17	张镜剑	华北水利水电学院	1	1	2	14	100.0	14	14.00	1
17	关丽	河北大学	7	4	8	14	71.4	6	2.00	2
20	邓力	北京应用物理与计算数学研究所	6	4	7	13	66.7	6	2.17	2
20	王雨虹	中国人民解放军海军工程大学	10	6	10	13	70.0	3	1.30	2
20	许金余	空军工程大学	10	7	22	13	60.0	4	1.30	3
20	潘永强	西安工业大学	18	8	21	13	38.9	3	0.72	2
20	李宏男	大连理工大学	2	2	18	13	50.0	13	6.50	3
20	李俊昌	昆明理工大学	13	5	18	13	53.9	3	1.00	3

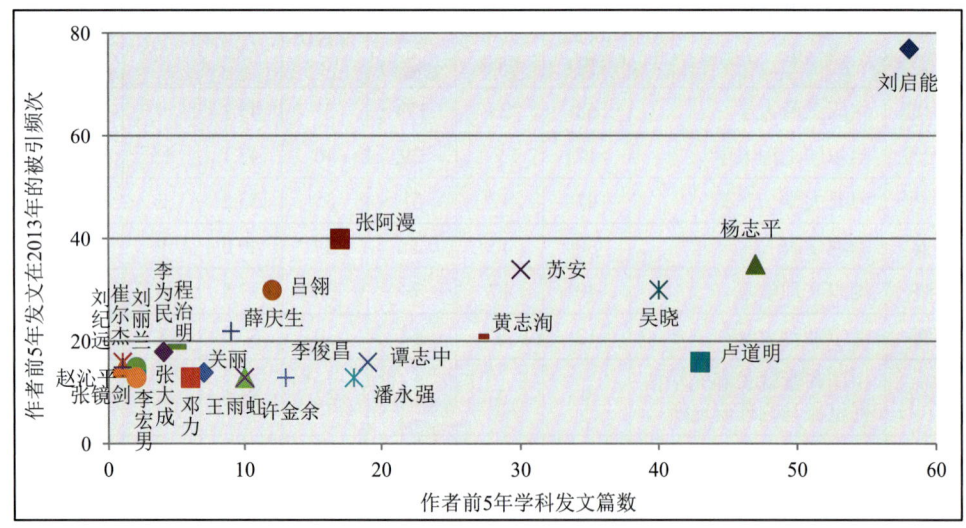

图 3-7　物理学科高被引作者学科发文及被引对比

3.5.2　高被引作者科研合作关系

通过作者合著分析，获得 2013 年物理学科高被引作者及与其他学者之间的科研论文合作关系（不考虑论文署名次序），如图 3-8 所示（合著 4 次以下不显示）。可以看出，物理学科的高被引作者的论文合作现象比较普遍，并且合作人数较多。学者刘启能、杨志平的发文量较多，论文合作者也较多，显示出他们在该学科的研究人员中具有一定的集聚效应；学者杨志平和刘启能的论文合作网络较为突出；杨志平与李盼来、张阿漫与姚熊亮等学者之间的合作关系最为紧密，显示出他们可能分别属于同一支科研团队。

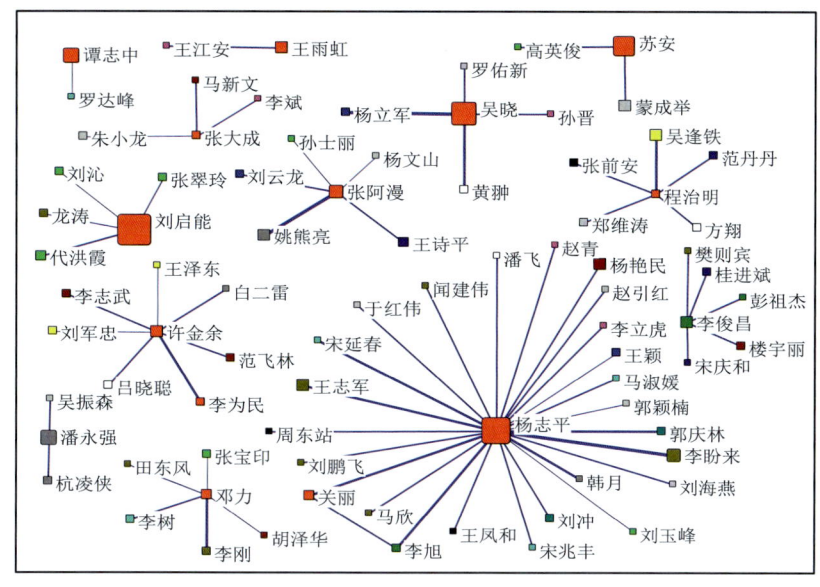

图 3-8 物理学科高被引作者科研论文合作关系

3.5.3 高被引作者发文主题关联

通过作者共被引分析，获得 2013 年物理学科高被引作者及与其他学者之间的发文主题关联，如图 3-9 所示。物理学科的高被引作者部分主导了作者共被引网络，显示出该学科在热点主题上可能尚未形成优势明显的科研力量。学者刘启能的节点较大，显示出其学术成果在学科内得到较多关注；以刘启能、苏安等学者为主要节点的共被引作者簇人数较多，且网络规模较大，可能意味着这些学者的研究主题关联较为紧密；刘启能和苏安、高金霞等学者之间的链接较强，显示出他们之间可能有较为相近的研究主题。

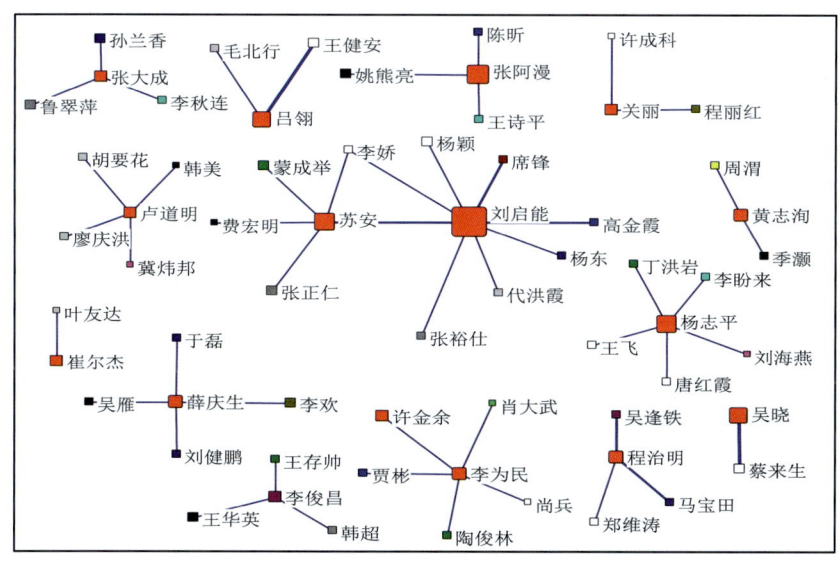

图 3-9 物理学科高被引作者发文主题关联

3.6 高被引机构分析

3.6.1 高被引机构

为便于比较，本书将物理学科的高被引机构分为高等院校和科研院所两种类型。其中，被引频次 TOP 10 高等院校和被引频次 TOP 5 科研院所的发文及被引情况分别见表 3-5 和表 3-6。其中，总被引频次较高的 3 所高等院校分别是西北工业大学、清华大学和上海交通大学，中国科学院长春光学精密机械与物理研究所、中国科学院安徽光学精密机械研究所和中国科学院上海光学精密机械研究所是总被引频次较高的 3 所科研院所；前 5 年学科发文在 2013 年的被引率最高的高等院校和科研院所分别是北京理工大学和中国科学院西安光学精密机械研究所，篇均被引最高的高等院校和科研院所分别是上海交通大学和中国科学院西安光学精密机械研究所。上述高被引机构的论文被引率和篇均被引频次对比如图 3-10 所示。

表 3-5 物理学科高被引高等院校 TOP 10

序号	第一作者单位	学科发文量（篇）		前 5 年学科发文在 2013 年的被引			
		前 5 年	2013 年	频次	被引率(%)	最高（次）	篇均（次）
1	西北工业大学	887	107	338	24.1	8	0.38
2	清华大学	786	93	294	23.7	8	0.37
3	上海交通大学	647	97	272	25.5	7	0.42
4	大连理工大学	682	101	270	23.9	13	0.40
5	北京理工大学	631	115	267	26.3	10	0.42
6	四川大学	712	94	226	21.5	6	0.32
7	浙江大学	563	78	223	24.7	8	0.40
8	天津大学	533	90	221	24.4	8	0.41
9	国防科学技术大学	580	63	209	22.4	7	0.36
10	西安交通大学	487	62	204	25.5	7	0.42

表 3-6 物理学科高被引科研院所 TOP 5

序号	第一作者单位	学科发文量（篇）		前 5 年学科发文在 2013 年的被引			
		前 5 年	2013 年	频次	被引率(%)	最高（次）	篇均（次）
1	中国科学院长春光学精密机械与物理研究所	478	125	286	29.7	12	0.60
2	中国科学院安徽光学精密机械研究所	249	48	136	30.5	8	0.55
3	中国科学院上海光学精密机械研究所	249	36	128	30.5	8	0.51
4	中国科学院声学研究所	209	29	114	31.6	5	0.55
5	中国科学院西安光学精密机械研究所	149	21	91	35.6	6	0.61

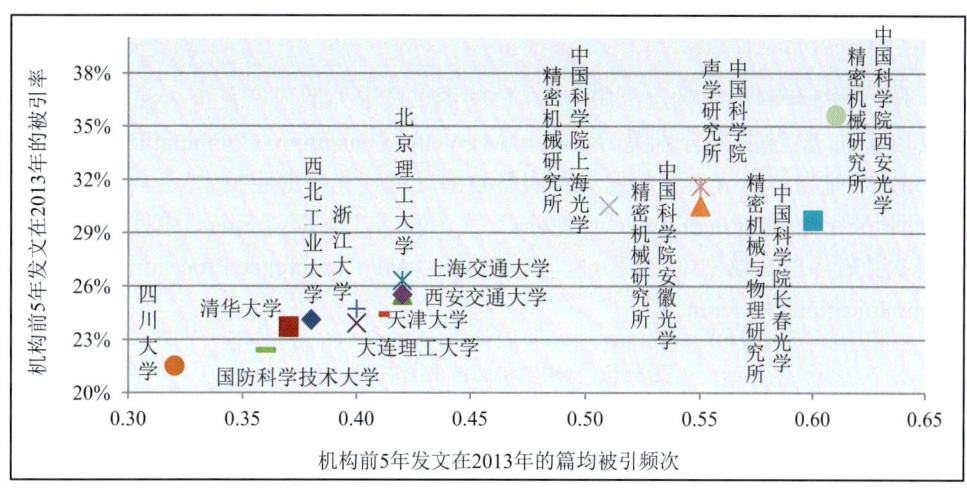

图 3-10　物理学科高被引机构论文篇均被引及被引率对比

3.6.2　高被引机构科研合作关系

通过合著分析，获得物理学科高被引机构之间及其与其他机构之间的科研合作关联，如图 3-11 所示（合作 55 次以下不显示）。分析得知，物理学科高被引机构之间的合作链接非常紧密，显示出学科内各个机构间的科研合作比较普遍；高被引机构基本主导了机构合作网络，显示出这些机构已经在学科内具有了一定的科研优势；清华大学和中国科学院高能物理研究所、四川大学与中国工程物理研究院等机构之间的链接较强，表明他们之间的学术合作较为频繁。

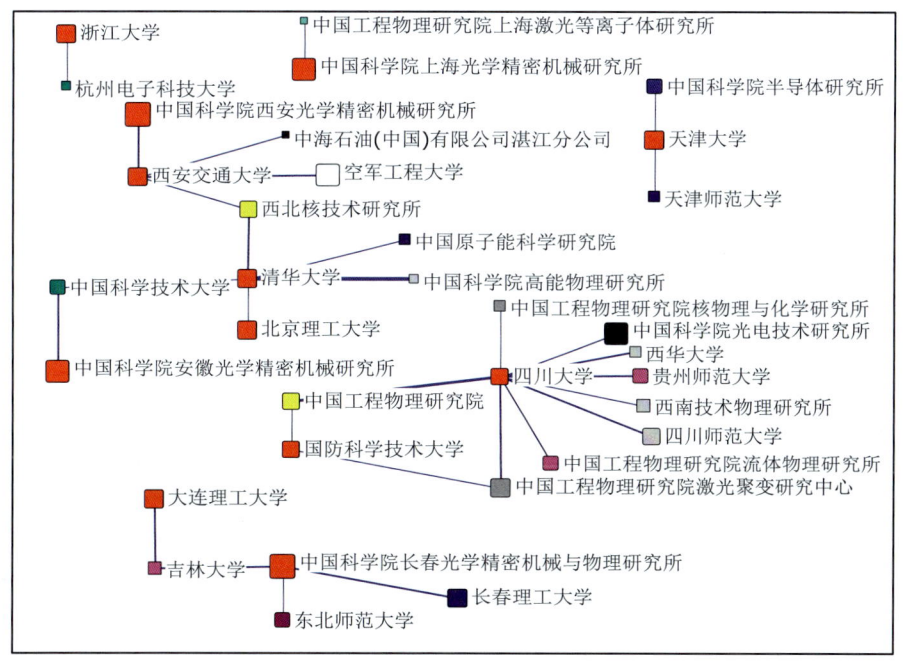

图 3-11　物理学科高被引机构科研合作关联

3.7 高被引图书、国外期刊及学术会议

2013 年，物理学科被引频次位居前 10 位的图书及国外期刊见表 3-7 和表 3-8。其中，被引次数较多的 3 种图书分别是 Nielsen M A 的《Quantum Computation and Quantum Information》、姚启钧的《光学教程》和唐晋发的《现代光学薄膜技术》；被引次数较多的 3 种国外期刊分别是《Physical Review Letters》《Applied Physics Letters》和《Physical Review A》；被引次数较多的 3 场学术会议分别是"SPIE""AIP Conference Proceedings"和"Optical Fiber Communication Conference"。

表 3-7　物理学科高被引图书 TOP 10

序号	责任者	图书名称	出版社	2013 年被引频次
1	Nielsen M A	Quantum Computation and Quantum Information	Cambridge University Press	43
2	姚启钧	光学教程	高等教育出版社	30
3	唐晋发	现代光学薄膜技术	浙江大学出版社	28
4	曾谨言	量子力学	科学出版社	23
4	漆安慎	力学	高等教育出版社	23
6	郭硕鸿	电动力学	高等教育出版社	22
6	赵凯华	电磁学	高等教育出版社	22
8	程守洙	普通物理学	高等教育出版社	20
9	王礼立	应力波基础	国防工业出版社	19
10	廖延彪	偏振光学	科学出版社	17

表 3-8　物理学科高被引国外期刊 TOP 10

序号	期刊名称	2013 年被引频次
1	Physical Review Letters	9970
2	Applied Physics Letters	5354
3	Physical Review A	5198
4	Journal of Applied Physics	3120
5	Physical Review B	2822
6	Physical Review B:Condensed Matter	2495
7	Nature	2281
8	Optics Express	2034
9	Science	1970
10	Optics Letters	1928

第4章 化学学科高被引分析

4.1 学科论文概况

2008—2012年，化学学科共有91048位来自15152所机构的论文第一作者在2868种期刊上发表了105985篇学术论文。其中，80%以上的论文产出自1739所机构、66898位作者，发表在279种期刊上。在前5年发表的这些论文中，有25956篇在2013年获得过引用，整体被引率为24.5%，总被引频次为41165次，篇均被引0.39次；其中，高被引论文有428篇，单篇论文最高被引频次为56次，累计被引3047次，篇均被引7.12次（表4-1）。另外，2013年化学学科共发表论文19151篇，其中有382篇在当年获得过引用，总共被引463次。

表4-1 化学学科论文分布情况

年份	论文篇数	2013年被引频次	2013年被引率（%）	2013年高被引论文			
				论文篇数	最高被引频次	总被引频次	篇均被引频次
2008	20884	7605	23.0	84	47	634	7.55
2009	21622	8543	24.6	93	49	663	7.13
2010	21074	9317	27.0	92	56	662	7.20
2011	21212	9272	26.8	93	56	696	7.48
2012	21193	6428	21.0	66	27	392	5.94
合计	105985	41165	24.5	428	56	3047	7.12

从化学学科论文的地域分布来看，2013年被引频次较高的5个省、直辖市或自治区依次是北京、江苏、广东、浙江和山东（图4-1）；5年论文产出量较多的5个省、直辖市或自治区依次是北京、江苏、广东、山东和上海（图4-2）。

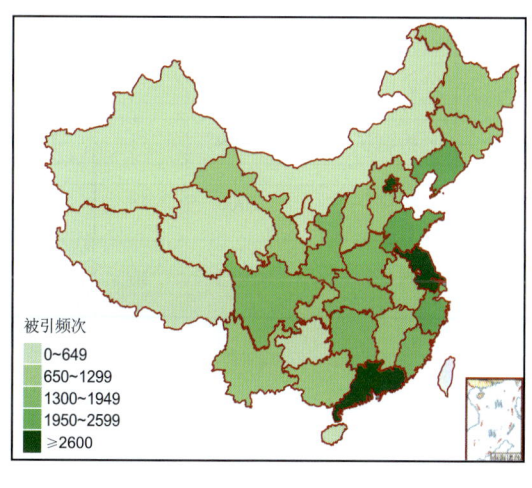

图4-1 2013年化学学科地区被引分布

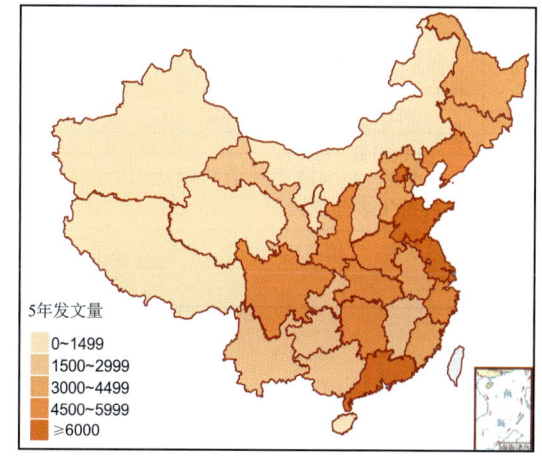

图4-2 化学学科5年论文产出地区分布

4.2 高被引论文分析

在化学学科，2013 年被引频次位居前 10 位的论文（表 4-2）平均被引频次为 15.75 次，是全部 428 篇高被引论文篇均被引频次的 2.2 倍。其中，被引频次较高的论文分别是延玺于 2008 年发表的《黄酮类化合物生理活性及合成研究进展》和阮桂色于 2011 年发表的《电感耦合等离子体原子发射光谱（ICP-AES）技术的应用进展》。

从论文分布来看，刊载高被引论文数量居前的 3 种期刊分别是《分析化学》（32 篇）、《色谱》（29 篇）和《光谱学与光谱分析》（27 篇），而《分析测试学报》刊载了高被引论文 TOP 10 中的 3 篇；发表高被引论文居前的 3 位学者分别是中国药科大学的胡志军（2 篇）、北京工业大学的任婷（2 篇）和潍坊出入境检验检疫局的宫小明（2 篇）；产出高被引论文数量居前的 3 所机构分别是中国农业大学（9 篇）、浙江大学（6 篇）和北京工业大学（6 篇）。

表 4-2 化学学科高被引论文 TOP 10

序号	论文题名	第一作者	期刊名称	发表年份	被引频次 总频次	被引频次 2013 年
1	黄酮类化合物生理活性及合成研究进展	延玺	有机化学	2008	87	23
2	电感耦合等离子体原子发射光谱（ICP-AES）技术的应用进展	阮桂色	中国无机分析化学	2011	34	22
3	石墨烯的功能化及其相关应用	黄毅	中国科学 B 辑	2009	55	16
3	不同类别食品中 21 种邻苯二甲酸酯的气相色谱-质谱测定及其分布情况研究	吴惠勤	分析测试学报	2011	37	16
3	苯并咪唑及其衍生物合成与应用研究进展	李焱	有机化学	2008	46	16
6	色谱指纹图谱在中药质量控制中的应用	周建良	色谱	2008	50	15
7	QuEChERS 样品前处理-液相色谱-串联质谱法测定蔬菜中 66 种有机磷农药残留量方法评估	王连珠	色谱	2012	16	14
7	固相萃取-高效液相色谱-串联质谱法同时测定土壤中氟喹诺酮、四环素和磺胺类抗生素	马丽丽	分析化学	2010	29	14
7	气相色谱-质谱联用测定食品中的邻苯二甲酸酯	卢春山	分析测试学报	2010	36	14
10	液相色谱-质谱分析中的基质效应	向平	分析测试学报	2009	35	13
10	固相萃取-高效液相色谱法测定畜牧粪便中 13 种抗生素药物残留	胡献刚	分析化学	2008	48	13
10	固相萃取-气相色谱-质谱法测定食品中 23 种邻苯二甲酸酯	郑向华	色谱	2012	30	13

4.3 研究主题关联分析

在化学学科，高被引论文累计被 2013 年发表的 2422 篇论文引用了 3047 次。通过分析施引文献关键词的词频及关键词之间的共现关系，获得 2013 年化学学科的热点主题和主题关联，如图 4-3 所示（共现 5 次以下不显示）。由图 4-3 可知："固相萃取"和"邻苯二甲酸酯"的文档词频较高，是化学学科近期的热点研究主题；"固相萃取"与"高效液相色谱"、"邻苯二甲酸酯"与"气相色谱-质谱"等概念之间的共现次数较多，显示出它们之间主题关联分别较为紧密。

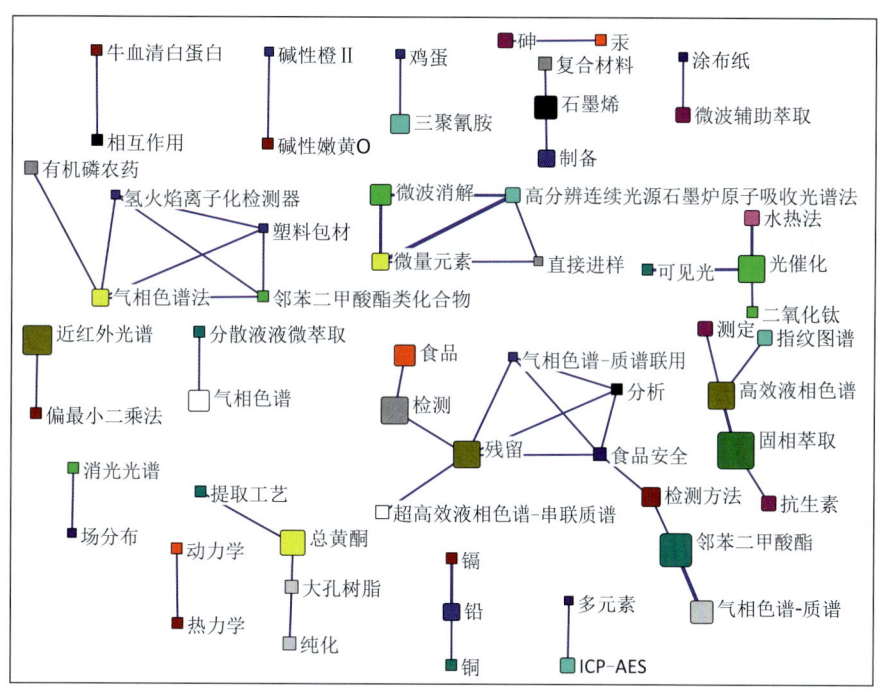

图 4-3　化学学科 2013 年热点主题关联

4.4 学科高影响力期刊分析

4.4.1 学科高影响力期刊 TOP 10

在化学学科，学科 5 年影响因子位居前 10 位的期刊见表 4-3，排在前 3 位的期刊分别是《岩矿测试》《色谱》和《分析测试学报》。在表 4-3 中，学科载文量占其总载文量比例最大的期刊是《色谱》；前 5 年学科载文在 2013 年被引率最高的期刊是《岩矿测试》；期刊 5 年影响因子较高的前 3 种期刊分别是《色谱》《岩矿测试》和《分析测试学报》；学科 5 年影响因子与期刊 5 年影响因子差异最大的期刊是《中国酿造》。表 4-3 中期刊的学科 5 年影响因子和前 5 年学科载文的 2013 年被引率对比如图 4-4 所示，2008—2013 年期刊 5 年影响因子的变动情况如图 4-5 所示。

表 4-3　化学学科高影响力期刊基本指数

序号	期刊名称	前5年载文量			2013年学科被引			5年影响因子		h指数（学科）
		学科（篇）	占比（%）	总量（篇）	频次	被引率（%）	高被引论文篇数	期刊（2013）	学科（2013）	
1	岩矿测试	425	46.4	916	467	52.0	9	0.906	1.099	7
2	色谱	1181	99.2	1191	1210	44.5	29	1.023	1.025	9
3	分析测试学报	1566	80.6	1944	1244	37.6	25	0.731	0.794	8
4	中国酿造	409	11.2	3649	315	40.1	6	0.572	0.770	7
5	光谱学与光谱分析	1898	42.7	4449	1409	39.0	27	0.668	0.742	9
6	质谱学报	359	97.8	367	255	40.1	3	0.700	0.710	5
7	冶金分析	1173	94.4	1243	711	37.3	4	0.599	0.606	5
8	化学进展	1226	81.0	1513	733	31.4	19	0.704	0.598	8
9	中国稀土学报	301	38.1	790	174	37.2	1	0.484	0.578	4
10	离子交换与吸附	223	51.7	431	127	30.9	2	0.522	0.570	5

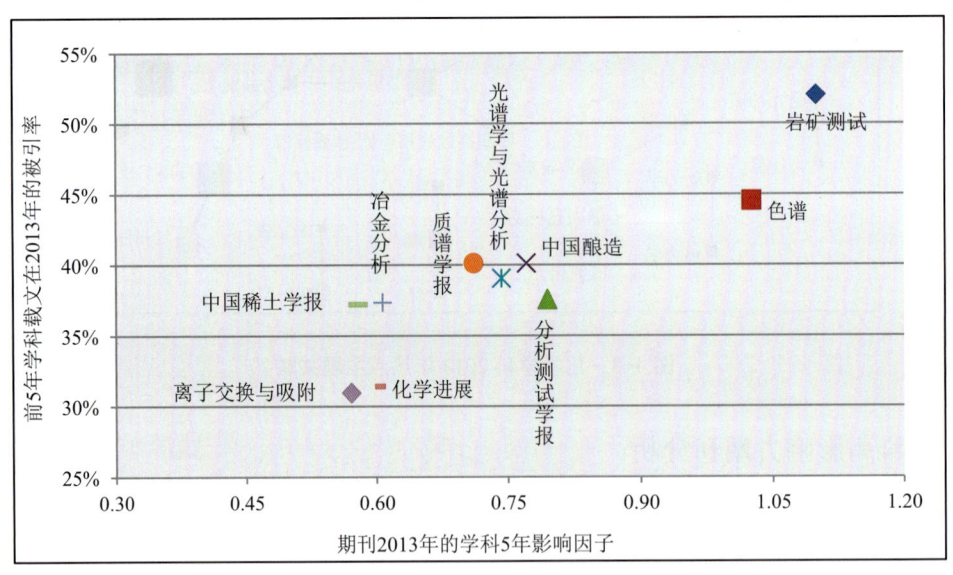

图 4-4　化学学科高影响力期刊对比

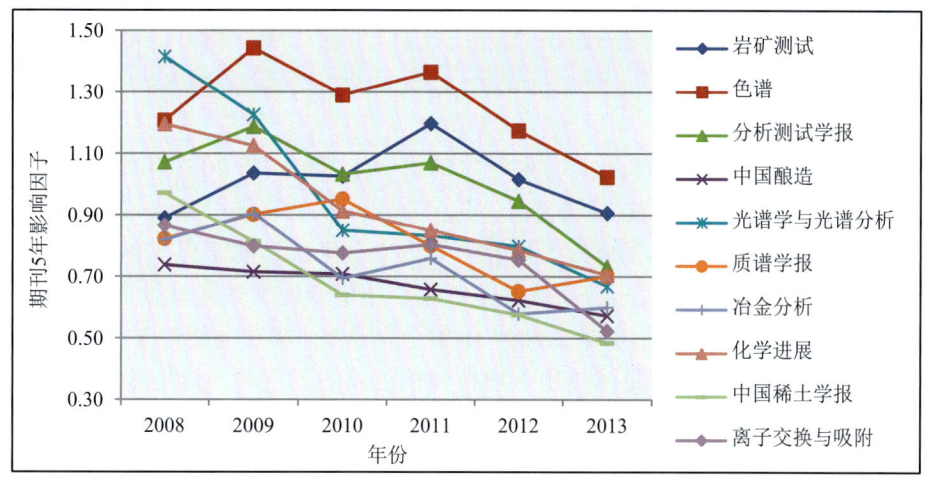

图 4-5 化学学科期刊 5 年影响因子变动

4.4.2 学科高影响力期刊载文主题关联

通过期刊共被引分析,获得化学学科高影响力期刊及与其他期刊之间的载文主题关联,如图 4-6 所示(共被引 34 次以下不显示)。结果显示,化学学科的高影响力期刊相互链接较为紧密,基本主导了该学科的期刊共被引网络,显示出该学科高影响力期刊可能共同刊载了许多相近的研究主题,热点研究主题分散在多种期刊上。《岩矿测试》和《色谱》的学科 5 年影响因子较高,显示出它们的学术影响力较大;《分析测试学报》与《色谱》《分析化学》等期刊之间的链接较强,意味着它们之间可能有较多相同或相近的载文主题。

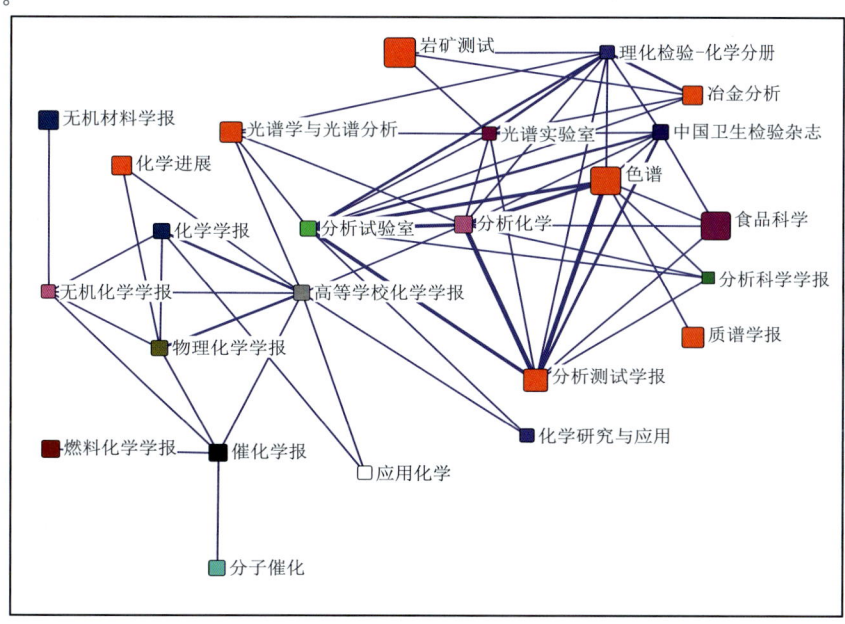

图 4-6 化学学科高影响力期刊载文主题关联

4.5 高被引作者分析

4.5.1 高被引作者TOP 20

2008—2012年，在91048位化学学科论文的第一作者中，在2013年学科被引频次位居前20位的学者的发文及被引情况见表4-4。其中，学科发文总被引频次较高的3位作者分别是深圳出入境检验检疫局的王成云（41次）、太原理工大学的李忠（38次）和中国检验检疫科学研究院的马强（31次）。高被引作者的5年学科发文数量从3篇到31篇不等，同时，作者学科发文的期刊分布也在2种到18种之间变化。在发文超过5篇的所有作者中，篇均被引较高的3位作者分别是漳州出入境检验检疫局的王连珠（篇均6.00次）、中国石油大学（北京）的戈磊（篇均3.60次）和浙江大学的吴迪（篇均3.60次）；前5年发表学科论文较多的3位作者分别是长江师范学院的江虹（41篇）、广西工学院的李利军（38篇）和宝鸡文理学院的张来新（33篇）。高被引作者的学科发文量和被引量对比如图4-7所示。

表4-4 化学学科高被引作者TOP 20

序号	姓名	作者单位	前5年发文数量			前5年学科发文在2013年的被引				h指数（学科）
			学科发文（篇）	期刊分布（种）	发文总量（篇）	总频次	被引率（%）	最高（次）	篇均（次）	
1	王成云	深圳出入境检验检疫局	26	18	47	41	57.7	10	1.58	4
2	李忠	太原理工大学	19	7	20	38	84.2	5	2.00	3
3	马强	中国检验检疫科学研究院	17	6	20	31	52.9	8	1.82	3
4	王连珠	漳州出入境检验检疫局	5	4	5	30	80.0	14	6.00	2
5	刘启能	重庆工商大学	23	13	174	29	39.1	9	1.26	6
5	吴惠勤	中国广州分析测试中心	10	3	10	29	60.0	16	2.90	3
7	孙国祥	沈阳药科大学	17	4	188	27	58.8	7	1.59	4
8	刘天宝	池州学院	23	8	29	24	39.1	6	1.04	3
9	延玺	北京师范大学	3	3	3	23	33.3	23	7.67	1
10	宋华	东北石油大学	19	11	51	22	47.4	5	1.16	3
10	阮桂色	北京矿冶研究总院	3	2	3	22	33.3	22	7.33	1
10	赵庆令	山东省鲁南地质工程勘察院	9	3	11	22	66.7	5	2.44	4
10	成勇	攀钢集团研究院有限公司	16	4	17	22	50.0	9	1.38	3
14	李锋格	新疆出入境检验检疫局	10	3	10	21	40.0	12	2.10	2
15	余长林	江西理工大学	11	7	25	20	63.6	5	1.82	4
15	臧晓欢	河北农业大学	4	3	4	20	50.0	11	5.00	2
15	张国文	南昌大学	31	7	37	20	32.3	7	0.65	2

序号	姓名	作者单位	前5年发文数量			前5年学科发文在2013年的被引				h指数(学科)
			学科发文(篇)	期刊分布(种)	发文总量(篇)	总频次	被引率(%)	最高(次)	篇均(次)	
18	沈伟健	江苏出入境检验检疫局	7	3	7	19	85.7	11	2.71	2
19	刘芃岩	河北大学	15	8	21	18	53.3	5	1.20	3
19	苏建峰	福建华日食品安全检测有限公司	8	5	9	18	100.0	5	2.25	2
19	孙汉文	河北大学	15	7	24	18	60.0	6	1.20	3
19	吴迪	浙江大学	5	2	8	18	100.0	6	3.60	3
19	戈磊	中国石油大学(北京)	5	2	5	18	80.0	8	3.60	3
19	宫小明	潍坊出入境检验检疫局	3	2	6	18	100.0	8	6.00	4

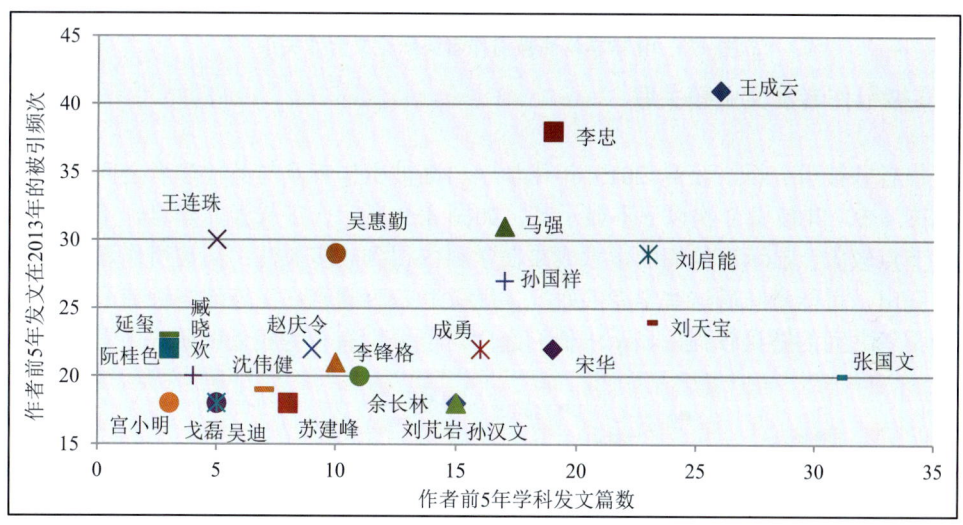

图 4-7 化学学科高被引作者学科发文及被引对比

4.5.2 高被引作者科研合作关系

通过作者合著分析,获得 2013 年化学学科高被引作者及与其他学者之间的科研论文合作关系(不考虑论文署名次序),如图 4-8 所示(合著 6 次以下不显示)。可以看出,化学学科的高被引作者的论文合作现象比较普遍。学者张国文、王成云的发文量较多,论文合作者也较多;学者马强、吴惠勤的论文合作网络较为突出,显示出其在该学科的研究人员中具有一定的集聚效应;马强与白桦、吴惠勤与黄芳等学者之间的合作关系较为紧密,显示出他们可能分别属于同一支科研团队。

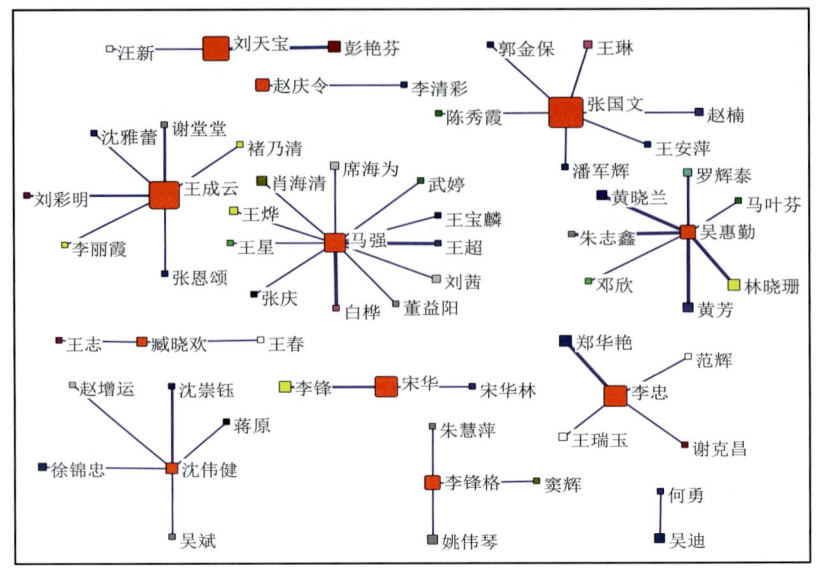

图 4-8　化学学科高被引作者科研论文合作关系

4.5.3　高被引作者发文主题关联

通过作者共被引分析，获得 2013 年化学学科高被引作者及与其他学者之间的发文主题关联（见图 4-9，共被引 2 次以下不显示）。如图 4-9 所示，王长云、李忠、王连珠、马强等学者的节点较大，显示出他们的学术成果在学科内得到较多关注；高被引作者在共被引网络中比较突出，可能意味着这些学者的研究主题关联较为紧密；王连珠与钟启升、吴惠勤与郭春海等学者之间的链接较强，显示出他们之间可能分别有较为相近的研究主题。

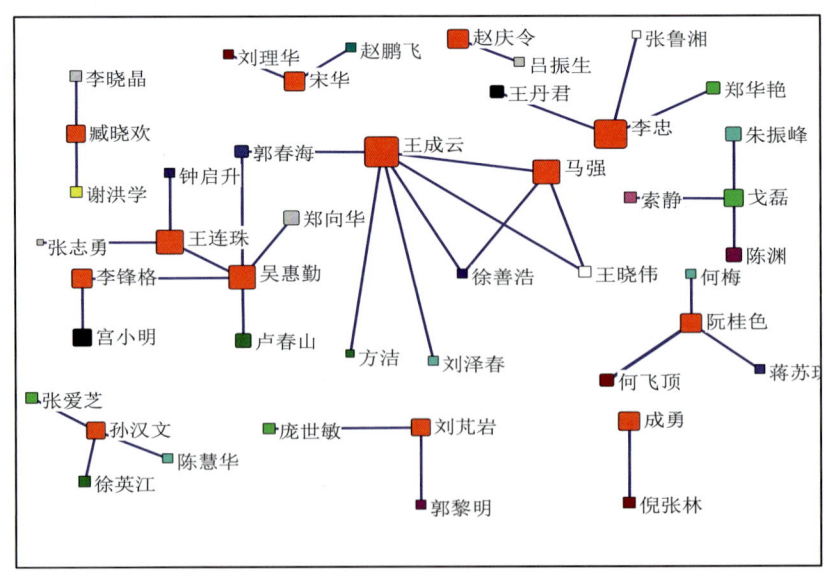

图 4-9　化学学科高被引作者发文主题关联

4.6 高被引机构分析

4.6.1 高被引机构

为便于比较，本书将化学学科的高被引机构分为高等院校和科研院所两种类型。其中，被引频次 TOP 10 高等院校和被引频次 TOP 5 科研院所的发文及被引情况分别见表 4-5 和表 4-6。其中，总被引频次较高的 3 所高等院校分别是浙江大学、四川大学和华南理工大学，中国科学院大连化学物理研究所、中国科学院长春应用化学研究所和中国科学院兰州化学物理研究所是总被引频次较高的 3 所科研院所；前 5 年学科发文在 2013 年的被引率最高的高等院校和科研院所分别是中国农业大学和中国科学院生态环境研究中心，篇均被引最高的高等院校和科研院所分别是中国农业大学和中国科学院生态环境研究中心。上述高被引机构的论文被引率和篇均被引频次对比如图 4-10 所示。

表 4-5 化学学科高被引高等院校 TOP 10

序号	第一作者单位	学科发文量（篇）		前 5 年学科发文在 2013 年的被引			
		前 5 年	2013 年	频次	被引率(%)	最高(次)	篇均(次)
1	浙江大学	1022	135	472	27.2	10	0.46
2	四川大学	1232	149	438	25.6	8	0.36
3	华南理工大学	708	69	389	30.9	7	0.55
4	中国农业大学	387	42	342	40.8	8	0.88
5	中南大学	702	79	324	29.3	7	0.46
6	南昌大学	735	71	306	26.9	8	0.42
7	吉林大学	859	116	292	21.7	9	0.34
8	浙江工业大学	686	134	290	25.5	14	0.42
9	华东理工大学	844	127	284	23.6	10	0.34
10	南开大学	652	83	265	22.4	16	0.41

表 4-6 化学学科高被引科研院所 TOP 5

序号	第一作者单位	学科发文量（篇）		前 5 年学科发文在 2013 年的被引			
		前 5 年	2013 年	频次	被引率(%)	最高(次)	篇均(次)
1	中国科学院大连化学物理研究所	382	58	219	28.5	12	0.57
2	中国科学院长春应用化学研究所	316	39	163	24.7	12	0.52
3	中国科学院兰州化学物理研究所	217	23	122	30.9	6	0.56
4	中国科学院生态环境研究中心	102	16	103	40.2	10	1.01
5	中国科学院山西煤炭化学研究所	165	15	98	32.1	9	0.59

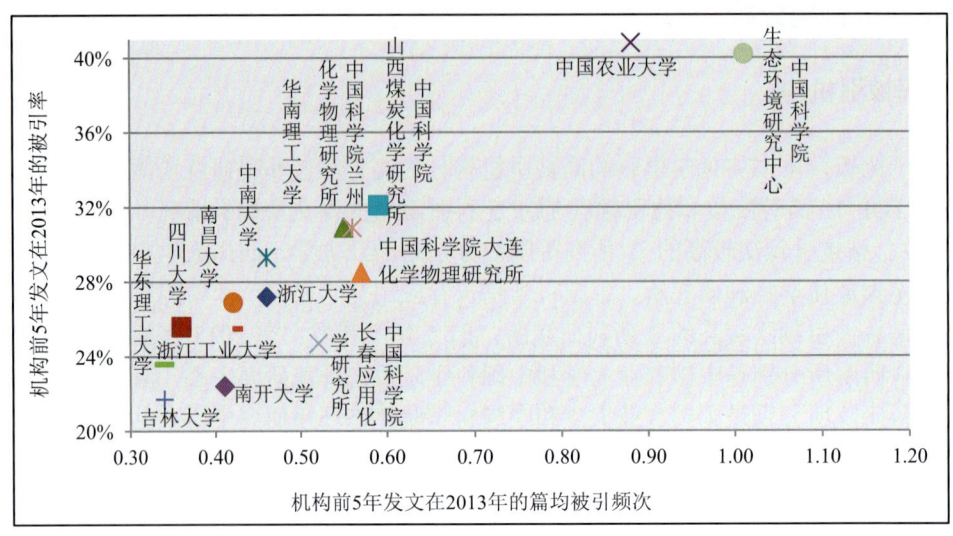

图 4-10　化学学科高被引机构论文篇均被引及被引率对比

4.6.2　高被引机构科研合作关系

通过合著分析，获得化学学科高被引机构之间及其与其他机构之间的科研合作关联，如图 4-11 所示（合作 60 次以下不显示）。分析得知，化学学科的机构合作链接非常紧密，显示出学科内各个机构间的合作现象非常普遍；高被引机构基本主导了机构合作网络，显示出这些机构已经在学科内具有了一定的科研优势。中国科学院长春应用化学研究所与吉林大学、长春工业大学等机构之间的链接较强，表明它们的学术合作较为频繁。

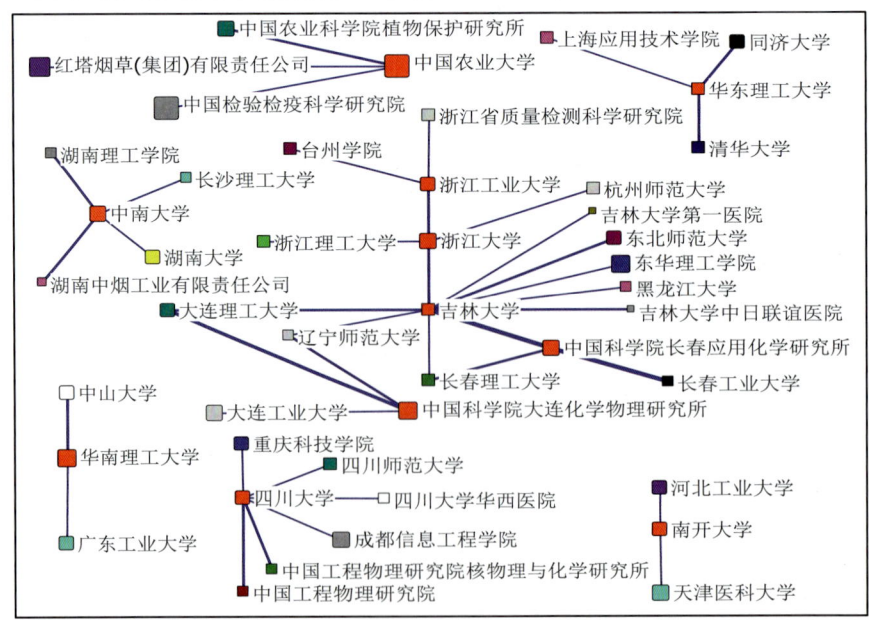

图 4-11　化学学科高被引机构科研合作关联

4.7 高被引图书、国外期刊及学术会议

2013 年，化学学科被引频次位居前 10 位的图书及国外期刊见表 4-7 和表 4-8。其中，被引次数较多的 4 种图书分别是国家环境保护总局的《水和废水监测分析方法》、陆婉珍的《现代近红外光谱分析技术》、许金钩的《荧光分析法》和辛仁轩的《等离子体发射光谱分析》；被引次数较多的 3 种国外期刊分别是《Journal of the American Chemical Society》《Angewandte Chemie International Edition》和《Chemical Communications》；被引次数较多的 3 场学术会议分别是"SID Symposium Digest of Technical Papers""Annual Book of ASTM Standards"和"International Image Sensor Workshop"。

表 4-7 化学学科高被引图书 TOP 10

序号	责任者	图书名称	出版社	2013 年被引频次
1	国家环境保护总局	水和废水监测分析方法	中国环境科学出版社	44
2	陆婉珍	现代近红外光谱分析技术	中国石化出版社	36
3	许金钩	荧光分析法	科学出版社	34
3	辛仁轩	等离子体发射光谱分析	化学工业出版社	34
5	傅献彩	物理化学	高等教育出版社	32
6	中国实验室国家认可委员会	化学分析中不确定度的评估指南	中国计量出版社	29
7	胡荣祖	热分析动力学	科学出版社	28
7	潘祖仁	高分子化学	化学工业出版社	28
9	牟世芬	离子色谱方法及应用	化学工业出版社	25
9	武汉大学	分析化学	高等教育出版社	25

表 4-8 化学学科高被引国外期刊 TOP 10

序号	期刊名称	2013 年被引频次
1	Journal of the American Chemical Society	9194
2	Angewandte Chemie International Edition	3850
3	Chemical Communications	3215
4	Macromolecules	2862
5	Journal of Chromatography A	2797
6	Analytical Chemistry	2626
7	Chemical Reviews	2609
8	Langmuir	2525
9	Journal of Organic Chemistry	2400
10	Journal of Physical Chemistry B	2339

第 5 章　天文学、地球科学学科高被引分析

5.1　学科论文概况

2008—2012 年，天文学、地球科学学科共有 156137 位来自 34090 所机构的论文第一作者在 4448 种期刊上发表了 178943 篇学术论文。其中，80%以上的论文产出自 9477 所机构、117812 位作者，发表在 395 种期刊上。在前 5 年发表的这些论文中，有 54381 篇在 2013 年获得过引用，整体被引率为 30.4%，总被引频次为 114727 次，篇均被引 0.64 次；其中，高被引论文有 633 篇，单篇论文最高被引频次为 113 次，累计被引 9295 次，篇均被引 14.68 次（表 5-1）。另外，2013 年天文学、地球科学学科共发表论文 41245 篇，其中有 866 篇在当年获得过引用，总共被引 1248 次。

表 5-1　天文学、地球科学学科论文分布情况

年份	论文篇数	2013 年被引频次	2013 年被引率（%）	2013 年高被引论文			
				论文篇数	最高被引频次	总被引频次	篇均被引频次
2008	28131	21945	34.3	105	88	1917	18.26
2009	30563	24052	35.2	116	87	2114	18.22
2010	34030	26208	35.4	132	105	2062	15.62
2011	41397	25213	29.8	171	113	2026	11.85
2012	44822	17309	21.4	109	78	1176	10.79
合计	178943	114727	30.4	633	113	9295	14.68

从天文学、地球科学学科论文的地域分布来看，2013 年被引频次较高的 5 个省、直辖市或自治区依次是北京、江苏、湖北、四川和陕西（图 5-1）；5 年论文产出量较多的 5 个省、直辖市或自治区依次是北京、江苏、湖北、山东和四川（图 5-2）。

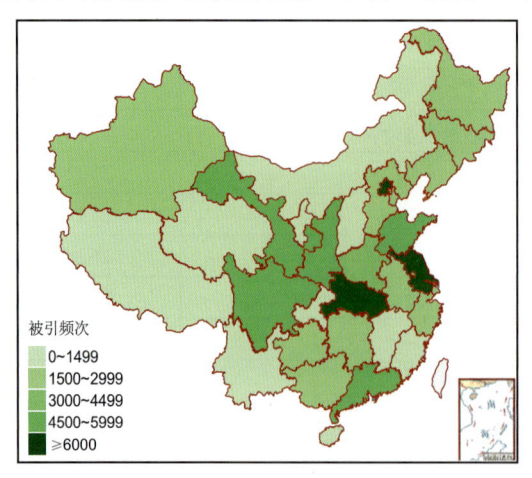
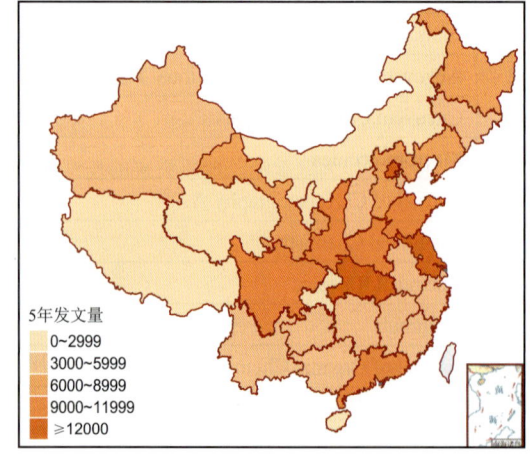

图 5-1　2013 年天文学、地球科学学科地区被引分布　　图 5-2　天文学、地球科学学科 5 年论文产出地区分布

5.2 高被引论文分析

在天文学、地球科学学科，2013 年被引频次位居前 10 位的论文（表 5-2）平均被引频次为 59.8 次，是全部 633 篇高被引论文篇均被引频次的 4.1 倍。其中，被引频次最高的论文是邹才能于 2010 年发表的《中国页岩气形成机理、地质特征及资源潜力》，随后 2 篇分别是侯可军于 2009 年发表的《LA-MC-ICP-MS 锆石微区原位 U-Pb 定年技术》和聂海宽于 2009 年发表的《页岩气成藏控制因素及中国南方页岩气发育有利区预测》。

从论文分布来看，刊载高被引论文数量居前的 3 种期刊分别是《岩石学报》（76 篇）、《地球物理学报》（44 篇）和《地质学报》（35 篇），而《天然气工业》刊载了高被引论文 TOP 10 中的 2 篇；发表高被引论文居前的 3 位学者分别是中国地质科学院地质研究所的高林志（6 篇）、武汉大学的李德仁（6 篇）和中国地质科学院地质研究所的杨经绥（6 篇）；产出高被引论文数量居前的 3 所机构分别是中国地质科学院地质研究所（43 篇）、中国科学院地质与地球物理研究所（38 篇）和中国地质大学（北京）（29 篇），而中国地质大学（北京）产出了高被引论文 TOP 10 中的 3 篇。

表 5-2 天文学、地球科学学科高被引论文 TOP 10

序号	论文题名	第一作者	期刊名称	发表年份	被引频次 总频次	被引频次 2013 年
1	中国页岩气形成机理、地质特征及资源潜力	邹才能	石油勘探与开发	2010	231	105
2	LA-MC-ICP-MS 锆石微区原位 U-Pb 定年技术	侯可军	矿床地质	2009	266	69
3	页岩气成藏控制因素及中国南方页岩气发育有利区预测	聂海宽	石油学报	2009	187	66
4	中国页岩气资源勘探潜力	张金川	天然气工业	2008	198	61
5	中国大地构造单元划分	潘桂棠	中国地质	2009	220	60
6	汶川 Ms 8.0 地震地表破裂带及其发震构造	徐锡伟	地震地质	2008	416	55
7	四川盆地页岩气成藏地质条件	张金川	天然气工业	2008	162	50
8	华南地区中生代主要金属矿床时空分布规律和成矿环境	毛景文	高校地质学报	2008	217	45
9	中国油气储层中纳米孔首次发现及其科学价值	邹才能	岩石学报	2011	95	44
10	"5.12"汶川大地震触发地质灾害的发育分布规律研究	黄润秋	岩石力学与工程学报	2008	181	43

5.3 研究主题关联分析

在天文学、地球科学学科，高被引论文累计被 2013 年发表的 5706 篇论文引用了 9295 次。通过分析施引文献关键词的词频及关键词之间的共现关系，获得 2013 年天文学、地球科学学科的热点主题和主题关联，如图 5-3 所示（共现 17 以下不显示）。由图 5-3 可知："页岩气"和"地球化学"的文档词频较高，是天文学、地球科学学科近期的热点研究主题；"鄂尔多斯盆地"与"延长组"、"页岩气"与"四川盆地"之间的共现次数较多，显示出它们之间主题关联分别较为紧密；以"页岩气""鄂尔多斯盆地"为核心的多个概念相互关联，构成了领域内近期较为突出的研究主题簇；另外，以"页岩气""地球化学"等概念为中心的研究主题簇也颇具规模。

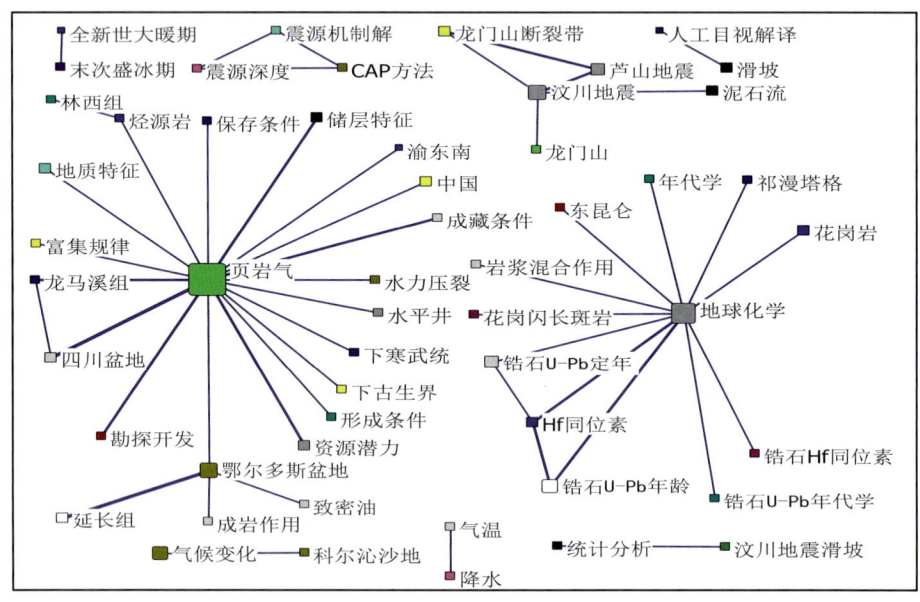

图 5-3 天文学、地球科学学科 2013 年热点主题关联

5.4 学科高影响力期刊分析

5.4.1 学科高影响力期刊 TOP 10

在天文学、地球科学学科，学科 5 年影响因子位居前 10 位的期刊见表 5-3，排在前 3 位的期刊分别是《地理学报》《岩石学报》和《地质学报》。在表 5-3 中，学科载文量占其总载文量比例最大的期刊是《岩石学报》；前 5 年学科载文在 2013 年被引率最高的期刊是《应用气象学报》；期刊 5 年影响因子较高的前 3 种期刊分别是《地理学报》《岩石学报》和《地质学报》；学科 5 年影响因子与期刊 5 年影响因子差异最大的期刊是《地理学报》。表 5-3 中期刊的学科 5 年影响因子和前 5 年学科载文的 2013 年被引率对比如图 5-4 所示，2008—2013 年期刊 5 年影响因子的变动情况如图 5-5 所示。

表 5-3 天文学、地球科学学科高影响力期刊基本指数

序号	期刊名称	前 5 年载文量			2013 年学科被引			5 年影响因子		h指数（学科）
		学科（篇）	占比（%）	总量（篇）	频次	被引率（%）	高被引论文篇数	期刊（2013）	学科（2013）	
1	地理学报	400	44.7	894	1081	59.8	23	3.240	2.702	18
2	岩石学报	1813	99.9	1814	4455	60.5	76	2.459	2.457	17
3	地质学报	997	98.7	1010	2015	56.9	35	2.007	2.021	13
4	应用气象学报	489	93.1	525	935	62.6	10	1.855	1.912	10
5	矿床地质	537	98.4	546	995	52.3	12	1.852	1.853	11
6	湖泊科学	473	63.6	744	853	60.5	8	1.558	1.803	10
7	第四纪研究	645	84.1	767	1138	55.2	15	1.694	1.764	10
8	大气科学	618	99.2	623	1087	59.6	10	1.766	1.759	10
9	地球学报	513	82.3	623	888	48.9	13	1.734	1.731	12
10	中国科学（地球科学）	772	74.7	1034	1326	55.1	17	1.433	1.718	12

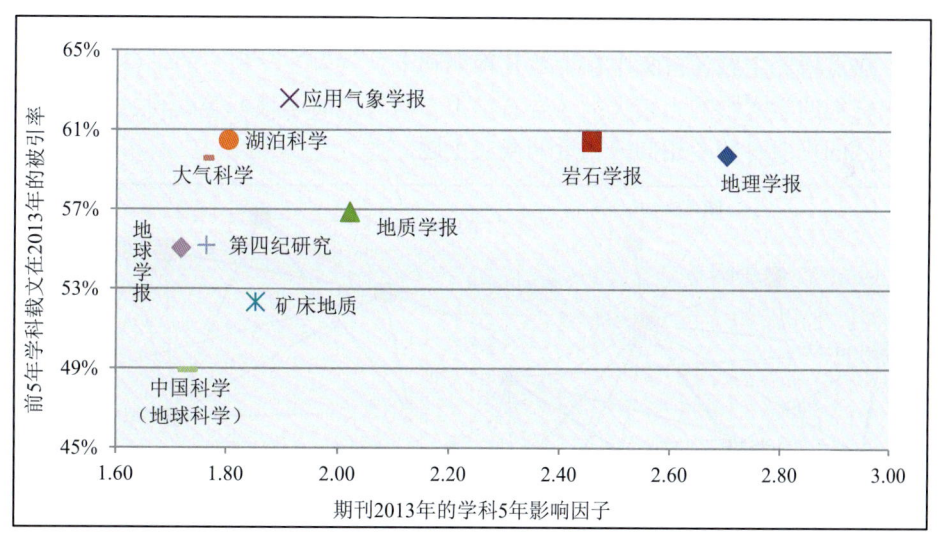

图 5-4 天文学、地球科学学科高影响力期刊对比

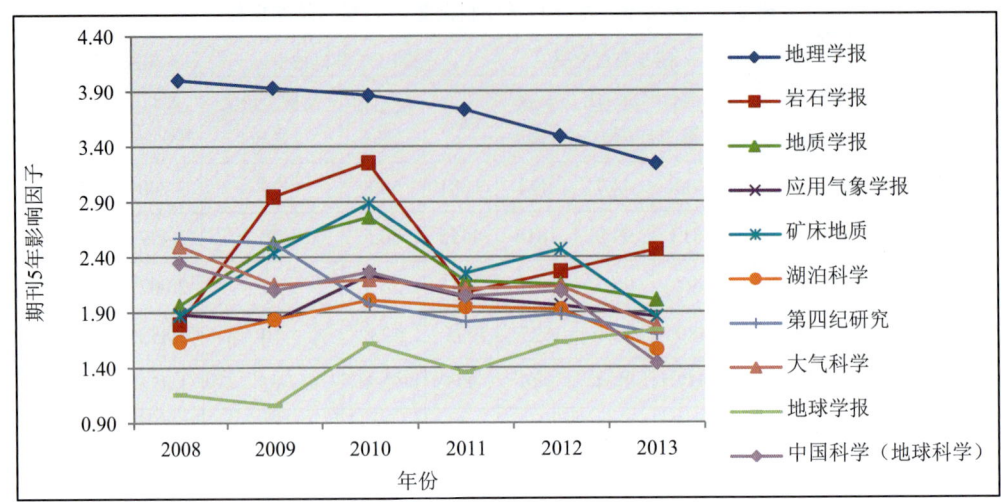

图 5-5　天文学、地球科学学科期刊 5 年影响因子变动

5.4.2　学科高影响力期刊载文主题关联

通过期刊共被引分析，获得天文学、地球科学学科高影响力期刊及与其他期刊之间的载文主题关联，如图 5-6 所示（共被引 114 次以下不显示）。结果显示，天文学、地球科学学科的高影响力期刊相互链接较为松散，显示出该学科高影响力期刊可能各自有着更加青睐的载文主题，热点研究主题各自集中在少数几种期刊上。《岩石学报》的学科 5 年影响因子较高，显示出它们的学术影响力较大；《岩石学报》与《地质学报》等期刊之间的链接较强，意味着它们之间可能有较多相同或相近的载文主题。

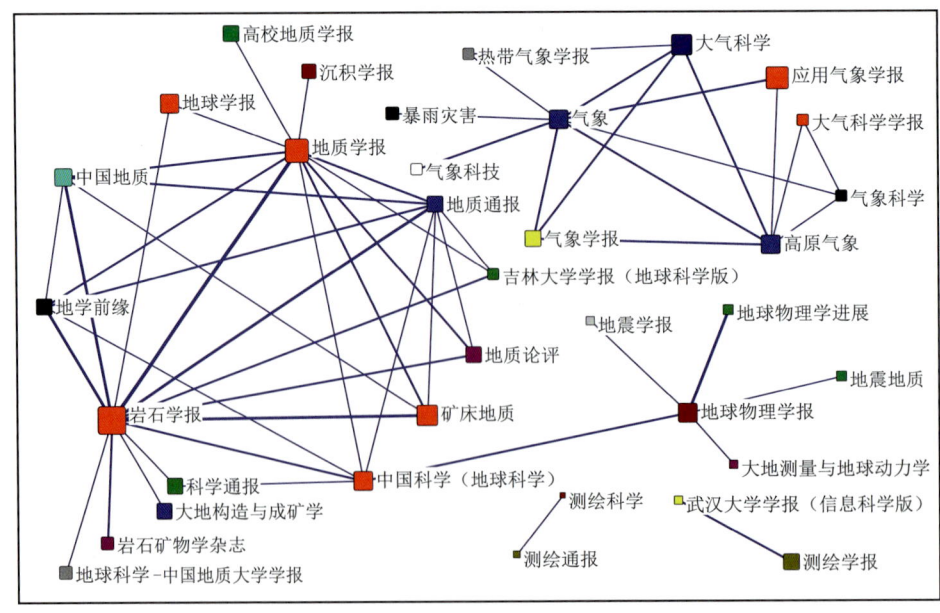

图 5-6　天文学、地球科学学科高影响力期刊载文主题关联

5.5 高被引作者分析

5.5.1 高被引作者 TOP 20

2008—2012年，在156137位天文学、地球科学学科论文的第一作者中，学科发文在2013年被引频次位居前20位的学者见表5-4。其中，学科发文总被引频次较高的3位作者分别是中国石油勘探开发科学研究院的邹才能（220次）、中国地质大学（北京）的张金川（205次）和武汉大学的李德仁（170次）。高被引作者的5年学科发文数量从2篇到34篇不等，同时，作者学科发文的期刊分布也在1种到14种之间变化。在发文超过5篇的所有作者中，篇均被引较高的3位作者是中国石油勘探开发科学研究院的邹才能（篇均27.50次）、中国地质大学（北京）的张金川（篇均22.78次）和中国地质大学（北京）的邓军（篇均16.00次）；前5年发表学科论文较多的3位作者分别是北京大学的王绍武（40篇）、中国地震局地球物理研究所的陈培善（36篇）和中国科学院地质与地球物理研究所的滕吉文（35篇）。高被引作者的学科发文量和被引量对比如图5-7所示。

表5-4 天文学、地球科学学科高被引作者 TOP 20

序号	姓名	作者单位	前5年发文数量			前5年学科发文在2013年的被引				h指数（学科）
			学科发文（篇）	期刊分布（种）	发文总量（篇）	总频次	被引率（%）	最高（次）	篇均（次）	
1	邹才能	中国石油勘探开发科学研究院	8	6	38	220	100.0	105	27.50	6
2	张金川	中国地质大学（北京）	9	3	11	205	88.9	61	22.78	7
3	李德仁	武汉大学	32	12	39	170	71.9	33	5.31	7
4	许冲	中国地震局地质研究所	34	14	34	168	55.9	21	4.94	8
5	黄润秋	成都理工大学	15	6	29	134	80.0	43	8.93	7
6	张旗	中国科学院地质与地球物理研究所	32	11	32	104	53.1	18	3.25	6
7	高林志	中国地质科学院地质研究所	18	5	18	101	77.8	18	5.61	7
8	邓军	中国地质大学（北京）	6	3	10	96	66.7	29	16.00	4
9	杨经绥	中国地质科学院地质研究所	16	5	16	92	75.0	12	5.75	7
10	殷跃平	中国地质调查局	8	3	9	86	87.5	23	10.75	5
11	许强	成都理工大学	18	9	24	84	77.8	13	4.67	6
12	张强	中国气象局兰州干旱气象研究所	18	8	44	82	77.8	23	4.56	5
13	许志琴	中国地质科学院地质研究所	13	3	14	81	76.9	21	6.23	6

序号	姓名	作者单位	前5年发文数量			前5年学科发文在2013年的被引				h指数（学科）
			学科发文（篇）	期刊分布（种）	发文总量（篇）	总频次	被引率（%）	最高（次）	篇均（次）	
14	张培震	中国地震局地质研究所	5	4	7	78	80.0	40	15.60	3
14	徐锡伟	中国地震局地质研究所	8	5	8	78	50.0	55	9.75	3
16	周涛发	合肥工业大学	11	6	12	77	90.9	23	7.00	5
17	陈衍景	北京大学	6	5	6	73	83.3	28	12.17	4
18	潘桂棠	成都地质矿产研究所	4	3	4	70	75.0	60	17.50	3
19	侯可军	中国地质科学院矿产资源研究所	2	1	3	69	50.0	69	34.50	1
20	董大忠	中国石油勘探开发科学研究院	2	2	4	67	100.0	37	33.50	2

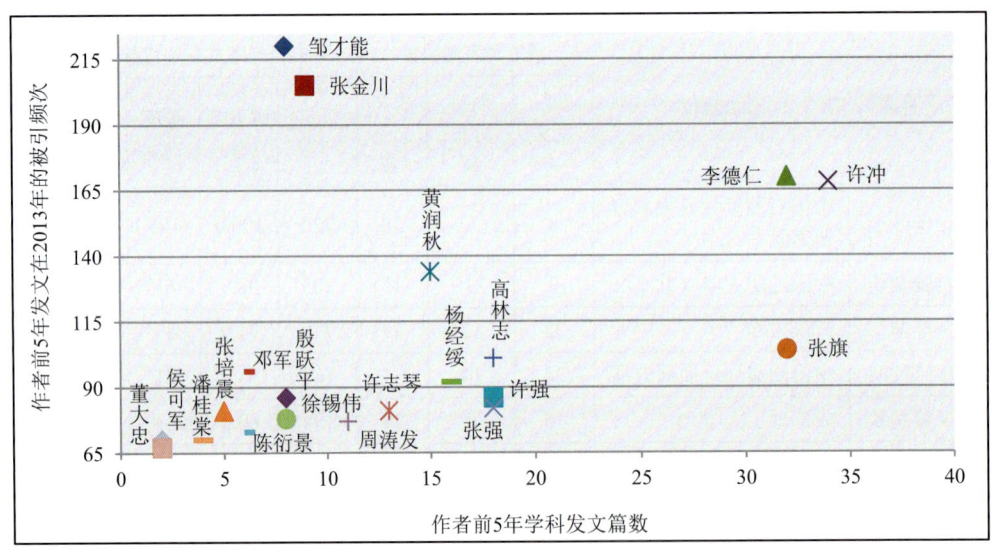

图 5-7　天文学、地球科学学科高被引作者学科发文及被引对比

5.5.2　高被引作者科研合作关系

通过作者合著分析，获得 2013 年天文学、地球科学学科高被引作者及与其他学者之间的科研论文合作关系（不考虑论文署名次序），如图 5-8 所示（合著 8 次以下不显示）。可以看出，天文学、地球科学学科的高被引作者的论文合作现象比较普遍。学者许冲、李德仁的发文量较多，杨经绥的论文合作网络较为突出，在该学科的研究人员中表现出一定的集聚效应；周涛发与袁峰、范裕之间的合作关系较为紧密，显示出他们可能属于同一支科研团队。

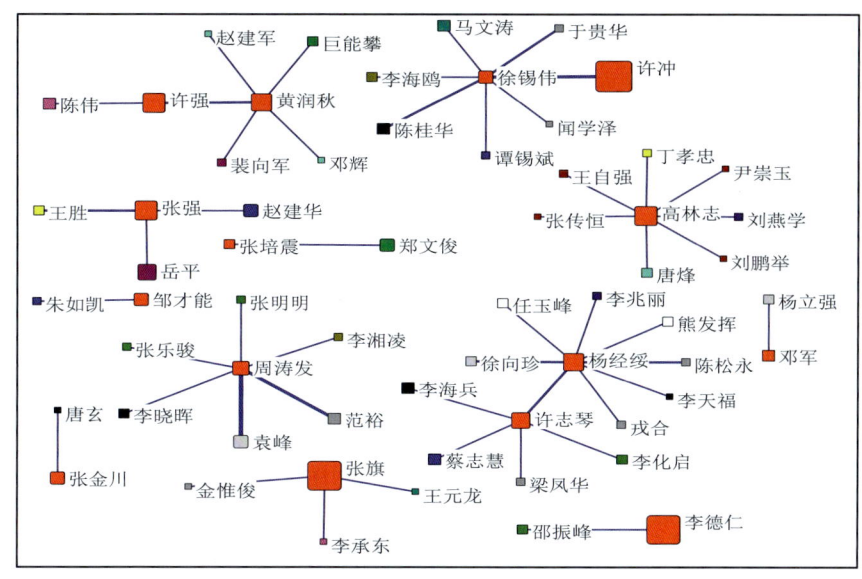

图 5-8 天文学、地球科学学科高被引作者科研论文合作关系

5.5.3 高被引作者发文主题关联

通过作者共被引分析，获得 2013 年天文学、地球科学学科高被引作者及与其他学者之间的发文主题关联（见图 5-9，共被引 10 次以下不显示）。如图 5-9 所示，天文学、地球科学学科的高被引作者基本主导了作者共被引网络，显示出该学科在热点主题上可能已经形成了优势明显的科研力量；学者邹才能与张金川、董大忠等学者作为主要节点的共被引作者簇人数较多，网络规模较大且链接较强，可能意味着这些学者的研究主题关联较为紧密，并且他们之间可能有较为相近的研究主题。

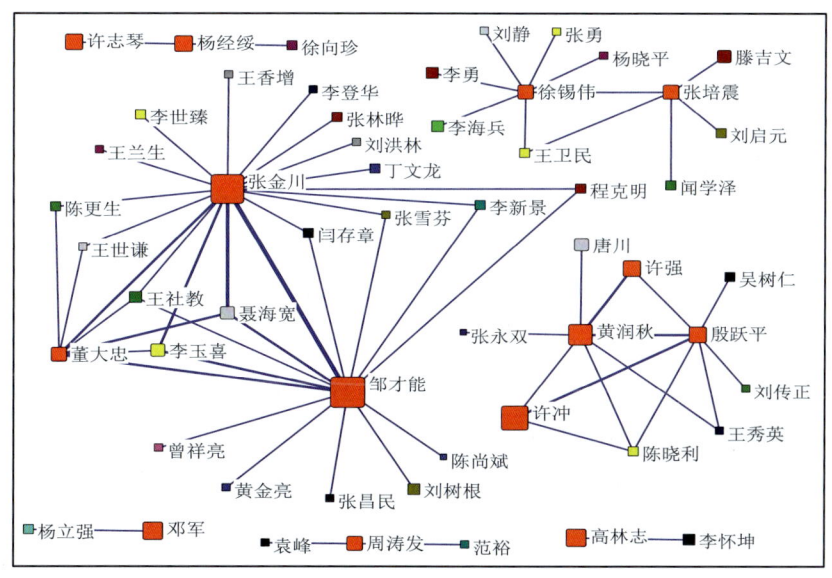

图 5-9 天文学、地球科学学科高被引作者发文主题关联

5.6 高被引机构分析

5.6.1 高被引机构

为便于比较,本书将天文学、地球科学学科的高被引机构分为高等院校和科研院所两种类型。其中,被引频次 TOP 10 高等院校和被引频次 TOP 5 科研院所的发文及被引情况分别见表 5-5 和表 5-6。其中,总被引频次较高的 3 所高等院校分别是中国地质大学(北京)、成都理工大学和南京信息工程大学,中国科学院地质与地球物理研究所、中国地质科学院地质研究所和中国石油勘探开发科学研究院是总被引频次较高的 3 所科研院所;前 5 年学科发文在 2013 年的被引率最高的高等院校和科研院所分别是北京大学和中国地质科学院地质研究所,篇均被引最高的高等院校和科研院所分别是北京大学和中国地质科学院地质研究所。上述高被引机构的论文被引率和篇均被引频次对比如图 5-10 所示。

表 5-5　天文学、地球科学学科高被引高等院校 TOP 10

序号	第一作者单位	学科发文量(篇)		前 5 年学科发文在 2013 年的被引			
		前 5 年	2013 年	频次	被引率(%)	最高(次)	篇均(次)
1	中国地质大学(北京)	3168	265	3850	45.0	66	1.22
2	成都理工大学	3475	581	2325	31.7	43	0.67
3	南京信息工程大学	2198	481	2202	42.0	15	1.00
4	中国地质大学(武汉)	3265	808	2162	31.8	15	0.66
5	武汉大学	2807	415	2159	35.9	33	0.77
6	北京大学	1608	271	2075	46.1	28	1.29
7	南京大学	1784	278	2003	43.0	24	1.12
8	吉林大学	1914	349	1609	36.4	22	0.84
9	兰州大学	1173	247	1306	43.3	22	1.11
10	中国石油大学(北京)	1166	267	1096	42.1	16	0.94

表 5-6　天文学、地球科学学科高被引科研院所 TOP 5

序号	第一作者单位	学科发文量(篇)		前 5 年学科发文在 2013 年的被引			
		前 5 年	2013 年	频次	被引率(%)	最高(次)	篇均(次)
1	中国科学院地质与地球物理研究所	1417	201	2342	50.9	37	1.65
2	中国地质科学院地质研究所	743	125	1637	54.5	21	2.20
3	中国石油勘探开发科学研究院	690	56	1401	53.6	105	2.03
4	中国科学院地理科学与资源研究所	821	146	1236	50.4	42	1.51
5	中国科学院大气物理研究所	808	123	1156	52.4	17	1.43

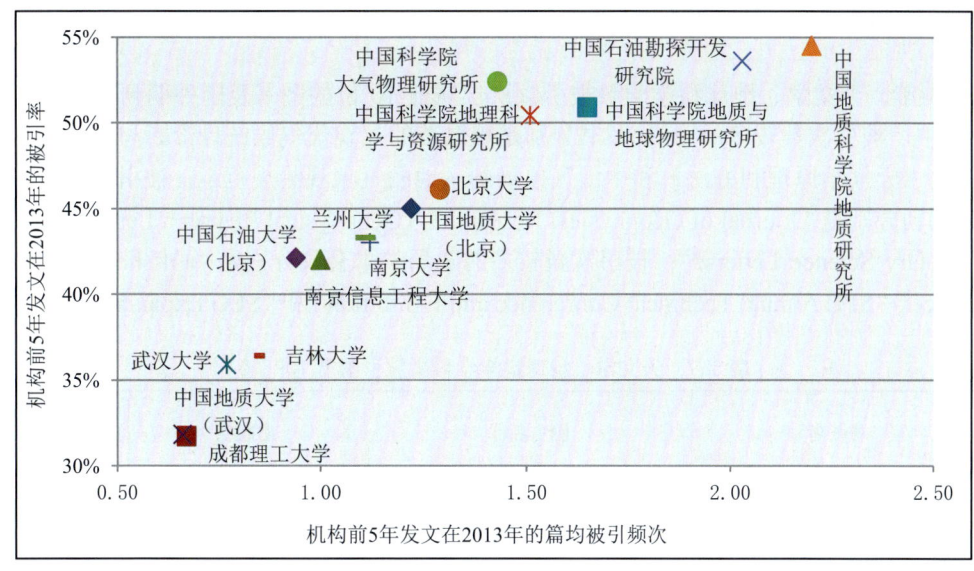

图 5-10 天文学、地球科学学科高被引机构论文篇均被引及被引率对比

5.6.2 高被引机构科研合作关系

通过合著分析，获得天文学、地球科学学科高被引机构之间及其与其他机构之间的科研合作关联，如图 5-11 所示（合作 159 次以下不显示）。分析得知，天文学、地球科学学科的机构合作链接非常紧密，显示出学科内各个机构间的合作现象比较普遍；高被引机构基本主导了机构合作网络，显示出这些机构已经在学科内具有了一定的科研优势。中国地质大学（北京）和中国地质科学院地质研究所之间的链接较强，显示出它们的学术合作较为频繁。

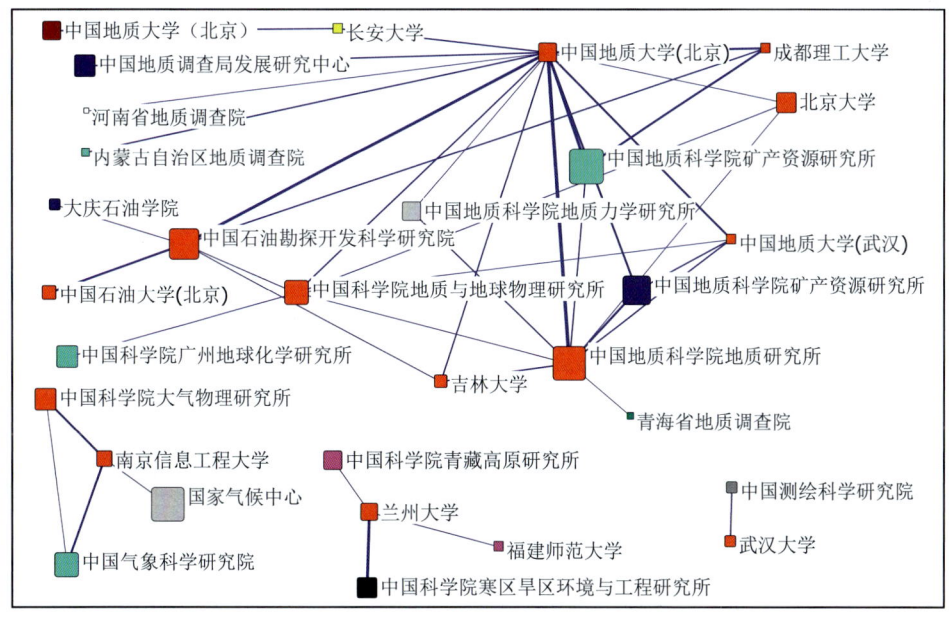

图 5-11 天文学、地球科学学科高被引机构科研合作关联

5.7 高被引图书、国外期刊及学术会议

2013 年，天文学、地球科学学科被引频次位居前 10 位的图书及国外期刊见表 5-7 和表 5-8。其中，被引次数较多的 3 种图书分别是魏凤英的《现代气候统计诊断与预测技术》、朱乾根的《天气学原理和方法》和中国气象局的《地面气象观测规范》；被引次数较多的 3 种国外期刊分别是《Journal of Geophysical Research》《Geophysical Research Letters》和《Earth and Planetary Science Letters》；被引次数较多的 3 场学术会议分别是"Offshore Technology Conference""SPE Annual Technical Conference and Exhibition"和"SEG Expanded Abstracts"。

表 5-7 天文学、地球科学学科高被引图书 TOP 10

序号	责任者	图书名称	出版社	2013 年被引频次
1	魏凤英	现代气候统计诊断与预测技术	气象出版社	197
2	朱乾根	天气学原理和方法	气象出版社	147
3	中国气象局	地面气象观测规范	气象出版社	140
4	李征航	GPS 测量与数据处理	武汉大学出版社	118
5	陆基孟	地震勘探原理	中国石油大学出版社	90
6	陶诗言	中国之暴雨	科学出版社	79
7	张倬元	工程地质分析原理	地质出版社	66
8	内蒙古自治区地质矿产局	内蒙古自治区区域地质志	地质出版社	65
9	卢焕章	流体包裹体	科学出版社	64
10	黄嘉佑	气象统计分析与预报方法	气象出版社	62

表 5-8 天文学、地球科学学科高被引国外期刊 TOP 10

序号	期刊名称	2013 年被引频次
1	Journal of Geophysical Research	7640
2	Geophysical Research Letters	4018
3	Earth and Planetary Science Letters	3957
4	Nature	3931
5	Journal of Climate	3292
6	Chemical Geology	3285
7	Geophysics	3253
8	Geochimica et Cosmochimica Acta	3208
9	Science	3005
10	Geology	2666

第 6 章 生物科学学科高被引分析

6.1 学科论文概况

2008—2012 年,生物科学学科共有 109751 位来自 18480 所机构的论文第一作者在 3738 种期刊上发表了 119285 篇学术论文。其中,80%以上的论文产出自 2535 所机构、84481 位作者,发表在 477 种期刊上。在前 5 年发表的这些论文中,有 35111 篇在 2013 年获得过引用,整体被引率为 29.4%,总被引频次为 63478 次,篇均被引 0.53 次;其中,高被引论文有 454 篇,单篇论文最高被引频次为 75 次,累计被引 4387 次,篇均被引 9.66 次(表 6-1)。另外,2013 年生物科学学科共发表论文 21335 篇,其中有 564 篇在当年获得过引用,总共被引 690 次。

表 6-1 生物科学学科论文分布情况

年份	论文篇数	2013 年被引频次	2013 年被引率(%)	2013 年高被引论文			
				论文篇数	最高被引频次	总被引频次	篇均被引频次
2008	22633	13624	31.2	83	55	1024	12.34
2009	22470	13595	32.4	91	63	958	10.53
2010	22629	13561	33.2	76	46	758	9.97
2011	26051	13783	29.4	121	75	1042	8.61
2012	25502	8915	21.9	83	45	605	7.29
合计	119285	63478	29.4	454	75	4387	9.66

从生物科学学科论文的地域分布来看,2013 年被引频次较高的 5 个省、直辖市或自治区依次是北京、江苏、广东、山东和上海(图 6-1);5 年论文产出量较多的 5 个省、直辖市或自治区依次是北京、江苏、广东、山东和上海(图 6-2)。

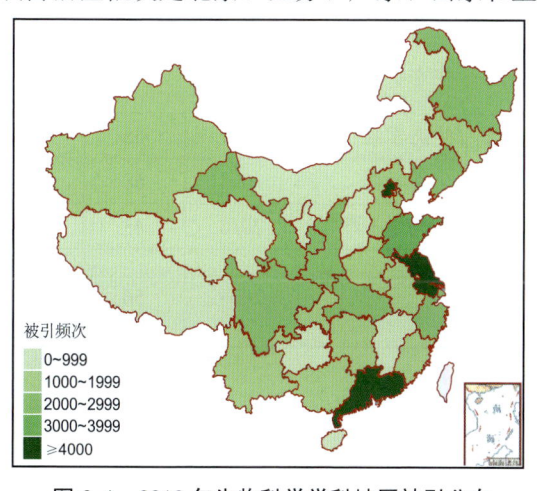

图 6-1 2013 年生物科学学科地区被引分布

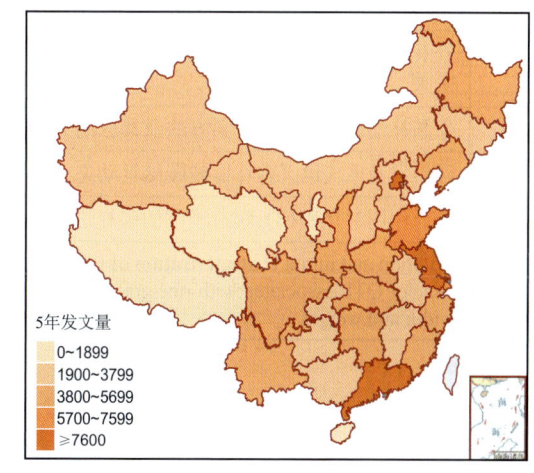

图 6-2 生物科学学科 5 年论文产出地区分布

6.2 高被引论文分析

在生物科学学科，2013 年被引频次位居前 10 位的论文（表 6-2）平均被引频次为 26.36 次，是全部 454 篇高被引论文篇均被引频次的 2.7 倍。其中，被引频次最高的论文是戴玉成于 2008 年发表的《中国药用真菌名录及部分名称的修订》，随后 2 篇分别是张强于 2008 年发表的《全球气候变化对我国西北地区农业的影响》和王绍强于 2008 年发表的《生态系统碳氮磷元素的生态化学计量学特征》。

从论文分布来看，刊载高被引论文数量居前的 3 种期刊分别是《生态学报》（90 篇）、《植物生态学报》（38 篇）和《应用生态学报》（24 篇），而《生态学报》刊载了高被引论文 TOP 10 中的 5 篇；发表高被引论文居前的 3 位学者分别是井冈山大学的叶子飘（5 篇）、湖南农业大学的杨宁（3 篇）和天津师范大学的郑连斌（3 篇）；产出高被引论文数量居前的 3 所机构分别是中国科学院生态环境研究中心（19 篇）、北京大学（12 篇）和中国科学院植物研究所（10 篇），而中国科学院生态环境研究中心产出了高被引论文 TOP 10 中的 2 篇。

表 6-2 生物科学学科高被引论文 TOP 10

序号	论文题名	第一作者	期刊名称	发表年份	被引频次 总频次	2013 年
1	中国药用真菌名录及部分名称的修订	戴玉成	菌物学报	2008	245	60
2	全球气候变化对我国西北地区农业的影响	张强	生态学报	2008	127	27
2	生态系统碳氮磷元素的生态化学计量学特征	王绍强	生态学报	2008	94	27
4	植物群落清查的主要内容、方法和技术规范	方精云	生物多样性	2009	76	25
4	植物 DNA 条形码技术	任保青	植物学报	2010	43	25
6	1982—2003 年内蒙古植被带和植被覆盖度的时空变化	陈效逑	地理学报	2009	65	24
7	景观生态学中的格局分析:现状、困境与未来	陈利顶	生态学报	2008	101	22
8	生态补偿标准确定的主要方法及其应用	李晓光	生态学报	2009	66	20
8	四川省及重庆地区森林植被碳储量动态	黄从德	生态学报	2008	68	20
8	光合作用对光和 CO_2 响应模型的研究进展	叶子飘	植物生态学报	2010	43	20
8	Isolation and initial characterization of GW5, a major QTL associated with rice grain width and weight	翁建峰	细胞研究（英文版）	2008	56	20

6.3 研究主题关联分析

在生物科学学科，高被引论文累计被 2013 年发表的 954 篇论文引用了 4387 次。通过分析施引文献关键词的词频及关键词之间的共现关系，获得 2013 年生物科学学科的热点主题和主题关联，如图 6-3 所示（共现 5 次以下不显示）。由图 6-3 可知："物种多样性"和"DNA条形码"的文档词频较高，是生物科学学科近期的热点研究主题；"衡阳"与"紫色土"概念之间的共现次数最多，显示出它们之间主题关联较为紧密；以"紫色土""植被恢复"等关键词为主要节点的多个概念相互关联，构成了领域内近期最为突出的研究主题簇。

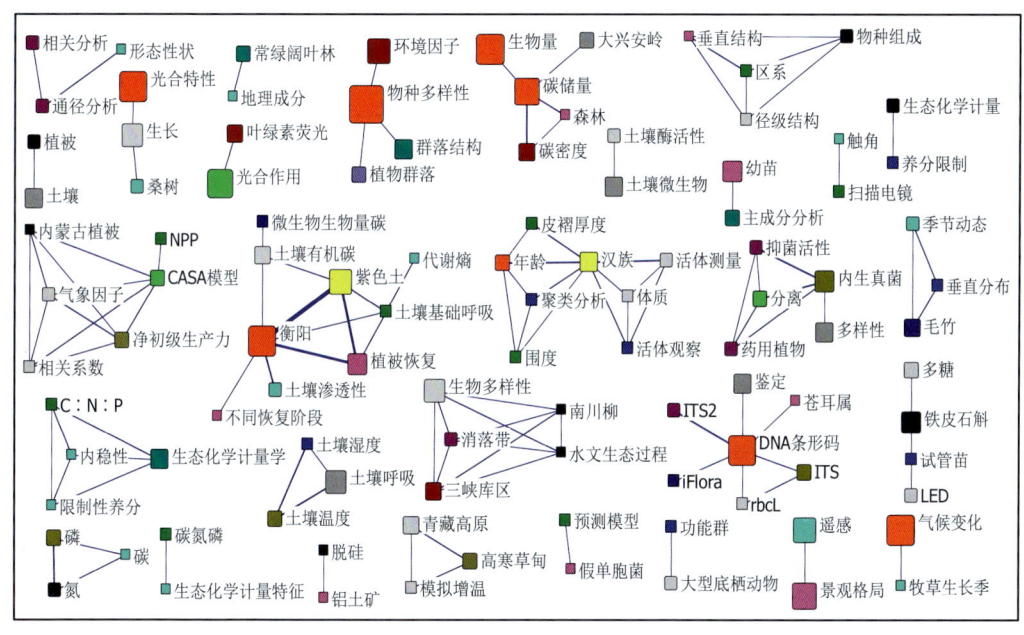

图 6-3　生物科学学科 2013 年热点主题关联

6.4 学科高影响力期刊分析

6.4.1 学科高影响力期刊 TOP 10

在生物科学学科，学科 5 年影响因子位居前 10 位的期刊见表 6-3，排在前 3 位的期刊分别是《植物生态学报》《生态学报》和《应用生态学报》。在表 6-3 中，学科载文量占其总载文量比例最大的期刊是《植物生态学报》；前 5 年学科载文在 2013 年被引率最高的期刊是《植物生态学报》；期刊 5 年影响因子较高的前 3 种期刊分别是《植物生态学报》《生态学报》和《应用生态学报》；学科 5 年影响因子与期刊 5 年影响因子差异最大的期刊是《高校生物学教学研究（电子版）》。表 6-3 中期刊的学科 5 年影响因子和前 5 年学科载文的 2013年被引率对比如图 6-4 所示，2008—2013 年期刊 5 年影响因子的变动情况如图 6-5 所示。

表 6-3 生物科学学科高影响力期刊基本指数

序号	期刊名称	前 5 年载文量			2013 年学科被引			5 年影响因子		h指数（学科）
		学科（篇）	占比（%）	总量（篇）	频次	被引率（%）	高被引论文篇数	期刊(2013)	学科(2013)	
1	植物生态学报	610	75.4	809	1352	63.6	38	2.200	2.216	11
2	生态学报	2320	47.4	4894	4436	58.5	90	1.815	1.912	15
3	应用生态学报	966	34.4	2807	1703	61.6	24	1.796	1.763	13
4	生物多样性	359	68.9	521	549	56.0	7	1.539	1.529	8
5	植物学报	338	71.6	472	380	47.0	2	1.100	1.124	7
6	高校生物学教学研究（电子版）	16	12.5	128	17	50.0	0	0.234	1.062	3
7	人类学学报	143	56.1	255	151	35.7	5	0.851	1.056	7
8	生态学杂志	1171	45.4	2581	1208	47.3	8	1.143	1.032	9
9	中国水稻科学	422	66.0	639	422	45.3	1	1.149	1.000	7
10	天津师范大学学报（自然科学版）	111	22.7	489	100	37.8	2	0.329	0.901	5

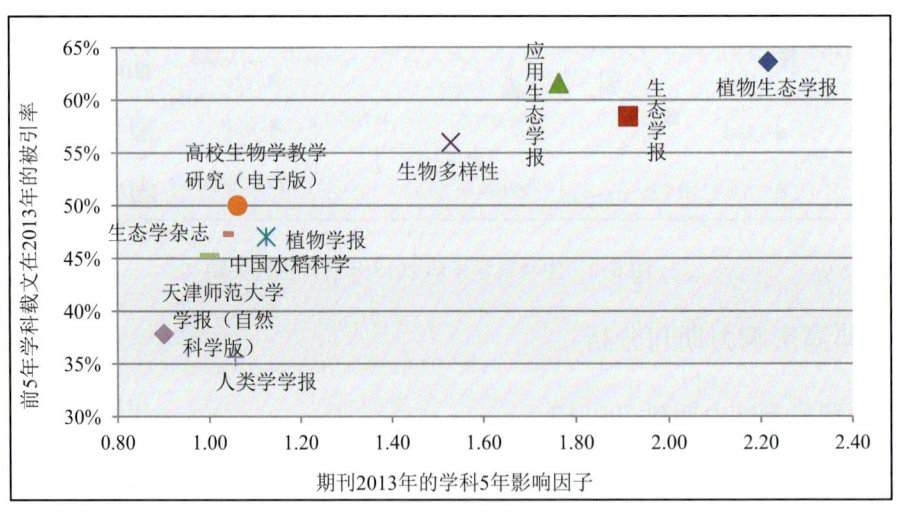

图 6-4 生物科学学科高影响力期刊对比

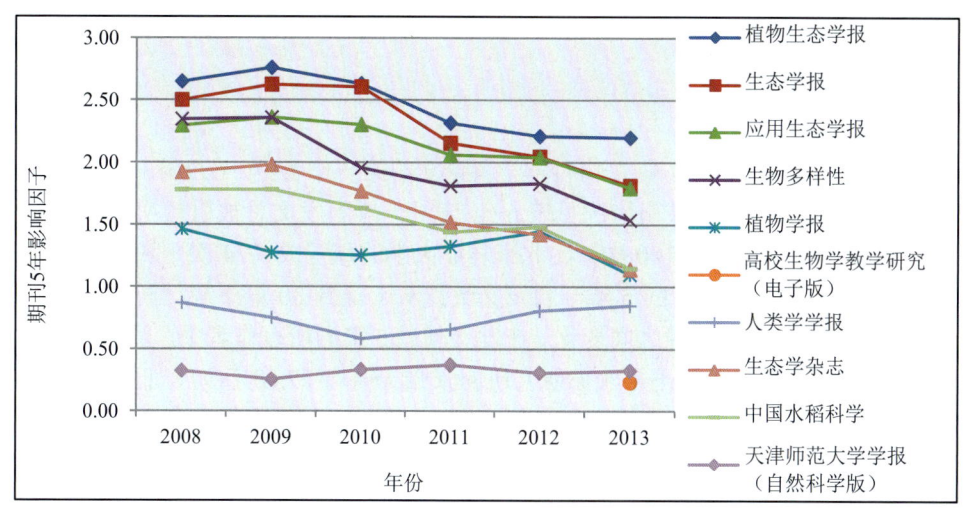

图 6-5 生物科学学科期刊 5 年影响因子变动

6.4.2 学科高影响力期刊载文主题关联

通过期刊共被引分析，获得生物科学学科高影响力期刊及与其他期刊之间的载文主题关联，如图 6-6 所示（共被引 32 次以下不显示）。结果显示，生物科学学科的高影响力期刊相互链接较为紧密，部分主导了该学科的期刊共被引网络，显示出该学科高影响力期刊可能共同刊载了许多相近的研究主题，热点研究主题分散在多种期刊上。《植物生态学报》和《生态学报》的学科 5 年影响因子较高，显示出它们的学术影响力较大；《生态学报》与《应用生态学报》《植物生态学报》《生态学杂志》等期刊之间的链接较强，意味着它们之间可能有较多相同或相近的载文主题。

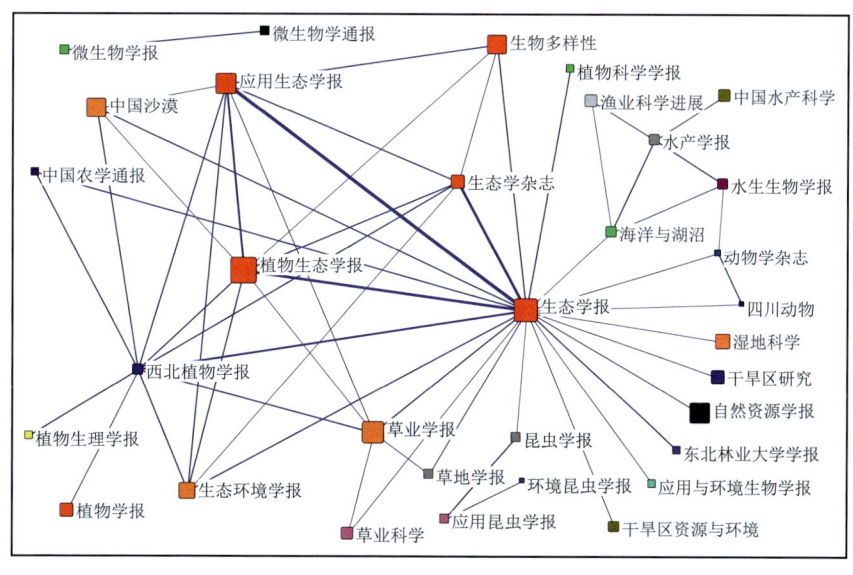

图 6-6 生物科学学科高影响力期刊载文主题关联

6.5 高被引作者分析

6.5.1 高被引作者TOP 20

2008—2012年，在109751位生物科学学科论文的第一作者中，在2013年学科被引频次位居前20位的学者的发文及被引情况见表6-4。其中，学科发文总被引频次较高的3位作者分别是井冈山大学的叶子飘（100次）、北京林业大学的戴玉成（74次）和天津师范大学的郑连斌（66次）。高被引作者的5年学科发文数量从1篇到30篇不等，同时，作者学科发文的期刊分布也在1种到12种之间变化。在发文超过5篇的所有作者中，篇均被引较高的3位作者分别是中国气象局兰州干旱气象研究所的张强（篇均27.00次）、北京大学的方精云（篇均15.00次）和湖南农业大学的杨宁（篇均15.00次）；前5年发表学科论文较多的3位作者分别是陕西师范大学的郑哲民（76篇）、韩山师范学院的曾宪锋（67篇）和白求恩军医学院的郭晓强（50篇）。高被引作者的学科发文量和被引量对比如图6-7所示。

表6-4 生物科学学科高被引作者TOP 20

序号	姓名	作者单位	前5年发文数量			前5年学科发文在2013年的被引				h指数（学科）
			学科发文（篇）	期刊分布（种）	发文总量（篇）	总频次	被引率（%）	最高（次）	篇均（次）	
1	叶子飘	井冈山大学	16	7	17	100	100.0	20	6.25	7
2	戴玉成	北京林业大学	9	2	24	74	33.3	60	8.22	4
3	郑连斌	天津师范大学	20	8	21	66	60.0	13	3.30	5
4	杨宁	湖南农业大学	3	3	18	45	100.0	16	15.00	6
5	陈效逑	北京大学	4	3	13	32	50.0	24	8.00	4
5	李晓光	中国科学院生态环境研究中心	2	1	2	32	100.0	20	16.00	2
7	方精云	北京大学	2	1	11	30	100.0	25	15.00	4
7	张会慧	东北林业大学	8	7	16	30	62.5	11	3.75	5
9	傅伯杰	中国科学院生态环境研究中心	2	2	5	29	100.0	16	14.50	4
10	贺学礼	河北大学	20	11	36	28	50.0	11	1.40	4
10	涂利华	四川农业大学	5	2	20	28	80.0	8	5.60	6
12	王绍强	中国科学院地理科学与资源研究所	2	1	2	27	50.0	27	13.50	1
12	杨再学	贵州省余庆县植保植检站	18	7	22	27	55.6	10	1.50	3
12	张强	中国气象局兰州干旱气象研究所	1	1	44	27	100.0	27	27.00	6
12	冯建孟	大理学院	30	12	33	27	60.0	4	0.90	2

序号	姓名	作者单位	前5年发文数量			前5年学科发文在2013年的被引				h指数（学科）
			学科发文（篇）	期刊分布（种）	发文总量（篇）	总频次	被引率（%）	最高（次）	篇均（次）	
16	陈利顶	中国科学院生态环境研究中心	3	2	5	26	66.7	22	8.67	4
16	李咏兰	内蒙古师范大学	19	10	32	26	52.6	8	1.37	3
16	刘建新	陇东学院	21	9	33	26	66.7	5	1.24	3
19	任保青	中国科学院植物研究所	1	1	1	25	100.0	25	25.00	1
19	黄从德	四川农业大学	2	1	6	25	100.0	20	12.50	3
19	李登科	陕西省农业遥感信息中心	6	4	10	25	83.3	12	4.17	3

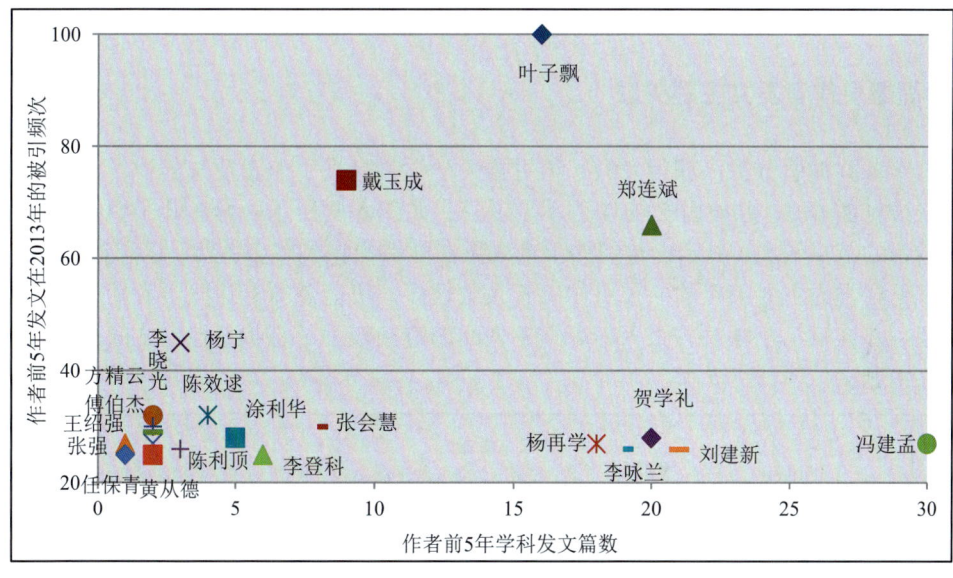

图 6-7　生物科学学科高被引作者学科发文及被引对比

6.5.2　高被引作者科研合作关系

通过作者合著分析，获得2013年生物科学学科高被引作者及与其他学者之间的科研论文合作关系（不考虑论文署名次序），如图6-8所示（合著6次以下不显示）。可以看出，生物科学学科的高被引作者的论文合作现象比较普遍，合作人数较多。学者郑连斌、李咏兰的论文合作网络较为突出，两人在该学科的研究人员中表现出一定的集聚效应；郑连斌与李咏兰、陆舜华、张兴华等学者之间的合作关系较为紧密，显示出他们可能属于同一支科研团队。

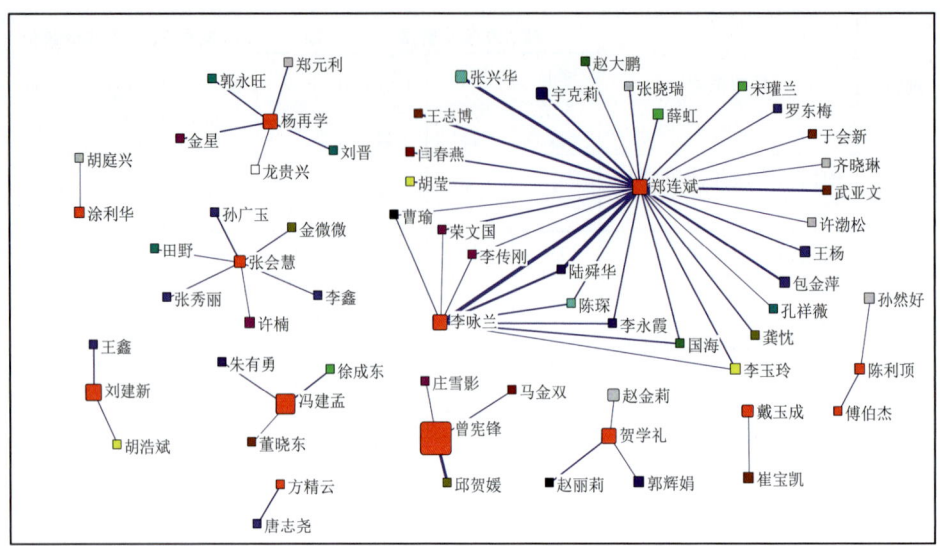

图 6-8 生物科学学科高被引作者科研论文合作关系

6.5.3 高被引作者发文主题关联

通过作者共被引分析，获得 2013 年生物科学学科高被引作者及与其他学者之间的发文主题关联（见图 6-9，共被引 2 次以下不显示）。如图 6-9 所示，学者叶子飘、郑连斌、戴玉成等学者的节点较大，显示出他们的学术成果在学科内得到较多关注；以郑连斌、李咏兰、叶子飘、王绍强为主要节点的共被引作者簇人数较多，可能意味着这些学者的研究主题关联较为紧密；郑连斌与李咏兰、张兴华等学者之间的链接较强，意味着他们之间可能有较为相近的研究主题。

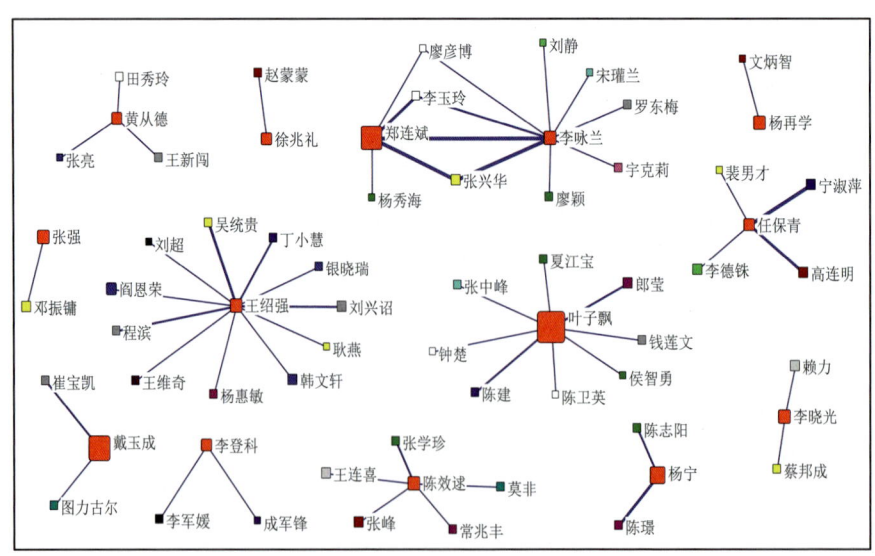

图 6-9 生物科学学科高被引作者发文主题关联

6.6 高被引机构分析

6.6.1 高被引机构

为便于比较，本书将生物科学学科的高被引机构分为高等院校和科研院所两种类型。其中，被引频次 TOP 10 高等院校和被引频次 TOP 5 科研院所的发文及被引情况分别见表 6-5 和表 6-6。其中，总被引频次较高的 3 所高等院校分别是西北农林科技大学、南京农业大学和北京林业大学，中国科学院新疆生态与地理研究所、中国科学院生态环境研究中心和中国科学院植物研究所是总被引频次较高的 3 所科研院所；前 5 年学科发文在 2013 年的被引率最高的高等院校和科研院所分别是上海海洋大学和中国科学院生态环境研究中心，篇均被引最高的高等院校和科研院所分别是四川农业大学和中国科学院生态环境研究中心。上述高被引机构的论文被引率和篇均被引频次对比如图 6-10 所示。

表 6-5 生物科学学科高被引高等院校 TOP 10

序号	第一作者单位	学科发文量（篇）		前 5 年学科发文在 2013 年的被引			
		前 5 年	2013 年	频次	被引率(%)	最高(次)	篇均(次)
1	西北农林科技大学	1646	214	1145	36.1	11	0.70
2	南京农业大学	1205	127	1037	40.1	11	0.86
3	北京林业大学	1033	135	846	36.7	60	0.82
4	东北林业大学	1167	160	801	33.4	11	0.69
5	中国农业大学	803	84	561	37.9	11	0.70
6	华南农业大学	912	120	556	34.5	8	0.61
7	中国海洋大学	855	114	552	36.8	10	0.65
8	西南大学	948	146	535	33.6	12	0.56
9	上海海洋大学	637	104	512	40.7	12	0.80
10	四川农业大学	549	93	484	37.7	20	0.88

表 6-6 生物科学学科高被引科研院所 TOP 5

序号	第一作者单位	学科发文量（篇）		前 5 年学科发文在 2013 年的被引			
		前 5 年	2013 年	频次	被引率(%)	最高（次）	篇均（次）
1	中国科学院新疆生态与地理研究所	359	58	464	50.1	11	1.29
2	中国科学院生态环境研究中心	152	23	425	58.6	22	2.80
3	中国科学院植物研究所	294	31	424	46.3	25	1.44
4	中国科学院沈阳应用生态研究所	277	25	352	49.1	11	1.27
5	中国水产科学研究院黄海水产研究所	247	33	312	53.4	11	1.26

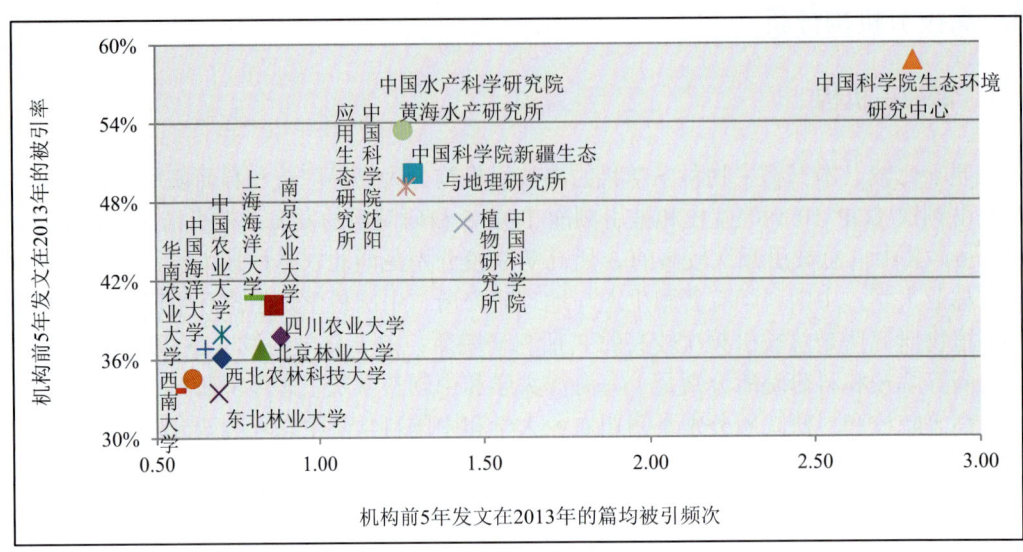

图 6-10 生物科学学科高被引机构论文篇均被引及被引率对比

6.6.2 高被引机构科研合作关系

通过合著分析，获得生物科学学科高被引机构之间及其与其他机构之间的科研合作关联，如图 6-11 所示（合作 67 次以下不显示）。分析得知，生物科学学科的机构合作链接较为紧密，显示出学科内各个机构间的科研合作较为普遍；高被引机构部分主导了机构合作网络，显示出这些机构已经在学科内具有了一定的科研优势。中国海洋大学与中国水产科学研究院黄海水产研究所、南京农业大学与江苏省农业科学院等机构之间的链接较强，显示出它们的学术合作较为频繁。

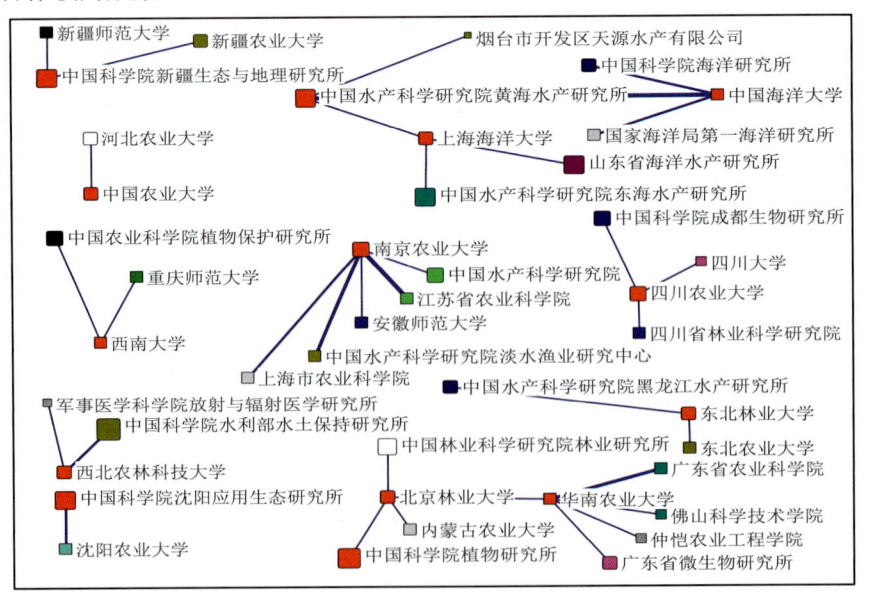

图 6-11 生物科学学科高被引机构科研合作关联

6.7 高被引图书、国外期刊及学术会议

2013 年,生物科学学科被引频次位居前 10 位的图书及国外期刊见表 6-7 和表 6-8。其中,被引次数较多的 3 种图书分别是李合生的《植物生理生化实验原理和技术》、张志良的《植物生理学实验指导》和东秀珠的《常见细菌系统鉴定手册》;被引次数较多的 3 种国外期刊分别是《Nature》《Proceedings of the National Academy of Sciences of the United States of America》和《Science》;被引次数较多的 3 场学术会议分别是"13th Congress of the International Society of Ethnobiology""Proceedings of the National Academy of Sciences of the United States of America"和"Proceedings of Pistacia Atlantica Desf. second National Conference"。

表 6-7 生物科学学科高被引图书 TOP 10

序号	责任者	图书名称	出版社	2013 年被引频次
1	李合生	植物生理生化实验原理和技术	高等教育出版社	137
2	张志良	植物生理学实验指导	高等教育出版社	82
2	东秀珠	常见细菌系统鉴定手册	科学出版社	82
4	鲍士旦	土壤农化分析	中国农业出版社	59
5	张金屯	数量生态学	科学出版社	52
5	郑光美	中国鸟类分类与分布名录	科学出版社	52
7	沈萍	微生物学实验	高等教育出版社	51
8	Sambrook J	Molecular Cloning: A Laboratory Manual	Cold Spring Harbor Laboratory Press	50
8	张荣祖	中国动物地理	科学出版社	50
10	潘瑞炽	植物生理学	高等教育出版社	49

表 6-8 生物科学学科高被引国外期刊 TOP 10

序号	期刊名称	2013 年被引频次
1	Nature	7402
2	Proceedings of the National Academy of Sciences of the United States of America	7076
3	Science	5433
4	Journal of Biological Chemistry	5024
5	Plant Physiology	3993
6	Cell	3511
7	PLoS One	3180
8	Plant Cell	2835
9	Nucleic Acids Research	2631
10	Applied And Environmental Microbiology	2240

第7章 预防医学、卫生学学科高被引分析

7.1 学科论文概况

2008—2012 年，预防医学、卫生学学科共有 261478 位来自 64993 所机构的论文第一作者在 3551 种期刊上发表了 289295 篇学术论文。其中，80%以上的论文产出自 25917 所机构、193865 位作者，发表在 262 种期刊上。在前 5 年发表的这些论文中，有 77723 篇在 2013 年获得过引用，整体被引率为 26.9%，总被引频次为 143857 次，篇均被引 0.50 次；其中，高被引论文有 959 篇，单篇论文最高被引频次为 191 次，累计被引 11857 次，篇均被引 12.36 次（表7-1）。另外，2013 年预防医学、卫生学学科共发表论文 70566 篇，其中有 2039 篇在当年获得过引用，总共被引 2698 次。

表 7-1 预防医学、卫生学学科论文分布情况

年份	论文篇数	2013 年被引频次	2013 年被引率（%）	2013 年高被引论文			
				论文篇数	最高被引频次	总被引频次	篇均被引频次
2008	43654	21542	26.4	140	111	1983	14.16
2009	44920	24759	28.9	145	115	2383	16.43
2010	52069	31948	32.1	201	148	2605	12.96
2011	66544	37291	29.7	275	191	3038	11.05
2012	82108	28317	20.3	198	135	1848	9.33
合计	289295	143857	26.9	959	191	11857	12.36

从预防医学、卫生学学科论文的地域分布来看，2013 年被引频次较高的 5 个省、直辖市或自治区依次是北京、广东、江苏、浙江和上海（图 7-1）；5 年论文产出量较多的 5 个省、直辖市或自治区依次是江苏、北京、广东、山东和浙江（图 7-2）。

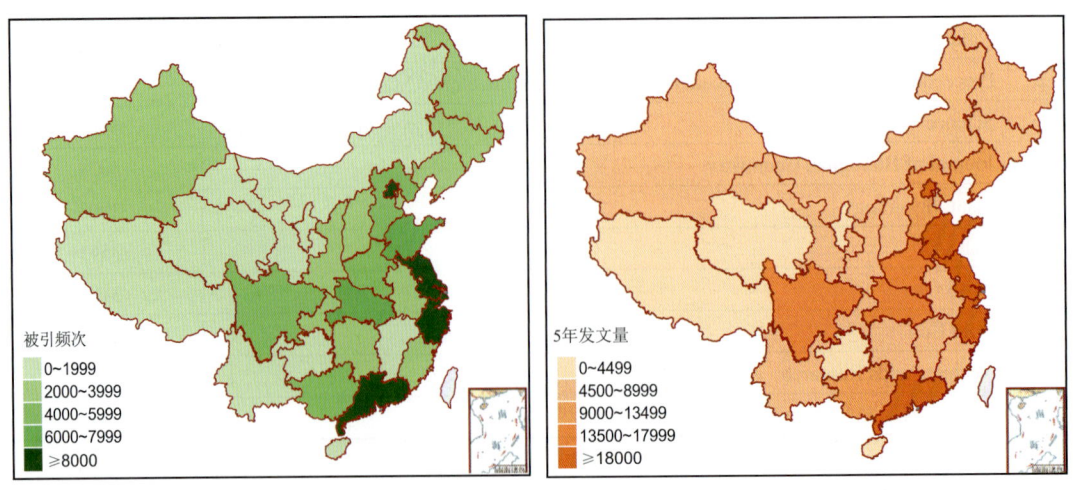

图 7-1 2013 年预防医学、卫生学学科地区被引分布　　图 7-2 预防医学、卫生学学科 5 年论文产出地区分布

7.2 高被引论文分析

在预防医学、卫生学学科，2013 年被引频次位居前 10 位的论文（表 7-2）平均被引频次为 54.36 次，是全部 959 篇高被引论文篇均被引频次的 4.4 倍。其中，被引频次最高的论文是袁景红于 2009 年发表的《加强风险防范提高门诊手术室护理质量》，随后 2 篇分别是常昭瑞于 2011 年发表的《中国 2008—2009 年手足口病报告病例流行病学特征分析》和周晴于 2011 年发表的《2009—2010 年上海市 65 所医院 ICU 导管相关性感染目标性监测分析》。

从论文分布来看，刊载高被引论文数量居前的 3 种期刊分别是《中华医院感染学杂志》（142 篇）、《中华护理杂志》（57 篇）和《中国护理管理》（44 篇），而《中华医院感染学杂志》刊载了高被引论文 TOP 10 中的 3 篇；发表高被引论文居前的 3 位学者分别是北京大学的季成叶（4 篇）、北京大学第一医院的李六亿（4 篇）和第二军医大学附属长征医院的王世英（3 篇）；产出高被引论文数量居前的 3 所机构分别是四川大学华西医院（10 篇）、中国疾病预防控制中心（10 篇）和中国疾病预防控制中心营养与食品安全所（10 篇）。

表 7-2 预防医学、卫生学学科高被引论文 TOP 10

序号	论文题名	第一作者	期刊名称	发表年份	被引频次 总频次	被引频次 2013 年
1	加强风险防范提高门诊手术室护理质量	袁景红	齐齐哈尔医学院学报	2009	225	222
2	中国 2008—2009 年手足口病报告病例流行病学特征分析	常昭瑞	中华流行病学杂志	2011	89	41
2	2009—2010 年上海市 65 所医院 ICU 导管相关性感染目标性监测分析	周晴	中华医院感染学杂志	2011	79	41
4	综合医院多药耐药菌医院感染控制效果的研究	李六亿	中华医院感染学杂志	2011	84	40
4	广东省手足口病流行特征和危险因素研究	郭汝宁	中华流行病学杂志	2009	151	40
6	2008 年山东省手足口病流行病学分析	王连森	山东医药	2009	144	39
7	全国 2007—2008 年疑似预防接种异常反应监测分析	武文娣	中国疫苗和免疫	2009	104	37
8	中国一般人群中医体质流行病学调查——基于全国 9 省市 21 948 例流行病学调查数据	王琦	中华中医药杂志	2009	112	35
8	医护人员手卫生依从性与医院感染的相关研究	林金香	中华医院感染学杂志	2009	115	35
10	护理安全管理研究及进展	王芳	中华护理杂志	2008	150	34
10	萧氏舒适护理模式	唐永云	全科护理	2009	71	34

7.3 研究主题关联分析

在预防医学、卫生学学科，高被引论文累计被2013年发表的9266篇论文引用了11857次。通过分析施引文献关键词的词频及关键词之间的共现关系，获得2013年预防医学、卫生学学科的热点主题和主题关联，如图7-3所示（共现19次以下不显示）。由图7-3可知："医院感染"和"手足口病"的文档词频较高，是预防医学、卫生学学科近期的热点研究主题；"医院感染"与"现患率"、"手足口病"与"流行病学"等概念之间的共现次数较多，显示出它们之间主题关联分别较为紧密；以"医院感染"和"现患率"为核心的多个概念相互关联，构成了领域内近期较为突出的研究主题簇。

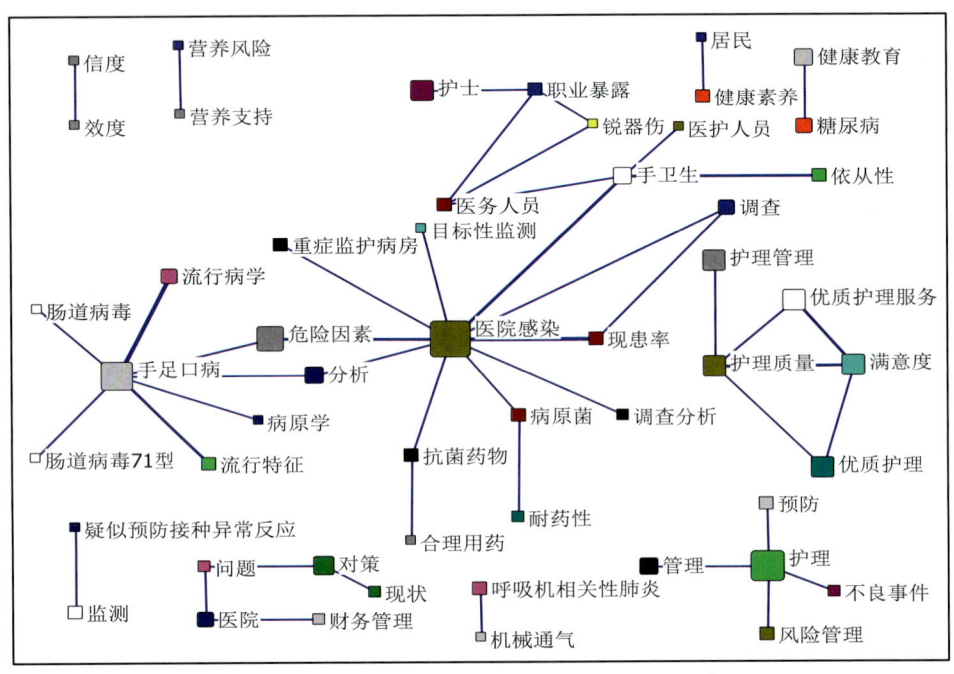

图 7-3　预防医学、卫生学学科 2013 年热点主题关联

7.4 学科高影响力期刊分析

7.4.1 学科高影响力期刊 TOP 10

在预防医学、卫生学学科，学科5年影响因子位居前10位的期刊见表7-3，排在前3位的期刊分别是《中华医院感染学杂志》《中华临床营养杂志》和《中华流行病学杂志》。在表7-3中，学科载文量占其总载文量比例最大的期刊是《中国医院管理》；前5年学科载文在2013年被引率最高的期刊是《中国实验动物学报》；期刊5年影响因子较高的前3种期刊分别是《中华医院感染学杂志》《中国循证医学杂志》和《中华流行病学杂志》；学科5年影响因子与期刊5年影响因子差异最大的期刊是《中国实验动物学报》。表7-3中期刊的学科5年影响因子和前5年学科载文的2013年被引率对比如图7-4所示，2008—2013年期

刊 5 年影响因子的变动情况如图 7-5 所示。

表 7-3 预防医学、卫生学学科高影响力期刊基本指数

序号	期刊名称	前 5 年载文量			2013 年学科被引			5 年影响因子		h指数（学科）
		学科（篇）	占比（%）	总量（篇）	频次	被引率（%）	高被引论文篇数	期刊(2013)	学科(2013)	
1	中华医院感染学杂志	6530	53.1	12294	8352	44.0	142	1.348	1.279	25
2	中华临床营养杂志	150	25.6	587	187	41.3	4	0.741	1.247	7
3	中华流行病学杂志	1437	69.3	2075	1772	46.8	20	1.145	1.233	13
4	护理与康复	436	12.5	3483	517	43.8	7	0.828	1.186	10
5	中国医院管理	2434	96.2	2531	2814	47.1	31	1.143	1.156	11
6	中国实验动物学报	72	10.3	698	80	51.4	0	0.554	1.111	6
7	中国医院	1500	93.5	1605	1629	47.1	12	1.092	1.086	10
8	中国药理学通报	1776	69.4	2558	1819	42.9	8	0.989	1.024	9
9	中国循证医学杂志	447	31.6	1416	446	41.8	4	1.160	0.998	10
10	中国疫苗和免疫	458	48.4	947	449	31.9	4	1.120	0.980	11

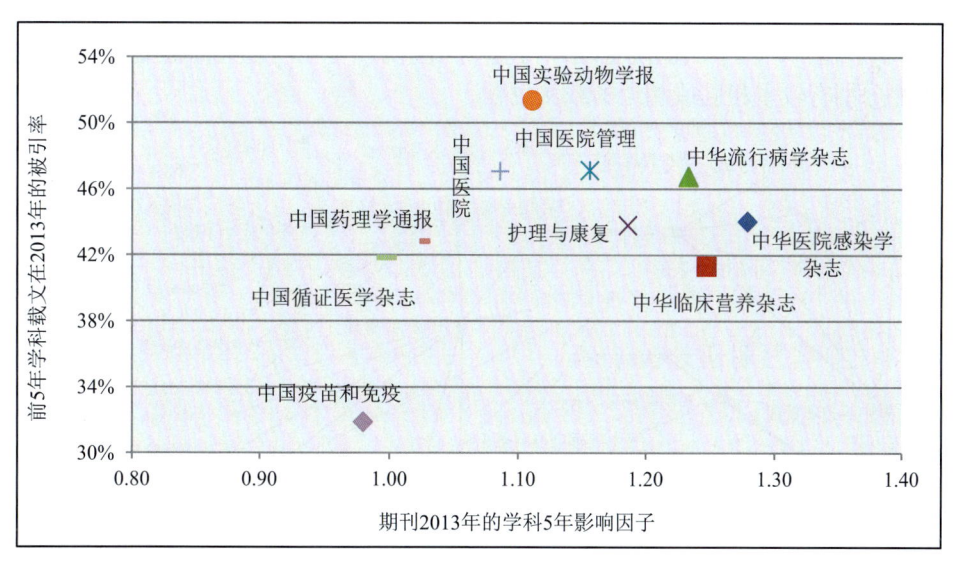

图 7-4 预防医学、卫生学学科高影响力期刊对比

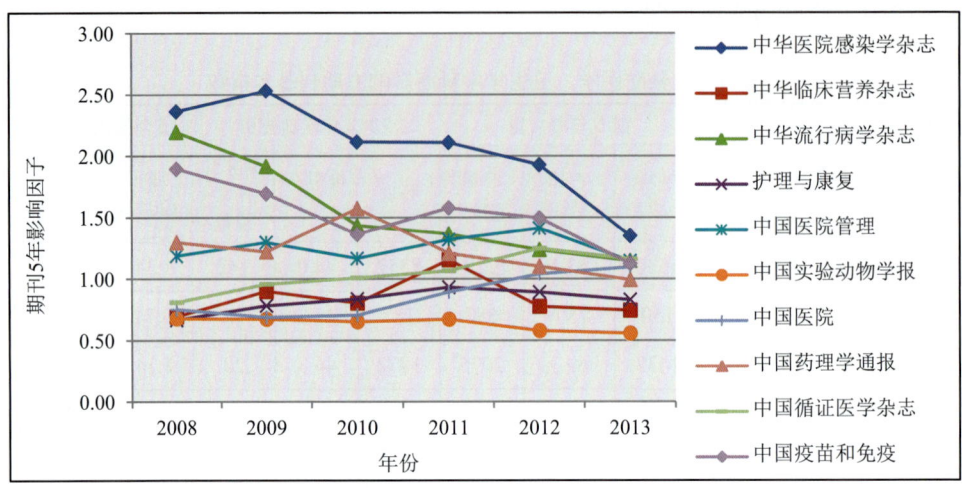

图 7-5　预防医学、卫生学学科期刊 5 年影响因子变动

7.4.2　学科高影响力期刊载文主题关联

通过期刊共被引分析，获得预防医学、卫生学学科高影响力期刊及与其他期刊之间的载文主题关联，如图 7-6 所示（共被引 78 次以下不显示）。结果显示，预防医学、卫生学学科的高影响力期刊相互链接较为紧密，部分主导了该学科的期刊共被引网络，显示出该学科高影响力期刊可能共同刊载了许多相近的研究主题；《中华医院感染学杂志》《中国医院管理》的学科 5 年影响因子较高，显示出它们的学术影响力较大；《中华医院感染学杂志》与《中国消毒学杂志》、《中国医院管理》与《中国医院》等期刊之间的链接较强，意味着它们之间可能分别有较多相同或相近的载文主题。

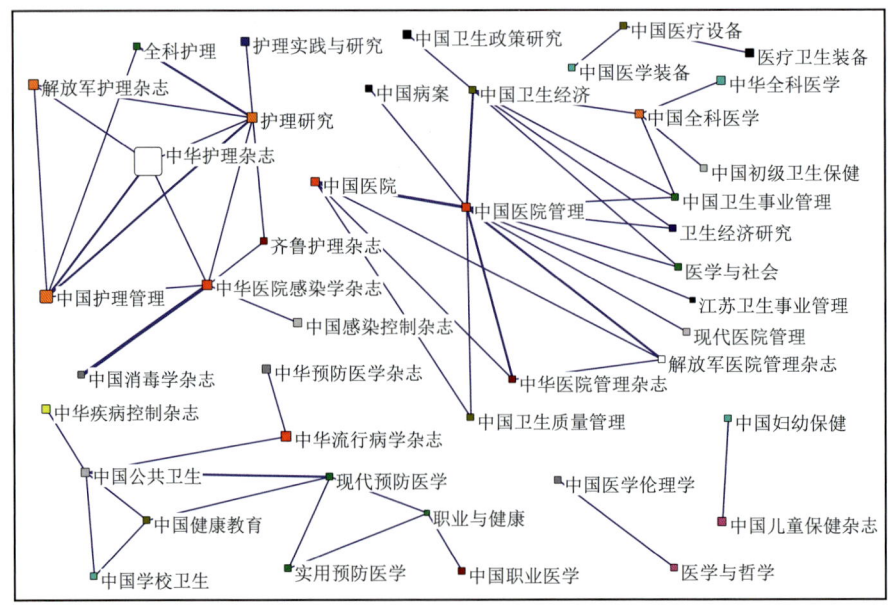

图 7-6　预防医学、卫生学学科高影响力期刊载文主题关联

7.5 高被引作者分析

7.5.1 高被引作者 TOP 20

2008—2012 年，在 261478 位预防医学、卫生学学科论文的第一作者中，在 2013 年被引频次位居前 20 位的学者的发文及被引情况见表 7-4。其中，学科发文总被引频次较高的 3 位作者分别是南通大学附属医院的袁景红（222 次）、华中科技大学同济医学院附属同济医院的郑大喜（117 次）和北京大学的季成叶（106 次）。高被引作者的 5 年学科发文数量从 1 篇到 88 篇不等，同时，作者学科发文的期刊分布也在 1 种到 12 种之间变化。在发文超过 5 篇的所有作者中，篇均被引较高的 3 位作者分别是中国疾病预防控制中心免疫规划中心的武文娣（篇均 15.50 次）、第二军医大学附属长征医院的王世英（篇均 9.40 次）和北京大学第三医院的张会芝（篇均 9.00 次）；前 5 年发表学科论文较多的 3 位作者分别是中国农业大学的范志红（95 篇）、右江民族医学院的赵云（88 篇）和华中科技大学同济医学院附属同济医院的郑大喜（86 篇）。高被引作者的学科发文量和被引量对比如图 7-7 所示。

表 7-4 预防医学、卫生学学科高被引作者 TOP 20

序号	姓名	作者单位	前 5 年发文数量			前 5 年学科发文在 2013 年的被引				h 指数（学科）
			学科发文（篇）	期刊分布（种）	发文总量（篇）	总频次	被引率（%）	最高（次）	篇均（次）	
1	袁景红	南通大学附属医院	1	1	4	222	100.0	222	222.00	1
2	郑大喜	华中科技大学同济医学院附属同济医院	86	12	92	117	47.7	11	1.36	5
3	季成叶	北京大学	16	4	52	106	87.5	25	6.62	7
4	武文娣	中国疾病预防控制中心免疫规划中心	6	1	6	93	100.0	37	15.50	4
5	李六亿	北京大学第一医院	16	5	21	86	68.8	40	5.38	6
6	鲍勇	上海交通大学	58	9	69	74	43.1	14	1.28	5
7	李玲	北京大学	27	12	53	65	59.3	17	2.41	5
8	方鹏骞	华中科技大学同济医学院	42	12	49	62	52.4	10	1.48	4
9	蒋朱明	北京协和医院	3	1	6	49	100.0	33	16.33	4
9	陶红兵	华中科技大学同济医学院	10	5	15	49	70.0	30	4.90	4
9	赵云	右江民族医学院	88	11	107	49	22.7	15	0.56	4
12	成翼娟	四川大学华西医院	9	4	13	48	55.6	29	5.33	4
13	王世英	第二军医大学附属长征医院	5	2	7	47	100.0	22	9.40	4
14	孙殿军	哈尔滨医科大学	8	2	14	45	75.0	23	5.62	4

序号	姓名	作者单位	前5年发文数量			前5年学科发文在2013年的被引				h指数（学科）
			学科发文（篇）	期刊分布（种）	发文总量（篇）	总频次	被引率（%）	最高（次）	篇均（次）	
14	张会芝	北京大学第三医院	5	3	8	45	80.0	31	9.00	4
14	郭汝宁	广东省疾病预防控制中心	3	3	7	45	100.0	40	15.00	3
17	杜治政	医学与哲学杂志社	17	2	17	43	94.1	6	2.53	4
18	常昭瑞	中国疾病预防控制中心	2	1	4	41	50.0	41	20.50	3
18	周晴	复旦大学附属中山医院	1	1	4	41	100.0	41	41.00	2
18	周晓彬	青岛大学医学院	2	2	2	41	100.0	25	20.50	2
18	刘云	南京军区南京总医院	8	6	20	41	87.5	17	5.12	5

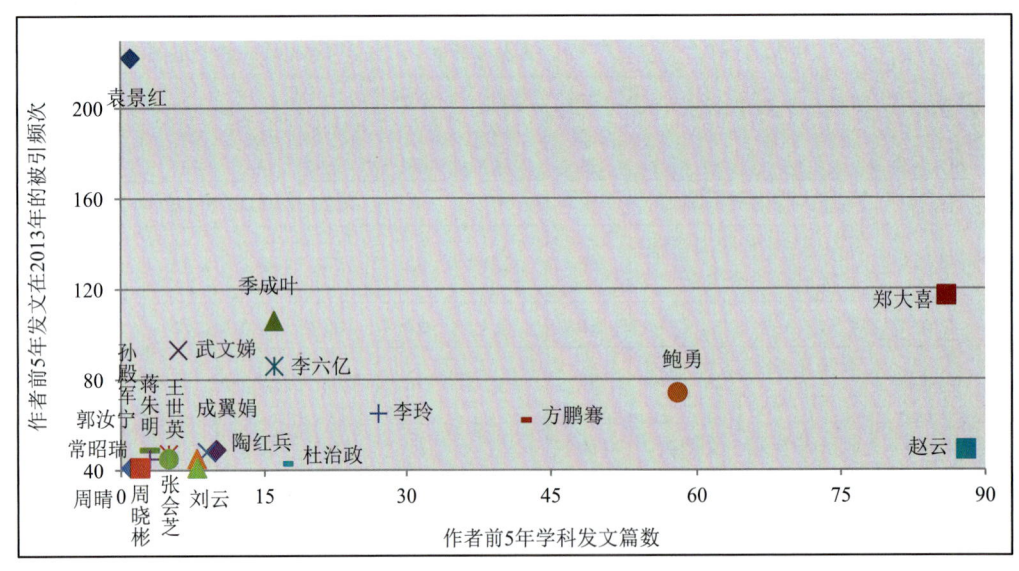

图 7-7 预防医学、卫生学学科高被引作者学科发文及被引对比

7.5.2 高被引作者科研合作关系

通过作者合著分析，获得 2013 年预防医学、卫生学学科高被引作者及与其他学者之间的科研论文合作关系（不考虑论文署名次序），如图 7-8 所示（合著 5 次以下不显示）。可以看出，预防医学、卫生学学科的高被引作者的论文合作现象比较普遍，并且合作人数较多；学者赵云、郑大喜等人的发文量较多，方鹏骞、鲍勇的论文合著作者较多，显示出他们在该学科的研究人员中具有一定的集聚效应；李六亿与贾会学、贾建侠等学者之间的合作关系最为紧密，显示出他们可能属于同一支科研团队。

7.7 高被引图书、国外期刊及学术会议

2013 年,预防医学、卫生学学科被引频次位居前 10 位的图书及国外期刊见表 7-7 和表 7-8。其中,被引次数较多的 3 种图书分别是乐杰的《妇产科学》、陆再英的《内科学》和曹泽毅的《中华妇产科学》;被引次数较多的 3 种国外期刊分别是《New England Journal of Medicine》《The Lancet》和《PloS ONE》;被引次数较多的 3 场学术会议分别是"Proc IEEE ICIRS""Proceedings of the Annual International Conference of the IEEE Engineering in Medicine and Biology Society"和"AACR Meeting Abstracts"。

表 7-7 预防医学、卫生学学科高被引图书 TOP 10

序号	责任者	图书名称	出版社	2013 年被引频次
1	乐杰	妇产科学	人民卫生出版社	461
2	陆再英	内科学	人民卫生出版社	105
3	曹泽毅	中华妇产科学	人民卫生出版社	103
4	叶应妩	全国临床检验操作规程	东南大学出版社	93
5	陈灏珠	实用内科学	人民卫生出版社	90
6	叶任高	内科学	人民卫生出版社	88
7	李立明	流行病学	人民卫生出版社	81
8	陈新谦	新编药物学	人民卫生出版社	67
8	何凤生	中华职业医学	人民卫生出版社	67
10	季成叶	儿童少年卫生学	人民卫生出版社	64

表 7-8 预防医学、卫生学学科高被引国外期刊 TOP 10

序号	期刊名称	2013 年被引频次
1	New England Journal of Medicine	1295
2	The Lancet	1215
3	PloS ONE	839
4	Circulation	800
5	Journal of Biological Chemistry	754
6	Nature	687
7	Journal of the American Medical Association	681
8	Proceedings of the National Academy of Sciences of the United States of America	623
9	Science	560
10	British Medical Journal	468

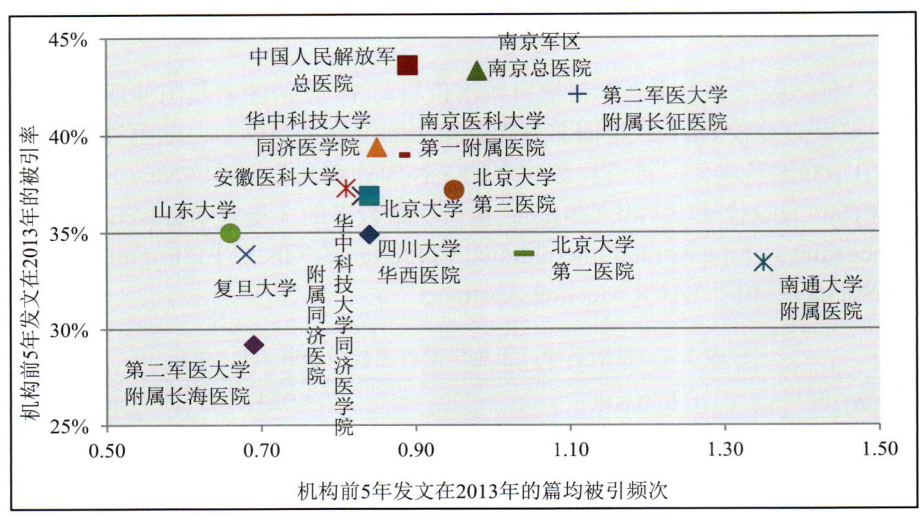

图 7-10 预防医学、卫生学学科高被引机构论文篇均被引及被引率对比

7.6.2 高被引机构科研合作关系

通过合著分析，获得预防医学、卫生学学科高被引机构之间及其与其他机构之间的科研合作关联，如图 7-11 所示（合作 123 次以下不显示）。分析得知，预防医学、卫生学学科的机构合作链接非常紧密，显示出学科内各个机构间的合作现象较为普遍；高被引机构基本主导了机构合作网络，显示出这些机构已经在学科内具有了一定的科研优势。复旦大学与上海市卫生局等机构之间的链接较强，显示出它们的学术合作较为频繁。

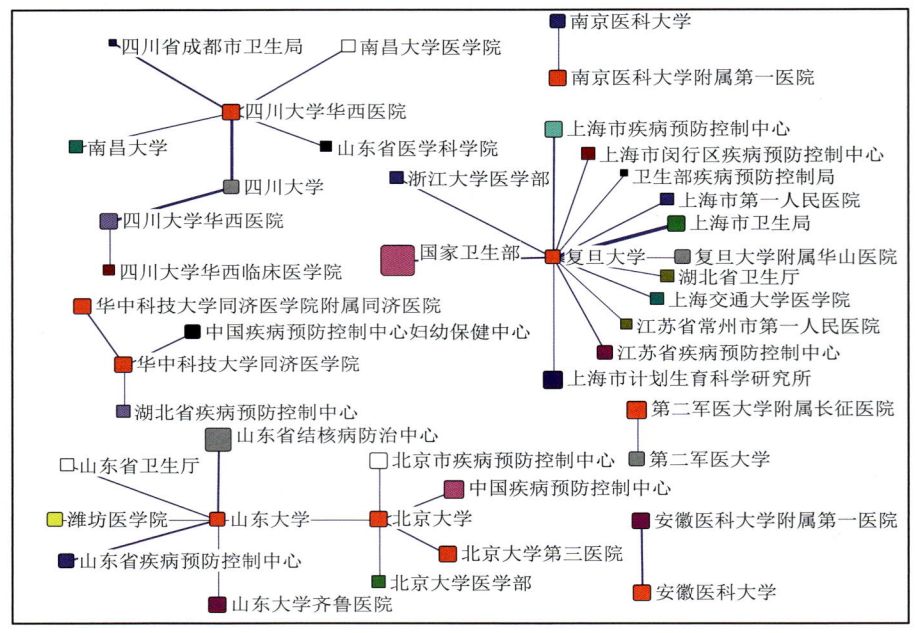

图 7-11 预防医学、卫生学学科高被引机构科研合作关联

7.6 高被引机构分析

7.6.1 高被引机构

为便于比较，本书将预防医学、卫生学学科的高被引机构分为医院和高等院校/科研院所两种类型。其中，被引频次TOP 10医院和被引频次TOP 5高等院校/科研院所的发文及被引情况分别见表7-5和表7-6。其中，总被引频次较高的3所医院分别是四川大学华西医院、中国人民解放军总医院和南京军区南京总医院，北京大学、华中科技大学同济医学院和复旦大学是总被引频次较高的3所高等院校/科研院所；前5年学科发文在2013年的被引率最高的医院和高等院校/科研院所分别是中国人民解放军总医院和华中科技大学同济医学院，篇均被引最高的医院和高等院校/科研院所分别是南通大学附属医院和华中科技大学同济医学院。上述高被引机构的论文被引率和篇均被引频次对比如图7-10所示。

表7-5 预防医学、卫生学学科高被引医院 TOP 10

序号	第一作者单位	学科发文量（篇）		2013年学科被引			
		前5年	2013年	频次	被引率(%)	最高（次）	篇均（次）
1	四川大学华西医院	860	118	721	34.9	29	0.84
2	中国人民解放军总医院	653	190	583	43.6	12	0.89
3	南京军区南京总医院	577	72	564	43.3	17	0.98
4	华中科技大学同济医学院附属同济医院	509	101	425	36.9	19	0.83
5	南通大学附属医院	311	63	421	33.4	222	1.35
6	北京大学第三医院	409	61	389	37.2	31	0.95
7	第二军医大学附属长征医院	323	30	360	42.1	22	1.11
8	南京医科大学第一附属医院	377	97	332	39.0	14	0.88
9	北京大学第一医院	319	55	331	33.9	40	1.04
10	第二军医大学附属长海医院	448	112	310	29.2	20	0.69

表7-6 预防医学、卫生学学科高被引高等院校/科研院所 TOP 5

序号	第一作者单位	学科发文量（篇）		2013年学科被引			
		前5年	2013年	频次	被引率(%)	最高（次）	篇均（次）
1	北京大学	1543	229	1305	36.9	25	0.84
2	华中科技大学同济医学院	1405	173	1189	39.4	30	0.85
3	复旦大学	1242	211	841	33.9	29	0.68
4	安徽医科大学	983	153	794	37.3	12	0.81
5	山东大学	1093	180	720	35.0	13	0.66

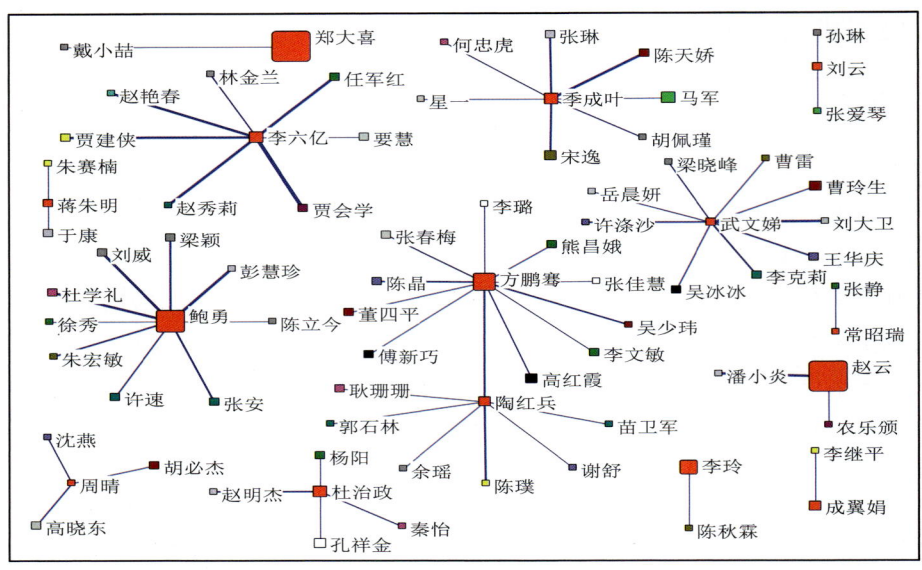

图 7-8 预防医学、卫生学学科高被引作者科研论文合作关系

7.5.3 高被引作者发文主题关联

通过作者共被引分析，获得 2013 年预防医学、卫生学学科高被引作者及与其他学者之间的发文主题关联（见图 7-9，共被引 3 次以下不显示）。如图 7-9 所示，预防医学、卫生学学科的作者共被引网络较为松散，显示出该学科在热点主题上可能尚未形成优势明显的科研力量；武文娣、李玲等学者为主要节点的共被引作者簇初具规模。

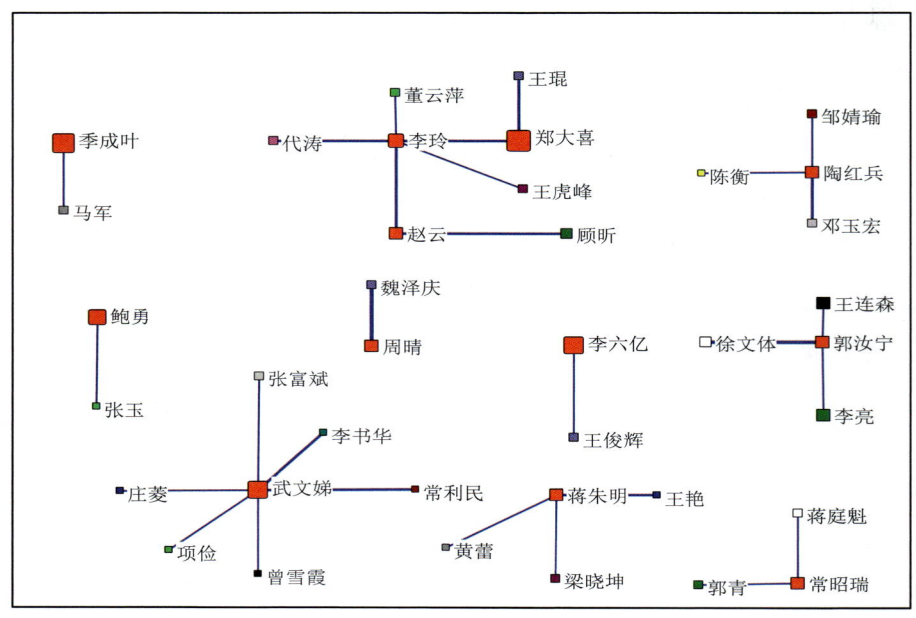

图 7-9 预防医学、卫生学学科高被引作者发文主题关联

第 8 章　中国医学学科高被引分析

8.1　学科论文概况

2008—2012 年，中国医学学科共有 233549 位来自 55204 所机构的论文第一作者在 2404 种期刊上发表了 274790 篇学术论文。其中，80%以上的论文产出自 11534 所机构、166681 位作者，发表在 148 种期刊上。在前 5 年发表的这些论文中，有 86077 篇在 2013 年获得过引用，整体被引率为 31.3%，总被引频次为 148315 次，篇均被引 0.54 次；其中，高被引论文有 1106 篇，单篇论文最高被引频次为 157 次，累计被引 9549 次，篇均被引 8.63 次（表 8-1）。另外，2013 年中国医学学科共发表论文 64713 篇，其中有 1954 篇在当年获得过引用，总共被引 2518 次。

表 8-1　中国医学学科论文分布情况

年份	论文篇数	2013 年被引频次	2013 年被引率（%）	2013 年高被引论文			
				论文篇数	最高被引频次	总被引频次	篇均被引频次
2008	45612	23375	29.7	175	115	1637	9.35
2009	48234	25566	31.0	173	103	1558	9.01
2010	55130	32679	33.9	234	157	2138	9.14
2011	58635	37084	35.4	259	147	2239	8.64
2012	67179	29611	27.0	265	136	1977	7.46
合计	274790	148315	31.3	1106	157	9549	8.63

从中国医学学科论文的地域分布来看，2013 年被引频次较高的 5 个省、直辖市或自治区依次是北京、广东、江苏、浙江和河南（图 8-1）；5 年论文产出量较多的 5 个省、直辖市或自治区依次是广东、北京、河南、江苏和山东（图 8-2）。

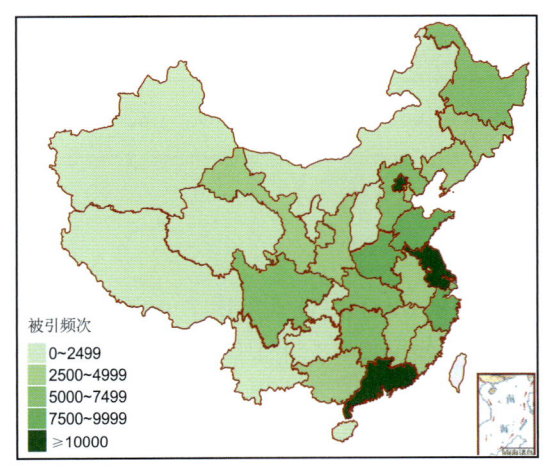
图 8-1　2013 年中国医学学科地区被引分布

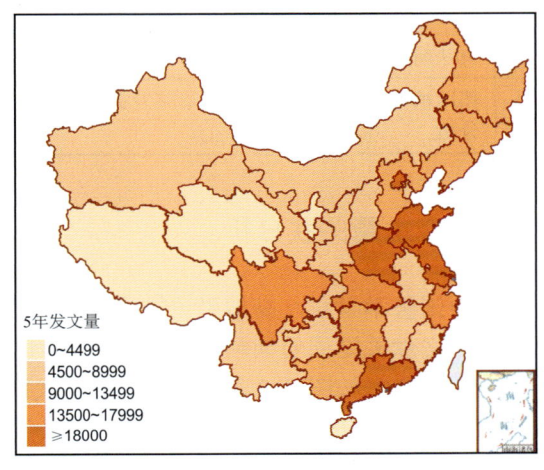
图 8-2　中国医学学科 5 年论文产出地区分布

8.2 高被引论文分析

在中国医学学科，2013年被引频次位居前10位的论文（表8-2）平均被引频次为23.7次，是全部1106篇高被引论文篇均被引频次的2.7倍。其中，被引频次最高的论文是仝欣于2011年发表的《黄芪主要活性成分的药理作用》，随后3篇分别是黎阳于2009年发表的《人参化学成分和药理研究进展》、李健于2012年发表的《基于中医传承辅助系统的治疗肺痈方剂组方规律分析》和杨金泉于2010年发表的《黄芪的药理作用研究进展》。

从论文分布来看，刊载高被引论文数量居前的3种期刊分别是《中国实验方剂学杂志》（105篇）、《中国中药杂志》（83篇）和《时珍国医国药》（57篇），而《中华护理杂志》刊载了高被引论文TOP 10中的2篇；发表高被引论文居前的3位学者分别是北京中医药大学的王琦（6篇）、中国人民解放军第302医院的肖小河（5篇）和中国中医科学院广安门医院的仝小林（4篇）；产出高被引论文数量居前的3所机构分别是南京中医药大学（54篇）、北京中医药大学（50篇）和上海中医药大学（27篇）。

表8-2 中国医学学科高被引论文 TOP 10

序号	论文题名	第一作者	期刊名称	发表年份	被引频次 总频次	被引频次 2013年
1	黄芪主要活性成分的药理作用	仝欣	时珍国医国药	2011	62	27
2	人参化学成分和药理研究进展	黎阳	中草药	2009	109	26
3	基于中医传承辅助系统的治疗肺痈方剂组方规律分析	李健	中国实验方剂学杂志	2012	67	25
3	黄芪的药理作用研究进展	杨金泉	医学理论与实践	2010	68	25
5	黄芪的化学成分及药理作用研究进展	陈国辉	中国新药杂志	2008	109	24
5	影响中医护理技术临床应用与发展的因素及对策	沈勤	中华护理杂志	2010	72	24
7	中药外敷预防化疗性静脉炎的临床观察	章春芝	中华护理杂志	2009	58	22
7	论症、证、病结合辨治模式在临床中的应用	仝小林	中医杂志	2010	51	22
9	灸法研究的现状与发展趋势	吴焕淦	上海针灸杂志	2009	61	21
9	药用植物DNA条形码鉴定策略及关键技术分析	陈士林	中国天然药物	2009	62	21

8.3 研究主题关联分析

在中国医学学科，高被引论文累计被2013年发表的7441篇论文引用了9549次。通过分析施引文献关键词的词频及关键词之间的共现关系，获得2013年中国医学学科的热点主题和主题关联，如图8-3所示（共现16次以下不显示）。由图8-3可知："中药"和"高效液相色谱法"的文档词频较高，是中国医学学科近期的热点研究主题；"药理作用"与"化学成分"、"高效液相色谱法"与"含量测定"之间的共现次数较多，显示出它们之间主题关联分别较为紧密；以"中药""质量控制"为核心的多个概念相互关联，构成了领域内近期较为突出的研究主题簇。

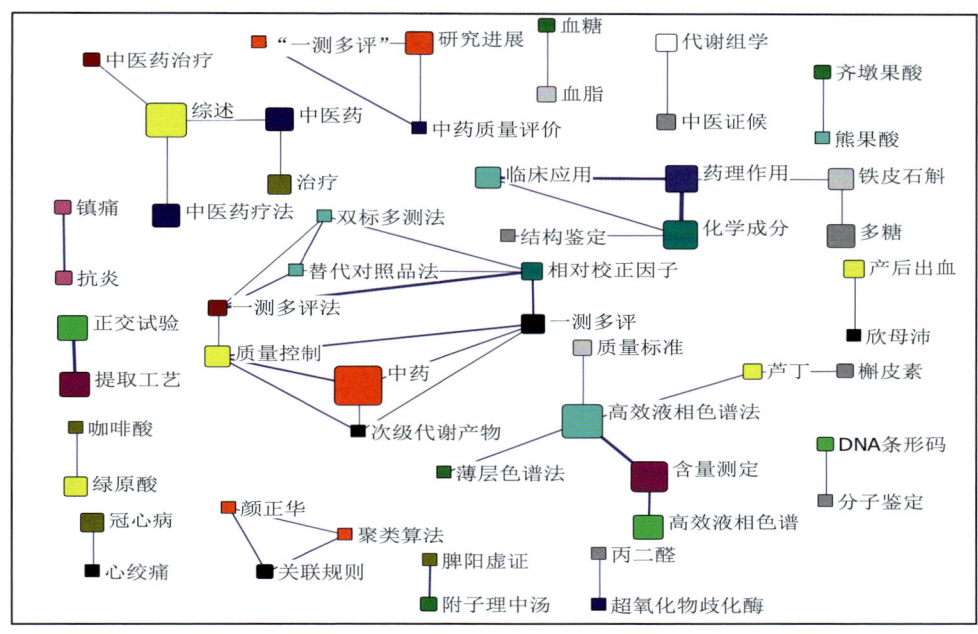

图 8-3　中国医学学科 2013 年热点主题关联

8.4　学科高影响力期刊分析

8.4.1　学科高影响力期刊 TOP 10

在中国医学学科，学科 5 年影响因子位居前 10 位的期刊见表 8-3，排在前 3 位的期刊分别是《中国中西医结合急救杂志》《中国中西医结合杂志》和《中国实验方剂学杂志》。在表 8-3 中，学科载文量占其总载文量比例最大的期刊是《中国实验方剂学杂志》；前 5 年学科载文在 2013 年被引率最高的期刊是《中国中西医结合急救杂志》；期刊 5 年影响因子较高的前 3 种期刊分别是《中国中西医结合急救杂志》《中国实验方剂学杂志》和《中国中西医结合杂志》；学科 5 年影响因子与期刊 5 年影响因子差异最大的期刊是《沈阳药科大学学报》。表 8-3 中期刊的学科 5 年影响因子和前 5 年学科载文的 2013 年被引率对比如图 8-4 所示，2008—2013 年期刊 5 年影响因子的变动情况如图 8-5 所示。

表 8-3　中国医学学科高影响力期刊基本指数

序号	期刊名称	前 5 年载文量			2013 年学科被引			5 年影响因子		h 指数（学科）
		学科（篇）	占比（%）	总量（篇）	频次	被引率（%）	高被引论文篇数	期刊(2013)	学科(2013)	
1	中国中西医结合急救杂志	500	61.7	810	626	59.0	6	1.156	1.252	7
2	中国中西医结合杂志	1328	62.2	2136	1546	53.4	18	1.078	1.164	9
3	中国实验方剂学杂志	8439	97.8	8630	9301	47.6	125	1.099	1.102	11
4	中国中药杂志	3917	79.1	4951	4270	49.7	62	1.028	1.090	10
5	结合医学学报（英文版）	586	53.3	1100	628	49.8	6	0.985	1.072	8
6	针刺研究	456	81.0	563	487	46.5	7	1.055	1.068	7
7	中草药	3534	97.3	3633	3546	46.9	36	0.988	1.003	9
8	中国药学杂志	529	17.6	3005	521	46.1	6	0.700	0.985	8
9	药物评价研究	63	17.3	365	62	31.8	3	0.597	0.984	6
10	沈阳药科大学学报	171	12.0	1421	167	46.8	1	0.487	0.977	6

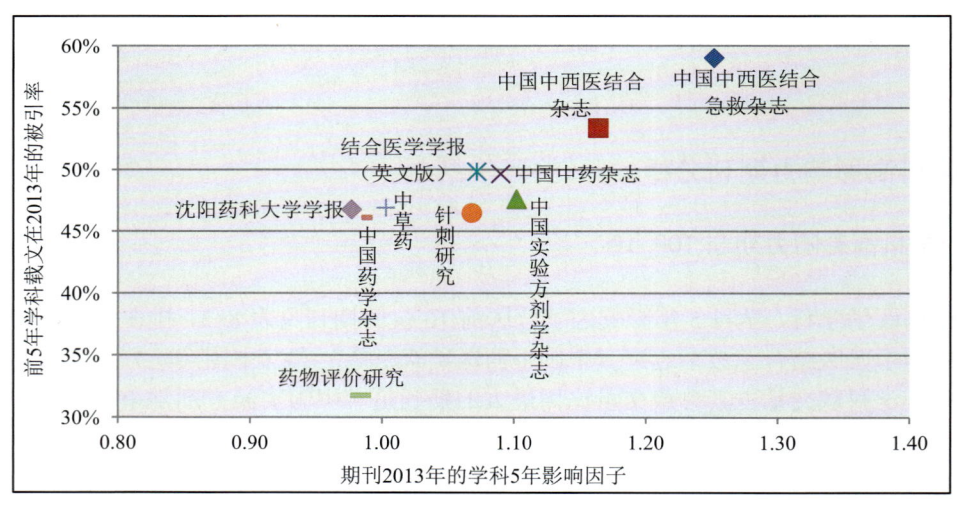

图 8-4　中国医学学科高影响力期刊对比

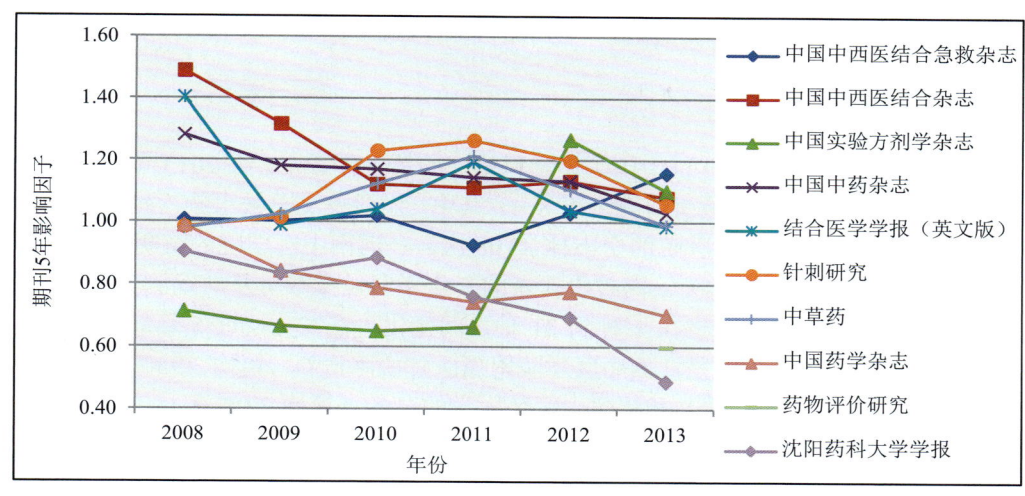

图 8-5 中国医学学科期刊 5 年影响因子变动

8.4.2 学科高影响力期刊载文主题关联

通过期刊共被引分析,获得中国医学学科高影响力期刊及与其他期刊之间的载文主题关联,如图 8-6 所示(共被引 124 次以下不显示)。结果显示,中国医学学科的高影响力期刊相互链接较为紧密,基本主导了该学科的期刊共被引网络,显示出该学科高影响力期刊可能共同刊载了许多相近的研究主题,热点研究主题分散在多种期刊上。《中国中西医结合杂志》《中国中药杂志》和《中国实验方剂学杂志》的学科 5 年影响因子较高,显示出它们的学术影响力较大;《中国实验方剂学杂志》与《中国中药杂志》《时珍国医国药》等期刊之间的链接较强,意味着它们之间可能有较多相同或相近的载文主题。

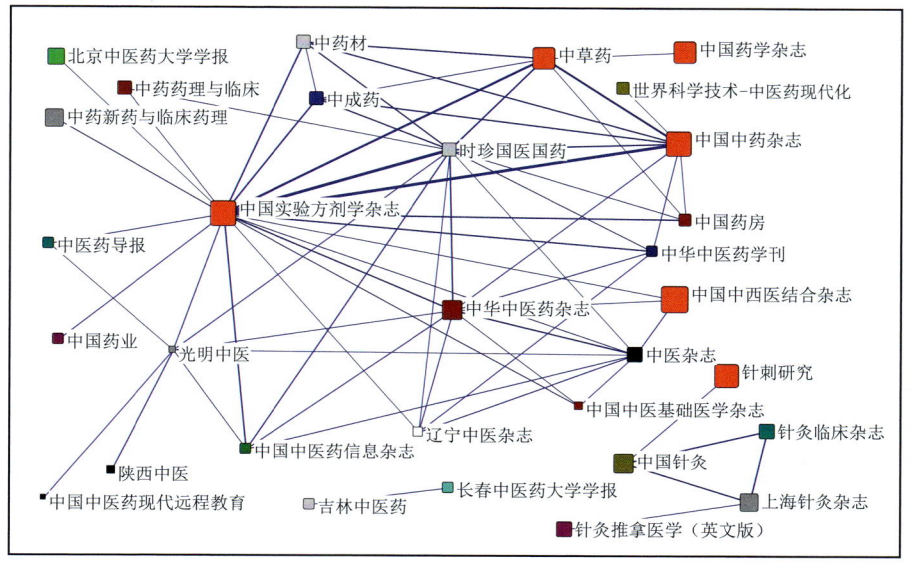

图 8-6 中国医学学科高影响力期刊载文主题关联

8.5 高被引作者分析

8.5.1 高被引作者 TOP 20

2008—2012 年，在 233549 位中国医学学科论文的第一作者中，在 2013 年学科被引频次位居前 20 位的学者的发文及被引情况见表 8-4。其中，学科发文总被引频次较高的 3 位作者分别是中国中医研究院广安门医院的仝小林（108 次）、河南中医学院的苗明三（64 次）和北京中医药大学的王琦（61 次）。高被引作者的 5 年学科发文数量从 4 篇到 77 篇不等，同时，作者学科发文的期刊分布也在 1 种到 21 种之间变化。在发文超过 5 篇的所有作者中，篇均被引较高的 3 位作者分别是江西中医学院附属医院的陈日新（篇均 3.93 次）、南京中医药大学的段金廒（篇均 3.11 次）和福建中医药大学的高冬（篇均 3.08 次）。前 5 年发表学科论文较多的 3 位作者分别是河南中医学院的王付（77 篇）、河南中医学院的许敬生（76 篇）和北京中医药大学的吴嘉瑞（64 篇）。高被引作者的学科发文量和被引量对比如图 8-7 所示。

表 8-4 中国医学学科高被引作者 TOP 20

序号	姓名	作者单位	前 5 年发文数量			前 5 年学科发文在 2013 年的被引				h 指数（学科）
			学科发文（篇）	期刊分布（种）	发文总量（篇）	总频次	被引率（%）	最高（次）	篇均（次）	
1	仝小林	中国中医研究院广安门医院	38	21	95	108	63.2	22	1.14	5
2	苗明三	河南中医学院	34	8	40	64	82.4	6	1.88	4
3	王琦	北京中医药大学	35	16	45	61	60.0	13	1.74	5
4	段金廒	南京中医药大学	19	8	21	59	68.4	9	3.11	5
4	李建生	河南中医学院	46	12	162	59	56.5	9	1.28	5
6	陈日新	江西中医学院附属医院	14	6	14	55	85.7	19	3.93	4
7	陈少宗	山东省中医药研究院	30	8	35	54	60.0	14	1.80	3
8	孙国祥	沈阳药科大学	56	5	188	53	50.0	5	0.95	4
9	王阶	中国中医科学院广安门医院	22	9	34	49	77.3	11	2.23	4
10	王君明	河南中医学院	21	6	28	46	52.4	9	2.19	4
10	李冀	黑龙江中医药大学	52	9	63	46	44.2	4	0.88	3
12	吴嘉瑞	北京中医药大学	64	17	83	45	29.7	12	0.70	4
13	张明发	上海美优制药有限公司	24	8	88	41	58.3	9	1.71	4

序号	姓名	作者单位	前5年发文数量			前5年学科发文在2013年的被引				h指数（学科）
			学科发文（篇）	期刊分布（种）	发文总量（篇）	总频次	被引率（%）	最高（次）	篇均（次）	
14	高冬	福建中医药大学	13	6	15	40	76.9	8	3.08	4
15	白雁	河南中医学院	20	10	36	39	60.0	11	1.95	4
16	刘华钢	广西医科大学	18	15	24	38	72.2	12	2.11	3
16	王付	河南中医学院	77	11	116	38	26.0	7	0.49	4
18	梅全喜	广东省中山市中医院	19	10	21	36	68.4	6	1.89	4
19	黎阳	天津中医药大学	4	1	4	34	100.0	26	8.50	3
19	孙蓉	山东省中医药研究院	35	9	47	34	51.4	4	0.97	3

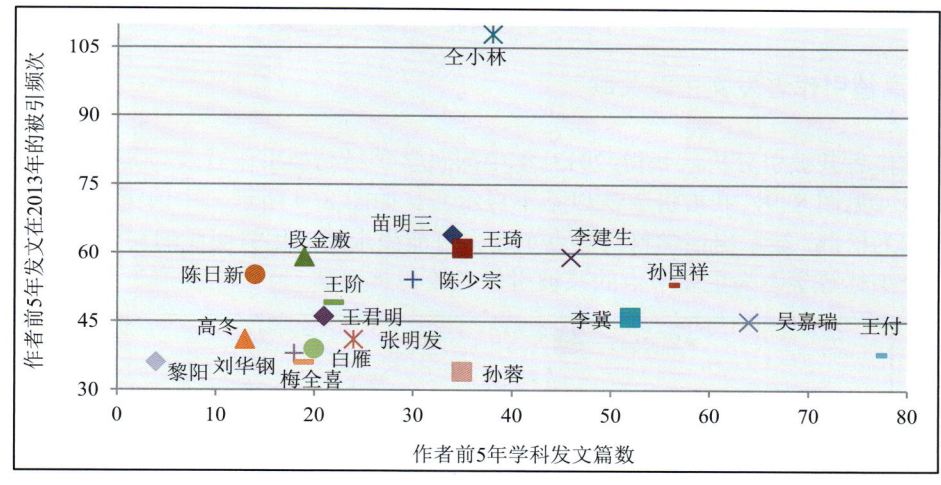

图 8-7 中国医学学科高被引作者学科发文及被引对比

8.5.2 高被引作者科研合作关系

通过作者合著分析，获得 2013 年中国医学学科高被引作者及与其他学者之间的科研论文合作关系（不考虑论文署名次序），如图 8-8 所示（合著 12 次以下不显示）。可以看出，中国医学学科的高被引作者的论文合作现象较为普遍。学者段金廒、李冀、孙蓉、仝小林、李建生等人的论文合作网络较为突出，在该学科的研究人员中分别表现出一定的集聚效应；段金廒和唐于平、宿树兰，孙蓉和黄伟等学者之间的合作关系较为紧密，显示出他们可能分别属于同一支科研团队。

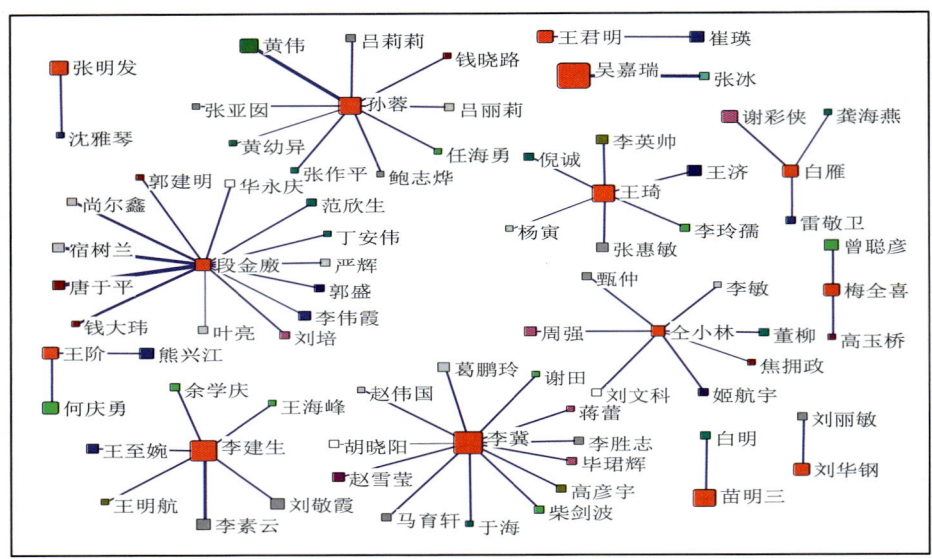

图 8-8　中国医学学科高被引作者科研论文合作关系

8.5.3　高被引作者发文主题关联

通过作者共被引分析，获得 2013 年中国医学学科高被引作者及与其他学者之间的发文主题关联（见图 8-9，共被引 3 次以下不显示）。如图 8-9 所示，中国医学学科的作者共被引网络较为松散，显示出该学科在热点主题上可能尚未形成优势明显的科研力量；以李建生、王阶、仝小林等学者为主要节点的共被引作者簇初具规模。

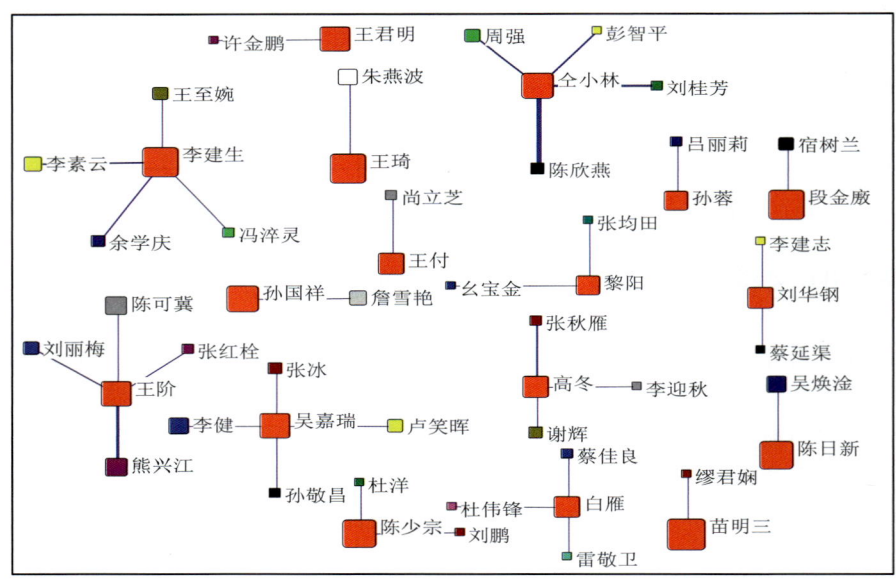

图 8-9　中国医学学科高被引作者发文主题关联

8.6 高被引机构分析

8.6.1 高被引机构

为便于比较，本书将中国医学学科的高被引机构分为医院和高等院校/科研院所两种类型。其中，被引频次 TOP 10 医院和被引频次 TOP 5 高等院校/科研院所的发文及被引情况分别见表 8-5 和表 8-6。其中，总被引频次较高的 3 所医院分别是广东省中医院、中国中医科学院广安门医院和河南中医学院附属第一医院，南京中医药大学、北京中医药大学和广州中医药大学是总被引频次较高的 3 所高等院校/科研院所；前 5 年学科发文在 2013 年的被引率最高的医院和高等院校/科研院所分别是中国中医科学院西苑医院和南京中医药大学，篇均被引最高的医院和高等院校/科研院所分别是中国中医科学院西苑医院和南京中医药大学。上述高被引机构的论文被引率和篇均被引频次对比如图 8-10 所示。

表 8-5 中国医学学科高被引医院 TOP 10

序号	第一作者单位	学科发文量（篇）		前 5 年学科发文在 2013 年的被引			
		前 5 年	2013 年	频次	被引率(%)	最高（次）	篇均（次）
1	广东省中医院	1601	169	999	33.1	12	0.62
2	中国中医科学院广安门医院	860	365	724	41.9	16	0.84
3	河南中医学院第一附属医院	1119	237	705	37.1	8	0.63
4	中国中医科学院广安门医院	984	362	646	30.9	22	0.66
5	北京中医药大学东直门医院	905	179	645	35.6	14	0.71
6	中国中医科学院西苑医院	668	157	616	46.3	16	0.92
7	广州中医药大学附属第一医院	855	136	582	37.9	12	0.68
8	上海中医药大学附属龙华医院	766	128	529	38.0	10	0.69
9	上海中医药大学附属曙光医院	725	157	522	34.5	27	0.72
10	黑龙江中医药大学附属第一医院	879	183	453	29.5	9	0.52

表 8-6 中国医学学科高被引高等院校/科研院所 TOP 5

序号	第一作者单位	学科发文量（篇）		前 5 年学科发文在 2013 年的被引			
		前 5 年	2013 年	频次	被引率(%)	最高（次）	篇均（次）
1	南京中医药大学	5494	830	3772	35.0	20	0.69
2	北京中医药大学	4428	841	3008	34.0	19	0.68
3	广州中医药大学	3390	518	1963	31.7	15	0.58
4	天津中医药大学	3919	835	1901	27.6	26	0.49
5	成都中医药大学	4007	831	1853	27.2	9	0.46

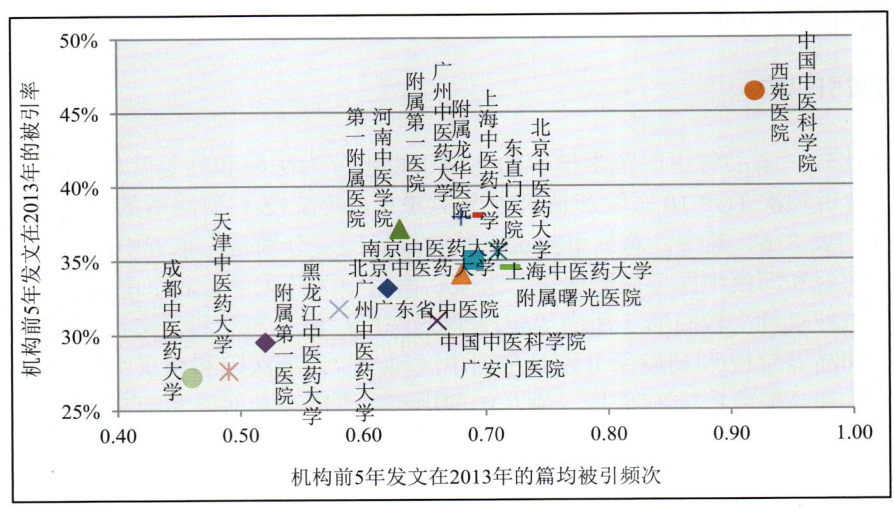

图 8-10 中国医学学科高被引机构论文篇均被引及被引率对比

8.6.2 高被引机构科研合作关系

通过合著分析,获得中国医学学科高被引机构之间及其与其他机构之间的科研合作关联,如图 8-11 所示(合作 250 次以下不显示)。分析得知,中国医学学科的机构合作网络非常紧密,显示出学科内各个机构间的合作现象较为普遍;高被引机构基本主导了机构合作网络,显示出这些机构已经在学科内具有了一定的科研优势。天津中医药大学和天津中医药大学附属第一医院、成都中医药大学和成都中医药大学附属医院等机构之间的链接较强,显示出它们的学术合作较为频繁。

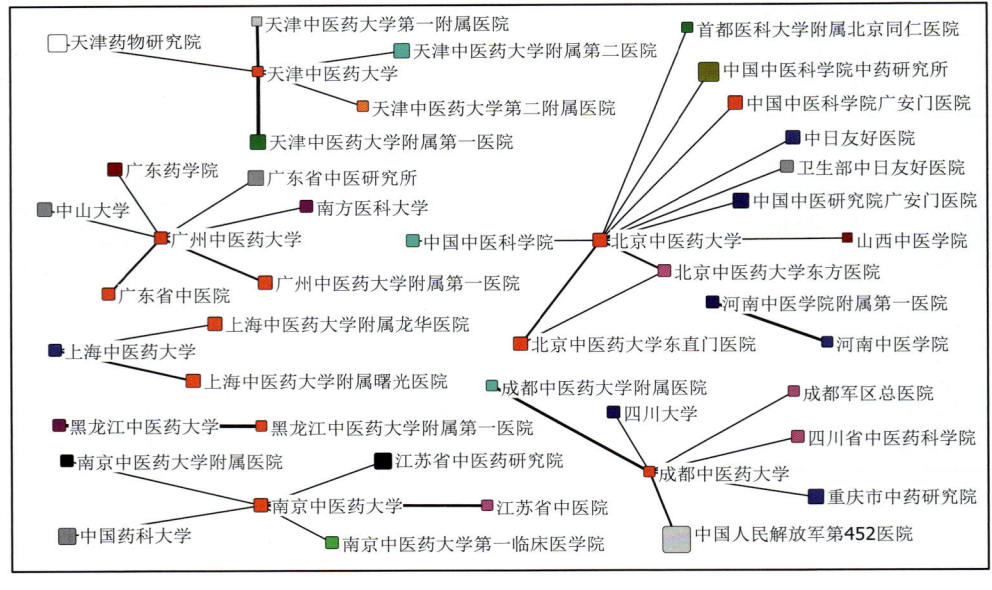

图 8-11 中国医学学科高被引机构科研合作关联

8.7 高被引图书、国外期刊及学术会议

2013 年,中国医学学科被引频次位居前 10 位的图书及国外期刊见表 8-7 和表 8-8。其中,被引次数较多的 3 种图书分别是国家中医药管理局的《中医病证诊断疗效标准》、乐杰的《妇产科学》和郑筱萸的《中药新药临床研究指导原则》;被引次数较多的 3 种国外期刊分别是《Phytochemistry》《Journal of Ethnopharmacology》和《Journal of Natural Products》;被引次数较多的 3 场学术会议分别是"Conference Proceedings‐IEEE Engineering in Medicine and Biology Society""Proceedings of the 6th World Congress of Endoscopic Surgery"和"Proceedings of the 1993 ACMSIGMOD International Conference on Management of Data"。

表 8-7 中国医学学科高被引图书 TOP 10

序号	责任者	图书名称	出版社	2013 年被引频次
1	国家中医药管理局	中医病证诊断疗效标准	南京大学出版社	697
2	乐杰	妇产科学	人民卫生出版社	568
3	郑筱萸	中药新药临床研究指导原则	中国医药科技出版社	517
4	陈灏珠	实用内科学	人民卫生出版社	387
5	陆再英	内科学	人民卫生出版社	361
6	周仲瑛	中医内科学	中国中医药出版社	335
7	郑筱萸	中药新药临床研究指导原则(试行)	中国医药科技出版社	328
8	高学敏	中药学	中国中医药出版社	296
9	陈奇	中药药理研究方法学	人民卫生出版社	295
10	叶任高	内科学	人民卫生出版社	293

表 8-8 中国医学学科高被引国外期刊 TOP 10

序号	期刊名称	2013 年被引频次
1	Phytochemistry	1500
2	Journal of Ethnopharmacology	1091
3	Journal of Natural Products	954
4	Chemical & Pharmaceutical Bulletin	789
5	Planta Medica	758
6	New England Journal of Medicine	681
7	Nature	678
8	Journal of Biological Chemistry	649
9	Circulation	642
10	Stroke	637

第 9 章 基础医学学科高被引分析

9.1 学科论文概况

2008—2012 年,基础医学学科共有 123228 位来自 24287 所机构的论文第一作者在 2437 种期刊上发表了 118208 篇学术论文。其中,80%以上的论文产出自 4212 所机构、93988 位作者,发表在 341 种期刊上。在前 5 年发表的这些论文中,有 34844 篇在 2013 年获得过引用,整体被引率为 29.5 %,总被引频次为 60334 次,篇均被引 0.51 次;其中,高被引论文有 463 篇,单篇论文最高被引频次为 84 次,累计被引 5212 次,篇均被引 11.26 次(表 9-1)。另外,2013 年基础医学学科共发表论文 30054 篇,其中有 879 篇在当年获得过引用,总共被引 1099 次。

表 9-1 基础医学学科论文分布情况

年份	论文篇数	2013 年被引频次	2013 年被引率（%）	2013 年高被引论文			
				论文篇数	最高被引频次	总被引频次	篇均被引频次
2008	22133	9160	24.7	77	48	850	11.04
2009	22195	10151	27.4	77	55	806	10.47
2010	22867	13238	32.4	105	69	1235	11.76
2011	24314	15399	34.7	122	84	1413	11.58
2012	26699	12386	27.9	82	51	908	11.07
合计	118208	60334	29.5	463	84	5212	11.26

从基础医学学科论文的地域分布来看,2013 年被引频次较高的 5 个省、直辖市或自治区依次是北京、广东、上海、江苏和浙江(图 9-1);5 年论文产出量较多的 5 个省、直辖市或自治区依次是广东、北京、江苏、上海和浙江(图 9-2)。

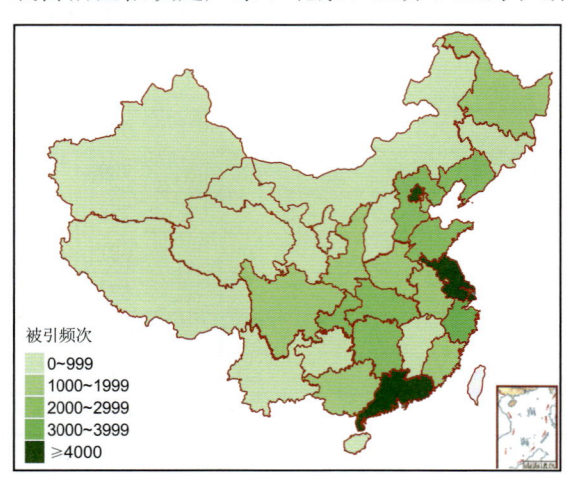

图 9-1 2013 年基础医学学科地区被引分布

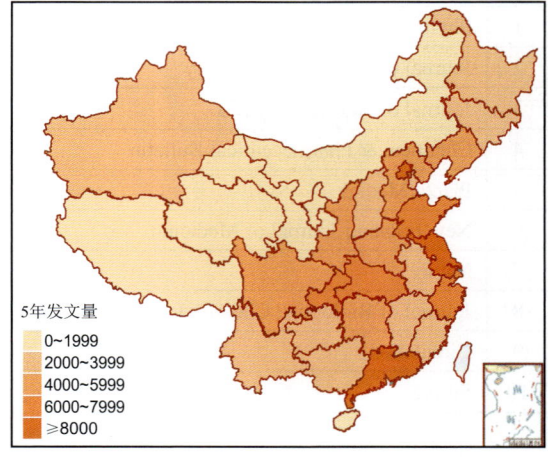

图 9-2 基础医学学科 5 年论文产出地区分布

9.2 高被引论文分析

在基础医学学科，2013 年被引频次位居前 10 位的论文（表 9-2）平均被引频次为 72 次，是全部 463 篇高被引论文篇均被引频次的 6.4 倍。其中，被引频次最高的论文是朱德妹于 2011 年发表的《2010 年中国 CHINET 细菌耐药性监测》，随后 2 篇分别是肖永红于 2010 年发表的《Mohnarin 2008 年度全国细菌耐药监测》和汪复于 2010 年发表的《2009 年中国 CHINET 细菌耐药性监测》。

从论文分布来看，刊载高被引论文数量最多的 3 种期刊分别是《中华医院感染学杂志》（156 篇）、《中国组织工程研究与临床康复》（36 篇）和《中国感染与化疗杂志》（27 篇），而《中华医院感染学杂志》刊载了高被引论文 TOP 10 中的 6 篇；发表高被引论文最多的 3 位学者分别是复旦大学附属华山医院的朱德妹（7 篇）、复旦大学附属华山医院的汪复（4 篇）和江苏省无锡市克隆遗传技术研究所的糜祖煌（4 篇）；产出高被引论文数量最多的 3 所机构分别是复旦大学附属华山医院（14 篇）、北京大学第一医院（13 篇）和浙江大学医学院附属第一医院（10 篇），而复旦大学附属华山医院产出了高被引论文 TOP 10 中的 4 篇。

表 9-2 基础医学学科高被引论文 TOP 10

序号	论文题名	第一作者	期刊名称	发表年份	被引频次 总频次	被引频次 2013 年
1	2010 年中国 CHINET 细菌耐药性监测	朱德妹	中国感染与化疗杂志	2011	248	139
2	Mohnarin 2008 年度全国细菌耐药监测	肖永红	中华医院感染学杂志	2010	425	96
3	2009 年中国 CHINET 细菌耐药性监测	汪复	中国感染与化疗杂志	2010	269	89
4	2011 年中国 CHINET 细菌耐药性监测	胡付品	中国感染与化疗杂志	2012	175	84
5	2008 年中国 CHINET 细菌耐药性监测	汪复	中国感染与化疗杂志	2009	298	59
6	2006—2007 年 Mohnarin 细菌耐药监测	肖永红	中华医院感染学杂志	2008	493	57
7	重症监护病房临床与环境、手分离耐药革兰阴性杆菌的同源性研究	吴华	中华医院感染学杂志	2008	352	52
7	全国 10 所医院院内与社区感染常见病原菌耐药性分析	杨启文	中华医院感染学杂志	2009	251	52
9	全国医院感染监控网医院感染病原菌分布及变化趋势	文细毛	中华医院感染学杂志	2011	117	47
10	2010 年度卫生部全国细菌耐药监测网报告：ICU 来源细菌耐药性监测	张丽	中华医院感染学杂志	2012	65	45

9.3 研究主题关联分析

在基础医学学科，高被引论文累计被 2013 年发表的 4166 篇论文引用了 5212 次。通过分析施引文献关键词的词频及关键词之间的共现关系，获得 2013 年基础医学学科的热点主题和主题关联，如图 9-3 所示（共现 16 次以下不显示）。由图 9-3 可知："病原菌""耐药性"和"抗菌药物"的文档词频较高，是基础医学学科近期的热点研究主题；"抗菌药物"

与"耐药性""病原菌"之间的共现次数较多,显示出它们之间主题关联较为紧密;以"耐药性""病原菌"和"抗菌药物"为核心的多个概念相互关联,构成了领域内近期较为突出的研究主题簇。

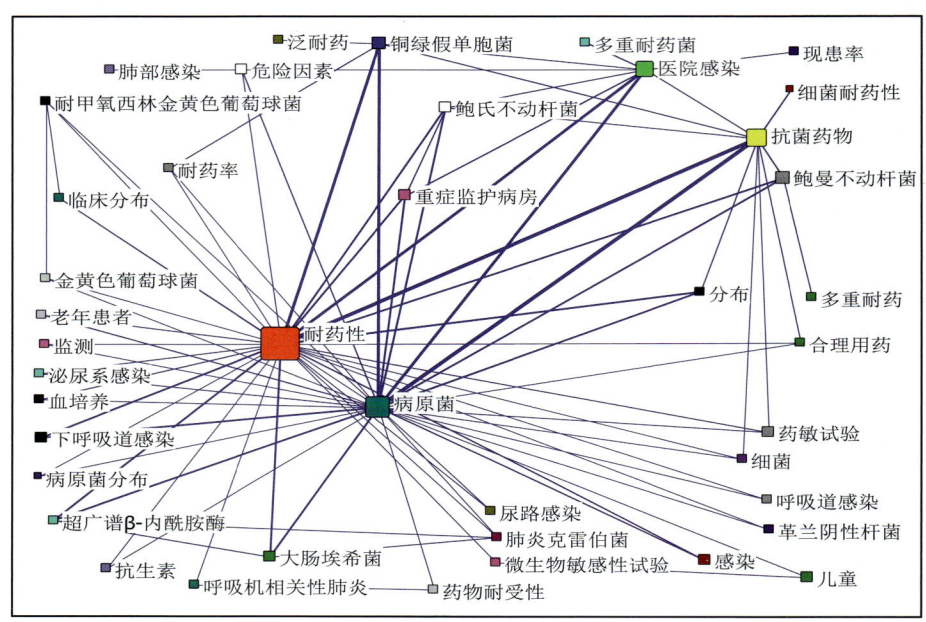

图 9-3 基础医学学科 2013 年热点主题关联

9.4 学科高影响力期刊分析

9.4.1 学科高影响力期刊 TOP 10

在基础医学学科,学科 5 年影响因子位居前 10 位的期刊见表 9-3,排在前 3 位的期刊分别是《中国感染与化疗杂志》《中国抗生素杂志》和《中国血液净化》。在表 9-3 中,学科载文量占其总载文量比例最大的期刊是《中国临床心理学杂志》;前 5 年学科载文在 2013 年被引率最高的期刊是《中国抗生素杂志》;期刊 5 年影响因子较高的前 3 种期刊分别是《中国感染与化疗杂志》《中国临床心理学杂志》和《中国血液净化》;学科 5 年影响因子与期刊 5 年影响因子差异最大的期刊是《中国感染与化疗杂志》。表 9-3 中期刊的学科 5 年影响因子和前 5 年学科载文的 2013 年被引率对比如图 9-4 所示,2008—2013 年期刊 5 年影响因子的变动情况如图 9-5 所示。

表 9-3　基础医学学科高影响力期刊基本指数

序号	期刊名称	前5年载文量			2013年学科被引			5年影响因子		h指数(学科)
		学科（篇）	占比（%）	总量（篇）	频次	被引率（%）	高被引论文篇数	期刊(2013)	学科(2013)	
1	中国感染与化疗杂志	386	57.4	672	1080	51.0	27	1.999	2.798	15
2	中国抗生素杂志	320	25.7	1246	409	55.3	5	0.771	1.278	8
3	中国血液净化	593	47.7	1244	634	42.3	12	0.973	1.069	8
4	中国临床心理学杂志	1476	97.2	1518	1549	46.3	27	1.042	1.049	8
5	疾病监测	300	17.5	1714	251	36.7	7	0.959	0.837	13
6	中国社会医学杂志	114	11.8	968	73	42.1	0	0.761	0.640	6
7	病毒学报	369	63.2	584	232	33.6	3	0.611	0.629	6
8	医用生物力学	550	92.1	597	331	33.1	2	0.615	0.602	5
9	基础医学教育	1183	47.6	2488	710	36.6	2	0.576	0.600	7
10	中国病理生理杂志	1770	62.4	2838	1031	33.7	3	0.589	0.582	6

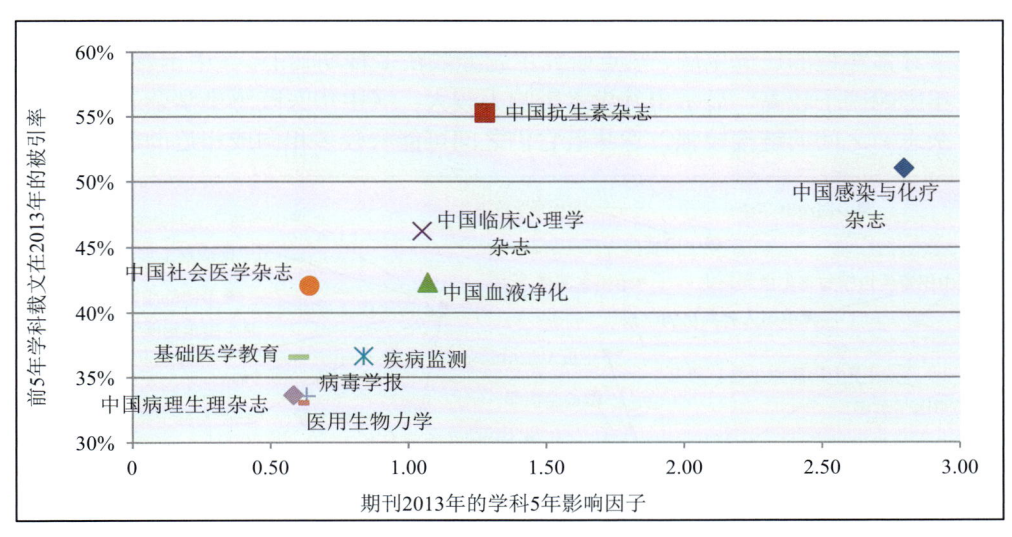

图 9-4　基础医学学科高影响力期刊对比

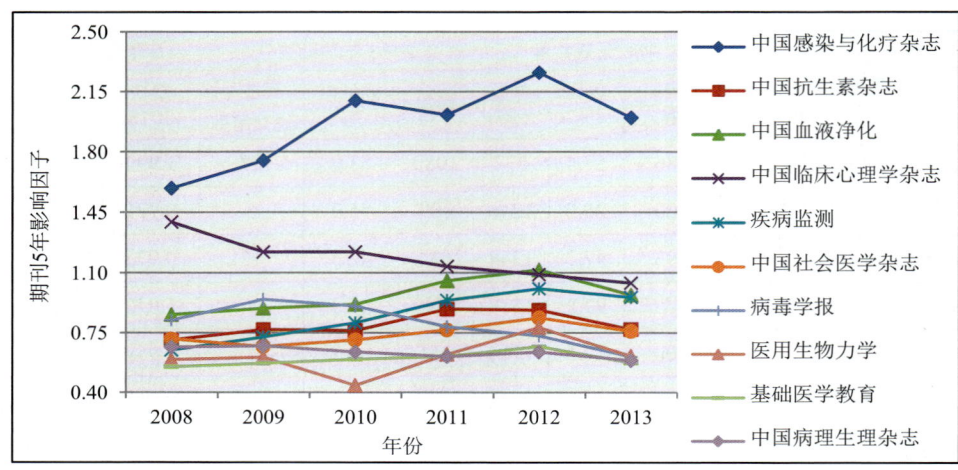

图 9-5 基础医学学科期刊 5 年影响因子变动

9.4.2 学科高影响力期刊载文主题关联

通过期刊共被引分析，获得基础医学学科高影响力期刊及与其他期刊之间的载文主题关联，如图 9-6 所示（共被引 21 次以下不显示）。结果显示，基础医学学科的高影响力期刊相互链接较为紧密，部分主导了该学科的期刊共被引网络，显示出该学科高影响力期刊可能共同刊载了许多相近的研究主题，热点研究主题分散在多种期刊上。《中国感染与化疗杂志》的学科 5 年影响因子较高，显示出其学术影响力较大；《中华医院感染学杂志》与《中国感染与化疗杂志》之间的链接较强，意味着它们之间可能有较多相同或相近的载文主题。

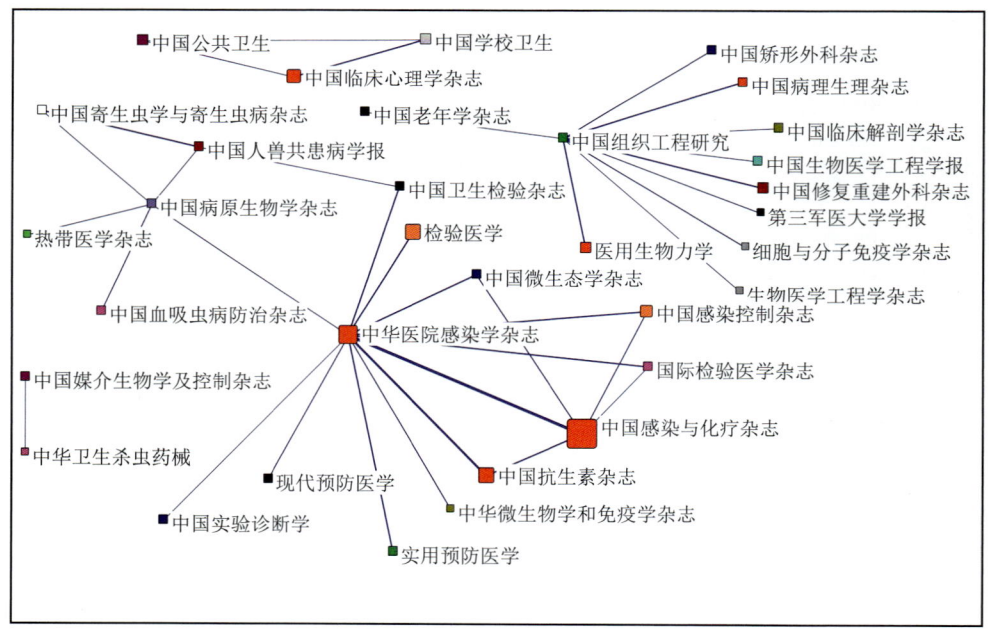

图 9-6 基础医学学科高影响力期刊载文主题关联

9.5 高被引作者分析

9.5.1 高被引作者 TOP 20

2008—2012年，在123228位基础医学学科论文的第一作者中，在2013年学科被引频次位居前20位的学者的发文及被引情况见表9-4。其中，学科发文总被引频次较高的3位作者分别是复旦大学附属华山医院的朱德妹（218次）、复旦大学附属华山医院的汪复（195次）和北京大学第一医院的肖永红（157次）。高被引作者的5年学科发文数量从1篇到33篇不等，同时，作者学科发文的期刊分布也在1种到4种之间变化。在发文超过5篇的所有作者中，篇均被引较高的3位作者分别是复旦大学附属华山医院的汪复（篇均32.50次）、北京大学第一医院的肖永红（篇均22.43次）和复旦大学附属华山医院的朱德妹（篇均21.80次）；前5年发表学科论文较多的3位作者分别是解放军第102医院的张理义（33篇）、江苏省无锡市克隆遗传技术研究所的糜祖煌（14篇）和复旦大学附属华山医院的朱德妹（10篇）。高被引作者的学科发文量和被引量对比如图9-7所示。

表9-4 基础医学学科高被引作者 TOP 20

序号	姓名	作者单位	前5年发文数量			前5年学科发文在2013年的被引				h指数（学科）
			学科发文（篇）	期刊分布（种）	发文总量（篇）	总频次	被引率（%）	最高（次）	篇均（次）	
1	朱德妹	复旦大学附属华山医院	10	1	15	218	90.0	139	21.80	8
2	汪复	复旦大学附属华山医院	6	1	7	195	66.7	89	32.50	4
3	肖永红	北京大学第一医院	7	2	19	157	85.7	96	22.43	4
4	胡付品	复旦大学附属华山医院	2	1	4	87	100.0	84	43.50	2
5	糜祖煌	江苏省无锡市克隆遗传技术研究所	14	4	16	53	57.1	19	3.79	4
6	吴华	中南大学湘雅医院	1	1	1	52	100.0	52	52.00	1
6	杨启文	北京协和医院	2	2	9	52	50.0	52	26.00	2
8	张祎博	上海交通大学医学院附属瑞金医院	3	2	5	49	100.0	19	16.33	4
9	文细毛	中南大学湘雅医院	1	1	3	47	100.0	47	47.00	2
10	张丽	北京协和医院	1	1	1	45	100.0	45	45.00	1
11	王进	北京大学第一医院	8	3	12	44	75.0	30	5.50	3
12	杨青	浙江大学医学院附属第一医院	5	3	9	43	80.0	18	8.60	6
13	张理义	解放军第102医院	33	3	40	37	57.6	7	1.12	3

序号	姓名	作者单位	前5年发文数量			前5年学科发文在2013年的被引				h指数（学科）
			学科发文（篇）	期刊分布（种）	发文总量（篇）	总频次	被引率（%）	最高（次）	篇均（次）	
14	习慧明	北京协和医院	1	1	1	35	100.0	35	35.00	1
14	赵霞	首都医科大学宣武医院	3	1	6	35	66.7	33	11.67	2
16	蒋冬香	桂林医学院附属医院	7	2	9	32	85.7	17	4.57	3
17	张永振	中国疾病预防控制中心传染病预防控制所	1	1	2	29	100.0	29	29.00	2
18	肖永红	浙江大学医学院附属第一医院	2	2	50	28	50.0	28	14.00	4
19	沈萍	浙江大学医学院附属第一医院	2	1	4	27	100.0	16	13.50	3
19	李耘	北京大学第一医院	2	1	24	27	100.0	24	13.50	3

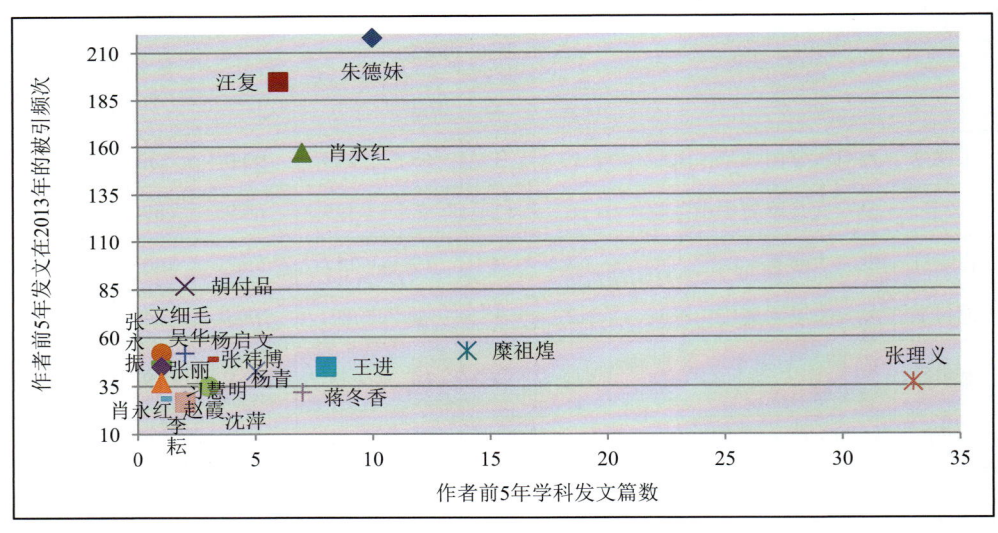

图 9-7　基础医学学科高被引作者学科发文及被引对比

9.5.2 高被引作者科研合作关系

通过作者合著分析，获得 2013 年基础医学学科高被引作者及与其他学者之间的科研论文合作关系（不考虑论文署名次序），如图 9-8 所示（合著 10 次以下不显示）。可以看出，以学者朱德妹、杨青、汪复、胡付品为主要节点的论文合作网络最为突出，这 4 位高被引作者在该学科的研究人员中表现出较强的集聚效应，同时，他们之间的合作关系也较为紧密，显示出他们可能属于同一支科研团队。

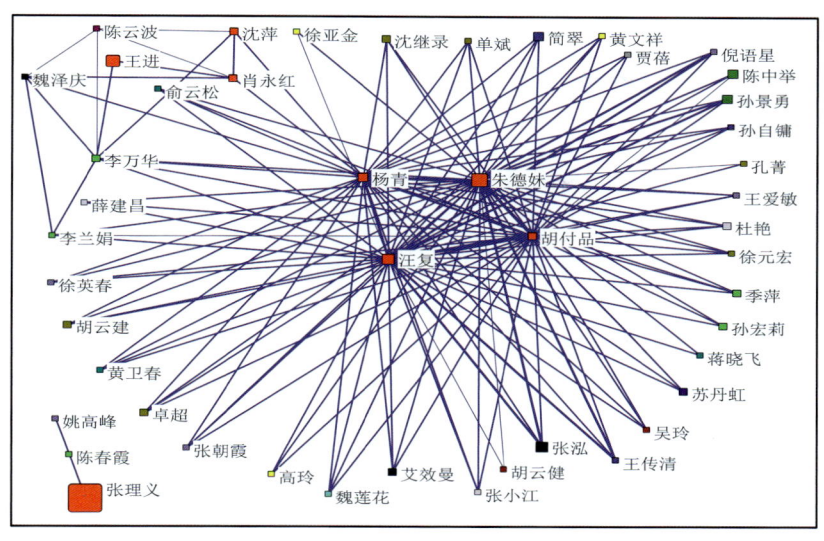

图 9-8 基础医学学科高被引作者科研论文合作关系

9.5.3 高被引作者发文主题关联

通过作者共被引分析，获得 2013 年基础医学学科高被引作者及与其他学者之间的发文主题关联（见图 9-9，共被引 3 次以下不显示）。如图 9-9 所示，基础医学学科的高被引作者基本主导了作者共被引网络，显示出该学科在热点主题上可能已经形成了优势明显的科研力量；朱德妹、汪复和肖永红的节点较大，显示出他们的学术成果在学科内得到较多关注；以汪复、朱德妹和肖永红等学者为主要节点的共被引作者簇人数较多，且网络规模较大，可能意味着这些学者的研究主题关联较为紧密；胡付品与汪复、朱德妹等学者之间的链接较强，意味着他们之间可能有较为相近的研究主题。

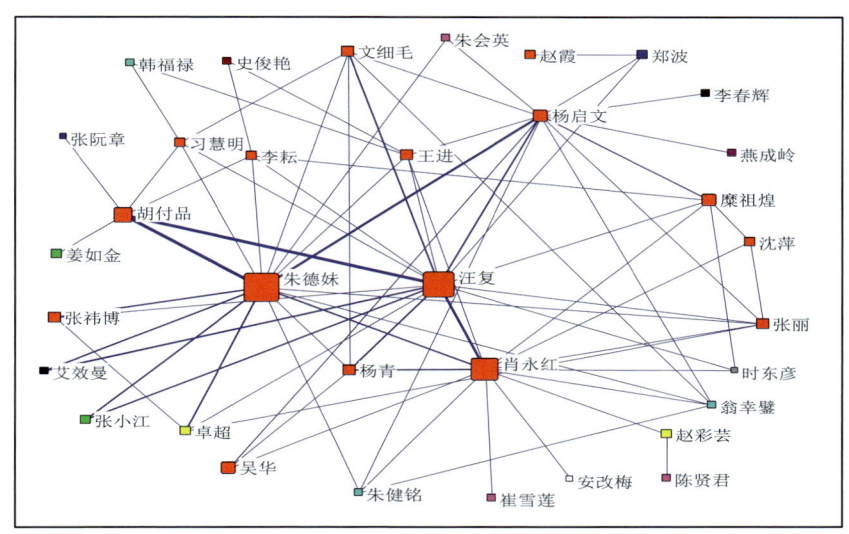

图 9-9 基础医学学科高被引作者发文主题关联

9.6 高被引机构分析

9.6.1 高被引机构

为便于比较，本书将基础医学学科的高被引机构分为医院和高等院校/科研院所两种类型。其中，被引频次 TOP 10 医院和被引频次 TOP 5 高等院校/科研院所的发文及被引情况分别见表 9-5 和表 9-6。其中，总被引频次较高的 3 所医院分别是复旦大学附属华山医院、北京大学第一医院和中南大学湘雅二医院，南方医科大学、第三军医大学和重庆医科大学是总被引频次较高的 3 所高等院校/科研院所；前 5 年学科发文在 2013 年的被引率最高的医院和高等院校/科研院所分别是安徽医科大学附属第一医院和安徽医科大学，篇均被引最高的医院和高等院校/科研院所分别是复旦大学附属华山医院和安徽医科大学。上述高被引机构的论文被引率和篇均被引频次对比如图 9-10 所示。

表 9-5 基础医学学科高被引医院 TOP 10

序号	第一作者单位	学科发文量（篇）		前 5 年学科发文在 2013 年的被引			
		前 5 年	2013 年	频次	被引率(%)	最高（次）	篇均（次）
1	复旦大学附属华山医院	249	31	634	34.5	139	2.55
2	北京大学第一医院	295	51	544	39.7	96	1.84
3	中国人民解放军总医院	1043	160	522	14.88	8	0.50
4	中南大学湘雅二医院	584	102	365	34.6	7	0.62
5	重庆医科大学附属第一医院	797	130	329	26.6	9	0.41
6	中南大学湘雅医院	351	50	302	29.6	52	0.86
7	华中科技大学同济医学院附属同济医院	787	106	297	25.2	7	0.38
8	四川大学华西医院	517	91	256	27.5	11	0.50
9	安徽医科大学附属第一医院	328	53	249	40.2	9	0.76
10	南方医科大学珠江医院	430	54	221	32.1	9	0.51

表 9-6 基础医学学科高被引高等院校/科研院所 TOP 5

序号	第一作者单位	学科发文量（篇）		前 5 年学科发文在 2013 年的被引			
		前 5 年	2013 年	频次	被引率(%)	最高（次）	篇均（次）
1	南方医科大学	1008	145	395	24.3	17	0.39
2	第三军医大学	827	99	349	26.5	7	0.42
3	重庆医科大学	843	140	284	20.6	6	0.34
4	安徽医科大学	534	92	265	27.3	13	0.50
5	第四军医大学	705	124	258	22.7	11	0.37

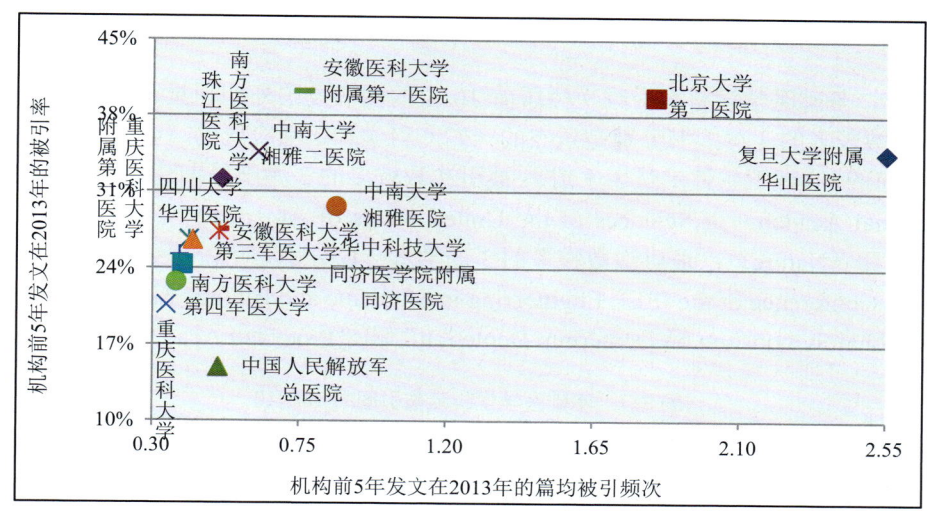

图 9-10 基础医学学科高被引机构论文篇均被引及被引率对比

9.6.2 高被引机构科研合作关系

通过合著分析，获得基础医学学科高被引机构之间及其与其他机构之间的科研合作关联，如图 9-11 所示（合作 120 次以下不显示）。分析得知，基础医学学科的机构合作链接较为紧密，显示出学科内各个机构间的合作现象较为普遍；高被引机构部分主导了机构合作网络，显示出这些机构已经在学科内具有了一定的科研优势。重庆医科大学和重庆医科大学附属第一医院之间的链接较强，显示出它们的学术合作较为频繁。

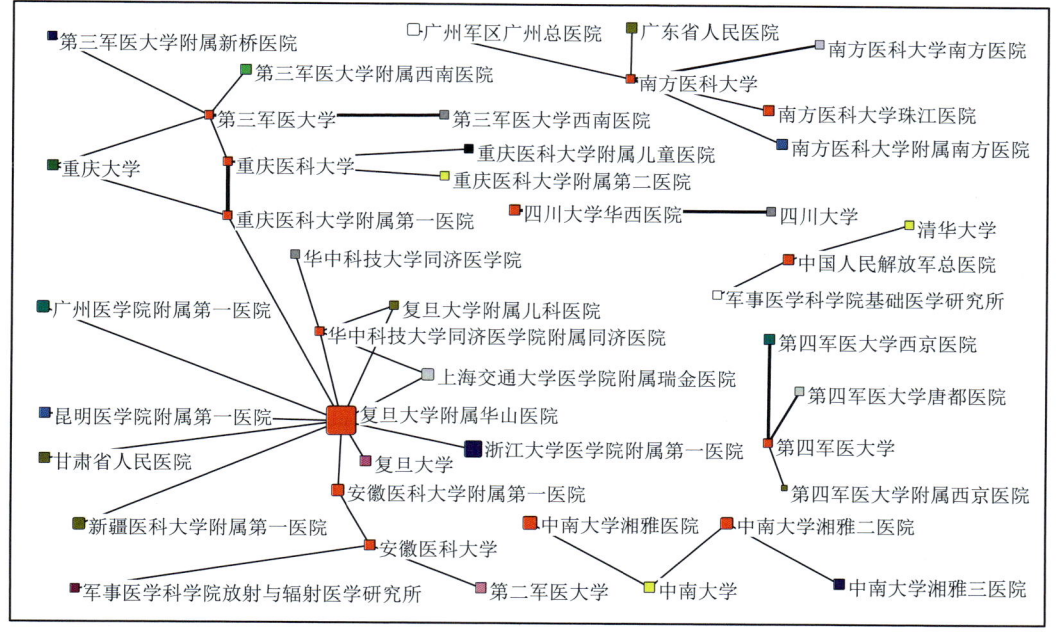

图 9-11 基础医学学科高被引机构科研合作关联

9.7 高被引图书、国外期刊及学术会议

2013 年，基础医学学科被引频次位居前 10 位的图书及国外期刊见表 9-7 和表 9-8。其中，被引次数较多的 3 种图书分别是乐杰的《妇产科学》、叶应妩的《全国临床检验操作规程》和汪向东的《心理卫生评定量表手册》；被引次数较多的 3 种国外期刊分别是《Proceedings of the National Academy of Sciences of the United States of America》《Journal of Biological Chemistry》和《Nature》；被引次数较多的 3 场学术会议分别是"Proceedings of the Annual International Conference of the IEEE Engineering in Medicine and Biology Society""Abstracts of 1 st International Symposium on Deuterium Depletion"和"Proc Natl Acad Sci USA"。

表 9-7 基础医学学科高被引图书 TOP 10

序号	责任者	图书名称	出版社	2013 年被引频次
1	乐杰	妇产科学	人民卫生出版社	126
2	叶应妩	全国临床检验操作规程	东南大学出版社	90
3	汪向东	心理卫生评定量表手册	《中国心理卫生杂志》杂志社	87
4	陆再英	内科学	人民卫生出版社	67
5	叶任高	内科学	人民卫生出版社	47
6	吴在德	外科学	人民卫生出版社	44
7	陈灏珠	实用内科学	人民卫生出版社	43
8	胡亚美	诸福棠实用儿科学	人民卫生出版社	42
9	张明园	精神科评定量表手册	湖南科学技术出版社	40
10	汪向东	心理卫生评定量表手册：增订版	《中国心理卫生杂志》杂志社	34

表 9-8 基础医学学科高被引国外期刊 TOP 10

序号	期刊名称	2013 年被引频次
1	Proceedings of the National Academy of Sciences of the United States of America	3203
2	Journal of Biological Chemistry	2988
3	Nature	2923
4	PLoS One	2887
5	Journal of Immunology	2491
6	Science	2155
7	Biomaterials	1922
8	Blood	1837
9	Circulation	1787
10	New England Journal of Medicine	1761

第 10 章　临床医学学科高被引分析

10.1　学科论文概况

2008—2012 年，临床医学学科共有 426830 位来自 79385 所机构的论文第一作者在 1985 种期刊上发表了 417985 篇学术论文。其中，80%以上的论文产出自 12449 所机构、314774 位作者，发表在 131 种期刊上。在前 5 年发表的这些论文中，有 121035 篇在 2013 年获得过引用，整体被引率为 29.0%，总被引频次为 220392 次，篇均被引 0.53 次；其中，高被引论文有 1451 篇，单篇论文最高被引频次为 289 次，累计被引 17077 次，篇均被引 11.77 次（表 10-1）。另外，2013 年临床医学学科共发表论文 144855 篇，其中有 5063 篇在当年获得过引用，总共被引 6689 次。

表 10-1　临床医学学科论文分布情况

年份	论文篇数	2013 年被引频次	2013 年被引率（%）	2013 年高被引论文			
				论文篇数	最高被引频次	总被引频次	篇均被引频次
2008	47875	23442	25.9	124	100	1821	14.69
2009	54712	30818	29.5	189	148	2461	13.02
2010	64882	40957	32.2	264	202	4208	15.94
2011	103103	60669	32.3	411	285	4403	10.71
2012	147413	64506	26.0	463	289	4184	9.04
合计	417985	220392	29.0	1451	289	17077	11.77

从临床医学学科论文的地域分布来看，2013 年被引频次较高的 5 个省、直辖市或自治区依次是广东、江苏、浙江、北京和山东（图 10-1）；5 年论文产出量较多的 5 个省、直辖市或自治区依次是江苏、广东、河南、山东和湖北（图 10-2）。

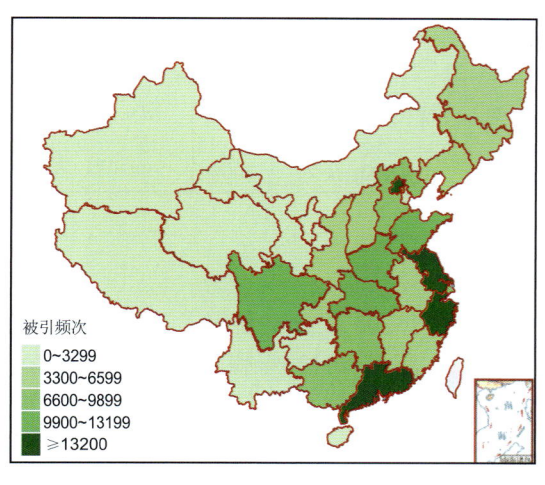

图 10-1　2013 年临床医学学科地区被引分布

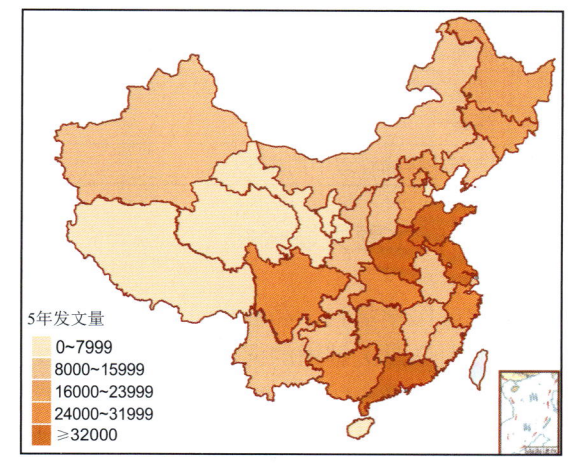

图 10-2　临床医学学科 5 年论文产出地区分布

10.2 高被引论文分析

在临床医学学科,2013 年被引频次位居前 10 位的论文(表 10-2)平均被引频次为 76.2 次,是全部 1451 篇高被引论文篇均被引频次的 6.5 倍。其中,被引频次最高的论文是杨莘于 2010 年发表的《335 起护理不良事件分析及对策》,随后 2 篇分别是郭燕红于 2010 年发表的《适应形势锐意进取促进护理工作可持续发展》和李明子于 2010 年发表的《临床路径的基本概念及其应用》。

从论文分布来看,刊载高被引论文数量居前的 3 种期刊分别是《护士进修杂志》(202 篇)、《中华护理杂志》(163 篇)和《护理学杂志》(115 篇),而《中华护理杂志》刊载了高被引论文 TOP 10 中的 5 篇;发表高被引论文居前的 3 位学者分别是南方医科大学南方医院的兰炯采(4 篇)、南方医科大学南方医院的周君桂(3 篇)和湖北医药学院附属太和医院的曾宪涛(3 篇);产出高被引论文数量居前的 3 所机构分别是华中科技大学同济医学院附属协和医院(19 篇)、南京军区南京总医院(15 篇)和四川大学华西医院(15 篇)。

表 10-2 临床医学学科高被引论文 TOP 10

序号	论文题名	第一作者	期刊名称	发表年份	被引频次 总频次	2013 年
1	335 起护理不良事件分析及对策	杨莘	中华护理杂志	2010	322	118
2	适应形势锐意进取促进护理工作可持续发展	郭燕红	护理管理杂志	2010	331	110
3	临床路径的基本概念及其应用	李明子	中华护理杂志	2010	334	104
4	传承护理专业发展进程开展"优质护理服务示范工程"	陈湘玉	护理管理杂志	2010	225	79
5	在全国"优质护理服务示范工程"重点联系医院工作会议上的讲话	马晓伟	中国护理管理	2010	248	71
6	呼吸机相关性肺炎与呼吸机集束干预策略	陈永强	中华护理杂志	2010	202	62
7	对"优质护理服务示范工程"实施意义与落实方案的思考	张洪君	中国护理管理	2010	186	60
8	护理人文关怀概念的研究现状与分析	张秀伟	中华护理杂志	2008	196	55
9	开展"优质护理服务示范工程"活动的效果观察	刘学英	现代临床护理	2010	145	52
10	护士在疼痛管理中的作用	赵继军	中华护理杂志	2009	194	51

10.3 研究主题关联分析

在临床医学学科,高被引论文累计被 2013 年发表的 15205 篇论文引用了 17077 次。通过分析施引文献关键词的词频及关键词之间的共现关系,获得 2013 年临床医学学科的热点主题和主题关联,如图 10-3 所示(共现 34 次以下不显示)。由图 10-3 可知:"护理"的文档词频较高,是临床医学学科近期的热点研究主题;"优质护理服务"与"护理质量"、"焦虑"与"抑郁"等概念之间的共现次数较多,显示出它们之间主题关联分别较为紧密。

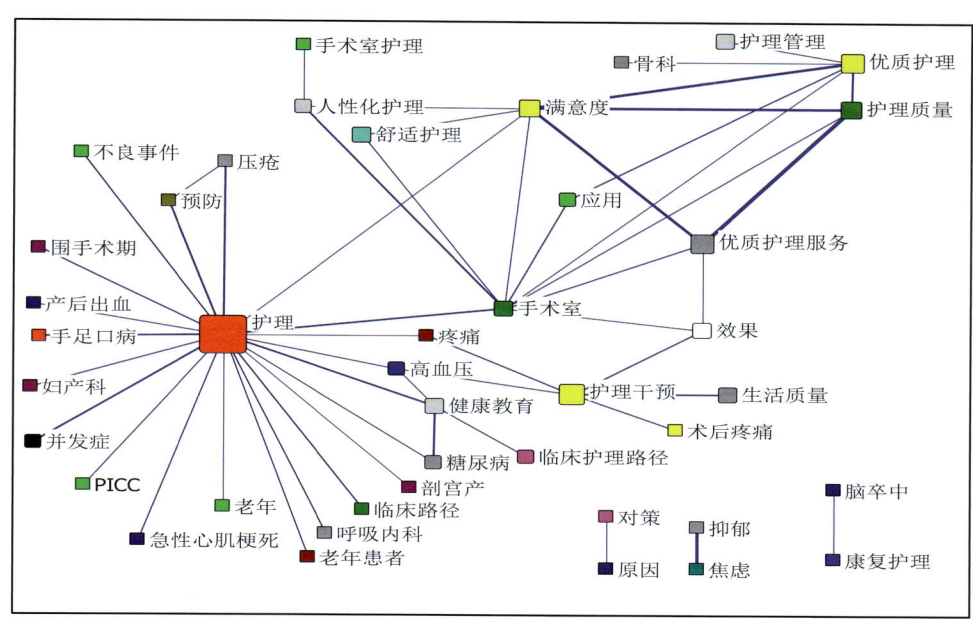

图 10-3　临床医学学科 2013 年热点主题关联

10.4　学科高影响力期刊分析

10.4.1　学科高影响力期刊 TOP 10

在临床医学学科，学科 5 年影响因子位居前 10 位的期刊见表 10-3，排在前 3 位的期刊分别是《中华护理杂志》《护理管理杂志》和《肠外与肠内营养》。在表 10-3 中，学科载文量占其总载文量比例最大的期刊是《护士进修杂志》；前 5 年学科载文在 2013 年被引率最高的期刊是《中华护理杂志》；期刊 5 年影响因子较高的前 3 种期刊分别是《中华护理杂志》《中国护理管理》和《护理管理杂志》；学科 5 年影响因子与期刊 5 年影响因子差异最大的期刊是《中国护理管理》。表 10-3 中期刊的学科 5 年影响因子和前 5 年学科载文的 2013 年被引率对比如图 10-4 所示，2008—2013 年期刊 5 年影响因子的变动情况如图 10-5 所示。

表 10-3　临床医学学科高影响力期刊基本指数

序号	期刊名称	前 5 年载文量			2013 年学科被引			5 年影响因子		h 指数 (学科)
		学科（篇）	占比（%）	总量（篇）	频次	被引率（%）	高被引论文篇数	期刊 (2013)	学科 (2013)	
1	中华护理杂志	1377	50.6	2724	439	56.1	163	3.544	3.192	26
2	护理管理杂志	1061	45.1	2355	189	50.7	38	1.761	1.786	16
3	肠外与肠内营养	215	29.9	719	316	49.8	6	1.202	1.470	9
4	中国护理管理	1119	51.2	2187	160	43.3	33	1.885	1.433	17
5	护士进修杂志	7187	99.2	7243	946	47.1	202	1.313	1.317	17

序号	期刊名称	前5年载文量			2013年学科被引			5年影响因子		h指数(学科)
		学科(篇)	占比(%)	总量(篇)	频次	被引率(%)	高被引论文篇数	期刊(2013)	学科(2013)	
6	现代临床护理	2063	97.0	2127	255	50.1	35	1.227	1.236	11
7	护理学杂志	6946	97.4	7133	807	44.6	115	1.168	1.163	16
8	护理学报	2647	62.8	4213	298	46.0	35	1.163	1.128	12
9	中国康复医学杂志	607	30.1	2018	672	47.5	6	1.099	1.107	9
10	解放军护理杂志	2068	43.0	4808	215	43.8	28	1.099	1.040	15

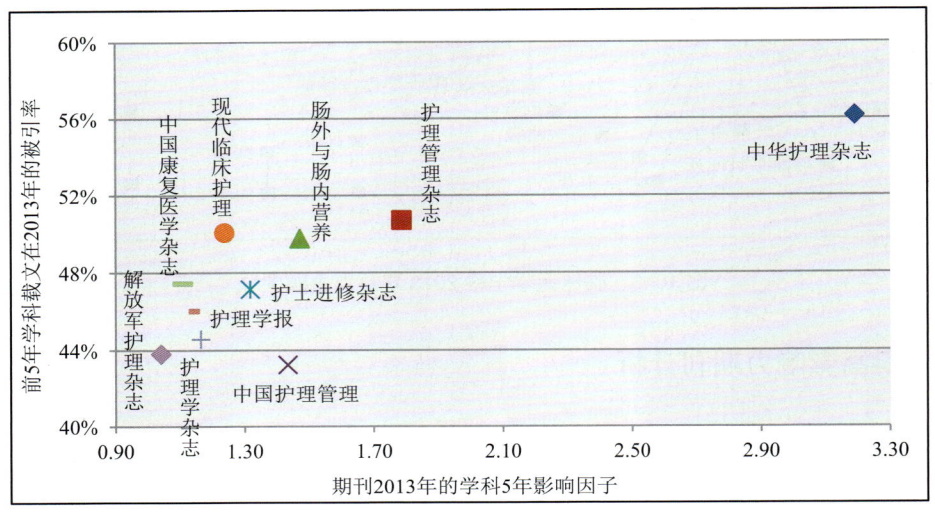

图 10-4　临床医学学科高影响力期刊对比

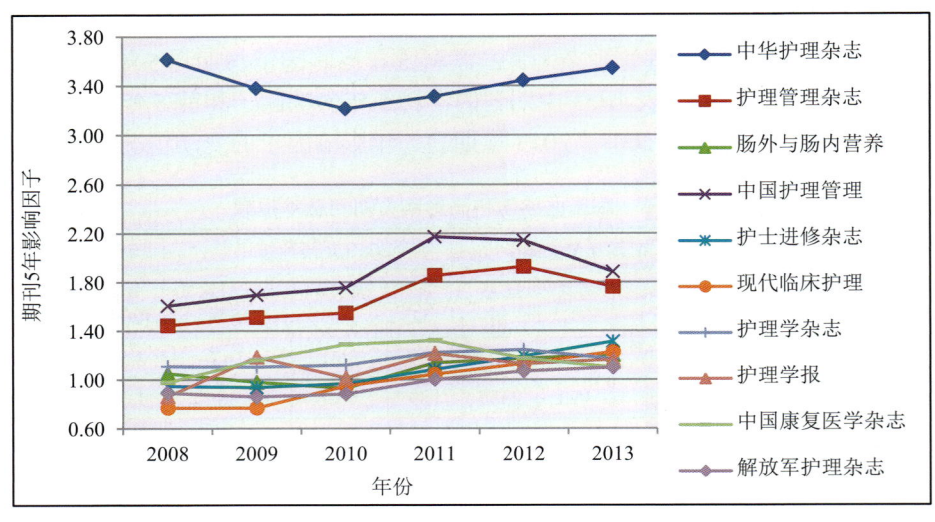

图 10-5　临床医学学科期刊5年影响因子变动

10.4.2 学科高影响力期刊载文主题关联

通过期刊共被引分析，获得临床医学学科高影响力期刊及与其他期刊之间的载文主题关联，如图 10-6 所示（共被引 185 次以下不显示）。结果显示，临床医学学科的高影响力期刊相互链接非常紧密，基本主导了该学科的期刊共被引网络，显示出该学科高影响力期刊可能共同刊载了许多相近的研究主题，热点研究主题分散在多种期刊上。《中华护理杂志》和《护理管理杂志》的学科 5 年影响因子较高，显示出它们的学术影响力较大；《护理学杂志》与《护理研究》等期刊之间的链接较强，意味着它们之间可能有较多相同或相近的载文主题。

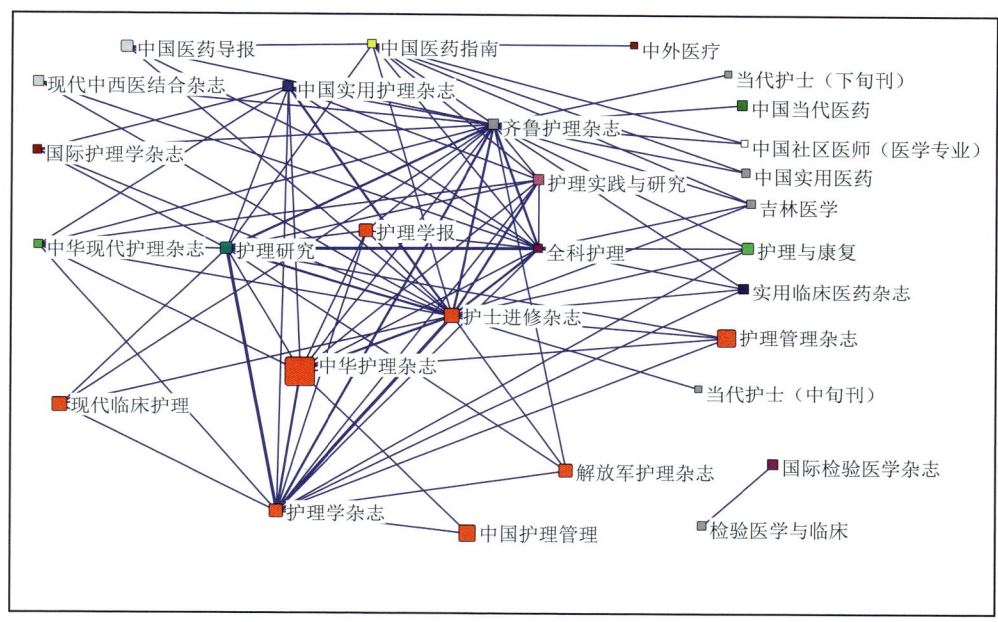

图 10-6　临床医学学科高影响力期刊载文主题关联

10.5　高被引作者分析

10.5.1　高被引作者 TOP 20

2008—2012 年，在 426830 位临床医学学科论文的第一作者中，在 2013 年学科被引频次位居前 20 位的学者的发文及被引情况见表 10-4。其中，学科发文总被引频次较高的 3 位作者分别是卫生部医政司的郭燕红（166 次）、首都医科大学附属北京宣武医院的杨莘（122 次）和北京大学的李明子（104 次）。高被引作者的 5 年学科发文数量从 1 篇到 34 篇不等，同时，作者学科发文的期刊分布也在 1 种到 10 种之间变化。在发文超过 5 篇的所有作者中，篇均被引较高的 3 位作者分别是卫生部医政司的郭燕红（篇均 33.20 次）、首都医科大学附属北京宣武医院的杨莘（篇均 24.40 次）和南通大学的单君（篇均 10.00 次）；前 5 年发表学科论文较多的 3 位作者分别是南京军区南京总医院的蒋琪霞（34 篇）、宁夏固原市人民医院的刘晓玲（23 篇）和南京军区南京总医院的江方正（23 篇）。高被引作者的学科发文量和被引量对比如图 10-7 所示。

表 10-4　临床医学学科高被引作者 TOP 20

序号	姓名	作者单位	前5年发文数量			前5年学科发文在2013年的被引				h指数(学科)
			学科发文（篇）	期刊分布（种）	发文总量（篇）	总频次	被引率（%）	最高（次）	篇均（次）	
1	郭燕红	卫生部医政司	5	4	8	166	60.0	110	33.20	5
2	杨莘	首都医科大学附属北京宣武医院	5	3	10	122	40.0	118	24.40	2
3	李明子	北京大学	1	1	1	104	100.0	104	10.40	1
4	陈湘玉	南京大学医学院附属鼓楼医院	3	3	4	100	100.0	79	33.33	4
5	蒋琪霞	南京军区南京总医院	34	10	56	74	58.8	12	2.18	5
6	马晓伟	国家卫生部	1	1	3	71	100.0	71	71.00	1
7	陈永强	香港威尔斯亲王医院	2	1	2	64	100.0	62	32.00	2
8	张洪君	北京大学第三医院	2	1	4	62	100.0	60	31.00	3
8	张秀伟	第二军医大学	3	3	3	62	66.7	55	20.67	2
10	陆皓	兰州军区兰州总医院	8	5	10	57	50.0	50	7.12	2
11	黎介寿	南京军区南京总医院	7	2	17	55	71.4	39	7.86	5
12	刘学英	乐山市人民医院	2	2	2	52	50.0	52	26.00	1
13	赵继军	第二军医大学附属长海医院	1	1	1	51	100.0	51	51.00	1
14	单君	南通大学	5	3	6	50	100.0	33	10.00	4
15	曾宪涛	湖北医药学院附属太和医院	14	1	26	49	57.1	11	3.50	5
16	胡德英	华中科技大学同济医学院附属协和医院	10	5	21	48	70.0	29	4.80	5
17	黄漫容	中山大学附属第一医院	18	9	21	46	66.7	17	2.56	4
17	王宝珠	山西医科大学附属第一医院	1	1	2	46	100.0	46	46.00	2
19	岳丽青	中南大学湘雅医院	4	4	8	45	75.0	43	11.25	1
20	黄惠根	广东省医学科学院广东省人民医院	3	2	3	44	100.0	41	14.67	2

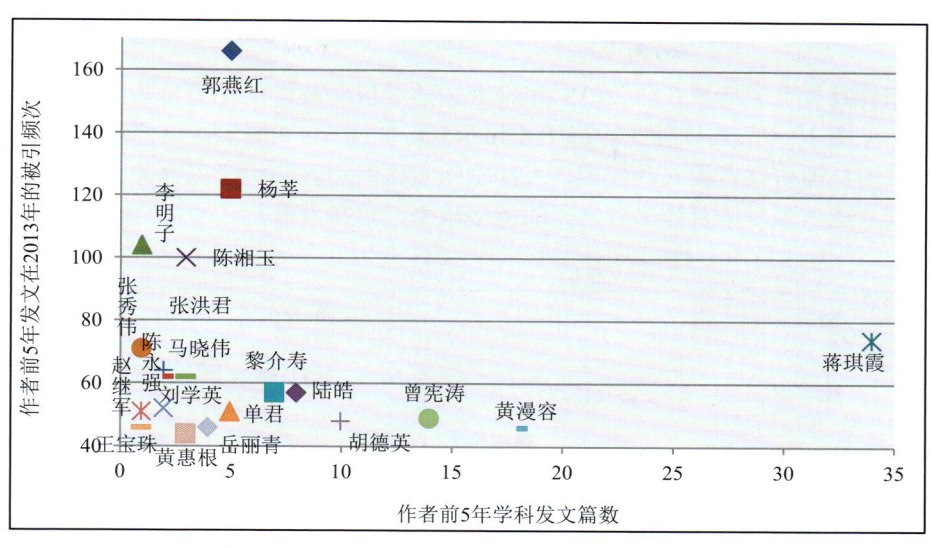

图 10-7 临床医学学科高被引作者学科发文及被引对比

10.5.2 高被引作者科研合作关系

通过作者合著分析，获得 2013 年临床医学学科高被引作者及与其他学者之间的科研论文合作关系（不考虑论文署名次序），如图 10-8 所示（合著 5 次以下不显示）。可以看出，临床医学学科的高被引作者的论文合作现象并不普遍。学者蒋琪霞的发文量较多，蒋琪霞、陆皓的论文合作网络最为突出，在该学科的研究人员中表现出一定的集聚效应；蒋琪霞与彭青、周昕等学者之间的合作关系最为紧密，显示出他们可能属于同一支科研团队。

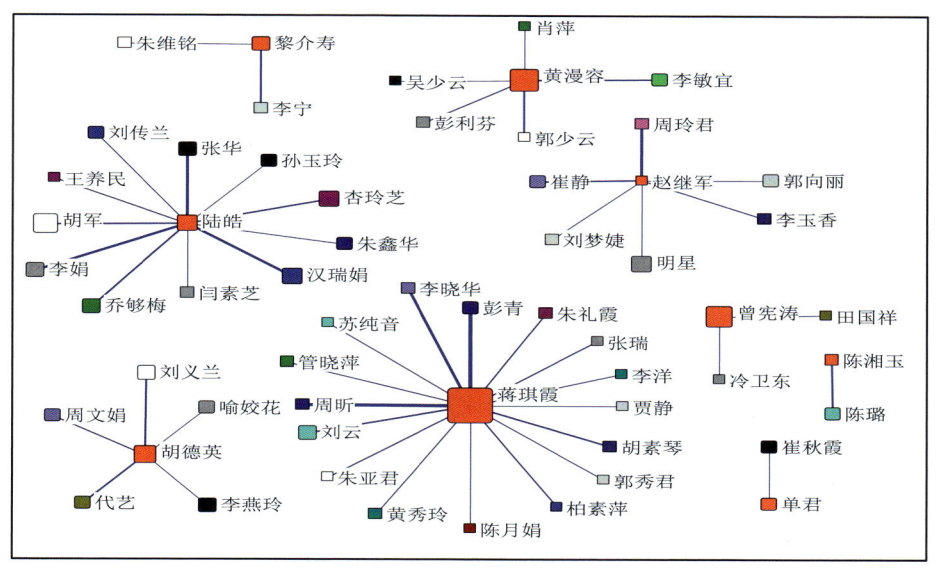

图 10-8 临床医学学科高被引作者科研论文合作关系

10.5.3 高被引作者发文主题关联

通过作者共被引分析，获得 2013 年临床医学学科高被引作者及与其他学者之间的发文主题关联（见图 10-9，共被引 3 次以下不显示）。如图 10-9 所示，以郭燕红、杨莘等学者为主要节点的共被引作者簇人数较多，可能意味着这些学者的研究主题关联较为紧密；郭燕红与陈湘玉、陈永强与单君等学者之间的链接较强，意味着他们之间可能有较为相近的研究主题。

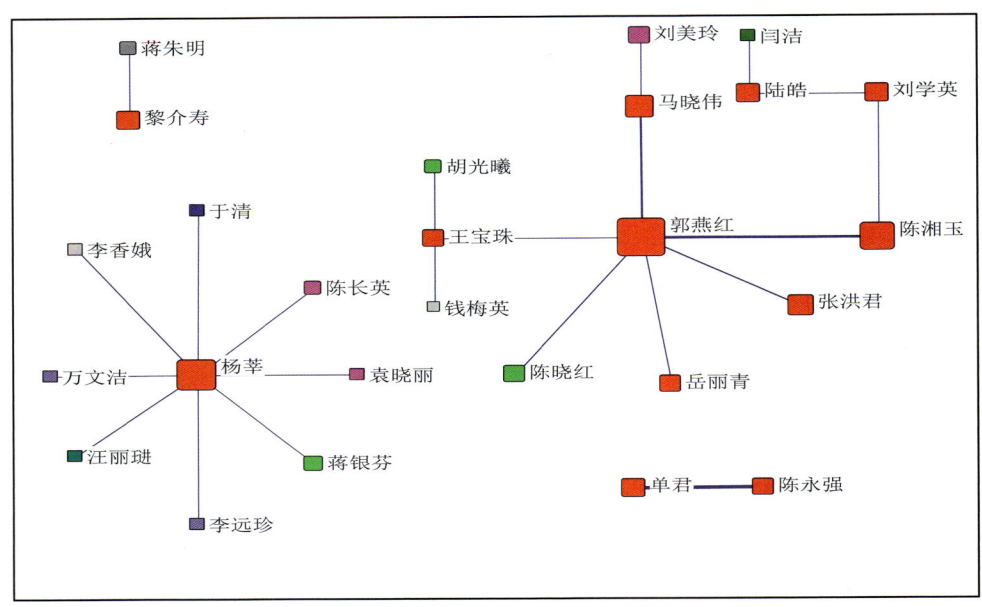

图 10-9　临床医学学科高被引作者发文主题关联

10.6　高被引机构分析

10.6.1　高被引机构

为便于比较，本书将临床医学学科的高被引机构分为医院和高等院校/科研院所两种类型。其中，被引频次 TOP 10 医院和被引频次 TOP 5 高等院校/科研院所的发文及被引情况分别见表 10-5 和表 10-6。其中，总被引频次较高的 3 所医院分别是四川大学华西医院、华中科技大学同济医学院附属同济医院和南京军区南京总医院，第二军医大学、中南大学和复旦大学是总被引频次较高的 3 所高等院校/科研院所；前 5 年学科发文在 2013 年的被引率最高的医院和高等院校/科研院所分别是中国人民解放军总医院和第二军医大学，篇均被引最高的医院和高等院校/科研院所分别是中国人民解放军总医院和第二军医大学。上述高被引机构的论文被引率和篇均被引频次对比如图 10-10 所示。

表 10-5 临床医学学科高被引医院 TOP 10

序号	第一作者单位	学科发文量（篇）		前 5 年学科发文在 2013 年的被引			
		前 5 年	2013 年	频次	被引率（%）	最高（次）	篇均（次）
1	四川大学华西医院	1815	385	1256	32.5	30	0.69
2	华中科技大学同济医学院附属同济医院	1236	275	1051	35.5	29	0.85
3	南京军区南京总医院	1119	201	992	37.8	39	0.89
4	中国人民解放军总医院	1020	336	964	44.4	40	0.95
5	华中科技大学同济医学院附属协和医院	1295	368	900	26.9	29	0.69
6	中山大学附属第一医院	1462	216	899	30.1	22	0.61
7	南京医科大学附属第一医院	1061	233	792	40.0	40	0.75
8	广东医学院附属医院	755	107	548	36.7	12	0.73
9	南京大学医学院附属鼓楼医院	746	135	532	31.1	79	0.71
10	重庆医科大学附属第一医院	718	176	525	34.0	15	0.73

表 10-6 临床医学学科高被引高等院校/科研院所 TOP 5

序号	第一作者单位	学科发文量（篇）		前 5 年学科发文在 2013 年的被引			
		前 5 年	2013 年	频次	被引率（%）	最高（次）	篇均（次）
1	第二军医大学	233	59	415	53.6	55	1.78
2	中南大学	386	68	398	40.7	25	1.03
3	复旦大学	366	104	381	39.3	17	1.04
4	北京大学	326	70	353	41.7	15	1.08
5	南方医科大学	317	73	275	34.7	13	0.87

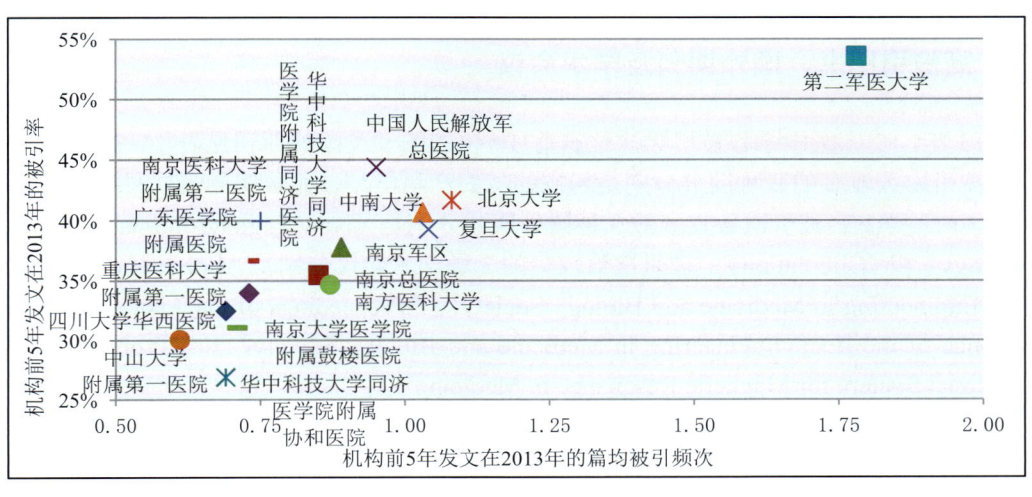

图 10-10 临床医学学科高被引机构论文篇均被引及被引率对比

10.6.2 高被引机构科研合作关系

通过合著分析，获得临床医学学科高被引机构之间及其与其他机构之间的科研合作关联，如图 10-11 所示（合作 50 次以下不显示）。分析得知，临床医学学科的机构合作链接非常紧密，显示出学科内各个机构间的合作现象较为普遍；高被引机构基本主导了机构合作网络，显示出这些机构已经在学科内具有了一定的科研优势。中山大学附属第一医院与中山大学、南方医科大学与南方医科大学南方医院等机构之间的链接较强，显示出它们的学术合作较为频繁。

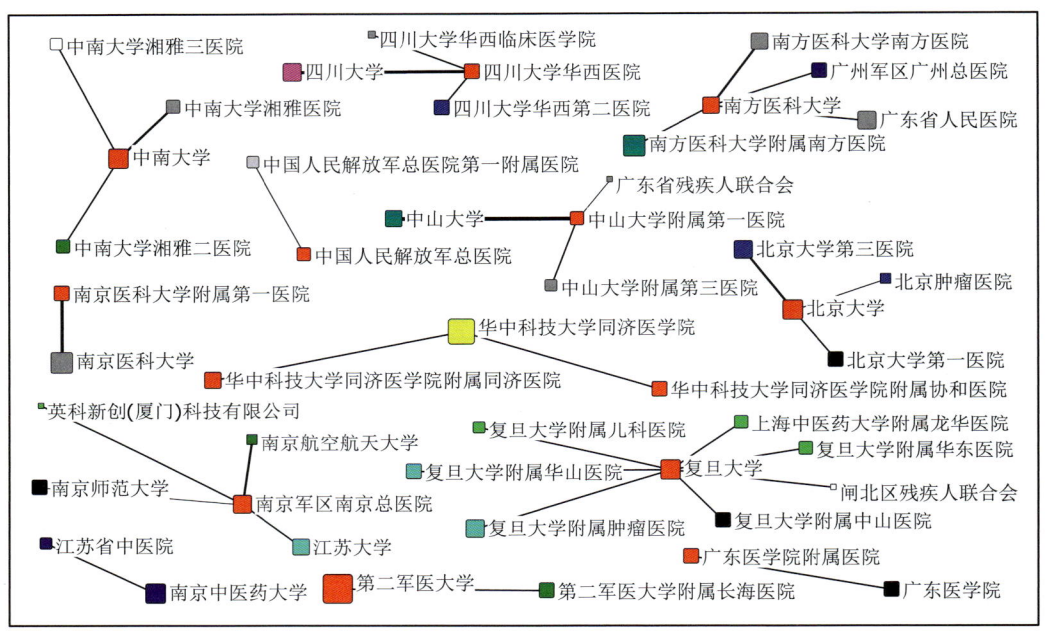

图 10-11　临床医学学科高被引机构科研合作关联

10.7　高被引图书、国外期刊及学术会议

2013 年，临床医学学科被引频次位居前 10 位的图书及国外期刊见表 10-7 和表 10-8。其中，被引次数较多的 3 种图书分别是乐杰的《妇产科学》、尤黎明的《内科护理学》和叶任高的《内科学》；被引次数较多的 3 种国外期刊分别是《New England Journal of Medicine》《Radiology》和《Circulation》；被引次数较多的 3 场学术会议分别是"Conference Proceedings - IEEE Engineering in Medicine and Biology Society""Proceedings of the Annual International Conference of the IEEE Engineering in Medicine and Biology Society"和"Proceedings of the International Society for Magnetic Resonance in Medicine"。

表 10-7 临床医学学科高被引图书 TOP 10

序号	责任者	图书名称	出版社	2013年被引频次
1	乐杰	妇产科学	人民卫生出版社	1575
2	尤黎明	内科护理学	人民卫生出版社	750
3	叶任高	内科学	人民卫生出版社	666
4	陆再英	内科学	人民卫生出版社	647
5	吴在德	外科学	人民卫生出版社	566
6	叶应妩	全国临床检验操作规程	东南大学出版社	557
7	李小寒	基础护理学	人民卫生出版社	543
8	曹伟新	外科护理学	人民卫生出版社	479
9	陈灏珠	实用内科学	人民卫生出版社	434
10	郑修霞	妇产科护理学	人民卫生出版社	418

表 10-8 临床医学学科高被引国外期刊 TOP 10

序号	期刊名称	2013年被引频次
1	New England Journal of Medicine	2221
2	Radiology	2013
3	Circulation	1844
4	The Lancet	1407
5	Stroke	1380
6	Critical Care Medicine	1366
7	American Journal of Roentgenology	1121
8	Blood	1062
9	European Journal of Radiology	1033
10	Journal of the American Medical Association	952

第 11 章　内科学学科高被引分析

11.1　学科论文概况

2008—2012 年,内科学学科共有 373214 位来自 80640 所机构的论文第一作者在 1901 种期刊上发表了 411527 篇学术论文。其中,80%以上的论文产出自 14715 所机构、274940 位作者,发表在 291 种期刊上。在前 5 年发表的这些论文中,有 125976 篇在 2013 年获得过引用,整体被引率为 30.6%,总被引频次为 221036 次,篇均被引 0.54 次;其中,高被引论文有 1583 篇,单篇论文最高被引频次为 242 次,累计被引 16216 次,篇均被引 10.24 次(表 11-1)。另外,2013 年内科学学科共发表论文 88903 篇,其中有 3323 篇在当年获得过引用,总共被引 4428 次。

表 11-1　内科学学科论文分布情况

年份	论文篇数	2013 年被引频次	2013 年被引率(%)	2013 年高被引论文			
				论文篇数	最高被引频次	总被引频次	篇均被引频次
2008	70609	30018	24.8	180	119	2025	11.25
2009	76523	36455	27.6	304	197	2960	9.74
2010	89894	52922	32.7	333	226	3658	10.98
2011	87570	57715	36.1	349	237	4102	11.75
2012	86931	43926	30.3	417	242	3471	8.32
合计	411527	221036	30.6	1583	242	16216	10.24

从内科学学科论文的地域分布来看,2013 年被引频次较高的 5 个省、直辖市或自治区依次是北京、广东、江苏、河南和山东(图 11-1);5 年论文产出量较多的 5 个省、直辖市或自治区依次是广东、江苏、北京、河南和山东(图 11-2)。

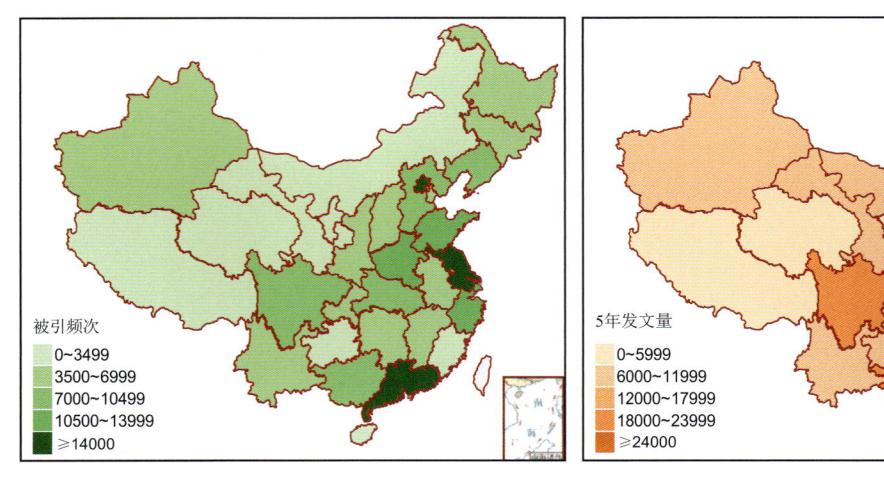

图 11-1　2013 年内科学学科地区被引分布　　图 11-2　内科学学科 5 年论文产出地区分布

11.2 高被引论文分析

在内科学学科,2013 年被引频次位居前 10 位的论文(表 11-2)平均被引频次为 59 次,是全部 1583 篇高被引论文篇均被引频次的 5.8 倍。其中,被引频次最高的论文是柳涛于 2012 年发表的《慢性阻塞性肺疾病诊断、处理和预防全球策略(2011 年修订版)介绍》,随后 2 篇分别是齐玫玫于 2011 年发表的《2 型糖尿病社区综合干预效果分析》和 Lu Feng-min 于 2009 年发表的《Management of hepatitis B in China》。

从论文分布来看,刊载高被引论文数量居前的 3 种期刊分别是《中华护理杂志》(75 篇)、《中国全科医学》(60 篇)和《中国实用护理杂志》(42 篇);发表高被引论文居前的 3 位学者分别是中国疾病预防控制中心寄生虫病预防控制所的周晓农(4 篇)、武汉大学人民医院的向晋涛(3 篇)和北京大学人民医院的胡大一(3 篇);产出高被引论文数量居前的 3 所机构分别是北京大学人民医院(18 篇)、复旦大学附属中山医院(16 篇)和上海交通大学医学院附属瑞金医院(15 篇)。

表 11-2 内科学学科高被引论文 TOP 10

序号	论文题名	第一作者	期刊名称	发表年份	被引频次 总频次	被引频次 2013 年
1	慢性阻塞性肺疾病诊断、处理和预防全球策略(2011 年修订版)介绍	柳涛	中国呼吸与危重监护杂志	2012	210	103
2	2 型糖尿病社区综合干预效果分析	齐玫玫	当代医学	2011	92	89
3	Management of hepatitis B in China	Lu Feng-min	中华医学杂志(英文版)	2009	243	81
4	中国自然人群幽门螺杆菌感染的流行病学调查	张万岱	现代消化及介入诊疗	2010	150	61
5	2008—2010 年中国流行性腮腺炎流行病学特征分析	费方荣	疾病监测	2011	88	47
6	糖尿病患者自我管理现状及影响因素分析	孙胜男	中华护理杂志	2011	127	45
7	慢性乙型肝炎防治指南(2010 年版)	贾继东	中国病毒病杂志	2011	74	44
8	发热伴血小板减少综合征布尼亚病毒概述	李德新	中华实验和临床病毒学杂志	2011	98	40
8	伴同型半胱氨酸升高的高血压——"H 型"高血压	张岩	心血管病学进展	2011	61	40
8	2011 年全国血吸虫病疫情通报	郑浩	中国血吸虫病防治杂志	2012	61	40

11.3 研究主题关联分析

在内科学学科，高被引论文累计被 2013 年发表的 15852 篇论文引用了 16216 次。通过分析施引文献关键词的词频及关键词之间的共现关系，获得 2013 年内科学学科的热点主题和主题关联，如图 11-3 所示（共现 21 次以下不显示）。由图 11-3 可知："高血压""糖尿病""护理"的文档词频较高，是内科学学科近期的热点研究主题；"手足口病"与"流行病学"、"糖尿病"与"健康教育"、"高血压"与"冠心病"等概念间的共现次数较多，显示出它们之间主题关联分别较为紧密；以"高血压""糖尿病""冠心病"为核心的多个概念相互关联，构成了领域内近期较为突出的研究主题簇。

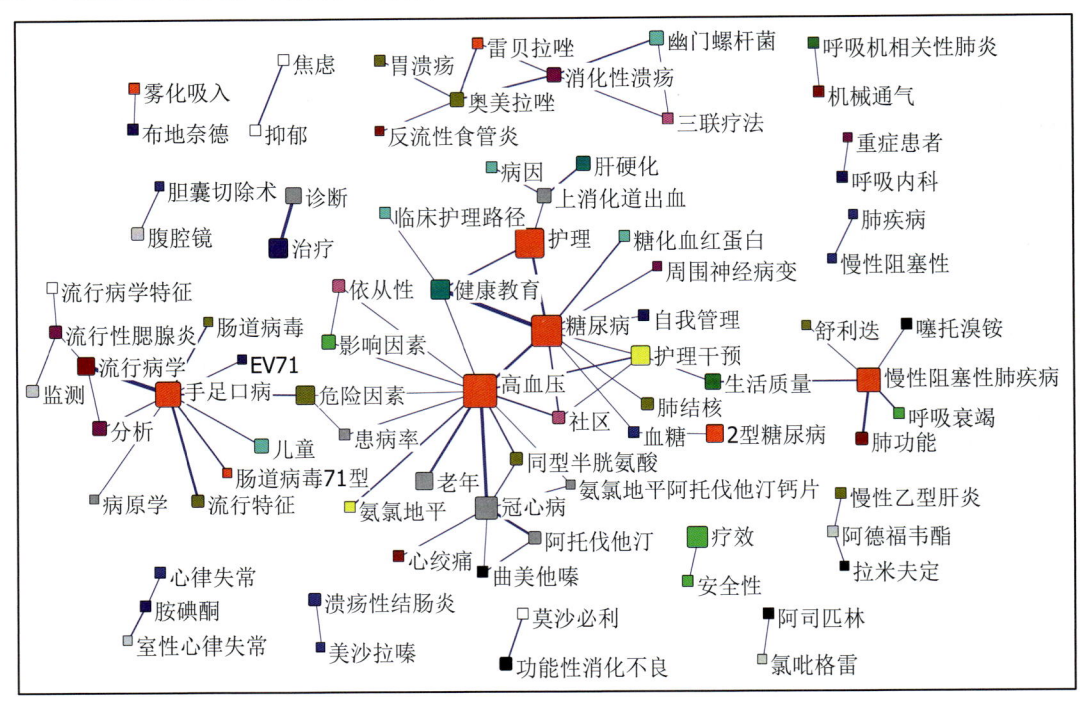

图 11-3　内科学学科 2013 年热点主题关联

11.4 学科高影响力期刊分析

11.4.1 学科高影响力期刊 TOP 10

在内科学学科，学科 5 年影响因子位居前 10 位的期刊见表 11-3，排在前 3 位的期刊分别是《中国全科医学》《现代消化及介入诊疗》和《中国呼吸与危重监护杂志》。在表 11-3 中，学科载文量占其总载文量比例最大的期刊是《中华结核和呼吸杂志》；前 5 年学科载文在 2013 年被引率最高的期刊是《天津中医药大学学报》；期刊 5 年影响因子较高的前 3 种期刊分别是《中华心血管病杂志》《中华结核和呼吸杂志》和《中国全科医学》；学科 5 年影响因子与期刊 5 年影响因子差异最大的期刊是《中华心血管病杂志》。表 11-3 中期刊的学科 5 年影响因子和前 5 年学科载文的 2013 年被引率对比如图 11-4 所示，2008—2013 年期刊 5 年影响因子的变动情况如图 11-5 所示。

表 11-3　内科学学科高影响力期刊基本指数

序号	期刊名称	前 5 年载文量			2013 年学科被引			5 年影响因子		h指数(学科)
		学科（篇）	占比（%）	总量（篇）	频次	被引率（%）	高被引论文篇数	期刊(2013)	学科(2013)	
1	中国全科医学	2432	30.6	7938	2915	46.7	60	1.086	1.199	14
2	现代消化及介入诊疗	314	48.8	644	371	42.0	6	0.866	1.182	7
3	中国呼吸与危重监护杂志	586	63.2	927	668	42.5	16	0.967	1.140	8
4	中国血吸虫病防治杂志	820	64.5	1272	873	39.4	21	0.879	1.065	11
5	南方医科大学学报	619	16.2	3824	641	49.1	8	0.822	1.036	9
6	天津中医药大学学报	73	13.4	545	75	49.3	0	0.705	1.027	5
7	中华结核和呼吸杂志	1227	66.3	1852	1248	36.9	34	1.414	1.017	15
8	中华心血管病杂志	1015	63.2	1605	1016	41.3	20	1.482	1.001	11
9	江苏预防医学	348	26.9	1294	339	42.5	9	0.786	0.974	8
10	中国防痨杂志	732	55.3	1323	709	43.6	11	0.990	0.969	7

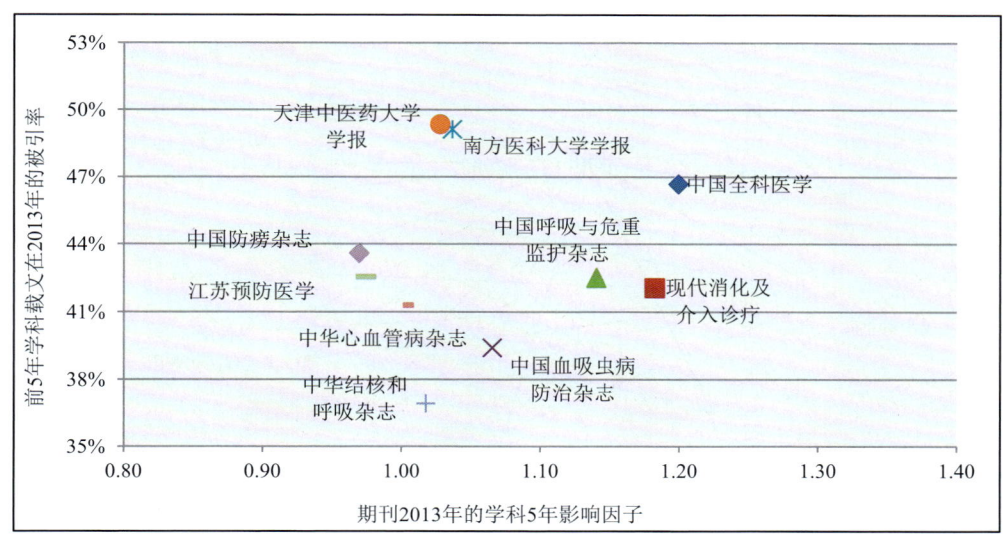

图 11-4　内科学学科高影响力期刊对比

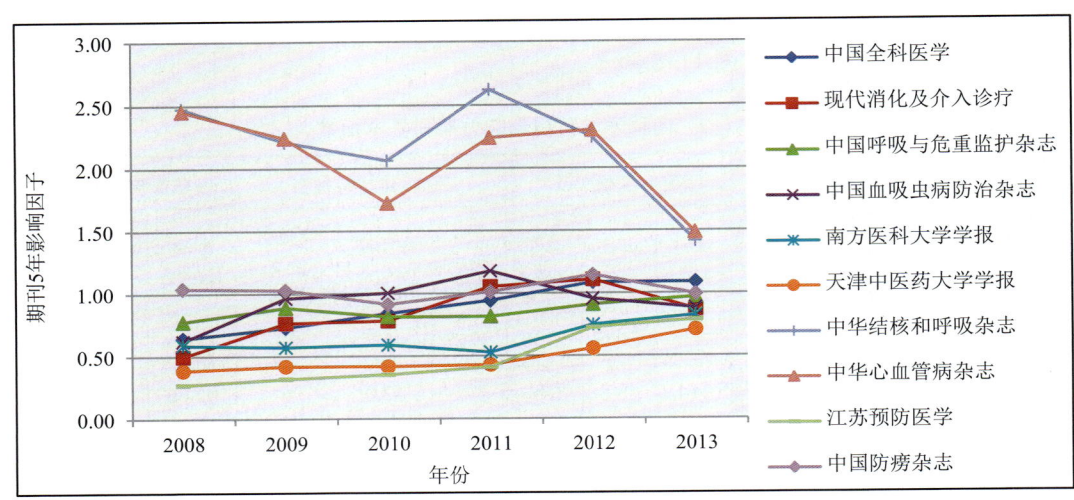

图 11-5 内科学学科期刊 5 年影响因子变动

11.4.2 学科高影响力期刊载文主题关联

通过期刊共被引分析,获得内科学学科高影响力期刊及与其他期刊之间的载文主题关联,如图 11-6 所示(共被引 72 次以下不显示)。结果显示,内科学学科的高影响力期刊相互链接较为松散,显示出该学科高影响力期刊可能各自有着更加青睐的载文主题,热点研究主题各自集中在少数几种期刊上。《中国全科医学》的学科 5 年影响因子较高,显示出它的学术影响力较大;《中国全科医学》与《实用心脑肺血管病杂志》等期刊之间的链接较强,意味着它们之间可能有较多相同或相近的载文主题。

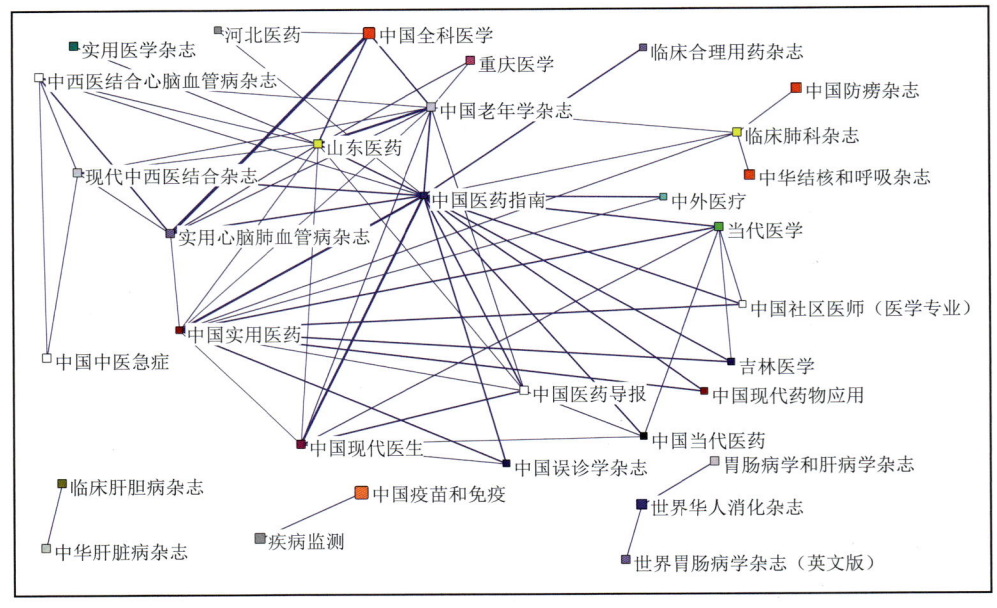

图 11-6 内科学学科高影响力期刊载文主题关联

11.5 高被引作者分析

11.5.1 高被引作者 TOP 20

2008—2012 年，在 373214 位内科学学科论文的第一作者中，在 2013 年学科被引频次位居前 20 位的学者的发文及被引情况见表 11-4。其中，学科发文总被引频次较高的 3 位作者分别是北京大学人民医院的胡大一（129 次）、北京大学人民医院的郭继鸿（107 次）和北京协和医院的柳涛（103 次）。高被引作者的 5 年学科发文数量从 1 篇到 70 篇不等，同时，作者学科发文的期刊分布也在 1 种到 26 种之间变化。在发文超过 5 篇的所有作者中，篇均被引较高的 3 位作者分别是中国医学科学院中国协和医科大学北京协和医院的蔡柏蔷（篇均 9.50 次）、广东省疾病预防控制中心的孙立梅（篇均 8.60 次）和沈阳军区总医院的中国医师协会心血管内科分会先心病工作委员会（篇均 7.80 次）；前 5 年发表学科论文较多的 3 位作者分别是北京大学人民医院的胡大一（70 篇）、北京大学人民医院的郭继鸿（65 篇）和首都医科大学附属北京朝阳医院的那开宪（48 篇）。高被引作者的学科发文量和被引量对比如图 11-7 所示。

表 11-4 内科学学科高被引作者 TOP 20

序号	姓名	作者单位	前 5 年发文数量			前 5 年学科发文在 2013 年的被引				h 指数（学科）
			学科发文（篇）	期刊分布（种）	发文总量（篇）	总频次	被引率（%）	最高（次）	篇均（次）	
1	胡大一	北京大学人民医院	70	26	462	129	57.1	25	1.84	6
2	郭继鸿	北京大学人民医院	65	10	95	107	46.2	21	1.65	6
3	柳涛	北京协和医院	1	1	1	103	100.0	103	103.00	1
4	齐玫玫	天津市河西区体北医院	3	2	4	90	66.7	89	30.00	1
5	鲁凤民	北京大学医学部	2	1	2	82	100.0	81	41.00	1
6	王毅	四川省绵阳市疾病预防控制中心	25	9	42	77	88.0	7	3.08	6
7	周晓农	中国疾病预防控制中心寄生虫病预防控制所	11	5	13	69	81.8	19	6.27	5
8	张万岱	南方医科大学附属南方医院	4	4	5	66	75.0	61	16.50	3
9	蔡柏蔷	北京协和医院	6	3	7	57	83.3	35	9.50	4
10	马超	中国疾病预防控制中心免疫规划中心	4	1	4	54	100.0	22	13.50	3
11	贾继东	首都医科大学附属北京友谊医院	11	8	18	50	36.4	44	4.55	3
12	李建生	河南中医学院	21	8	162	47	61.9	7	2.24	5
13	费方荣	北京协和医学院	1	1	1	47	100.0	47	47.00	1

序号	姓名	作者单位	前5年发文数量			前5年学科发文在2013年的被引				h指数（学科）
			学科发文（篇）	期刊分布（种）	发文总量（篇）	总频次	被引率（%）	最高（次）	篇均（次）	
14	范建高	上海交通大学医学院附属新华医院	27	15	35	46	55.6	7	1.70	4
15	孙宁玲	北京大学人民医院	42	20	64	46	38.1	9	1.10	5
16	王少玲	香港理工大学	2	1	3	46	100.0	24	23.00	3
17	孙胜男	北京积水潭医院	1	1	3	45	100.0	45	45.00	1
18	刘文忠	上海交通大学医学院附属仁济医院	15	5	19	45	80.0	19	3.00	4
19	张岩	北京大学第一医院	3	3	10	44	100.0	40	14.67	3
20	孙立梅	广东省疾病预防控制中心	5	4	13	43	60.0	27	8.60	3

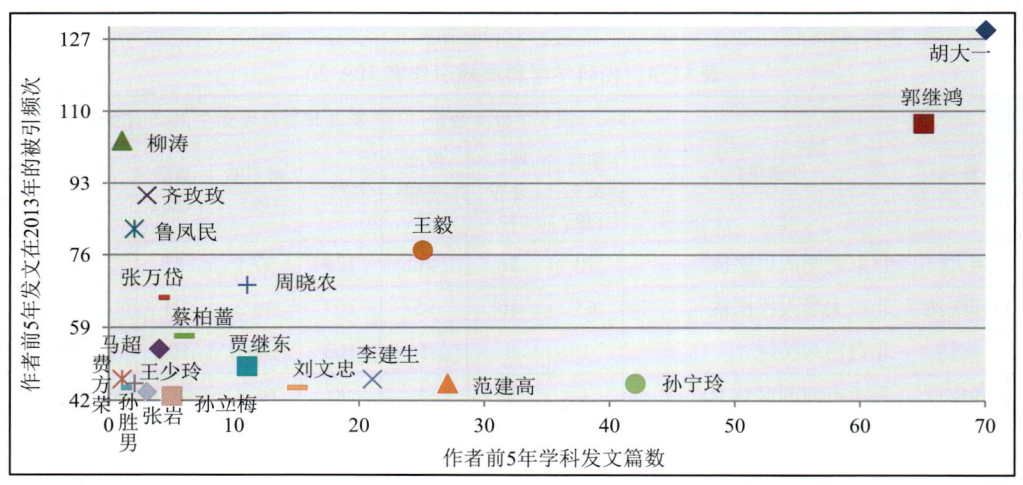

图 11-7　内科学学科高被引作者学科发文及被引对比

11.5.2　高被引作者科研合作关系

通过作者合著分析，获得 2013 年内科学学科高被引作者及与其他学者之间的科研论文合作关系（不考虑论文署名次序），如图 11-8 所示（合著 8 次以下不显示）。可以看出，内科学学科的高被引作者的论文合作现象比较普遍。学者胡大一、郭继鸿的发文量较多，论文合作者也较多，显示出其在该学科的研究人员中具有一定的集聚效应；学者郭继鸿、周晓农的论文合作网络较为突出，在该学科的研究人员中表现出一定的集聚效应；郭继鸿与李学斌、胡大一与孙艺红等学者之间的合作关系最为紧密，显示出他们可能分别属于同一支科研团队。

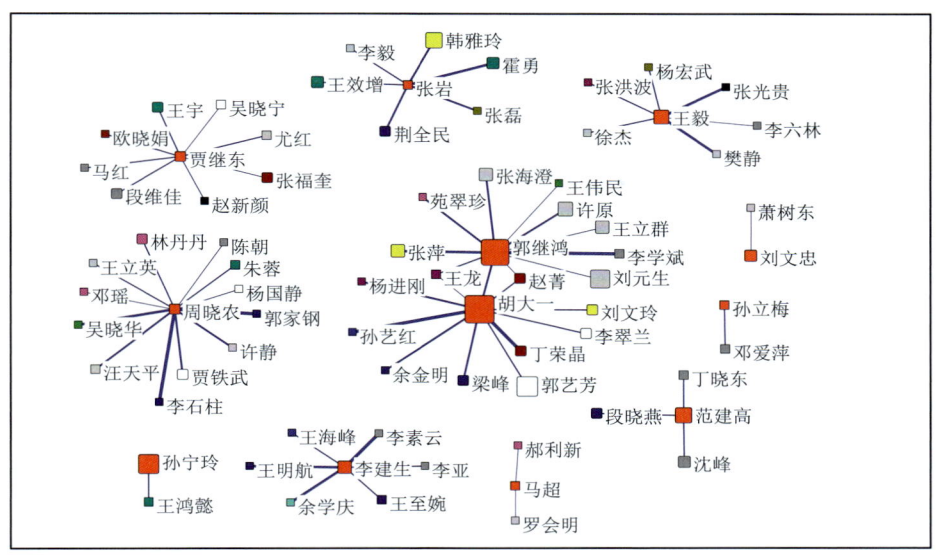

图 11-8 内科学学科高被引作者科研论文合作关系

11.5.3 高被引作者发文主题关联

通过作者共被引分析，获得 2013 年内科学学科高被引作者及与其他学者之间的发文主题关联（见图 11-9，共被引 3 次以下不显示）。如图 11-9 所示，胡大一、郭继鸿的节点较大，显示出他们的学术成果在学科内得到较多关注；以周晓农和郭继鸿等学者为主要节点的共被引作者簇人数较多，且网络规模较大，可能意味着这些学者的研究主题关联较为紧密；周晓农与郑浩、雷正龙等学者之间的链接较强，意味着他们之间可能有较为相近的研究主题。

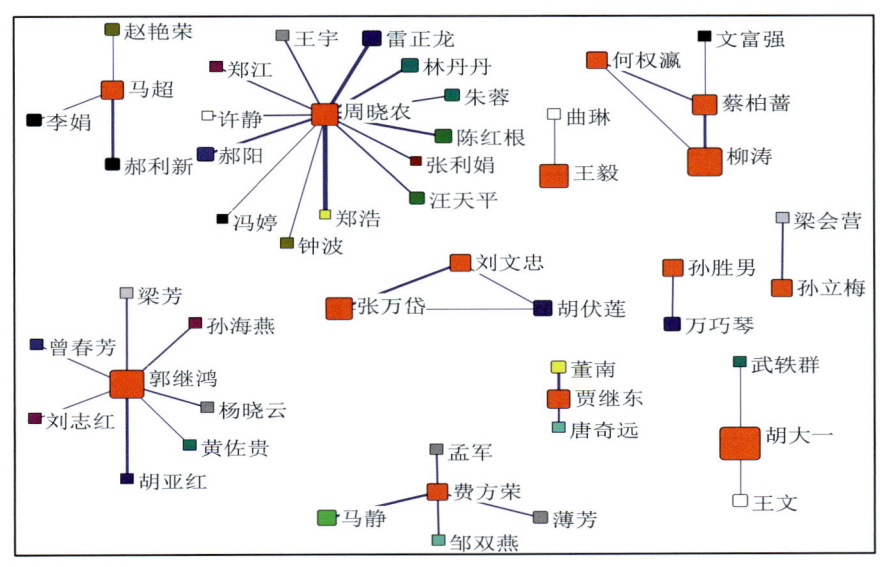

图 11-9 内科学学科高被引作者发文主题关联

11.6 高被引机构分析

11.6.1 高被引机构

为便于比较，本书将内科学学科的高被引机构分为医院和高等院校/科研院所两种类型。其中，被引频次 TOP 10 医院和被引频次 TOP 5 高等院校/科研院所的发文及被引情况分别见表 11-5 和表 11-6。其中，总被引频次较高的 3 所医院分别是首都医科大学附属北京安贞医院、四川大学华西医院和南京医科大学附属第一医院，天津医科大学、南京中医药大学和天津中医药大学是总被引频次较高的 3 所高等院校/科研院所；前 5 年学科发文在 2013 年的被引率最高的医院和高等院校/科研院所分别是安徽医科大学第一附属医院和中国疾病预防控制中心，篇均被引最高的医院和高等院校/科研院所分别是中国人民解放军总医院和中国疾病预防控制中心。上述高被引机构的论文被引率和篇均被引频次对比如图 11-10 所示。

表 11-5 内科学学科高被引医院 TOP 10

序号	第一作者单位	学科发文量（篇）		前 5 年学科发文在 2013 年的被引			
		前 5 年	2013 年	频次	被引率(%)	最高（次）	篇均（次）
1	首都医科大学附属北京安贞医院	1816	382	1299	36.2	17	0.72
2	四川大学华西医院	1640	221	1063	33.1	20	0.65
3	南京医科大学第一附属医院	1437	212	1024	38.3	11	0.71
4	中国人民解放军总医院	1565	353	985	42.3	23	0.87
5	北京大学人民医院	1268	188	942	31.6	25	0.74
6	上海交通大学医学院附属瑞金医院	1357	185	861	31.7	15	0.63
7	复旦大学附属中山医院	1017	133	836	36.4	24	0.82
8	中国医科大学附属第一医院	1450	236	802	28.8	15	0.55
9	安徽医科大学第一附属医院	787	141	646	43.2	12	0.82
10	华中科技大学同济医学院附属协和医院	1053	114	642	33.0	15	0.61

表 11-6 内科学学科高被引高等院校/科研院所 TOP 5

序号	第一作者单位	学科发文量（篇）		前 5 年学科发文在 2013 年的被引			
		前 5 年	2013 年	频次	被引率(%)	最高（次）	篇均（次）
1	天津医科大学	663	100	478	34.7	13	0.72
2	南京中医药大学	812	137	463	30.8	8	0.57
3	天津中医药大学	638	126	388	33.5	11	0.61
4	中国疾病预防控制中心	290	85	370	39.3	24	1.28
5	安徽医科大学	418	62	313	38.5	12	0.75

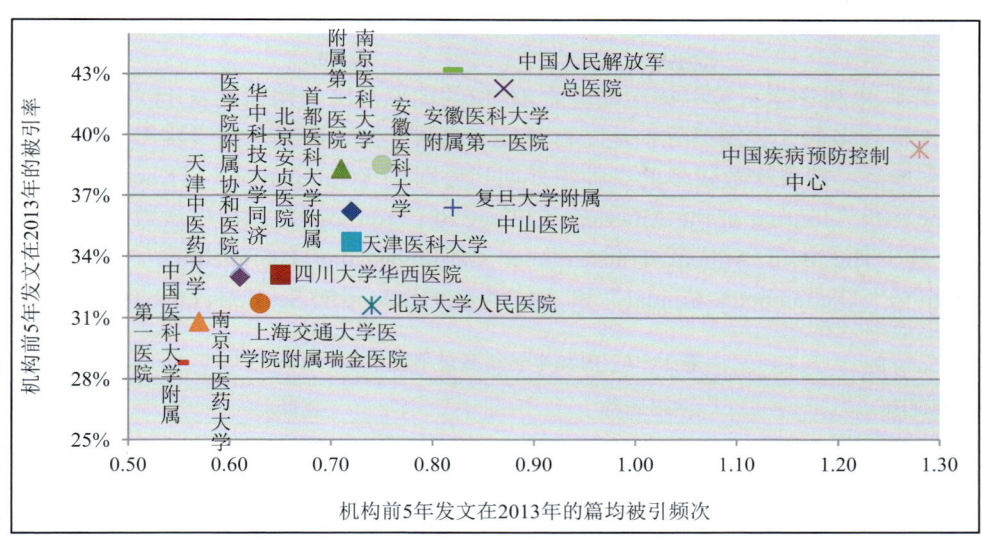

图 11-10　内科学学科高被引机构论文篇均被引及被引率对比

11.6.2　高被引机构科研合作关系

通过合著分析，获得内科学学科高被引机构之间及其与其他机构之间的科研合作关联，如图 11-11 所示（合作 111 次以下不显示）。分析得知，内科学学科的机构合作链接非常紧密，显示出学科内各个机构间的合作现象较为普遍；高被引机构基本主导了机构合作网络，显示出这些机构已经在学科内具有了一定的科研优势。中国医科大学附属第一医院和中国医科大学之间的链接较强，显示出它们的学术合作较为频繁。

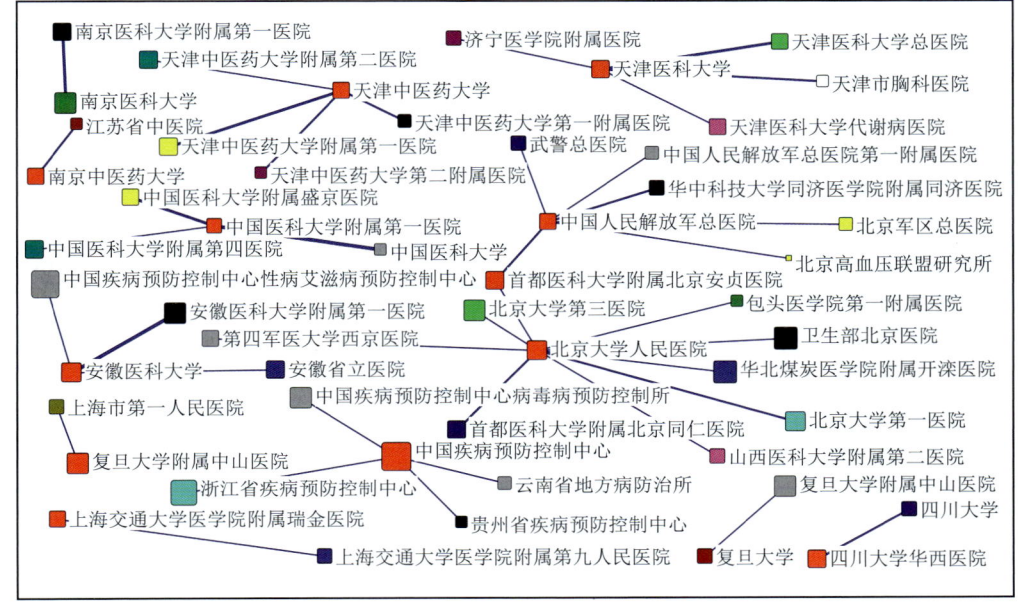

图 11-11　内科学学科高被引机构科研合作关联

11.7 高被引图书、国外期刊及学术会议

2013年，内科学学科被引频次位居前10位的图书及国外期刊见表11-7和表11-8。其中，被引次数较多的3种图书分别是陆再英的《内科学》、陈灏珠的《实用内科学》和叶任高的《内科学》；被引次数较多的3种国外期刊分别是《Circulation》《New England Journal of Medicine》和《Journal of the American College of Cardiology》；被引次数较多的3场学术会议分别是"The 24th Annual Transcatheter Cardiovascular Therapeutics（TCT）Scientific Symposium""The Diabetes Annual"和"ADA 68th Scientific Sessions Diabetes"。

表11-7 内科学学科高被引图书 TOP 10

序	责任者	图书名称	出版社	2013年被引频次
1	陆再英	内科学	人民卫生出版社	1576
2	陈灏珠	实用内科学	人民卫生出版社	1207
3	叶任高	内科学	人民卫生出版社	1181
4	王吉耀	内科学	人民卫生出版社	339
5	胡亚美	诸福棠实用儿科学	人民卫生出版社	263
6	郑筱萸	中药新药临床研究指导原则	中国医药科技出版社	251
7	吴在德	外科学	人民卫生出版社	211
8	张之南	血液病诊断及疗效标准	科学出版社	199
9	陈新谦	新编药物学	人民卫生出版社	194
10	郑筱萸	中药新药临床研究指导原则（试行）	中国医药科技出版社	164

表11-8 内科学学科高被引国外期刊 TOP 10

序号	期刊名称	2013年被引频次
1	Circulation	10456
2	New England Journal of Medicine	7045
3	Journal of the American College of Cardiology	5254
4	The Lancet	4135
5	Hepatology	3568
6	Diabetes Care	3519
7	American Journal of Cardiology	3465
8	European Heart Journal	3030
9	American Journal of Respiratory and Critical Care Medicine	2916
10	Chest	2872

第12章 外科学学科高被引分析

12.1 学科论文概况

2008—2012年,外科学学科共有276396位来自59406所机构的论文第一作者在1671种期刊上发表了308259篇学术论文。其中,80%以上的论文产出自10257所机构、201485位作者,发表在246种期刊上。在前5年发表的这些论文中,有93549篇在2013年获得过引用,整体被引率为30.3%,总被引频次为165143次,篇均被引0.54次;其中,高被引论文有1181篇,单篇论文最高被引频次为174次,累计被引11742次,篇均被引9.94次(表12-1)。另外,2013年外科学学科共发表论文68694篇,其中有2513篇在当年获得过引用,总共被引3292次。

表12-1 外科学学科论文分布情况

年份	论文篇数	2013年被引频次	2013年被引率(%)	2013年高被引论文			
				论文篇数	最高被引频次	总被引频次	篇均被引频次
2008	53365	22906	24.5	154	108	1790	11.62
2009	57858	28306	27.6	194	139	2311	11.91
2010	65576	38564	32.5	252	174	2651	10.52
2011	66094	42399	35.3	248	173	2579	10.40
2012	65366	32968	30.4	333	168	2411	7.24
合计	308259	165143	30.3	1181	174	11742	9.94

从外科学学科论文的地域分布来看,2013年被引频次较高的5个省、直辖市或自治区依次是广东、江苏、北京、上海和浙江(图12-1);5年论文产出量较多的5个省、直辖市或自治区依次是广东、江苏、河南、山东和北京(图12-2)。

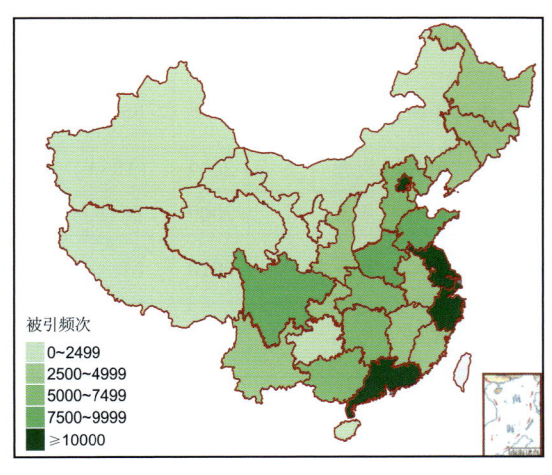

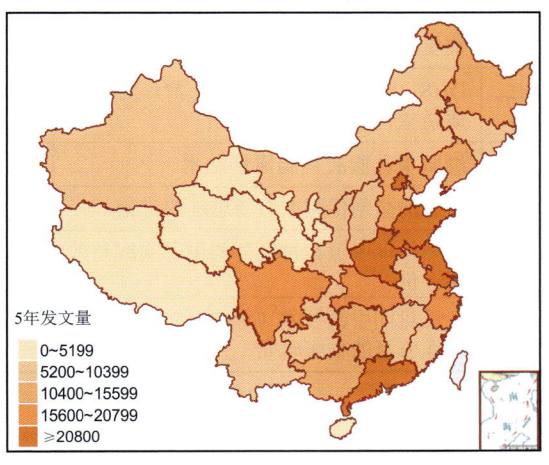

图12-1 2013年外科学学科地区被引分布　　图12-2 外科学学科5年论文产出地区分布

12.2 高被引论文分析

在外科学学科，2013 年被引频次位居前 10 位的论文（表 12-2）平均被引频次为 36.58 次，是全部 1181 篇高被引论文篇均被引频次的 3.7 倍。其中，被引频次最高的论文是董家鸿于 2009 年发表的《精准肝切除——21 世纪肝脏外科新理念》，随后 2 篇分别是刘伦旭于 2008 年发表的《单向式全胸腔镜肺叶切除术》和黄天雯于 2011 年发表的《骨科无痛病房护理工作模式的建立》。

从论文分布来看，刊载高被引论文数量居前的 3 种期刊分别是《中国实用外科杂志》（67 篇）、《中国骨与关节损伤杂志》（31 篇）和《中国矫形外科杂志》（27 篇），而《腹腔镜外科杂志》刊载了高被引论文 TOP 10 中的 2 篇；发表高被引论文居前的 3 位学者分别是北京大学第一医院的张宝善（4 篇）、上海交通大学医学院附属瑞金医院的郑民华（4 篇）和同济大学附属同济医院的张世民（4 篇）；产出高被引论文数量居前的 3 所机构分别是北京大学人民医院（16 篇）、四川大学华西医院（13 篇）和上海交通大学医学院附属瑞金医院（13 篇），而中山大学附属第一医院产出了高被引论文 TOP 10 中的 2 篇。

表 12-2 外科学学科高被引论文 TOP 10

序号	论文题名	第一作者	期刊名称	发表年份	被引频次 总频次	2013 年
1	精准肝切除——21 世纪肝脏外科新理念	董家鸿	中华外科杂志	2009	148	55
2	单向式全胸腔镜肺叶切除术	刘伦旭	中华胸心血管外科杂志	2008	120	46
3	骨科无痛病房护理工作模式的建立	黄天雯	中华护理杂志	2011	108	45
4	基于 CT 的胫骨平台骨折的三柱分型	罗从风	中华创伤骨科杂志	2009	113	41
5	皮瓣移植临床应用应坚持原则	庞水发	中华显微外科杂志	2010	89	38
6	腹部手术切口感染的调查与对策	Liu Li-hua	中华医院感染学杂志	2008	123	35
7	地佐辛应用于瑞芬太尼静脉麻醉术后痛觉过敏观察	刘俊	中国医疗前沿	2009	85	32
7	DHS、Gamma 钉和 PFNA 治疗老年骨质疏松性股骨粗隆间骨折	黄俊	第二军医大学学报	2008	83	32
9	经脐单孔腹腔镜胆囊切除术	张光永	腹腔镜外科杂志	2009	131	31
10	腹腔镜微创保胆取石新思维的讨论	张宝善	腹腔镜外科杂志	2009	86	28
10	优质护理服务在神经外科中的实践与效果评价	徐美娣	中国实用护理杂志	2010	61	28
10	负压封闭引流技术（VSD）对各种复杂创面修复的临床研究	刘三凤	当代医学	2009	92	28

12.3 研究主题关联分析

在外科学学科，高被引论文累计被2013年发表的8675篇论文引用了11742次。通过分析施引文献关键词的词频及关键词之间的共现关系，获得 2013 年外科学学科的热点主题和主题关联，如图12-3所示（共现23次以下不显示）。由图12-3可知："腹腔镜""护理"和"内固定"的文档词频较高，是外科学学科近期的热点研究主题；"腹腔镜"与"胆囊切除术"等概念之间的共现次数较多，显示出它们之间主题关联较为紧密；以"腹腔镜""胆囊结石""胆道镜"为核心的多个概念相互关联，构成了领域内近期较为突出的研究主题簇。

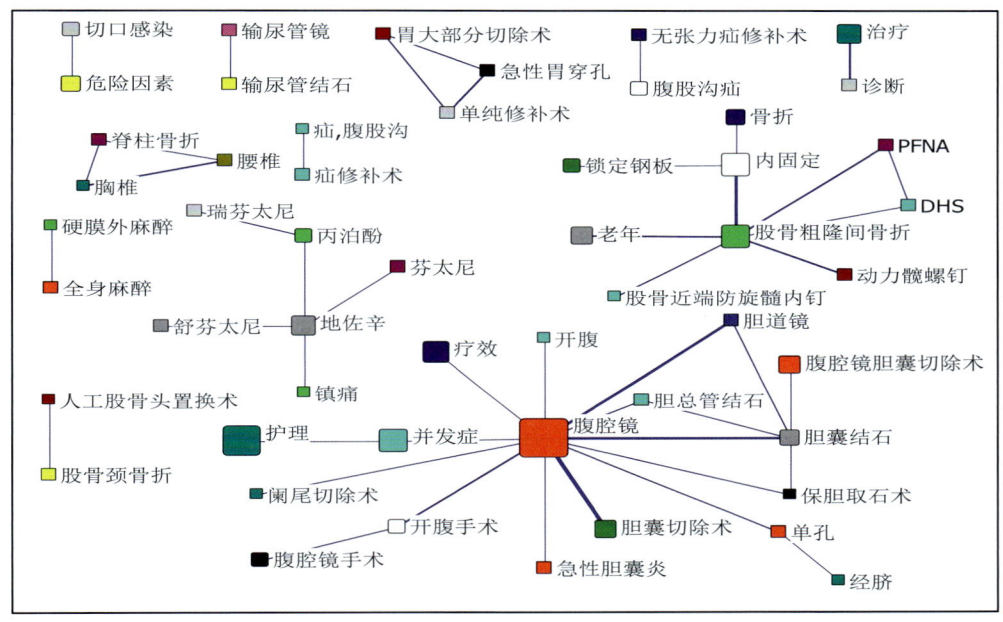

图12-3 外科学学科2013年热点主题关联

12.4 学科高影响力期刊分析

12.4.1 学科高影响力期刊 TOP 10

在外科学学科，学科5年影响因子位居前10位的期刊见表12-3，排在前3位的期刊分别是《中国实用外科杂志》《中华显微外科杂志》和《中国微创外科杂志》。在表12-3中，学科载文量占其总载文量比例最大的期刊是《中国实用外科杂志》；前5年学科载文在2013年被引率最高的期刊是《中国骨伤》；期刊5年影响因子较高的前3种期刊分别是《中国实用外科杂志》《中国微创外科杂志》和《中华显微外科杂志》；学科5年影响因子与期刊5年影响因子差异最大的期刊是《北京大学学报（医学版）》。表12-3中期刊的学科5年影响因子和前5年学科载文的2013年被引率对比如图12-4所示，2008—2013年期刊5年影响因子的变动情况如图12-5所示。

表 12-3　外科学学科高影响力期刊基本指数

序号	期刊名称	前5年载文量			2013年学科被引			5年影响因子		h指数（学科）
		学科（篇）	占比（%）	总量（篇）	频次	被引率（%）	高被引论文篇数	期刊(2013)	学科(2013)	
1	中国实用外科杂志	2321	98.7	2351	3210	48.3	67	1.409	1.383	15
2	中华显微外科杂志	1042	73.9	1410	1286	46.8	15	1.117	1.234	9
3	中国微创外科杂志	1379	55.0	2508	1593	47.9	25	1.143	1.155	12
4	中华骨科杂志	1088	74.2	1467	1246	41.3	25	1.112	1.145	12
5	腹腔镜外科杂志	1348	63.5	2124	1484	44.8	15	1.056	1.101	10
6	中国骨伤	1690	83.1	2035	1802	50.5	11	0.989	1.066	8
7	中国脊柱脊髓杂志	1182	76.0	1555	1231	43.7	16	1.016	1.041	10
7	北京大学学报（医学版）	196	18.0	1090	204	44.9	4	0.856	1.041	7
9	中国骨与关节损伤杂志	3439	92.3	3727	3567	45.2	31	1.028	1.037	10
10	中华腔镜泌尿外科杂志（电子版）	480	64.7	742	490	44.2	8	0.950	1.021	8

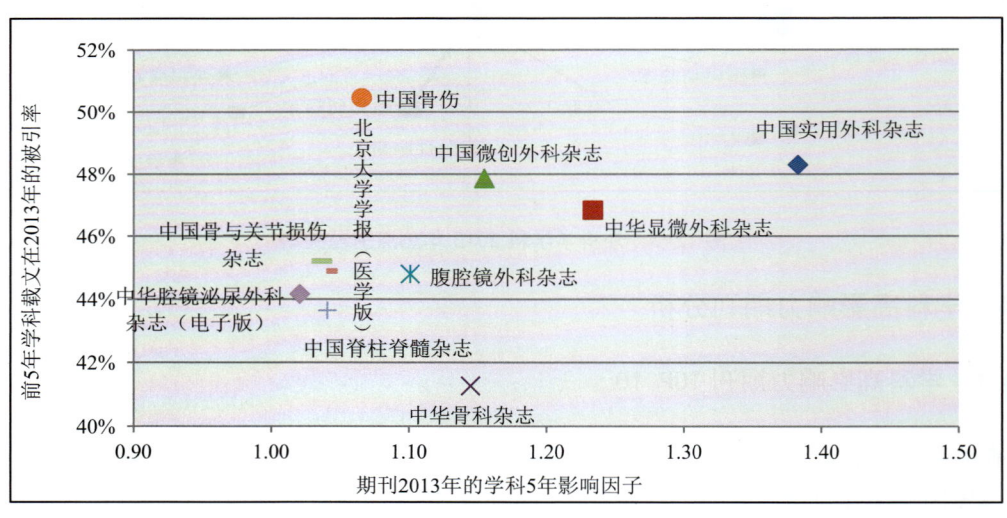

图 12-4　外科学学科高影响力期刊对比

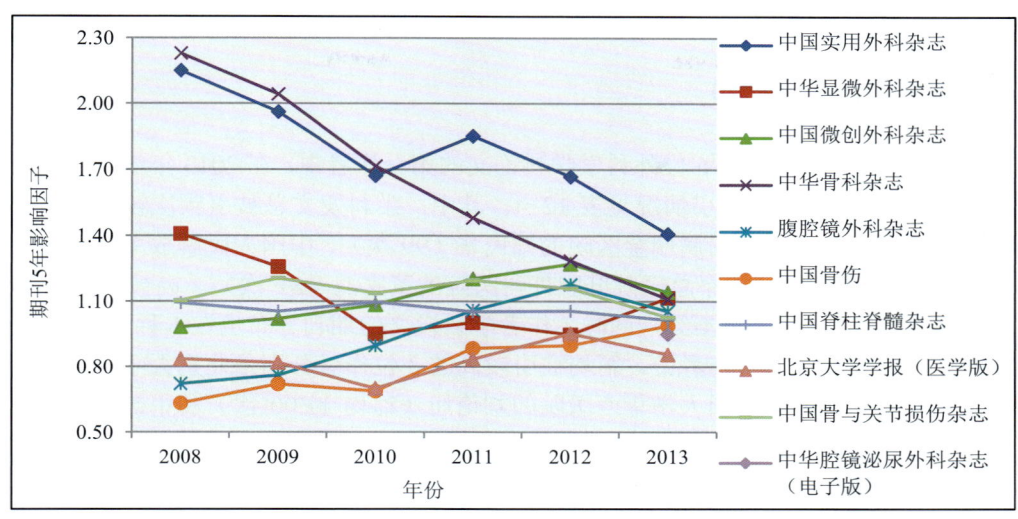

图 12-5 外科学学科期刊 5 年影响因子变动

12.4.2 学科高影响力期刊载文主题关联

通过期刊共被引分析,获得外科学学科高影响力期刊及与其他期刊之间的载文主题关联,如图 12-6 所示(共被引 76 次以下不显示)。结果显示,外科学学科高影响力期刊相互链接较为紧密,基本主导了该学科的期刊共被引网络,显示出该学科高影响力期刊可能共同刊载了许多相近的研究主题,热点研究主题分散在多种期刊上。《中国实用外科杂志》的学科 5 年影响因子较高,显示出其学术影响力较大;《中国骨与关节损伤杂志》与《中国矫形外科杂志》等期刊之间的链接较强,意味着它们之间可能有较多相同或相近的载文主题。

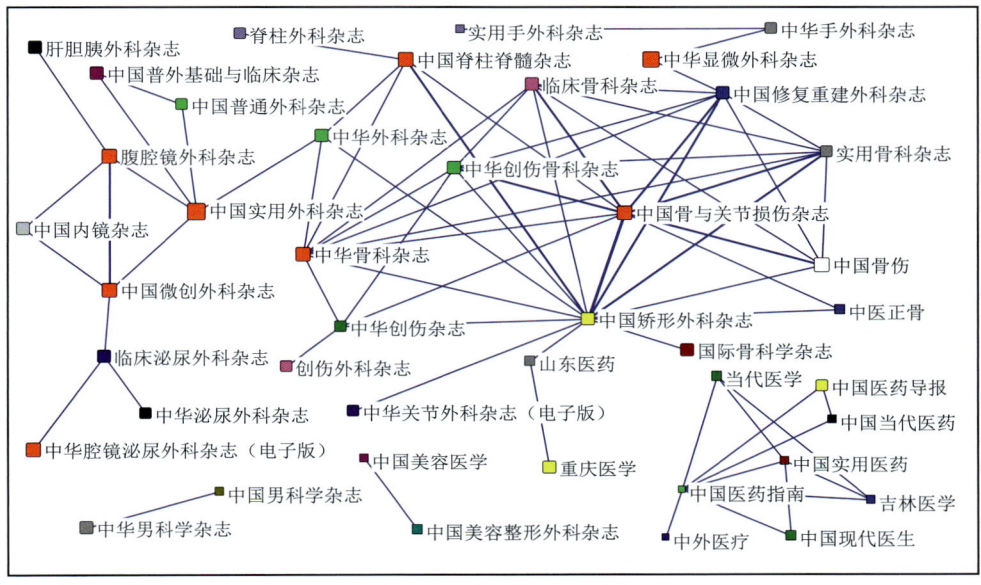

图 12-6 外科学学科高影响力期刊载文主题关联

12.5 高被引作者分析

12.5.1 高被引作者 TOP 20

2008—2012 年，在 276396 位外科学学科论文的第一作者中，在 2013 年学科被引频次位居前 20 位的学者的发文及被引情况见表 12-4。其中，学科发文总被引频次较高的 3 位作者分别是上海交通大学医学院附属瑞金医院的郑民华（99 次）、中国人民解放军总医院的黄志强（98 次）和中国人民解放军总医院肝胆外科医院的董家鸿（81 次）。高被引作者的 5 年学科发文数量从 1 篇到 41 篇不等，同时，作者学科发文的期刊分布也在 1 种到 18 种之间变化。在发文超过 5 篇的所有作者中，篇均被引较高的 3 位作者分别是北京大学第一医院的张宝善（篇均 15.20 次）、四川大学华西医院的刘伦旭（篇均 11.00 次）和中国人民解放军总医院肝胆外科医院的董家鸿（篇均 9.00 次）；前 5 年发表学科论文较多的 3 位作者分别是兰州军区兰州总医院的张功林（58 篇）、哈尔滨医科大学附属第一医院的孙备（41 篇）和南京大学医学院附属鼓楼医院的邱勇（38 篇）。高被引作者的学科发文量和被引量对比如图 12-7 所示。

表 12-4 外科学学科高被引作者 TOP 20

序号	姓名	作者单位	前 5 年发文数量			前 5 年学科发文在 2013 年的被引				h 指数（学科）
			学科发文（篇）	期刊分布（种）	发文总量（篇）	总频次	被引率（%）	最高（次）	篇均（次）	
1	郑民华	上海交通大学医学院附属瑞金医院	29	13	108	99	75.9	10	3.41	6
2	黄志强	解放军总医院	27	18	46	98	82.6	17	2.13	5
3	董家鸿	中国人民解放军总医院肝胆外科医院	9	4	12	81	66.7	55	9.00	3
4	孙备	哈尔滨医科大学附属第一医院	41	8	51	78	51.2	10	1.90	6
5	张宝善	北京大学第一医院	5	5	5	76	100.0	28	15.20	4
6	张忠涛	首都医科大学附属北京友谊医院	15	5	20	72	86.7	26	4.80	5
7	姜保国	北京大学人民医院	14	7	20	66	78.6	20	4.71	5
8	顾玉东	复旦大学附属华山医院	30	9	38	65	46.7	12	2.17	5
9	庞水发	中山大学附属第一医院	2	1	2	64	100.0	38	32.00	2
10	罗从风	上海交通大学医学院附属第六人民医院	7	5	8	62	85.7	41	8.86	2
11	刘伦旭	四川大学华西医院	5	5	7	55	80.0	46	11.00	4
12	张世民	同济大学附属同济医院	8	5	11	52	62.5	25	6.50	5

序号	姓名	作者单位	前5年发文数量			前5年学科发文在2013年的被引				h指数(学科)
			学科发文（篇）	期刊分布（种）	发文总量（篇）	总频次	被引率（%）	最高（次）	篇均（次）	
13	叶颖江	北京大学人民医院	12	2	26	49	83.3	16	4.08	4
13	王洪伟	第三军医大学新桥医院	16	4	20	49	62.5	13	3.06	4
15	张光永	山东大学齐鲁医院	6	2	7	48	66.7	31	8.00	2
16	朱江帆	同济大学附属东方医院	25	11	32	47	60.0	21	1.88	3
17	杨新明	河北北方学院附属第一医院	18	15	32	46	72.2	6	2.56	5
17	胡三元	山东大学齐鲁医院	20	10	24	46	80.0	9	2.30	4
19	黄天雯	中山大学附属第一医院	1	1	20	45	100.0	45	45.00	4
19	范顺武	浙江大学医学院附属邵逸夫医院	10	6	11	45	80.0	12	4.50	4

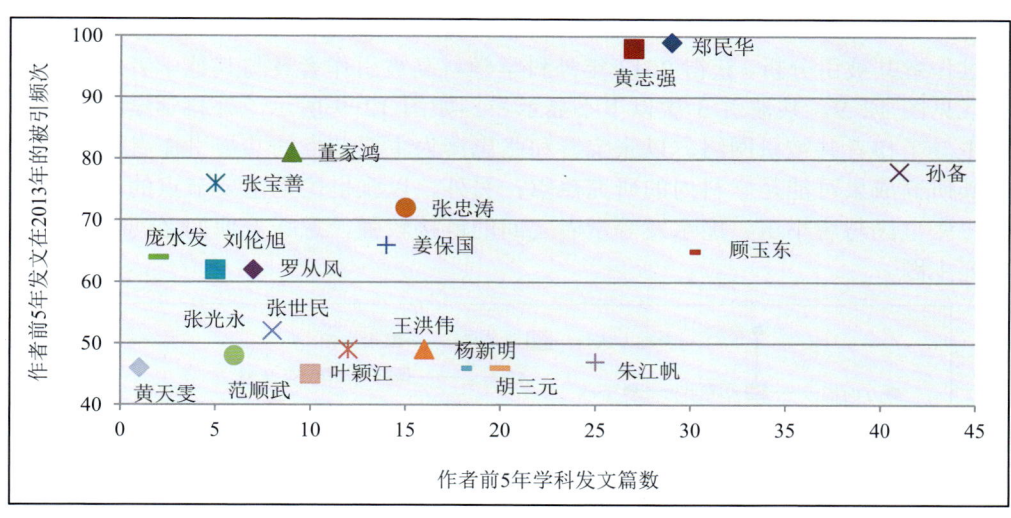

图 12-7　外科学学科高被引作者学科发文及被引对比

12.5.2　高被引作者科研合作关系

通过作者合著分析，获得2013年外科学学科高被引作者及与其他学者之间的科研论文合作关系（不考虑论文署名次序），如图12-8所示（合著9次以下不显示）。可以看出，外科学学科的高被引作者的论文合作现象比较普遍，而且合作人数较多。姜保国、杨新明、郑民华等学者的论文合作网络较为突出，在该学科的研究人员中表现出一定的集聚效应。姜保国和张殿英、张培训等学者之间的合作关系最为紧密，显示出他们可能属于同一支科研团队。

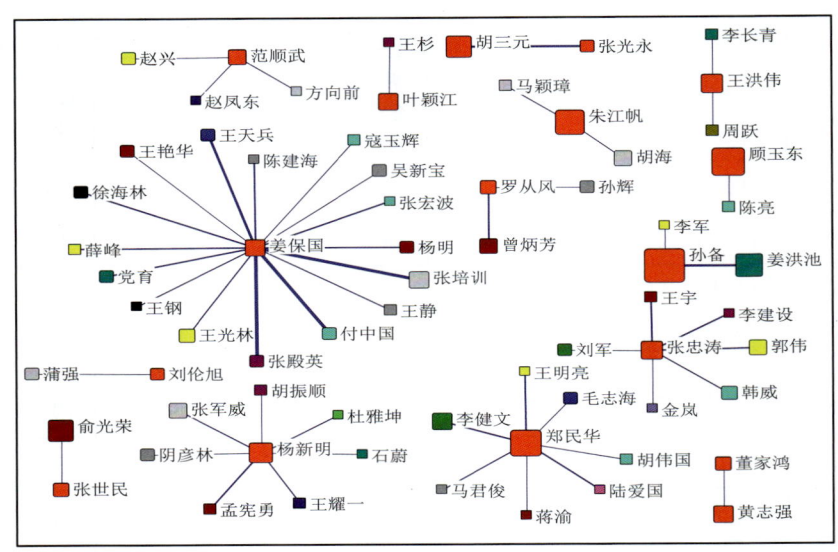

图 12-8　外科学学科高被引作者科研论文合作关系

12.5.3　高被引作者发文主题关联

通过作者共被引分析，获得2013年外科学学科高被引作者及与其他学者之间的发文主题关联（见图12-9，共被引3次以下不显示）。如图12-9所示，外科学学科的高被引作者基本主导了作者共被引网络。以张宝善和张忠涛为主要节点的共被引作者簇人数较多，显示出其研究成果可能是学科内的研究热点；另外，以张世民为主要节点的子网络也已初具规模；张世民与唐举玉、庞水发等学者之间的链接较强，意味着他们之间可能有较为相近的研究主题。

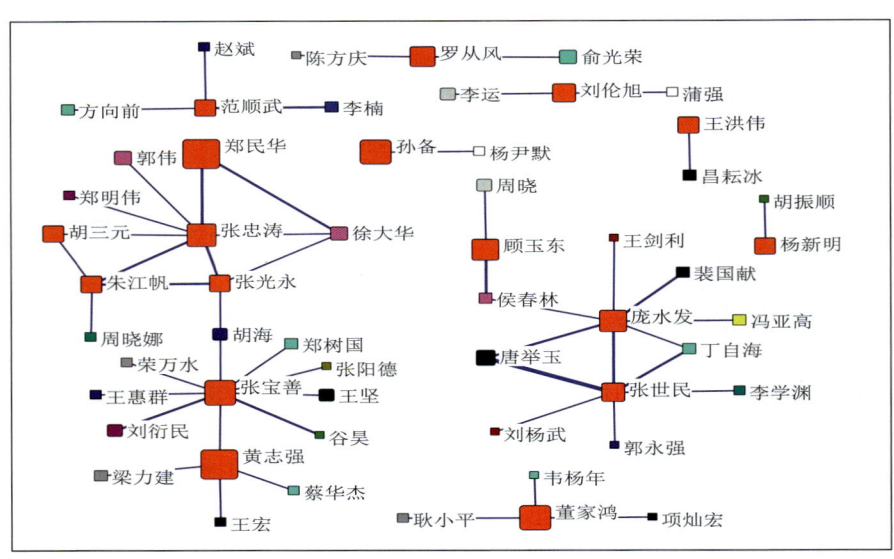

图 12-9　外科学学科高被引作者发文主题关联

12.6 高被引机构分析

12.6.1 高被引机构

为便于比较，本书将外科学学科的高被引机构分为医院和高等院校/科研院所两种类型。其中，被引频次 TOP 10 医院和被引频次 TOP 5 高等院校/科研院所的发文及被引情况分别见表 12-5 和表 12-6。其中，总被引频次较高的 3 所医院分别是四川大学华西医院、上海交通大学医学院附属第六人民医院和南京军区南京总医院，第三军医大学大坪医院野战外科研究所、南京中医药大学和浙江中医药大学是总被引频次较高的 3 所高等院校/科研院所；前 5 年学科发文在 2013 年的被引率最高的医院和高等院校/科研院所分别是上海交通大学医学院附属第六人民医院和南京中医药大学，篇均被引最高的医院和高等院校/科研院所分别是北京大学人民医院和第三军医大学大坪医院野战外科研究所。上述高被引机构的论文被引率和篇均被引频次对比如图 12-10 所示。

表 12-5 外科学学科高被引医院 TOP 10

序号	第一作者单位	学科发文量（篇）		前 5 年学科发文在 2013 年的被引			
		前 5 年	2013 年	频次	被引率（%）	最高（次）	篇均（次）
1	四川大学华西医院	1775	272	1225	33.6	46	0.69
2	上海交通大学医学院附属第六人民医院	1064	192	1117	46.7	41	1.05
3	南京军区南京总医院	1007	149	924	37.0	21	0.92
4	上海交通大学医学院附属瑞金医院	942	124	815	38.1	15	0.87
5	中山大学附属第一医院	1240	114	808	31.5	45	0.65
6	北京大学人民医院	650	79	782	42.6	20	1.20
7	华中科技大学同济医学院附属同济医院	1145	133	771	32.2	15	0.67
8	第二军医大学附属长海医院	1038	144	753	35.2	32	0.73
9	上海交通大学医学院附属仁济医院	840	86	692	38.5	16	0.82
10	第二军医大学附属长征医院	864	67	644	36.6	21	0.75

表 12-6 外科学学科高被引高等院校/科研院所 TOP 5

序号	第一作者单位	学科发文量（篇）		前 5 年学科发文在 2013 年的被引			
		前 5 年	2013 年	频次	被引率（%）	最高（次）	篇均（次）
1	第三军医大学大坪医院野战外科研究所	484	52	334	33.1	8	0.69
2	南京中医药大学	457	68	312	38.7	8	0.68
3	浙江中医药大学	335	34	213	35.8	17	0.64
4	天津医科大学	347	74	207	33.1	9	0.60
5	南方医科大学	265	60	166	30.9	20	0.63

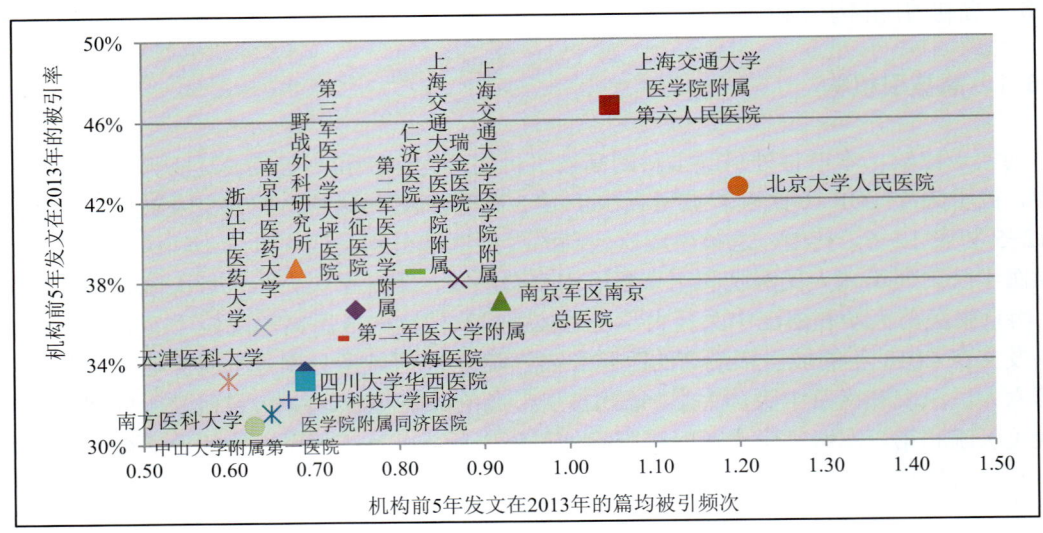

图 12-10　外科学学科高被引机构论文篇均被引及被引率对比

12.6.2　高被引机构科研合作关系

通过合著分析，获得外科学学科高被引机构之间及其与其他机构之间的科研合作关联，如图 12-11 所示（合作 82 次以下不显示）。分析得知，外科学学科的机构合作链接较为紧密，显示出学科内各个机构间的合作现象较为普遍；高被引机构基本主导了机构合作网络，显示出这些机构已经在学科内具有了一定的科研优势。北京大学人民医院与北京积水潭医院、四川大学华西医院等机构之间的链接较强，显示出它们的学术合作较为频繁。

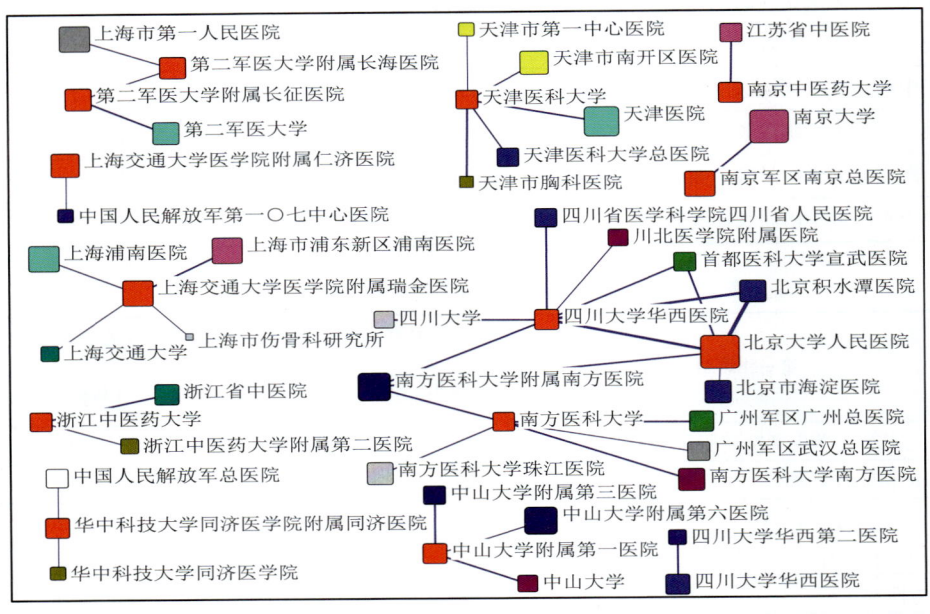

图 12-11　外科学学科高被引机构科研合作关联

12.7 高被引图书、国外期刊及学术会议

2013 年,外科学学科被引频次位居前 10 位的图书及国外期刊见表 12-7 和表 12-8。其中,被引次数较多的 3 种图书分别是吴在德的《外科学》、胥少汀的《实用骨科学》和庄心良的《现代麻醉学》;被引次数较多的 3 种国外期刊分别是《Spine》《Journal of Bone and Joint Surgery-American Volume》和《Clinical Orthopaedics and Related Research》;被引次数较多的 3 场学术会议分别是"Proceedings of the 6th World Congress of Endoscopic Surgery""5th International Congress on Auricular Reconstruction"和"Oxford Global Masters Symposium"。

表 12-7 外科学学科高被引图书 TOP 10

序号	责任者	图书名称	出版社	2013 年被引频次
1	吴在德	外科学	人民卫生出版社	733
2	胥少汀	实用骨科学	人民军医出版社	624
3	庄心良	现代麻醉学	人民卫生出版社	607
4	王亦璁	骨与关节损伤	人民卫生出版社	449
5	国家中医药管理局	中医病证诊断疗效标准	南京大学出版社	225
6	吴阶平	黄家驷外科学	人民卫生出版社	214
7	王忠诚	神经外科学	湖北科学技术出版社	212
8	王海燕	肾脏病学	人民卫生出版社	206
9	刘俊杰	现代麻醉学	人民卫生出版社	199
10	吴阶平	吴阶平泌尿外科学	山东科学技术出版社	191

表 12-8 外科学学科高被引国外期刊 TOP 10

序号	期刊名称	2013 年被引频次
1	Spine	5819
2	Journal of Bone and Joint Surgery-American Volume	4777
3	Clinical Orthopaedics and Related Research	3488
4	Journal of Urology	2546
5	Anesthesiology	2296
6	Journal of Orthopaedic Trauma	2142
7	New England Journal of Medicine	1956
8	Urology	1874
9	Plastic and Reconstructive Surgery	1840
10	European Spine Journal	1784

第 13 章 妇产科学、儿科学学科高被引分析

13.1 学科论文概况

2008—2012 年，妇产科学、儿科学学科共有 169170 位来自 47615 所机构的论文第一作者在 1399 种期刊上发表了 184965 篇学术论文。其中，80%以上的论文产出自 12406 所机构、123940 位作者，发表在 175 种期刊上。在前 5 年发表的这些论文中，有 59038 篇在 2013 年获得过引用，整体被引率为 31.9%，总被引频次为 110077 次，篇均被引 0.60 次；其中，高被引论文有 685 篇，单篇论文最高被引频次为 141 次，累计被引 8131 次，篇均被引 11.87 次（表 13-1）。另外，2013 年妇产科学、儿科学学科共发表论文 42326 篇，其中有 1603 篇在当年获得过引用，总共被引 2159 次。

表 13-1 妇产科学、儿科学学科论文分布情况

年份	论文篇数	2013 年被引频次	2013 年被引率（%）	2013 年高被引论文			
				论文篇数	最高被引频次	总被引频次	篇均被引频次
2008	30669	15165	26.1	80	62	1228	15.35
2009	34044	18251	28.6	102	84	1454	14.25
2010	41697	26680	33.6	152	109	1976	13.00
2011	39221	28524	37.9	220	141	2330	10.59
2012	39334	21457	31.6	131	84	1143	8.73
合计	184965	110077	31.9	685	141	8131	11.87

从妇产科学、儿科学学科论文的地域分布来看，2013 年被引频次较高的 5 个省、直辖市或自治区依次是广东、北京、江苏、河南和浙江（图 13-1）；5 年论文产出量较多的 5 个省、直辖市或自治区依次是广东、河南、江苏、山东和浙江（图 13-2）。

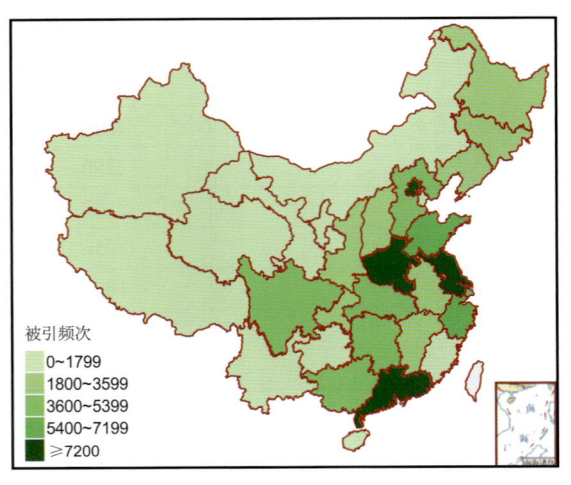

图 13-1 2013 年妇产科学、儿科学学科地区被引分布　　图 13-2 妇产科学、儿科学学科 5 年论文产出地区分布

13.2 高被引论文分析

在妇产科学、儿科学学科，2013 年被引频次位居前 10 位的论文（表 13-2）平均被引频次为 32.5 次，是全部 685 篇高被引论文篇均被引频次的 2.7 倍。其中，被引频次最高的论文是申昆玲于 2011 年发表的《糖皮质激素雾化吸入疗法在儿科应用的专家共识》，随后 2 篇分别是陈廉于 2010 年发表的《瘢痕子宫妊娠分娩时机及分娩方式选择》和孙娟于 2010 年发表的《母婴床旁护理模式在产科的应用及其效果》。

从论文分布来看，刊载高被引论文数量居前的 3 种期刊分别是《中国实用妇科与产科杂志》（65 篇）、《实用妇产科杂志》（50 篇）和《中华妇产科杂志》（36 篇），而《中国实用妇科与产科杂志》刊载了高被引论文 TOP 10 中的 3 篇；发表高被引论文居前的 3 位学者分别是北京大学第一医院的杨慧霞（6 篇）、北京大学第三医院的杨孜（3 篇）和国家人口计生委科学技术研究所的吴尚纯（3 篇）；产出高被引论文数量居前的 3 所机构分别是北京大学第一医院（22 篇）、四川大学华西第二医院（17 篇）和北京协和医院（16 篇），而首都医科大学附属北京儿童医院产出了高被引论文 TOP 10 中的 2 篇。

表 13-2 妇产科学、儿科学学科高被引论文 TOP 10

序号	论文题名	第一作者	期刊名称	发表年份	被引频次 总频次	2013
1	糖皮质激素雾化吸入疗法在儿科应用的专家共识	申昆玲	临床儿科杂志	2011	124	50
2	瘢痕子宫妊娠分娩时机及分娩方式选择	陈廉	中国实用妇科与产科杂志	2010	81	35
3	母婴床旁护理模式在产科的应用及其效果	孙娟	中华护理杂志	2010	74	33
4	关注小儿重症肠道病毒 71 型感染	赵顺英	中华儿科杂志	2008	216	32
5	中国人工流产的现状与对策建议	吴尚纯	中国医学科学院学报	2010	60	30
5	宫缩乏力性产后出血治疗现状	严宇	中国实用妇科与产科杂志	2010	86	30
5	腔内彩超诊断剖宫产术后子宫下段早期瘢痕妊娠的临床价值	罗卓琼	中国超声医学杂志	2008	80	30
8	中国剖宫产现状与思考	张为远	实用妇产科杂志	2011	75	29
9	剖宫产切口瘢痕妊娠临床特点及治疗进展	杨小芸	中国实用妇科与产科杂志	2010	77	28
9	儿童难治性肺炎支原体肺炎的诊治现状和进展	曹兰芳	临床儿科杂志	2010	99	28

13.3 研究主题关联分析

在妇产科学、儿科学学科，高被引论文累计被 2013 年发表的 6422 篇论文引用了 8131 次。通过分析施引文献关键词的词频及关键词之间的共现关系，获得 2013 年妇产科学、儿科学学科的热点主题和主题关联，如图 13-3 所示（共现 19 次以下不显示）。由图 13-3 可知："剖宫产"和"产后出血"的文档词频较高，是妇产科学、儿科学学科近期的热点研究主题；"米非司酮"与"甲氨蝶呤"、"剖宫产"与"产后出血"等概念之间的共现次数较多，显示出它们之间主题关联分别较为紧密；以"产后出血""剖宫产"为核心的多个概念相互关联，构成了领域内近期较为突出的研究主题簇。

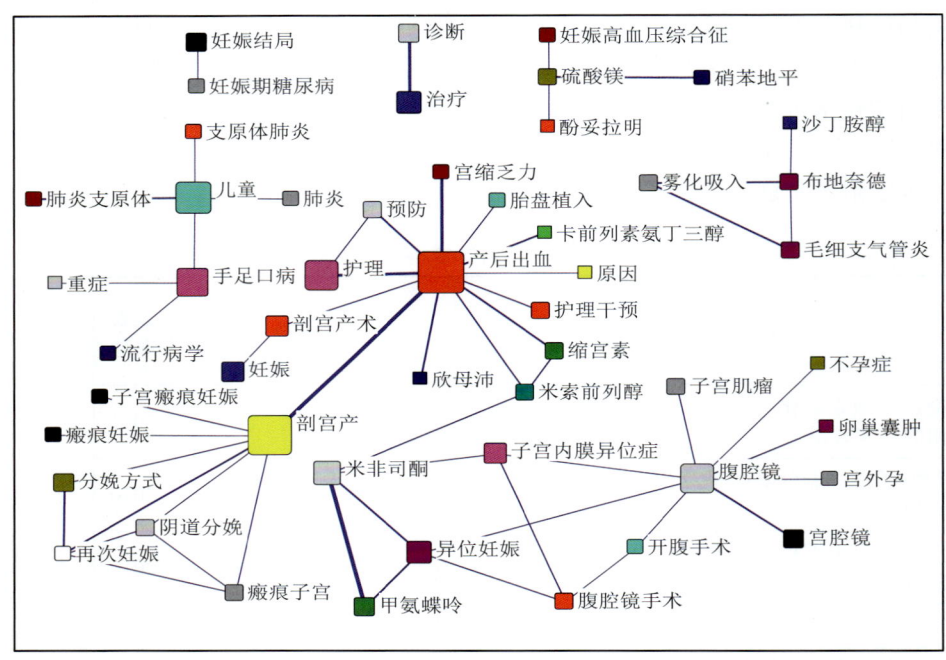

图 13-3　妇产科学、儿科学学科 2013 年热点主题关联

13.4 学科高影响力期刊分析

13.4.1 学科高影响力期刊 TOP 10

在妇产科学、儿科学学科，学科 5 年影响因子位居前 10 位的期刊见表 13-3，排在前 3 位的期刊分别是《中国实用妇科与产科杂志》《实用妇产科杂志》和《中华妇产科杂志》。在表 13-3 中，学科载文量占其总载文量比例最大的期刊是《中国实用妇科与产科杂志》；前 5 年学科载文在 2013 年被引率最高的期刊是《中国实用妇科与产科杂志》；期刊 5 年影响因子较高的前 3 种期刊分别是《中国实用妇科与产科杂志》《中华儿科杂志》和《实用妇产科杂志》；学科 5 年影响因子与期刊 5 年影响因子差异最大的期刊是《中山大学学报（医学科学版）》。表 13-3 中期刊的学科 5 年影响因子和前 5 年学科载文的 2013 年被引率对比如图 13-4

所示，2008—2013年期刊5年影响因子的变动情况如图13-5所示。

表13-3 妇产科学、儿科学学科高影响力期刊基本指数

序号	期刊名称	前5年载文量		2013年学科被引			5年影响因子		h指数（学科）
		学科（篇）	占比（%）	总量（篇）	频次	被引率（%）	高被引论文篇数	期刊（2013）	学科（2013）	
1	中国实用妇科与产科杂志	1794	89.3	2010	2955	48.4	65	1.541	1.647	18
2	实用妇产科杂志	1564	69.7	2244	2408	47.4	50	1.322	1.540	14
3	中华妇产科杂志	862	56.2	1533	1289	45.4	36	1.294	1.495	16
4	临床儿科杂志	1406	73.1	1923	1931	45.9	30	1.120	1.373	11
5	中华儿科杂志	973	71.6	1359	1330	42.8	31	1.358	1.367	16
6	中山大学学报（医学科学版）	137	11.7	1167	169	47.5	4	0.728	1.234	8
7	中国新生儿科杂志	704	80.9	870	793	43.0	9	1.089	1.126	9
8	中国妇产科临床杂志	640	63.1	1014	658	40.0	7	0.956	1.028	9
9	国际妇产科学杂志	495	57.1	867	459	38.0	7	0.759	0.927	8
10	中国当代儿科杂志	727	44.4	1637	652	41.0	2	0.813	0.897	8

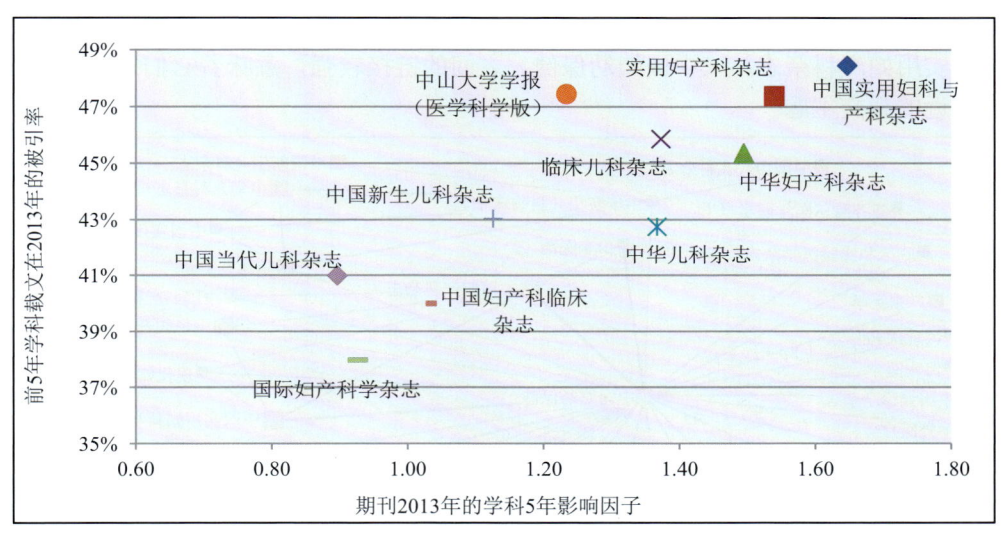

图13-4 妇产科学、儿科学学科高影响力期刊对比

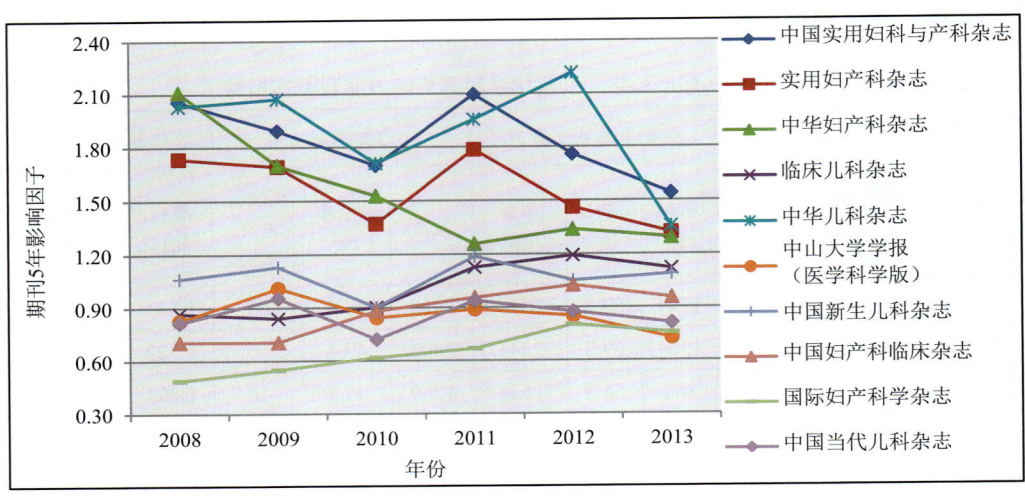

图 13-5　妇产科学、儿科学学科期刊 5 年影响因子变动

13.4.2　学科高影响力期刊载文主题关联

通过期刊共被引分析，获得妇产科学、儿科学学科高影响力期刊及与其他期刊之间的载文主题关联，如图 13-6 所示（共被引 74 次以下不显示）。结果显示，妇产科学、儿科学学科的高影响力期刊相互链接较为紧密，显示出该学科高影响力期刊可能共同刊载了许多相近的研究主题，热点研究主题分散在多种期刊上。《中国实用妇科与产科杂志》《中华妇产科杂志》的学科 5 年影响因子较高，显示出它们的学术影响力较大；《中华实用妇科与产科杂志》与《实用妇产科杂志》《中国妇幼保健》之间的链接较强，意味着它们之间可能有较多相同或相近的载文主题。

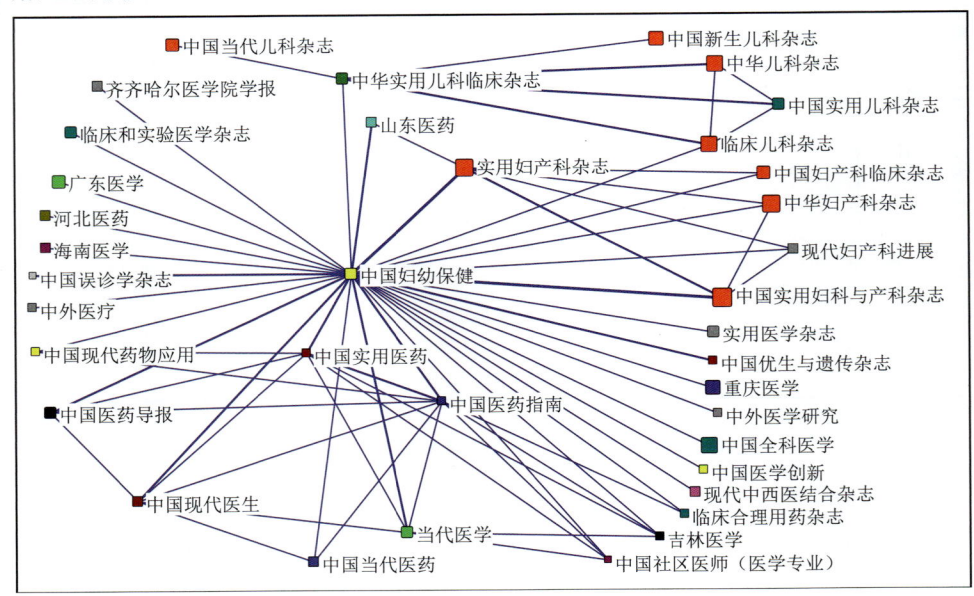

图 13-6　妇产科学、儿科学学科高影响力期刊载文主题关联

13.5 高被引作者分析

13.5.1 高被引作者 TOP 20

2008—2012 年，在 169170 位妇产科学、儿科学学科论文的第一作者中，在 2013 年学科被引频次位居前 20 位的学者的发文及被引情况见表 13-4。其中，学科发文总被引频次较高的 3 位作者分别是北京大学第一医院的杨慧霞（110 次）、浙江大学医学院附属儿童医院的陈志敏（84 次）和北京大学第一医院的廖秦平（61 次）。高被引作者的 5 年学科发文数量从 3 篇到 32 篇不等，同时，作者学科发文的期刊分布也在 2 种到 13 种之间变化。在发文超过 5 篇的所有作者中，篇均被引较高的 3 位作者分别是国家人口计生委科学技术研究所的吴尚纯（篇均 11.60 次）、上海市第一妇婴保健院的应豪（篇均 8.80 次）和北京大学第一医院的廖秦平（篇均 6.10 次）；前 5 年发表学科论文较多的 3 位作者分别是中国医科大学附属第一医院的施萍（37 篇）、北京大学第一医院的杨慧霞（32 篇）和中国医科大学附属盛京医院的刘春峰（27 篇）。高被引作者的学科发文量和被引量对比如图 13-7 所示。

表 13-4 妇产科学、儿科学学科高被引作者 TOP 20

序号	姓名	作者单位	前 5 年发文数量			前 5 年学科发文在 2013 年的被引				h 指数（学科）
			学科发文（篇）	期刊分布（种）	发文总量（篇）	总频次	被引率（%）	最高（次）	篇均（次）	
1	杨慧霞	北京大学第一医院	32	13	60	110	62.5	16	3.44	7
2	陈志敏	浙江大学医学院附属儿童医院	15	4	17	84	80.0	22	5.60	5
3	廖秦平	北京大学第一医院	10	5	11	61	80.0	27	6.10	4
4	郎景和	北京协和医院	11	6	19	60	81.8	18	5.45	4
5	杨孜	北京大学第三医院	12	5	16	59	83.3	13	4.92	5
6	吴尚纯	国家人口计生委科学技术研究所	5	3	17	58	80.0	30	11.60	3
7	申昆玲	首都医科大学附属北京儿童医院	3	3	5	54	66.7	50	18.00	2
8	刘朝晖	北京大学第一医院	15	7	18	52	66.7	13	3.47	5
9	贺晶	浙江大学医学院附属妇产科医院	14	8	14	49	71.4	16	3.50	4
9	李辉	首都儿科研究所	3	2	16	49	100.0	26	16.33	3
11	朱兰	北京协和医院	14	8	22	48	71.4	11	3.43	4
12	赵顺英	首都医科大学附属北京儿童医院	13	4	16	46	53.9	32	3.54	3
13	应豪	上海市第一妇婴保健院	5	3	5	44	80.0	25	8.80	3

序号	姓名	作者单位	前5年发文数量			前5年学科发文在2013年的被引				h指数（学科）
			学科发文（篇）	期刊分布（种）	发文总量（篇）	总频次	被引率(%)	最高（次）	篇均（次）	
13	林其德	上海交通大学医学院附属仁济医院	12	7	18	44	50.0	15	3.67	4
15	刘兴会	四川大学华西第二医院	14	6	17	43	35.7	24	3.07	4
16	夏恩兰	首都医科大学附属北京复兴医院	21	10	23	42	66.7	11	2.00	3
17	郑跃杰	广东省深圳市儿童医院	12	6	12	39	41.7	25	3.25	3
17	魏玉梅	北京大学第一医院	3	2	8	39	66.7	20	13.00	3
17	张为远	首都医科大学附属北京妇产医院	3	3	8	39	100.0	29	13.00	4
20	狄文	上海交通大学医学院附属仁济医院	18	6	27	37	61.1	13	2.06	4
20	范爱萍	天津医科大学总医院	7	4	7	37	85.7	22	5.29	3

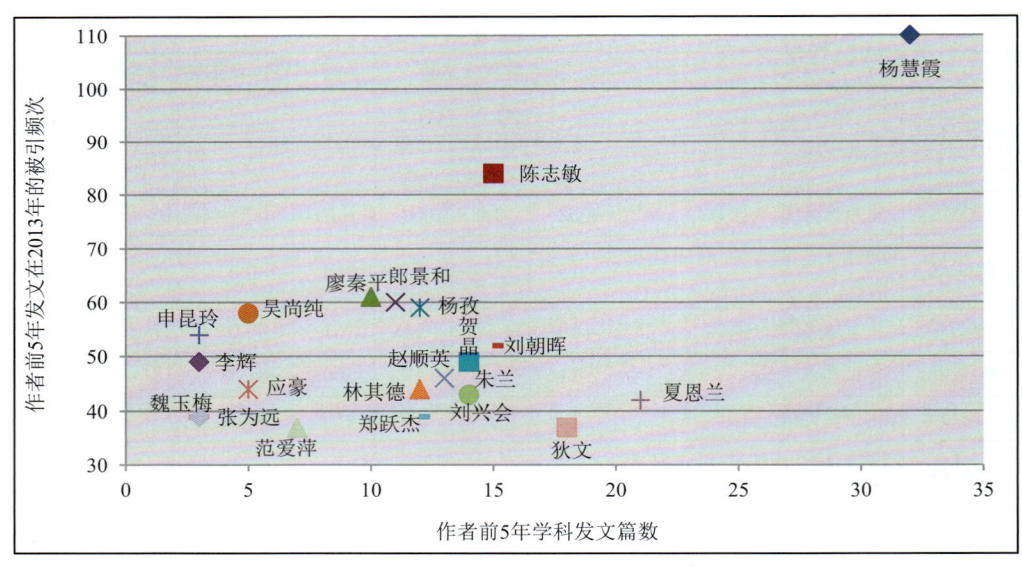

图 13-7　妇产科学、儿科学学科高被引作者学科发文及被引对比

13.5.2　高被引作者科研合作关系

通过作者合著分析，获得 2013 年妇产科学、儿科学学科高被引作者及与其他学者之间的科研论文合作关系（不考虑论文署名次序），如图 13-8 所示（合著 7 次以下不显示）。可以看出，妇产科学、儿科学学科的高被引作者的论文合作现象比较普遍；以学者杨慧霞、廖秦平、刘兴会等学者为主要节点的论文合作网络较为突出，显示出这些学者在该学科的研究人员中具有一定的集聚效应。朱兰与郎景和之间的合作关系最为紧密，显示出他们可能属

于同一支科研团队。

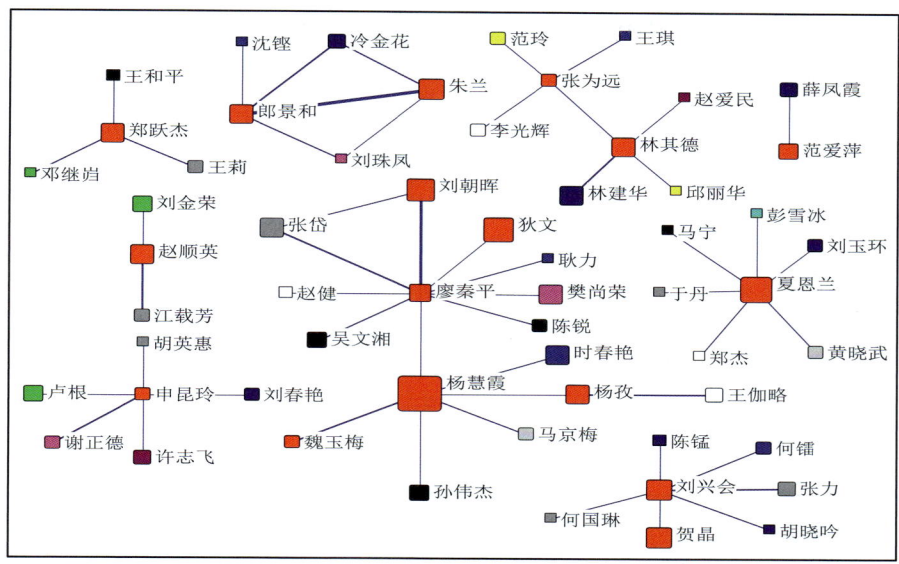

图 13-8　妇产科学、儿科学学科高被引作者科研论文合作关系

13.5.3　高被引作者发文主题关联

通过作者共被引分析,获得 2013 年妇产科学、儿科学学科高被引作者及与其他学者之间的发文主题关联(见图 13-9,共被引 2 次以下不显示)。如图 13-9 所示,妇产科学、儿科学学科高被引作者之间的共被引网络较为分散,显示出该学科在热点主题上可能尚未形成优势明显的科研力量。范爱萍与林怀宪等学者之间的链接较强,意味着他们之间可能有较为相近的研究主题。

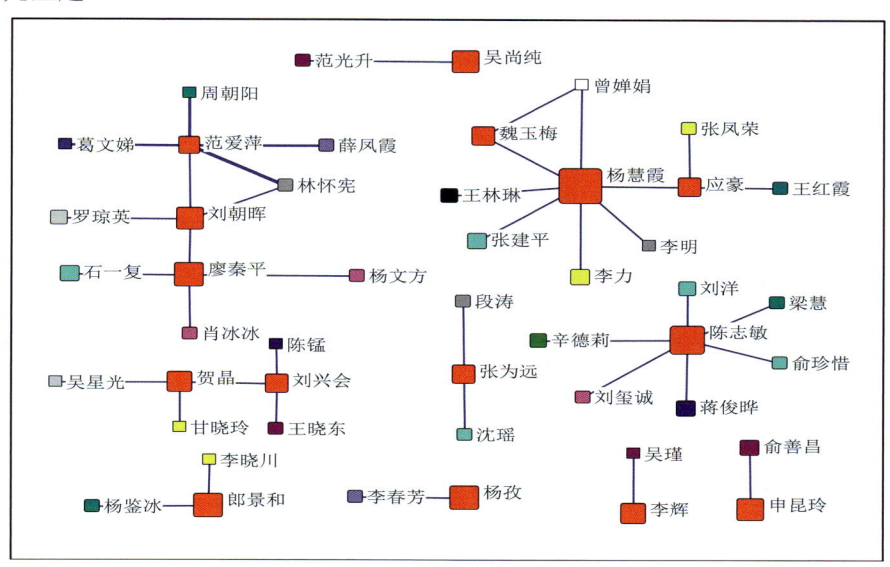

图 13-9　妇产科学、儿科学学科高被引作者发文主题关联

13.6 高被引机构分析

13.6.1 高被引机构

为便于比较，本书将妇产科学、儿科学学科的高被引机构分为医院和高等院校/科研院所两种类型。其中，被引频次 TOP 10 医院和被引频次 TOP 5 高等院校/科研院所的发文及被引情况分别见表 13-5 和表 13-6。其中，总被引频次较高的 3 所医院分别是四川大学华西第二医院、北京大学第一医院和中国医科大学附属盛京医院，首都儿科研究所、南京中医药大学和北京大学是总被引频次较高的 3 所高等院校/科研院所；前 5 年学科发文在 2013 年的被引率最高的医院和高等院校/科研院所分别是北京协和医院和北京大学，篇均被引最高的医院和高等院校/科研院所分别是北京协和医院和国家人口计生委科学技术研究所。上述高被引机构的论文被引率和篇均被引频次对比如图 13-10 所示。

表 13-5 妇产科学、儿科学学科高被引医院 TOP 10

序号	第一作者单位	学科发文量（篇）		前 5 年学科发文在 2013 年的被引			
		前 5 年	2013 年	频次	被引率（%）	最高（次）	篇均（次）
1	四川大学华西第二医院	890	134	994	37.9	28	1.12
2	北京大学第一医院	732	113	969	41.3	27	1.32
3	中国医科大学附属盛京医院	1177	187	818	33.6	18	0.69
4	首都医科大学附属北京妇产医院	584	86	704	46.7	29	1.21
5	首都医科大学附属北京儿童医院	856	119	656	34.0	50	0.77
6	重庆医科大学附属儿童医院	898	153	636	36.1	13	0.71
7	北京协和医院	340	69	565	52.4	23	1.66
8	复旦大学附属儿科医院	579	94	421	33.7	20	0.73
9	中山大学附属第一医院	548	89	412	36.3	17	0.75
10	上海交通大学医学院附属新华医院	582	48	409	35.6	11	0.70

表 13-6 妇产科学、儿科学学科高被引高等院校/科研院所 TOP 5

序号	第一作者单位	学科发文量（篇）		前 5 年学科发文在 2013 年的被引			
		前 5 年	2013 年	频次	被引率(%)	最高(次)	篇均(次)
1	首都儿科研究所	243	17	253	37.4	26	1.04
2	南京中医药大学	259	37	174	36.3	5	0.67
3	北京大学	129	15	132	41.9	8	1.02
4	国家人口计生委科学技术研究所	27	2	83	40.7	30	3.07
5	安徽医科大学	97	19	79	41.2	6	0.81

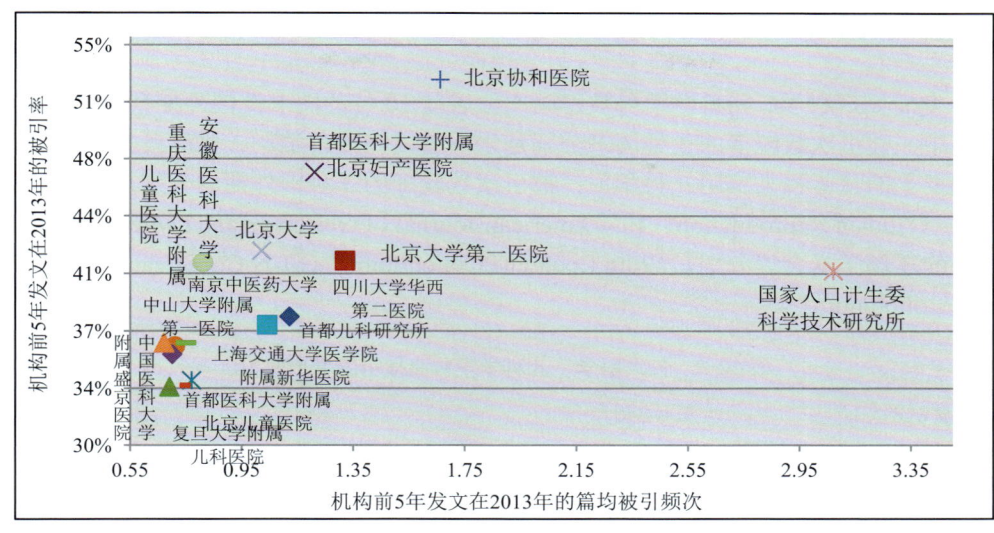

图 13-10 妇产科学、儿科学学科高被引机构论文篇均被引及被引率对比

13.6.2 高被引机构科研合作关系

通过合著分析，获得妇产科学、儿科学学科高被引机构之间及其与其他机构之间的科研合作关联，如图 13-11 所示（合作 50 次以下不显示）。分析得知，妇产科学、儿科学学科的机构合作链接较为紧密，显示出学科内各个机构间的合作现象较为普遍；高被引机构基本主导了机构合作网络，显示出这些机构已经在学科内具有了一定的科研优势。首都儿科研究所和首都儿科研究所附属儿童医院之间的链接较强，显示出它们的学术合作较为频繁。

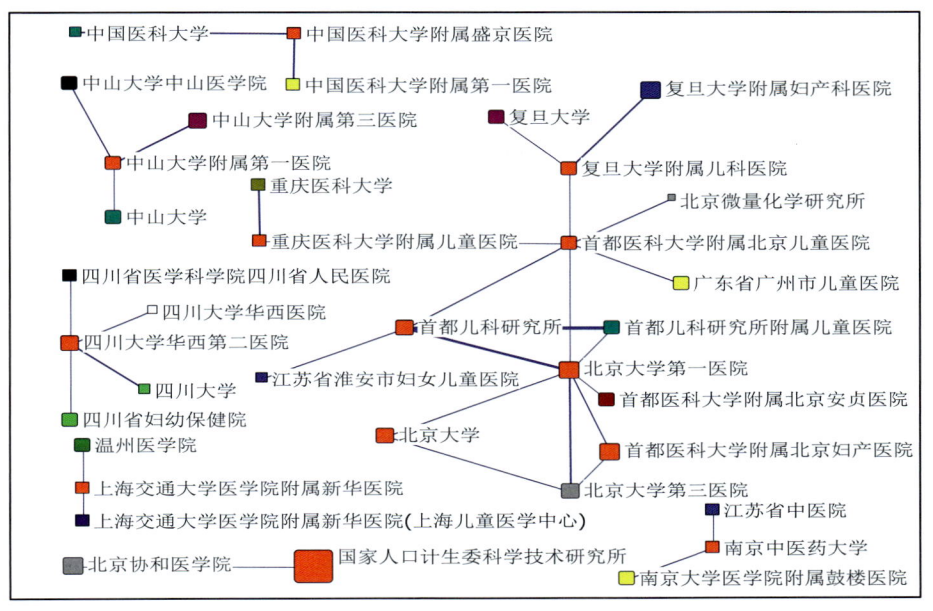

图 13-11 妇产科学、儿科学学科高被引机构科研合作关联

13.7 高被引图书、国外期刊及学术会议

2013 年，妇产科学、儿科学学科被引频次位居前 10 位的图书及国外期刊见表 13-7 和表 13-8。其中，被引次数较多的 3 种图书分别是乐杰的《妇产科学》、曹泽毅的《中华妇产科学》和胡亚美的《诸福棠实用儿科学》；被引次数较多的 3 种国外期刊分别是《Fertility and Sterility》《Human Reproduction》和《American Journal of Obstetrics and Gynecology》；被引次数较多的 3 场学术会议分别是"20th Cochrane Colloquium""G-I-N Conference 2012"和"18th Cochrane Colloquium"。

表 13-7　妇产科学、儿科学学科高被引图书 TOP 10

序号	责任者	图书名称	出版社	2013 年被引频次
1	乐杰	妇产科学	人民卫生出版社	3969
2	曹泽毅	中华妇产科学	人民卫生出版社	938
3	胡亚美	诸福棠实用儿科学	人民卫生出版社	656
4	丰有吉	妇产科学	人民卫生出版社	642
5	金汉珍	实用新生儿学	人民卫生出版社	487
6	沈晓明	儿科学	人民卫生出版社	382
7	邵肖梅	实用新生儿学	人民卫生出版社	321
8	胡亚美	实用儿科学	人民卫生出版社	295
9	杨锡强	儿科学	人民卫生出版社	240
10	刘新民	妇产科手术学	人民卫生出版社	150

表 13-8　妇产科学、儿科学学科高被引国外期刊 TOP 10

序号	期刊名称	2013 年被引频次
1	Fertility and Sterility	3340
2	Human Reproduction	2281
3	American Journal of Obstetrics and Gynecology	1706
4	Pediatrics	1575
5	Obstetrics and Gynecology	1317
6	New England Journal of Medicine	1243
7	The Lancet	1076
8	European Journal of Obstetrics & Gynecology and Reproductive Biology	929
9	Ultrasound in Obstetrics & Gynecology	913
10	Journal of Clinical Endocrinology and Metabolism	813

第 14 章 肿瘤学学科高被引分析

14.1 学科论文概况

2008—2012 年，肿瘤学学科共有 198205 位来自 35066 所机构的论文第一作者在 1667 种期刊上发表了 221878 篇学术论文。其中，80%以上的论文产出自 4421 所机构、145237 位作者，发表在 283 种期刊上。在前 5 年发表的这些论文中，有 64182 篇在 2013 年获得过引用，整体被引率为 28.9%，总被引频次为 106863 次，篇均被引 0.48 次；其中，高被引论文有 776 篇，单篇论文最高被引频次为 134 次，累计被引 7481 次，篇均被引 9.64 次（表 14-1）。另外，2013 年肿瘤学学科共发表论文 44297 篇，其中有 1644 篇在当年获得过引用，总共被引 2087 次。

表 14-1 肿瘤学学科论文分布情况

年份	论文篇数	2013 年被引频次	2013 年被引率（%）	2013 年高被引论文			
				论文篇数	最高被引频次	总被引频次	篇均被引频次
2008	41127	15239	22.9	106	66	1171	11.05
2009	42730	17969	26.0	120	76	1136	9.47
2010	47069	25282	31.2	203	134	1881	9.27
2011	46094	27410	34.4	188	111	1904	10.13
2012	44858	20963	29.2	159	86	1389	8.74
合计	221878	106863	28.9	776	134	7481	9.64

从肿瘤学学科论文的地域分布来看，2013 年被引频次较高的 5 个省、直辖市或自治区依次是广东、江苏、北京、上海和山东（图 14-1）；5 年论文产出量较多的 5 个省、直辖市或自治区依次是江苏、广东、北京、山东和河南（图 14-2）。

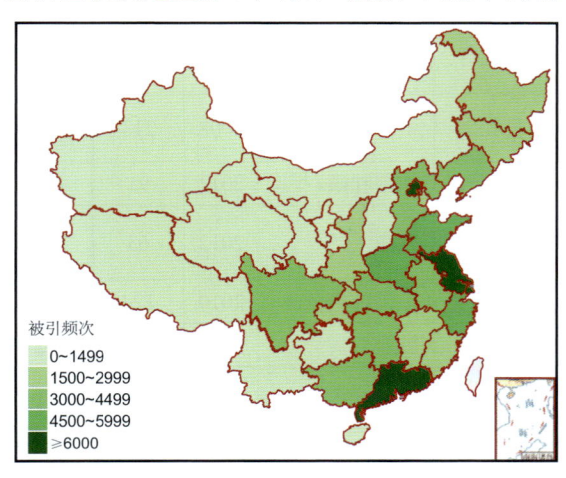

图 14-1 2013 年肿瘤学学科地区被引分布

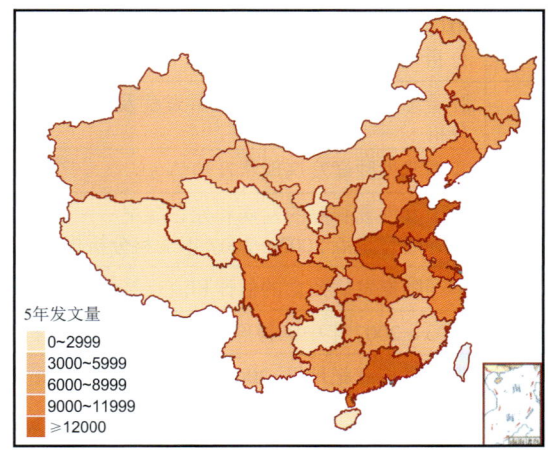

图 14-2 肿瘤学学科 5 年论文产出地区分布

14.2 高被引论文分析

在肿瘤学学科，2013年被引频次位居前10位的论文（表14-2）平均被引频次为66.6次，是全部776篇高被引论文篇均被引频次的6.9倍。其中，被引频次最高的论文是刘源于2011年发表的《AR、MMP-10和Bcl-2在非小细胞肺癌中的表达》，随后2篇分别是Xi Chen于2008年发表的《Characterization of microRNAs in serum: a novel class of biomarkers for diagnosis of cancer and other diseases》和郑荣寿于2012年发表的《中国肿瘤登记地区2008年恶性肿瘤发病和死亡分析》。

从论文分布来看，刊载高被引论文数量居前的3种期刊分别是《中华护理杂志》（28篇）、《临床肿瘤学杂志》（21篇）和《中华肿瘤杂志》（20篇），而《中国肿瘤》刊载了高被引论文 TOP 10中的4篇；发表高被引论文居前的3位学者分别是全国肿瘤防治研究办公室的陈万青（4篇）、复旦大学附属中山医院的周平红（4篇）和全国肿瘤登记中心的张思维（3篇）；产出高被引论文数量居前的3所机构分别是四川大学华西医院（13篇）、中国医学科学院肿瘤医院肿瘤研究所（13篇）和复旦大学附属肿瘤医院（13篇），而全国肿瘤防治研究办公室产出了高被引论文 TOP 10中的2篇。

表14-2 肿瘤学学科高被引论文 TOP 10

序号	论文题名	第一作者	期刊名称	发表年份	被引频次 总频次	被引频次 2013年
1	AR、MMP-10和Bcl-2在非小细胞肺癌中的表达	刘源	第三军医大学学报	2011	185	184
2	Characterization of microRNAs in serum: a novel class of biomarkers for diagnosis of cancer and other diseases	Xi Chen	细胞研究（英文版）	2008	378	109
3	中国肿瘤登记地区2008年恶性肿瘤发病和死亡分析	郑荣寿	中国肿瘤	2012	172	72
4	中国肿瘤登记地区2007年肿瘤发病和死亡分析	陈万青	中国肿瘤	2011	144	71
5	肿瘤患者PICC置管主要并发症及其相关因素分析	吴红娟	中华护理杂志	2008	213	56
6	我国恶性肿瘤发病现状及趋势	吴菲	中国肿瘤	2012	91	42
7	中国女性乳腺癌的发病和死亡现况——全国32个肿瘤登记点2003—2007年资料分析报告	黄哲宙	肿瘤	2012	63	36
8	中国肺癌发病死亡的估计和流行趋势研究	陈万青	中国肺癌杂志	2010	124	33
9	2003—2007年中国胃癌发病与死亡情况分析	邹小农	肿瘤	2012	68	32
10	中国肿瘤登记地区2006年肿瘤发病和死亡资料分析	张思维	中国肿瘤	2010	93	31

14.3 研究主题关联分析

在肿瘤学学科，高被引论文累计被 2013 年发表的 6069 篇论文引用了 7481 次。通过分析施引文献关键词的词频及关键词之间的共现关系，获得 2013 年肿瘤学学科的热点主题和主题关联，如图 14-3 所示（共现 16 次以下不显示）。由图 14-3 可知："腹腔镜""乳腺癌"和"胃癌"的文档词频较高，是肿瘤学学科近期的热点研究主题；以"腹腔镜""胸腔镜""肺叶切除术"为核心的多个概念相互关联，构成了领域内近期较为突出的研究主题簇。

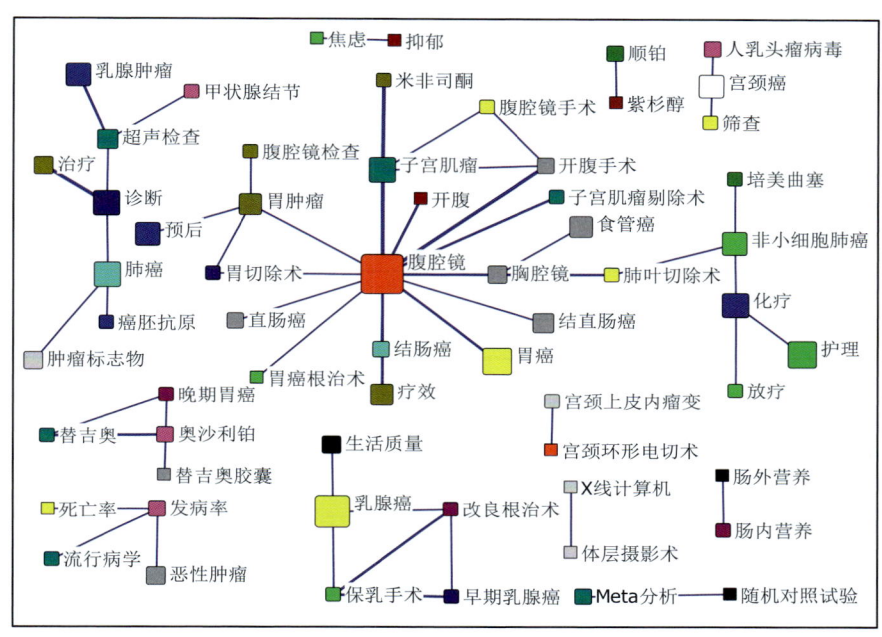

图 14-3　肿瘤学学科 2013 年热点主题关联

14.4 学科高影响力期刊分析

14.4.1 学科高影响力期刊 TOP 10

在肿瘤学学科，学科 5 年影响因子位居前 10 位的期刊见表 14-3，排在前 3 位的期刊分别是《介入放射学杂志》《中华胃肠外科杂志》和《癌症（英文版）》。在表 14-3 中，学科载文量占其总载文量比例最大的期刊是《中国癌症杂志》；前 5 年学科载文在 2013 年被引率最高的期刊是《介入放射学杂志》；期刊 5 年影响因子较高的前 3 种期刊分别是《介入放射学杂志》《中华胃肠外科杂志》和《癌症（英文版）》；学科 5 年影响因子与期刊 5 年影响因子差异最大的期刊是《协和医学杂志》。表 14-3 中期刊的学科 5 年影响因子和前 5 年学科载文的 2013 年被引率对比如图 14-4 所示，2008—2013 年期刊 5 年影响因子的变动情况如图 14-5 所示。

表 14-3 肿瘤学学科高影响力期刊基本指数

序号	期刊名称	前 5 年载文量			2013 年学科被引			5 年影响因子		h 指数 (学科)
		学科 (篇)	占比 (%)	总量 (篇)	频次	被引率 (%)	高被引论文篇数	期刊 (2013)	学科 (2013)	
1	介入放射学杂志	488	30.0	1628	493	44.7	5	1.015	1.010	9
2	中华胃肠外科杂志	900	49.2	1828	863	42.2	18	0.921	0.959	9
3	癌症(英文版)	810	85.4	949	758	41.5	12	0.891	0.936	8
4	中华肿瘤杂志	1191	86.9	1370	1061	40.8	20	0.885	0.891	9
5	中国医学影像学杂志	444	32.5	1366	392	42.8	4	0.889	0.883	8
6	中国癌症杂志	1143	98.6	1159	945	40.7	9	0.830	0.827	7
7	世界胃肠病学杂志(英文版)	1010	20.8	4849	834	40.5	10	0.646	0.826	10
8	中国肿瘤	1326	89.8	1477	1089	32.3	18	0.773	0.821	11
9	医学研究生学报	391	18.6	2108	319	41.2	3	0.877	0.816	8
10	协和医学杂志	59	16.5	357	48	35.6	2	0.423	0.814	5

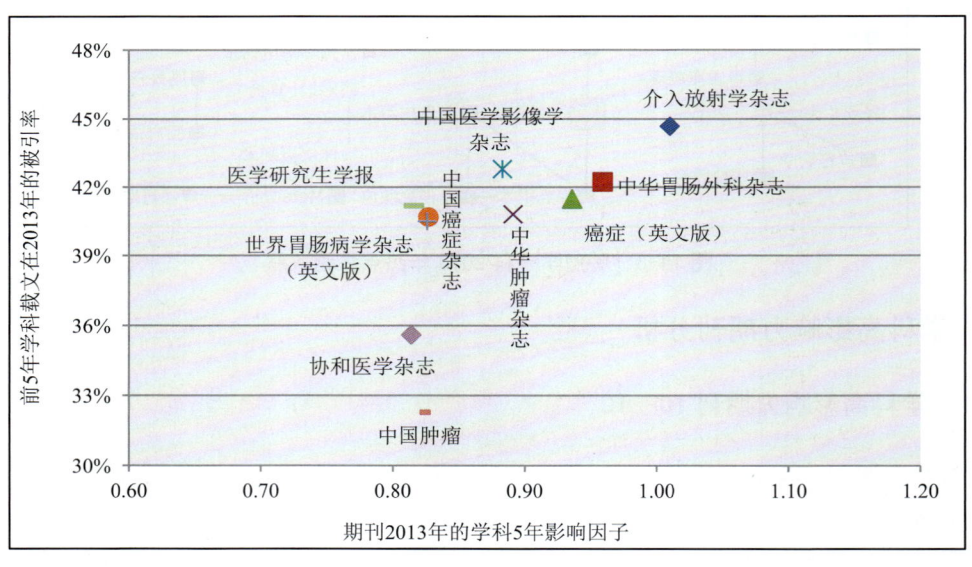

图 14-4 肿瘤学学科高影响力期刊对比

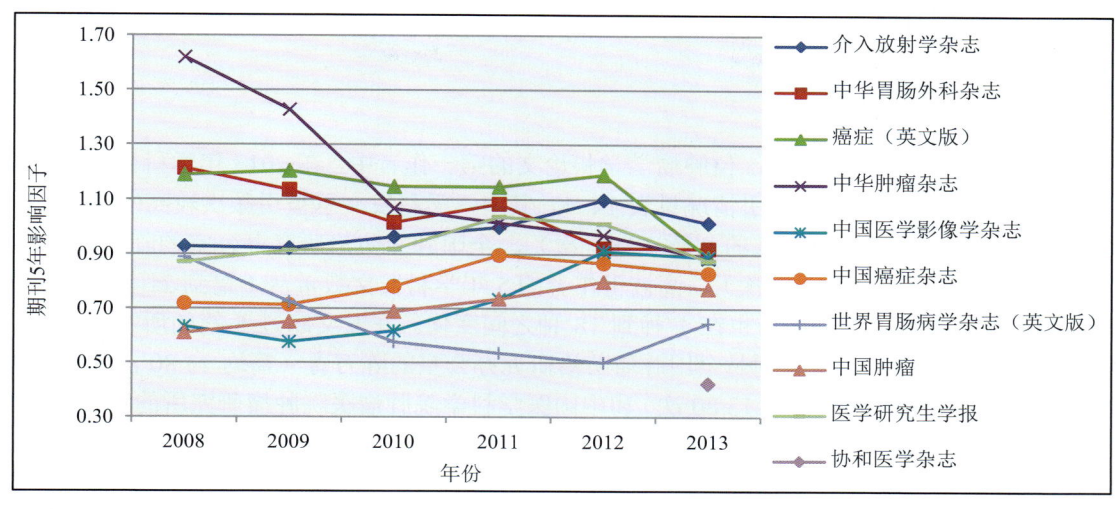

图 14-5　肿瘤学学科期刊 5 年影响因子变动

14.4.2　学科高影响力期刊载文主题关联

通过期刊共被引分析，获得肿瘤学学科高影响力期刊及与其他期刊之间的载文主题关联，如图 14-6 所示（共被引 52 次以下不显示）。结果显示，肿瘤学学科的高影响力期刊相互链接较为紧密，部分主导了该学科的期刊共被引网络，显示出该学科高影响力期刊可能共同刊载了许多相近的研究主题，热点研究主题分散在多种期刊上。《中华肿瘤防治杂志》与《现代肿瘤医学》等期刊之间的链接较强，意味着它们之间可能有较多相同或相近的载文主题。

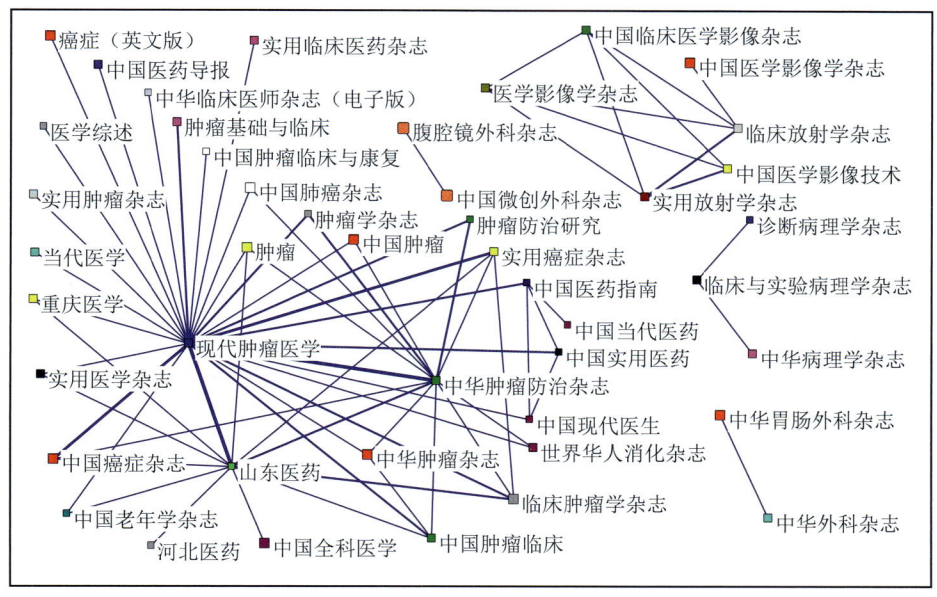

图 14-6　肿瘤学学科高影响力期刊载文主题关联

14.5 高被引作者分析

14.5.1 高被引作者 TOP 20

2008—2012 年，在 198205 位肿瘤学学科论文的第一作者中，在 2013 年学科被引频次位居前 20 位的学者的发文及被引情况见表 14-4。其中，学科发文总被引频次较高的 3 位作者分别是郑州大学附属第一医院的刘源（188 次）、全国肿瘤防治研究办公室的陈万青（138 次）和南京大学的陈熹（109 次）。高被引作者的 5 年学科发文数量从 1 篇到 21 篇不等，同时，作者学科发文的期刊分布也在 1 种到 18 种之间变化。在发文超过 5 篇的所有作者中，篇均被引较高的 3 位作者分别是全国肿瘤防治研究办公室的陈万青（篇均 13.80 次）、全国肿瘤登记中心的张思维（篇均 13.80 次）和中国医学科学院肿瘤医院肿瘤研究所的章文华（篇均 7.00 次）；前 5 年发表学科论文较多的 3 位作者分别是兰州军区兰州总医院的张百红（42 篇）、四川大学华西医院的汪晓东（36 篇）、南京军区南京总医院的王学文（35 篇）。高被引作者的学科发文量和被引量对比如图 14-7 所示。

表 14-4 肿瘤学学科高被引作者 TOP 20

序号	姓名	作者单位	前5年发文数量			前5年学科发文在2013年的被引				h指数（学科）
			学科发文（篇）	期刊分布（种）	发文总量（篇）	总频次	被引率（%）	最高（次）	篇均（次）	
1	刘源	郑州大学附属第一医院	2	2	2	188	100.0	184	94.00	2
2	陈万青	全国肿瘤防治研究办公室	10	5	12	138	70.0	71	13.80	5
3	陈熹	南京大学	1	1	3	109	100.0	109	109.00	1
4	郑荣寿	国家癌症中心	1	1	1	72	100.0	72	72.00	1
5	张思维	全国肿瘤登记中心	5	1	5	69	100.0	31	13.80	4
6	周平红	复旦大学附属中山医院	10	6	20	58	90.0	18	5.80	7
7	吴红娟	浙江省肿瘤医院	1	1	3	56	100.0	56	56.00	2
8	黄哲宙	上海市疾病预防控制中心	4	2	4	45	100.0	36	11.25	3
9	吴菲	广州市疾病预防控制中心	2	1	2	44	100.0	42	22.00	2
10	章文华	中国医学科学院肿瘤医院肿瘤研究所	6	4	6	42	83.3	28	7.00	3
11	周建军	复旦大学附属中山医院	18	8	58	40	61.1	10	2.22	5
11	刘爱东	唐山职业技术学院	6	4	8	40	66.7	19	6.67	5
13	黄昌明	福建医科大学附属协和医院	19	8	31	36	42.1	16	1.89	4
14	余佩武	第三军医大学附属西南医院	9	8	12	35	77.8	16	3.89	5
14	李鸣	北京大学临床肿瘤学院	6	4	6	35	50.0	24	5.83	3

序号	姓名	作者单位	前5年发文数量			前5年学科发文在2013年的被引				h指数（学科）
			学科发文（篇）	期刊分布（种）	发文总量（篇）	总频次	被引率（%）	最高（次）	篇均（次）	
16	王俊	北京大学人民医院	5	2	10	34	80.0	23	6.80	3
17	赫捷	中国医学科学院北京协和医学院肿瘤医院	3	2	3	34	100.0	27	11.33	3
18	樊嘉	复旦大学附属中山医院	21	18	27	32	52.4	5	1.52	4
18	邹小农	中国医学科学院肿瘤医院	1	1	2	32	100.0	32	32.00	1
20	郑民华	上海交通大学医学院附属瑞金医院	20	13	108	30	60.0	4	1.50	6

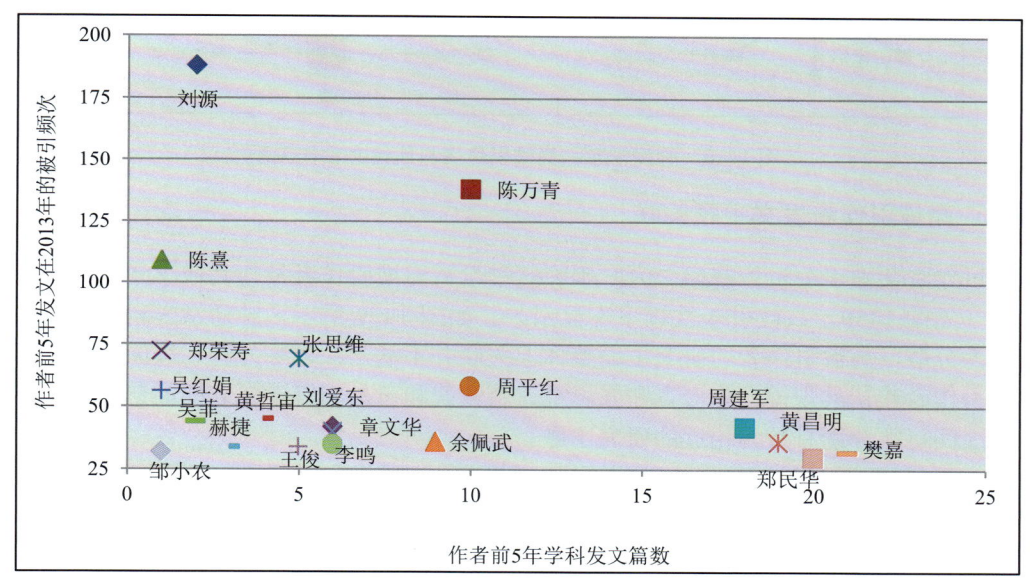

图 14-7　肿瘤学学科高被引作者学科发文及被引对比

14.5.2　高被引作者科研合作关系

通过作者合著分析，获得 2013 年肿瘤学学科高被引作者及与其他学者之间的科研论文合作关系（不考虑论文署名次序），如图 14-8 所示（合著 10 次以下不显示）。可以看出，肿瘤学学科的高被引作者的论文合作现象比较普遍，且合作人数较多。学者樊嘉、王俊、黄昌明的论文合作网络较为突出，在该学科的研究人员中表现出一定的集聚效应。樊嘉与周俭，王俊与姜冠潮、李运等学者之间的合作关系较为紧密，显示出他们可能分别属于同一支科研团队。

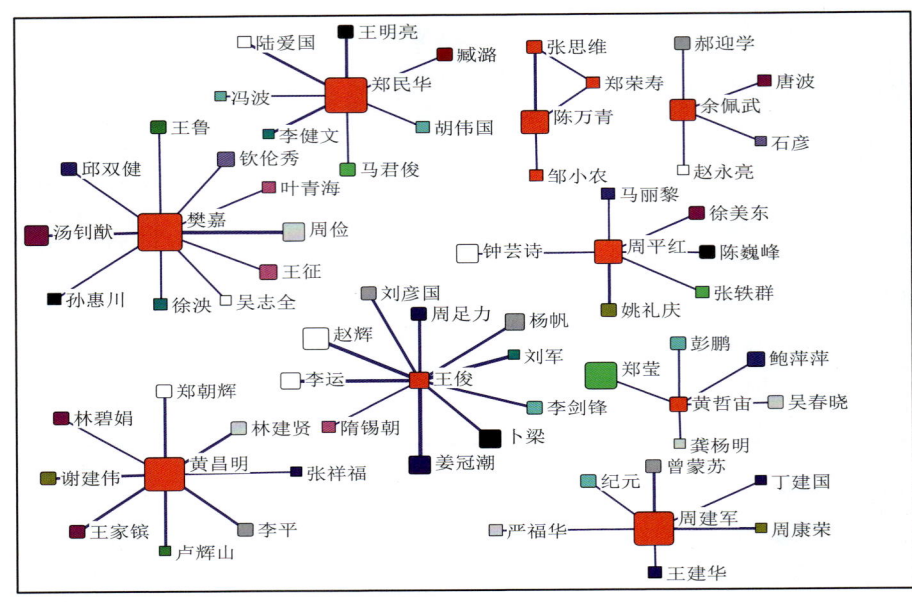

图 14-8　肿瘤学学科高被引作者科研论文合作关系

14.5.3　高被引作者发文主题关联

通过作者共被引分析，获得 2013 年肿瘤学学科高被引作者及与其他学者之间的发文主题关联（见图 14-9，共被引 3 次以下不显示）。如图 14-9 所示，肿瘤学学科的作者共被引网络较为分散，高被引作者的研究主题整体上关联并不紧密；以陈万青、余佩武为主要节点的共被引作者簇初具规模；陈万青和张思维、余佩武和黄昌明等学者之间的链接较强，意味着他们之间可能分别有较为相近的研究主题。

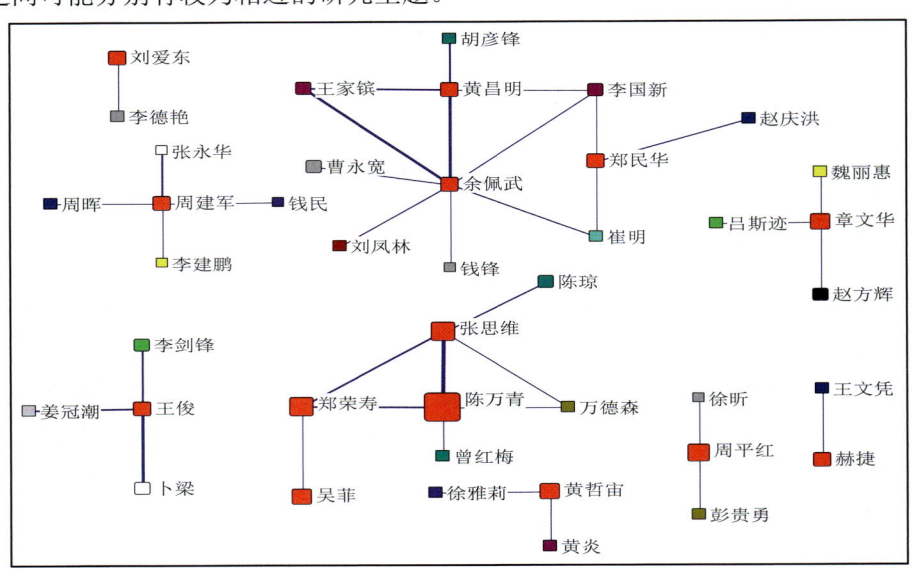

图 14-9　肿瘤学学科高被引作者发文主题关联

14.6 高被引机构分析

14.6.1 高被引机构

为便于比较,本书将肿瘤学学科的高被引机构分为医院和高等院校/科研院所两种类型。其中,被引频次 TOP 10 医院和被引频次 TOP 5 高等院校/科研院所的发文及被引情况分别见表 14-5 和表 14-6。其中,总被引频次较高的 3 所医院分别是郑州大学附属第一医院、天津医科大学附属肿瘤医院和四川大学华西医院,中国医学科学院肿瘤医院肿瘤研究所、重庆医科大学和南京中医药大学是总被引频次较高的 3 所高等院校/科研院所;前 5 年学科发文在 2013 年的被引率最高的医院和高等院校/科研院所分别是天津医科大学附属肿瘤医院和中国医学科学院肿瘤医院肿瘤研究所,篇均被引最高的医院和高等院校/科研院所分别是复旦大学附属肿瘤医院和中国医学科学院肿瘤医院肿瘤研究所。上述高被引机构的论文被引率和篇均被引频次对比如图 14-10 所示。

表 14-5 肿瘤学学科高被引医院 TOP 10

序号	第一作者单位	学科发文量（篇）		前 5 年学科发文在 2013 年的被引			
		前 5 年	2013 年	频次	被引率(%)	最高（次）	篇均（次）
1	郑州大学附属第一医院	1658	2	961	30.2	184	0.58
2	天津医科大学附属肿瘤医院	1134	4	813	39.0	11	0.72
3	四川大学华西医院	1418	214	767	28.1	15	0.54
4	上海交通大学医学院附属瑞金医院	1194	163	700	32.9	13	0.59
5	河北医科大学第四医院	1269	152	682	32.5	7	0.54
6	复旦大学附属中山医院	880	109	678	36.6	18	0.77
7	复旦大学附属肿瘤医院	758	127	617	36.9	18	0.81
7	南京军区南京总医院	845	87	617	38.8	15	0.73
9	华中科技大学同济医学院附属同济医院	1399	150	606	25.5	8	0.43
10	南京医科大学附属第一医院	1066	163	563	31.3	8	0.53

表 14-6 肿瘤学学科高被引高等院校/科研院所 TOP 5

序号	第一作者单位	学科发文量（篇）		前 5 年学科发文在 2013 年的被引			
		前 5 年	2013 年	频次	被引率(%)	最高（次）	篇均（次）
1	中国医学科学院肿瘤医院肿瘤研究所	677	1	603	39.9	28	0.89
2	重庆医科大学	574	79	205	23.9	11	0.36
3	南京中医药大学	301	59	178	32.6	12	0.59
4	安徽医科大学	279	50	173	30.8	16	0.62
5	中国医科大学	487	54	169	21.8	10	0.35

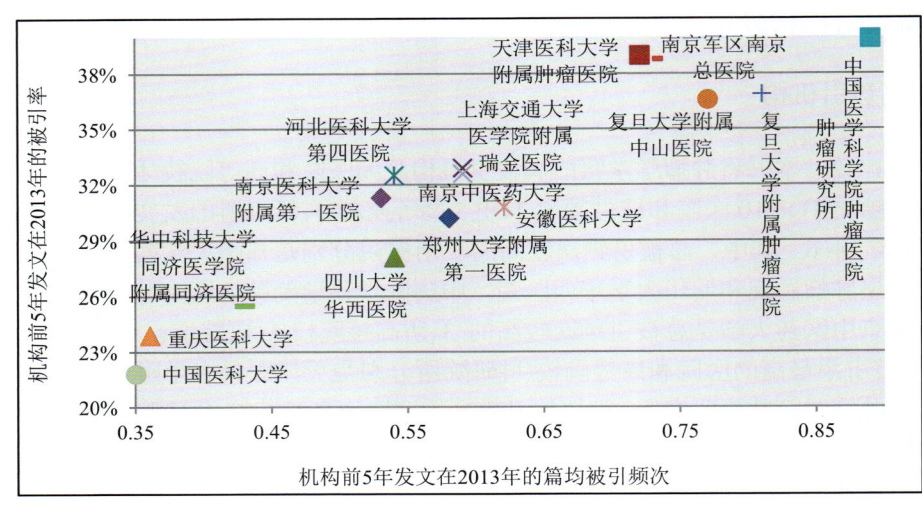

图 14-10 肿瘤学学科高被引机构论文篇均被引及被引率对比

14.6.2 高被引机构科研合作关系

通过合著分析，获得肿瘤学学科高被引机构之间及其与其他机构之间的科研合作关联，如图 14-11 所示（合作 105 次以下不显示）。分析得知，肿瘤学学科的机构合作链接较为紧密，显示出学科内各个机构间的合作现象较为普遍；高被引机构基本主导了机构合作网络，显示出这些机构已经在学科内具有了一定的科研优势。郑州大学附属第一医院和郑州大学等机构之间的链接较强，显示出它们的学术合作较为频繁。

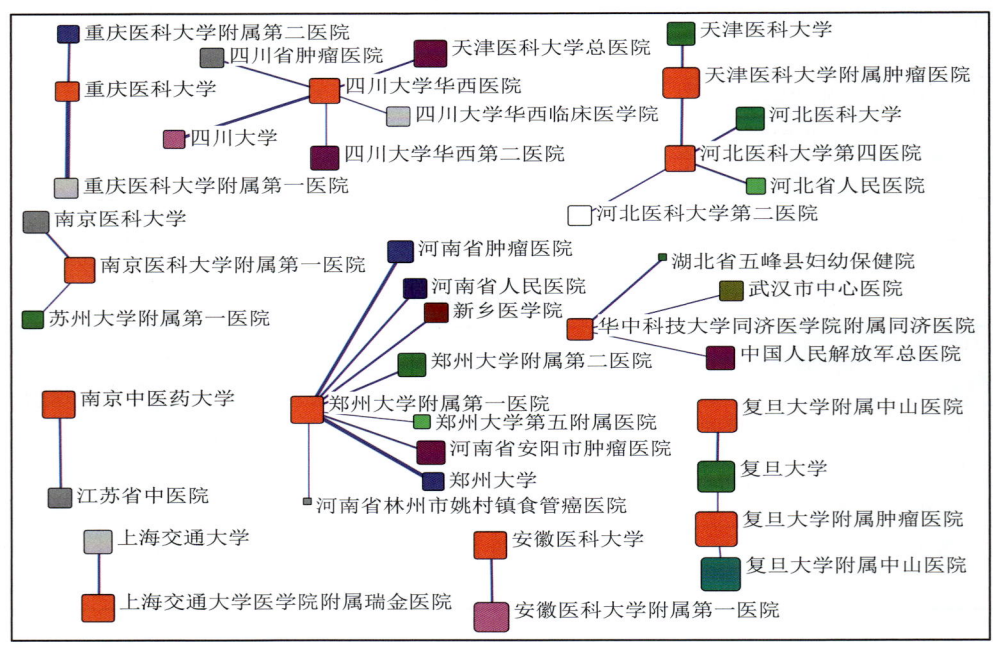

图 14-11 肿瘤学学科高被引机构科研合作关联

14.7 高被引图书、国外期刊及学术会议

2013 年，肿瘤学学科被引频次位居前 10 位的图书及国外期刊见表 14-7 和表 14-8。其中，被引次数较多的 3 种图书分别是孙燕的《临床肿瘤内科手册》、乐杰的《妇产科学》和殷蔚伯的《肿瘤放射治疗学》；被引次数较多的 3 种国外期刊分别是《Journal of Clinical Oncology》《Cancer Research》和《Cancer》；被引次数较多的 3 场学术会议分别是"ASCO Meeting Abstracts""Proc ASCO: Annual Meeting"和"The 11th International Conference on Malignant Lymphoma, Lugano, Switzerland, 2011n"。

表 14-7　肿瘤学学科高被引图书 TOP 10

序号	责任者	图书名称	出版社	2013 年被引频次
1	孙燕	临床肿瘤内科手册	人民卫生出版社	332
2	乐杰	妇产科学	人民卫生出版社	325
3	殷蔚伯	肿瘤放射治疗学	中国协和医科大学出版社	285
4	张之南	血液病诊断及疗效标准	科学出版社	246
5	周际昌	实用肿瘤内科学	人民卫生出版社	203
5	吴在德	外科学	人民卫生出版社	203
7	曹泽毅	中华妇产科学	人民卫生出版社	131
8	孙燕	内科肿瘤学	人民卫生出版社	129
9	汤钊猷	现代肿瘤学	上海医科大学出版社	99
10	周永昌	超声医学	科学技术文献出版社	96

表 14-8　肿瘤学学科高被引国外期刊 TOP 10

序号	期刊名称	2013 年被引频次
1	Journal of Clinical Oncology	8054
2	Cancer Research	7688
3	Cancer	5248
4	Clinical Cancer Research	4639
5	Blood	4091
6	New England Journal of Medicine	3827
7	Oncogene	3246
8	Nature	3170
9	International Journal of Cancer	3045
10	Journal of Biological Chemistry	2984

第 15 章　神经病学与精神病学学科高被引分析

15.1　学科论文概况

2008—2012 年，神经病学与精神病学学科共有 100694 位来自 27747 所机构的论文第一作者在 1475 种期刊上发表了 107826 篇学术论文。其中，80% 以上的论文产出自 7258 所机构、74645 位作者，发表在 204 种期刊上。在前 5 年发表的这些论文中，有 34405 篇在 2013 年获得过引用，整体被引率为 31.9%，总被引频次为 58975 次，篇均被引 0.55 次；其中，高被引论文有 453 篇，单篇论文最高被引频次为 68 次，累计被引 4036 次，篇均被引 8.91 次（表 15-1）。另外，2013 年神经病学与精神病学学科共发表论文 23063 篇，其中有 866 篇在当年获得过引用，总共被引 1141 次。

表 15-1　神经病学与精神病学学科论文分布情况

年份	论文篇数	2013 年被引频次	2013 年被引率（%）	2013 年高被引论文			
				论文篇数	最高被引频次	总被引频次	篇均被引频次
2008	19497	8725	26.6	69	46	679	9.84
2009	20009	10181	29.4	85	56	785	9.24
2010	23042	13814	34.2	105	68	991	9.44
2011	22654	14600	36.8	89	53	790	8.88
2012	22624	11655	31.5	105	58	791	7.53
合计	107826	58975	31.9	453	68	4036	8.91

从神经病学与精神病学学科论文的地域分布来看，2013 年被引频次较高的 5 个省、直辖市或自治区依次是广东、北京、河南、江苏和山东（图 15-1）；5 年论文产出量较多的 5 个省、直辖市或自治区依次是河南、广东、江苏、北京和山东（图 15-2）。

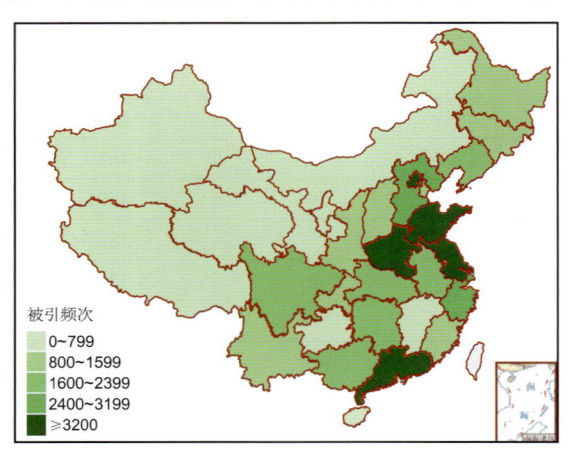

图 15-1　2013 年神经病学与精神病学学科地区被引分布

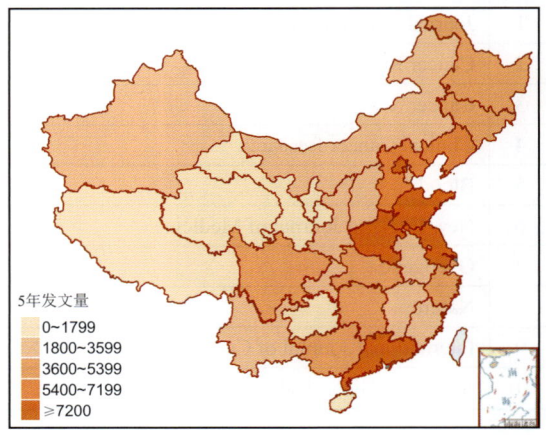

图 15-2　神经病学与精神病学学科 5 年论文产出地区分布

15.2 高被引论文分析

在神经病学与精神病学学科，2013年被引频次位居前10位的论文（表15-2）平均被引频次为30.9次，是全部453篇高被引论文篇均被引频次的3.5倍。其中，被引频次最高的论文是胡大一于2008年发表的《有效控制"H型"高血压——预防卒中的新思路》，随后2篇分别是李慧于2010年发表的《脑卒中患者早期康复护理干预措施的研究进展》和章婕于2010年发表的《流调中心抑郁量表全国城市常模的建立》。

从论文分布来看，刊载高被引论文数量居前的3种期刊分别是《中国实用神经疾病杂志》（25篇）、《中国心理卫生杂志》（24篇）和《中国全科医学》（17篇），而《中华护理杂志》刊载了高被引论文TOP 10中的3篇；发表高被引论文居前的3位学者分别是重庆市中山医院的蔡敏（2篇）、北京大学的司天梅（2篇）和中山大学附属第一医院的徐光青（2篇）；产出高被引论文数量居前的3所机构分别是四川大学华西医院（7篇）、上海市精神卫生中心（6篇）和北京大学（6篇）。

表15-2 神经病学与精神病学学科高被引论文 TOP 10

序号	论文题名	第一作者	期刊名称	发表年份	被引频次 总频次	被引频次 2013年
1	有效控制"H型"高血压——预防卒中的新思路	胡大一	中华内科杂志	2008	210	86
2	脑卒中患者早期康复护理干预措施的研究进展	李慧	中华护理杂志	2010	105	34
3	流调中心抑郁量表全国城市常模的建立	章婕	中国心理卫生杂志	2010	82	30
4	临床护理路径在脑出血患者护理中的应用	王金兰	中国实用护理杂志	2010	70	29
5	氨磺必利与利培酮治疗首发精神分裂症疗效和安全性对照研究	刘林晶	中国神经精神疾病杂志	2012	53	27
6	改良Barthel指数（简体中文版）量表评定脑卒中患者日常生活活动能力的效度和信度研究	闵瑜	中华物理医学与康复杂志	2008	70	21
6	以家庭为中心的干预对稳定精神分裂症患者病情及提高照料者心理健康的影响	张丽	中华护理杂志	2008	89	21
6	良肢位摆放在脑卒中偏瘫患者早期康复护理中的应用进展	秦娟	中华护理杂志	2009	89	21
9	早期心理护理干预对急性脑梗死患者抑郁情绪的影响	叶迈蕴	中国实用护理杂志	2011	34	20
9	老年患者术后认知功能障碍发生率及相关因素的多中心研究	李兴	临床麻醉学杂志	2009	55	20

15.3 研究主题关联分析

在神经病学与精神病学学科,高被引论文累计被 2013 年发表的 3308 篇论文引用了 4036 次。通过分析施引文献关键词的词频及关键词之间的共现关系,获得 2013 年神经病学与精神病学学科的热点主题和主题关联,如图 15-3 所示(共现 14 次以下不显示)。由图 15-3 可知:"脑卒中""脑梗死"的文档词频较高,是神经病学与精神病学学科近期的热点研究主题;"高血压"与"脑出血"、"脑卒中"与"偏瘫"等概念之间的共现次数较多,显示出它们之间主题关联分别较为紧密。

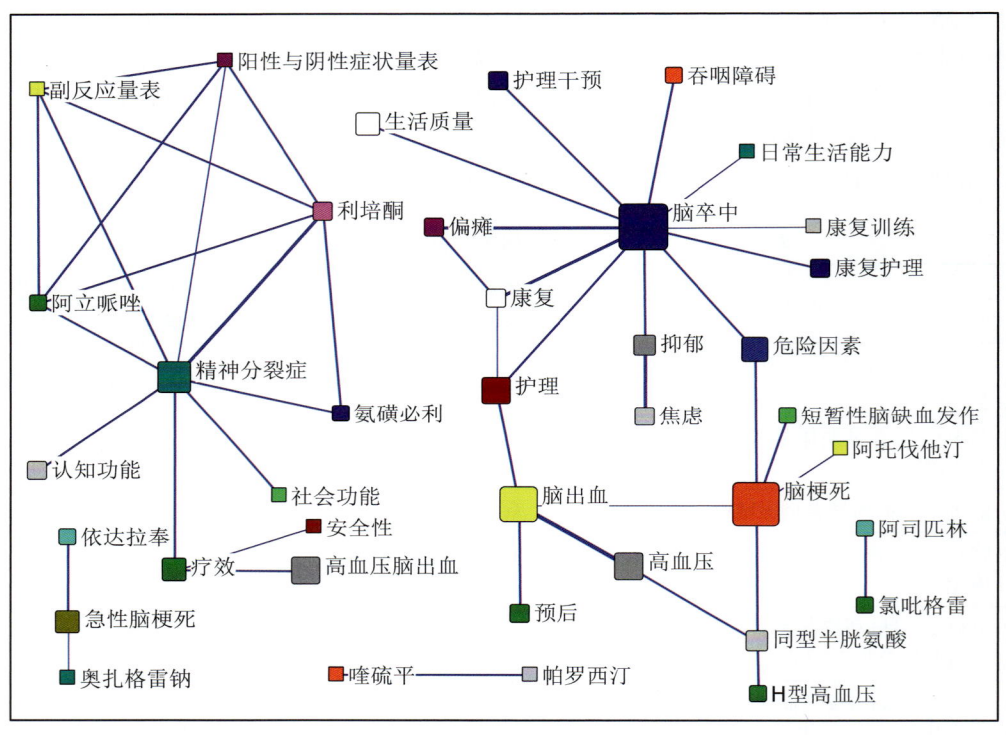

图 15-3 神经病学与精神病学学科 2013 年热点主题关联

15.4 学科高影响力期刊分析

15.4.1 学科高影响力期刊 TOP 10

在神经病学与精神病学学科,学科 5 年影响因子位居前 10 位的期刊见表 15-3,排在前 3 位的期刊分别是《中国心理卫生杂志》《中国临床神经外科杂志》和《中华神经外科疾病研究杂志》。在表 15-3 中,学科载文量占其总载文量比例最大的期刊是《中国神经精神疾病杂志》;前 5 年学科载文在 2013 年被引率最高的期刊是《中国心理卫生杂志》;期刊 5 年影响因子较高的前 3 种期刊分别是《中国心理卫生杂志》《精神医学杂志》和《中国临床神经外科杂志》;学科 5 年影响因子与期刊 5 年影响因子差异最大的期刊是《中华神经外科疾病研究杂志》。表 15-3 中期刊的学科 5 年影响因子和前 5 年学科载文的 2013 年被引率对比如图 15-4 所示，2008—2013 年期刊 5 年影响因子的变动情况如图 15-5 所示。

表 15-3　神经病学与精神病学学科高影响力期刊基本指数

序号	期刊名称	前 5 年载文量			2013 年学科被引			5 年影响因子		h 指数（学科）
		学科（篇）	占比（%）	总量（篇）	频次	被引率（%）	高被引论文篇数	期刊(2013)	学科(2013)	
1	中国心理卫生杂志	624	48.3	1291	852	49.8	24	1.223	1.365	11
2	中国临床神经外科杂志	632	34.4	1840	605	44.9	7	0.829	0.957	8
3	中华神经外科疾病研究杂志	250	22.9	1090	235	38.0	5	0.689	0.940	8
4	精神医学杂志	762	70.8	1076	658	41.7	7	0.834	0.864	7
5	中国神经精神疾病杂志	991	71.0	1395	832	41.5	12	0.792	0.840	7
6	中华神经外科杂志	458	18.7	2445	384	37.6	9	0.702	0.838	10
7	中华物理医学与康复杂志	467	25.6	1822	391	41.3	4	0.682	0.837	7
8	中国康复理论与实践	1067	42.2	2531	831	40.2	5	0.710	0.779	7
9	实用心脑肺血管病杂志	930	15.7	5907	682	41.4	6	0.745	0.733	9
10	临床心身疾病杂志	1096	57.3	1913	784	40.1	6	0.627	0.715	7

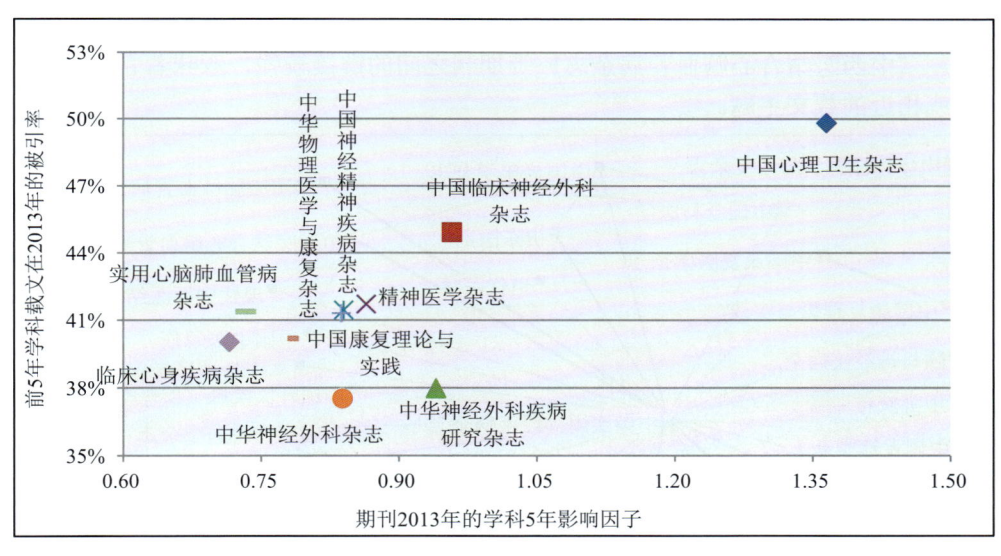

图 15-4　神经病学与精神病学学科高影响力期刊对比

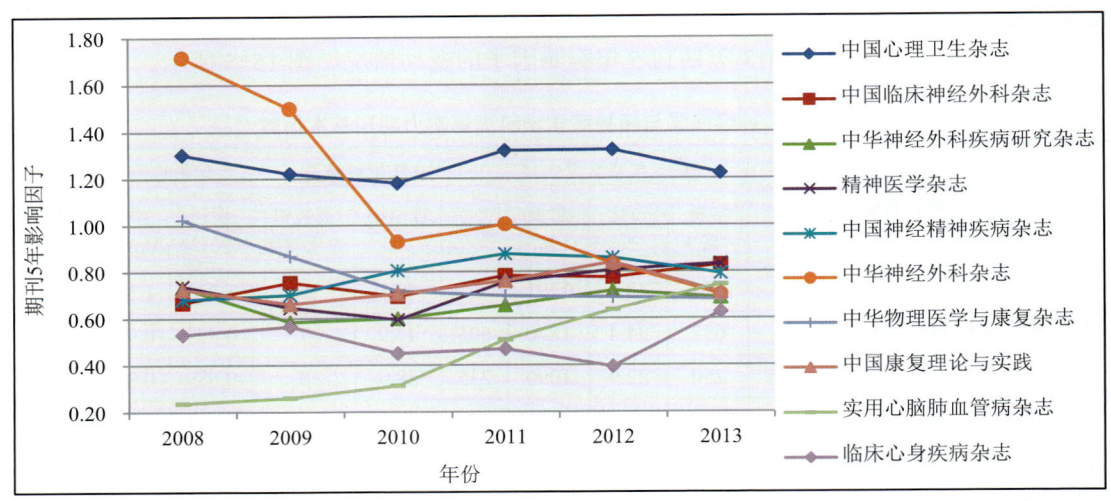

图 15-5　神经病学与精神病学学科期刊 5 年影响因子变动

15.4.2　学科高影响力期刊载文主题关联

通过期刊共被引分析，获得神经病学与精神病学学科高影响力期刊及与其他期刊之间的载文主题关联，如图 15-6 所示（共被引 42 次以下不显示）。结果显示，神经病学与精神病学学科的高影响力期刊相互链接较为松散，显示出该学科高影响力期刊可能有着各自青睐的载文主题，热点研究主题各自集中在少数几种期刊上。《中国实用神经疾病杂志》与《中国实用医药》《中西医结合心脑血管病杂志》等期刊之间的链接较强，意味着它们之间可能有较多相同或相近的载文主题。

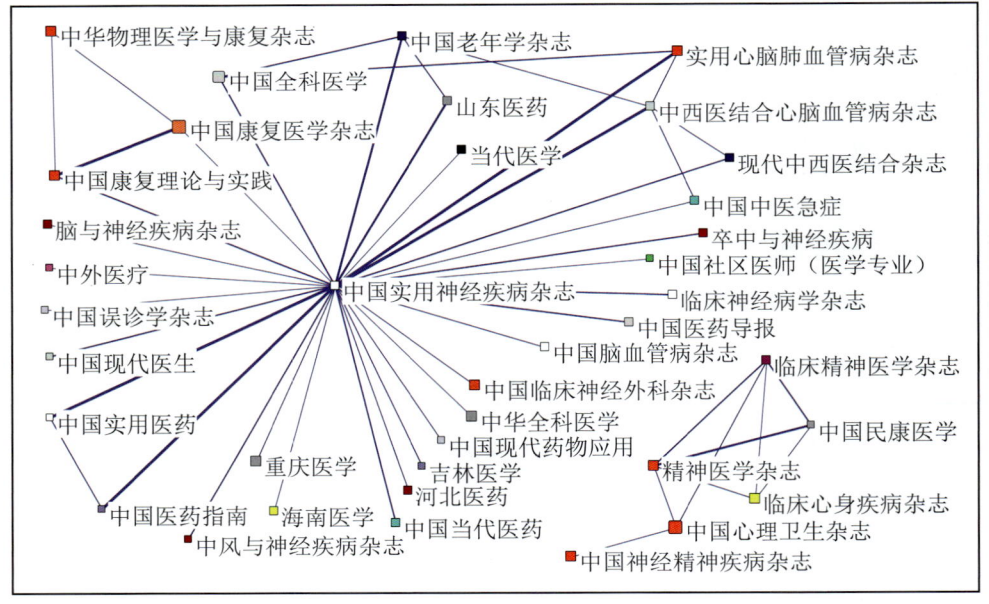

图 15-6　神经病学与精神病学学科高影响力期刊载文主题关联

15.5 高被引作者分析

15.5.1 高被引作者 TOP 20

2008—2012 年,在 100694 位神经病学与精神病学学科论文的第一作者中,学科发文在 2013 年被引频次位居前 20 位的学者的发文及被引情况见表 15-4。其中,学科发文总被引频次较高的 3 位作者分别是北京大学人民医院的胡大一(89 次)、北京大学的司天梅(45 次)、和中国医学科学院北京协和医学院的李慧(34 次)。高被引作者的 5 年学科发文数量从 1 篇到 49 篇不等,同时,作者学科发文的期刊分布也在 1 种到 11 种之间变化。在发文超过 5 篇的所有作者中,篇均被引较高的 3 位作者分别是北京大学的司天梅(篇均 5.62 次)、北京协和医院的高山(篇均 3.10 次)和上海市精神卫生中心的张明园(篇均 2.83 次);前 5 年发表学科论文较多的 3 位作者分别是南京医科大学附属脑科医院的喻东山(68 篇)、南京医科大学附属脑科医院的汪春运(49 篇)和山东省临沂市精神卫生中心的孙振晓(29 篇)。高被引作者的学科发文量和被引量对比如图 15-7 所示。

表 15-4 神经病学与精神病学学科高被引作者 TOP 20

序号	姓名	作者单位	前 5 年发文数量			前 5 年学科发文在 2013 年的被引				h 指数(学科)
			学科发文(篇)	期刊分布(种)	发文总量(篇)	总频次	被引率(%)	最高(次)	篇均(次)	
1	胡大一	北京大学人民医院	2	2	462	89	100.0	86	44.50	6
2	司天梅	北京大学	8	3	20	45	62.5	17	5.62	4
3	李慧	中国医学科学院北京协和医学院	1	1	1	34	100.0	34	34.00	1
4	高山	北京协和医院	10	3	13	31	70.0	10	3.10	3
5	章婕	中国科学院心理研究所	1	1	1	30	100.0	30	30.00	1
6	王金兰	广东省肇庆市第一人民医院	1	1	3	29	100.0	29	29.00	1
7	刘林晶	温州康宁医院	2	2	3	27	50.0	27	13.50	1
8	李焰生	上海交通大学医学院附属仁济医院	12	9	31	25	58.3	11	2.08	4
9	徐光青	中山大学附属第一医院	9	4	14	24	55.6	10	2.67	3
9	汪春运	南京医科大学附属脑科医院	49	11	66	24	26.5	6	0.49	2
11	游潮	四川大学华西医院	4	2	7	23	50.0	14	5.75	2
12	安中平	天津市环湖医院	10	7	11	22	60.0	11	2.20	3
13	呼铁民	承德医学院附属医院	3	2	5	21	100.0	11	7.00	2
13	闵瑜	中山大学附属第二医院	1	1	1	21	100.0	21	21.00	1
13	秦娟	南京中医药大学	1	1	2	21	100.0	21	21.00	1
13	张丽	山东省安康医院	1	1	3	21	100.0	21	21.00	1

序号	姓名	作者单位	前5年发文数量			前5年学科发文在2013年的被引				h指数(学科)
			学科发文（篇）	期刊分布（种）	发文总量（篇）	总频次	被引率（%）	最高（次）	篇均（次）	
17	朱青峰	解放军第264医院	10	4	28	21	80.0	5	2.10	4
18	叶迈蕴	温州医学院附属第二医院	1	1	4	20	100.0	20	20.00	1
18	李兴	上海交通大学医学院附属仁济医院	1	1	1	20	100.0	20	20.00	1
20	孙慧英	武汉大学人民医院	1	1	1	19	100.0	19	19.00	1
20	马弘	北京大学	2	1	3	19	100.0	15	9.50	2

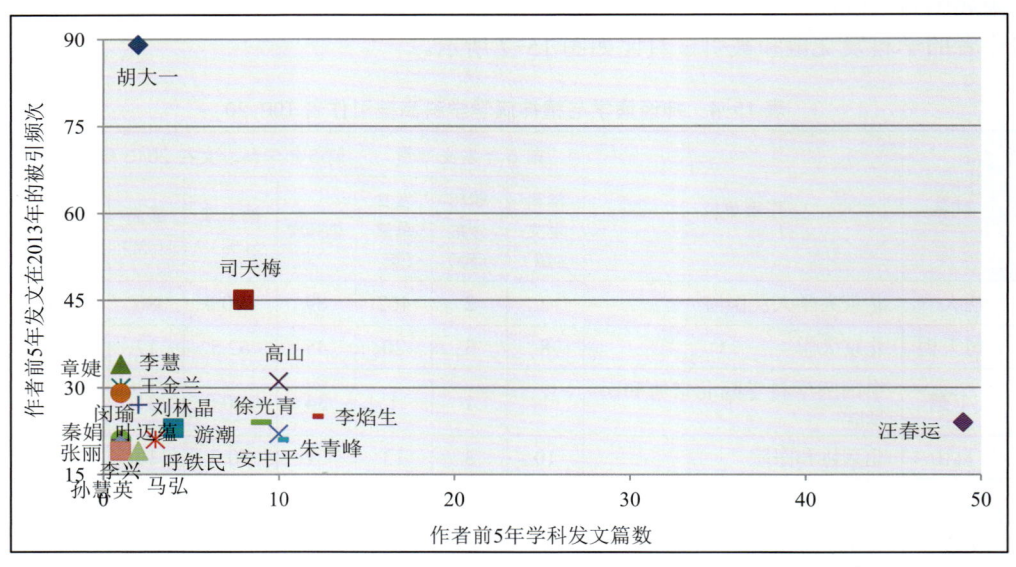

图15-7 神经病学与精神病学学科高被引作者学科发文及被引对比

15.5.2 高被引作者科研合作关系

通过作者合著分析，获得2013年神经病学与精神病学学科高被引作者及与其他学者之间的科研论文合作关系（不考虑论文署名次序），如图15-8所示（合著5次以下不显示）。可以看出，神经病学与精神病学学科的高被引作者的论文合作现象比较普遍。以学者李焰生、游潮为核心节点的论文合作网络较为突出，显示出他们在该学科的研究人员中具有一定的集聚效应。李焰生与林岩、邹静、陈鸢等学者之间的合作关系最为紧密，显示出他们可能属于同一支科研团队。

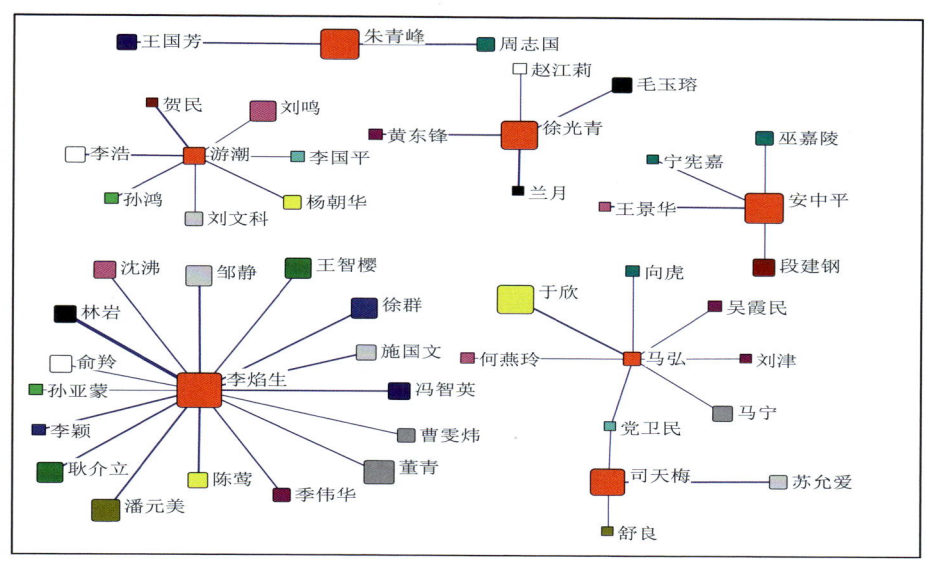

图 15-8　神经病学与精神病学学科高被引作者科研论文合作关系

15.5.3　高被引作者发文主题关联

通过作者共被引分析，获得 2013 年神经病学与精神病学学科高被引作者及与其他学者之间的发文主题关联（见图 15-9，共被引 2 次以下不显示）。如图 15-9 所示，胡大一、司天梅的节点较大，显示出他们的学术成果在学科内得到较多关注；以李焰生、刘林晶等学者为主要节点的共被引作者簇人数较多，且网络规模较大，意味着这些学者的研究主题关联可能较为紧密；李焰生与刘延青、游潮与李浩等学者之间的链接较强，意味着他们之间可能分别有较为相近的研究主题。

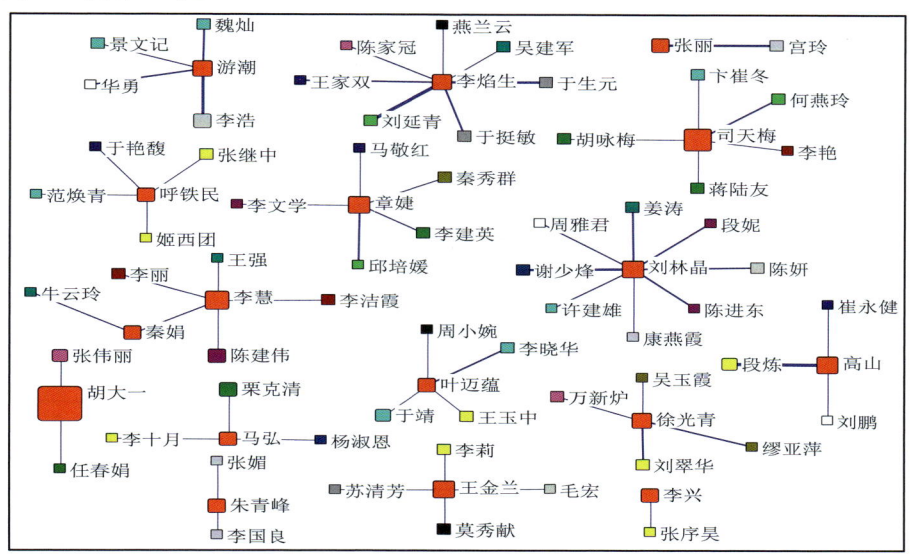

图 15-9　神经病学与精神病学学科高被引作者发文主题关联

15.6 高被引机构分析

15.6.1 高被引机构

为便于比较,本书将神经病学与精神病学学科的高被引机构分为医院和高等院校/科研院所两种类型。其中,被引频次 TOP 10 医院和被引频次 TOP 5 高等院校/科研院所的发文及被引情况分别见表 15-5 和表 15-6。其中,总被引频次较高的 3 所医院分别是首都医科大学附属北京天坛医院、首都医科大学附属北京宣武医院和南京医科大学附属脑科医院,北京大学、首都医科大学和天津中医药大学是总被引频次较高的 3 所高等院校/科研院所;前 5 年学科发文在 2013 年的被引率最高的医院和高等院校/科研院所分别是上海市精神卫生中心和北京大学,篇均被引最高的医院和高等院校/科研院所分别是上海市精神卫生中心和北京大学。上述高被引机构的论文被引率和篇均被引频次对比如图 15-10 所示。

表 15-5 神经病学与精神病学学科高被引医院 TOP 10

序号	第一作者单位	学科发文量(篇)		前 5 年学科发文在 2013 年的被引			
		前 5 年	2013 年	频次	被引率(%)	最高(次)	篇均(次)
1	首都医科大学附属北京天坛医院	562	46	356	35.1	10	0.63
2	首都医科大学宣武医院	431	128	325	37.6	16	0.75
3	南京医科大学附属脑科医院	575	59	319	29.2	11	0.55
4	四川大学华西医院	421	69	289	30.2	16	0.69
5	复旦大学附属华山医院	472	58	283	29.9	13	0.60
6	重庆医科大学附属第一医院	460	60	260	30.4	10	0.57
7	上海市精神卫生中心	207	61	219	41.5	10	1.06
8	华中科技大学同济医学院附属同济医院	472	54	212	25.6	10	0.45
9	上海交通大学医学院附属仁济医院	267	22	211	34.8	20	0.79
10	中南大学湘雅二医院	359	49	207	32.0	8	0.58

表 15-6 神经病学与精神病学学科高被引高等院校/科研院所 TOP 5

序号	第一作者单位	学科发文量(篇)		前 5 年学科发文在 2013 年的被引			
		前 5 年	2013 年	频次	被引率(%)	最高(次)	篇均(次)
1	北京大学	315	46	291	38.4	17	0.92
2	首都医科大学	267	32	174	34.8	7	0.65
3	天津中医药大学	279	61	157	29.4	11	0.56
4	南京中医药大学	168	28	107	29.2	21	0.64
5	安徽医科大学	149	40	102	36.2	7	0.68

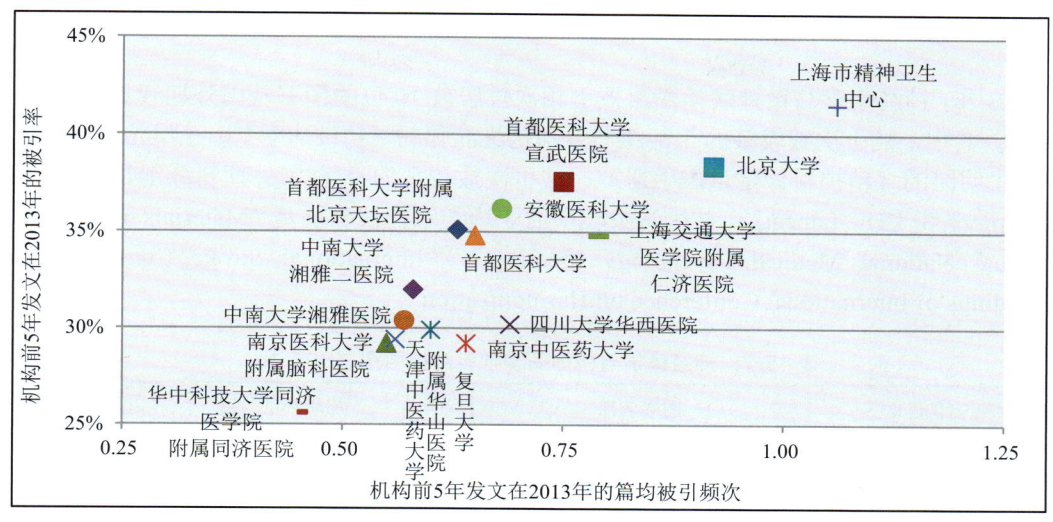

图 15-10　神经病学与精神病学学科高被引机构论文篇均被引及被引率对比

15.6.2　高被引机构科研合作关系

通过合著分析,获得神经病学与精神病学学科高被引机构之间及其与其他机构之间的科研合作关联,如图 15-11 所示(合作 57 次以下不显示)。分析得知,神经病学与精神病学学科的机构合作链接较为紧密,显示出学科内各个机构间的合作现象较为普遍;高被引机构基本主导了机构合作网络,显示出这些机构已经在学科内具有了一定的科研优势。南京医科大学附属脑科医院和东南大学等机构之间的链接较强,显示出它们的学术合作较为频繁。

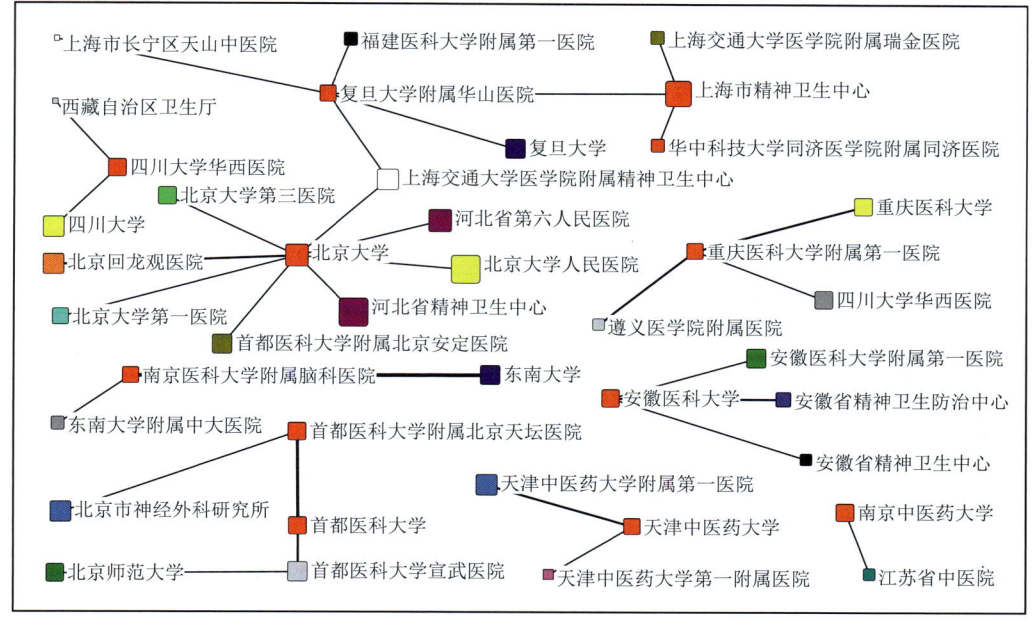

图 15-11　神经病学与精神病学学科高被引机构科研合作关联

15.7 高被引图书、国外期刊及学术会议

2013 年,神经病学与精神病学学科被引频次位居前 10 位的图书及国外期刊见表 15-7 和表 15-8。其中,被引次数较多的 3 种图书分别是沈渔邨的《精神病学》、王维治的《神经病学》和张明园的《精神科评定量表手册》;被引次数较多的 3 种国外期刊分别是《Stroke》《Neurology》和《The Lancet》;被引次数较多的 3 场学术会议分别是 "Materials of 6th Edition of Annual National Medical Psychology Meeting" "International Stroke Conference" 和 "Proceedings of International Conference on Harmonization"。

表 15-7 神经病学与精神病学学科高被引图书 TOP 10

序号	责任者	图书名称	出版社	2013 年被引频次
1	沈渔邨	精神病学	人民卫生出版社	337
2	王维治	神经病学	人民卫生出版社	320
3	张明园	精神科评定量表手册	湖南科学技术出版社	298
4	贾建平	神经病学	人民卫生出版社	237
5	吴江	神经病学	人民卫生出版社	181
6	中华医学会精神科分会	中国精神障碍分类与诊断标准	山东科学技术出版社	151
7	陈灏珠	实用内科学	人民卫生出版社	106
8	王忠诚	神经外科学	湖北科学技术出版社	98
9	张作记	行为医学量表手册	中华医学电子音像出版社	87
10	史玉泉	实用神经病学	上海科学技术出版社	84

表 15-8 神经病学与精神病学学科高被引国外期刊 TOP 10

序号	期刊名称	2013 年被引频次
1	Stroke	6592
2	Neurology	2990
3	The Lancet	1138
4	New England Journal of Medicine	1129
5	Brain Research	1079
6	Neurosurgery	1058
7	Epilepsia	1048
8	American Journal of Neuroradiology	1044
9	Archives of Neurology	930
10	Journal of Neurosurgery	924

第 16 章　皮肤病学与性病学学科高被引分析

16.1　学科论文概况

2008—2012 年，皮肤病学与性病学学科共有 25941 位来自 11684 所机构的论文第一作者在 1007 种期刊上发表了 28697 篇学术论文。其中，80% 以上的论文产出自 5208 所机构、19135 位作者，发表在 159 种期刊上。在前 5 年发表的这些论文中，有 7329 篇在 2013 年获得过引用，整体被引率为 25.5%，总被引频次为 11457 次，篇均被引 0.40 次；其中，高被引论文有 117 篇，单篇论文最高被引频次为 17 次，累计被引 851 次，篇均被引 7.27 次（表 16-1）。另外，2013 年皮肤病学与性病学学科共发表论文 5735 篇，其中有 191 篇在当年获得过引用，总共被引 245 次。

表 16-1　皮肤病学与性病学学科论文分布情况

年份	论文篇数	2013 年被引频次	2013 年被引率（%）	2013 年高被引论文			
				论文篇数	最高被引频次	总被引频次	篇均被引频次
2008	5097	1726	22.0	11	10	137	12.45
2009	5525	2102	24.3	18	13	134	7.44
2010	6180	2583	26.5	26	12	190	7.31
2011	5761	2730	29.9	47	17	271	5.77
2012	6134	2316	24.5	15	12	119	7.93
合计	28697	11457	25.5	117	17	851	7.27

从皮肤病学与性病学学科论文的地域分布来看，2013 年被引频次较高的 5 个省、直辖市或自治区依次是广东、江苏、北京、浙江和四川（图 16-1）；5 年论文产出量较多的 5 个省、直辖市或自治区依次是广东、江苏、北京、山东和四川（图 16-2）。

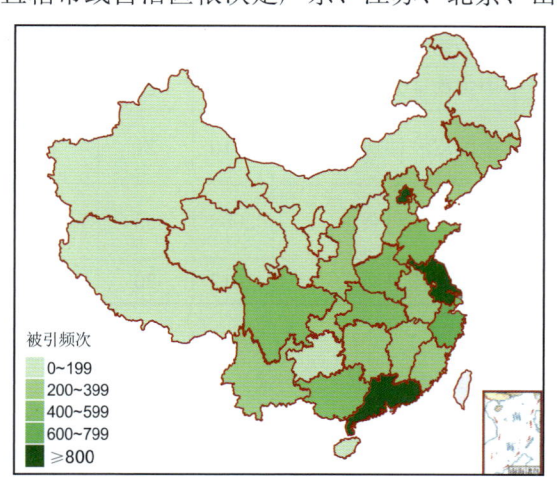

图 16-1　2013 年皮肤病学与性病学学科地区被引分布

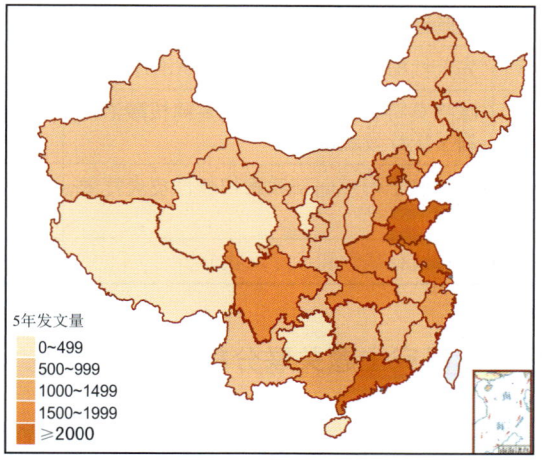

图 16-2　皮肤病学与性病学学科 5 年论文产出地区分布

16.2 高被引论文分析

在皮肤病学与性病学学科，2013年被引频次位居前10位的论文（表16-2）平均被引频次为15.36次，是全部117篇高被引论文篇均被引频次的2.1倍。其中，被引频次最高的论文是吴伊旋于2008年发表的《慢性荨麻疹部分发病机制的研究进展》，随后2篇分别是王英于2008年发表的《2004—2007年中国法定报告性传播疾病流行病学特征分析》和吴晓明于2008年发表的《1991—2006年全国淋病与梅毒的流行特征分析》。

从论文分布来看，刊载高被引论文数量居前的3种期刊分别是《中国皮肤性病学杂志》（16篇）、《疾病监测》（7篇）和《临床皮肤科杂志》（7篇），而《临床皮肤科杂志》刊载了高被引论文TOP 10中的3篇；发表高被引论文居前的3位学者分别是第三军医大学西南医院的尹锐（2篇）、四川省隆昌县人民医院的袁文梅（1篇）和南京医科大学附属常州市第二人民医院的张春梅（1篇）；产出高被引论文数量居前的3所机构分别是第三军医大学西南医院（3篇）、北京大学第一医院（3篇）和安徽医科大学附属第一医院（2篇）。

表16-2 皮肤病学与性病学学科高被引论文 TOP 10

序号	论文题名	第一作者	期刊名称	发表年份	被引频次 总频次	被引频次 2013年
1	慢性荨麻疹部分发病机制的研究进展	吴伊旋	临床皮肤科杂志	2008	89	27
2	2004—2007年中国法定报告性传播疾病流行病学特征分析	王英	疾病监测	2008	82	22
3	1991—2006年全国淋病与梅毒的流行特征分析	吴晓明	现代预防医学	2008	73	21
4	中国六省市银屑病流行病学调查	丁晓岚	中国皮肤性病学杂志	2010	39	14
4	我国梅毒防治面临的挑战及对策	薛大奇	中国性科学	2012	29	14
4	带状疱疹及后遗神经痛	林志淼	临床皮肤科杂志	2010	40	14
7	回肠造口粪水性皮炎的原因分析及对策	徐洪莲	中华护理杂志	2011	30	13
8	先天性梅毒的流行病学和诊断治疗现状	王来栓	中国循证儿科杂志	2010	25	11
8	咪喹莫特乳膏联合卡介菌多糖核酸治疗扁平疣疗效观察	黄明欢	中国皮肤性病学杂志	2010	21	11
8	蓝科肤宁治疗面部激素依赖性皮炎疗效观察	孙蔚凌	临床皮肤科杂志	2008	58	11
8	梅毒流行病学和诊疗现状分析	程娟	传染病信息	2012	20	11

16.3 研究主题关联分析

在皮肤病学与性病学学科，高被引论文累计被2013年发表的1450篇论文引用了1706次。通过分析施引文献关键词的词频及关键词之间的共现关系，获得2013年皮肤病学与性病学学科的热点主题和主题关联，如图16-3所示（共现3次以下不显示）。由图16-3可知：

"梅毒""慢性荨麻疹"和"手足口病"的文档词频较高,是皮肤病学与性病学学科近期的热点研究主题;"梅毒"与"流行病学""淋病"等概念之间的共现次数较多,显示出它们之间主题关联较为紧密。以"梅毒""流行病学"和"手足口病"为核心的多个概念相互关联,构成了领域内近期最为突出的研究主题簇。

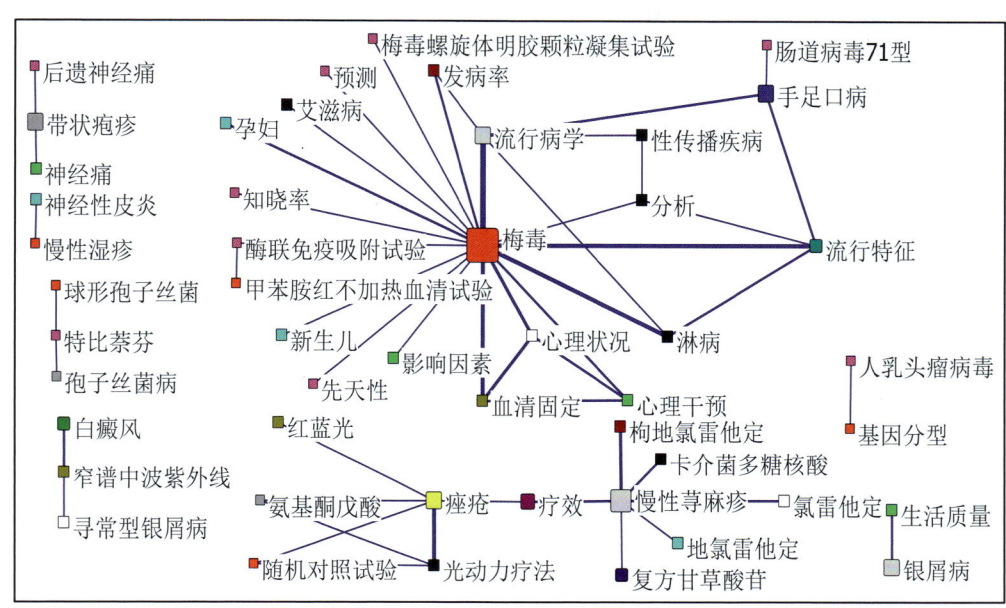

图 16-3　皮肤病学与性病学学科 2013 年热点

16.4　学科高影响力期刊分析

16.4.1　学科高影响力期刊 TOP 10

在皮肤病学与性病学学科,学科 5 年影响因子位居前 10 位的期刊见表 16-3,排在前 3 位的期刊分别是《中国皮肤性病学杂志》《皮肤性病诊疗学杂志》和《中国真菌学杂志》。在表 16-3 中,学科载文量占其总载文量比例最大的期刊是《中国中西医结合皮肤性病学杂志》;前 5 年学科载文在 2013 年被引率最高的期刊是《中国皮肤性病学杂志》;期刊 5 年影响因子较高的前 3 种期刊分别是《中国皮肤性病学杂志》《皮肤性病诊疗学杂志》和《中国真菌学杂志》;学科 5 年影响因子与期刊 5 年影响因子差异最大的期刊是《中国皮肤性病学杂志》。表 16-3 中期刊的学科 5 年影响因子和前 5 年学科载文的 2013 年被引率对比如图 16-4 所示,2008—2013 年期刊 5 年影响因子的变动情况如图 16-5 所示。

表 16-3　皮肤病学与性病学学科高影响力期刊基本指数

序号	期刊名称	前 5 年载文量			2013 年学科被引			5 年影响因子		h 指数（学科）
		学科（篇）	占比（%）	总量（篇）	频次	被引率（%）	高被引论文篇数	期刊（2013）	学科（2013）	
1	中国皮肤性病学杂志	1758	58.6	3001	1157	34.58	16	0.563	0.658	8
2	皮肤性病诊疗学杂志	717	75.3	952	390	31.52	5	0.508	0.544	6
3	中国真菌学杂志	252	40.8	618	131	31.35	1	0.489	0.520	5
4	中国中西医结合皮肤性病学杂志	929	78.1	1189	426	28.96	0	0.438	0.459	5
5	中华皮肤科杂志	1107	49.6	2230	403	22.76	4	0.353	0.364	6
6	实用皮肤病学杂志	475	60.8	781	154	22.53	1	0.279	0.324	5
7	中医外治杂志	223	13.5	1657	70	23.77	0	0.365	0.314	5
8	临床皮肤科杂志	1528	61.2	2495	475	17.41	7	0.291	0.311	8
9	皮肤病与性病	600	47.7	1258	180	20.67	0	0.325	0.300	5
10	国际皮肤性病学杂志	478	53.5	894	98	15.90	0	0.176	0.205	3

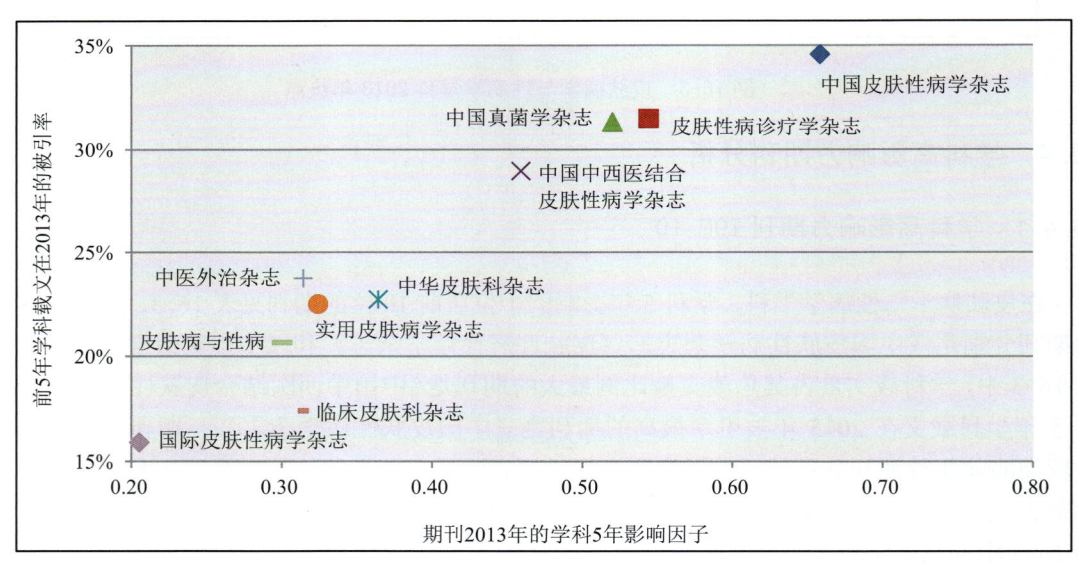

图 16-4　皮肤病学与性病学学科高影响力期刊对比

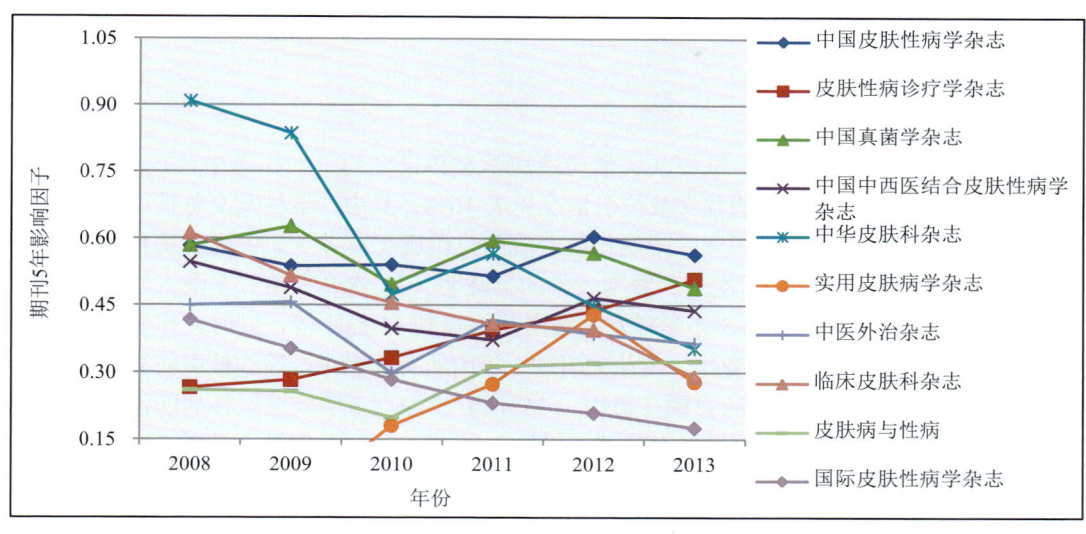

图 16-5 皮肤病学与性病学学科期刊 5 年影响因子变动

16.4.2 学科高影响力期刊载文主题关联

通过期刊共被引分析，获得皮肤病学与性病学学科高影响力期刊及与其他期刊之间的载文主题关联，如图 16-6 所示（共被引 10 次以下不显示）。结果显示，皮肤病学与性病学学科的高影响力期刊相互链接较为紧密，基本主导了该学科的期刊共被引网络，显示出该学科高影响力期刊可能共同刊载了许多相近的研究主题，热点研究主题分散在多种期刊上。《中国皮肤性病学杂志》和《皮肤性病诊疗学杂志》的学科 5 年影响因子较高，显示出它们的学术影响力较大；《中国皮肤性病学杂志》与《临床皮肤科杂志》《皮肤性病诊疗学杂志》等期刊之间的链接较强，意味着它们之间可能有较多相同或相近的载文主题。

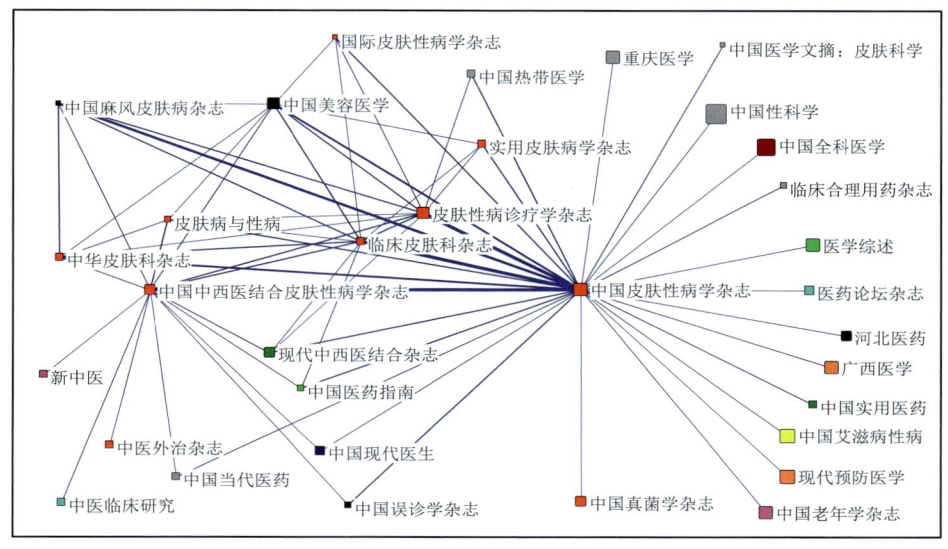

图 16-6 皮肤病学与性病学学科高影响力期刊载文主题关联

16.5 高被引作者分析

16.5.1 高被引作者 TOP 20

2008—2012 年，在 25941 位皮肤病学与性病学学科论文的第一作者中，在 2013 年学科被引频次位居前 20 位的学者的发文及被引情况见表 16-4。其中，学科发文总被引频次较高的 4 位作者分别是上海交通大学医学院附属仁济医院的吴伊旋（27 次）、中国疾病预防控制中心病毒病预防控制所的王英（22 次）、暨南大学的吴晓明（21 次）和第三军医大学西南医院的郝飞（21 次）。高被引作者的 5 年学科发文数量从 1 篇到 11 篇不等，同时，作者学科发文的期刊分布也在 1 种到 6 种之间变化。在发文超过 5 篇的所有作者中，篇均被引较高的 3 位作者分别是第三军医大学西南医院的尹锐（篇均 2.71 次）、深圳市宝安区慢性病防治院（篇均 2.67 次）和陕西省人民医院的孙晓燕（篇均 2.60 次）；前 5 年发表学科论文较多的 3 位作者分别是北京医院的常建民（20 篇）、沈阳皇姑协和中医门诊部的周宝宽（19 篇）和江苏省中医院的谭城（17 篇）。高被引作者的学科发文量和被引量对比如图 16-7 所示。

表 16-4 皮肤病学与性病学学科高被引作者 TOP 20

序号	姓名	作者单位	前 5 年发文数量			前 5 年学科发文在 2013 年的被引				h 指数（学科）
			学科发文（篇）	期刊分布（种）	发文总量（篇）	总频次	被引率（%）	最高（次）	篇均（次）	
1	吴伊旋	上海交通大学医学院附属仁济医院	2	1	2	27	50.0	27	13.50	1
2	王英	中国疾病预防控制中心病毒病预防控制所	1	1	4	22	100.0	22	22.00	3
3	吴晓明	暨南大学	1	1	1	21	100.0	21	21.00	1
3	郝飞	第三军医大学西南医院	11	6	20	21	72.7	7	1.91	3
5	尹锐	第三军医大学西南医院	7	5	11	19	85.7	6	2.71	3
6	丁晓岚	北京大学人民医院	2	2	6	18	100.0	14	9.00	2
7	王景权	浙江省皮肤病防治研究所	10	6	16	17	70.0	4	1.70	3
8	鲁东平	深圳市宝安区慢性病防治院	6	3	7	16	66.7	10	2.67	2
9	林志淼	北京大学第一医院	10	2	12	15	20.0	14	1.50	2
9	薛大奇	北京大学医学部	2	1	4	15	100.0	14	7.50	1
11	周晖	中山大学附属第一医院	6	5	8	13	66.7	8	2.17	2
11	孙晓燕	陕西省人民医院	5	3	6	13	40.0	8	2.60	3
11	徐洪莲	第二军医大学附属长海医院	1	1	7	13	100.0	13	13.00	2
11	李军	北京协和医院	3	2	3	13	66.7	8	4.33	2

序号	姓名	作者单位	前5年发文数量			前5年学科发文在2013年的被引				h指数（学科）
			学科发文（篇）	期刊分布（种）	发文总量（篇）	总频次	被引率（%）	最高（次）	篇均（次）	
15	黄明欢	同济大学附属东方医院	2	2	4	12	100.0	11	6.00	2
16	李润祥	广东省广州市皮肤病防治所	4	2	4	11	75.0	7	2.75	2
16	孙蔚凌	南京医科大学附属第一医院	3	2	3	11	33.3	11	3.67	1
16	程娟	中国人民解放军第302医院	2	2	2	11	50.0	11	5.50	1
16	王来栓	复旦大学附属儿科医院	1	1	9	11	100.0	11	11.00	3
20	王千秋	中国医学科学院皮肤病研究所	2	2	3	10	50.0	10	5.00	2

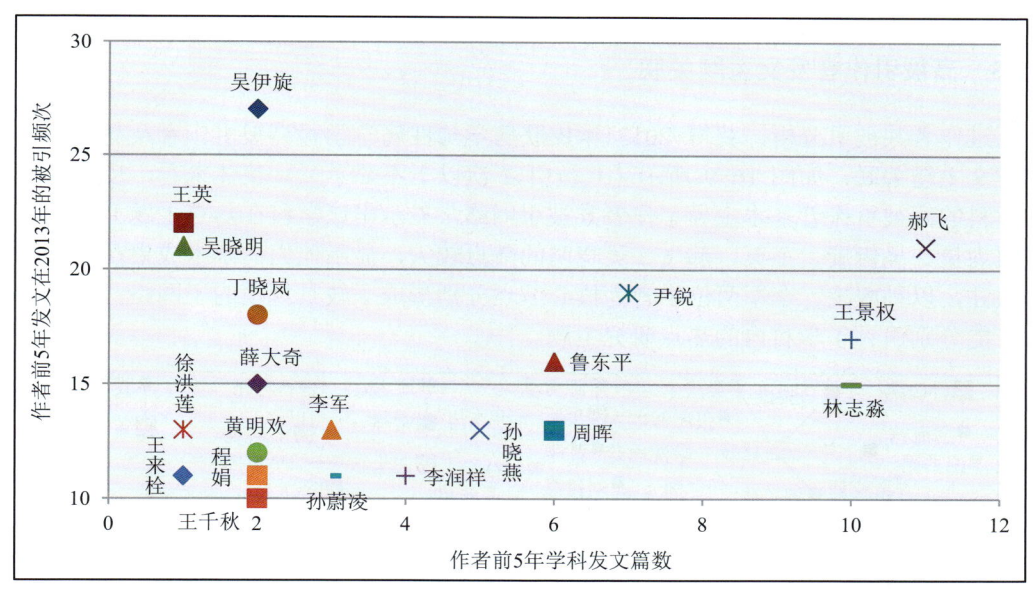

图 16-7　皮肤病学与性病学学科高被引作者学科发文及被引对比

16.5.2　高被引作者科研合作关系

通过作者合著分析，获得 2013 年皮肤病学与性病学学科高被引作者及与其他学者之间的科研论文合作关系（不考虑论文署名次序），如图 16-8 所示（合著 5 次以下不显示）。可以看出，皮肤病学与性病学学科的高被引作者的论文合作现象比较普遍，且合作人数较多。学者郝飞、赖维的论文合作网络最为突出，显示出两位学者分别在学科研究人员中具有一定的集聚效应。郝飞与杨希川、赖维与陆春等学者之间的合作关系最为紧密，显示出他们可能分别属于同一支科研团队。

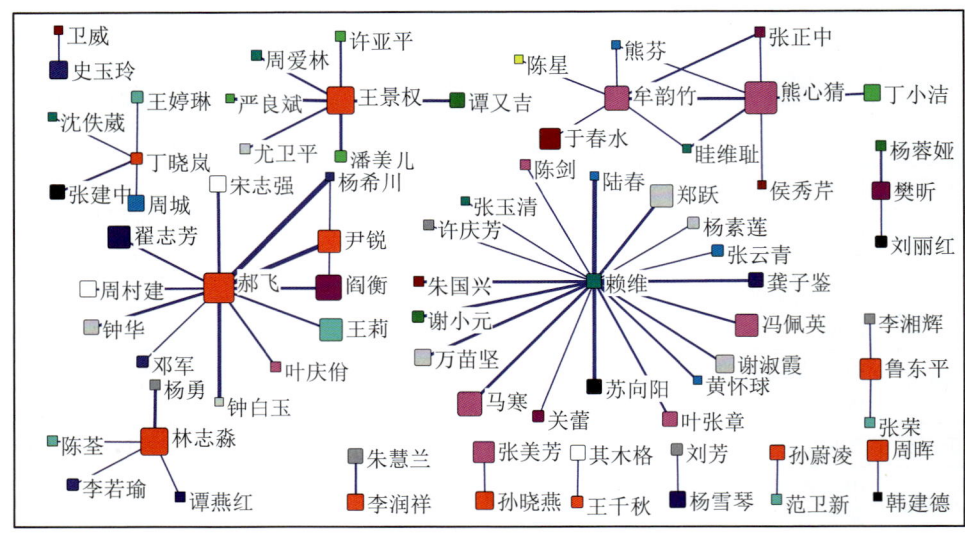

图 16-8　皮肤病学与性病学学科高被引作者科研论文合作关系

16.5.3　高被引作者发文主题关联

通过作者共被引分析，获得 2013 年皮肤病学与性病学学科高被引作者及与其他学者之间的发文主题关联，如图 16-9 所示（共被引 2 次以下不显示）。整体来看，皮肤病学与性病学学科的高被引作者基本主导了作者共被引网络，显示出该学科在热点主题上形成了一定的科研力量。吴伊旋、王英、郝飞、吴晓明的节点较大，显示他们的学术成果在学科内得到较多关注，以孙蔚凌、李军两位学者为核心节点分别形成了较具规模的子网络，显示出两位学者可能分别引领了学科内的热点研究主题。

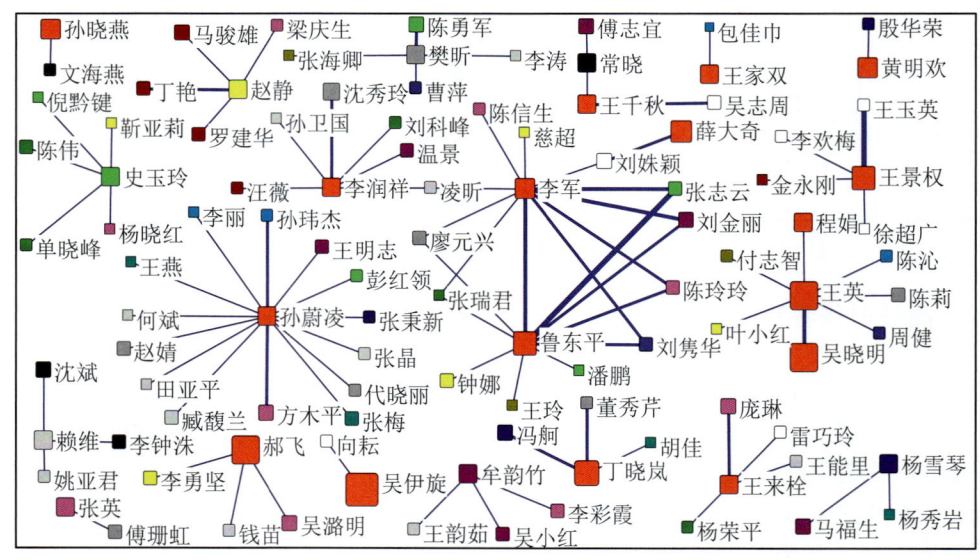

图 16-9　皮肤病学与性病学学科高被引作者发文主题关联

16.6 高被引机构分析

16.6.1 高被引机构

为便于比较，本书将皮肤病学与性病学学科的高被引机构分为医院和高等院校/科研院所两种类型。其中，被引频次 TOP 10 医院和被引频次 TOP 5 高等院校/科研院所的发文及被引情况分别见表 16-5 和表 16-6。其中，总被引频次较高的 3 所医院分别是北京大学第一医院、第三军医大学西南医院和四川大学华西医院，中国医学科学院皮肤病研究所、广东省广州市皮肤病防治所和南京中医药大学是总被引频次较高的 3 所高等院校/科研院所；前 5 年学科发文在 2013 年的被引率最高的医院和高等院校/科研院所分别是中山大学附属第一医院和广东省广州市皮肤病防治所，篇均被引最高的医院和高等院校/科研院所分别是中山大学附属第一医院和浙江省皮肤病防治研究所。上述高被引机构的论文被引率和篇均被引频次对比如图 16-10 所示。

表 16-5 皮肤病学与性病学学科高被引医院 TOP 10

序号	第一作者单位	学科发文量（篇）		前 5 年学科发文在 2013 年的被引			
		前 5 年	2013 年	频次	被引率(%)	最高（次）	篇均（次）
1	北京大学第一医院	138	17	74	23.2	14	0.54
2	第三军医大学西南医院	121	18	70	26.4	7	0.58
3	四川大学华西医院	205	21	64	22.9	4	0.31
3	中山大学附属第一医院	93	13	64	37.6	8	0.69
5	复旦大学附属华山医院	126	7	59	28.6	5	0.47
6	南京医科大学附属第一医院	120	15	55	22.5	11	0.46
6	中国医科大学附属第一医院	119	11	55	24.4	5	0.46
6	中山大学附属第三医院	114	10	55	24.6	7	0.48
9	第四军医大学西京医院	106	2	53	30.2	4	0.50
9	安徽医科大学附属第一医院	91	16	53	34.1	7	0.58

表 16-6 皮肤病学与性病学学科高等院校/科研院所 TOP 5

序号	第一作者单位	学科发文量（篇）		前 5 年学科发文在 2013 年的被引			
		前 5 年	2013 年	频次	被引率(%)	最高（次）	篇均（次）
1	中国医学科学院皮肤病研究所	136	6	80	29.4	10	0.59
2	广东省广州市皮肤病防治所	89	1	56	34.8	9	0.63
3	南京中医药大学	101	10	54	34.7	4	0.53
4	浙江省皮肤病防治研究所	70	7	45	28.6	4	0.64
5	中国医学科学院北京协和医学院	89	20	43	30.3	5	0.48

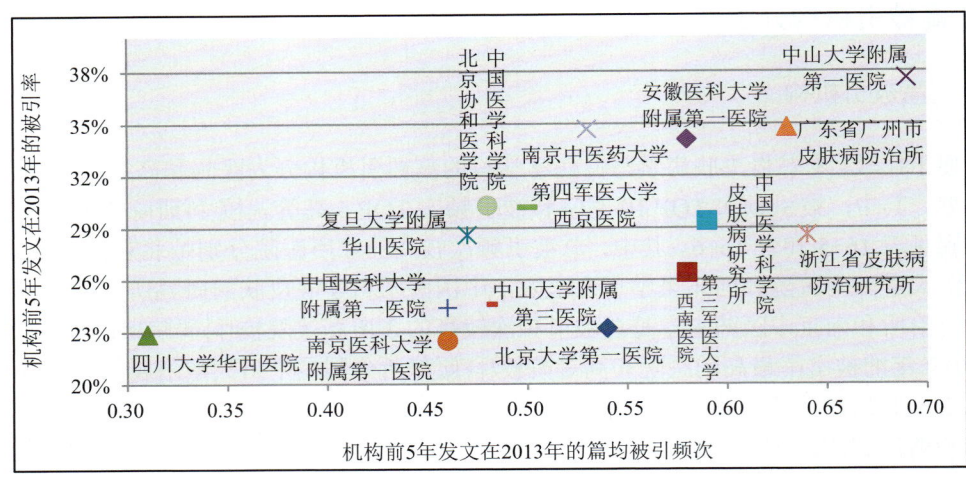

图 16-10　皮肤病学与性病学学科高被引机构论文篇均被引及被引率对比

16.6.2　高被引机构科研合作关系

通过合著分析，获得皮肤病学与性病学学科高被引机构之间及其与其他机构之间的科研合作关联，如图 16-11 所示（合作 21 次以下不显示）。分析得知，皮肤病学与性病学学科的机构合作链接较为紧密，显示出学科内各个机构间的合作现象较为普遍；高被引机构基本主导了机构合作网络，显示出这些机构已经在学科内具有了一定的科研优势。安徽医科大学附属第一医院和山东省皮肤病性病防治研究所等机构之间的链接较强，显示出它们的学术合作较为频繁。

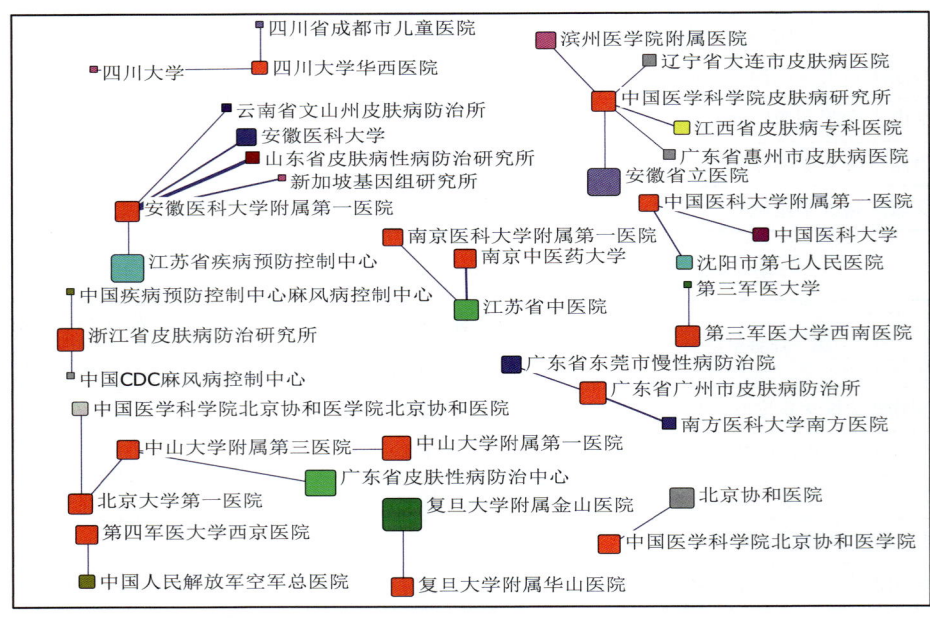

图 16-11　皮肤病学与性病学学科高被引机构科研合作关联

16.7 高被引图书、国外期刊及学术会议

2013年，皮肤病学与性病学学科被引频次位居前10位的图书及国外期刊见表16-7和表16-8。其中，被引次数较多的3种图书分别是赵辨的《临床皮肤病学》、张学军的《皮肤性病学》和王侠生的《杨国亮皮肤病学》；被引次数较多的3种国外期刊分别是《British Journal of Dermatology》《Journal of the American Academy of Dermatology》和《Journal of Investigative Dermatology》；被引次数较多的3场学术会议分别是"Proceedings of Clinical Dermatology 2000: An International Congress""Proceedings of SPIE－The International Society for Optical Engineering"和"AAAE Conference Proceedings"。

表16-7 皮肤病学与性病学学科高被引图书 TOP 10

序号	责任者	图书名称	出版社	2013年被引频
1	赵辨	临床皮肤病学	江苏科学技术出版社	909
2	张学军	皮肤性病学	人民卫生出版社	246
3	王侠生	杨国亮皮肤病学	上海科学技术文献出版社	47
4	国家中医药管理局	中医病证诊断疗效标准	南京大学出版社	40
5	杨国亮	现代皮肤病学	上海医科大学出版社	37
6	吴志华	现代皮肤性病学	广东人民出版社	36
7	刘辅仁	实用皮肤科学	人民卫生出版社	35
8	靳培英	皮肤病药物治疗学	人民卫生出版社	34
9	吴志华	皮肤性病学	广东科技出版社	30
9	李曰庆	中医外科学	中国中医药出版社	30

表16-8 皮肤病学与性病学学科高被引国外期刊 TOP 10

序号	期刊名称	2013年被引频次
1	British Journal of Dermatology	599
2	Journal of the American Academy of Dermatology	551
3	Journal of Investigative Dermatology	386
4	International Journal of Dermatology	288
5	Journal of the European Academy of Dermatology and Venereology	280
6	Archives of Dermatology	265
7	Journal of Dermatology	158
8	Clinical and Experimental Dermatology	157
9	Dermatology	149
10	Journal of Immunology	142

第 17 章　眼科学学科高被引分析

17.1　学科论文概况

2008—2012 年，眼科学学科共有 30715 位来自 12021 所机构的论文第一作者在 1024 种期刊上发表了 37681 篇学术论文。其中，80%以上的论文产出自 4333 所机构、21742 位作者，发表在 128 种期刊上。在前 5 年发表的这些论文中，有 9536 篇在 2013 年获得过引用，整体被引率为 25.3 %，总被引频次为 14643 次，篇均被引 0.39 次；其中，高被引论文有 115 篇，单篇论文最高被引频次为 18 次，累计被引 836 次，篇均被引 7.27 次（表 17-1）。另外，2013 年眼科学学科共发表论文 7473 篇，其中有 254 篇在当年获得过引用，总共被引 315 次。

表 17-1　眼科学学科论文分布情况

年份	论文篇数	2013 年被引频次	2013 年被引率（%）	2013 年高被引论文			
				论文篇数	最高被引频次	总被引频次	篇均被引频次
2008	7638	2626	22.1	21	8	184	8.76
2009	7370	2684	23.5	21	12	149	7.10
2010	8182	3555	27.3	31	18	232	7.48
2011	7427	3377	29.3	22	10	152	6.91
2012	7064	2401	24.2	20	10	119	5.95
合计	37681	14643	25.3	115	18	836	7.27

从眼科学学科论文的地域分布来看，2013 年被引频次较高的 5 个省、直辖市或自治区依次是北京、广东、河南、上海和江苏（图 17-1）；5 年论文产出量较多的 5 个省、直辖市或自治区依次是广东、北京、河南、山东和江苏（图 17-2）。

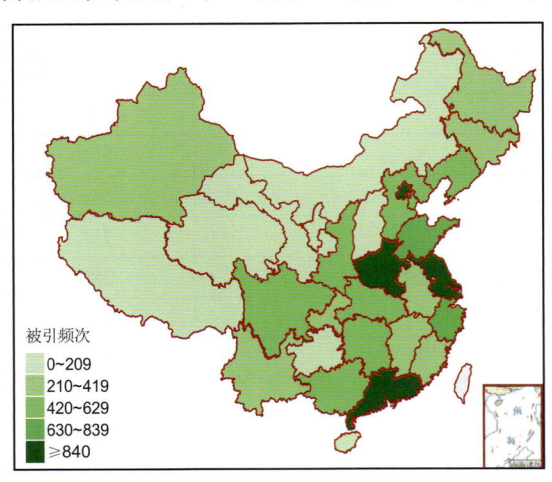

图 17-1　2013 年眼科学学科地区被引分布

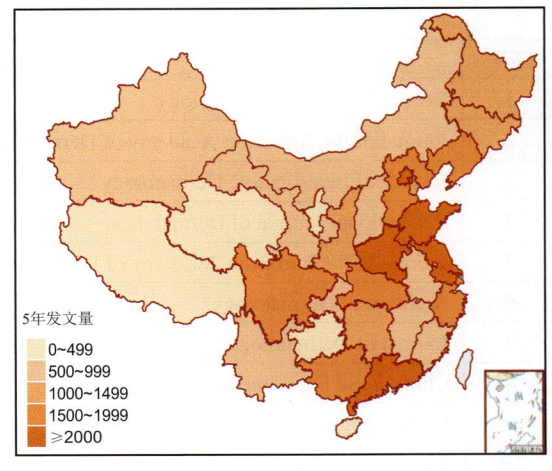

图 17-2　眼科学学科 5 年论文产出地区分布

17.2 高被引论文分析

在眼科学学科，2013 年被引频次位居前 10 位的论文（表 17-2）平均被引频次为 15.4 次，是全部 115 篇高被引论文篇均被引频次的 2.1 倍。其中，被引频次最高的论文是季成叶于 2008 年发表的《我国中小学生视力不良和疑似近视流行现状》，随后 2 篇分别是谢红莉于 2010 年发表的《我国青少年近视现患率及相关因素分析》和季成叶于 2008 年发表的《中国学生视力不良和疑似近视流行的动态分析》。

从论文分布来看，刊载高被引论文数量居前的 3 种期刊分别是《国际眼科杂志》（20 篇）、《中华眼科杂志》（14 篇）和《中国学校卫生》（8 篇），而《中国学校卫生》刊载了高被引论文 TOP 10 中的 3 篇；发表高被引论文居前的 3 位学者分别是北京大学的季成叶（2 篇）、天津市南开医院的姜淑敏（1 篇）和上海市眼病防治中心的蒋国胜（1 篇）；产出高被引论文数量居前的 3 所机构分别是首都医科大学附属北京同仁医院（7 篇）、北京大学人民医院（3 篇）和北京大学（2 篇）。

表 17-2 眼科学学科高被引论文 TOP 10

序号	论文题名	第一作者	期刊名称	发表年份	被引频次 总频次	被引频次 2013 年
1	我国中小学生视力不良和疑似近视流行现状	季成叶	中国学校卫生	2008	106	35
2	我国青少年近视现患率及相关因素分析	谢红莉	中华医学杂志	2010	36	18
3	中国学生视力不良和疑似近视流行的动态分析	季成叶	中国学校卫生	2008	53	15
4	我国中小学生视力不良流行的地域分布特点	张迎修	中国学校卫生	2008	33	14
4	同轴 1.8mm 微切口超声乳化白内障手术临床效果评价	姚克	中华眼科杂志	2011	24	14
4	糖尿病视网膜病变临床防治：进展、挑战与展望	郑志	中华眼底病杂志	2012	26	14
7	角膜塑形术控制近视发展的临床观察	戴祖优	眼视光学杂志	2008	28	12
8	新生儿泪囊炎与剖宫产关系及泪道探通时机探讨	辛会萍	眼科新进展	2010	22	11
8	超声乳化手术治疗原发性闭角型青光眼合并白内障的多中心试验	宋旭东	医学研究杂志	2010	25	11
10	防盲治盲依然是我国眼科界面临的巨大挑战	赵家良	中华眼科杂志	2009	19	10

17.3 研究主题关联分析

在眼科学学科，高被引论文累计被 2013 年发表的 663 篇论文引用了 836 次。通过分析施引文献关键词的词频及关键词之间的共现关系，获得 2013 年眼科学学科的热点主题和主题关联，如图 17-3 所示（共现 4 次以下不显示）。由图 17-3 可知："白内障""青光眼"的文档词频较高，是眼科学学科近期的热点研究主题；"白内障"与"青光眼"及"学生"与"视力，低"之间的共现次数较多，显示出它们各自之间主题关联较为紧密。

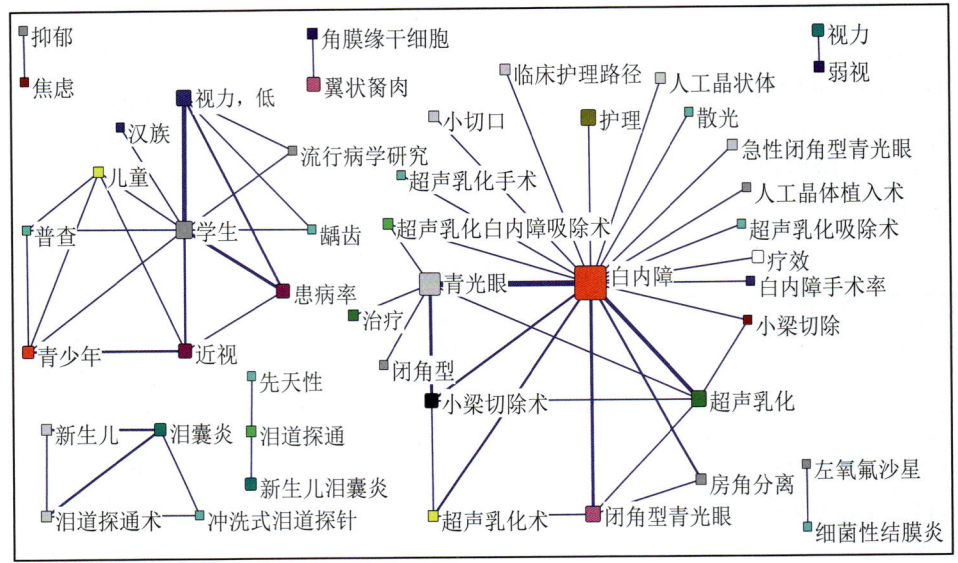

图 17-3　眼科学学科 2013 年热点主题关联

17.4 学科高影响力期刊分析

17.4.1 学科高影响力期刊 TOP 10

在眼科学学科，学科 5 年影响因子位居前 10 位的期刊见表 17-3，排在前 3 位的期刊分别是《中华眼科杂志》《眼科》和《中国斜视与小儿眼科杂志》。在表 17-3 中，学科载文量占其总载文量比例最大的期刊是《中华眼底病杂志》；前 5 年学科载文在 2013 年被引率最高的期刊是《中国斜视与小儿眼科杂志》；期刊 5 年影响因子较高的前 3 种期刊分别是《中华眼科杂志》《中国斜视与小儿眼科杂志》和《眼科》；学科 5 年影响因子与期刊 5 年影响因子差异最大的期刊是《中华眼科杂志》。表 17-3 中期刊的学科 5 年影响因子和前 5 年学科载文的 2013 年被引率对比见图 17-4，在 2008—2013 年间期刊 5 年影响的因子变动情况见图 17-5。

表 17-3　眼科学学科高影响力期刊基本指数

序号	期刊名称	前 5 年载文量			2013 年学科被引			5 年影响因子		h 指数（学科）
		学科（篇）	占比（%）	总量（篇）	频次	被引率（%）	高被引论文篇数	期刊(2013)	学科(2013)	
1	中华眼科杂志	1281	81.91	1564	746	29.43	14	0.617	0.582	9
2	眼科	658	83.29	790	358	29.18	5	0.510	0.544	5
3	中国斜视与小儿眼科杂志	334	85.20	392	169	32.63	0	0.515	0.506	4
4	国际眼科杂志	4566	84.15	5426	2239	29.37	20	0.478	0.490	7
5	眼科新进展	1850	92.36	2003	848	28.97	3	0.450	0.458	5
6	眼视光学杂志	726	79.69	911	316	27.13	1	0.423	0.435	4
7	临床眼科杂志	1093	79.72	1371	460	28.55	3	0.429	0.421	5
8	中华眼底病杂志	999	93.98	1063	419	24.62	7	0.412	0.419	6
9	眼科研究	1622	88.06	1842	638	26.08	1	0.375	0.393	5
10	眼外伤职业眼病杂志	1881	84.69	2221	727	25.47	4	0.373	0.386	5

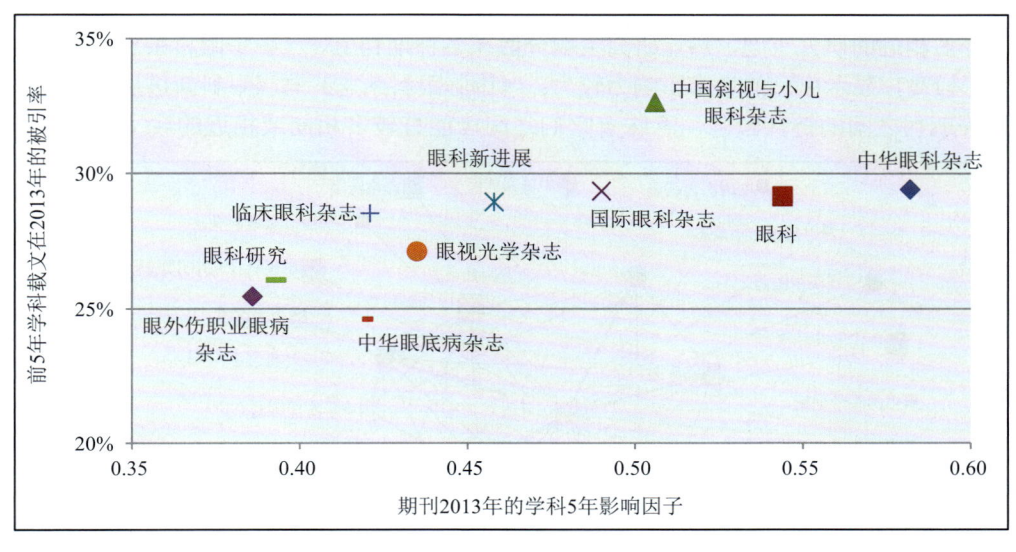

图 17-4　眼科学学科高影响力期刊对比

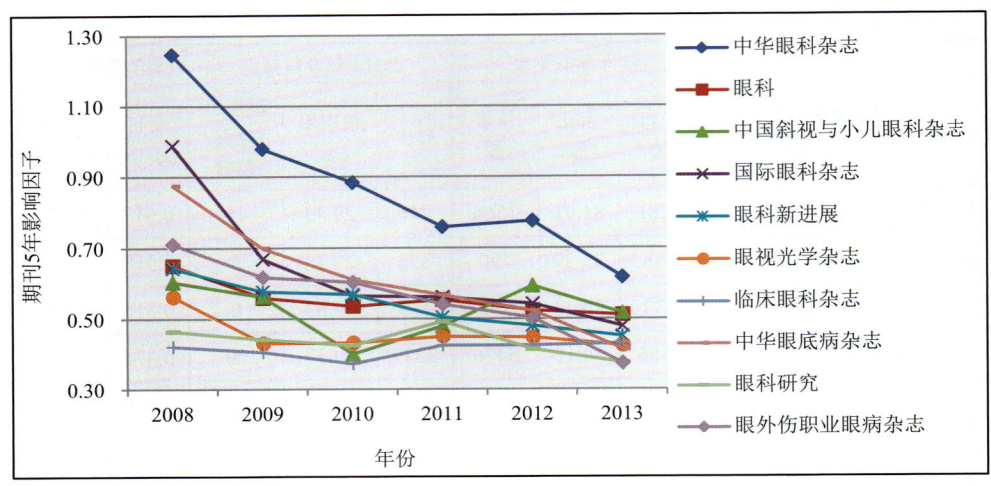

图 17-5　眼科学学科期刊 5 年影响因子变动

17.4.2　学科高影响力期刊载文主题关联

通过期刊共被引分析，获得眼科学学科高影响力期刊及与其他期刊之间的载文主题关联，如见图 17-6 所示（共被引 17 次以下不显示）。结果显示，眼科学学科的高影响力期刊相互链接较为紧密，主导了该学科的期刊共被引网络，显示出该学科高影响力期刊可能共同刊载了许多相近的研究主题，热点研究主题分散在多种期刊上。《中华眼科杂志》的学科 5 年影响因子较高，显示出它的学术影响力较大；《国际眼科杂志》与《眼科新进展》《临床眼科杂志》等期刊之间的链接较强，意味着它们之间可能有较多相同或相近的载文主题。

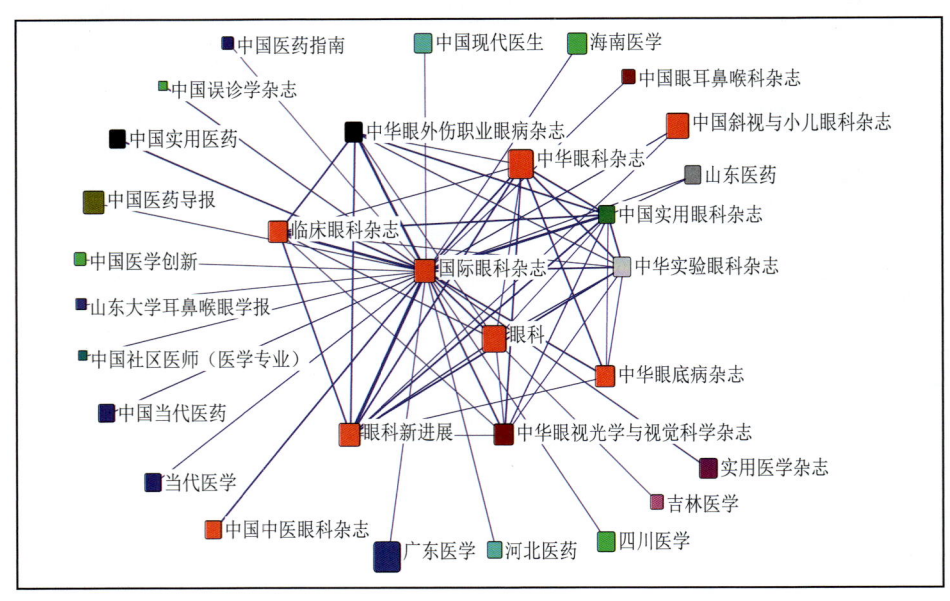

图 17-6　眼科学学科高影响力期刊载文主题关联

17.5 高被引作者分析

17.5.1 高被引作者 TOP 20

2008—2012 年,在 30715 位眼科学学科论文的第一作者中,在 2013 年学科被引频次位居前 20 位的学者的发文及被引情况见表 17-4。其中,学科发文总被引频次较高的 3 位作者分别是北京大学的季成叶(50 次)、北京大学人民医院的黎晓新(23 次)和浙江大学医学院附属第二医院的姚克(20 次)。高被引作者的 5 年学科发文数量从 1 篇到 20 篇不等,同时,作者学科发文的期刊分布也在 1 种到 8 种之间变化。在发文超过 5 篇的所有作者中,篇均被引较高的 3 位作者分别是浙江大学医学院附属第二医院的姚克(篇均 4.00 次)、广西玉林市妇幼保健院的张宁(篇均 3.17 次)和陕西省西安市第四医院的陈莉(篇均 2.60 次);前 5 年发表学科论文较多的 3 位作者分别是云南省第二人民医院的李娟娟(23 篇)、陕西省人民医院的石一宁(20 篇)和中南大学湘雅医院的毛俊峰(19 篇)。高被引作者的学科发文量和被引量对比如图 17-7 所示。

表 17-4 眼科学学科高被引作者 TOP 20

序号	姓名	作者单位	前 5 年发文数量 学科发文(篇)	前 5 年发文数量 期刊分布(种)	前 5 年发文数量 发文总量(篇)	前 5 年学科发文在 2013 年的被引 总频次	前 5 年学科发文在 2013 年的被引 被引率(%)	前 5 年学科发文在 2013 年的被引 最高(次)	前 5 年学科发文在 2013 年的被引 篇均(次)	h 指数(学科)
1	季成叶	北京大学	2	1	52	50	100.0	35	25.00	7
2	黎晓新	北京大学人民医院	10	3	14	23	70.0	8	2.30	3
3	姚克	浙江大学医学院附属第二医院	5	1	6	20	60.0	14	4.00	2
4	张宁	广西壮族自治区玉林市妇幼保健院	16	6	18	19	68.8	5	1.19	2
5	石一宁	陕西省人民医院	20	8	22	18	55.0	2	0.90	2
5	谢红莉	温州医学院	2	1	2	18	50.0	18	9.00	2
7	肖伟	中国医科大学附属盛京医院	10	3	10	17	60.0	6	1.70	3
8	张迎修	山东省疾病预防控制中心	1	1	19	14	100.0	14	14.00	2
8	郑志	上海交通大学医学院附属第一人民医院	1	1	2	14	100.0	14	14.00	2
8	骆荣江	中山大学附属第一医院	18	7	23	14	38.9	3	0.78	3
11	陈莉	陕西省西安市第四医院	5	3	6	13	100.0	5	2.60	2
11	赵家良	北京协和医院	3	1	6	13	100.0	10	4.33	2
13	宋旭东	首都医科大学附属北京同仁医院	8	4	8	12	25.0	11	1.50	1
13	吴强	上海交通大学医学院附属第六人民医院	6	5	7	12	66.7	4	2.00	2
13	戴祖优	中山大学中山眼科中心	1	1	1	12	100.0	12	12.00	1

序号	姓名	作者单位	前5年发文数量			前5年学科发文在2013年的被引				h指数（学科）
			学科发文（篇）	期刊分布（种）	发文总量（篇）	总频次	被引率（%）	最高（次）	篇均（次）	
13	范先群	上海交通大学医学院附属第九人民医院	12	8	18	12	41.7	5	1.00	3
13	惠延年	第四军医大学西京医院	5	5	5	12	60.0	6	2.40	2
13	刘杏	中山大学中山眼科中心	7	4	9	12	57.1	8	1.71	2
13	李媚	中山大学中山眼科中心	7	4	7	12	57.1	4	1.71	3
20	李筱荣	天津医科大学	6	4	7	11	50.0	5	1.83	2
20	邱璐璐	牡丹江医学院附属红旗医院	7	4	11	11	57.1	4	1.57	2
20	赵玲	北京煤炭总医院	8	5	10	11	62.5	4	1.38	2
20	洪晶	北京大学第三医院	11	5	12	11	54.6	4	1.00	2
20	张兴儒	上海中医药大学附属普陀医院	8	3	13	11	75.0	4	1.38	2

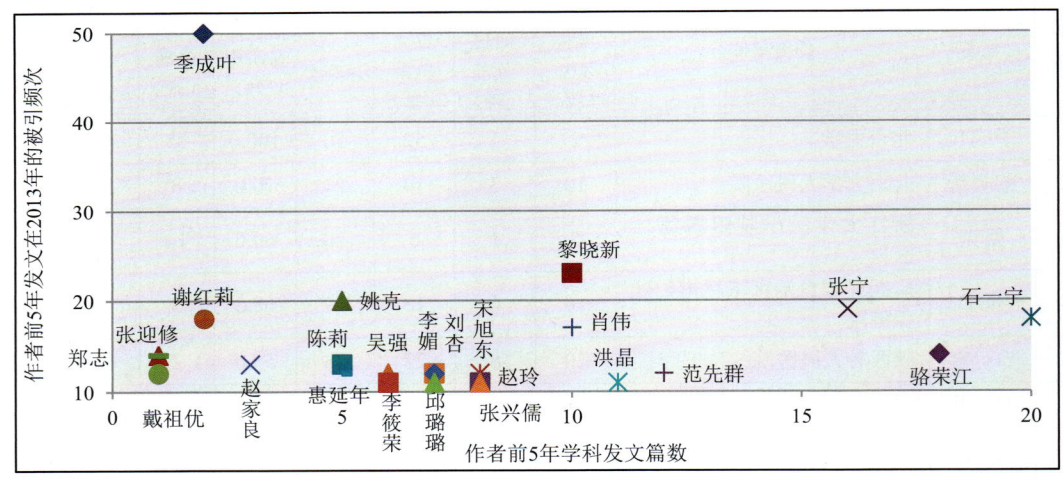

图17-7 眼科学学科高被引作者学科发文及被引对比

17.5.2 高被引作者科研合作关系

通过作者合著分析，获得2013年眼科学学科高被引作者及与其他学者之间的科研论文合作关系（不考虑论文署名次序），如图17-8所示（合著7次以下不显示）。可以看出，眼科学学科的高被引作者的论文合作现象比较普遍，并且合作人数较多。学者范先群、刘杏、吴强的论文合作网络较为突出，在该学科的研究人员中分别表现出一定的集聚效应。刘杏与李媚、张兴儒与李青松、张宁与陶晗等学者之间的合作关系最为紧密，显示出他们可能分别属于同一支科研团队。

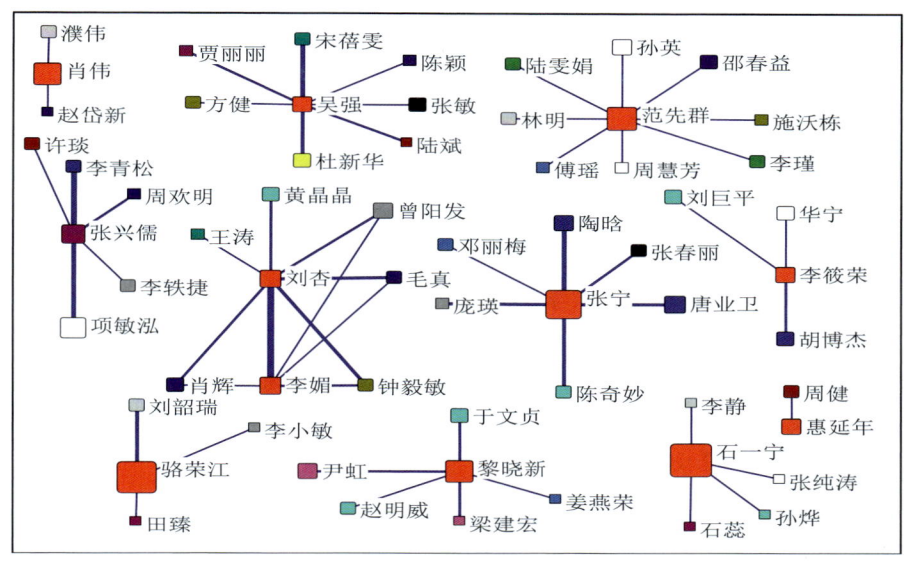

图 17-8　眼科学学科高被引作者科研论文合作关系

17.5.3 高被引作者发文主题关联

通过作者共被引分析，获得 2013 年眼科学学科高被引作者及与其他学者之间的发文主题关联，如图 17-9 所示。整体来看，眼科学学科的高被引作者基本上主导作者共被引网络，显示出该学科在热点主题上形成了一定的科研力量。季成叶的节点较大，表明其学术成果在学科内得到较多关注。学者季成叶与张迎修之间的链接较强，意味着他们之间可能有较为相近的研究主题。

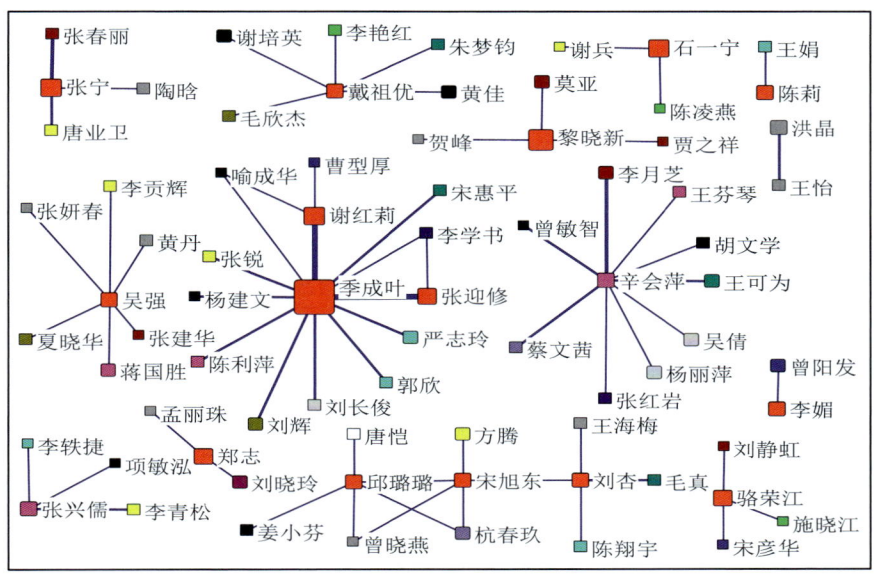

图 17-9　眼科学学科高被引作者发文主题关联

17.6 高被引机构分析

17.6.1 高被引机构

为便于比较,本书将眼科学学科的高被引机构分为医院和高等院校/科研院所两种类型。其中,被引频次 TOP 10 医院和被引频次 TOP 5 高等院校/科研院所的发文及被引情况分别见表 17-5 和表 17-6。其中,总被引频次较高的 3 所医院分别是首都医科大学附属北京同仁医院、中山大学中山眼科中心和复旦大学附属眼耳鼻喉科医院,天津医科大学、北京大学和温州医学院是总被引频次较高的 3 所高等院校/科研院所;前 5 年学科发文在 2013 年的被引率最高的医院和高等院校/科研院所分别是北京大学人民医院和北京大学,篇均被引最高的医院和高等院校/科研院所分别是北京大学人民医院和北京大学。上述高被引机构的论文被引率和篇均被引频次对比如图 17-10 所示。

表 17-5　眼科学学科高被引医院 TOP 10

序号	第一作者单位	学科发文量（篇）		前 5 年学科发文在 2013 年的被引			
		前 5 年	2013 年	频次	被引率(%)	最高（次）	篇均（次）
1	首都医科大学附属北京同仁医院	812	98	396	28.0	11	0.49
2	中山大学中山眼科中心	417	56	227	30.7	12	0.54
3	复旦大学附属眼耳鼻喉科医院	323	46	151	25.4	5	0.47
4	温州医学院附属眼视光医院	256	5	127	30.5	7	0.50
5	郑州大学附属第一医院	239	54	95	30.1	4	0.40
6	北京大学人民医院	103	13	94	36.9	8	0.91
7	青岛大学医学院附属医院	162	2	85	30.2	5	0.52
8	北京大学第三医院	160	25	83	31.9	5	0.52
9	中国医科大学附属盛京医院	156	25	78	26.9	6	0.50
10	天津市眼科医院	221	29	74	22.2	5	0.33

表 17-6　眼科学学科高被引高等院校/科研院所 TOP 5

序号	第一作者单位	学科发文量（篇）		前 5 年学科发文在 2013 年的被引			
		前 5 年	2013 年	频次	被引率(%)	最高（次）	篇均（次）
1	天津医科大学	240	23	125	32.1	5	0.52
2	北京大学	33	1	77	54.5	35	2.33
3	温州医学院	81	16	64	32.1	18	0.79
4	山东省眼科研究所	115	5	52	27.8	6	0.45
5	中山大学	74	13	42	29.7	9	0.57

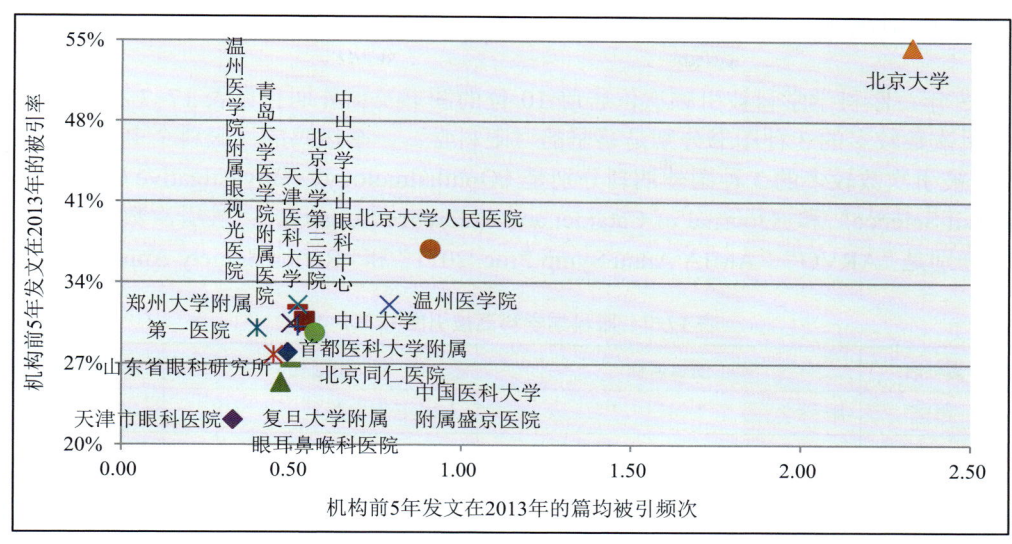

图 17-10　眼科学学科高被引机构论文篇均被引及被引率对比

17.6.2　高被引机构科研合作关系

通过合著分析，获得眼科学学科高被引机构之间及其与其他机构之间的科研合作关联，如图 17-11 所示（合作 28 次以下不显示）。分析得知，眼科学学科高被引机构的合作链接较为紧密，显示出学科内各个机构间的合作现象较为普遍；高被引机构基本主导了机构合作网络，显示出这些机构已经在学科内具有了一定的科研优势。首都医科大学附属北京同仁医院和中国科学院光电技术研究所等机构之间的链接较强，显示出它们的学术合作较为频繁。

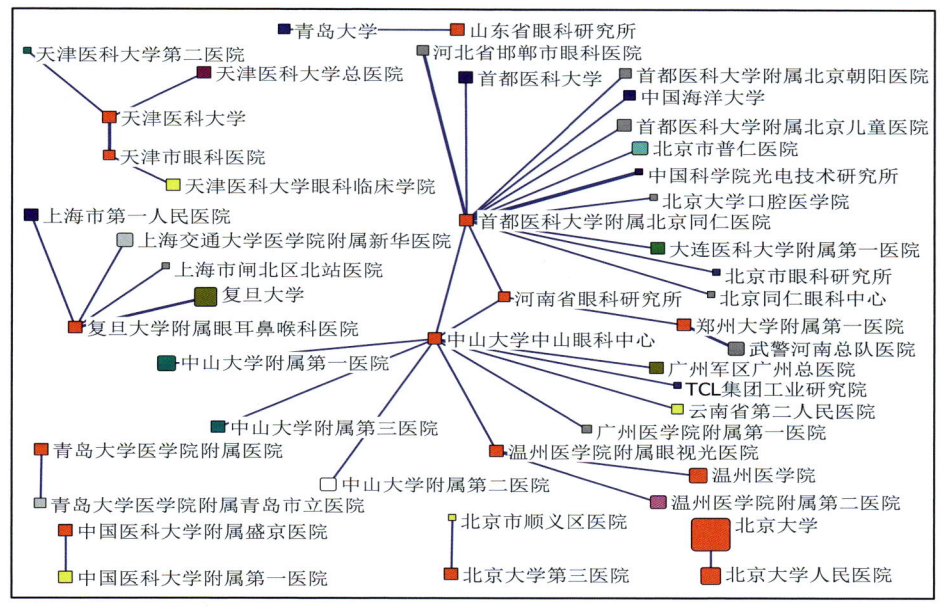

图 17-11　眼科学学科高被引机构科研合作关联

17.7 高被引图书、国外期刊及学术会议

2013年，眼科学学科被引频次位居前10位的图书及国外期刊见表17-7和表17-8。其中，被引次数较多的3种图书分别是葛坚的《眼科学》、李凤鸣的《眼科全书》和《中华眼科学》；被引次数较多的3种国外期刊分别是《Ophthalmology》《Investigative Ophthalmology and Visual Science》和《Journal of Cataract and Reference Surgery》；被引次数较多的3场学术会议分别是"ARVO""AMIA Annu Symp Proc. 2011"和"Retina Society Annual Meeting"。

表17-7 眼科学学科高被引图书 TOP 10

序号	责任者	图书名称	出版社	2013年被引频次
1	葛坚	眼科学	人民卫生出版社	208
2	李凤鸣	眼科全书	人民卫生出版社	207
3	李凤鸣	中华眼科学	人民卫生出版社	189
4	刘家琦	实用眼科学	人民卫生出版社	177
5	赵堪兴	眼科学	人民卫生出版社	127
6	李绍珍	眼科手术学	人民卫生出版社	91
7	惠延年	眼科学	人民卫生出版社	83
8	张承芬	眼底病学	人民卫生出版社	76
9	刘祖国	眼表疾病学	人民卫生出版社	73
10	周文炳	临床青光眼	人民卫生出版社	57

表17-8 眼科学学科高被引国外期刊 TOP 10

序号	期刊名称	2013年被引频次
1	Ophthalmology	2805
2	Investigative Ophthalmology and Visual Science	2368
3	Journal of Cataract and Refractive Surgery	2269
4	American Journal of Ophthalmology	2139
5	Archives of Ophthalmology	1436
6	British Journal of Ophthalmology	1434
7	Retina: the Journal of Retinal and Vitreous Diseases	772
8	Cornea	678
9	Journal of Refractive Surgery	646
10	Graefe's Archive for Clinical and Experimental Ophthalmology	594

第 18 章 耳鼻喉科学学科高被引分析

18.1 学科论文概况

2008—2012 年，耳鼻喉科学学科共有 22366 位来自 9848 所机构的论文第一作者在 950 种期刊上发表了 25006 篇学术论文。其中，80%以上的论文产出自 4173 所机构、16353 位作者，发表在 165 种期刊上。在前 5 年发表的这些论文中，有 7234 篇在 2013 年获得过引用，整体被引率为 28.9%，总被引频次为 11822 次，篇均被引 0.47 次；其中，高被引论文有 98 篇，单篇论文最高被引频次为 13 次，累计被引 706 次，篇均被引 7.20 次（表 18-1）。另外，2013 年耳鼻喉科学学科共发表论文 5191 篇，其中有 189 篇在当年获得过引用，总共被引 234 次。

表 18-1 耳鼻喉科学学科论文分布情况

年份	论文篇数	2013 年被引频次	2013 年被引率（%）	2013 年高被引论文			
				论文篇数	最高被引频次	总被引频次	篇均被引频次
2008	4428	1848	25.4	12	9	113	9.42
2009	4593	2028	27.2	24	10	163	6.79
2010	5300	2708	30.5	16	11	126	7.88
2011	5375	3073	33.7	25	10	177	7.08
2012	5310	2165	26.9	21	13	127	6.05
合计	25006	11822	28.9	98	13	706	7.20

从耳鼻喉科学学科论文的地域分布来看，2013 年被引频次较高的 5 个省、直辖市或自治区依次是北京、广东、江苏、河南和湖北（图 18-1）；5 年论文产出量较多的 5 个省、直辖市或自治区依次是广东、北京、河南、江苏和山东（图 18-2）。

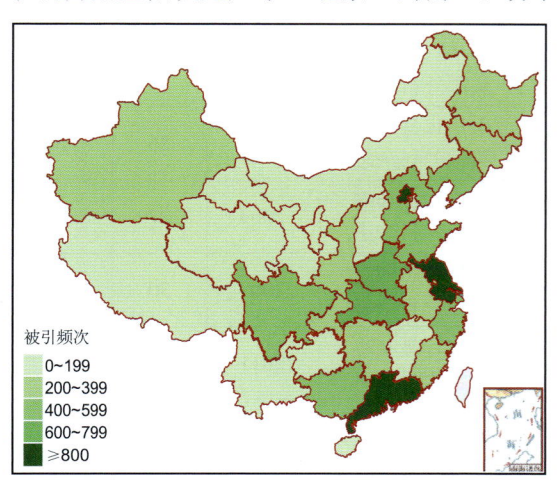
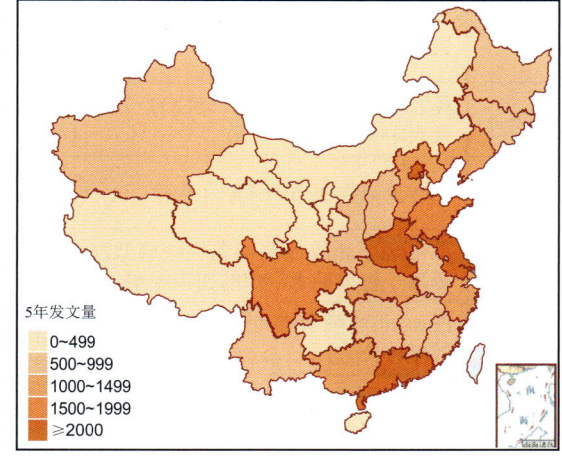

图 18-1 2013 年耳鼻喉科学学科地区被引分布　　图 18-2 耳鼻喉科学学科 5 年论文产出地区分布

18.2 高被引论文分析

在耳鼻喉科学学科，2013年被引频次位居前10位的论文（表18-2）平均被引频次为10.58次，是全部98篇高被引论文篇均被引频次的1.5倍。其中，被引频次最高的论文是薛康于2008年发表的《鼻内镜手术治疗非侵袭性真菌性鼻窦炎42例》。

从论文分布来看，刊载高被引论文数量居前的3种期刊分别是《中国药房》（50篇）、《临床麻醉学杂志》（33篇）和《中华医院感染学杂志》（29篇），而《中华耳鼻咽喉头颈外科杂志》刊载了高被引论文TOP 10中的6篇；发表高被引论文居前的3位学者分别是新疆维吾尔自治区人民医院的李南方（2篇）、北京大学人民医院的余力生（2篇）和北京市耳鼻咽喉科研究所的张罗（2篇）；产出高被引论文数量居前的3所机构分别是首都医科大学附属北京同仁医院（7篇）、中国人民解放军总医院（4篇）和北京大学人民医院（4篇）。

表18-2 耳鼻喉科学学科高被引论文TOP 10

序号	论文题名	第一作者	期刊名称	发表年份	被引频次 总频次	被引频次 2013年
1	鼻内镜手术治疗非侵袭性真菌性鼻窦炎42例	薛康	临床耳鼻咽喉头颈外科杂志	2008	41	13
2	鼻内镜手术治疗慢性鼻窦炎鼻息肉450例临床体会	廖敏	微创医学	2011	18	11
2	全国老年听力残疾人群现状调查研究	于丽玫	中国听力语言康复科学杂志	2008	31	11
2	不同方法治疗分泌性中耳炎的疗效比较	俞飒	中国眼耳鼻喉科杂志	2011	16	11
2	鼻内镜手术治疗慢性鼻窦炎鼻息肉临床疗效分析	李燕	中国医学创新	2012	14	11
6	对耳鸣疗效评价的思考	刘蓬	中华耳鼻咽喉头颈外科杂志	2008	46	10
6	突发性聋的临床研究进展	余力生	中华耳鼻咽喉头颈外科杂志	2008	32	10
6	鼻腔鼻窦结局测试-20（SNOT-20）量表中文版的研制	左可军	中华耳鼻咽喉头颈外科杂志	2008	26	10
6	咽喉反流性疾病的诊断和治疗	李进让	中华耳鼻咽喉头颈外科杂志	2009	27	10
6	鼻内镜下鼻腔内翻性乳头状瘤低温等离子射频手术治疗的初步观察	张庆丰	中华耳鼻咽喉头颈外科杂志	2009	30	10
6	Epworth嗜睡量表简体中文版信度和效度评价	彭莉莉	中华耳鼻咽喉头颈外科杂志	2011	24	10
6	鼻内镜手术治疗慢性鼻窦炎及鼻息肉的疗效观察	吴棣	安徽医学	2011	16	10

18.3 研究主题关联分析

在耳鼻喉科学学科，高被引论文累计被2013年发表的734篇论文引用了706次。通过分析施引文献关键词的词频及关键词之间的共现关系，获得2013年耳鼻喉科学学科的热点主题和主题关联，如图18-3所示（共现12次以下不显示）。由图18-3可知："鼻内镜"的文档词频较高，是耳鼻喉科学学科近期的热点研究主题。"鼻息肉"与"鼻窦炎"等概念之间的共现次数较多，显示出它们之间主题关联较为紧密。以"鼻息肉""鼻内镜"和"鼻窦炎"为核心的多个概念相互关联，构成了领域内近期较为突出的研究主题簇。

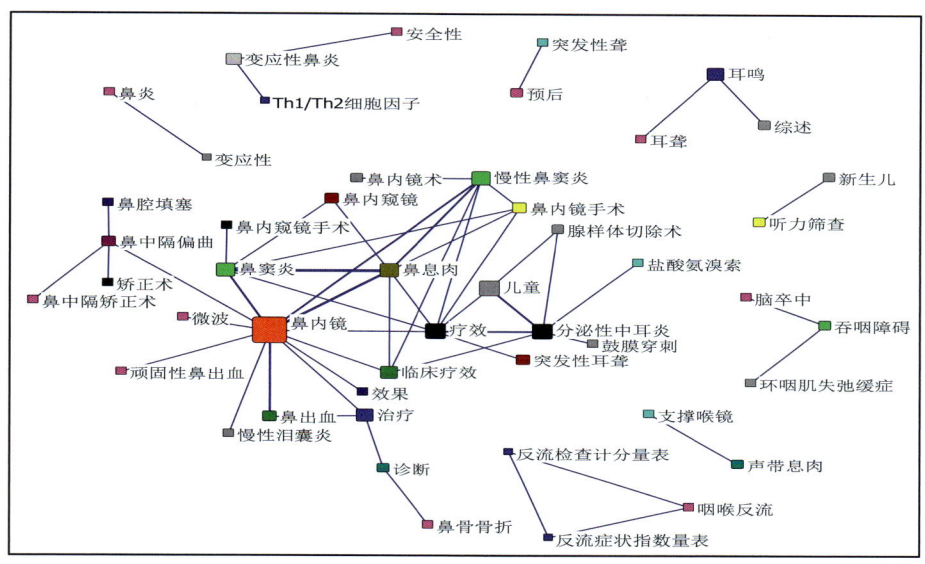

图18-3 耳鼻喉科学学科2013年热点主题关联

18.4 学科高影响力期刊分析

18.4.1 学科高影响力期刊 TOP 10

在耳鼻喉科学学科，学科5年影响因子位居前10位的期刊见表18-3，排在前3位的期刊分别是《中华耳鼻咽喉头颈外科杂志》《临床耳鼻咽喉头颈外科杂志》和《中华耳科学杂志》。在表18-3中，学科载文量占其总载文量比例最大的期刊是《听力学及言语疾病杂志》；前5年学科载文在2013年被引率最高的期刊是《中华耳鼻咽喉头颈外科杂志》；期刊5年影响因子较高的前3种期刊分别是《中华耳鼻咽喉头颈外科杂志》《中华耳科学杂志》和《听力学及言语疾病杂志》；学科5年影响因子与期刊5年影响因子差异最大的期刊是《中国医学文摘：耳鼻咽喉科学》。表18-3中期刊的学科5年影响因子和前5年学科载文的2013年被引率对比如图18-4所示，2008—2013年期刊5年影响因子的变动情况如图18-5所示。

表 18-3　耳鼻喉科学学科高影响力期刊基本指数

序号	期刊名称	前 5 年载文量			2013 年学科被引			5 年影响因子		h 指数（学科）
		学科（篇）	占比（%）	总量（篇）	频次	被引率（%）	高被引论文篇数	期刊（2013）	学科（2013）	
1	中华耳鼻咽喉头颈外科杂志	769	46.2	1666	764	42.7	26	0.822	0.993	10
2	临床耳鼻咽喉头颈外科杂志	1536	57.6	2667	1101	36.2	20	0.597	0.717	7
3	中华耳科学杂志	457	65.8	695	313	35.7	7	0.607	0.685	6
4	中国耳鼻咽喉头颈外科	760	50.5	1504	498	37.4	5	0.492	0.655	6
5	听力学及言语疾病杂志	1040	89.4	1163	636	35.2	7	0.599	0.612	6
6	中国耳鼻咽喉颅底外科杂志	614	62.7	980	363	34.5	3	0.541	0.591	5
7	中国听力语言康复科学杂志	283	51.7	547	117	24.4	2	0.298	0.413	4
8	中国中西医结合耳鼻咽喉科杂志	424	47.4	895	154	24.3	1	0.332	0.363	4
9	中国眼耳鼻喉科杂志	408	36.5	1117	144	23.0	1	0.318	0.353	5
10	中国医学文摘：耳鼻咽喉科学	129	35.9	359	43	22.5	0	0.156	0.333	3

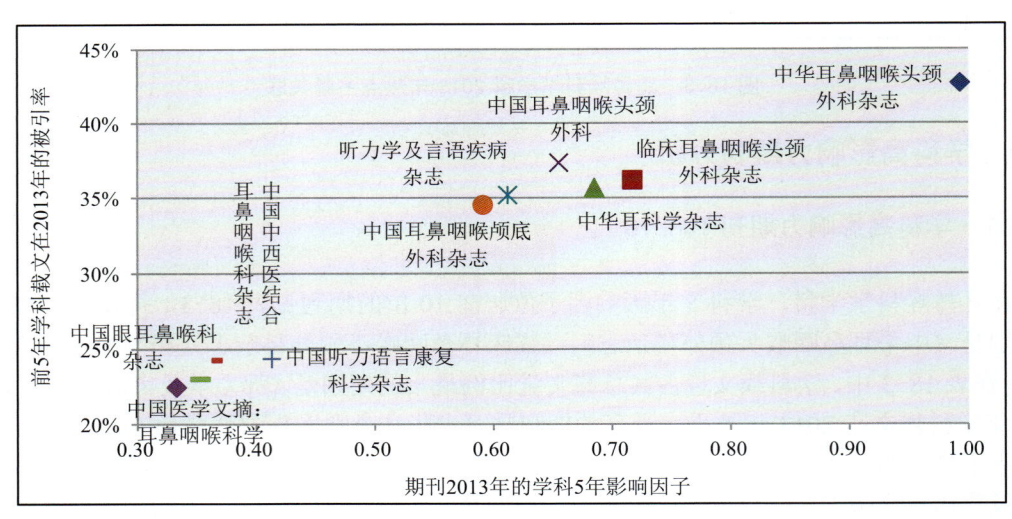

图 18-4　耳鼻喉科学学科高影响力期刊对比

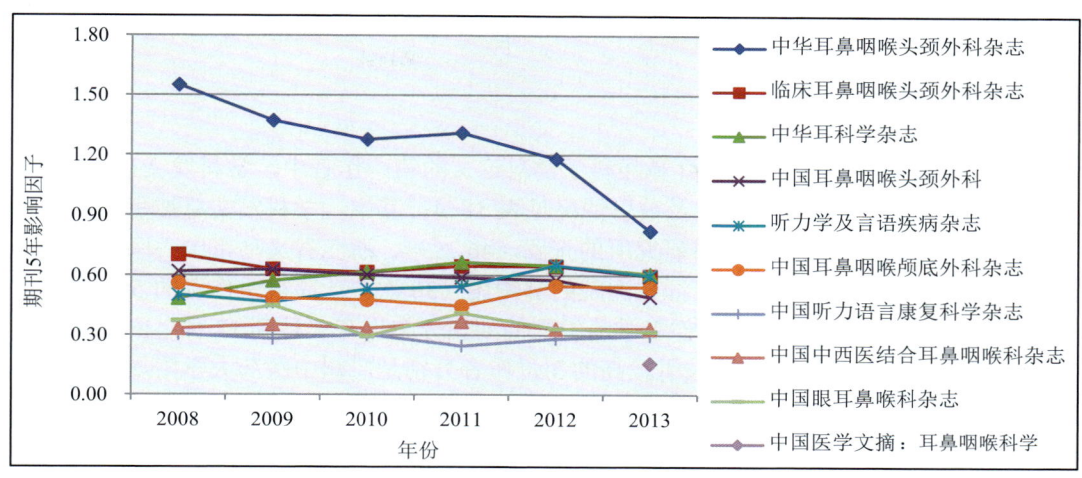

图 18-5 耳鼻喉科学学科期刊 5 年影响因子变动

18.4.2 学科高影响力期刊载文主题关联

通过期刊共被引分析，获得耳鼻喉科学学科高影响力期刊及与其他期刊之间的载文主题关联，如图 18-6 所示（共被引 9 次以下不显示）。结果显示，耳鼻喉科学学科的高影响力期刊相互链接较为紧密，基本主导了该学科的期刊高被引网络，显示出该学科高影响力期刊可能共同刊载了许多相近的研究主题，热点研究主题分散在多种期刊上。《中华耳鼻咽喉头颈外科杂志》和《中华耳科学杂志》的学科 5 年影响因子较高，显示出它们的学术影响力较大；《临床耳鼻咽喉头颈外科杂志》与《中华耳鼻咽喉头颈外科杂志》、《中华耳科学杂志》与《听力学及言语疾病杂志》之间的链接较强，意味着它们之间可能分别有较多相同或相近的载文主题。

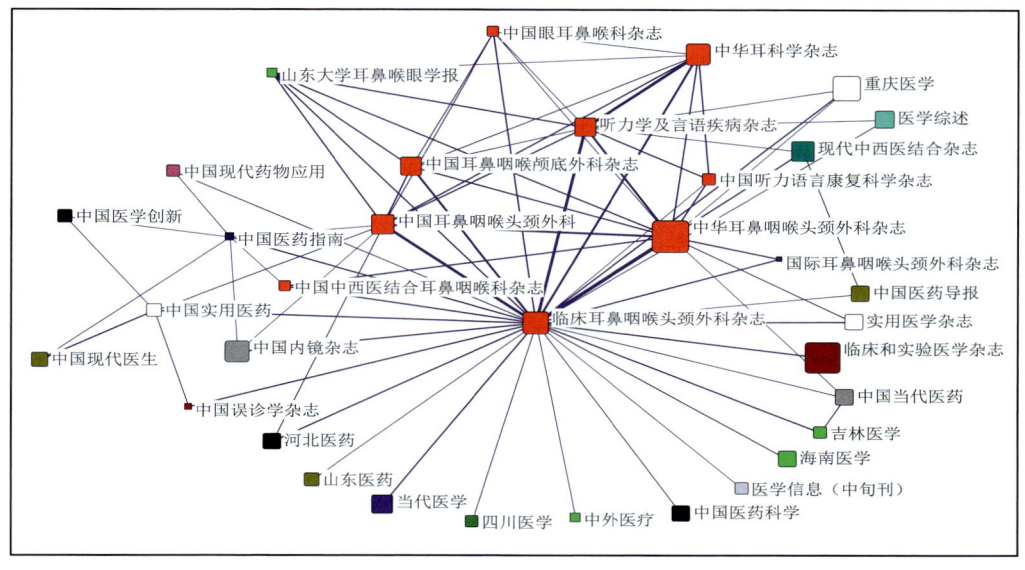

图 18-6 耳鼻喉科学学科高影响力期刊载文主题关联

18.5 高被引作者分析

18.5.1 高被引作者 TOP 20

2008—2012 年，在 22366 位耳鼻喉科学学科论文的第一作者中，学科发文在 2013 年被引频次位居前 20 位的学者的发文及被引情况见表 18-4。其中，学科发文总被引频次较高的 3 位作者分别是北京市耳鼻咽喉科研究所的张罗（46 次）、浙江省义乌市中心医院的楼正才（38 次）和首都医科大学附属北京同仁医院的韩德民（30 次）。高被引作者的 5 年学科发文数量从 3 篇到 45 篇不等，同时，作者学科发文的期刊分布也在 1 种到 17 种之间变化。在发文超过 5 篇的所有作者中，篇均被引较高的 3 位作者分别是广州中医药大学附属第一医院的刘蓬（篇均 3.40 次）、解放军海军总医院的陈曦（篇均 2.40 次）和中国聋儿康复研究中心的于丽玫（篇均 2.29 次）；前 5 年发表学科论文较多的 3 位作者分别是浙江省义乌市中心医院的楼正才（45 篇）、首都医科大学附属北京同仁医院的张罗（23 篇）和瑞声达听力集团的冯定香（19 篇）。高被引作者的学科发文量和被引量对比如图 18-7 所示。

表 18-4 耳鼻喉科学学科高被引作者 TOP 20

序号	姓名	作者单位	前 5 年发文数量			前 5 年学科发文在 2013 年的被引				h 指数（学科）
			学科发文（篇）	期刊分布（种）	发文总量（篇）	总频次	被引率（%）	最高（次）	篇均（次）	
1	张罗	首都医科大学附属北京同仁医院	23	8	37	46	78.3	8	2.00	4
2	楼正才	浙江省义乌市中心医院	45	17	62	38	37.8	9	0.84	3
3	韩德民	首都医科大学附属北京同仁医院	15	6	33	30	53.3	9	2.00	3
4	黄丽辉	首都医科大学附属北京同仁医院	12	4	18	23	58.3	6	1.92	3
5	余力生	北京大学人民医院	13	7	14	22	30.8	10	1.69	3
6	张庆泉	青岛大学医学院附属烟台毓璜顶医院	16	4	37	21	62.5	4	1.31	3
7	张晓彤	西安交通大学医学院附属第二医院	4	4	4	18	100.0	8	4.50	3
7	李南方	新疆维吾尔自治区人民医院	3	2	41	18	100.0	7	6.00	5
9	周兵	首都医科大学附属北京同仁医院	12	5	19	17	33.3	9	1.42	3
9	刘蓬	广州中医药大学附属第一医院	5	3	7	17	100.0	10	3.40	2
11	张庆丰	辽宁省大连市中心医院	4	2	10	16	100.0	10	4.00	3

序号	姓名	作者单位	前5年发文数量			前5年学科发文在2013年的被引				h指数(学科)
			学科发文（篇）	期刊分布（种）	发文总量（篇）	总频次	被引率（%）	最高（次）	篇均（次）	
11	于丽玫	中国聋儿康复研究中心	7	1	8	16	57.1	11	2.29	2
13	李良波	湖北民族学院医学院附属医院	10	5	11	15	40.0	7	1.50	3
14	左可军	中山大学附属第一医院	4	2	7	14	75.0	10	3.50	3
14	赵晖	复旦大学附属眼耳鼻喉科医院	3	2	4	14	100.0	9	4.67	3
14	廖敏	广西贺州市人民医院	4	3	4	14	75.0	11	3.50	2
14	程雷	南京医科大学附属第一医院	8	4	13	14	75.0	4	1.75	3
18	赵翠英	安徽省淮北市人民医院	3	3	4	13	100.0	9	4.33	2
18	薛康	成都军区机关医院	1	1	1	13	100.0	13	13.00	1
18	许庚	中山大学附属第一医院	4	1	6	13	100.0	5	3.25	2

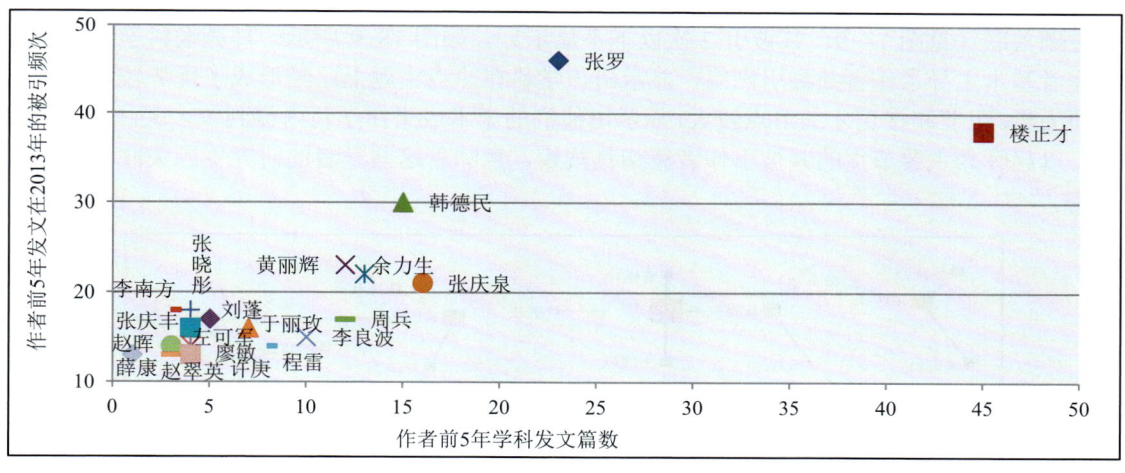

图 18-7　耳鼻喉科学学科高被引作者学科发文及被引对比

18.5.2　高被引作者科研合作关系

通过作者合著分析，获得 2013 年耳鼻喉科学学科高被引作者及与其他学者之间的科研论文合作关系（不考虑论文署名次序），如图 18-8 所示（合著 6 次以下不显示）。可以看出，耳鼻喉科学学科的高被引作者的论文合作现象比较普遍，且合作人数较多。学者韩德民、张罗的论文合作网络最为突出且合作关系最为紧密，显示出两位学者分别在学科研究人员中具有一定的集聚效应，并可能属于同一支科研团队。

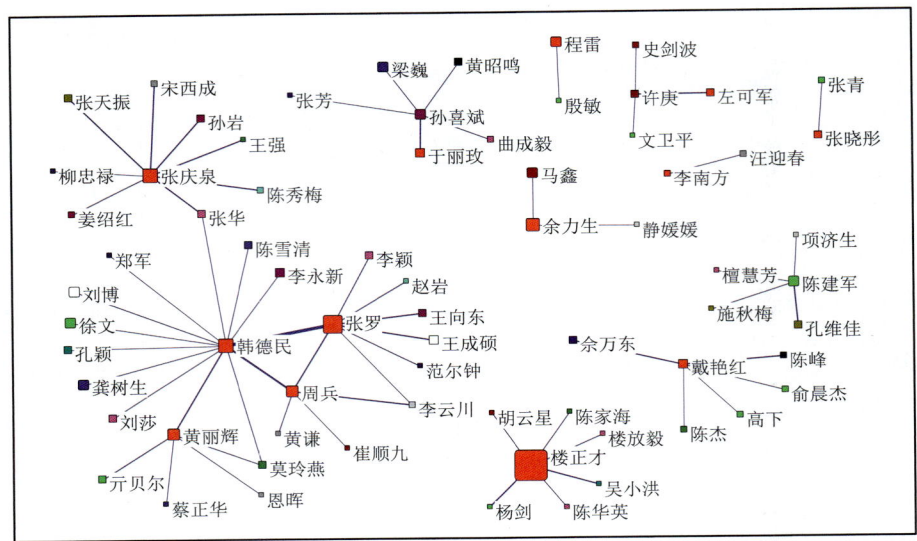

图 18-8 耳鼻喉科学学科高被引作者科研论文合作关系

18.5.3 高被引作者发文主题关联

通过作者共被引分析，获得 2013 年耳鼻喉科学学科高被引作者及与其他学者之间的发文主题关联（见图 18-9，共被引 2 次以下不显示）。如图 18-9 所示，耳鼻喉科学学科高被引作者基本主导了作者共被引网络，显示出该学科在热点主题上已经形成了优势较为明显的科研力量。张罗和楼正才的节点较大，显示出他们的学术成果在学科内得到较多关注。图 18-9 中，以赵晖为主要节点的共被引作者簇初具规模，意味着这些学者的研究主题关联可能较为紧密。

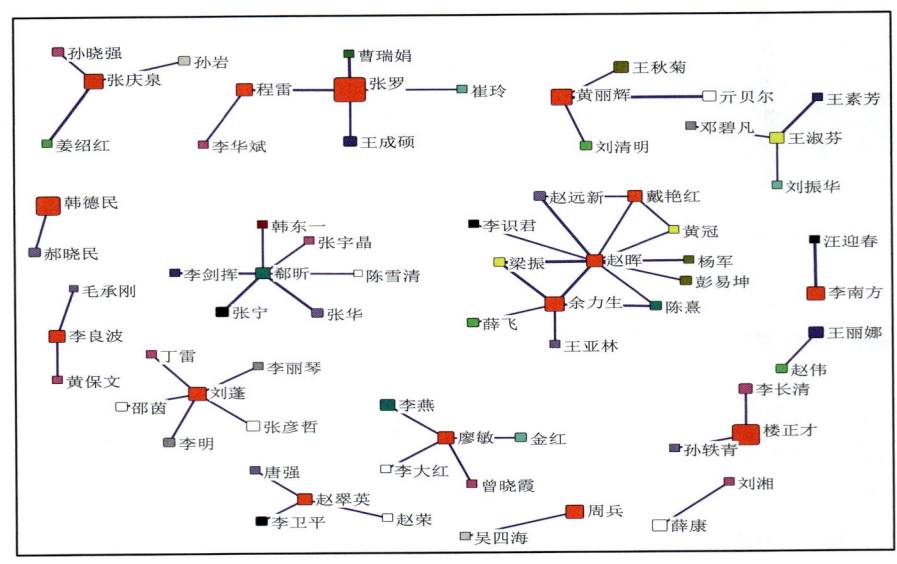

图 18-9 耳鼻喉科学学科高被引作者发文主题关联

18.6 高被引机构分析

18.6.1 高被引机构

为便于比较,本书将耳鼻喉科学学科的高被引机构分为医院和高等院校/科研院所两种类型。其中,被引频次 TOP 10 医院和被引频次 TOP 5 高等院校/科研院所的发文及被引情况分别见表 18-5 和表 18-6。其中,总被引频次较高的 3 所医院分别是首都医科大学附属北京同仁医院、中国人民解放军总医院和中山大学附属第一医院,中国聋儿康复研究中心、北京市耳鼻咽喉科研究所和南京中医药大学是总被引频次较高的 3 所高等院校/科研院所;前 5 年学科发文在 2013 年的被引率最高的医院和高等院校/科研院所分别是中山大学附属第一医院和北京市耳鼻咽喉科研究所,篇均被引最高的医院和高等院校/科研院所分别是中山大学附属第一医院和北京市耳鼻咽喉科研究所。上述高被引机构的论文被引率和篇均被引频次对比如图 18-10 所示。

表 18-5 耳鼻喉科学学科高被引医院 TOP 10

序号	第一作者单位	学科发文量(篇)		前 5 年学科发文在 2013 年的被引			
		前 5 年	2013 年	频次	被引率(%)	最高(次)	篇均(次)
1	首都医科大学附属北京同仁医院	501	49	375	37.3	9	0.75
2	中国人民解放军总医院	342	47	220	36.0	9	0.64
3	中山大学附属第一医院	72	3	80	44.4	10	1.11
4	武汉大学人民医院	121	18	71	35.5	6	0.59
4	北京大学人民医院	65	8	71	38.5	10	1.09
6	郑州大学附属第一医院	114	19	70	33.3	6	0.61
6	复旦大学附属眼耳鼻喉科医院	214	19	70	20.6	9	0.33
8	华中科技大学同济医学院附属协和医院	100	8	57	33.0	6	0.57
9	中山大学附属第三医院	90	17	53	30.0	7	0.59
10	四川大学华西医院	102	12	51	29.4	4	0.50

表 18-6 耳鼻喉科学学科高被引高等院校/科研院所 TOP 5

序号	第一作者单位	学科发文量(篇)		前 5 年学科发文在 2013 年的被引			
		前 5 年	2013 年	频次	被引率(%)	最高(次)	篇均(次)
1	中国聋儿康复研究中心	60	3	47	31.7	11	0.78
2	北京市耳鼻咽喉科研究所	33	2	42	51.5	8	1.27
3	南京中医药大学	47	11	22	21.3	7	0.47
4	华东师范大学	36	1	19	36.1	4	0.53
5	山西医科大学	30	6	18	36.7	3	0.60

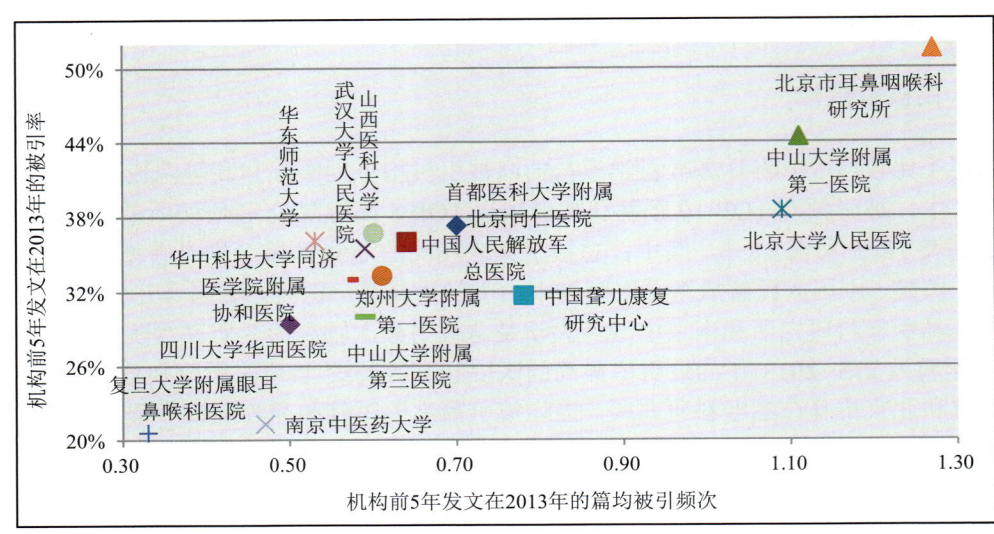

图 18-10 耳鼻喉科学学科高被引机构论文篇均被引及被引率对比

18.6.2 高被引机构科研合作关系

通过合著分析,获得耳鼻喉科学学科高被引机构之间及其与其他机构之间的科研合作关系,如图 18-11 所示(合作 25 次以下不显示)。分析得知,耳鼻喉科学学科的机构合作链接较为紧密,显示出学科内各个机构间的合作关系较为普遍;高被引机构基本主导了机构合作网络,显示出这些机构已经在学科内具有了一定的科研优势。中国人民解放军总医院和兰州大学第二医院、首都医科大学附属北京同仁医院和北京市耳鼻咽喉科研究所等机构之间的链接较强,显示出它们的科研合作关系较强。

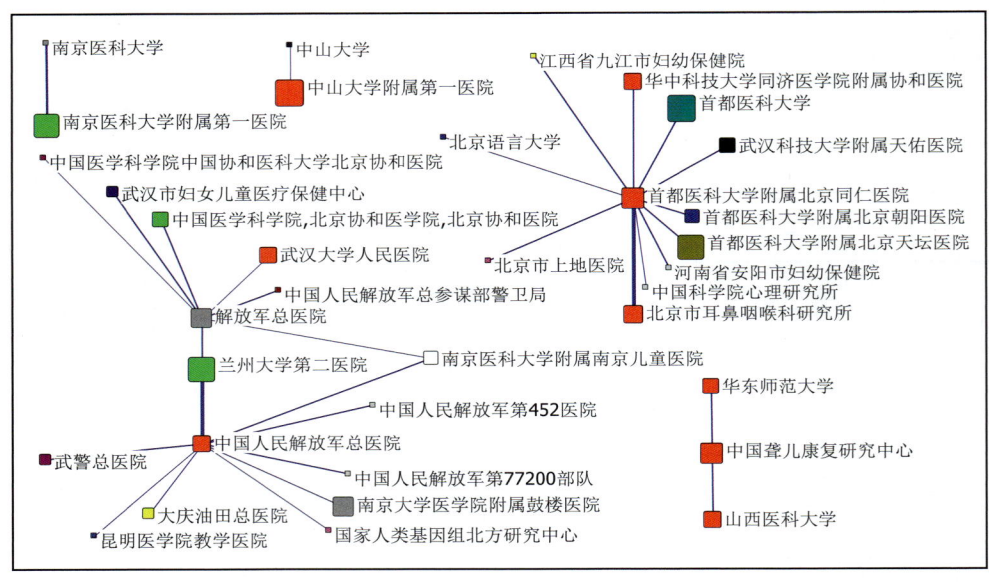

图 18-11 耳鼻喉科学学科高被引机构科研合作关系

18.7 高被引图书、国外期刊及学术会议

2013年,耳鼻喉科学学科被引频次位居前10位的图书及国外期刊见表18-7和表18-8。其中,被引次数较多的3种图书分别是黄选兆的《实用耳鼻咽喉科学》与《实用耳鼻咽喉头颈外科学》及田勇泉的《耳鼻咽喉头颈外科学》;被引次数较多的3种国外期刊分别是《Laryngoscope》《Otolaryngology-Head and Neck Surgery》和《Acta Oto-Laryngologica》;被引次数较多的3场学术会议分别是"Proceedings of the Sixth International Tinnitus Seminar""Abstracts of the Twenty-nine Annual Midwinter Research Meeting of the Association for Research in Otolaryngology"和"Internatinal Tinnitus Seminar"。

表18-7 耳鼻喉科学学科高被引图书 TOP 10

序号	责任者	图书名称	出版社	2013年被引频次
1	黄选兆	实用耳鼻咽喉科学	人民卫生出版社	183
2	黄选兆	实用耳鼻咽喉头颈外科学	人民卫生出版社	135
3	田勇泉	耳鼻咽喉头颈外科学	人民卫生出版社	122
4	孔维佳	耳鼻咽喉头颈外科学	人民卫生出版社	70
5	韩德民	鼻内窥镜外科学	人民卫生出版社	49
6	胡亚美	诸福棠实用儿科学	人民卫生出版社	34
7	国家中医药管理局	中医病证诊断疗效标准	南京大学出版社	19
8	王士贞	中医耳鼻咽喉科学	中国中医药出版社	17
9	樊忠	实用耳鼻咽喉科学	山东科学技术出版社	16
10	韩德民	鼻内镜外科学	人民卫生出版社	15

表18-8 耳鼻喉科学学科高被引国外期刊 TOP 10

序号	期刊名称	2013年被引频次
1	Laryngoscope	669
2	Otolaryngology-Head and Neck Surgery	506
3	Acta Oto-Laryngologica	329
4	International Journal of Pediatric Otorhinolaryngology	327
5	Journal of Allergy and Clinical Immunology	301
6	Allergy	249
7	Hearing Research	211
8	Annals of Otology Rhinology and Laryngology	198
9	European Archives of Oto-Rhino-Laryngology	198
10	American Journal of Respiratory and Critical Care Medicine	175

第 19 章 口腔医学学科高被引分析

19.1 学科论文概况

2008—2012 年，口腔医学学科共有 36319 位来自 12986 所机构的论文第一作者在 1086 种期刊上发表了 41746 篇学术论文。其中，80%以上的论文产出自 4490 所机构、26187 位作者，发表在 137 种期刊上。在前 5 年发表的这些论文中，有 11943 篇在 2013 年获得过引用，整体被引率为 28.6%，总被引频次为 19111 次，篇均被引 0.46 次；其中，高被引论文有 158 篇，单篇论文最高被引频次为 25 次，累计被引 1144 次，篇均被引 7.24 次（表 19-1）。另外，2013 年口腔医学学科共发表论文 9261 篇，其中有 303 篇在当年获得过引用，总共被引 364 次。

表 19-1 口腔医学学科论文分布情况

年份	论文篇数	2013 年被引频次	2013 年被引率（%）	2013 年高被引论文			
				论文篇数	最高被引频次	总被引频次	篇均被引频次
2008	7393	2928	25.6	23	13	170	7.39
2009	7831	3439	27.3	33	15	231	7.00
2010	8520	4481	31.1	30	19	266	8.87
2011	9100	4899	32.7	44	25	315	7.16
2012	8902	3364	25.6	28	14	162	5.79
合计	41746	19111	28.6	158	25	1144	7.24

从口腔医学学科论文的地域分布来看，2013 年被引频次较高的 5 个省、直辖市或自治区依次是北京、广东、江苏、上海和辽宁（图 19-1）；5 年论文产出量较多的 5 个省、直辖市或自治区依次是广东、北京、江苏、山东和辽宁（图 19-2）。

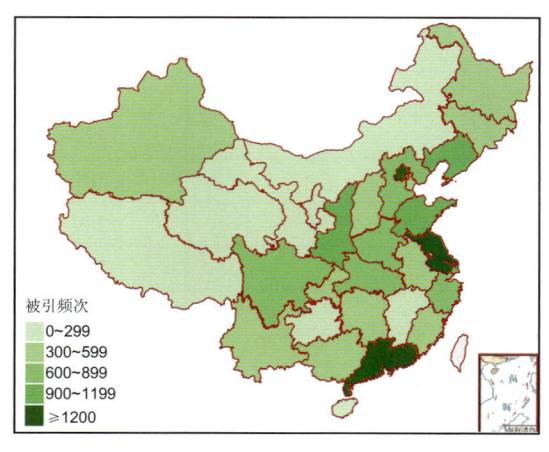

图 19-1 2013 年口腔医学学科地区被引分布

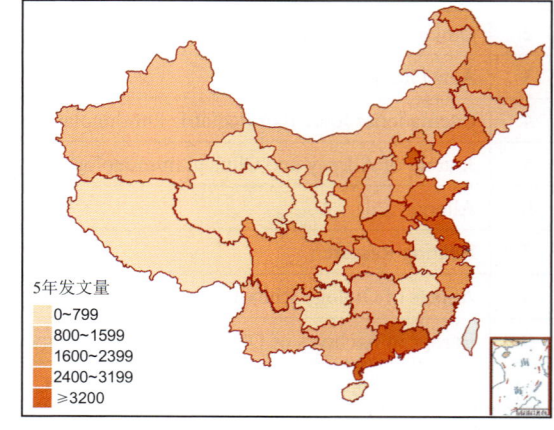

图 19-2 口腔医学学科 5 年论文产出地区分布

19.2 高被引论文分析

在口腔医学学科，2013年被引频次位居前10位的论文（表19-2）平均被引频次为13.4次，是全部158篇高被引论文篇均被引频次的1.9倍。其中，被引频次较高的论文分别是晁春娥于2010年发表的《复发性口腔溃疡发病机制与治疗的临床研究》和刘博于2010年发表的《侵袭性牙周炎患者牙周基础治疗的疗效观察》。

从论文分布来看，刊载高被引论文数量居前的3种期刊分别是《中国药房》（50篇）、《临床麻醉学杂志》（33篇）和《中华医院感染学杂志》（29篇），而《国际口腔医学杂志》刊载了高被引论文TOP 10中的2篇；发表高被引论文居前的两位学者分别是第四军医大学口腔医院的胡开进（3篇）和四川大学的胡德渝（2篇）；产出高被引论文数量居前的3所机构分别是第四军医大学口腔医院（9篇）、北京大学口腔医学院（6篇）和上海交通大学医学院附属第九人民医院（5篇），而第四军医大学口腔医院产出了高被引论文TOP 10中的2篇。

表19-2 口腔医学学科高被引论文 TOP 10

序号	论文题名	第一作者	期刊名称	发表年份	被引频次 总频次	被引频次 2013年
1	复发性口腔溃疡发病机制与治疗的临床研究	晁春娥	中国当代医药	2010	37	18
2	侵袭性牙周炎患者牙周基础治疗的疗效观察	刘博	华西口腔医学杂志	2010	27	17
3	微型种植体支抗在内收前牙正畸治疗中的临床应用	安志良	国际口腔医学杂志	2008	32	15
3	微创拔牙技术	胡开进	现代口腔医学杂志	2010	31	15
5	侵袭性牙周炎采用牙周基础治疗的临床研究	束为	白求恩军医学院学报	2011	27	14
6	牙缺损伴牙颌畸形患者的正畸与修复治疗效果分析	葛晓言	中国基层医药	2011	17	11
6	种植牙修复牙列缺损30例临床效果观察	贾保军	中国美容医学	2009	23	11
6	微型种植体支抗在口腔正畸中的临床应用与效果观察74例	唐弘夫	中国医药指南	2010	17	11
6	微创拔牙理念及技术操作	胡开进	国际口腔医学杂志	2011	27	11
6	牙周病治疗新进展	王进涛	口腔医学	2009	22	11

19.3 研究主题关联分析

在口腔医学学科，高被引论文累计被 2013 年发表的 1003 篇论文引用了 1144 次。通过分析施引文献关键词的词频及关键词之间的共现关系，获得 2013 年口腔医学学科的热点主题和主题关联，如图 19-3 所示（共现 4 次以下不显示）。由图 19-3 可知："口腔修复""护理"的文档词频较高，是口腔医学学科近期的热点研究主题；"牙周基础治疗"与"侵袭性牙周炎"等概念之间的共现次数较多，构成了领域内近期最为突出的研究主题簇。

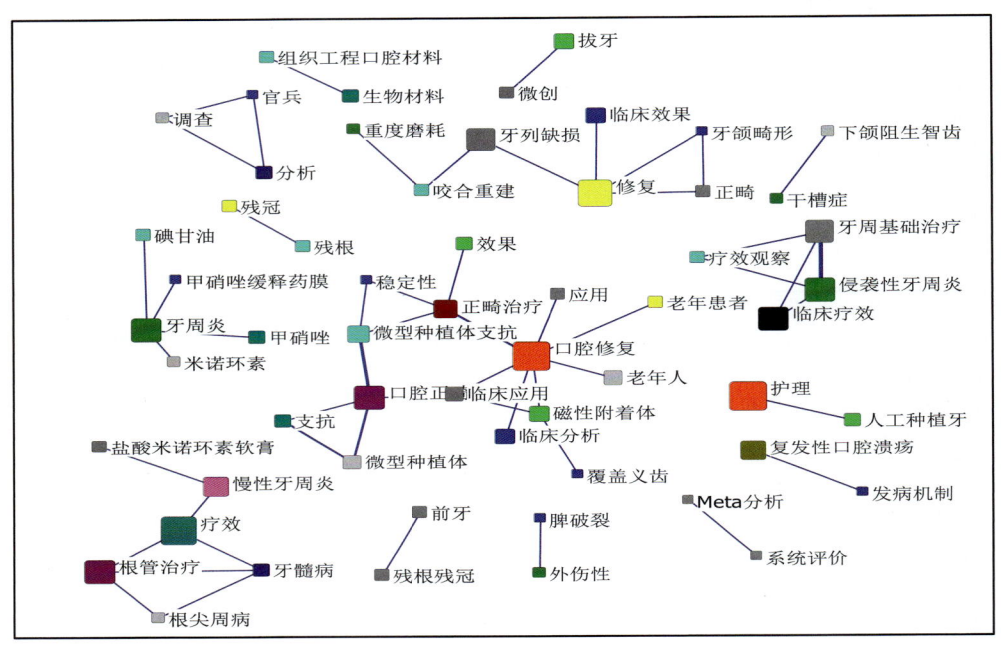

图 19-3 口腔医学学科学科 2013 年热点主题关联

19.4 学科高影响力期刊分析

19.4.1 学科高影响力期刊 TOP 10

在口腔医学学科，学科 5 年影响因子位居前 10 位的期刊见表 19-3，排在前 3 位的期刊分别是《华西口腔医学杂志》《实用口腔医学杂志》和《口腔颌面外科杂志》。在表 19-3 中，学科载文量占其总载文量比例最大的期刊是《中国实用口腔科杂志》；前 5 年学科载文在 2013 年被引率最高的期刊是《华西口腔医学杂志》；期刊 5 年影响因子较高的前 3 种期刊分别是《华西口腔医学杂志》《口腔颌面修复学杂志》和《实用口腔医学杂志》；学科 5 年影响因子与期刊 5 年影响因子差异最大的期刊是《口腔颌面外科杂志》。表 19-3 中期刊的学科 5 年影响因子和前 5 年学科载文的 2013 年被引率对比如图 19-4 所示，2008—2013 年期刊 5 年影响因子的变动情况如图 19-5 所示。

表 19-3　口腔医学学科高影响力期刊基本指数

序号	期刊名称	前5年载文量			2013年学科被引			5年影响因子		h指数（学科）
		学科（篇）	占比（%）	总量（篇）	频次	被引率（%）	高被引论文篇数	期刊(2013)	学科(2013)	
1	华西口腔医学杂志	774	74.9	1034	642	43.5	11	0.760	0.829	7
2	实用口腔医学杂志	1037	73.2	1417	707	36.9	7	0.625	0.682	6
3	口腔颌面外科杂志	400	55.4	722	270	37.8	4	0.551	0.675	5
4	口腔颌面修复学杂志	606	99.5	609	390	37.3	3	0.640	0.644	5
5	中国实用口腔科杂志	1511	99.7	1515	941	34.6	10	0.623	0.623	7
6	中华老年口腔医学杂志	562	95.4	589	346	36.1	3	0.615	0.616	5
7	中华口腔正畸学杂志	269	85.1	316	154	33.1	3	0.538	0.572	5
8	口腔医学	1476	83.6	1765	813	33.3	7	0.524	0.551	6
9	北京口腔医学	533	75.6	705	288	33.4	2	0.513	0.540	5
10	国际口腔医学杂志	864	66.2	1306	445	28.0	11	0.426	0.515	7

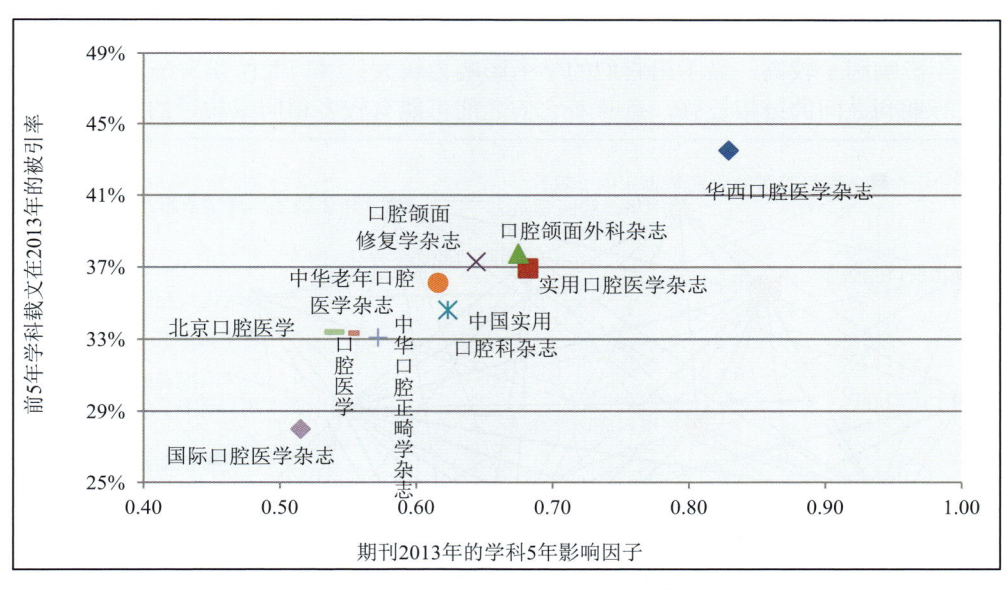

图 19-4　口腔医学学科高影响力期刊对比

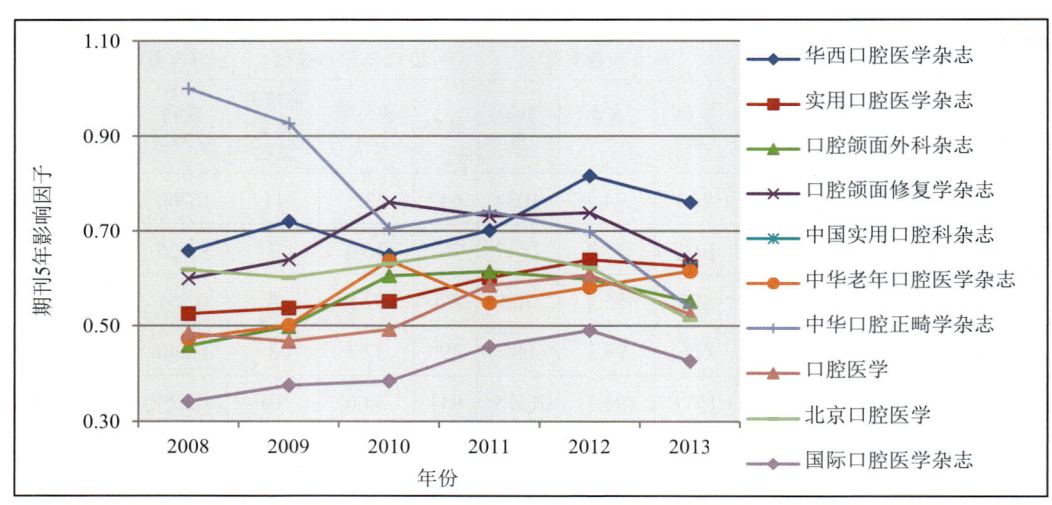

图 19-5 口腔医学学科期刊 5 年影响因子变动

19.4.2 学科高影响力期刊载文主题关联

通过期刊共被引分析,获得口腔医学学科高影响力期刊及与其他期刊之间的载文主题关联,如图 19-6 所示(共被引 21 次以下不显示)。结果显示,口腔医学学科的高影响力期刊相互链接较为紧密,基本主导了该学科的期刊共被引网络,显示出该学科高影响力期刊可能共同刊载了许多相近的研究主题,热点研究主题分散在多种期刊上。《华西口腔医学杂志》的学科 5 年影响因子较高,显示出它们的学术影响力较大;《口腔医学》与《中国实用口腔科杂志》等期刊之间的链接较强,意味着它们之间可能有较多相同或相近的载文主题。

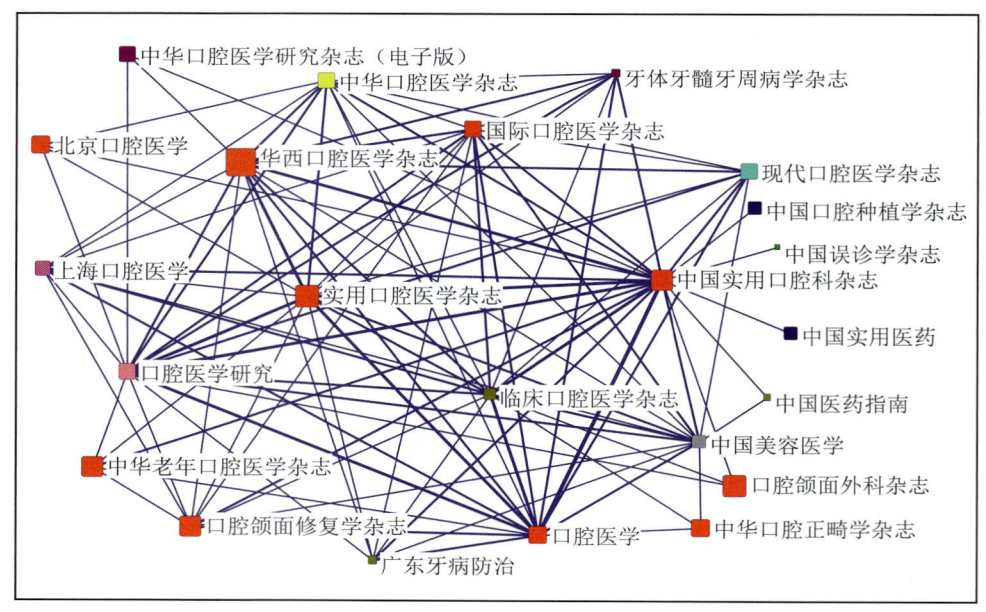

图 19-6 口腔医学学科高影响力期刊载文主题关联

19.5 高被引作者分析

19.5.1 高被引作者 TOP 20

2008—2012 年，在 36319 位口腔医学学科论文的第一作者中，在 2013 年学科被引频次位居前 20 位的学者的发文及被引情况见表 19-4。其中，学科发文总被引频次较高的 3 位作者分别是第四军医大学口腔医院的胡开进（34 次）、四川大学华西口腔医院的石冰（18 次）和天津中医药大学附属第一医院的晁春娥（18 次）。高被引作者的 5 年学科发文数量从 1 篇到 43 篇不等，同时，作者学科发文的期刊分布也在 1 种到 8 种之间变化。在发文超过 5 篇的所有作者中，篇均被引较高的 3 位作者分别是第四军医大学口腔医院的胡开进（篇均 6.80 次），广州军区广州总医院的王桥（篇均 2.60 次）和上海市口腔病防治院的冯靳秋（篇均 2.40 次）；前 5 年发表学科论文较多的 3 位作者分别是第四军医大学口腔医院的李刚（43 篇）、第四军医大学口腔医院的邓再喜（23 篇）和中国人民解放军总医院的刘洪臣（18 篇）。高被引作者的学科发文量和被引量对比如图 19-7 所示。

表 19-4 口腔医学学科高被引作者 TOP 20

序号	姓名	作者单位	前 5 年发文数量			前 5 年学科发文在 2013 年的被引				h 指数（学科）
			学科发文（篇）	期刊分布（种）	发文总量（篇）	总频次	被引率（%）	最高（次）	篇均（次）	
1	胡开进	第四军医大学口腔医院	5	4	5	34	80.0	15	6.80	2
2	石冰	四川大学华西口腔医院	11	6	11	18	72.7	4	1.64	3
2	晁春娥	天津中医药大学附属第一医院	1	1	1	18	100.0	18	18.00	1
4	刘博	天津市口腔医院	1	1	1	17	100.0	17	17.00	1
5	胡德渝	四川大学	2	2	2	16	100.0	9	8.00	2
6	郭惠杰	北京大学人民医院	7	3	8	15	71.4	4	2.14	3
6	翦新春	中南大学湘雅医院	10	6	11	15	80.0	3	1.50	3
6	靳爱萍	深圳市宝安区人民医院	4	2	4	15	100.0	8	3.75	2
6	安志良	河北省张家口市口腔医院	3	3	3	15	33.3	15	5.00	1
10	匡世军	中山大学光华口腔医学院附属口腔医院	10	5	15	14	50.0	6	1.40	2
10	束为	江苏省南京医科大学	1	1	1	14	100.0	14	14.00	1
10	刘洪臣	中国人民解放军总医院	18	4	20	14	50.0	4	0.78	2
13	王桥	广州军区广州总医院	5	5	6	13	100.0	4	2.60	2
13	肖丹	北京世纪坛医院	4	3	4	13	75.0	10	3.25	2

序号	姓名	作者单位	前5年发文数量			前5年学科发文在2013年的被引				h指数(学科)
			学科发文(篇)	期刊分布(种)	发文总量(篇)	总频次	被引率(%)	最高(次)	篇均(次)	
13	张颖	中国医科大学	7	4	24	13	100.0	3	1.86	2
13	林久祥	北京大学口腔医学院	4	4	4	13	75.0	5	3.25	3
17	贾保军	中国人民解放军第401医院	3	2	4	12	66.7	11	4.00	1
17	李刚	第四军医大学口腔医院	43	8	53	12	16.3	4	0.28	2
17	冯靳秋	上海市口腔病防治院	5	4	5	12	60.0	7	2.40	2
17	葛晓言	河北省滦县人民医院	2	2	3	12	100.0	11	6.00	1

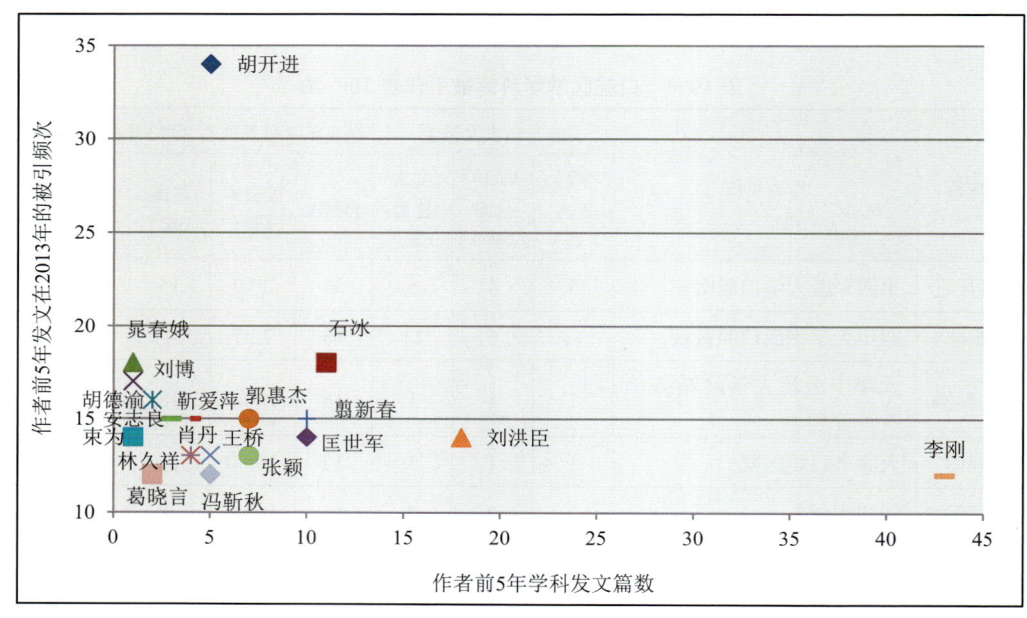

图19-7　口腔医学学科高被引作者学科发文及被引对比

19.5.2 高被引作者科研合作关系

通过作者合著分析，获得2013年口腔医学学科高被引作者及与其他学者之间的科研论文合作关系（不考虑论文署名次序），如图19-8所示（合著4次以下不显示）。可以看出，口腔医学学科的高被引作者的论文合作现象比较普遍，而且合作人数较多。学者刘洪臣的论文合作网络较为突出，在该学科的研究人员中分别表现出一定的集聚效应。刘洪臣与鄂玲玲等学者之间的合作关系最为紧密，显示出他们可能属于同一支科研团队。

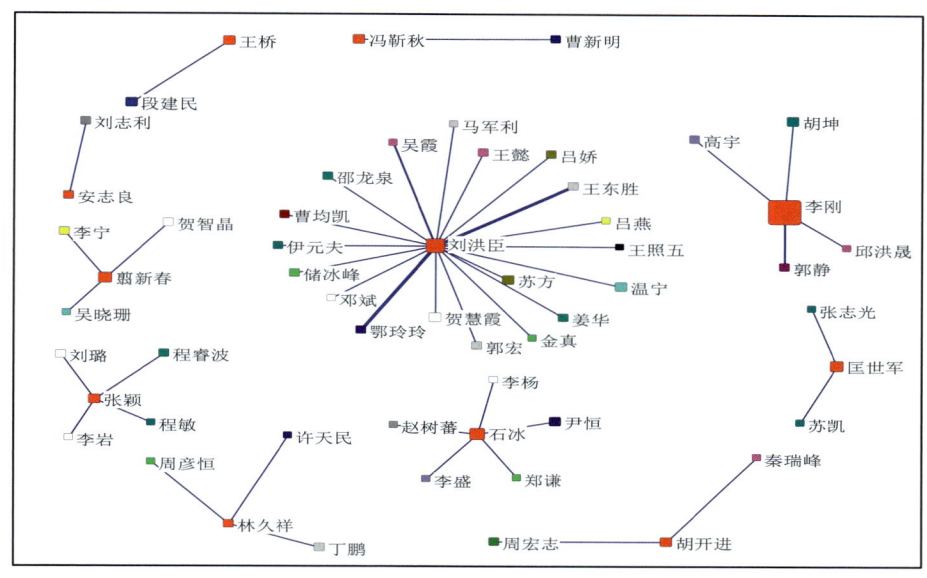

图 19-8 口腔医学学科高被引作者科研论文合作关系

19.5.3 高被引作者发文主题关联

通过作者共被引分析，获得 2013 年口腔医学学科高被引作者及与其他学者之间的发文主题关联（见图 19-9，共被引 2 次以下不显示）。如图 19-9 所示，口腔医学学科的高被引作者基本主导作者共被引网络，显示出该学科在热点主题上已经形成优势较为明显的科研力量。胡开进的节点较大，表明其学术成果在学科内得到较多关注。胡开进与杨擎天、刘博与束为等学者之间的链接较强，意味着他们之间可能有较为相近的研究主题。

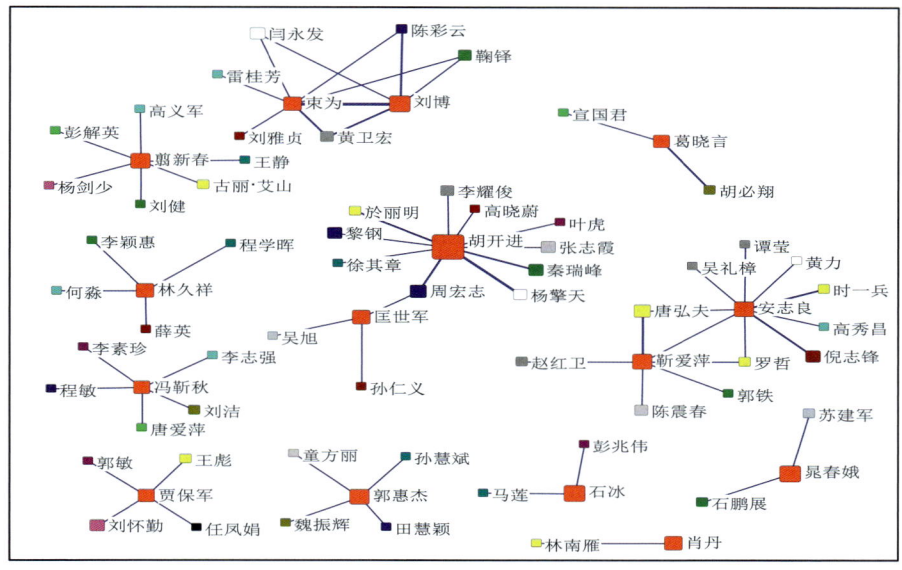

图 19-9 口腔医学学科高被引作者发文主题关联

19.6 高被引机构分析

19.6.1 高被引机构

为便于比较，本书将口腔医学学科的高被引机构分为医院和高等院校/科研院所两种类型。其中，被引频次 TOP 10 医院和被引频次 TOP 5 高等院校/科研院所的发文及被引情况分别见表 19-5 和表 19-6。其中，总被引频次较高的 3 所医院分别是上海交通大学医学院附属第九人民医院、四川大学华西口腔医院和北京大学口腔医学院口腔医院，北京大学口腔医学院、南京医科大学和四川大学是总被引频次较高的 3 所高等院校/科研院所；前 5 年学科发文在 2013 年的被引率最高的医院和高等院校/科研院所分别是中山大学光华口腔医学院附属口腔医院和北京大学口腔医学院，篇均被引最高的医院和高等院校/科研院所分别是中山大学光华口腔医学院附属口腔医院和北京大学口腔医学院。上述高被引机构的论文被引率和篇均被引频次对比如图 19-10 所示。

表 19-5 口腔医学学科高被引医院 TOP 10

序号	第一作者单位	学科发文量（篇）		前 5 年学科发文在 2013 年的被引			
		前 5 年	2013 年	频次	被引率（%）	最高（次）	篇均（次）
1	上海交通大学医学院附属第九人民医院	1002	88	538	33.4	10	0.54
2	四川大学华西口腔医院	350	78	181	29.7	7	0.52
3	北京大学口腔医学院口腔医院	312	107	144	26.9	7	0.46
4	重庆医科大学附属口腔医院	252	32	134	32.9	4	0.53
5	中山大学光华口腔医学院附属口腔医院	206	5	126	35.0	8	0.61
6	中国人民解放军总医院	248	48	112	27.4	9	0.45
7	广东省口腔医院	224	25	106	30.8	7	0.47
8	吉林大学口腔医院	243	45	97	26.3	7	0.4
9	南昌大学附属口腔医院	183	31	94	29.0	6	0.51
10	天津市口腔医院	162	36	91	28.4	17	0.56

表 19-6 口腔医学学科高被引高等院校/科研院所 TOP 5

序号	第一作者单位	学科发文量（篇）		前 5 年学科发文在 2013 年的被引			
		前 5 年	2013 年	频次	被引率（%）	最高（次）	篇均（次）
1	北京大学口腔医学院	466	26	423	46.4	8	0.91
2	南京医科大学	383	36	198	31.1	7	0.52
3	四川大学	338	20	181	32.5	9	0.54
4	第四军医大学口腔医学院	387	127	161	23.5	15	0.42
5	中国医科大学	245	11	155	39.6	5	0.63

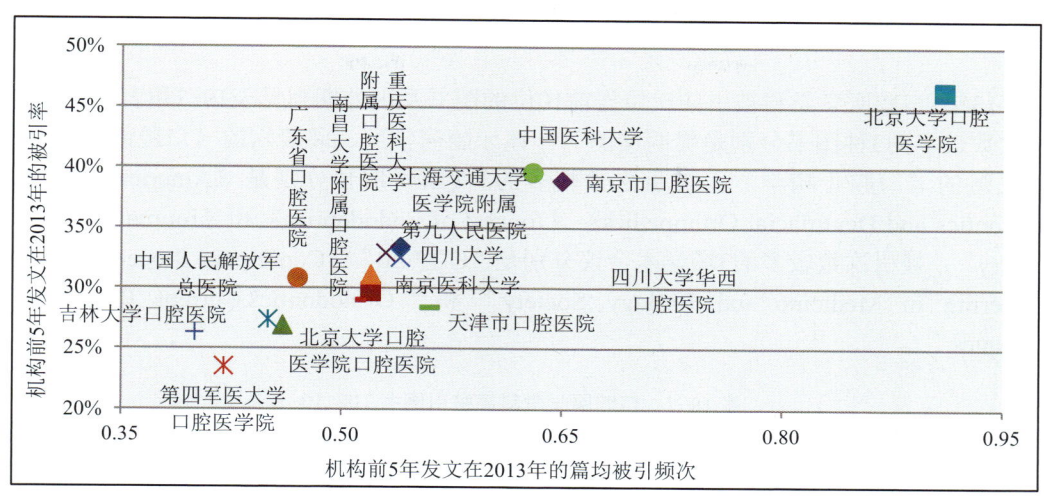

图 19-10　口腔医学学科高被引机构论文篇均被引及被引率对比

19.6.2　高被引机构科研合作关系

通过合著分析，获得口腔医学学科高被引机构之间及其与其他机构之间的科研合作关系，如图 19-11 所示（合作 37 次以下不显示）。分析得知，口腔医学学科的机构合作链接较为紧密，显示出学科内各个机构间的合作关系较为普遍；高被引机构基本主导了机构合作网络，显示出这些机构已经在学科内具有了一定的科研优势。上海交通大学医学院附属第九人民医院和上海交通大学、四川大学和四川大学华西口腔医院等机构之间的链接较强，显示出它们的合作关系较强。

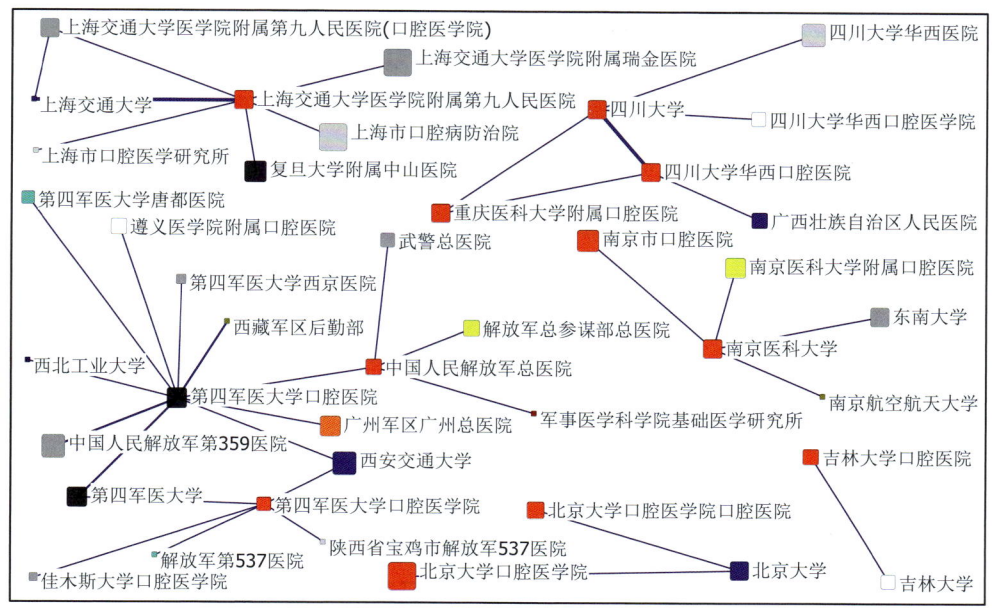

图 19-11　口腔医学学科高被引机构科研合作关系

19.7 高被引图书、国外期刊及学术会议

2013年,口腔医学学科被引频次位居前10位的图书及国外期刊见表19-7和表19-8。其中,被引次数较多的3种图书分别是樊明文的《牙体牙髓病学》、邱蔚六的《口腔颌面外科学》和傅民魁的《口腔正畸学》；被引次数较多的3种国外期刊分别是《American Journal of Orthodontics and Dentofacial Orthopedics》《Journal of Endodontics》和《Journal of Prosthetic Dentistry》；被引次数较多的3场学术会议分别是"CDP Ed""Conference Proceedings－IEEE Engineering in Medicine and Biology Society"和"Orthodontics,Current Principles and Techniques"。

表 19-7　口腔医学学科高被引图书 TOP 10

序号	责任者	图书名称	出版社	2013 年被引频次
1	樊明文	牙体牙髓病学	人民卫生出版社	324
2	邱蔚六	口腔颌面外科学	人民卫生出版社	216
3	傅民魁	口腔正畸学	人民卫生出版社	105
4	孟焕新	牙周病学	人民卫生出版社	96
5	马轩祥	口腔修复学	人民卫生出版社	91
6	曹采方	牙周病学	人民卫生出版社	90
7	赵铱民	口腔修复学	人民卫生出版社	85
8	石四箴	儿童口腔医学	人民卫生出版社	75
9	皮昕	口腔解剖生理学	人民卫生出版社	57
10	傅民魁	口腔正畸专科教程	人民卫生出版社	52

表 19-8　口腔医学学科高被引国外期刊 TOP 10

序号	期刊名称	2013 年被引频次
1	American Journal of Orthodontics and Dentofacial Orthopedics	1559
2	Journal of Endodontics	1461
3	Journal of Prosthetic Dentistry	1145
4	Journal of Periodontology	1053
5	Journal of Dental Research	962
6	Dental Materials	875
7	Journal of Clinical Periodontology	761
8	Journal of Oral and Maxillofacial Surgery	735
9	Clinical Oral Implants Research	726
10	International Endodontic Journal	693

第 20 章　特种医学学科高被引分析

20.1　学科论文概况

2008—2012 年，特种医学学科共有 29567 位来自 11188 所机构的论文第一作者在 1415 种期刊上发表了 27562 篇学术论文。其中，80%以上的论文产出自 5060 所机构、22806 位作者，发表在 206 种期刊上。在前 5 年发表的这些论文中，有 7752 篇在 2013 年获得过引用，整体被引率为 28.1%，总被引频次为 12538 次，篇均被引 0.45 次；其中，高被引论文有 91 篇，单篇论文最高被引频次为 13 次，累计被引 758 次，篇均被引 8.33 次（表 20-1）。另外，2013 年特种医学学科共发表论文 6584 篇，其中有 217 篇在当年获得过引用，总共被引 298 次。

表 20-1　特种医学学科论文分布情况

年份	论文篇数	2013 年被引频次	2013 年被引率（%）	2013 年高被引论文			
				论文篇数	最高被引频次	总被引频次	篇均被引频次
2008	4466	1831	25.8	19	9	129	6.79
2009	4409	1878	26.4	18	9	125	6.94
2010	4345	2273	31.5	13	9	137	10.54
2011	6788	3595	31.4	21	11	207	9.86
2012	7554	2961	25.6	20	13	160	8.00
合计	27562	12538	28.1	91	13	758	8.33

从特种医学学科论文的地域分布来看，2013 年被引频次较高的 5 个省、直辖市或自治区依次是北京、江苏、广东、上海和山东（图 20-1）；5 年论文产出量较多的 5 个省、直辖市或自治区依次是北京、江苏、广东、山东和上海（图 20-2）。

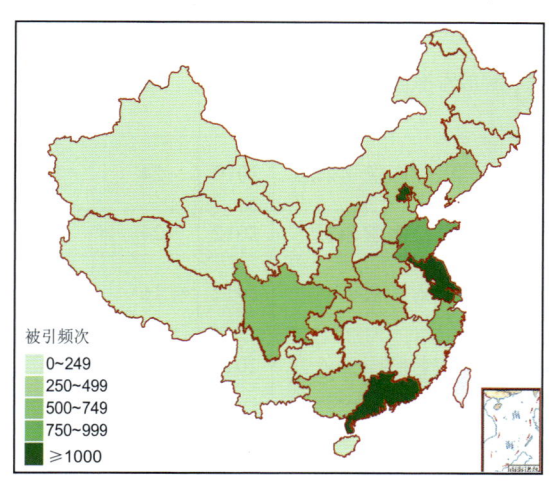

图 20-1　2013 年特种医学学科地区被引分布

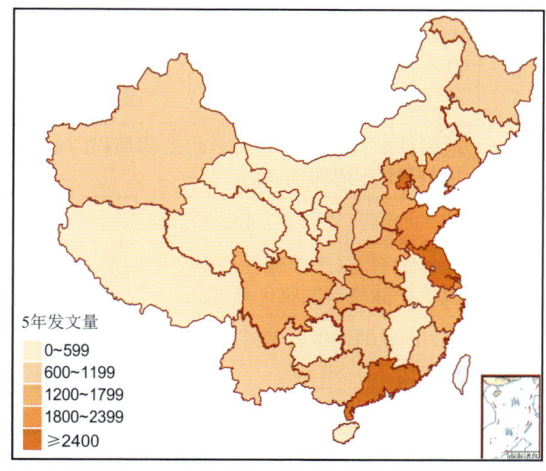

图 20-2　特种医学学科 5 年论文产出地区分布

20.2 高被引论文分析

在特种医学学科,2013年被引频次位居前10位的论文(表20-2)平均被引频次为15.2次,是全部91篇高被引论文篇均被引频次的1.8倍。其中,被引频次最高的论文是林晓珠于2010年发表的《宝石能谱CT在肿瘤诊断中的初步应用》,随后2篇分别是张雁灵于2011年发表的《实施数字化卫勤工程引领我军卫勤战略转型》和黄昌林于2012年发表的《2009、2010年全军军事训练伤流行病学抽样调查》。

从论文分布来看,刊载高被引论文数量居前的3种期刊分别是《中国药房》(50篇)、《临床麻醉学杂志》(33篇)和《中华医院感染学杂志》(29篇),而《人民军医》、《中国医学影像技术》分别刊载了高被引论文TOP 10中的2篇;发表高被引论文最多的学者是北京大学第一医院的王荣福(2篇);产出高被引论文数量居前的3所机构分别是安徽医科大学附属第一医院(4篇)、上海交通大学医学院附属瑞金医院(3篇)和南京军区南京总医院(2篇),而北京总后卫生部产出了高被引论文TOP 10中的4篇。

表 20-2 特种医学学科高被引论文 TOP 10

序号	论文题名	第一作者	期刊名称	发表年份	被引频次 总频次	被引频次 2013 年
1	宝石能谱CT在肿瘤诊断中的初步应用	林晓珠	诊断学理论与实践	2010	57	36
2	实施数字化卫勤工程引领我军卫勤战略转型	张雁灵	人民军医	2011	95	28
3	2009、2010 年全军军事训练伤流行病学抽样调查	黄昌林	解放军医学杂志	2012	35	21
4	军队数字化卫勤建设系列讲座(1)军队数字化医院建设总体构想	刘运成	人民军医	2011	40	19
5	探索的精神与乐趣——CT能谱成像临床应用研究中的思考	张晓鹏	中华放射学杂志	2011	21	16
6	突出主题主线加快转型转变努力开创军队医院为部队服务工作新局面——在全军医院为部队服务工作会议上的讲话	张雁灵	解放军医院管理杂志	2011	30	13
7	适应性统计迭代重建技术降低胸部CT扫描剂量的初步临床研究	贾楠	中国医学影像学杂志	2010	24	12
7	特大地震应急医学救援:来自汶川的经验	陈竺	中国循证医学杂志	2012	24	12
9	大螺距双源CT前瞻性心电门控扫描评价冠状动脉狭窄的临床研究	孙凯	中华放射学杂志	2012	16	11
10	582 例鼻咽癌调强放疗 5 年远期疗效及预后分析	冯梅	中华放射肿瘤学杂志	2011	17	10
10	CT中的放射防护	尉可道	中国医学影像技术	2009	30	10
10	螺旋CT低剂量扫描研究进展	张彦彩	中国医学影像技术	2010	23	10
10	CT能谱成像在小肝癌检测中的应用价值	吕培杰	放射学实践	2011	28	10

序号	论文题名	第一作者	期刊名称	发表年份	被引频次 总频次	被引频次 2013年
10	战伤创伤救治新进展与展望	蒋建新	解放军医学杂志	2010	28	10
10	数字钼靶X线摄影与彩色多普勒超声对乳腺肿块的诊断价值	德杰	放射学实践	2010	17	10

20.3 研究主题关联分析

在特种医学学科，高被引论文累计被2013年发表的778篇论文引用了758次。通过分析施引文献关键词的词频及关键词之间的共现关系，获得2013年特种医学的热点主题和主题关联，如图20-3所示（共现3次以下不显示）。由图可知："体层摄影术，X线计算机"的文档词频较高，是特种医学学科近期的热点研究主题；"辐射剂量"与"体层摄影术，X线计算机"之间共现次数较多，显示出它们之间主题关联较为紧密。以"能谱成像""计算机体层成像"和"辐射剂量"为核心的多个概念相互关联，构成了领域内近期较为突出的研究主题簇。

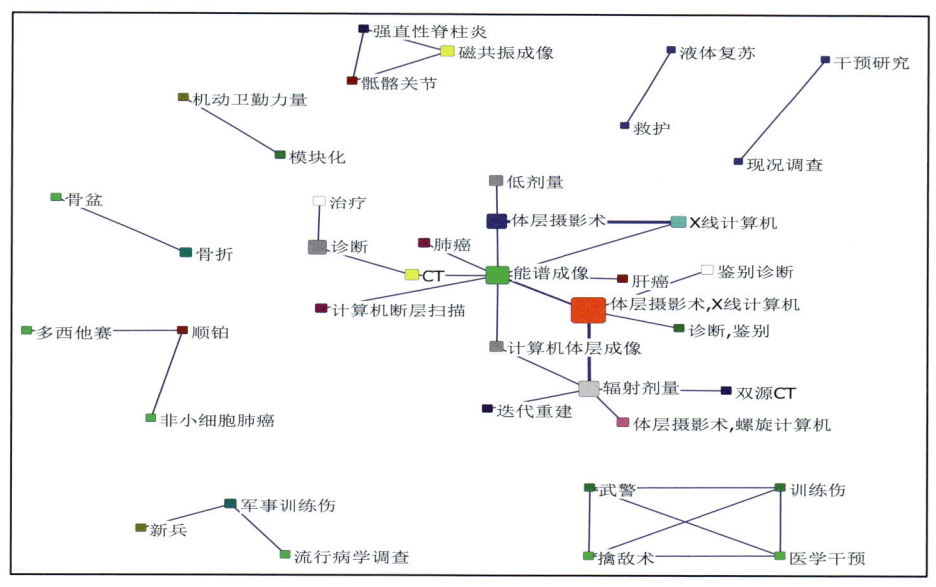

图20-3 特种医学学科2013年热点主题关联

20.4 学科高影响力期刊分析

20.4.1 学科高影响力期刊 TOP 10

在特种医学学科，学科5年影响因子位居前10位的期刊见表20-3，排在前3位的期刊分别是《中国CT和MRI杂志》《放射学实践》和《中国介入影像与治疗学》。在表

20-3中,学科载文量占其总载文量比例最大的期刊是《航天医学与医学工程》;前5年学科载文在2013年被引率最高的期刊是《中国CT和MRI杂志》;期刊5年影响因子较高的前3种期刊分别是《中国CT和MRI杂志》《放射学实践》和《中国介入影像与治疗学》;学科5年影响因子与期刊5年影响因子差异最大的期刊是《中国CT和MRI杂志》。表20-3中期刊的学科5年影响因子和前5年学科载文的2013年被引率对比如图20-4所示,2008—2013年期刊5年影响因子的变动情况如图20-5所示。

表20-3 特种医学学科高影响力期刊基本指数

序号	期刊名称	前5年载文量			2013年学科被引			5年影响因子		h指数(学科)
		学科(篇)	占比(%)	总量(篇)	频次	被引率(%)	高被引论文篇数	期刊(2013)	学科(2013)	
1	中国CT和MRI杂志	240	22.3	1077	272	54.6	5	0.883	1.133	7
2	放射学实践	1098	41.6	2641	723	33.2	11	0.622	0.658	7
3	中国介入影像与治疗学	226	19.3	1172	143	31.9	1	0.613	0.633	6
4	实用医学影像杂志	466	47.2	988	279	39.3	0	0.481	0.599	4
5	中国医学物理学杂志	125	11.7	1066	68	34.4	0	0.396	0.544	4
6	东南国防医药	221	14.1	1567	119	32.6	0	0.487	0.538	6
7	中国运动医学杂志	667	55.1	1211	354	33.3	1	0.528	0.531	5
8	人民军医	747	16.3	4582	371	23.6	9	0.390	0.497	7
9	航天医学与医学工程	374	62.8	596	137	22.5	2	0.341	0.366	4
10	海军医学杂志	371	27.4	1355	131	25.9	0	0.369	0.353	5

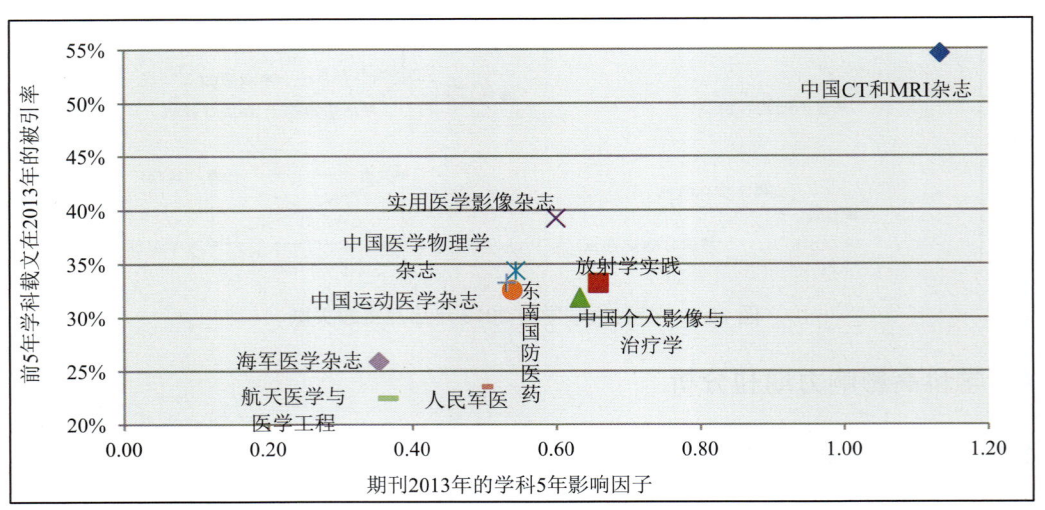

图20-4 特种医学学科高影响力期刊对比

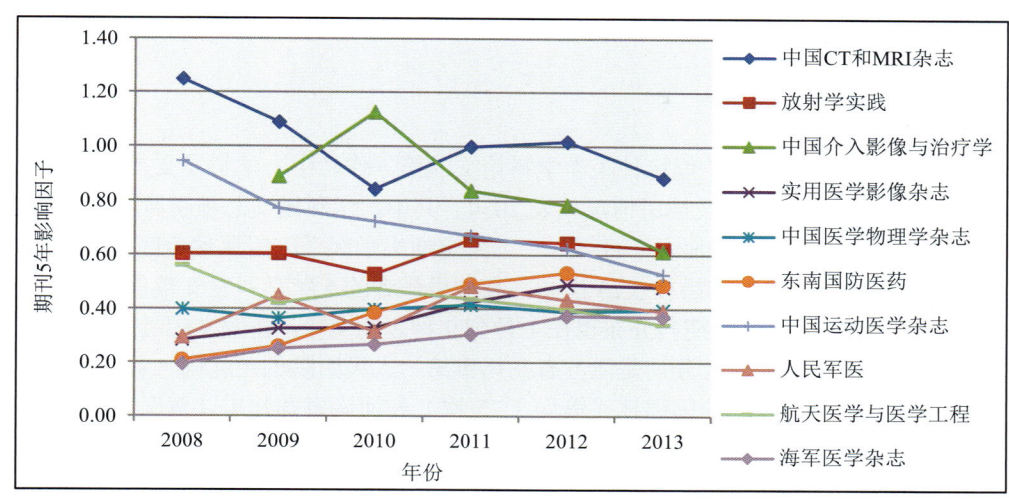

图 20-5 特种医学学科期刊 5 年影响因子变动

20.4.2 学科高影响力期刊载文主题关联

通过期刊共被引分析，获得特种医学学科高影响力期刊及与其他期刊之间的载文主题关联，如图 20-6 所示（共被引 6 次以下不显示）。结果显示，特种医学学科的高影响力期刊相互链接较为紧密，部分主导了该学科的期刊共被引网络，显示出该学科高影响力期刊可能共同刊载了许多相近的研究主题，热点研究主题分散在多种期刊上。《中国 CT 和 MRI 杂志》的学科 5 年影响因子较高，显示出它们的学术影响力较大；《放射学实践》与《中国医学影像技术》之间的链接较强，意味着它们之间可能有较多相同或相近的载文主题。

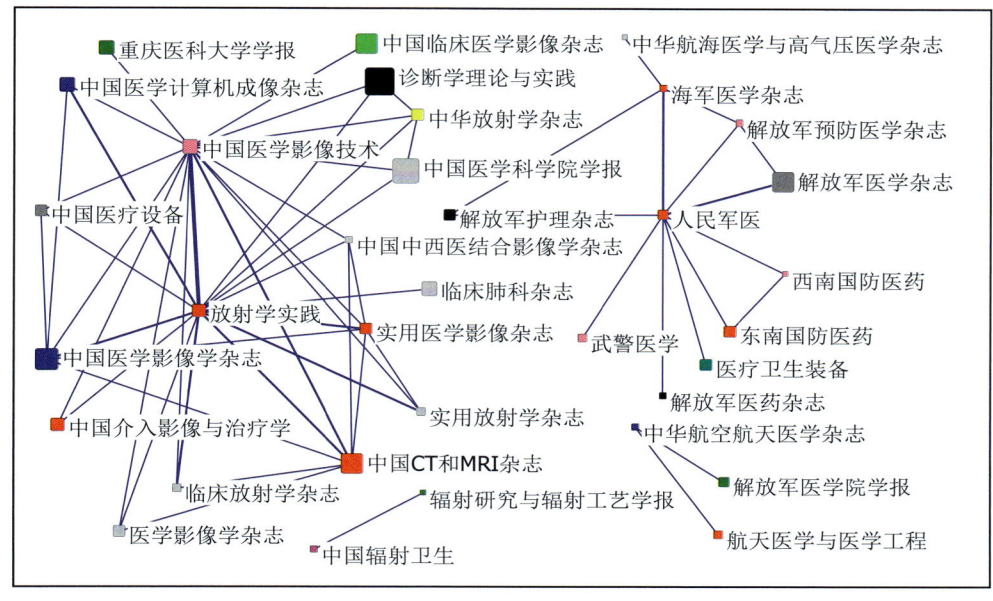

图 20-6 特种医学学科高影响力期刊载文主题关联

20.5 高被引作者分析

20.5.1 高被引作者TOP 20

2008—2012年，在29567位特种医学学科论文的第一作者中，学科发文在2013年被引频次位居前20位的学者的发文及被引情况见表20-4。其中，学科发文总被引频次较高的3位作者分别是北京总后卫生部的张雁灵（41次）、上海交通大学医学院附属瑞金医院的林晓珠（36次）和解放军第150医院的黄昌林（23次）。高被引作者的5年学科发文数量从1篇到16篇不等，同时，作者学科发文的期刊分布也在1种到9种之间变化。在发文超过5篇的所有作者中，篇均被引较高的3位作者分别是江苏省扬州市第一人民医院的王礼同（篇均1.83次）、中国人民解放军第252医院的田锦林（篇均1.75次）和河南省郑州市儿童医院的侯燕莉（篇均1.40次）；前5年发表学科论文较多的3位作者分别是解放军第252医院的田锦林（16篇）、山东省医学影像学研究所的柳澄（14篇）和中国人民解放军海军医学研究所的陈伯华（14篇）。高被引作者的学科发文量和被引量对比如图20-7所示。

表20-4 特种医学学科高被引作者TOP 20

序号	姓名	作者单位	前5年发文数量			前5年学科发文在2013年的被引				h指数（学科）
			学科发文（篇）	期刊分布（种）	发文总量（篇）	总频次	被引率（%）	最高（次）	篇均（次）	
1	张雁灵	北京总后卫生部	2	2	9	41	100.0	28	20.50	2
2	林晓珠	上海交通大学医学院附属瑞金医院	2	2	5	36	50.0	36	18.00	3
3	黄昌林	解放军第150医院	3	1	4	23	100.0	21	7.67	1
4	刘运成	北京总后卫生部	1	1	1	19	100.0	19	19.00	1
5	张晓鹏	北京大学临床肿瘤学院（北京肿瘤医院）	1	1	1	16	100.0	16	16.00	1
6	周建军	复旦大学附属中山医院	4	1	58	15	75.0	6	3.75	5
7	田锦林	解放军第252医院	16	2	38	14	37.5	6	0.88	3
7	王荣福	北京大学第一医院	11	9	40	14	36.3	6	1.27	3
9	张龙江	南京军区南京总医院	9	3	38	12	66.7	4	1.33	3
9	贾楠	解放军总医院	1	1	2	12	100.0	12	12.00	1
9	陈竺	北京总后卫生部	1	1	22	12	100.0	12	12.00	2
12	李若坤	复旦大学附属金山医院	3	3	5	11	66.7	6	3.67	2
12	徐先荣	解放军空军总医院	7	3	13	11	57.1	5	1.57	3
12	鱼敏	第四军医大学	2	1	2	11	100.0	6	5.50	2
12	曾勇明	重庆医科大学附属第一医院	3	2	10	11	100.0	6	3.67	2

序号	姓名	作者单位	前5年发文数量			前5年学科发文在2013年的被引				h指数(学科)
			学科发文(篇)	期刊分布(种)	发文总量(篇)	总频次	被引率(%)	最高(次)	篇均(次)	
12	王礼同	江苏省扬州市第一人民医院	6	2	7	11	50.0	8	1.83	2
12	孙凯	内蒙古自治区包头市中心医院	1	1	1	11	100.0	11	11.00	1
18	孙宇	军事医学科学院	2	1	5	10	100.0	5	5.00	2
18	尉可道	中国疾病预防控制中心	1	1	1	10	100.0	10	10.00	1
18	张彦彩	甘肃省中医院	1	1	8	10	100.0	10	10.00	2

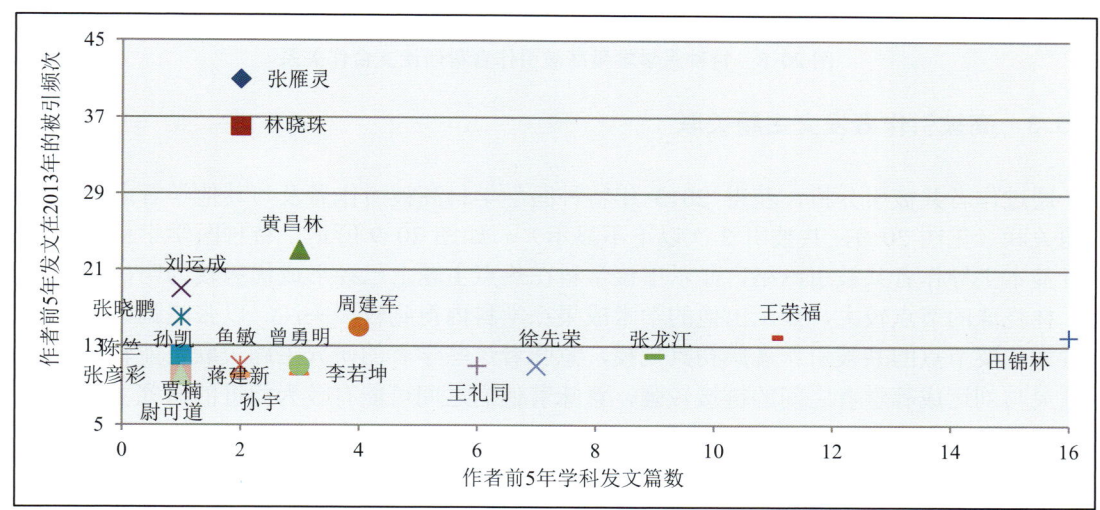

图20-7　特种医学学科高被引作者学科发文及被引对比

20.5.2　高被引作者科研合作关系

通过作者合著分析，获得2013年特种医学学科高被引作者及与其他学者之间的科研论文合作关系（不考虑论文署名次序），如图20-8所示（合著4次以下不显示）。可以看出，特种医学学科的高被引作者的论文合作现象比较普遍。学者田锦林的发文量较多，论文合作者也较多，显示出其在该学科的研究人员中具有一定的集聚效应。学者徐先荣、曾勇明的论文合作网络也较为突出，在该学科的研究人员中表现出一定的集聚效应。张龙江与卢光明学者之间的合作关系最为紧密，显示出他们可能属于同一支科研团队。

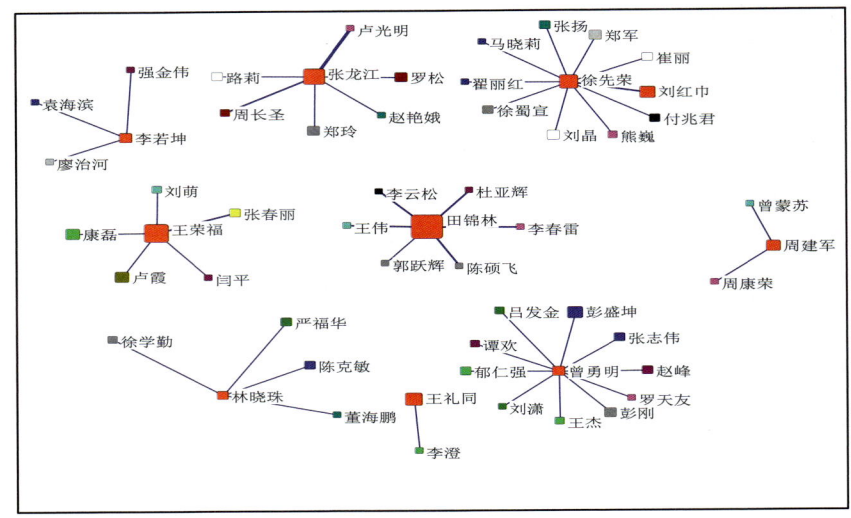

图 20-8　特种医学学科高被引作者科研论文合作关系

20.5.3　高被引作者发文主题关联

通过作者共被引分析，获得 2013 年特种医学学科高被引作者及与其他学者之间的发文主题关联（见图 20-9，共被引 2 次以下不显示）。如图 20-9 所示，特种医学学科的高被引作者基本主导作者共被引网络，显示出该学科在热点主题上已经形成优势较为明显的科研力量。林晓珠的节点较大，显示出他的学术成果在学科内得到较多关注。以张晓鹏、林晓珠等学者为主要节点的共被引作者簇初具规模，意味着这些学者的研究主题关联可能较为紧密。张雁灵与刘运成等学者之间的链接较强，意味着他们之间可能有较为相近的研究主题。

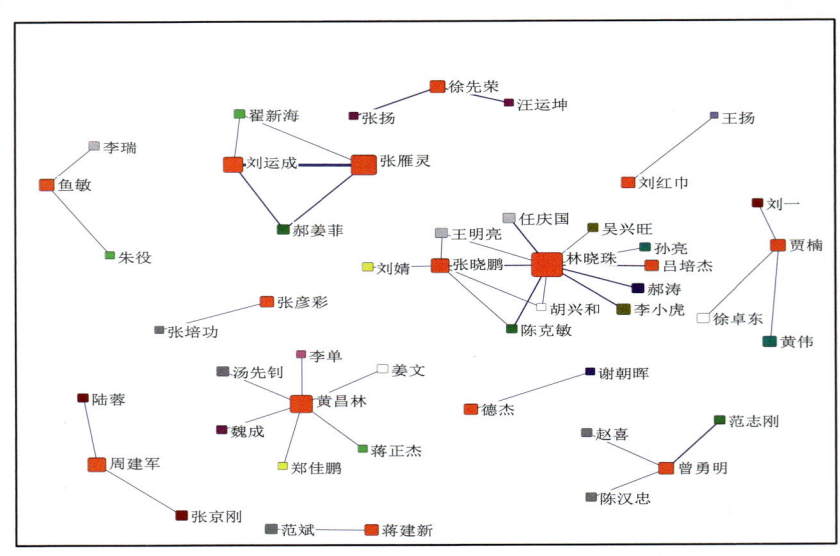

图 20-9　特种医学学科高被引作者发文主题关联

20.6 高被引机构分析

20.6.1 高被引机构

为便于比较，本书将特种医学学科的高被引机构分为医院和高等院校/科研院所两种类型。其中，被引频次 TOP 10 医院和被引频次 TOP 5 高等院校/科研院所的发文及被引情况分别见表 20-5 和表 20-6。其中，总被引频次较高的 3 所医院分别是中国人民解放军总医院、南京军区南京总医院和上海交通大学医学院附属瑞金医院，第四军医大学、空军航空医学研究所和第三军医大学是总被引频次较高的 3 所高等院校/科研院所；前 5 年学科发文在 2013 年的被引率最高的医院和高等院校/科研院所分别是安徽医科大学附属第一医院和上海体育学院，同时篇均被引最高的医院和高等院校/科研院所也分别是安徽医科大学附属第一医院和上海体育学院。上述高被引机构的论文被引率和篇均被引频次对比如图 20-10 所示。

表 20-5　特种医学学科高被引医院 TOP 10

序号	第一作者单位	学科发文量（篇）		前 5 年学科发文在 2013 年的被引			
		前 5 年	2013 年	频次	被引率（%）	最高（次）	篇均（次）
1	中国人民解放军总医院	683	50	479	37.8	12	0.70
2	南京军区南京总医院	166	21	101	35.5	8	0.61
3	上海交通大学医学院附属瑞金医院	77	14	88	29.9	36	1.14
4	安徽医科大学附属第一医院	40	9	68	60.0	8	1.70
5	北京大学第一医院	91	27	65	35.2	6	0.71
6	中国人民解放军海军总医院	124	28	63	31.5	6	0.51
7	四川大学华西医院	147	30	61	25.9	5	0.41
8	重庆医科大学附属第一医院	91	21	60	29.7	6	0.66
9	复旦大学附属中山医院	75	9	56	44.0	6	0.75
10	中国人民解放军空军总医院	84	7	50	33.3	8	0.60

表 20-6　特种医学学科高被引高等院校/科研院所 TOP 5

序号	第一作者单位	学科发文量（篇）		前 5 年学科发文在 2013 年的被引			
		前 5 年	2013 年	频次	被引率	最高（次）	篇均（次）
1	第四军医大学	162	34	81	30.2	6	0.50
2	空军航空医学研究所	159	52	76	30.8	4	0.48
3	第三军医大学	140	20	62	28.6	6	0.44
4	上海体育学院	91	13	61	36.3	5	0.67
5	第二军医大学	166	13	58	24.1	3	0.35

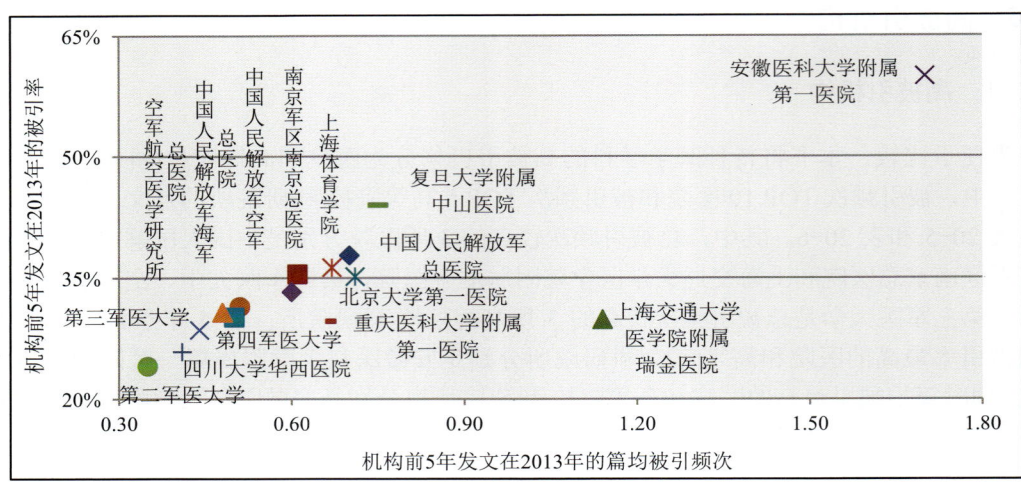

图 20-10　特种医学学科高被引机构论文篇均被引及被引率对比

20.6.2　高被引机构科研合作关系

通过合著分析，获得特种医学学科高被引机构之间及其与其他机构之间的科研合作关系，如图 20-11 所示（合作 22 次以下不显示）。分析得知，特种医学学科的机构合作链接非常紧密，显示出学科内各个机构间合作非常普遍；高被引机构基本主导了机构合作网络，显示出这些机构已经在学科内具有了一定的科研优势。解放军空军总医院与空军航空医学研究所等机构之间的链接较强，显示出它们的学术合作较为频繁。

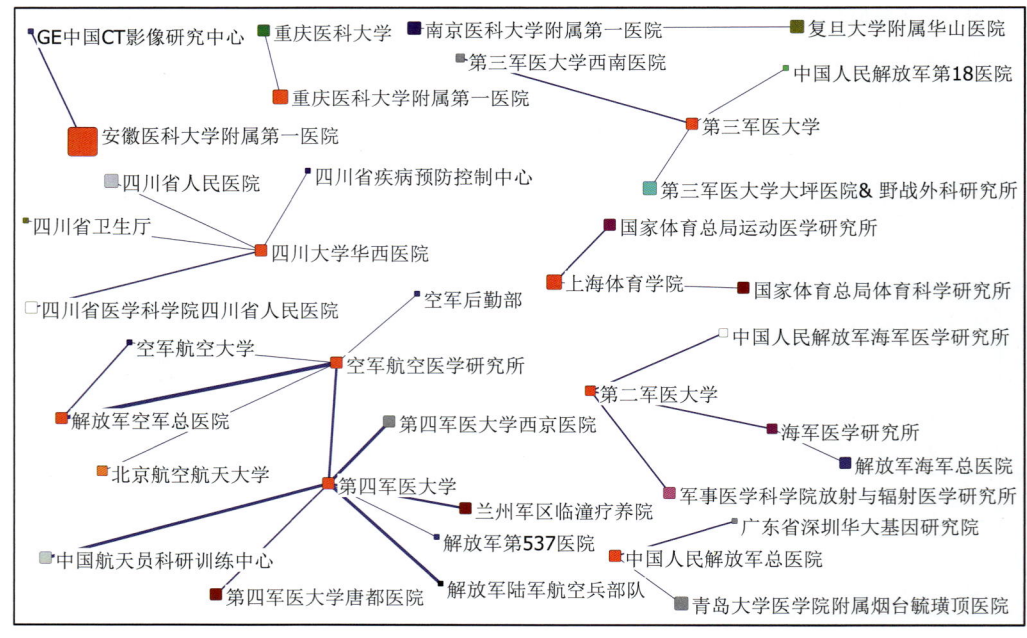

图 20-11　特种医学学科高被引机构科研合作关系

20.7 高被引图书、国外期刊及学术会议

2013年，特种医学学科被引频次位居前10位的图书及国外期刊见表20-7和表20-8。其中，被引次数较多的图书分别是殷蔚伯的《肿瘤放射治疗学》和李松年的《现代全身CT诊断学》；被引次数较多的3种国外期刊分别是《Radiology》《American Journal of Roentgenology》和《European Journal of Radiology》；被引次数较多的3场学术会议分别是"Nuclear Science Symposium Conference Record""40th International Conference on Environmental Systems"和"Presented at the 47th Annual Meeting of the American Society of Clinical Oncology"。

表 20-7 特种医学学科高被引图书 TOP 10

序号	责任者	图书名称	出版社	2013 年被引频次
1	殷蔚伯	肿瘤放射治疗学	中国协和医科大学出版社	38
2	李松年	现代全身 CT 诊断学	中国医药科技出版社	30
3	郭启勇	实用放射学	人民卫生出版社	22
3	白人驹	医学影像诊断学	人民卫生出版社	22
5	吴在德	外科学	人民卫生出版社	21
6	李果珍	临床 CT 诊断学	中国科学技术出版社	18
7	乐杰	妇产科学	人民卫生出版社	14
7	胡逸民	肿瘤放射物理学	原子能出版社	14
9	陈灏珠	实用内科学	人民卫生出版社	12
9	曹丹庆	全身 CT 诊断学	人民军医出版社	12

表 20-8 特种医学学科高被引国外期刊 TOP 10

序号	期刊名称	2013 年被引频次
1	Radiology	993
2	American Journal of Roentgenology	660
3	European Journal of Radiology	552
4	Circulation	265
5	New England Journal of Medicine	244
6	International Journal of Radiation Oncology, Biology, Physics	241
7	Aviation, Space, and Environmental Medicine	209
8	Medical Physics	191
9	Journal of Nuclear Medicine	170
10	American Journal of Neuroradiology	168

第 21 章　药学学科高被引分析

21.1　学科论文概况

2008—2012 年，药学学科共有 178062 位来自 43516 所机构的论文第一作者在 2241 种期刊上发表了 188994 篇学术论文。其中，80%以上的论文产出自 10168 所机构、133363 位作者，发表在 204 种期刊上。在前 5 年发表的这些论文中，有 58378 篇在 2013 年获得过引用，整体被引率为 30.9%，总被引频次为 101478 次，篇均被引 0.54 次；其中，高被引论文有 687 篇，单篇论文最高被引频次为 118 次，累计被引 6979 次，篇均被引 10.16 次（表 21-1）。另外，2013 年药学学科共发表论文 37546 篇，其中有 1387 篇在当年获得过引用，总共被引 1811 次。

表 21-1　药学学科论文分布情况

年份	论文篇数	2013 年被引频次	2013 年被引率（%）	2013 年高被引论文			
				论文篇数	最高被引频次	总被引频次	篇均被引频次
2008	36270	15652	25.3	102	68	1079	10.58
2009	39381	19652	29.0	126	93	1449	11.50
2010	43828	26662	34.0	148	107	1754	11.85
2011	34544	23474	37.6	190	118	1728	9.09
2012	34971	16038	28.4	121	68	969	8.01
合计	188994	101478	30.9	687	118	6979	10.16

从药学学科论文的地域分布来看，2013 年被引频次较高的 5 个省、直辖市或自治区依次是北京、广东、浙江、江苏和山东（图 21-1）；5 年论文产出量较多的 5 个省、直辖市或自治区依次是广东、江苏、浙江、北京和山东（图 21-2）。

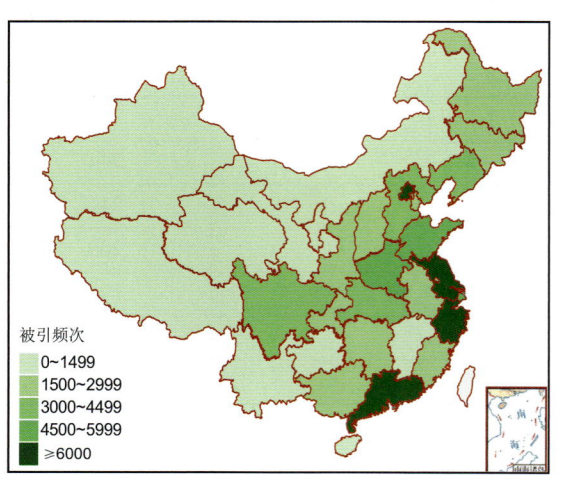

图 21-1　2013 年药学学科地区被引分布

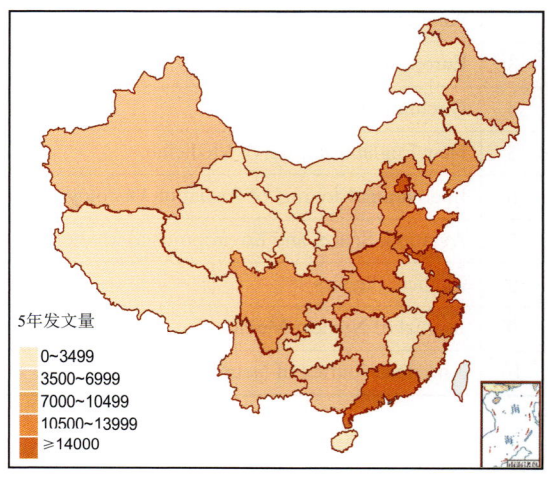

图 21-2　药学学科 5 年论文产出地区分布

21.2 高被引论文分析

在药学学科,2013年被引频次位居前10位的论文(表21-2)平均被引频次为45.6次,是全部687篇高被引论文篇均被引频次的4.5倍。其中,被引频次最高的论文是岳修勤于2010年发表的《地佐辛与芬太尼应用于术后静脉镇痛的临床效果比较》,随后2篇分别是肖永红于2012年发表的《Mohnarin 2011年度全国细菌耐药监测》和费晓云于2011年发表的《呼吸机相关性肺炎初始抗菌药物选择与预后的相关性研究》。

从论文分布来看,刊载高被引论文数量居前的3种期刊分别是《中国药房》(50篇)、《临床麻醉学杂志》(33篇)和《中华医院感染学杂志》(29篇),而《中华医院感染学杂志》刊载了高被引论文TOP 10中的3篇;发表高被引论文居前的3位学者分别是新疆医科大学的张彦丽(3篇)、武警后勤学院附属医院的朱淑平(2篇)和浙江大学医学院附属第一医院的王临润(2篇);产出高被引论文数量居前的3所机构分别是北京大学第一医院(10篇)、中国医科大学附属盛京医院(8篇)和中国药品生物制品检定所(7篇)。

表 21-2 药学学科高被引论文 TOP 10

序号	论文题名	第一作者	期刊名称	发表年份	被引频次 总频次	被引频次 2013年
1	地佐辛与芬太尼应用于术后静脉镇痛的临床效果比较	岳修勤	中国疼痛医学杂志	2010	369	151
2	Mohnarin 2011年度全国细菌耐药监测	肖永红	中华医院感染学杂志	2012	127	63
3	呼吸机相关性肺炎初始抗菌药物选择与预后的相关性研究	费晓云	中华医院感染学杂志	2011	70	36
4	我国2009至2010年MOHNARIN项目临床分离常见病原菌的耐药监测	李耘	中华检验医学杂志	2012	50	32
5	医院抗菌药物使用强度分析	杜德才	中华医院感染学杂志	2010	79	31
5	溶出曲线相似性的评价方法	谢沐风	中国医药工业杂志	2009	111	31
7	硫酸镁治疗妊高症46例临床疗效观察	关俊宏	中国现代药物应用	2009	54	29
7	地佐辛超前镇痛在妇科腹腔镜手术中的应用	刘萍	昆明医学院学报	2010	62	29
9	舒利迭治疗支气管哮喘的临床观察	林士军	临床肺科杂志	2009	66	27
9	右美托咪啶在麻醉中的应用	李天佐	北京医学	2010	65	27

21.3 研究主题关联分析

在药学学科，高被引论文累计被 2013 年发表的 7172 篇论文引用了 6979 次。通过分析施引文献关键词的词频及关键词之间的共现关系，获得 2013 年药学学科的热点主题和主题关联，如图 21-3 所示（共现 15 次以下不显示）。由图 21-3 可知："抗菌药物"与"合理用药"的文档词频较高，是药学学科近期的热点研究主题。"抗菌药物"与"合理用药"等概念之间的共现次数较多，显示出它们之间主题关联较为紧密。以"围手术期""抗菌药物"和"合理用药"等为核心的多个概念相互关联，构成了领域内近期最为突出的研究主题簇。

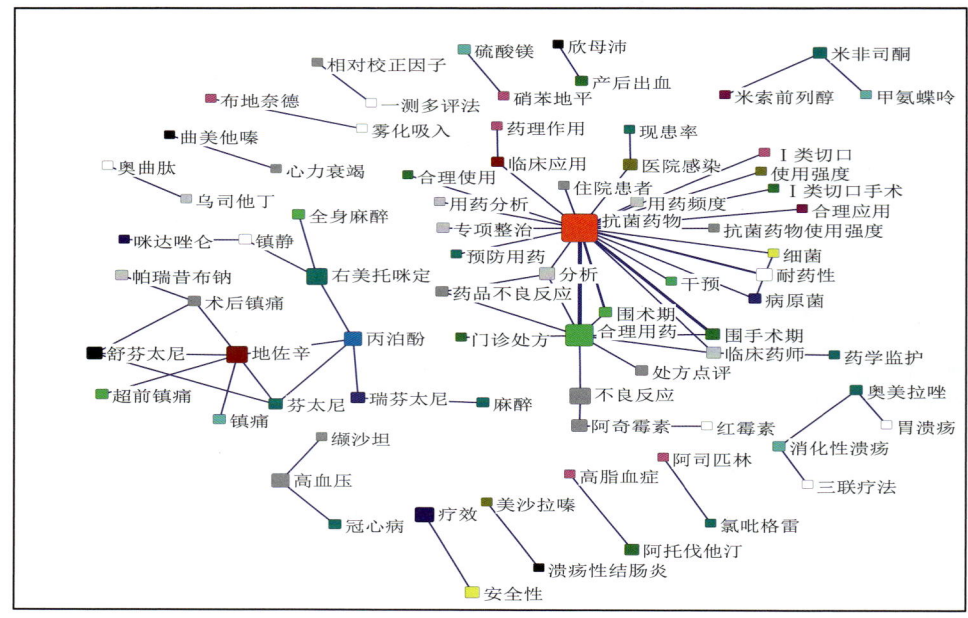

图 21-3 药学学科 2013 年热点主题关联

21.4 学科高影响力期刊分析

21.4.1 学科高影响力期刊 TOP 10

在药学学科，学科 5 年影响因子位居前 10 位的期刊见表 21-3，排在前 3 位的期刊分别是《临床麻醉学杂志》《实用肝脏病杂志》和《实用药物与临床》。在表 21-3 中，学科载文量占其总载文量比例最大的期刊是《中国药物应用与监测》；前 5 年学科载文在 2013 年被引率最高的期刊是《临床麻醉学杂志》；期刊 5 年影响因子较高的前 3 种期刊分别是《临床麻醉学杂志》《实用药物与临床》和《药学学报》；学科 5 年影响因子与期刊 5 年影响因子差异最大的期刊是《临床麻醉学杂志》。表 21-3 中期刊的学科 5 年影响因子和前 5 年学科载文的 2013 年被引率对比如图 21-4 所示，2008—2013 年期刊 5 年影响因子的变动情况如图 21-5 所示。

表 21-3　药学学科高影响力期刊基本指数

序号	期刊名称	前5年载文量			2013年学科被引			5年影响因子		h指数（学科）
		学科（篇）	占比（%）	总量（篇）	频次	被引率（%）	高被引论文篇数	期刊(2013)	学科(2013)	
1	临床麻醉学杂志	777	27.5	2827	1151	53.4	33	1.114	1.481	14
2	实用肝脏病杂志	174	14.6	1194	158	48.3	1	0.779	0.908	7
3	实用药物与临床	913	50.5	1808	749	34.4	12	0.912	0.820	9
4	药学学报	1264	84.7	1493	1022	39.7	11	0.822	0.809	8
5	中国临床药理学杂志	951	68.4	1391	745	33.9	14	0.766	0.783	9
6	上海医学	224	12.1	1858	171	38.0	3	0.541	0.763	7
7	中国生化药物杂志	428	48.0	891	317	40.7	3	0.703	0.741	7
8	中国药物应用与监测	710	87.2	814	514	34.9	6	0.765	0.724	7
9	安徽医药	1166	24.3	4797	823	36.9	7	0.770	0.706	10
10	中国天然药物	225	39.1	576	155	32.0	1	0.776	0.689	6

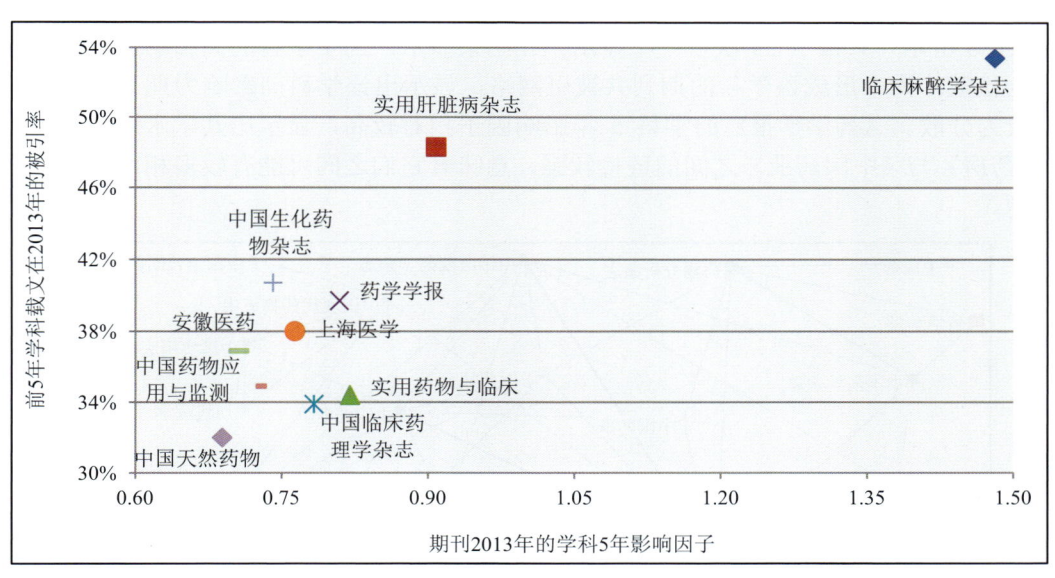

图 21-4　药学学科高影响力期刊对比

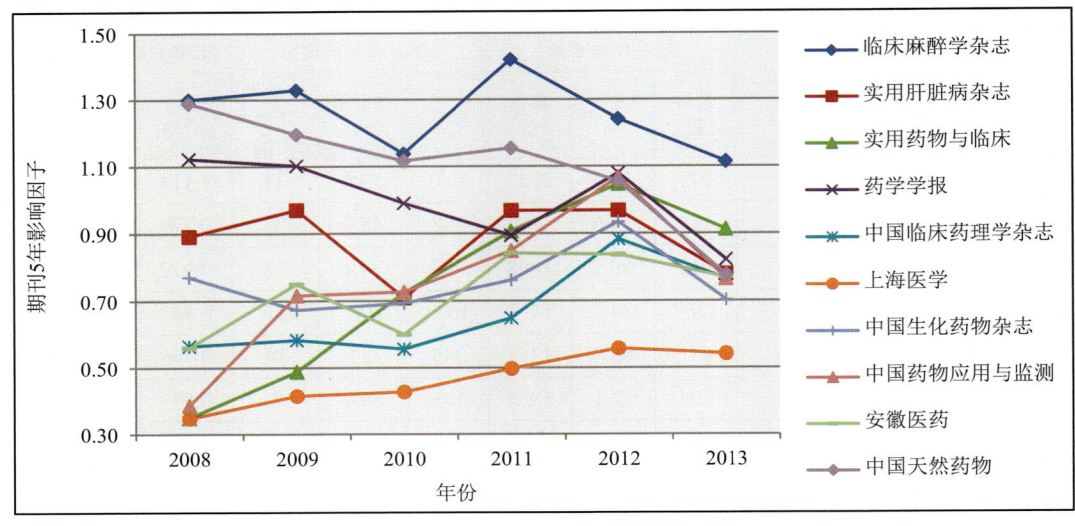

图 21-5　药学学科期刊 5 年影响因子变动

21.4.2　学科高影响力期刊载文主题关联

通过期刊共被引分析，获得药学学科高影响力期刊及与其他期刊之间的载文主题关联，如图 21-6 所示（共被引 59 次以下不显示）。结果显示，药学学科的高影响力期刊相互链接较为松散，尚未形成该学科的期刊共被引网络，显示出该学科高影响力期刊刊载的研究主题较为分散。《药学学报》的学科 5 年影响因子相对较高，显示出其学术影响力较大；《中国药房》与《中国药业》之间的链接较强，意味着它们之间可能有较多相同或相近的载文主题。

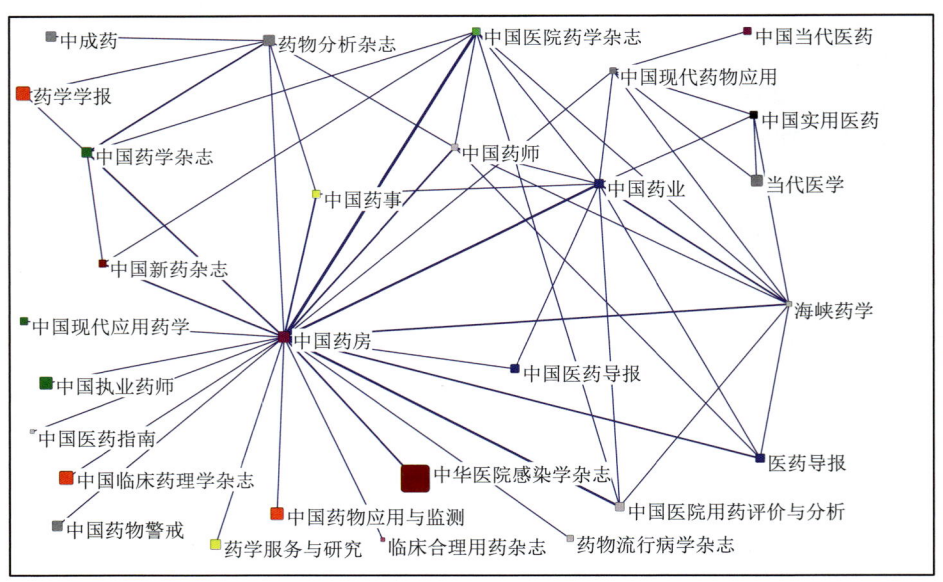

图 21-6　药学学科高影响力期刊载文主题关联

21.5 高被引作者分析

21.5.1 高被引作者 TOP 20

2008—2012 年，在 178062 位药学学科论文的第一作者中，在 2013 年学科被引频次位居前 20 位的学者的发文及被引情况见表 21-4。其中，学科发文总被引频次较高的 3 位作者分别是新乡医学院附属第一医院的岳修勤（151 次）、浙江大学医学院附属第一医院的肖永红（95 次）和北京大学第一医院的李耘（64 次）。高被引作者的 5 年学科发文数量从 1 篇到 18 篇不等，同时，作者学科发文的期刊分布也在 1 种到 11 种之间变化。在发文超过 5 篇的所有作者中，篇均被引较高的 3 位作者分别是浙江大学医学院附属第一医院的肖永红（篇均 7.31 次）、上海市食品药品检验所的谢沐风（篇均 6.75 次）和北京大学第一医院的李耘（篇均 6.40 次）；前 5 年发表学科论文较多的 3 位作者分别是沈阳药科大学的刘茜（28 篇）、上海交通大学医学院附属第九人民医院的黄震华（28 篇）和沈阳军区总医院的郭涛（28 篇）。高被引作者的学科发文量和被引量对比如图 21-7 所示。

表 21-4 药学学科高被引作者 TOP 20

序号	姓名	作者单位	前 5 年发文数量			前 5 年学科发文在 2013 年的被引				h 指数（学科）
			学科发文（篇）	期刊分布（种）	发文总量（篇）	总频次	被引率（%）	最高（次）	篇均（次）	
1	岳修勤	新乡医学院附属第一医院	2	2	2	151	50.0	151	75.50	1
2	肖永红	浙江大学医学院附属第一医院	13	11	50	95	53.9	63	7.31	4
3	李耘	北京大学第一医院	10	4	26	64	53.9	32	6.40	10
4	谢沐风	上海市食品药品检验所	8	5	11	54	62.5	31	6.75	3
5	崔向丽	首都医科大学附属北京天坛医院	18	9	27	36	38.9	21	2.00	3
5	费晓云	复旦大学附属中山医院	1	1	1	36	100.0	36	36.00	1
7	杜德才	安徽省立医院	3	3	3	33	66.7	31	11.00	2
8	关俊宏	辽宁省沈阳市东陵区中心医院	1	1	3	29	100.0	29	29.00	2
8	刘萍	云南省第三人民医院	1	1	1	29	100.0	29	29.00	1
8	张海英	北京大学人民医院	18	7	23	29	55.6	12	1.61	3
11	张彦丽	新疆医科大学	3	3	3	28	100.0	11	9.33	3
11	吴永佩	中国医院协会药事管理专业委员会	3	1	3	28	66.7	25	9.33	2
11	胡昌勤	中国药品生物制品检定所	8	6	8	28	87.5	7	3.50	4
11	李天佐	首都医科大学附属北京同仁医院	2	1	7	28	100.0	27	14.00	1
15	林士军	广东省深圳市龙岗区人民医院	2	2	4	27	50.0	27	13.50	1

序号	姓名	作者单位	前5年发文数量			前5年学科发文在2013年的被引				h指数(学科)
			学科发文(篇)	期刊分布(种)	发文总量(篇)	总频次	被引率(%)	最高(次)	篇均(次)	
15	张明发	上海美优制药有限公司	15	5	88	27	80.0	7	1.80	4
17	李彦文	中南大学湘雅三医院	1	1	3	26	100.0	26	26.00	1
17	胡宪文	安徽医科大学第二附属医院	1	1	2	26	100.0	26	26.00	1
19	张启明	中国药品生物制品检定所	4	3	4	25	50.0	24	6.25	1
19	易利丹	中南大学湘雅二医院	2	2	2	25	100.0	23	12.50	2

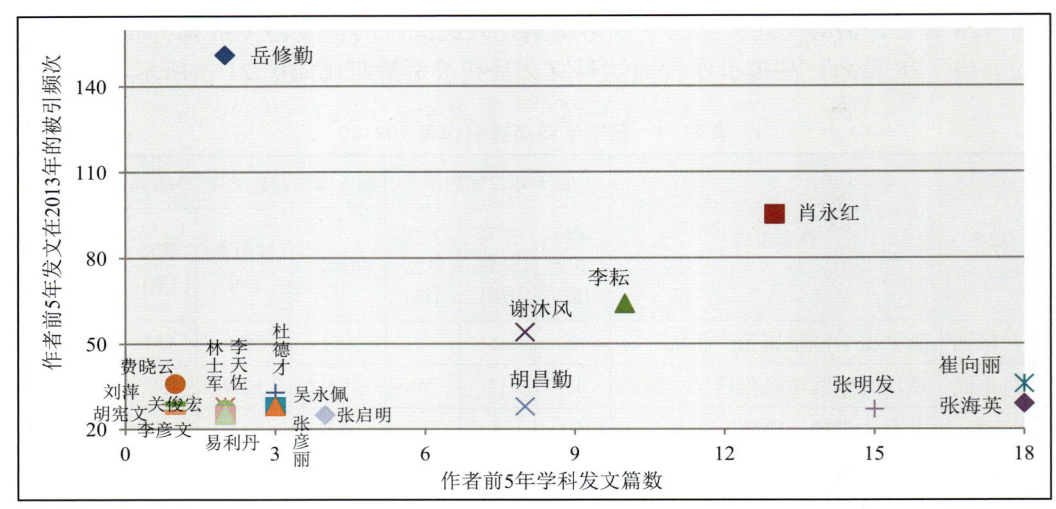

图 21-7　药学学科高被引作者学科发文及被引对比

21.5.2　高被引作者科研合作关系

通过作者合著分析，获得 2013 年药学学科高被引作者及与其他学者之间的科研论文合作关系（不考虑论文署名次序），如图 21-8 所示（合著 5 次以下不显示）。可以看出，药学学科的高被引作者中，学者易利丹、胡昌勤的论文合作网络都较为突出，显示出两位学者分别在学科的研究人员中表现出一定的集聚效应；易利丹与李健和、彭六保，崔向丽与赵志刚等学者之间的合作关系较为紧密，显示出他们可能分别属于同一支科研团队。

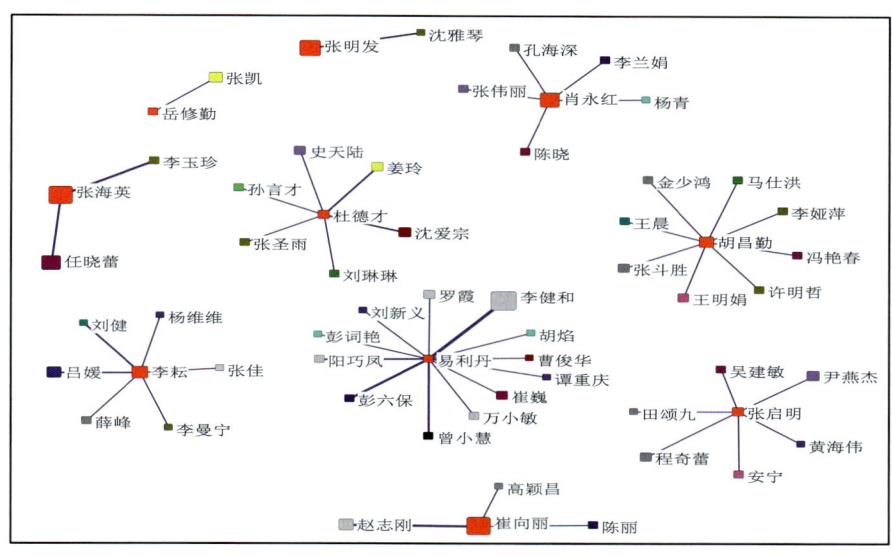

图 21-8 药学学科高被引作者科研论文合作关系

21.5.3 高被引作者发文主题关联

通过作者共被引分析，获得 2013 年药学学科高被引作者及与其他学者之间的发文主题关联（见图 21-9，共被引 2 次以下不显示）。如图 21-9 所示，药学学科的高被引作者基本主导作者共被引网络，显示出该学科在热点主题上已经形成优势较为明显的科研力量。岳修勤和肖永红的节点较大，显示出他们的学术成果在学科内得到较大关注。以岳修勤为主要节点的共被引作者簇人数较多，但网络规模不大。谢沐风与张启明等学者之间的链接较强，意味着他们之间可能有较为相近的研究主题。

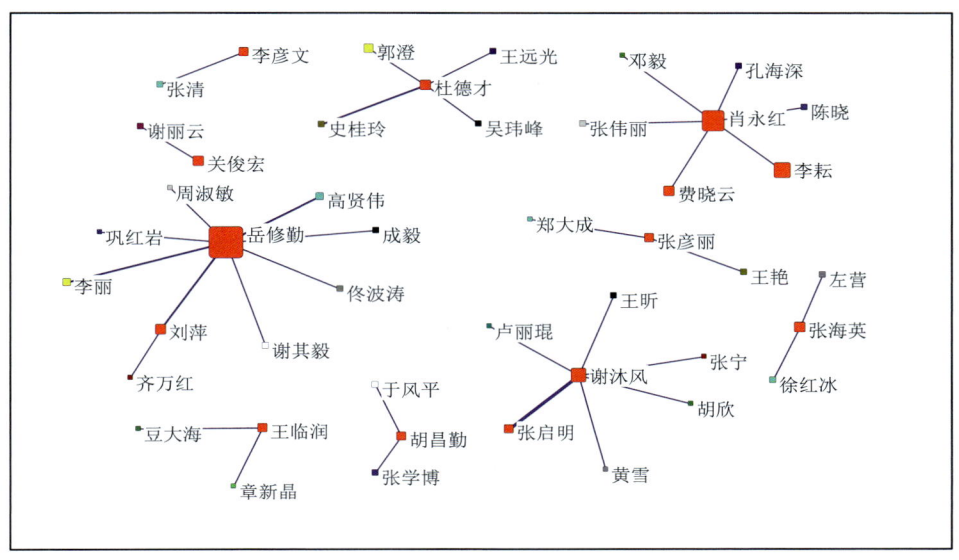

图 21-9 药学学科高被引作者发文主题关联

21.6 高被引机构分析

21.6.1 高被引机构

为便于比较,本书将药学学科的高被引机构分为医院和高等院校/科研院所两种类型。其中,被引频次 TOP 10 医院和被引频次 TOP 5 高等院校/科研院所的发文及被引情况分别见表21-5 和表 21-6。其中,总被引频次较高的 3 所医院分别是中国人民解放军总医院、北京大学第一医院和四川大学华西医院,中国药科大学、沈阳药科大学和南京中医药大学是总被引频次较高的 3 所高等院校/科研院所;前 5 年学科发文在 2013 年的被引率最高的医院和高等院校/科研院所分别是解放军总医院和南京中医药大学,篇均被引最高的医院和高等院校/科研院所分别是北京大学第一医院和南京中医药大学。上述高被引机构的论文被引率和篇均被引频次对比如图 21-10 所示。

表 21-5　药学学科高被引医院 TOP 10

序号	第一作者单位	学科发文量（篇）		前 5 年学科发文在 2013 年的被引			
		前 5 年	2013 年	频次	被引率(%)	最高（次）	篇均（次）
1	中国人民解放军总医院	1071	109	746	34.9	21	0.70
2	北京大学第一医院	400	51	401	38.2	32	1.00
3	四川大学华西医院	629	62	389	32.6	14	0.62
4	中国医科大学附属盛京医院	500	83	374	34.8	13	0.75
5	华中科技大学同济医学院附属同济医院	663	85	310	27.8	9	0.47
6	武汉大学人民医院	517	65	298	31.9	10	0.58
7	首都医科大学附属北京天坛医院	335	34	286	36.4	21	0.85
8	南京医科大学附属第一医院	396	31	276	33.8	12	0.70
9	中南大学湘雅二医院	479	46	268	32.6	23	0.56
10	北京大学第三医院	309	41	255	38.8	9	0.83

表 21-6　药学学科高被引高等院校/科研院所 TOP 5

序号	第一作者单位	学科发文量（篇）		前 5 年学科发文在 2013 年的被引			
		前 5 年	2013 年	频次	被引率(%)	最高（次）	篇均（次）
1	中国药科大学	2456	455	1313	31.0	16	0.53
2	沈阳药科大学	2067	284	1005	29.7	11	0.49
3	南京中医药大学	572	102	396	36.0	8	0.69
4	北京大学	612	95	367	31.0	14	0.60
5	广东药学院	646	116	319	29.7	9	0.49

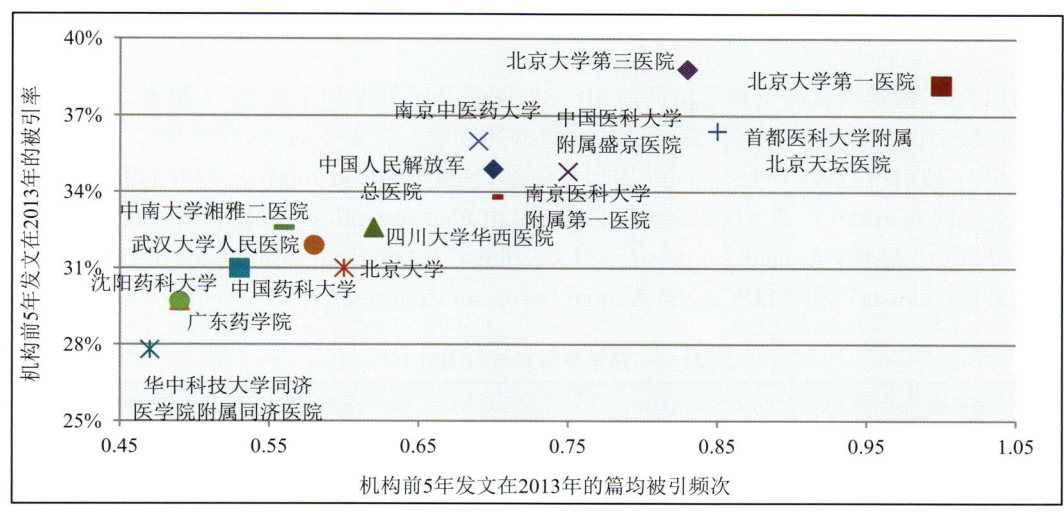

图 21-10　药学学科高被引机构论文篇均被引及被引率对比

21.6.2　高被引机构科研合作关系

通过合著分析，获得药学学科高被引机构之间及其与其他机构之间的合作关系，如图 21-11 所示（合作 65 次以下不显示）。分析得知，药学学科的机构合著链接非常紧密，显示出学科内各个机构间合作关系非常普遍；高被引机构部分主导了机构合作网络，显示出这些机构已经在学科内具有了一定的科研优势。四川大学华西医院和四川大学等机构之间的链接较强，显示出它们的学术合作较为频繁。

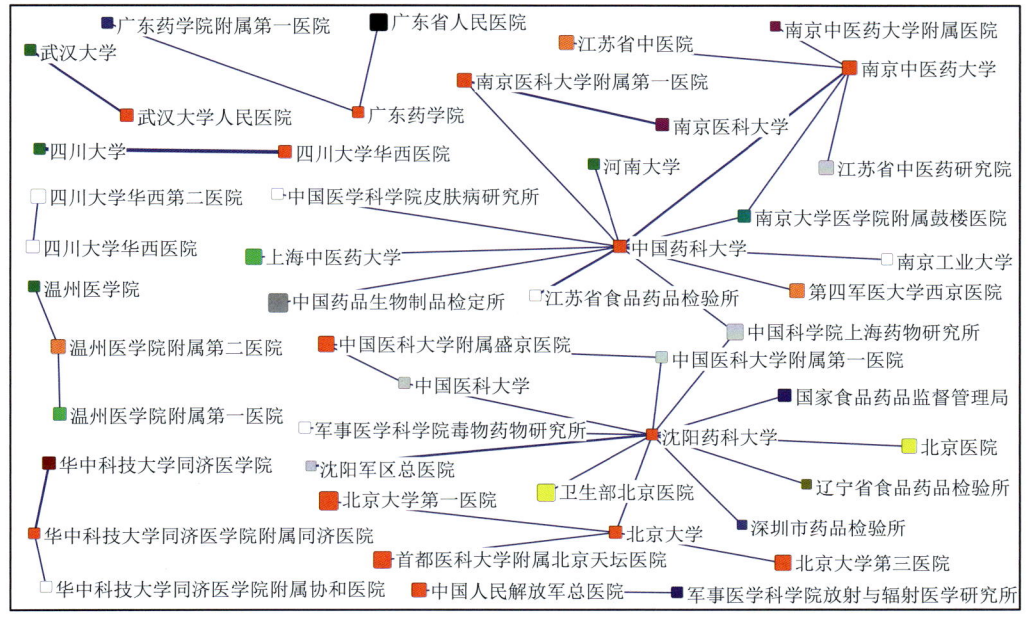

图 21-11　药学学科高被引机构科研合作关系

21.7 高被引图书、国外期刊及学术会议

2013年,药学学科被引频次位居前10位的图书及国外期刊见表21-7和表21-8。其中,被引次数较多的3种图书分别是陈新谦的《新编药物学》、乐杰的《妇产科学》和陆再英的《内科学》;被引次数较多的3种国外期刊分别是《New England Journal of Medicine》《Journal of Biological Chemistry》和《International Journal of Pharmaceutics》;被引次数较多的3场学术会议分别是"AMIA Annual Symposium Proceedings""American Conference of Governmental Industrial Hygienists"和"ISPOR 9th Annual European Congress"。

表 21-7　药学学科高被引图书 TOP 10

序号	责任者	图书名称	出版社	2013 年被引频次
1	陈新谦	新编药物学	人民卫生出版社	854
2	乐杰	妇产科学	人民卫生出版社	211
3	陆再英	内科学	人民卫生出版社	147
4	陈灏珠	实用内科学	人民卫生出版社	122
5	庄心良	现代麻醉学	人民卫生出版社	120
6	叶任高	内科学	人民卫生出版社	115
7	徐叔云	药理实验方法学	人民卫生出版社	95
8	杨宝峰	药理学	人民卫生出版社	76
9	胡亚美	诸福棠实用儿科学	人民卫生出版社	71
10	陈奇	中药药理研究方法学	人民卫生出版社	60

表 21-8　药学学科高被引国外期刊 TOP 10

序号	期刊名称	2013 年被引频次
1	New England Journal of Medicine	1461
2	Journal of Biological Chemistry	1310
3	International Journal of Pharmaceutics	1176
4	Antimicrobial Agents and Chemotherapy	1041
5	Circulation	1030
6	Proceedings of the National Academy of Sciences of the United States of America	1003
7	Nature	979
8	Journal of Medicinal Chemistry	969
9	The Lancet	928
10	Cancer Research	810

第22章 农业科学与工程学科高被引分析

22.1 学科论文概况

2008—2012年,农业科学与工程学科共有107271位来自41088所机构的论文第一作者在2690种期刊上发表了111713篇学术论文。其中,80%以上的论文产出自27799所机构、84323位作者,发表在198种期刊上。在前5年发表的这些论文中,有26758篇在2013年获得过引用,整体被引率为24.0%,总被引频次为50749次,篇均被引0.45次;其中,高被引论文有344篇,单篇论文最高被引频次为50次,累计被引3725次,篇均被引10.83次(表22-1)。另外,2013年农业科学与工程学科共发表论文30460篇,其中有497篇在当年获得过引用,总共被引618次。

表22-1 农业科学与工程学科论文分布情况

年份	论文篇数	2013年被引频次	2013年被引率(%)	2013年高被引论文			
				论文篇数	最高被引频次	总被引频次	篇均被引频次
2008	16563	8923	26.4	45	33	723	16.07
2009	17235	9819	28.9	54	39	696	12.89
2010	18891	11314	29.7	79	50	882	11.16
2011	26391	11703	23.3	75	49	763	10.17
2012	32633	8990	17.2	91	44	661	7.26
合计	111713	50749	24.0	344	50	3725	10.83

从农业科学与工程学科论文的地域分布来看,2013年被引频次较高的5个省、直辖市或自治区依次是北京、江苏、陕西、河南和黑龙江(图22-1);5年论文产出量较多的5个省、直辖市或自治区依次是黑龙江、江苏、北京、陕西和新疆(图22-2)。

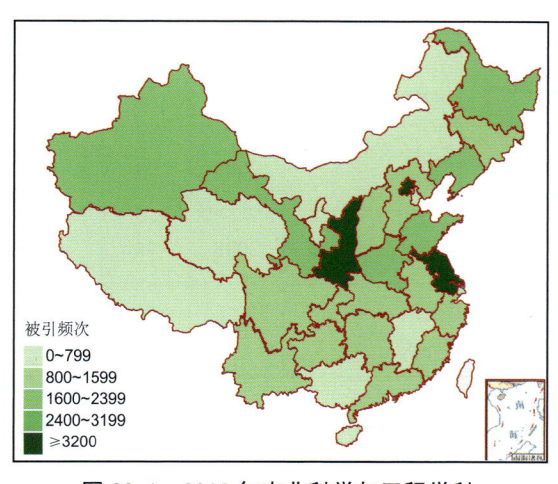

图22-1 2013年农业科学与工程学科地区被引分布

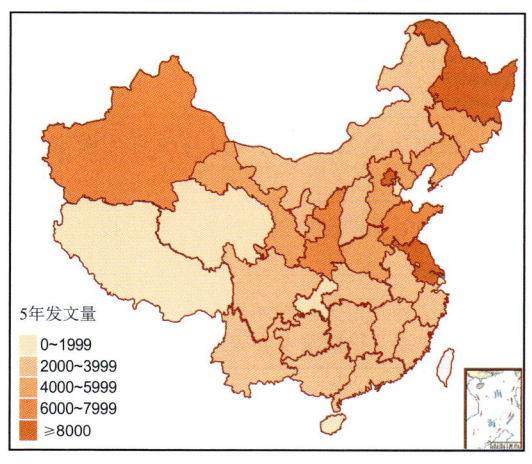

图22-2 农业科学与工程学科5年论文产出地区分布

22.2 高被引论文分析

在农业科学与工程学科，2013年被引频次位居前10位的论文（表22-2）平均被引频次为37.5次，是全部344篇高被引论文篇均被引频次的3.5倍。其中，被引频次最高的论文是张福锁于2008年发表的《中国主要粮食作物肥料利用率现状与提高途径》，随后2篇分别是杨劲松于2008年发表的《中国盐渍土研究的发展历程与展望》和韩华峰于2009年发表的《基于ZigBee网络的温室环境远程监控系统设计与应用》。

从论文分布来看，刊载高被引论文数量居前的3种期刊分别是《农业工程学报》（67篇）、《中国农学通报》（23篇）和《应用生态学报》（21篇），而《土壤学报》刊载了高被引论文TOP 10中的3篇；发表高被引论文居前的3位学者分别是湖南农业大学的杨宁（3篇）、中国农业大学的高万林（2篇）和中国农业科学院农业环境与可持续发展研究所的曾希柏（2篇）；产出高被引论文数量居前的3所机构分别是中国农业大学（37篇）、西北农林科技大学（25篇）和南京农业大学（13篇）。

表 22-2 农业科学与工程学科高被引论文 TOP 10

序号	论文题名	第一作者	期刊名称	发表年份	被引频次 总频次	被引频次 2013年
1	中国主要粮食作物肥料利用率现状与提高途径	张福锁	土壤学报	2008	397	109
2	中国盐渍土研究的发展历程与展望	杨劲松	土壤学报	2008	137	38
3	基于ZigBee网络的温室环境远程监控系统设计与应用	韩华峰	农业工程学报	2009	79	33
4	中国土壤氮素研究	朱兆良	土壤学报	2008	121	32
5	提高肥料利用率技术研究进展	闫湘	中国农业科学	2008	146	31
6	土壤生物质炭环境行为与环境效应	刘玉学	应用生态学报	2009	75	29
6	2011年全球生物技术/转基因作物商业化发展态势	Clive James	中国生物工程杂志	2012	46	29
8	生物黑炭及其增汇减排与改良土壤意义	张阿凤	农业环境科学学报	2009	74	28
9	中国农业源温室气体排放与减排技术对策	董红敏	农业工程学报	2008	96	23
9	近红外光谱分析技术在农产品/食品品质在线无损检测中的应用研究进展	孙通	光谱学与光谱分析	2009	66	23

22.3 研究主题关联分析

农业科学与工程学科，高被引论文累计被 2013 年发表的 3273 篇论文引用了 3725 次。通过分析施引文献关键词的词频及关键词之间的共现关系，获得 2013 年农业科学与工程学科的热点主题和主题关联，如图 22-3 所示（共现 9 次以下不显示）。由图可知："产量"的文档词频较高，是农业科学与工程学科近期的热点研究主题；"产量"与"水稻""玉米"等概念之间的共现次数较多，显示出它们之间主题关联较为紧密。以"生物炭""产量"为核心的多个概念相互关联，构成了领域内近期较为突出的研究主题簇。

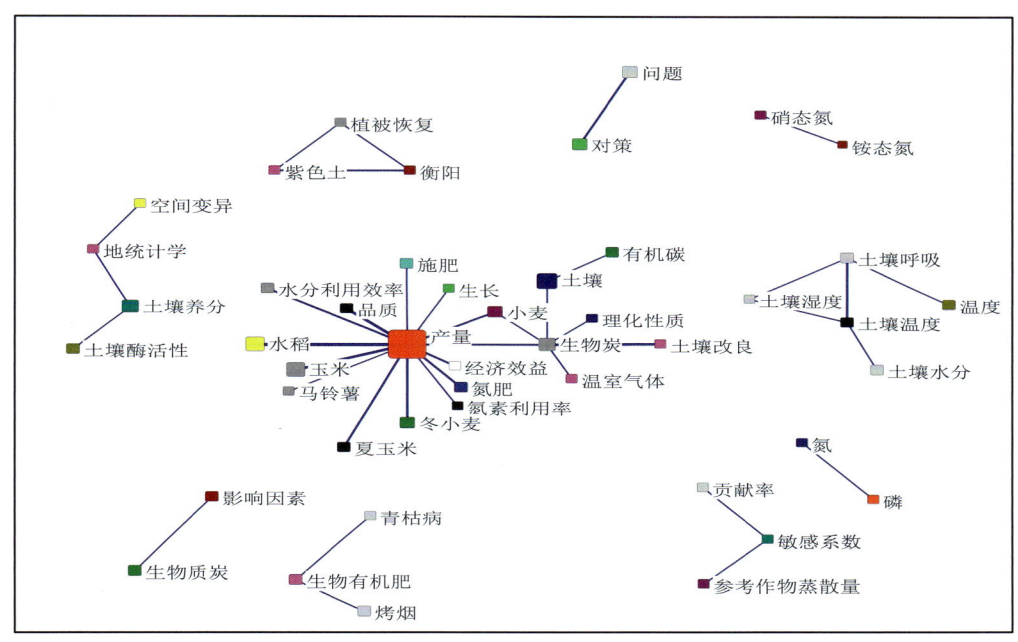

图 22-3　农业科学与工程学科 2013 年热点主题关联

22.4　学科高影响力期刊分析

22.4.1　学科高影响力期刊 TOP 10

在农业科学与工程学科，学科 5 年影响因子位居前 10 位的期刊见表 22-3，排在前 3 位的期刊分别是《土壤学报》《农业工程学报》和《植物营养与肥料学报》。在表 22-3 中，学科载文量占其总载文量比例最大的期刊是《中国土壤与肥料》；前 5 年学科载文在 2013 年被引率最高的期刊是《农业工程学报》；期刊 5 年影响因子较高的前 3 种期刊分别是《农业工程学报》《植物营养与肥料学报》和《土壤学报》；学科 5 年影响因子与期刊 5 年影响因子差异最大的期刊是《浙江大学学报（农业与生命科学版）》。表 22-3 中期刊的学科 5 年影响因子和前 5 年学科载文的 2013 年被引率对比如图 22-4 所示，2008—2013 年期刊 5 年影响因子的变动情况如图 22-5 所示。

表 22-3　农业科学与工程学科高影响力期刊基本指数

序号	期刊名称	前5年载文量		总量（篇）	2013年学科被引			5年影响因子		h指数（学科）
		学科（篇）	占比（%）		频次	被引率（%）	高被引论文篇数	期刊(2013)	学科(2013)	
1	土壤学报	658	66.5	990	1154	53.5	20	1.572	1.754	10
2	农业工程学报	2135	41.6	5138	3668	58.3	67	1.708	1.718	17
3	植物营养与肥料学报	468	38.2	1226	764	56.8	12	1.581	1.632	11
4	中国农业气象	501	72.6	690	703	54.5	12	1.287	1.403	8
5	中国生态农业学报	626	41.3	1517	872	56.1	10	1.307	1.393	10
6	农业机械学报	983	27.5	3578	1179	48.9	5	1.029	1.199	10
7	浙江大学学报（农业与生命科学版）	70	11.7	601	77	42.9	1	0.699	1.100	4
8	水土保持学报	1289	67.3	1915	1389	49.3	8	1.084	1.078	9
9	土壤	610	59.9	1018	607	46.1	3	0.975	0.995	7
10	中国土壤与肥料	597	82.8	721	589	45.4	5	0.925	0.987	7

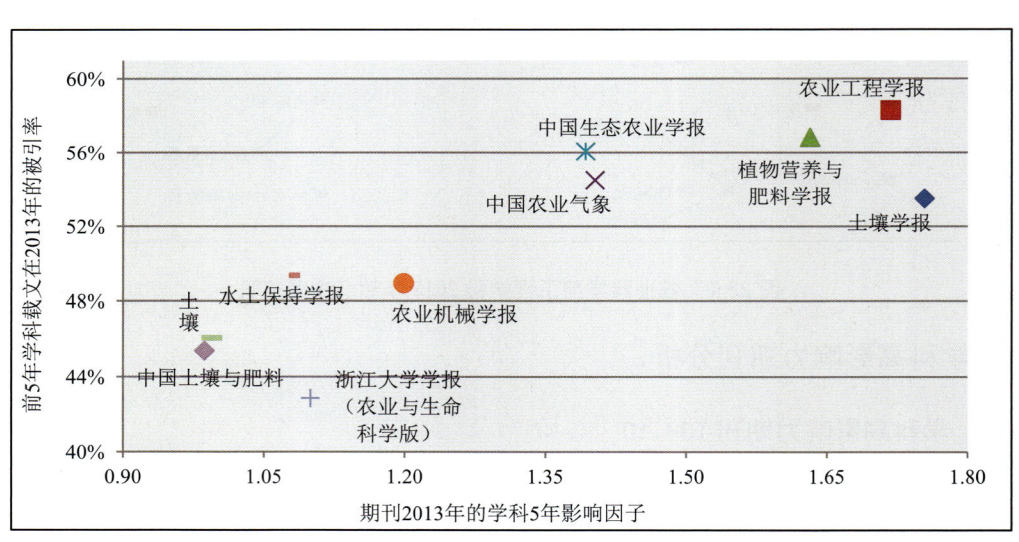

图 22-4　农业科学与工程学科高影响力期刊对比

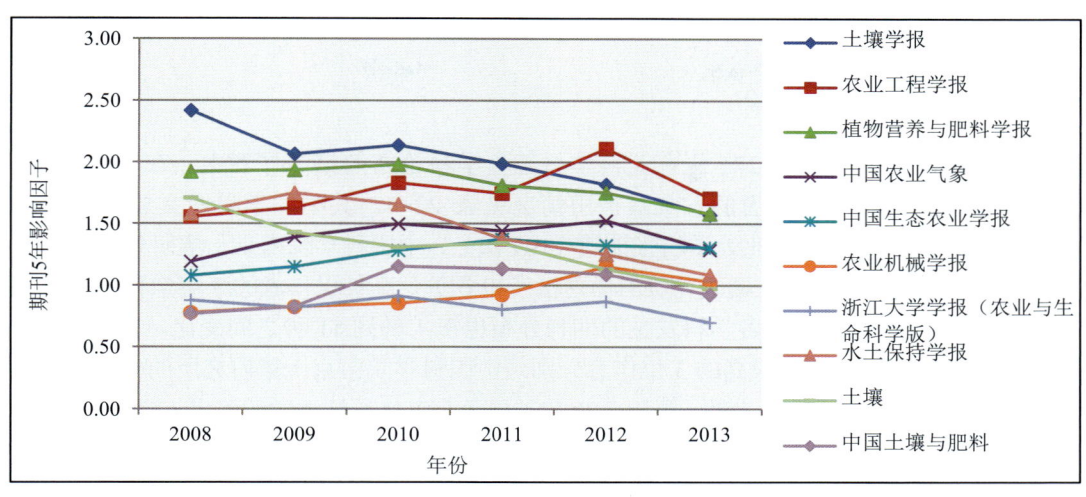

图 22-5　农业科学与工程学科期刊 5 年影响因子变动

22.4.2　学科高影响力期刊载文主题关联

通过期刊共被引分析，获得农业科学与工程学科高影响力期刊及与其他期刊之间的载文主题关联，如图 22-6 所示（共被引 57 次以下不显示）。结果显示，农业科学与工程学科高影响力期刊相互链接较为紧密，基本主导了该学科的期刊共被引网络，显示出该学科高影响力期刊可能共同刊载了许多相近的研究主题，热点研究主题分散在多种期刊上。《土壤学报》和《植物营养与肥料学报》的学科 5 年影响因子较高，显示出它们的学术影响力较大；《农业工程学报》和《农业机械学报》之间的链接较强，意味着它们之间可能有较多相同或相近的载文主题。

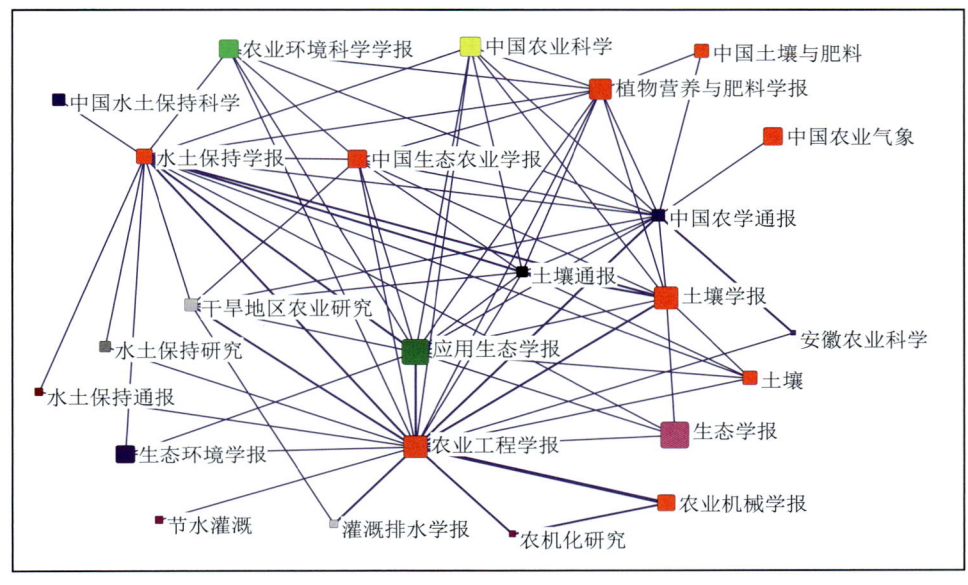

图 22-6　农业科学与工程学科高影响力期刊载文主题关联

22.5 高被引作者分析

22.5.1 高被引作者 TOP 20

2008—2012年，在107271位农业科学与工程学科论文的第一作者中，在2013年学科被引频次位居前20位的学者的发文及被引情况见表22-4。其中，学科发文总被引频次较高的3位作者分别是中国农业大学的张福锁（109次）、中国科学院南京土壤研究所的姚荣江（50次）和中国科学院南京土壤研究所的杨劲松（49次）。高被引作者的5年学科发文数量从1篇到21篇不等，同时，作者学科发文的期刊分布也在1种到11种之间变化。在发文超过5篇的所有作者中，篇均被引较高的3位作者分别是中国科学院南京土壤研究所的杨劲松（篇均8.17次）、中国农业大学的谢光辉（篇均7.20次）和西北农林科技大学的张义（篇均6.60次）；前5年发表学科论文较多的2位作者分别是江西省吉水县农机局的刘开顺（59篇）和山东省泗水县农机局的杨玉栋（40篇）。高被引作者的学科发文量和被引量对比如图22-7所示。

表22-4 农业科学与工程学科高被引作者 TOP 20

序号	姓名	作者单位	前5年发文数量			前5年学科发文在2013年的被引				h指数（学科）
			学科发文（篇）	期刊分布（种）	发文总量（篇）	总频次	被引率（%）	最高（次）	篇均（次）	
1	张福锁	中国农业大学	2	2	3	109	50.0	109	54.50	1
2	姚荣江	中国科学院南京土壤研究所	19	11	21	50	68.4	11	2.63	4
3	杨劲松	中国科学院南京土壤研究所	6	5	6	49	83.3	38	8.17	3
4	何绪生	西北农林科技大学	3	3	4	44	100.0	20	14.67	3
5	李耀明	江苏大学	21	4	24	43	57.1	9	2.05	4
6	杨宁	湖南农业大学	4	4	18	42	100.0	16	10.50	6
7	谢光辉	中国农业大学	5	2	8	36	100.0	18	7.20	4
7	袁金华	中国科学院南京土壤研究所	3	3	3	36	100.0	21	12.00	3
9	俞高红	浙江理工大学	10	3	12	34	80.0	10	3.40	3
10	韩华峰	中国农业科学院农业环境与可持续发展研究所	1	1	1	33	100.0	33	33.00	1
10	张义	西北农林科技大学	5	5	5	33	80.0	15	6.60	3
12	杨奇勇	中国科学院南京土壤研究所	9	7	10	32	100.0	8	3.56	4
12	孙通	浙江大学	2	1	2	32	100.0	23	16.00	2

序号	姓名	作者单位	前5年发文数量			前5年学科发文在2013年的被引				h指数（学科）
			学科发文（篇）	期刊分布（种）	发文总量（篇）	总频次	被引率（%）	最高（次）	篇均（次）	
12	朱兆良	中国科学院南京土壤研究所	2	2	4	32	50.0	32	16.00	3
15	闫湘	中国农业科学院农业资源与农业区划研究所	1	1	1	31	100.0	31	31.00	1
16	王树起	中国科学院东北地理与农业生态研究所	10	8	13	29	90.0	7	2.90	3
16	刘玉学	浙江大学	1	1	2	29	100.0	29	29.00	1
16	赵俊芳	中国气象科学研究院	5	4	12	29	100.0	11	5.80	4
16	赵其国	中国科学院南京土壤研究所	10	3	20	29	50.0	10	2.90	5
16	窦森	吉林农业大学	8	4	8	29	75.0	18	3.62	3

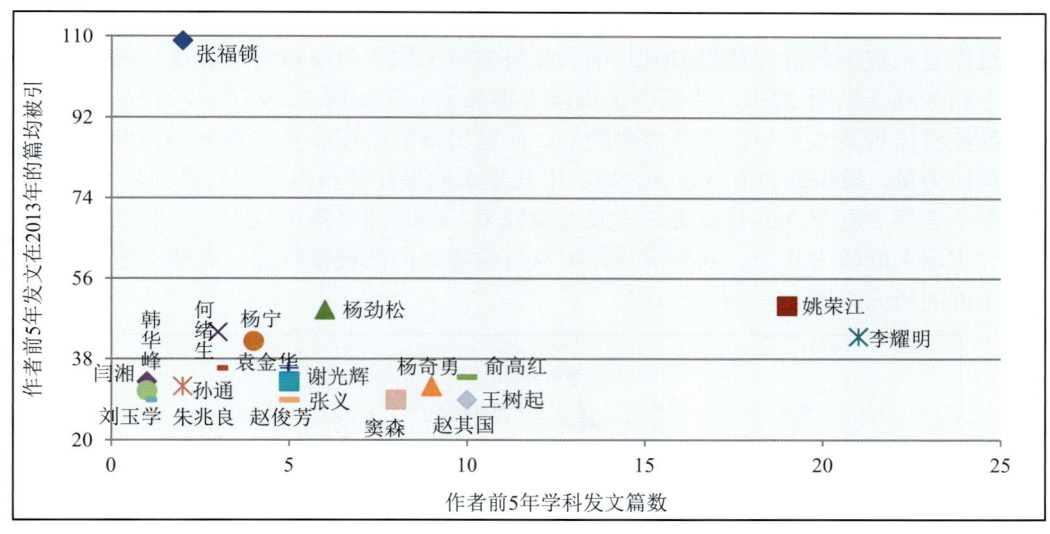

图 22-7　农业科学与工程学科高被引作者学科发文及被引对比

22.5.2　高被引作者科研合作关系

通过作者合著分析，获得 2013 年农业科学与工程学科高被引作者及与其他学者之间的科研论文合作关系（不考虑论文署名次序），如图 22-8 所示（合著 5 次以下不显示）。可以看出，农业科学与工程学科的高被引作者的论文合作现象较为普遍。学者姚荣江、李耀明发文量较多，学者杨劲松、李耀明的论文合作网络最为突出，在该学科的研究人员中表现出一定的集聚效应。姚荣江与杨劲松等学者之间的合作关系较为频繁，显示出他们可能属于同一支科研团队。

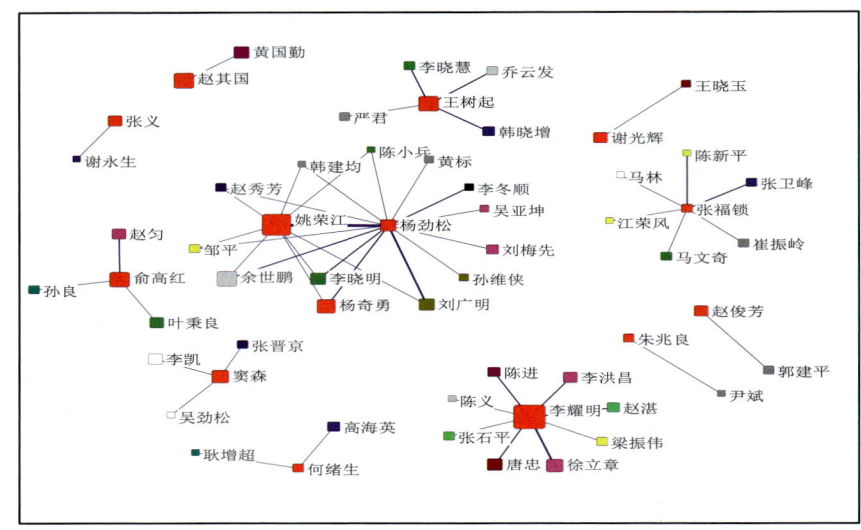

图 22-8　农业科学与工程学科高被引作者科研论文合作关系

22.5.3　高被引作者发文主题关联

通过作者共被引分析，获得 2013 年农业科学与工程学科高被引作者及与其他学者之间的发文主题关联（见图 22-9，共被引 3 次以下不显示）。如图 22-9 所示，农业科学与工程学科的高被引作者基本主导作者共被引网络，显示出该学科在热点主题上已经形成优势较为明显的科研力量。张福锁的节点较大，显示出其学术成果在学科内得到较多关注。以袁金华、何绪生等学者为主要节点的共被引作者簇人数较多，而且网络规模较大，可能意味着这些学者的研究主题关联较为紧密。刘玉学与张阿凤等学者之间的链接较强，意味着他们之间可能有较为相近的研究主题。

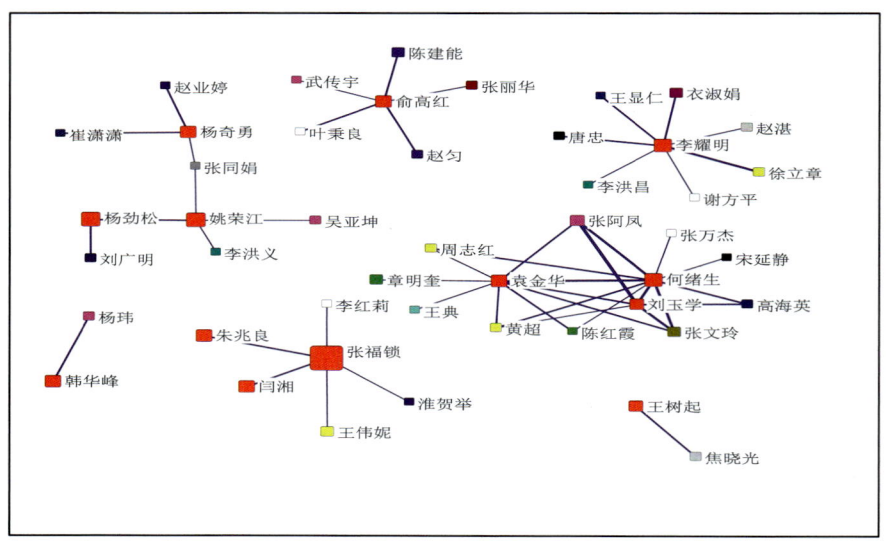

图 22-9　农业科学与工程学科高被引作者发文主题关联

22.6 高被引机构分析

22.6.1 高被引机构

为便于比较，本书将农业科学与工程学科的高被引机构分为高等院校和科研院所两种类型。被引频次 TOP 10 高等院校和被引频次 TOP 5 科研院所的发文及被引情况分别见表 22-5 和表 22-6。其中，总被引频次较高的 3 所高等院校分别是西北农林科技大学、中国农业大学和南京农业大学，中国科学院南京土壤研究所、中国科学院地理科学与资源研究所和中国科学院东北地理与农业生态研究所是总被引频次较高的 3 所科研院所；前 5 年学科发文在 2013 年的被引率最高的高等院校和科研院所分别是浙江大学和中国科学院东北地理与农业生态研究所，篇均被引最高的高等院校和科研院所分别是浙江大学和中国农业科学院农业环境与可持续发展研究所。上述高被引机构的论文被引率和篇均被引频次对比如图 22-10 所示。

表 22-5　农业科学与工程学科高被引高等院校 TOP 10

序号	第一作者单位	学科发文量（篇）		前 5 年学科发文在 2013 年的被引			
		前 5 年	2013 年	频次	被引率（%）	最高（次）	篇均（次）
1	西北农林科技大学	2620	435	2437	41.9	20	0.93
2	中国农业大学	1554	323	1830	41.9	109	1.18
3	南京农业大学	1071	215	955	39.5	28	0.89
4	甘肃农业大学	756	165	680	38.5	11	0.90
5	沈阳农业大学	993	146	664	33.0	18	0.67
6	山东农业大学	640	111	610	40.2	17	0.95
7	西南大学	789	157	601	37.6	9	0.76
8	华中农业大学	626	103	552	39.8	14	0.88
9	湖南农业大学	828	169	548	30.7	16	0.66
10	浙江大学	441	86	545	43.8	29	1.24

表 22-6　农业科学与工程学科高被引科研院所 TOP 5

序号	第一作者单位	学科发文量（篇）		前 5 年学科发文在 2013 年的被引			
		前 5 年	2013 年	频次	被引率（%）	最高（次）	篇均（次）
1	中国科学院南京土壤研究所	624	102	931	53.5	38	1.49
2	中国科学院地理科学与资源研究所	310	46	415	49.4	20	1.34
3	中国科学院东北地理与农业生态研究所	279	32	412	58.1	16	1.48
4	中国农业科学院农业环境与可持续发展研究所	173	26	312	50.3	33	1.80
5	中国科学院寒区旱区环境与工程研究所	188	35	293	53.7	15	1.56

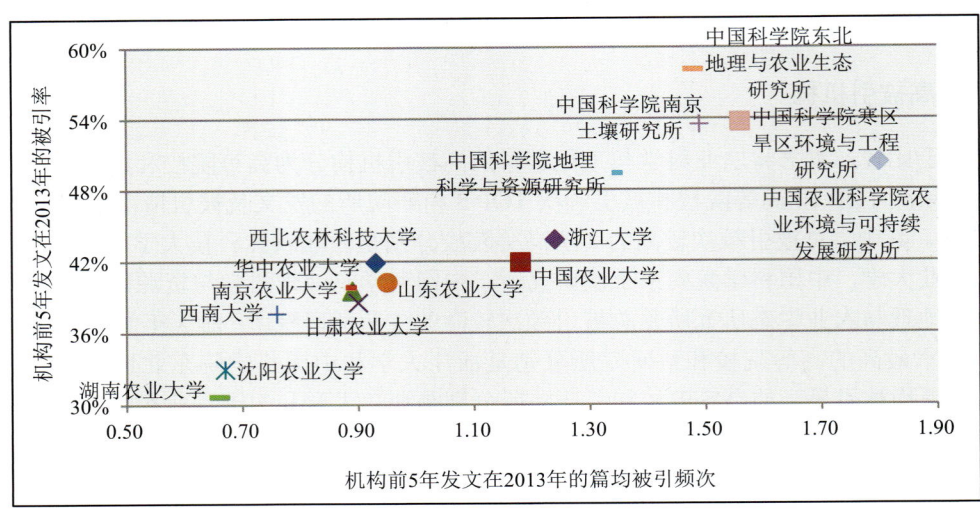

图 22-10　农业科学与工程学科高被引机构论文篇均被引及被引率对比

22.6.2 高被引机构科研合作关系

通过合著分析，获得农业科学与工程学科高被引机构之间及其与其他机构之间的科研合作关系，如图 22-11 所示（合作 60 次以下不显示）。分析得知，农业科学与工程学科的机构合作链接非常紧密，显示出学科内各个机构间的研究科研合作非常普遍；高被引机构基本主导了机构合作网络，显示出这些机构已经在学科内具有了一定的科研优势。西北农林科技大学和中国科学院水利部水土保持研究所等机构之间的链接较强，显示出它们的学术合作较为频繁。

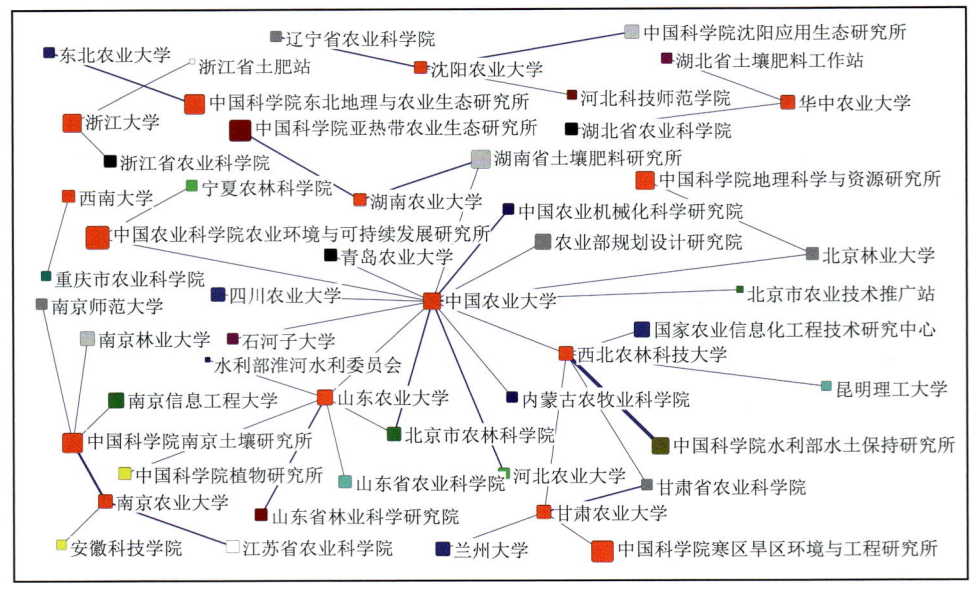

图 22-11　农业科学与工程学科高被引机构科研合作关系

22.7 高被引图书、国外期刊及学术会议

2013 年，农业科学与工程学科被引频次位居前 10 位的图书及国外期刊见表 22-7 和表 22-8。其中，被引次数较多的 3 种图书分别是鲍士旦的《土壤农化分析》、鲁如坤的《土壤农业化学分析方法》和黄昌勇的《土壤学》；被引次数较多的 3 种国外期刊分别是《Soil Biology & Biochemistry》《Soil Science Society of America Journal》和《Plant and Soil》；被引次数较多的 3 场学术会议分别是"ASABE Annual International Meeting""Conference Proceedings of the Society for Experimental Mechanics Series"和"19th World Congress of Soil Science,Soil Solutions for a Changing World"。

表 22-7 农业科学与工程学科高被引图书 TOP 10

序号	责任者	图书名称	出版社	2013 年被引频次
1	鲍士旦	土壤农化分析	中国农业出版社	380
2	鲁如坤	土壤农业化学分析方法	中国农业科技出版社	299
3	黄昌勇	土壤学	中国农业出版社	79
4	关松荫	土壤酶及其研究法	中国农业出版社	77
5	中国科学院南京土壤研究所	土壤理化分析	上海科学技术出版社	76
6	李合生	植物生理生化实验原理和技术	高等教育出版社	48
7	中国农业机械化科学研究院	农业机械设计手册	中国农业科技出版社	44
8	魏凤英	现代气候统计诊断与预测	气象出版社	40
9	王遵亲	中国盐渍土	科学出版社	35
10	雷志栋	土壤水动力学	清华大学出版社	34

表 22-8 农业科学与工程学科高被引国外期刊 TOP 10

序号	期刊名称	2013 年被引频次
1	Soil Biology & Biochemistry	1339
2	Soil Science Society of America Journal	1176
3	Plant and Soil	976
4	Geoderma	753
5	Agricultural Water Management	683
6	Nature	651
7	Plant Physiology	617
8	Science	575
9	Bioresource Technology	542
10	Applied and Environmental Microbiology	509

第 23 章　植物保护学科高被引分析

23.1　学科论文概况

2008—2012年，植物保护学科共有51200位来自23853所机构的论文第一作者在1510种期刊上发表了59235篇学术论文。其中，80%以上的论文产出自13945所机构、38897位作者，发表在139种期刊上。在前5年发表的这些论文中，有12818篇在2013年获得过引用，整体被引率为21.6%，总被引频次为20267次，篇均被引0.34次；其中，高被引论文有199篇，单篇论文最高被引频次为30次，累计被引1406次，篇均被引7.07次（表23-1）。另外，2013年植物保护学科共发表论文10482篇，其中有259篇在当年获得过引用，总共被引326次。

表 23-1　植物保护学科论文分布情况

年份	论文篇数	2013年被引频次	2013年被引率（%）	2013年高被引论文			
				论文篇数	最高被引频次	总被引频次	篇均被引频次
2008	10609	3269	19.6	20	11	151	7.55
2009	10912	3573	20.8	31	22	239	7.71
2010	11471	4407	23.4	46	23	356	7.74
2011	13207	5142	24.0	47	30	350	7.45
2012	13036	3876	20.0	55	25	310	5.64
合计	59235	20267	21.6	199	30	1406	7.07

从植物保护学科论文的地域分布来看，2013年被引频次较高的5个省、直辖市或自治区依次是北京、江苏、山东、广东和浙江（图23-1）；5年论文产出量较多的5个省、直辖市或自治区依次是江苏、黑龙江、山东、河南和河北（图23-2）。

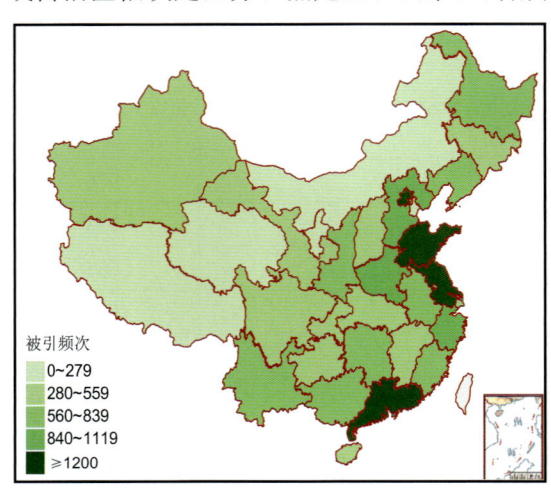

图 23-1　2013年植物保护学科地区被引分布

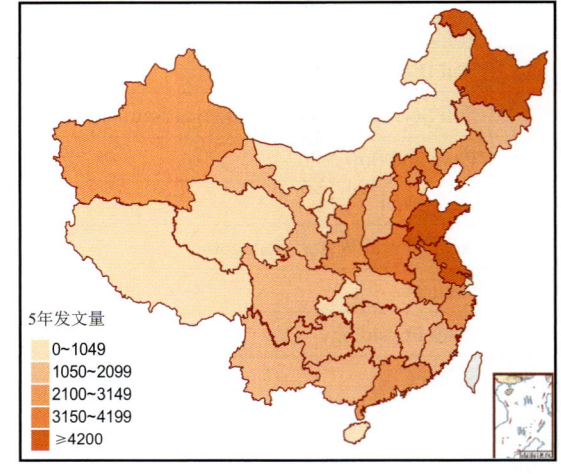

图 23-2　植物保护学科5年论文产出地区分布

23.2 高被引论文分析

在植物保护学科,2013 年被引频次位居前 10 位的论文(表 23-2)平均被引频次为 15.4 次,是全部 199 篇高被引论文篇均被引频次的 2.2 倍。其中,被引频次最高的论文是周国辉于 2010 年发表的《水稻新病害南方水稻黑条矮缩病发生特点及危害趋势分析》,随后 2 篇分别是周国辉于 2008 年发表的《呼肠孤病毒科斐济病毒属一新种:南方水稻黑条矮缩病毒》和郭荣于 2010 年发表的《水稻南方黑条矮缩病发生规律及防控对策初探》。

从论文分布来看,刊载高被引论文数量居前的 3 种期刊分别是《应用昆虫学报》(13 篇)、《植物保护》(13 篇)和《中国农业科学》(9 篇),而《植物保护》和《中国植保导刊》刊载了高被引论文 TOP 10 中的 2 篇;产出高被引论文数量居前的 3 所机构分别是南京农业大学(12 篇)、中国农业科学院植物保护研究所(11 篇)和西北农林科技大学(8 篇),而华南农业大学产出了高被引论文 TOP 10 中的 3 篇。

表 23-2 植物保护学科高被引论文 TOP 10

序号	论文题名	第一作者	期刊名称	发表年份	被引频次 总频次	2013 年
1	水稻新病害南方水稻黑条矮缩病发生特点及危害趋势分析	周国辉	植物保护	2010	73	30
2	呼肠孤病毒科斐济病毒属一新种:南方水稻黑条矮缩病毒	周国辉	科学通报	2008	75	19
3	水稻南方黑条矮缩病发生规律及防控对策初探	郭荣	中国植保导刊	2010	53	16
4	中国苹果树腐烂病发生和防治情况调查	曹克强	植物保护	2009	47	14
4	有机肥配施对番茄土传病害的防治及土壤微生物多样性的调控	李胜华	植物营养与肥料学报	2009	20	14
6	甘肃省干旱灌区连作马铃薯根际土壤中镰刀菌的变化	牛秀群	草业学报	2011	24	13
7	南方水稻黑条矮缩病发生现状及防控对策	刘万才	中国植保导刊	2010	59	12
7	绿盲蝽危害对棉花防御性酶活性及丙二醛含量的诱导	谭永安	棉花学报	2010	27	12
7	枯草芽孢杆菌生防菌株 NJ-18 的发酵条件优化	章四平	南京农业大学学报	2010	19	12
7	稻田飞虱灾变与环境调控	程家安	环境昆虫学报	2008	54	12

23.3 研究主题关联分析

在植物保护学科，高被引论文累计被 2013 年发表的 1012 篇论文引用了 1406 次。通过分析施引文献关键词的词频及关键词之间的共现关系，获得 2013 年植物保护学科的热点主题和主题关联，如图 23-3 所示（共现 4 次以下不显示）。由图 23-3 可知："水稻""防治效果""南方水稻黑条矮缩病"的文档词频较高，是植物保护学科近期的热点研究主题；"白背飞虱""南方水稻黑条矮缩病"等概念之间的共现次数较多，显示出它们之间主题关联较为紧密。以"南方水稻黑条矮缩病"和"防效"为核心的多个概念相互关联，构成了领域内近期较为突出的研究主题簇。

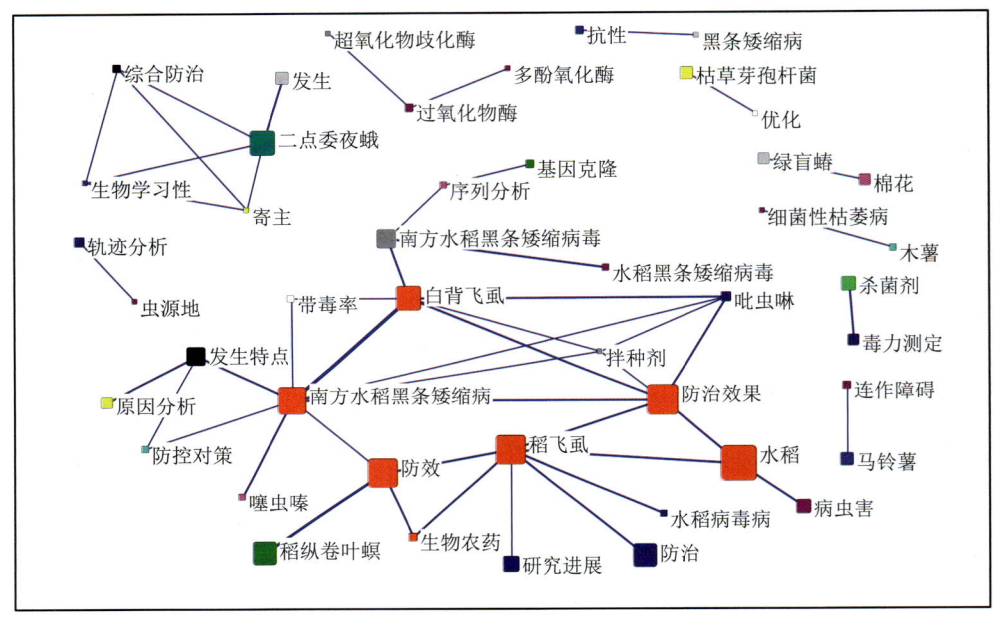

图 23-3　植物保护学科 2013 年热点主题关联

23.4 学科高影响力期刊分析

23.4.1 学科高影响力期刊 TOP 10

在植物保护学科，学科 5 年影响因子位居前 10 位的期刊见表 23-3，排在前 3 位的期刊分别是《应用昆虫学报》《植物保护学报》和《华中农业大学学报》。在表 23-3 中，学科载文量占其总载文量比例最大的期刊是《中国植保导刊》；前 5 年学科载文在 2013 年被引率最高的期刊是《植物保护学报》；期刊 5 年影响因子较高的前 3 种期刊分别是《植物保护学报》《植物病理学报》和《华中农业大学学报》；学科 5 年影响因子与期刊 5 年影响因子差异最大的期刊是《环境昆虫学报》。表 23-3 中期刊的学科 5 年影响因子和前 5 年学科载文的 2013 年被引率对比如图 23-4 所示，2008—2013 年期刊 5 年影响因子的变动情况如图 23-5 所示。

表 23-3　植物保护学科高影响力期刊基本指数

序号	期刊名称	前5年载文量			2013年学科被引			5年影响因子		h指数（学科）
		学科（篇）	占比（%）	总量（篇）	频次	被引率（%）	高被引论文篇数	期刊（2013）	学科（2013）	
1	应用昆虫学报	362	25.8	1402	323	40.3	13	0.718	0.892	8
2	植物保护学报	583	85.6	681	506	47.5	4	0.809	0.868	5
3	华中农业大学学报	165	17.4	950	139	44.9	2	0.758	0.842	6
4	植物病理学报	527	89.0	592	430	39.5	9	0.807	0.816	6
5	中国生物防治学报	468	87.6	534	373	40.6	4	0.758	0.797	6
6	农药学学报	226	37.6	601	173	41.2	1	0.637	0.765	5
7	环境昆虫学报	87	16.3	534	65	40.2	1	0.470	0.747	5
8	植物保护	1300	86.3	1507	950	37.9	13	0.708	0.731	6
9	农业灾害研究	174	42.5	409	97	24.7	2	0.408	0.557	4
10	中国植保导刊	1176	89.6	1312	530	25.6	9	0.470	0.451	6

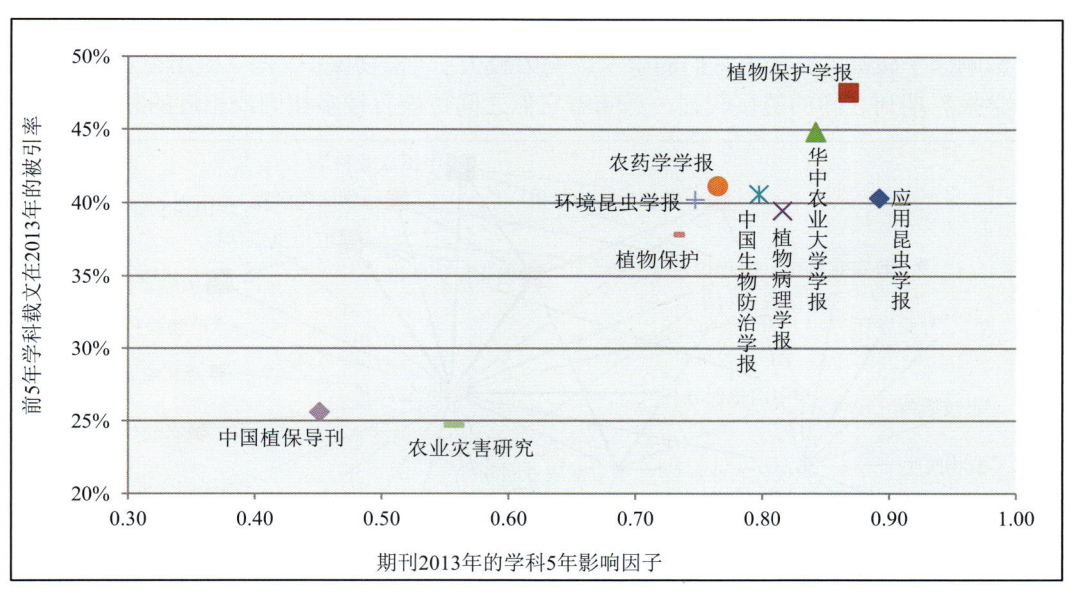

图 23-4　植物保护学科高影响力期刊对比

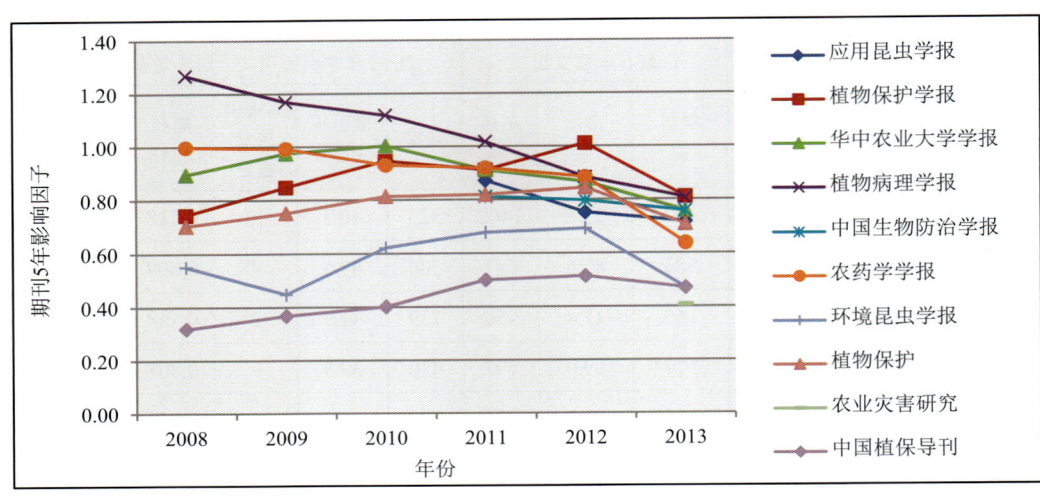

图 23-5　植物保护学科期刊 5 年影响因子变动

23.4.2　学科高影响力期刊载文主题关联

通过期刊共被引分析，获得植物保护学科高影响力期刊及与其他期刊之间的载文主题关联，如图 23-6 所示（共被引 20 次以下不显示）。结果显示，植物保护学科的高影响力期刊相互链接较为紧密，基本主导了该学科的期刊共被引网络，显示出该学科高影响力期刊可能共同刊载了许多相近的研究主题，热点研究主题分散在多种期刊上。《应用昆虫学报》的学科 5 年影响因子较高，显示出它们的学术影响力较大；《植物保护》与《应用昆虫学报》《植物保护学报》期刊之间的链接较强，意味着它们之间可能有较多相同或相近的载文主题。

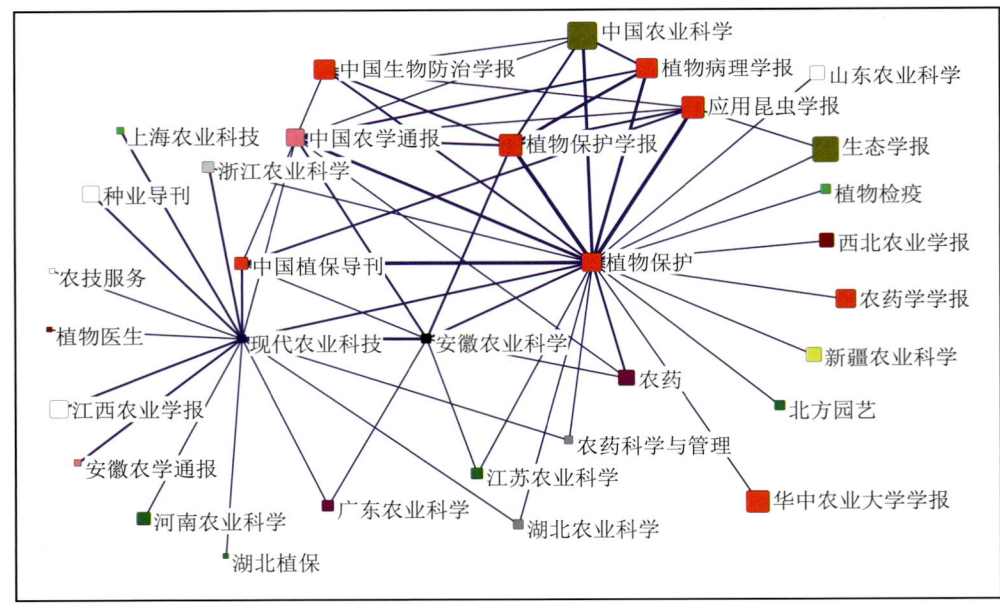

图 23-6　植物保护学科高影响力期刊载文主题关联

23.5 高被引作者分析

23.5.1 高被引作者 TOP 20

2008—2012年，在51200位植物保护学科论文的第一作者中，在2013年学科被引频次位居前20位的学者的发文及被引情况见表23-4。其中，学科发文总被引频次较高的3位作者分别是华南农业大学的周国辉（49次）、全国农业技术推广服务中心的刘万才（32次）和全国农业技术推广服务中心的郭荣（26次）。高被引作者的5年学科发文数量从2篇到29篇不等，同时，作者学科发文的期刊分布也在1种到14种之间变化。在发文超过5篇的所有作者中，篇均被引较高的3位作者分别是全国农业技术推广服务中心的郭荣（篇均5.20次）、宁夏大学的赵紫华（篇均4.40次）和南京农业大学的齐国君（篇均3.40次）；前5年发表学科论文较多的3位作者分别是北京市农林科学院的李明远（30篇）、湖北省农业科学院的朱文达（29篇）和湖北省丹江口市十堰农校的陈茂春（29篇）。高被引作者的学科发文量和被引量对比如图23-7所示。

表23-4 植物保护学科高被引作者 TOP 20

序号	姓名	作者单位	前5年发文数量			前5年学科发文在2013年的被引				h指数（学科）
			学科发文（篇）	期刊分布（种）	发文总量（篇）	总频次	被引率（%）	最高（次）	篇均（次）	
1	周国辉	华南农业大学	2	2	2	49	100.0	30	24.50	2
2	刘万才	全国农业技术推广服务中心	13	2	14	32	61.5	12	2.46	4
3	郭荣	全国农业技术推广服务中心	5	4	5	26	40.0	16	5.20	2
4	朱文达	湖北省农业科学院	29	8	37	25	31.0	4	0.86	4
5	赵紫华	宁夏大学	5	5	10	22	80.0	6	4.40	5
5	姜京宇	河北省植保植检站	8	5	10	22	62.5	6	2.75	3
5	马继芳	河北省农林科学院	11	4	12	22	54.6	6	2.00	3
8	夏敬源	全国农业技术推广服务中心	9	3	25	21	66.7	7	2.33	4
9	翟保平	南京农业大学	3	2	3	20	100.0	10	6.67	3
10	雒珺瑜	中国农业科学院棉花研究所	19	6	21	18	47.4	6	0.95	2
10	袁盛勇	红河学院	23	14	29	18	34.8	5	0.78	3
10	郭文超	新疆农业科学院	6	1	9	18	100.0	7	3.00	2
13	齐国君	南京农业大学	5	5	5	17	100.0	6	3.40	3

序号	姓名	作者单位	前5年发文数量			前5年学科发文在2013年的被引				h指数（学科）
			学科发文（篇）	期刊分布（种）	发文总量（篇）	总频次	被引率（%）	最高（次）	篇均（次）	
14	柳凤	广东海洋大学	6	5	7	16	83.3	7	2.67	3
15	汪恩国	浙江省临海市植物保护站	5	4	6	15	60.0	6	3.00	3
15	李树岩	河南省气象科学研究所	4	4	8	15	100.0	9	3.75	2
15	曹克强	河北农业大学	2	2	2	15	100.0	14	7.50	1
15	徐德进	江苏省农业科学院	7	6	8	15	100.0	4	2.14	2
15	章四平	南京农业大学	2	2	2	15	100.0	12	7.50	2
15	衷敬峰	江西省万安县植保植检站	9	6	9	15	33.3	7	1.67	3

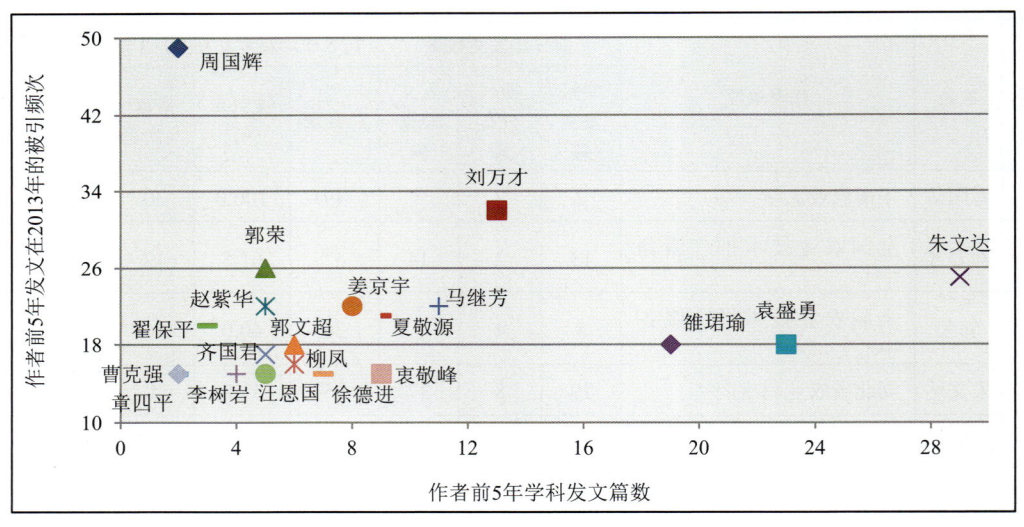

图 23-7 植物保护学科高被引作者学科发文及被引对比

23.5.2 高被引作者科研合作关系

通过作者合著分析，获得 2013 年植物保护学科高被引作者及与其他学者之间的科研论文合作关系（不考虑论文署名次序），如图 23-8 所示（合著 4 次以下不显示）。可以看出，植物保护学科的高被引作者的论文合作现象比较普遍。学者朱文达的发文量较多，论文合作者也较多，显示出其在该学科的研究人员中具有一定的集聚效应。学者马继芳、袁盛勇的论文合作网络较为突出，在该学科的研究人员中表现出一定的集聚效应。学者袁盛勇与孔琼之间的合作关系最为紧密，显示出他们可能属于同一支科研团队。

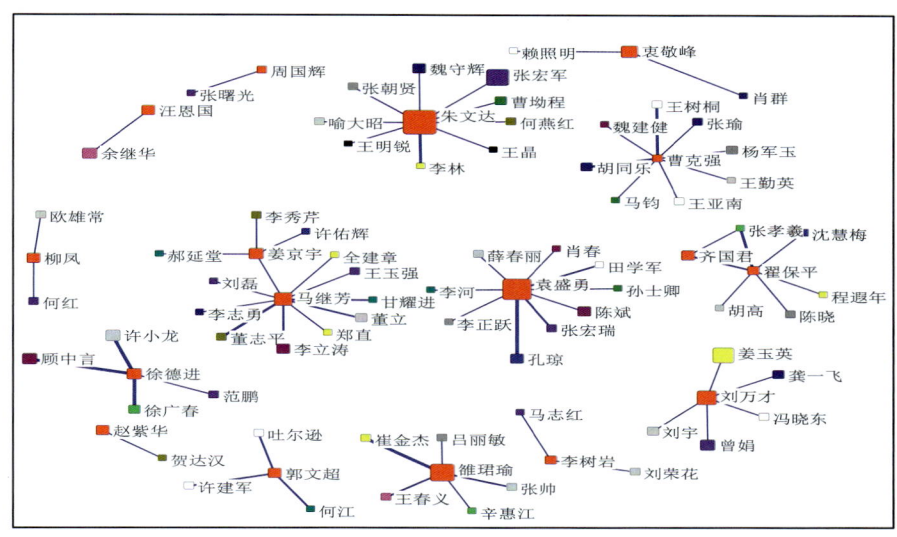

图 23-8　植物保护学科高被引作者科研论文合作关系

23.5.3　高被引作者发文主题关联

通过作者共被引分析，获得 2013 年植物保护学科高被引作者及与其他学者之间的发文主题关联（见图 23-9，共被引 2 次以下不显示）。如图 23-9 所示，植物保护学科的高被引作者基本主导了作者共被引网络，显示出该学科在热点主题上已经形成优势较为明显的科研力量。周国辉和刘万才的节点较大，显示出他们的学术成果在学科内得到较多关注。图 23-9 中，以周国辉、姜京宇、刘万才等学者为主要节点的共被引作者簇人数较多，可能意味着这些学者的研究主题关联较为紧密。周国辉与刘万才、马继芳与姜京宇等学者之间的链接较强，意味着他们之间可能分别有较为相近的研究主题。

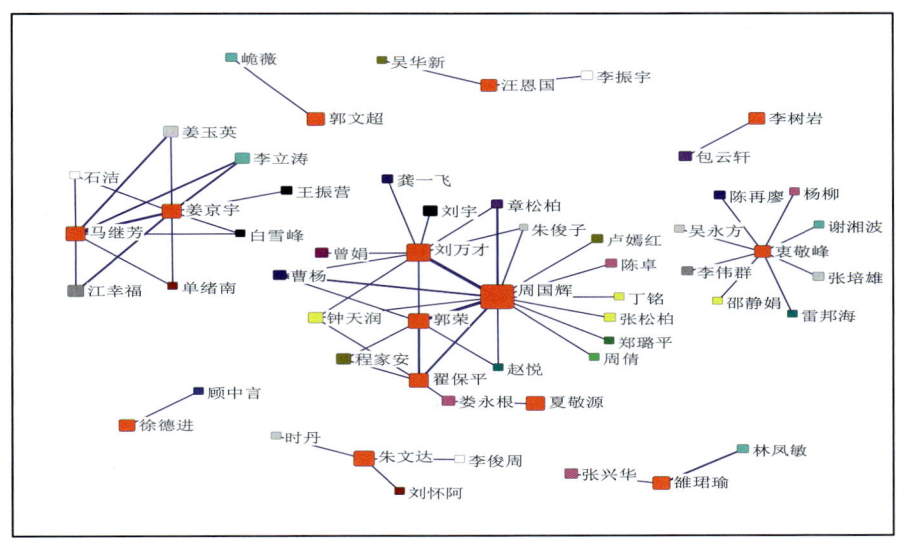

图 23-9　植物保护学科高被引作者发文主题关联

23.6 高被引机构分析

23.6.1 高被引机构

为便于比较,本书将植物保护学科的高被引机构分为高等院校和科研院所两种类型。其中,被引频次 TOP 10 高等院校和被引频次 TOP 5 科研院所的发文及被引情况分别见表 23-5 和表 23-6。其中,总被引频次较高的 3 所高等院校分别是西北农林科技大学、南京农业大学和华南农业大学,中国农业科学院植物保护研究所、江苏省农业科学院和河北省农林科学院是总被引频次较高的 3 所科研院所;前 5 年学科发文在 2013 年的被引率最高的高等院校和科研院所分别是南京农业大学和江苏省农业科学院,篇均被引最高的高等院校和科研院所分别是南京农业大学和中国农业科学院植物保护研究所。上述高被引机构的论文被引率和篇均被引频次对比如图 23-10 所示。

表 23-5 植物保护学科高被引高等院校 TOP 10

序号	第一作者单位	学科发文量(篇)		前 5 年学科发文在 2013 年的被引			
		前 5 年	2013 年	频次	被引率(%)	最高(次)	篇均(次)
1	西北农林科技大学	661	86	447	35.1	8	0.68
2	南京农业大学	482	74	436	41.1	12	0.90
3	华南农业大学	523	62	401	37.5	30	0.77
4	中国农业大学	528	74	376	37.5	8	0.71
5	沈阳农业大学	627	67	281	29.7	5	0.45
6	河北农业大学	439	81	250	32.3	14	0.57
7	山东农业大学	371	47	249	39.6	6	0.67
8	湖南农业大学	443	82	217	29.6	11	0.49
9	云南农业大学	362	67	201	34.0	5	0.56
10	贵州大学	380	74	184	29.5	7	0.48

表 23-6 植物保护学科高被引科研院所 TOP 5

序号	第一作者单位	学科发文量(篇)		前 5 年学科发文在 2013 年的被引			
		前 5 年	2013 年	频次	被引率(%)	最高(次)	篇均(次)
1	中国农业科学院植物保护研究所	465	70	389	41.3	10	0.84
2	江苏省农业科学院	292	55	232	41.4	12	0.79
3	河北省农林科学院	292	44	198	36.0	6	0.68
4	广东省农业科学院	219	35	160	34.2	10	0.73
5	福建省农业科学院	250	55	155	34.8	7	0.62

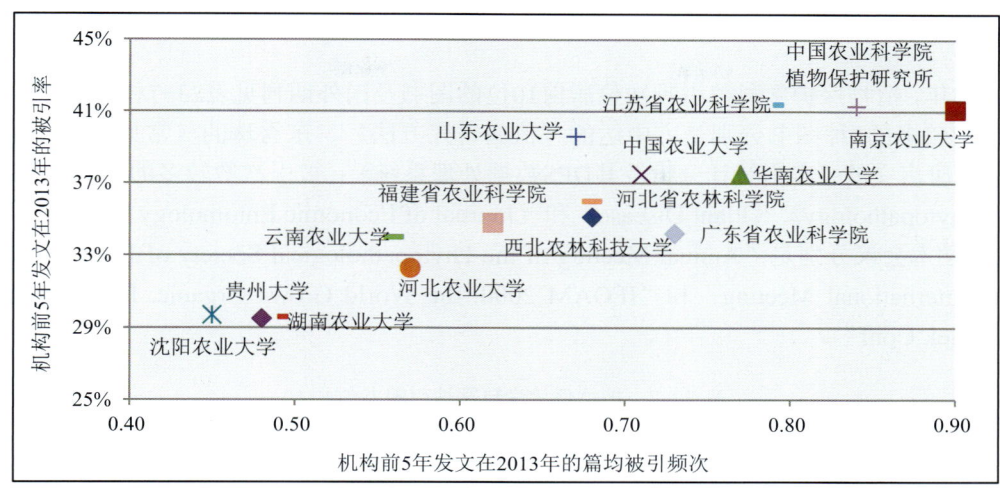

图 23-10 植物保护学科高被引机构论文篇均被引及被引率对比

23.6.2 高被引机构科研合作关系

通过合著分析，获得植物保护学科高被引机构之间及其与其他机构之间的科研合作关系，如图 23-11 所示（合作 56 次以下不显示）。分析得知，植物保护学科的机构合作链接非常紧密，显示出学科内各个机构间的合作关系非常普遍；高被引机构基本主导了机构合作网络，显示出这些机构已经在学科内具有了一定的科研优势。河北农业大学和河北省农林科学院、南京农业大学和江苏省农业科学院等机构之间的链接较强，显示出它们的学术合作较为频繁。

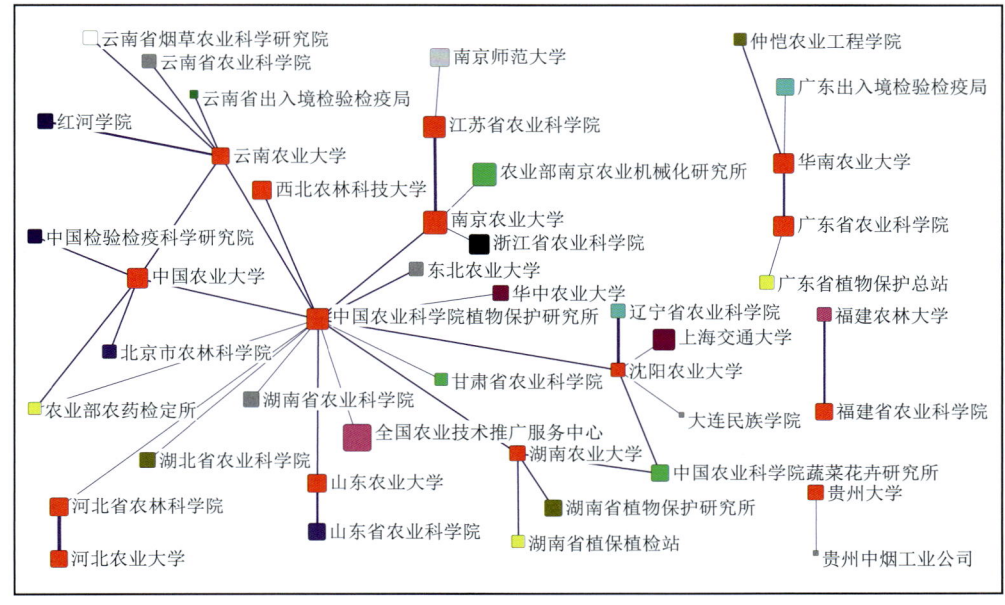

图 23-11 植物保护学科高被引机构科研合作关系

23.7 高被引图书、国外期刊及学术会议

2013年,植物保护学科被引频次位居前10位的图书及国外期刊见表23-7和表23-8。其中,被引次数较多的3种图书分别是方中达的《植病研究方法》、东秀珠的《常见细菌系统鉴定手册》和唐启义的《实用统计分析及其DPS数据处理系统》;被引次数较多的3种国外期刊分别是《Phytopathology》《Plant Disease》和《Journal of Economic Entomology》;被引次数较多的3场学术会议分别是"Annual Meeting of the Phytopathological Society of Japan""ASAE Annual International Meeting"和"IFOAM 2000: the World Grows Organic. Proc.13th Intern. IFOAM Sci. Conf"。

表 23-7 植物保护学科高被引图书 TOP 10

序号	责任者	图书名称	出版社	2013年被引频次
1	方中达	植病研究方法	中国农业出版社	137
2	东秀珠	常见细菌系统鉴定手册	科学出版社	42
3	唐启义	实用统计分析及其DPS数据处理系统	科学出版社	40
4	魏景超	真菌鉴定手册	上海科学技术出版社	31
5	方中达	植病研究法	中国农业出版社	27
5	慕立义	植物化学保护研究方法	中国农业出版社	27
7	陆家云	植物病原真菌学	中国农业出版社	22
7	陈年春	农药生物测定技术	北京农业大学出版社	22
9	沈萍	微生物学实验	高等教育出版社	21
9	李合生	植物生理生化实验原理和技术	高等教育出版社	21

表 23-8 植物保护学科高被引国外期刊 TOP 10

序号	期刊名称	2013年被引频次
1	Phytopathology	712
2	Plant Disease	653
3	Journal of Economic Entomology	425
4	Plant Physiology	350
5	Proceedings of the National Academy of Sciences of the United States of America	335
6	Biological Control	315
7	Crop Protection	311
8	Molecular Plant-Microbe Interactions	272
9	Nature	268
10	Applied and Environmental Microbiology	261

第 24 章 农作物学科高被引分析

24.1 学科论文概况

2008—2012 年,农作物学科共有 90135 位来自 34405 所机构的论文第一作者在 1886 种期刊上发表了 107844 篇学术论文。其中,80%以上的论文产出自 16195 所机构、67748 位作者,发表在 139 种期刊上。在前 5 年发表的这些论文中,有 27368 篇在 2013 年获得过引用,整体被引率为 25.4%,总被引频次为 47737 次,篇均被引 0.44 次;其中,高被引论文有 338 篇,单篇论文最高被引频次为 60 次,累计被引 3253 次,篇均被引 9.62 次(表 24-1)。另外,2013 年农作物学科共发表论文 20562 篇,其中有 468 篇在当年获得过引用,总共被引 591 次。

表 24-1 农作物学科论文分布情况

年份	论文篇数	2013 年被引频次	2013 年被引率(%)	2013 年高被引论文			
				论文篇数	最高被引频次	总被引频次	篇均被引频次
2008	17786	7974	24.6	56	35	567	10.12
2009	19204	8604	25.7	51	38	525	10.29
2010	20862	10813	28.6	74	46	826	11.16
2011	24342	11707	26.9	95	60	891	9.38
2012	25650	8639	21.6	62	38	444	7.16
合计	107844	47737	25.4	338	60	3253	9.62

从农作物学科论文的地域分布来看,2013 年被引频次较高的 5 个省、直辖市或自治区依次是河南、江苏、北京、山东和黑龙江(图 24-1);5 年论文产出量较多的 5 个省、直辖市或自治区依次是黑龙江、河南、江苏、山东和贵州(图 24-2)。

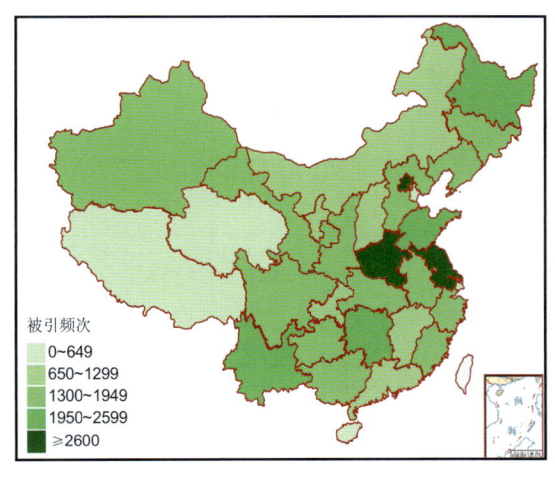

图 24-1 2013 年农作物学科地区被引分布

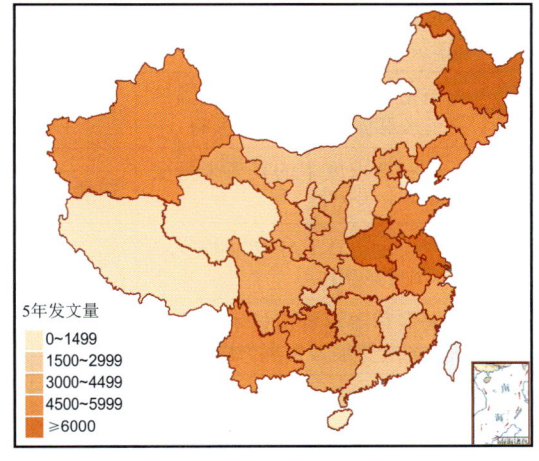

图 24-2 农作物学科 5 年论文产出地区分布

24.2 高被引论文分析

在农作物学科，2013 年被引频次位居前 10 位的论文（表 24-2）平均被引频次为 23 次，是全部 338 篇高被引论文篇均被引频次的 2.4 倍。其中，被引频次最高的论文是徐秀红于 2008 年发表的《我国密集烤房研究应用现状及发展方向探讨》，随后 2 篇分别是谢己书于 2010 年发表的《密集烤房不同装烟方式的烘烤效果》和王开斌于 2010 年发表的《豫南超级稻高产栽培技术》。

从论文分布来看，刊载高被引论文数量居前的 3 种期刊分别是《作物学报》（68 篇）、《中国农业科学》（47 篇）和《植物营养与肥料学报》（25 篇），而《作物学报》刊载了高被引论文 TOP 10 中的 4 篇；发表高被引论文居前的 3 位学者分别是扬州大学的张洪程（5 篇）、中国农业大学的吕丽华（3 篇）和湖南省烟草公司长沙市公司的谢鹏飞（3 篇）；产出高被引论文数量居前的 3 所机构分别是扬州大学（27 篇）、河南农业大学（25 篇）和中国农业科学院作物科学研究所（20 篇），而兰州大学产出了高被引论文 TOP 10 中的 2 篇。

表 24-2 农作物学科高被引论文 TOP 10

序号	论文题名	第一作者	期刊名称	发表年份	被引频次 总频次	被引频次 2013 年
1	我国密集烤房研究应用现状及发展方向探讨	徐秀红	中国烟草科学	2008	96	32
2	密集烤房不同装烟方式的烘烤效果	谢己书	中国烟草科学	2010	70	28
3	豫南超级稻高产栽培技术	王开斌	种业导刊	2010	40	27
4	全球气候变暖对中国种植制度可能影响Ⅰ.气候变暖对中国种植制度北界和粮食产量可能影响的分析	杨晓光	中国农业科学	2010	76	22
4	密植对不同玉米品种产量性能的影响及其耐密性分析	陈传永	作物学报	2010	48	22
4	种植密度和行距配置对超高产夏玉米群体光合特性的影响	杨吉顺	作物学报	2010	51	22
7	不同种植密度下的夏玉米冠层结构及光合特性	吕丽华	作物学报	2008	92	20
8	双标图分析在农作物品种多点试验中的应用	严威凯	作物学报	2010	38	19
8	我国烟草漂浮育苗技术应用现状、研究进展及发展方向	彭细桥	中国烟草学报	2010	38	19
8	干旱胁迫对玉米苗期叶片光合作用和保护酶的影响	张仁和	生态学报	2011	34	19

24.3 研究主题关联分析

在农作物学科，高被引论文累计被 2013 年发表的 2871 篇论文引用了 3253 次。通过分析施引文献关键词的词频及关键词之间的共现关系，获得 2013 年农作物学科的热点主题和主题关联，如图 24-3 所示（共现 15 次以下不显示）。由图 24-3 可知："产量"的文档词频较高，是农作物学科近期的热点研究主题；"产量"与"玉米"、"栽培技术"与"高产"等概念之间的共现次数较多，显示出它们之间主题关联较为紧密。以"产量""烤烟"为核心的多个概念相互关联，构成了领域内近期最为突出的研究主题簇。

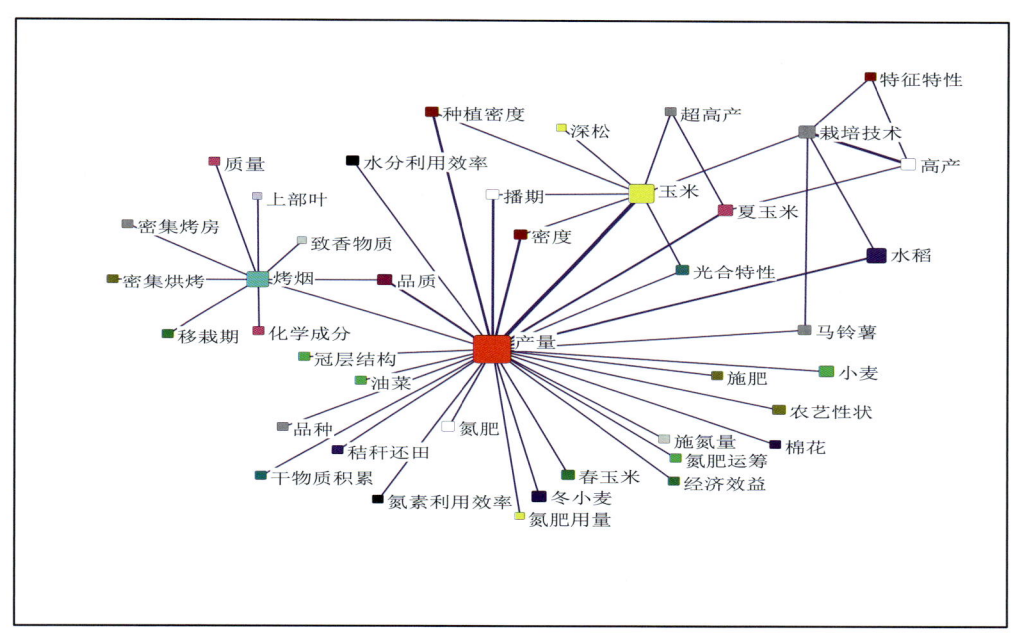

图 24-3　农作物学科 2013 年热点主题关联

24.4 学科高影响力期刊分析

24.4.1 学科高影响力期刊 TOP 10

在农作物学科，学科 5 年影响因子位居前 10 位的期刊见表 24-3，排在前 3 位的期刊分别是《中国农业科学》《草业学报》和《作物学报》。在表 24-3 中，学科载文量占其总载文量比例最大的期刊是《玉米科学》；前 5 年学科载文在 2013 年被引率最高的期刊是《中国农业科学》；期刊 5 年影响因子较高的前 3 种期刊分别是《草业学报》《作物学报》和《中国农业科学》；学科 5 年影响因子与期刊 5 年影响因子差异最大的期刊是《中国农业科学》。表 24-3 中期刊的学科 5 年影响因子和前 5 年学科载文的 2013 年被引率对比如图 24-4 所示，2008—2013 年期刊 5 年影响因子的变动情况如图 24-5 所示。

表 24-3 农作物学科高影响力期刊基本指数

序号	期刊名称	前5年载文量			2013年学科被引			5年影响因子		h指数(学科)
		学科（篇）	占比（%）	总量（篇）	频次	被引率（%）	高被引论文篇数	期刊(2013)	学科(2013)	
1	中国农业科学	975	29.6	3296	1732	62.6	47	1.379	1.776	13
2	草业学报	354	28.0	1265	627	60.7	14	1.840	1.771	11
3	作物学报	1334	82.1	1624	2280	59.7	68	1.598	1.709	13
4	中国烟草学报	225	33.3	675	307	55.6	5	1.071	1.364	7
5	植物遗传资源学报	444	49.0	907	511	55.9	6	1.015	1.151	7
6	玉米科学	1099	87.0	1263	1143	47.2	17	1.000	1.040	8
7	中国油料作物学报	429	66.0	650	387	41.7	4	0.918	0.902	6
8	吉林农业大学学报	133	14.1	943	118	41.4	0	0.631	0.887	6
9	华北农学报	676	29.4	2301	593	43.1	12	0.765	0.877	9
10	核农学报	554	41.3	1343	471	44.2	2	0.751	0.850	6

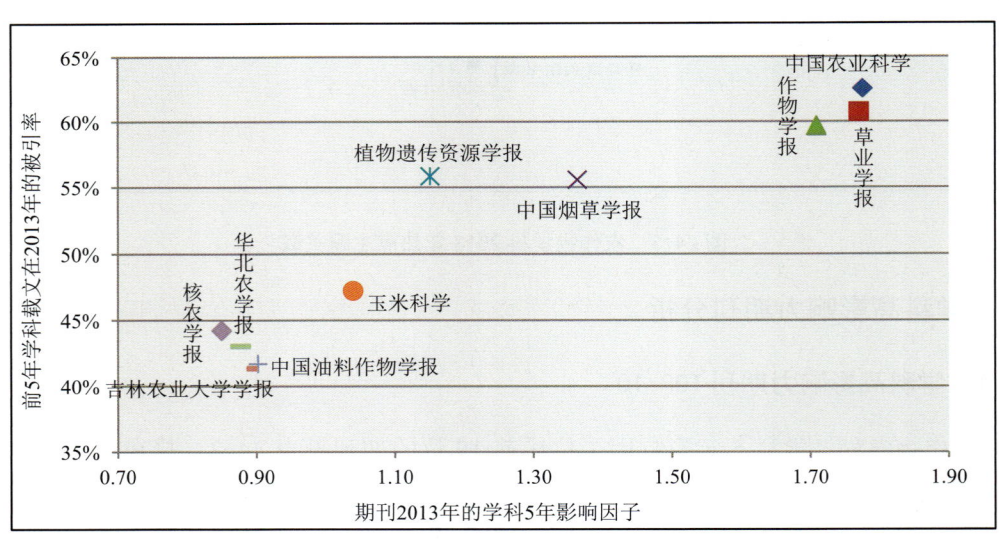

图 24-4 农作物学科高影响力期刊对比

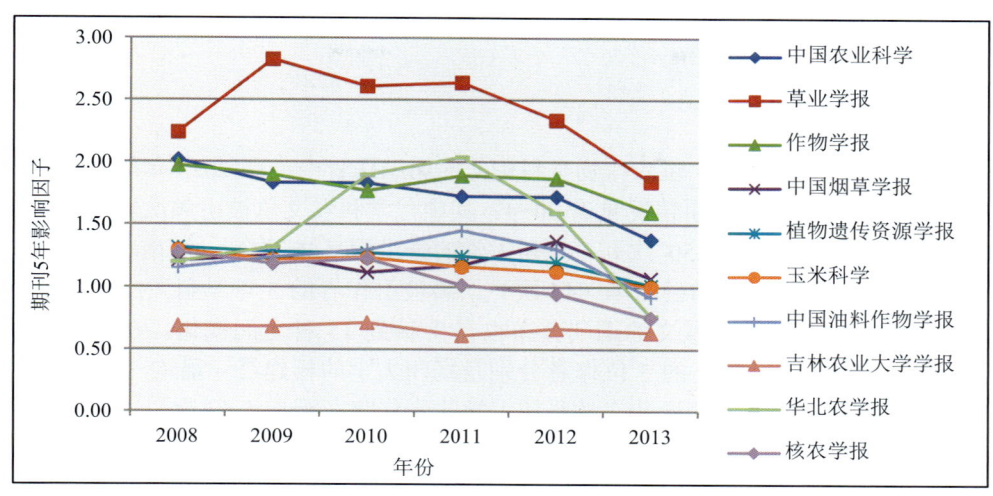

图 24-5　农作物学科期刊 5 年影响因子变动

24.4.2　学科高影响力期刊载文主题关联

通过期刊共被引分析，获得农作物学科高影响力期刊及与其他期刊之间的载文主题关联，如图 24-6 所示（共被引 52 次以下不显示）。结果显示，农作物学科的高影响力期刊相互链接较为紧密，基本主导了该学科的期刊共被引网络，显示出该学科高影响力期刊可能共同刊载了许多相近的研究主题，热点研究主题分散在多种期刊上。《中国农业科学》的学科 5 年影响因子较高，显示出它的学术影响力较大；《中国农业科学》与《作物学报》之间的链接较强，意味着它们之间可能有较多相同或相近的载文主题。

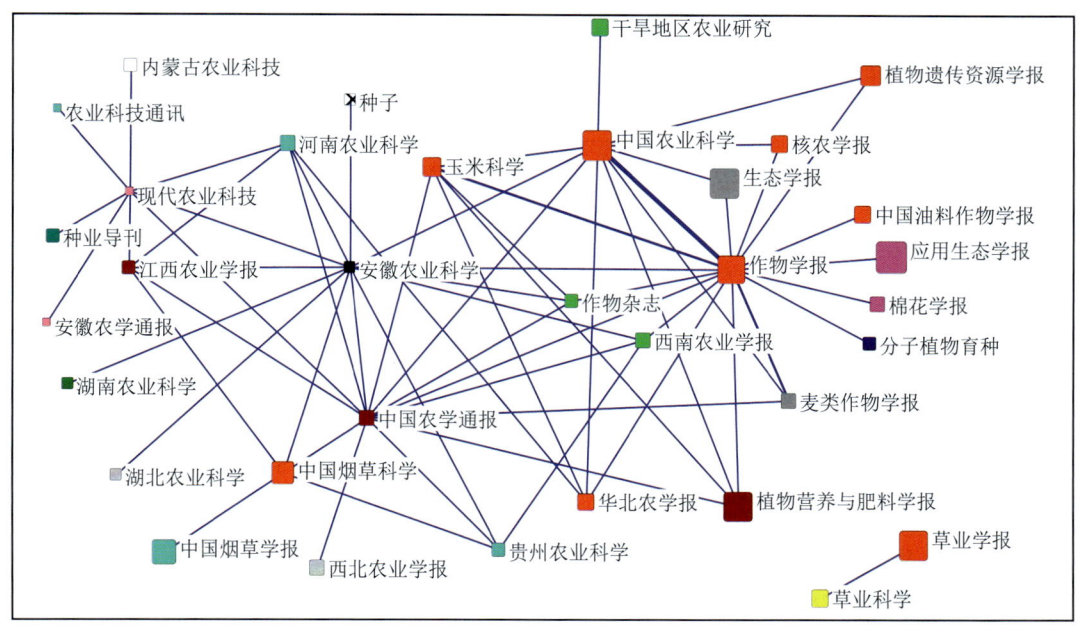

图 24-6　农作物学科高影响力期刊载文主题关联

24.5 高被引作者分析

24.5.1 高被引作者 TOP 20

2008—2012 年，在 90135 位农作物学科论文的第一作者中，在 2013 年学科被引频次位居前 20 位的学者的发文及被引情况见表 24-4。其中，学科发文总被引频次较高的 4 位作者分别是河南农业大学的詹军（50 次）、扬州大学的张洪程（45 次）、河南农业大学的王宜伦（45 次）和中国农业大学的吕丽华（45 次）。高被引作者的 5 年学科发文数量从 1 篇到 27 篇不等，同时，作者学科发文的期刊分布也在 1 种到 15 种之间变化。在发文超过 5 篇的所有作者中，篇均被引较高的 3 位作者分别是扬州大学的杨建昌（篇均 7.80 次）、扬州大学的李杰（篇均 7.00 次）和西北农林科技大学的张仁和（篇均 5.57 次）；前 5 年发表学科论文较多的 3 位作者分别是台州科技职业学院的刘伟明（38 篇）、河南农业大学的赵铭钦（27 篇）和沈阳农业大学的史振声（27 篇）。高被引作者的学科发文量和被引量对比如图 24-7 所示。

表 24-4 农作物学科高被引作者 TOP 20

序号	姓名	作者单位	前 5 年发文数量			前 5 年学科发文在 2013 年的被引				h 指数（学科）
			学科发文（篇）	期刊分布（种）	发文总量（篇）	总频次	被引率（%）	最高（次）	篇均（次）	
1	詹军	河南农业大学	13	11	14	50	92.3	7	3.85	6
2	张洪程	扬州大学	9	4	15	45	77.8	9	5.00	6
2	王宜伦	河南农业大学	13	11	29	45	61.5	18	3.46	5
2	吕丽华	中国农业大学	4	3	4	45	100.0	20	11.25	4
5	赵铭钦	河南农业大学	27	15	38	44	55.6	10	1.63	3
6	赵广才	中国农业科学院作物科学研究所	19	5	24	42	57.9	9	2.21	5
6	李杰	扬州大学	6	3	9	42	100.0	12	7.00	4
8	陈国平	北京市农林科学院	3	2	3	40	100.0	15	13.33	3
9	史宏志	河南农业大学	25	11	31	39	72.0	5	1.56	4
9	张仁和	西北农林科技大学	7	5	7	39	71.4	19	5.57	3
9	杨建昌	扬州大学	5	3	5	39	100.0	17	7.80	4
12	谢已书	贵州省烟草科学研究所	7	4	10	38	57.1	28	5.43	4
13	邓小华	湖南农业大学	8	7	38	36	62.5	13	4.50	6
13	邹娟	华中农业大学	8	5	13	36	75.0	14	4.50	3
15	朱德峰	中国水稻研究所	8	3	10	34	62.5	15	4.25	3
15	于晶	东北农业大学	9	5	14	34	77.8	13	3.78	4

序号	姓名	作者单位	前5年发文数量			前5年学科发文在2013年的被引				h指数(学科)
			学科发文(篇)	期刊分布(种)	发文总量(篇)	总频次	被引率(%)	最高(次)	篇均(次)	
17	徐秀红	中国农业科学院烟草研究所	1	1	2	32	100.0	32	32.00	2
17	陈传永	中国农业科学院作物科学研究所	3	2	3	32	100.0	22	10.67	3
19	白志英	河北农业大学	7	4	8	28	85.7	10	4.00	4
19	宋朝鹏	河南农业大学	14	8	26	28	85.7	9	2.00	3
19	唐远驹	贵州省烟草科学研究所	3	1	3	28	100.0	13	9.33	3

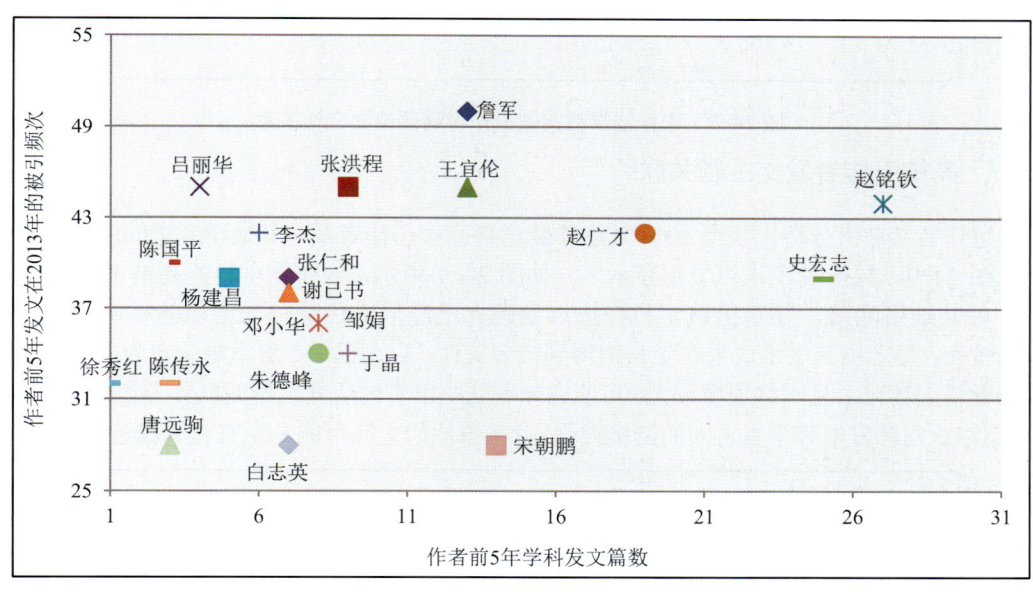

图24-7 农作物学科高被引作者学科发文及被引对比

24.5.2 高被引作者科研合作关系

通过作者合著分析,获得2013年农作物学科高被引作者及与其他学者之间的科研论文合作关系(不考虑论文署名次序),如图24-8所示(合著9次以下不显示)。可以看出,农作物学科的高被引作者的论文合作现象较为普遍,而且合作人数较多。学者赵铭钦的发文量较多,学者张洪程、史宏志和赵铭钦的论文合作网络较为突出,在该学科的研究人员中表现出一定的集聚效应。张洪程与霍中洋、戴其根等学者之间的合作关系最为紧密,显示出他们可能属于同一支科研团队。

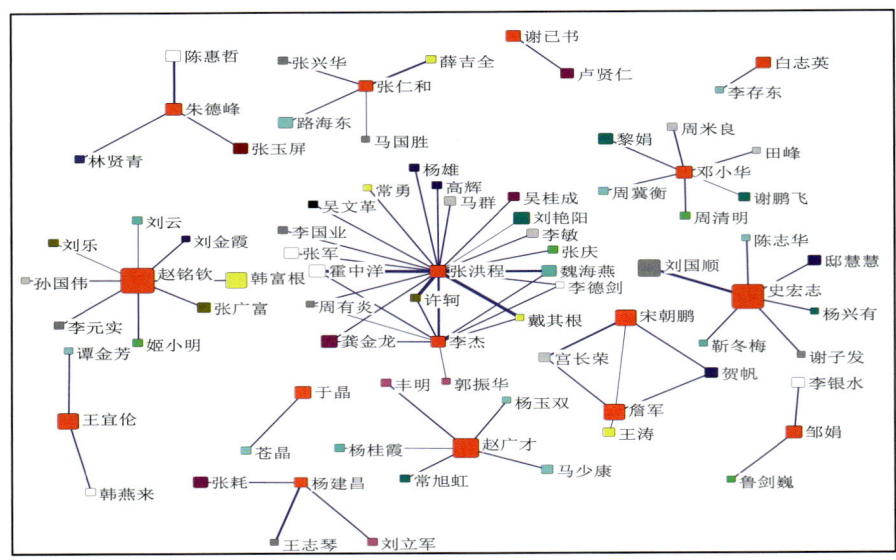

图 24-8　农作物学科高被引作者科研论文合作关系

24.5.3　高被引作者发文主题关联

通过作者共被引分析，获得 2013 年农作物学科高被引作者及与其他学者之间的发文主题关联（见图 24-9，共被引 3 次以下不显示）。如图 24-9 所示，农作物学科的高被引作者基本主导了作者共被引网络，显示出该学科在热点主题上已经形成优势较为明显的科研力量。詹军的节点较大，显示出其学术成果在学科内得到较多关注。以谢已书、詹军等学者为主要节点的共被引作者簇人数较多且网络规模较大，可能意味着这些学者的研究主题关联较为紧密。于晶与王晓楠、赵铭钦与韩富根等学者之间的链接较强，意味着他们之间可能分别有较为相近的研究主题。

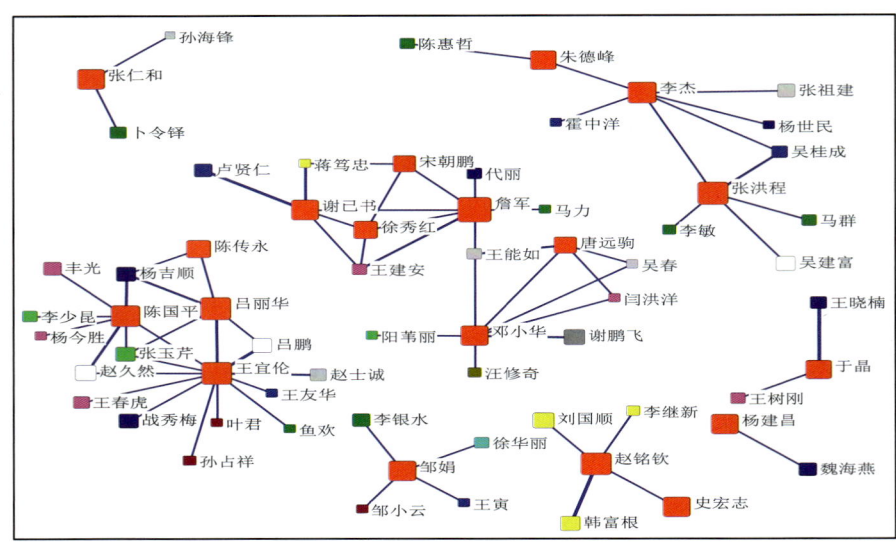

图 24-9　农作物学科高被引作者发文主题关联

24.6 高被引机构分析

24.6.1 高被引机构

为便于比较，本书将农作物学科的高被引机构分为高等院校和科研院所两种类型。其中，被引频次 TOP 10 高等院校和被引频次 TOP 5 科研院所的发文及被引情况分别见表 24-5 和表 24-6。其中，总被引频次较高的 3 所高等院校分别是河南农业大学、西北农林科技大学和南京农业大学，中国农业科学院作物科学研究所、山西省农业科学院和云南省农业科学院是总被引频次较高的 3 所科研院所；前 5 年学科发文在 2013 年的被引率最高的高等院校和科研院所分别是南京农业大学和中国农业科学院作物科学研究所，篇均被引最高的高等院校和科研院所分别是扬州大学和中国农业科学院作物科学研究所。上述高被引机构的论文被引率和篇均被引频次对比如图 24-10 所示。

表 24-5　农作物学科高被引高等院校 TOP 10

序号	第一作者单位	学科发文量（篇）		前 5 年学科发文在 2013 年的被引			
		前 5 年	2013 年	频次	被引率(%)	最高（次）	篇均(次)
1	河南农业大学	1562	195	1602	45.4	18	1.03
2	西北农林科技大学	1295	189	1023	38.8	19	0.79
3	南京农业大学	926	85	941	48.8	11	1.02
4	湖南农业大学	1436	259	887	33.6	13	0.62
5	山东农业大学	648	71	729	46.5	22	1.12
6	沈阳农业大学	1002	118	727	37.3	12	0.73
7	扬州大学	591	82	718	45.7	17	1.21
8	中国农业大学	679	109	689	40.5	22	1.01
9	东北农业大学	985	141	623	34.7	13	0.63
10	四川农业大学	757	100	586	38.8	16	0.77

表 24-6　农作物学科高被引科研院所 TOP 5

序号	第一作者单位	学科发文量（篇）		前 5 年学科发文在 2013 年的被引			
		前 5 年	2013 年	频次	被引率(%)	最高（次）	篇均(次)
1	中国农业科学院作物科学研究所	502	54	748	55.0	22	1.49
2	山西省农业科学院	994	134	541	29.5	15	0.54
3	云南省农业科学院	740	120	482	35.8	8	0.65
4	江苏省农业科学院	620	95	412	37.7	7	0.66
5	黑龙江省农业科学院	1058	103	404	25.8	9	0.38

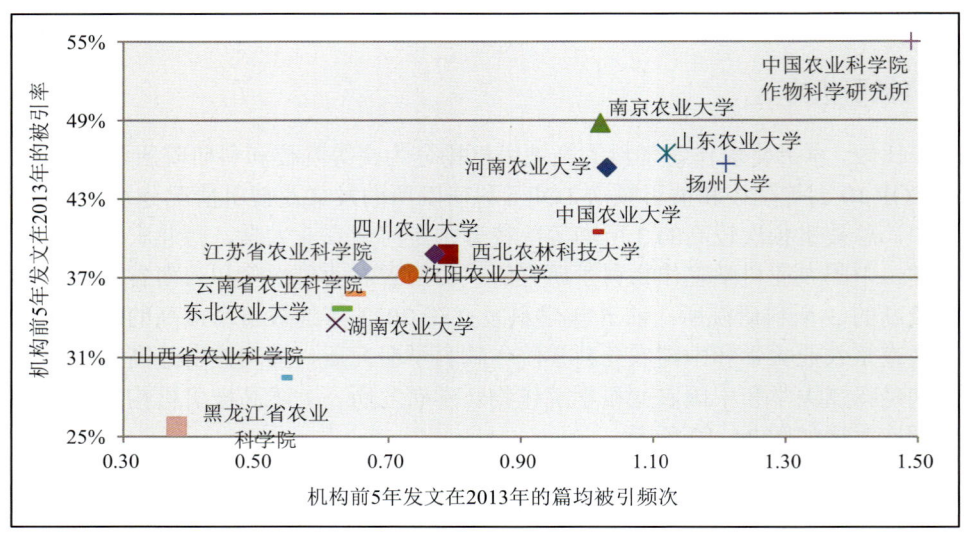

图 24-10 农作物学科高被引机构论文篇均被引及被引率对比

24.6.2 高被引机构科研合作关系

通过合著分析，获得农作物学科高被引机构之间及其与其他机构之间的科研合作关系，如图 24-11 所示（合作 121 次以下不显示）。分析得知，农作物学科的机构合作链接非常紧密，显示出学科内各个机构之间的合作关系非常普遍；高被引机构基本主导了机构合作网络，显示出这些机构已经在学科内具有了一定的科研优势。东北农业大学和黑龙江省农业科学院等机构之间的链接较强，表明它们的学术合作较为频繁。

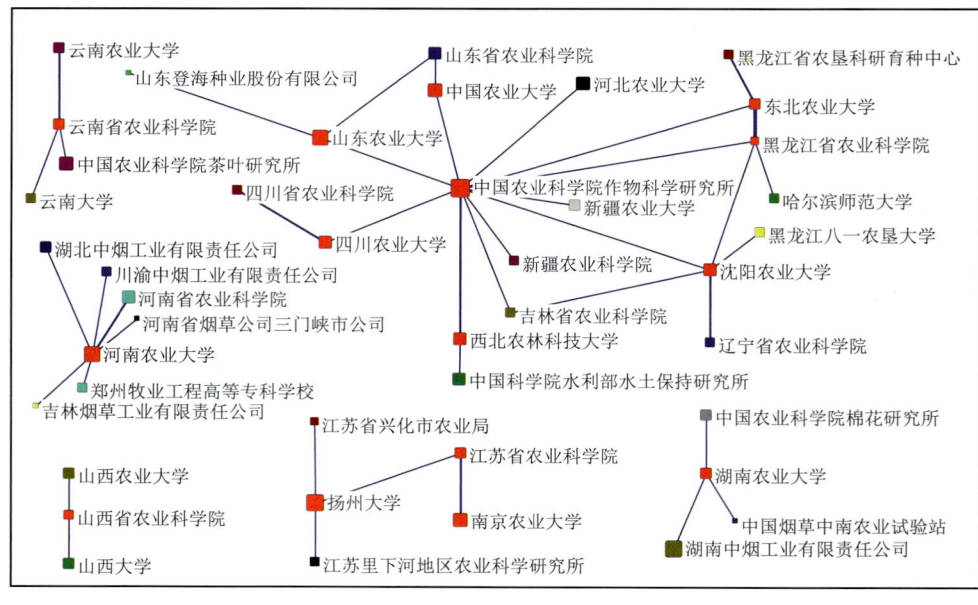

图 24-11 农作物学科高被引机构科研合作关系

24.7 高被引图书、国外期刊及学术会议

2013年,农作物学科被引频次位居前10位的图书及国外期刊见表24-7和表24-8。其中,被引次数较多的3种图书分别是鲍士旦的《土壤农化分析》、李合生的《植物生理生化实验原理和技术》和刘国顺的《烟草栽培学》;被引次数较多的3种国外期刊分别是《Plant Physiology》《Theoretical and Applied Genetics》和《Crop Science》;被引次数较多的3场学术会议分别是"Proceedings of the 4th International Crop Science Congress""Proceedings of the 7th International Wheat Genetics Symposium"和"1999 ASAE Annual International Meeting"。

表 24-7 农作物学科高被引图书 TOP 10

序号	责任者	图书名称	出版社	2013 年被引频次
1	鲍士旦	土壤农化分析	中国农业出版社	180
2	李合生	植物生理生化实验原理和技术	高等教育出版社	113
2	刘国顺	烟草栽培学	中国农业出版社	113
4	王瑞新	烟草化学	中国农业出版社	107
4	张志良	植物生理学实验指导	高等教育出版社	94
6	邹琦	植物生理学实验指导	中国农业出版社	90
7	鲁如坤	土壤农业化学分析方法	中国农业科技出版社	78
8	韩锦峰	烟草栽培生理	中国农业出版社	56
9	中国农业科学院烟草研究所	中国烟草栽培学	上海科学技术出版社	53
10	唐启义	实用统计分析及其 DPS 数据处理系统	科学出版社	50

表 24-8 农作物学科高被引国外期刊 TOP 10

序号	期刊名称	2013 年被引频次
1	Plant Physiology	1736
2	Theoretical and Applied Genetics	1626
3	Crop Science	1249
4	Plant Cell	847
5	Proceedings of the National Academy of Sciences of the United States of America	726
6	Journal of Experimental Botany	694
7	Field Crops Research	639
8	Plant Molecular Biology	616
9	Euphytica	597
10	Plant Journal	583

第 25 章 园艺学科高被引分析

25.1 学科论文概况

2008—2012 年，园艺学科共有 89514 位来自 36934 所机构的论文第一作者在 2048 种期刊上发表了 112739 篇学术论文。其中，80%以上的论文产出自 23645 所机构、45831 位作者，发表在 412.4 种期刊上。在前 5 年发表的这些论文中，有 21952 篇在 2013 年获得过引用，整体被引率为 19.5%，总被引频次为 35091 次，篇均被引 0.31 次；其中，高被引论文有 271 篇，单篇论文最高被引频次为 39 次，累计被引 2144 次，篇均被引 7.91 次（表 25-1）。另外，2013 年园艺学科共发表论文 21317 篇，其中有 401 篇在当年获得过引用，总共被引 495 次。

表 25-1 园艺学科论文分布情况

年份	论文篇数	2013 年被引频次	2013 年被引率（%）	2013 年高被引论文			
				论文篇数	最高被引频次	总被引频次	篇均被引频次
2008	18746	6050	19.7	38	21	323	8.50
2009	20065	6808	20.6	42	30	376	8.95
2010	20916	7929	23.0	50	33	490	9.80
2011	25593	8189	20.0	74	38	532	7.19
2012	27419	6115	15.2	67	39	423	6.31
合计	112739	35091	19.5	271	39	2144	7.91

从园艺学科论文的地域分布来看，2013 年被引频次较高的 5 个省、直辖市或自治区依次是江苏、北京、山东、陕西和辽宁（图 25-1）；5 年论文产出量较多的 5 个省、直辖市或自治区依次是山东、江苏、河北、河南和辽宁（图 25-2）。

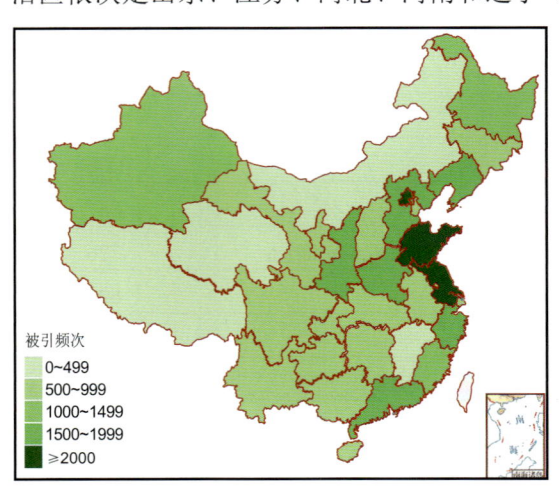

图 25-1 2013 年园艺学科地区被引分布

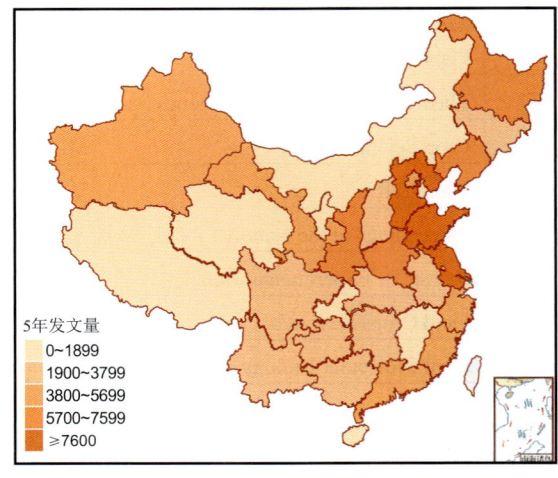

图 25-2 园艺学科 5 年论文产出地区分布

25.2 高被引论文分析

在园艺学科，2013 年被引频次位居前 10 位的论文（表 25-2）平均被引频次为 20.7 次，是全部 271 篇高被引论文篇均被引频次的 2.6 倍。其中，被引频次最高的论文是戴玉成于 2010 年发表的《中国食用菌名录》，随后 2 篇分别是郭文川于 2010 年发表的《基于无线传感器网络的温室环境信息监测系统》和陈虎于 2010 年发表的《龙眼 24 个品种的 SCoT 遗传多样性分析》。

从论文分布来看，刊载高被引论文数量最多的 3 种期刊分别是《园艺学报》（35 篇）、《中国农业科学》（27 篇）和《农业工程学报》（20 篇），而《中国农业科学》刊载了高被引论文 TOP 10 中的 2 篇；发表高被引论文最多的 3 位学者分别是南京农业大学的崔瑾（2 篇）、北京林业大学的戴玉成（2 篇）和西北农林科技大学的李丙智（2 篇）；产出高被引论文数量最多的 3 所机构分别是西北农林科技大学（24 篇）、山东农业大学（21 篇）和南京农业大学（19 篇）。

表 25-2 园艺学科高被引论文 TOP 10

序号	论文题名	第一作者	期刊名称	发表年份	被引频次 总频次	被引频次 2013 年
1	中国食用菌名录	戴玉成	菌物学报	2010	183	56
2	基于无线传感器网络的温室环境信息监测系统	郭文川	农业机械学报	2010	48	22
3	龙眼 24 个品种的 SCoT 遗传多样性分析	陈虎	园艺学报	2010	36	21
4	云南栽培玛咖的营养成分分析与评价	冯颖	林业科学研究	2009	33	18
5	LED 在植物设施栽培中的应用和前景	崔瑾	农业工程学报	2008	46	17
6	遮荫对连翘光合特性和叶绿素荧光参数的影响	王建华	生态学报	2011	31	15
6	国内外蓝莓研究现状	史海芝	江苏林业科技	2009	27	15
6	质构仪穿刺试验检测冬枣质地品质方法的建立	马庆华	中国农业科学	2011	27	15
9	水分胁迫对辣椒光合作用及相关生理特性的影响	付秋实	中国农业科学	2009	49	14
9	菊花8个品种的低温半致死温度及其抗寒适应性	许瑛	园艺学报	2008	46	14

25.3 研究主题关联分析

在园艺学科，高被引论文累计被 2013 年发表的 2085 篇论文引用了 2144 次。通过分析施引文献关键词的词频及关键词之间的共现关系，获得 2013 年园艺学科的热点主题和主题关联，如图 25-3 所示（共现 8 次以下不显示）。由图 25-3 可知："产量""品质"和"苹果"的文档词频较高，是园艺学科近期的热点研究主题；"产量"与"植物生长调节物质"、"品质"与"工厂化育苗"等概念之间的共现次数较多，显示出它们之间主题关联较为紧密。以"产量""植物生长调节物质""生长"等为核心的多个概念相互关联，构成了领域内近期最为突出的研究主题等。

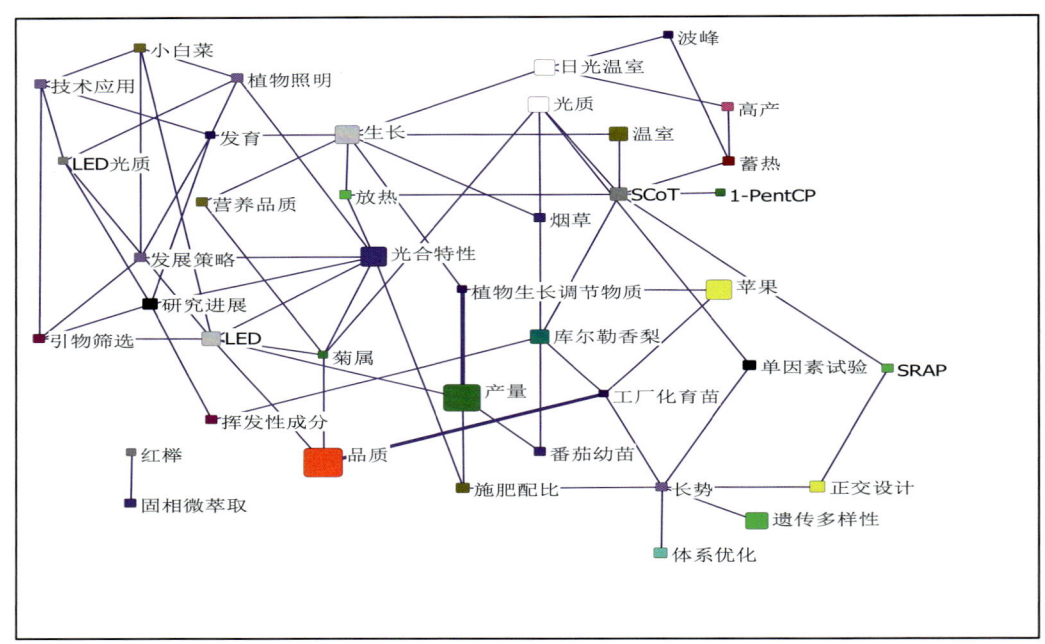

图 25-3　园艺学科 2013 年热点主题关联

25.4 学科高影响力期刊分析

25.4.1 学科高影响力期刊 TOP 10

在园艺学科，学科 5 年影响因子位居前 10 位的期刊见表 25-3，排在前 3 位的期刊分别是《南京农业大学学报》《园艺学报》和《果树学报》。在表 25-3 中，学科载文量占其总载文量比例最大的期刊是《果树学报》；前 5 年学科载文在 2013 年被引率最高的期刊是《南京农业大学学报》；期刊 5 年影响因子较高的前 3 种期刊分别是《经济林研究》《园艺学报》和《果树学报》；学科 5 年影响因子与期刊 5 年影响因子差异最大的期刊是《南京农业大学学报》。表 25-3 中期刊的学科 5 年影响因子和前 5 年学科载文在 2013 年的被引率对比如图 25-4 所示，2008—2013 年期刊 5 年影响因子的变动情况如图 25-5 所示。

表 25-3 园艺学科高影响力期刊基本指数

序号	期刊名称	前5年载文量			2013年学科被引			5年影响因子		h指数(学科)
		学科(篇)	占比(%)	总量(篇)	频次	被引率(%)	高被引论文篇数	期刊(2013)	学科(2013)	
1	南京农业大学学报	156	18.6	837	165	53.2	2	0.753	1.058	6
2	园艺学报	2111	95.4	2212	1960	44.6	35	0.918	0.928	8
3	果树学报	1217	98.3	1238	1066	43.9	16	0.863	0.876	8
4	中国园林	162	10.0	1617	140	39.5	3	0.675	0.864	7
5	经济林研究	450	61.4	733	368	39.3	8	0.943	0.818	7
6	甘肃农业大学学报	143	12.5	1143	116	39.9	3	0.614	0.811	6
7	西北农业学报	575	20.8	2768	450	43.5	6	0.636	0.783	7
8	保鲜与加工	247	46.4	532	185	40.9	1	0.641	0.749	5
9	江苏农业学报	286	17.8	1604	198	39.2	1	0.739	0.692	6
10	上海交通大学学报（农业科学版）	134	20.7	647	89	39.6	2	0.539	0.664	5

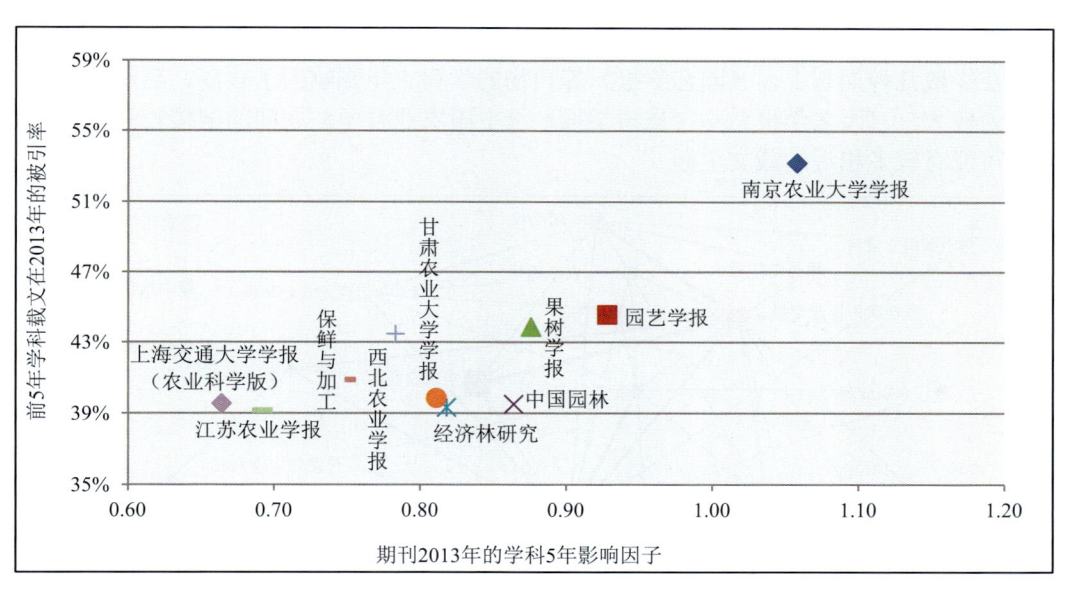

图 25-4 园艺学科高影响力期刊对比

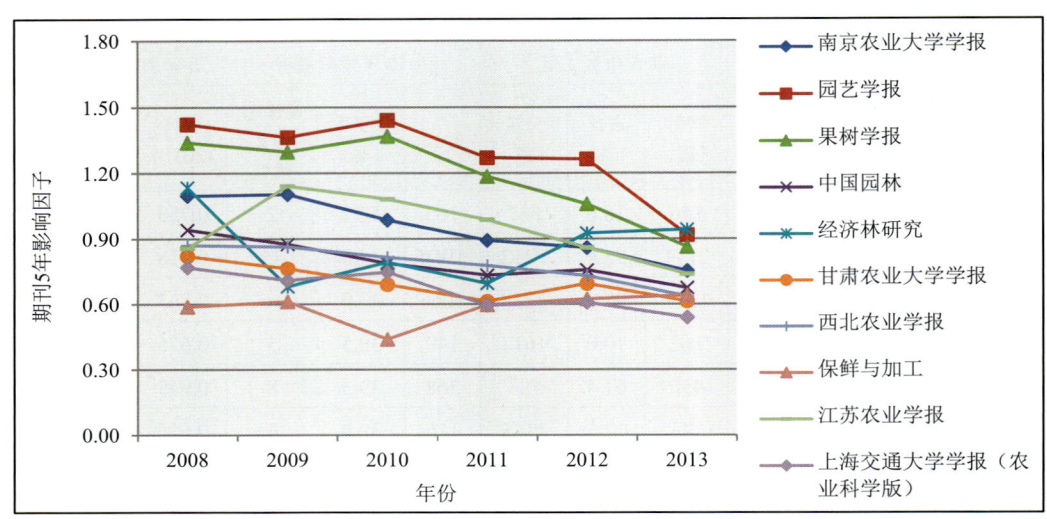

图 25-5 园艺学科期刊 5 年影响因子变动

25.4.2 学科高影响力期刊载文主题关联

通过期刊共被引分析，获得园艺学科高影响力期刊及与其他期刊之间的载文主题关联，如图 25-6 所示（共被引 36 次以下不显示）。结果显示，园艺学科的高影响力期刊相互链接较为松散，显示出该学科高影响力期刊可能各自有着更加青睐的载文主题，热点研究主题各自集中在少数几种期刊上。《园艺学报》等刊物的学科 5 年影响因子较高，显示出它们的学术影响力较大，《园艺学报》与《果树学报》《中国农业科学》之间的链接较强，意味着它们之间可能有较多相近的载文主题。

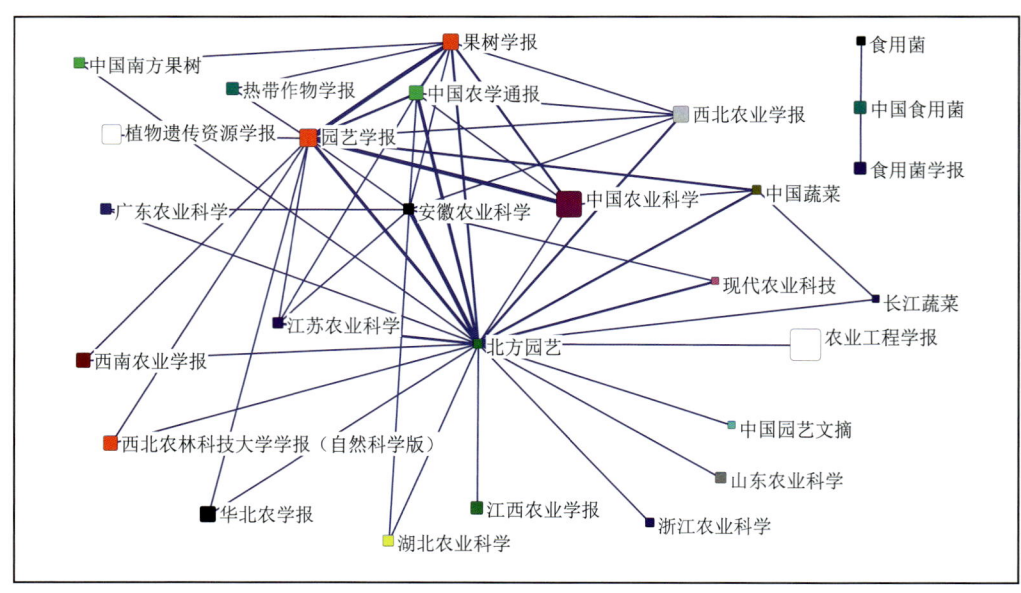

图 25-6 园艺学科高影响力期刊载文主题关联

25.5 高被引作者分析

25.5.1 高被引作者 TOP 20

2008—2012 年，在 89514 位园艺学科论文的第一作者中，在 2013 年学科被引频次位居前 20 位的学者的发文及被引情况见表 25-4。其中，学科发文总被引频次较高的 4 位作者分别是北京林业大学的戴玉成（66 次）、广西大学的陈虎（36 次）和南京农业大学的崔瑾（29 次）和中国林业科学研究院林业研究所的马庆华（29 次）。高被引作者的 5 年学科发文数量从 1 篇到 41 篇不等，同时，作者学科发文的期刊分布也在 1 种到 18 种之间变化。在发文超过 5 篇的所有作者中，篇均被引较高的 3 位作者分别是长沙环境保护职业技术学院的许桂芳（篇均 4.40 次）、广西大学的陈虎（篇均 3.60 次）和中国农业大学的马承伟（篇均 3.40 次）；前 5 年发表学科论文较多的 3 位作者分别是甘肃省静宁县林业局的王田利（117 篇）、湖南省益阳市赫山区蔬菜局的何永梅（78 篇）和山东省枣庄市山亭区农业局的翟洪民（73 篇）。高被引作者的学科发文量和被引量对比如图 25-7 所示。

表 25-4 园艺学科高被引作者 TOP 20

序号	姓名	作者单位	前5年发文			前5年学科发文在2013年的被引				h指数（学科）
			学科发文（篇）	期刊分布（种）	发文总量（篇）	总频次	被引率（%）	最高（次）	篇均（次）	
1	戴玉成	北京林业大学	2	1	24	66	100.0	56	33.00	4
2	陈虎	广西大学	10	8	12	36	50.0	21	3.60	2
3	崔瑾	南京农业大学	2	2	6	29	100.0	17	14.50	3
3	马庆华	中国林业科学研究院林业研究所	13	7	14	29	61.5	15	2.23	2
5	柴仲平	新疆农业大学	41	18	56	28	29.3	7	0.68	3
6	吴雪霞	上海市农业科学院	20	11	28	26	65.0	4	1.30	3
7	王彬	贵州省果树科学研究所	10	4	11	23	80.0	6	2.30	3
7	李天来	沈阳农业大学	22	9	30	23	59.1	5	1.05	3
9	郭文川	西北农林科技大学	1	1	21	22	100.0	22	22.00	4
9	宋润刚	中国农业科学院特产研究所	20	8	25	22	45.0	4	1.10	4
9	许桂芳	长沙环境保护职业技术学院	5	5	12	22	100.0	8	4.40	3
12	张强	北京市农林科学院	8	3	9	21	75.0	5	2.62	3
12	周宝利	沈阳农业大学	20	9	30	21	65.0	3	1.05	3
14	任艳芳	贵州大学	15	8	24	20	60.0	7	1.33	3
14	韩国辉	西南大学	4	4	5	20	75.0	11	5.00	2

序号	姓名	作者单位	前5年发文			前5年学科发文在2013年的被引				h指数（学科）
			学科发文（篇）	期刊分布（种）	发文总量（篇）	总频次	被引率（%）	最高（次）	篇均（次）	
16	孙霞	新疆农业大学	10	8	19	19	80.0	4	1.90	3
16	朴一龙	延边大学	9	6	9	19	66.7	7	2.11	2
16	薛晓敏	山东省果树研究所	31	12	35	19	35.5	3	0.61	3
16	夏晶晖	重庆文理学院	17	5	22	19	58.8	5	1.12	3
20	徐小万	广东省农业科学院	8	8	11	18	50.0	8	2.25	3

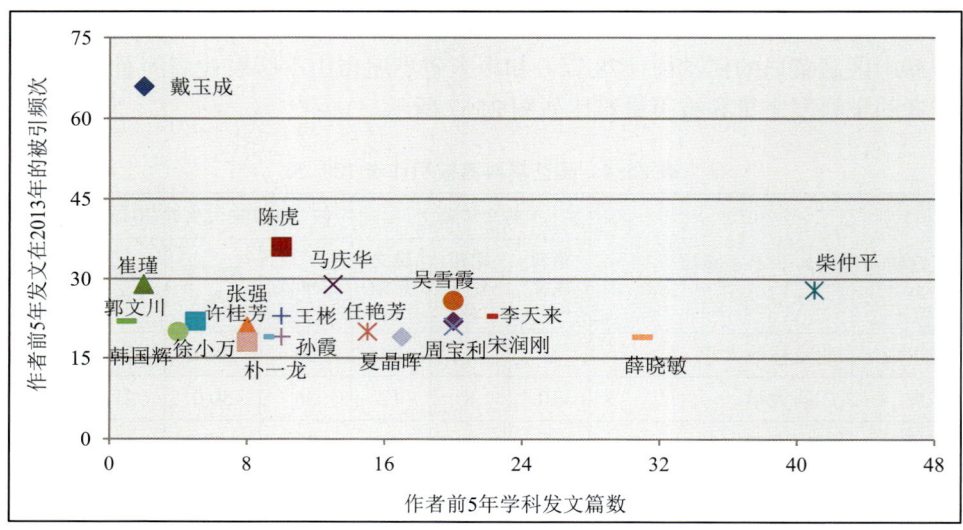

图 25-7　园艺学科高被引作者学科发文及被引对比

25.5.2　高被引作者科研合作关系

通过作者合著分析，获得2013年园艺学科高被引作者及与其他学者之间的科研论文合作关系（不考虑论文署名次序），如图25-8所示（合著10次以下不显示）。可以看出，园艺学科的高被引作者的论文合作现象比较普遍。其中，柴仲平、薛晓敏等学者发文量较多，论文合作者也较多，显示出其在该学科的研究人员中具有一定的集聚效应；柴仲平与孙霞、薛晓敏与王金政等学者之间的合作关系最为紧密，显示出他们可能分别属于同一支科研团队。

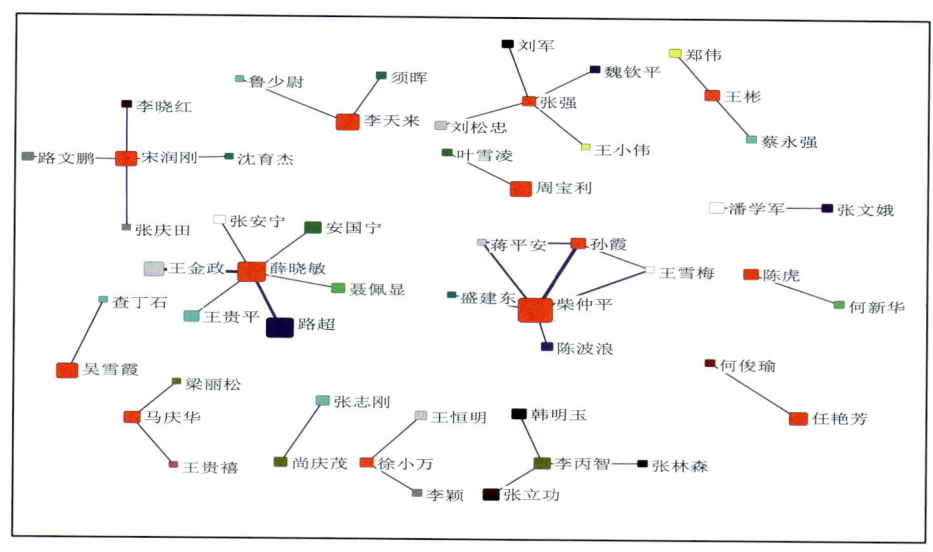

图 25-8　园艺学科高被引作者科研论文合作关系

25.5.3　高被引作者发文主题关联

通过作者共被引分析，获得 2013 年园艺学科高被引作者及与其他学者之间的发文主题关联（见图 25-9，共被引 2 次以下不显示）。如图 25-9 所示，园艺学科的高被引作者基本主导了作者共被引网络，显示出该学科在热点主题上已经形成优势较为明显的科研力量。陈虎和崔瑾的节点较大，显示出他们的学术成果在学科内得到较大关注。以崔瑾为主要节点的共被引簇人数较多，而且网络规模较大，可能意味着这些学者的研究主题关联较为紧密。陈虎和韩国辉、张君玉等学者之间的链接较强，意味着他们之间可能有较为相近的研究主题。

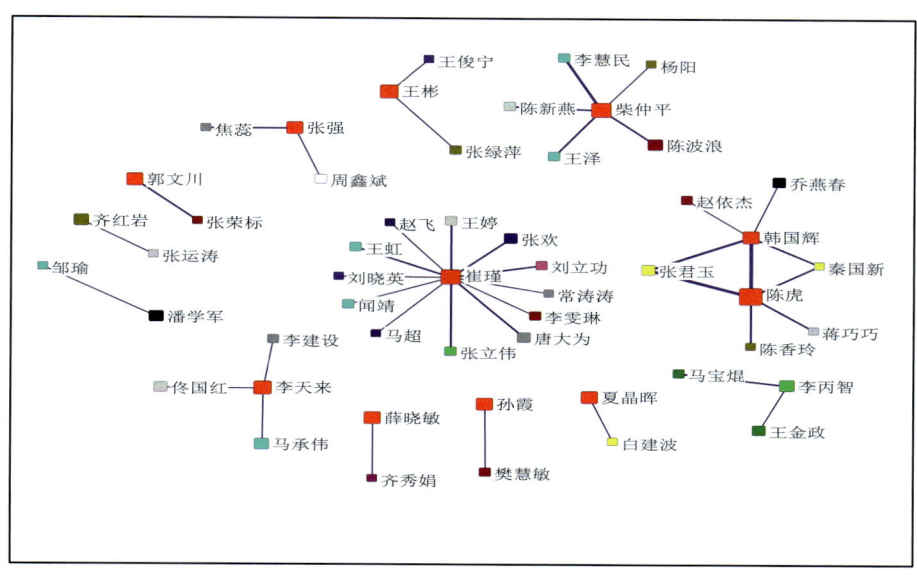

图 25-9　园艺学科高被引作者发文主题关联

25.6 高被引机构分析

25.6.1 高被引机构

为便于比较，本书将园艺学科的高被引机构分为高等院校和科研院所两种类型。其中，被引频次 TOP 10 高等院校和被引频次 TOP 5 科研院所的发文及被引情况分别见表 25-5 和表 25-6。其中，总被引频次较高的 3 所高等院校分别是西北农林科技大学、南京农业大学和山东农业大学，江苏省农业科学院、福建省农业科学院和山西省农业科学院是总被引频次较高的 3 所科研院所；前 5 年学科发文在 2013 年的被引率最高的高等院校和科研院所分别是南京农业大学和广东省农业科学院；篇均被引最高的高等院校和科研院所分别是南京农业大学和广东省农业科学院。上述高被引机构的论文被引率和篇均被引频次对比如图 25-10 所示。

表 25-5 园艺学科高被引高等院校 TOP 10

序号	第一作者单位	学科发文量（篇）		前 5 年学科发文在 2013 年的被引			
		前 5 年	2013 年	频次	被引率（%）	最高（次）	篇均（次）
1	西北农林科技大学	1603	247	1245	38.9	22	0.78
2	南京农业大学	1090	145	1037	46.1	17	0.95
3	山东农业大学	888	123	816	42.9	12	0.92
4	沈阳农业大学	1080	119	716	35.7	11	0.66
5	北京林业大学	711	94	547	38.1	56	0.77
6	中国农业大学	705	96	545	40.7	14	0.77
7	河北农业大学	700	115	397	31.1	15	0.57
8	西南大学	556	88	371	32.7	11	0.67
9	新疆农业大学	498	128	328	33.9	11	0.66
10	华南农业大学	479	85	295	35.1	9	0.62

表 25-6 园艺学科高被引科研院所 TOP 5

序号	第一作者单位	学科发文量（篇）		前 5 年学科发文在 2013 年的被引			
		前 5 年	2013 年	频次	被引率（%）	最高（次）	篇均（次）
1	江苏省农业科学院	564	101	322	33.0	7	0.57
2	福建省农业科学院	591	100	254	26.2	5	0.43
3	山西省农业科学院	592	102	249	27.5	8	0.42
4	广东省农业科学院	391	40	240	35.3	8	0.61
5	山东省果树研究所	515	98	236	26.6	10	0.46

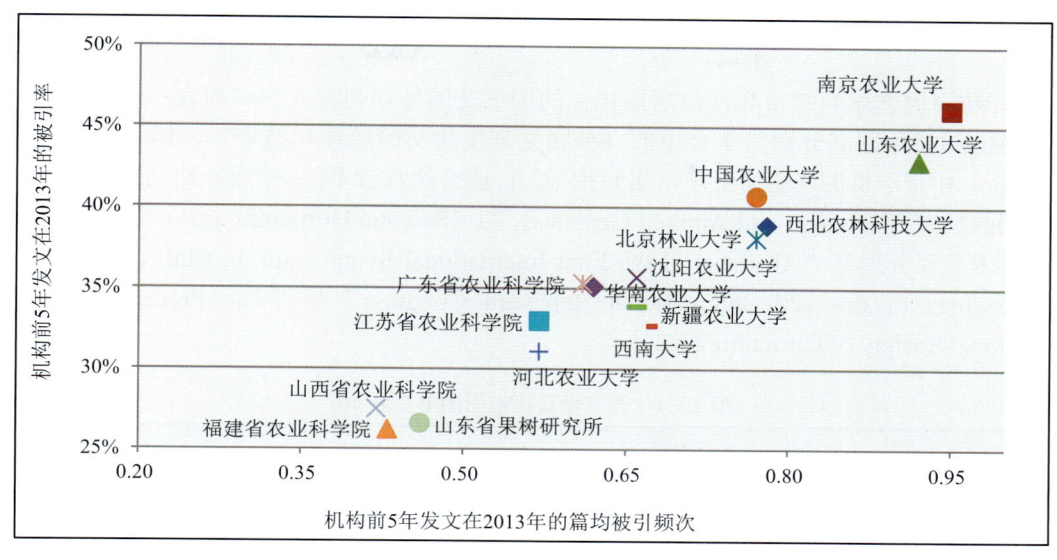

图 25-10　园艺学科高被引机构论文篇均被引及被引率对比

25.6.2　高被引机构科研合作关系

通过合著分析，获得园艺学科高被引机构之间及其与其他机构之间的科研合作关系，如图 25-11 所示（合作 58 次以下不显示）。分析得知，园艺学科的机构合作链接较为紧密，显示出学科内各个机构间的合作关系较为普遍；高被引机构基本主导了机构合作网络，显示出这些机构已经在学科内具有了一定的科研优势。南京农业大学与江苏省农业科学院、上海市农业科学院等机构之间的链接较强，显示出它们的学术合作较为频繁。

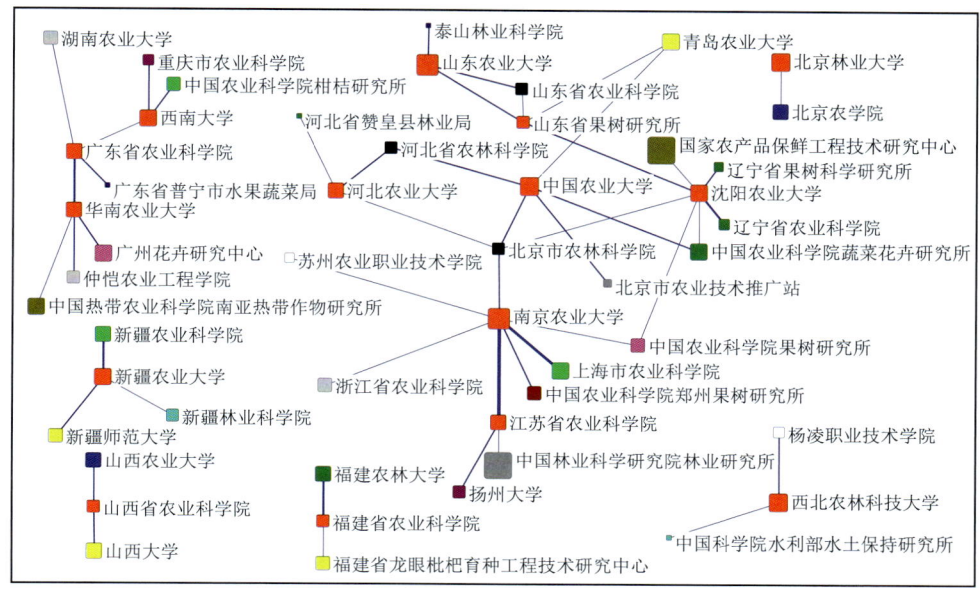

图 25-11　园艺学科高被引机构科研合作关系

25.7 高被引图书、国外期刊及学术会议

2013年,园艺学科被引频次位居前10位的图书及国外期刊见表25-7和表25-8。其中,被引次数较多的3种图书分别是李合生的《植物生理生化实验原理和技术》、鲍士旦的《土壤农化分析》和张志良的《植物生理学实验指导》;被引次数较多的3种国外期刊分别是《Plant Physiology》《Theoretical and Applied Genetics》和《Scientia Horticulturae》;被引次数较多的3场学术会议分别是"Abstracts of the First International Symposium on Chili Anthracnose""Proceedings of the 12th International Rapeseed Congress"和"The Proceedings of the International Society of Citriculture"。

表 25-7 园艺学科高被引图书 TOP 10

序号	责任者	图书名称	出版社	2013年被引频次
1	李合生	植物生理生化实验原理和技术	高等教育出版社	229
2	鲍士旦	土壤农化分析	中国农业出版社	112
3	张志良	植物生理学实验指导	高等教育出版社	98
4	潘瑞炽	植物生理学	高等教育出版社	67
5	曹建康	果蔬采后生理生化实验指导	中国轻工业出版社	65
6	邹琦	植物生理学实验指导	中国农业出版社	64
7	陈有民	园林树木学	中国林业出版社	63
8	赵世杰	植物生理学实验指导	中国农业科技出版社	60
9	王学奎	植物生理生化实验原理和技术	高等教育出版社	47
10	鲁如坤	土壤农业化学分析方法	中国农业科技出版社	43

表 25-8 园艺学科高被引国外期刊 TOP 10

序号	期刊名称	2013年被引频次
1	Plant Physiology	1141
2	Theoretical and Applied Genetics	716
3	Scientia Horticulturae	674
4	Acta Horticulturae	617
5	Postharvest Biology and Technology	498
6	Journal of Experimental Botany	490
7	Horticultural Science	489
8	Plant Cell	475
9	Journal of Agricultural and Food Chemistry	443
10	Plant Cell Reports	423

第 26 章　林业学科高被引分析

26.1　学科论文概况

2008—2012 年，林业学科共有 66446 位来自 24425 所机构的论文第一作者在 1899 种期刊上发表了 72440 篇学术论文。其中，80%以上的论文产出自 16451 所机构、50862 位作者，发表在 134 种期刊上。在前 5 年发表的这些论文中，有 17360 篇在 2013 年获得过引用，整体被引率为 24.0%，总被引频次为 30271 次，篇均被引 0.42 次；其中，高被引论文有 209 篇，单篇论文最高被引频次为 36 次，累计被引 1980 次，篇均被引 9.47 次（表 26-1）。另外，2013 年林业学科共发表论文 16594 篇，其中有 325 篇在当年获得过引用，总共被引 435 次。

表 26-1　林业学科论文分布情况

年份	论文篇数	2013 年被引频次	2013 年被引率（%）	2013 年高被引论文			
				论文篇数	最高被引频次	总被引频次	篇均被引频次
2008	10630	4745	25.7	29	18	304	10.48
2009	11414	5538	27.2	31	23	316	10.19
2010	13174	6693	28.4	42	32	426	10.14
2011	17513	7535	23.6	50	36	515	10.30
2012	19709	5760	18.4	57	35	419	7.35
合计	72440	30271	24.0	209	36	1980	9.47

从林业学科论文的地域分布来看，2013 年被引频次较高的 5 个省、直辖市或自治区依次是北京、黑龙江、浙江、江苏和湖南（图 26-1）；5 年论文产出量较多的 5 个省、直辖市或自治区依次是黑龙江、北京、浙江、江苏和福建（图 26-2）。

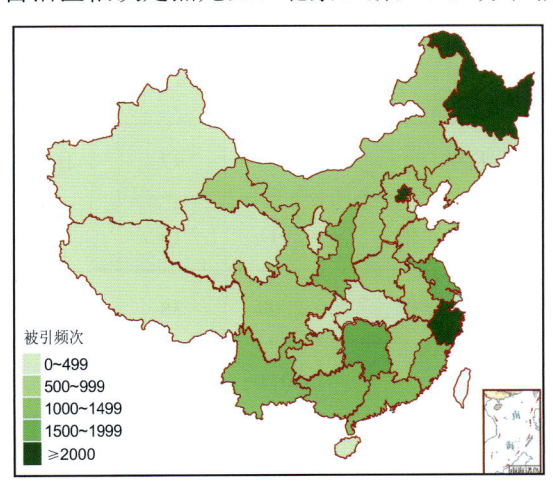

图 26-1　2013 年林业学科地区被引分布

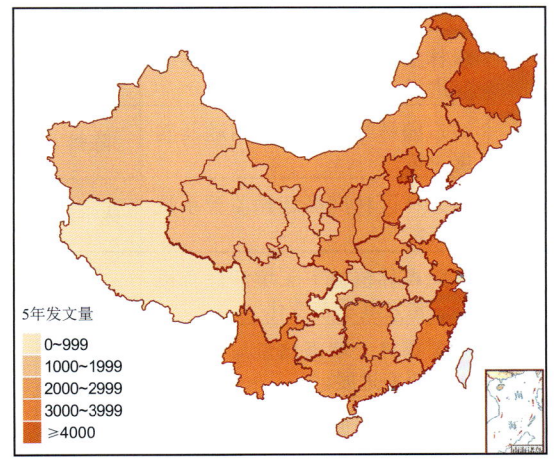

图 26-2　林业学科 5 年论文产出地区分布

26.2 高被引论文分析

在林业学科，2013 年被引频次位居前 10 位的论文（表 26-2）平均被引频次为 17.85 次，是全部 209 篇高被引论文篇均被引频次的 1.9 倍。其中，被引频次较高的论文分别是赵林于 2008 年发表的《森林碳汇研究的计量方法及研究现状综述》和洪振威于 2010 年发表的《浅谈我区林业造林的技术措施》。

从论文分布来看，刊载高被引论文数量最多的 3 种期刊分别是《林业科学》（26 篇）、《生态学报》（26 篇）和《应用生态学报》（20 篇），而《生态学报》刊载了高被引论文 TOP 10 中的 3 篇；发表高被引论文最多的 3 位学者分别是福建省明溪县林业局的欧建德（2 篇）、中国科学院生态环境研究中心的罗云建（2 篇）和福建农林大学的林宇洪（2 篇）；产出高被引论文数量最多的 3 所机构分别是东北林业大学（21 篇）、北京林业大学（19 篇）和中南林业科技大学（17 篇）。

表 26-2 林业学科高被引论文 TOP 10

序号	论文题名	第一作者	期刊名称	发表年份	被引频次 总频次	被引频次 2013 年
1	森林碳汇研究的计量方法及研究现状综述	赵林	西北林学院学报	2008	71	25
2	浅谈我区林业造林的技术措施	洪振威	科技与生活	2010	31	21
3	浅谈新时期木材检验工作	韩秋	农村经济与科技	2011	20	20
3	中国森林生态系统植被固碳现状和潜力	吴庆标	生态学报	2008	66	20
5	谈如何强化木材检验工作	王丽华	农村实用科技信息	2010	28	19
6	加强木材检验及合理造材的方法	肖清刚	农村实用科技信息	2010	28	17
6	城市绿地可达性与公平性评价	尹海伟	生态学报	2008	60	17
6	森林生物量的估算方法及其研究进展	罗云建	林业科学	2009	54	17
9	城市园林绿化存在的问题及发展对策	陈丹	河北农业科学	2009	47	16
10	南方林区林产品运输监管系统的研发	林宇洪	北京林业大学学报	2011	16	15
10	不同森林植被下土壤活性有机碳含量及其季节变化	张剑	中国生态农业学报	2009	38	15
10	中国森林土壤碳储量与土壤碳过程研究进展	刘世荣	生态学报	2011	29	15
10	冀北山地不同海拔华北落叶松人工林枯落物和土壤水文效应	陈波	水土保持学报	2012	20	15

26.3 研究主题关联分析

在林业学科，高被引论文累计被 2013 年发表的 1831 篇论文引用了 1980 次。通过分析施引文献关键词的词频及关键词之间的共现关系，获得 2013 年林业学科的热点主题和主题关联，如图 26-3 所示（共现 7 次以下不显示）。由图 26-3 可知："木材检验"的文档词频较高，是林业学科近期的热点研究主题；"枯落物"与"水文效应"、"问题"与"对策"等概念之间的共现次数较多，显示出它们之间主题关联较为紧密。以"枯落物"和"土壤"为核心的多个概念相互关联，构成了领域内近期较为突出的研究主题簇。

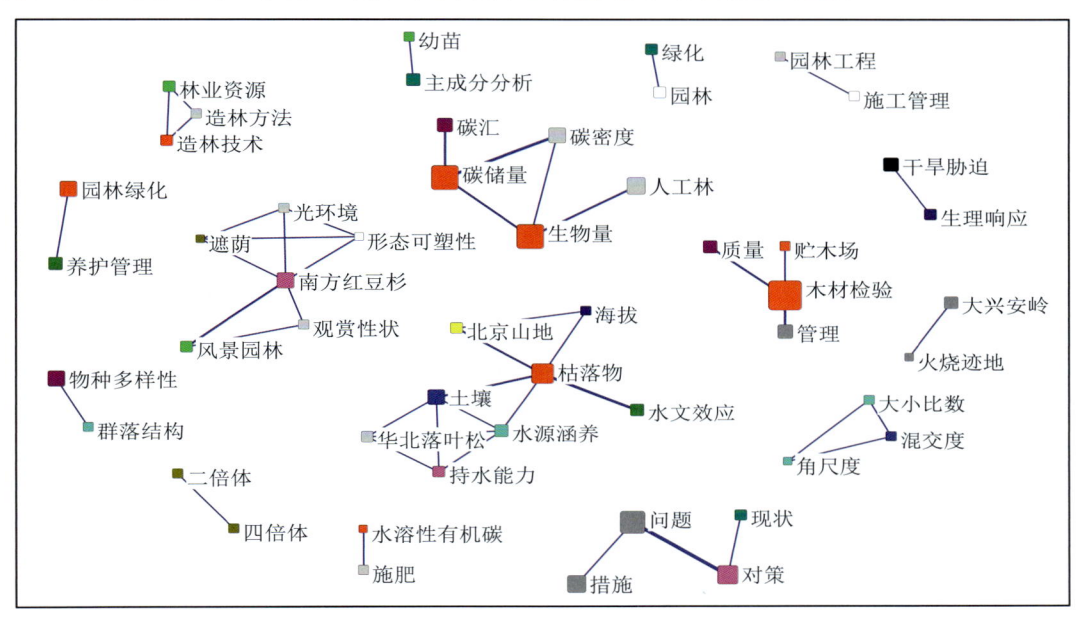

图 26-3　林业学科 2013 年热点主题关联

26.4 学科高影响力期刊分析

26.4.1 学科高影响力期刊 TOP 10

在林业学科，学科 5 年影响因子位居前 10 位的期刊见表 26-3，排在前 3 位的期刊分别是《林业科学》《林业科学研究》和《中南林业科技大学学报》。在表 26-3 中，学科载文量占其总载文量比例最大的期刊是《林业科学研究》；前 5 年学科载文在 2013 年被引率最高的期刊是《林业科学研究》；期刊 5 年影响因子较高的前 3 种期刊分别是《林业科学研究》《林业科学》和《森林工程》；学科 5 年影响因子与期刊 5 年影响因子差异最大的期刊是《植物研究》。表 26-3 中期刊的学科 5 年影响因子和前 5 年学科载文在 2013 年的被引率对比如图 26-4 所示，2008—2013 年期刊 5 年影响因子的变动情况如图 26-5 所示。

表 26-3　林业学科高影响力期刊基本指数

序号	期刊名称	前 5 年载文量			2013 年学科被引			5 年影响因子		h 指数 (学科)
		学科 （篇）	占比 （%）	总量 （篇）	频次	被引率 （%）	高被引论文篇数	期刊 (2013)	学科 (2013)	
1	林业科学	1704	81.3	2097	1770	45.5	26	1.024	1.039	10
2	林业科学研究	759	85.6	887	782	47.0	9	1.030	1.030	8
3	中南林业科技大学学报	1333	64.1	2081	1237	44.2	15	0.874	0.928	8
4	森林工程	572	56.2	1018	526	40.6	11	0.954	0.920	7
5	世界林业研究	296	53.0	559	264	40.5	5	0.778	0.892	7
6	北京林业大学学报	746	72.2	1034	659	41.6	9	0.842	0.883	7
7	南京林业大学学报（自然科学版）	773	62.3	1241	680	44.5	5	0.756	0.880	7
8	西北林学院学报	1298	68.9	1884	1101	43.4	10	0.832	0.848	8
9	植物研究	139	16.7	831	115	42.5	2	0.588	0.827	5
10	浙江农林大学学报	695	74.6	932	524	42.3	2	0.733	0.754	6

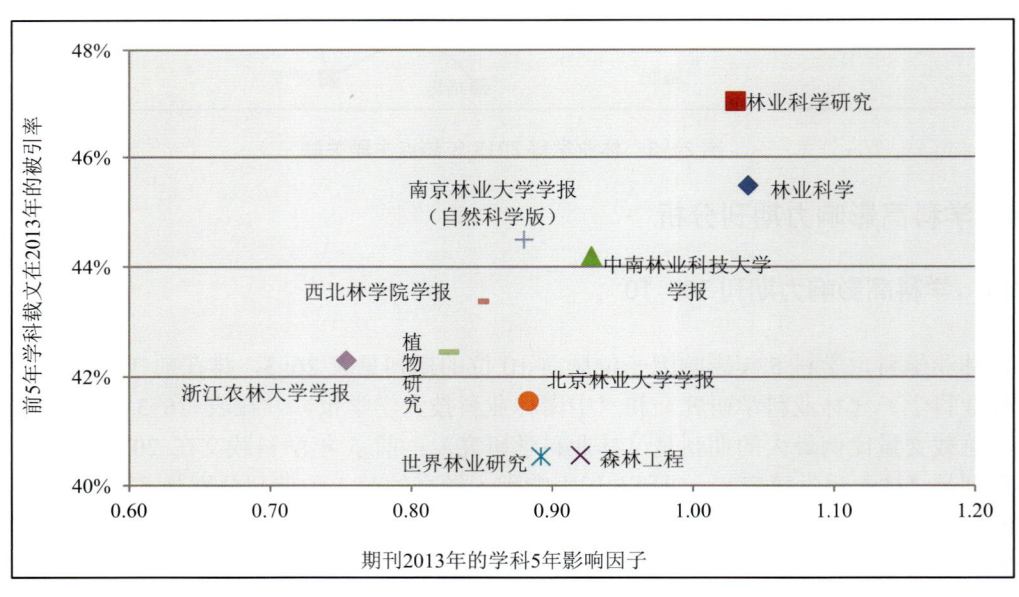

图 26-4　林业学科高影响力期刊对比

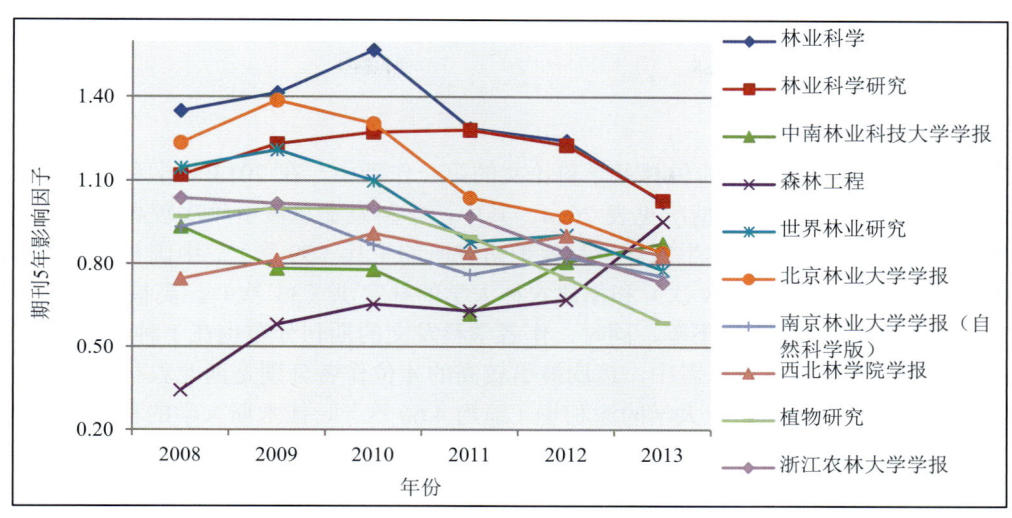

图 26-5 林业学科期刊 5 年影响因子变动

26.4.2 学科高影响力期刊载文主题关联

通过期刊共被引分析，获得林业学科高影响力期刊及与其他期刊之间的载文主题关联，如图 26-6 所示（共被引 30 次以下不显示）。结果显示，林业学科的高影响力期刊相互链接较为紧密，基本主导了该学科的期刊共被引网络，显示出该学科高影响力期刊可能共同刊载了许多相近的研究主题，热点研究主题分散在多种期刊上。《林业科学》的学科 5 年影响因子较高，显示出它的学术影响力较大；《林业科学》《东北林业大学学报》与《林业科学研究》等期刊之间的链接较强，意味着它们之间可能有较多相同或相近的载文主题。

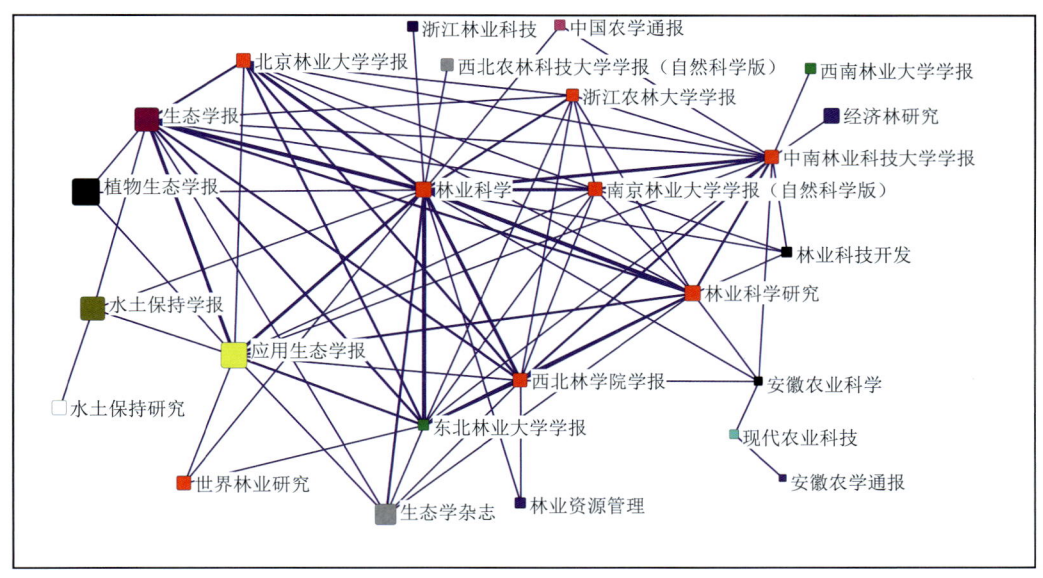

图 26-6 林业学科高影响力期刊载文主题关联

26.5 高被引作者分析

26.5.1 高被引作者 TOP 20

2008—2012年，在66446位林业学科论文的第一作者中，在2013年学科被引频次位居前20位的学者的发文及被引情况见表26-4。其中，学科发文总被引频次较高的3位作者分别是中国林业科学研究院森林生态环境与保护研究所的王兵（39次）、中国林业科学研究院资源信息研究所的曾伟生（38次）和福建农林大学的林宇洪（33次）。高被引作者的5年学科发文数量从1篇到23篇不等，同时，作者学科发文的期刊分布也在1种到20种之间变化。在发文超过5篇的所有作者中，篇均被引较高的4位作者分别是西北农林科技大学的康冰（篇均6.00次）、四川农业大学的涂利华（篇均4.60次）、佳木斯大学的穆丹（篇均4.40次）和中国林业科学研究院资源信息研究所的李海奎（篇均4.40次）；前5年发表学科论文较多的3位作者分别是西南林业大学的李世友（36篇）、安徽省六安市裕安区森防检疫站的徐光余（25篇）和四川省林业科学研究院的何亚平（24篇）。高被引作者的学科发文量和被引量对比如图26-7所示。

表26-4 林业学科高被引作者 TOP 20

序号	姓名	作者单位	前5年发文			前5年学科发文在2013年的被引				h指数（学科）
			学科发文（篇）	期刊分布（种）	发文总量（篇）	总频次	被引率（%）	最高（次）	篇均（次）	
1	王兵	中国林业科学研究院森林生态环境与保护研究所	15	11	21	39	73.3	10	2.60	5
2	曾伟生	中国林业科学研究院资源信息研究所	14	6	15	38	78.6	8	2.71	4
3	林宇洪	福建农林大学	4	4	8	33	75.0	15	8.25	5
4	康冰	西北农林科技大学	5	3	6	30	100.0	11	6.00	4
5	李国雷	北京林业大学	13	6	15	28	69.2	7	2.15	3
5	陈波	河北农业大学	3	2	3	28	66.7	15	9.33	2
7	谭晓风	中南林业科技大学	10	5	15	27	90.0	10	2.70	3
8	胡海清	东北林业大学	16	8	20	26	56.3	5	1.62	4
8	刘广路	国际竹藤网络中心	10	7	11	26	100.0	6	2.60	3
8	薛立	华南农业大学	13	7	18	26	84.6	7	2.00	4
11	赵林	沈阳农业大学	1	1	1	25	100.0	25	25.00	1
11	罗云建	中国科学院生态环境研究中心	2	2	2	25	100.0	17	12.50	2

序号	姓名	作者单位	前5年发文			前5年学科发文在2013年的被引				h指数（学科）
			学科发文（篇）	期刊分布（种）	发文总量（篇）	总频次	被引率（%）	最高（次）	篇均（次）	
13	漆良华	国际竹藤网络中心	6	4	9	24	100.0	10	4.00	4
14	涂利华	四川农业大学	5	3	20	23	100.0	6	4.60	6
14	龚直文	北京林业大学	7	6	8	23	71.4	6	3.29	4
16	黄承标	广西大学	23	20	29	22	65.2	3	0.96	3
16	穆丹	佳木斯大学	5	4	20	22	60.0	9	4.40	3
16	夏江宝	滨州学院	10	6	26	22	70.0	12	2.20	3
16	肖清刚	黑龙江省兴隆林业局	2	1	2	22	100.0	17	11.00	2
16	李海奎	中国林业科学研究院资源信息研究所	5	3	6	22	80.0	13	4.40	2
16	赵中华	中国林业科学研究院林业研究所	10	4	10	22	80.0	5	2.20	3

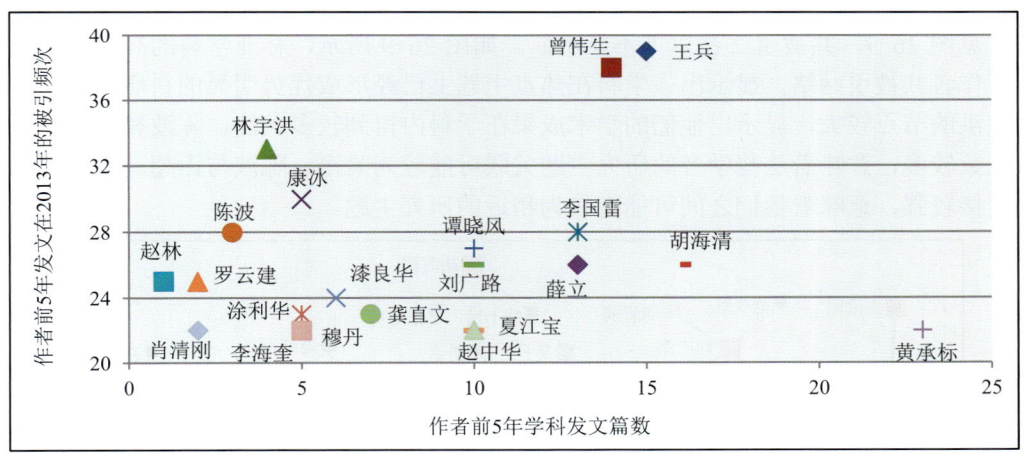

图 26-7　林业学科高被引作者学科发文及被引对比

26.5.2　高被引作者科研合作关系

通过作者合著分析，获得 2013 年林业学科高被引作者及与其他学者之间的科研论文合作关系（不考虑论文署名次序），如图 26-8 所示（合著 5 次以下不显示）。可以看出，林业学科的高被引作者的论文合作现象比较普遍，而且合作人数较多。其中，学者黄承标和胡海清的发文量较多，学者谭晓风、薛立的论文合作网络最为突出，在该学科的研究人员中表现出一定的集聚效应；李国雷和刘勇等学者之间的合作关系最为紧密，显示出他们可能属于同一支科研团队。

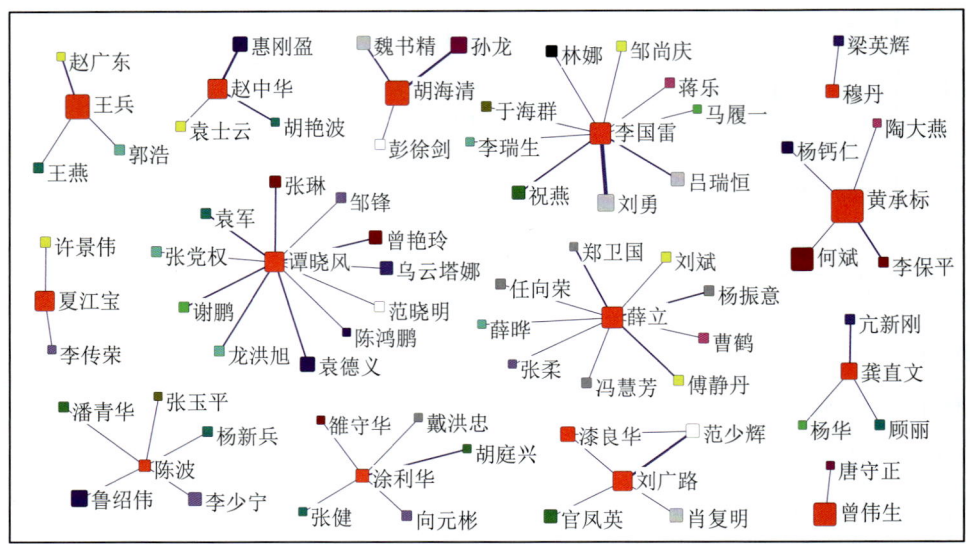

图 26-8　林业学科高被引作者科研论文合作关系

26.5.3　高被引作者发文主题关联

通过作者共被引分析，获得 2013 年林业学科高被引作者及与其他学者之间的发文主题关联（见图 26-9，共被引 2 次以下不显示）。如图 26-9 所示，林业学科的高被引作者部分主导了作者共被引网络，显示出该学科在热点主题上已经形成优势明显的科研力量。曾伟生和林宇洪的节点较大，显示出他们的学术成果在学科内得到较多关注；陈波和曾伟生的共被引簇人数较多，意味着这些学者的研究主题关联可能较为紧密。陈波与田超、剪文灏学者之间的链接较强，意味着他们之间可能有较为相近的研究主题。

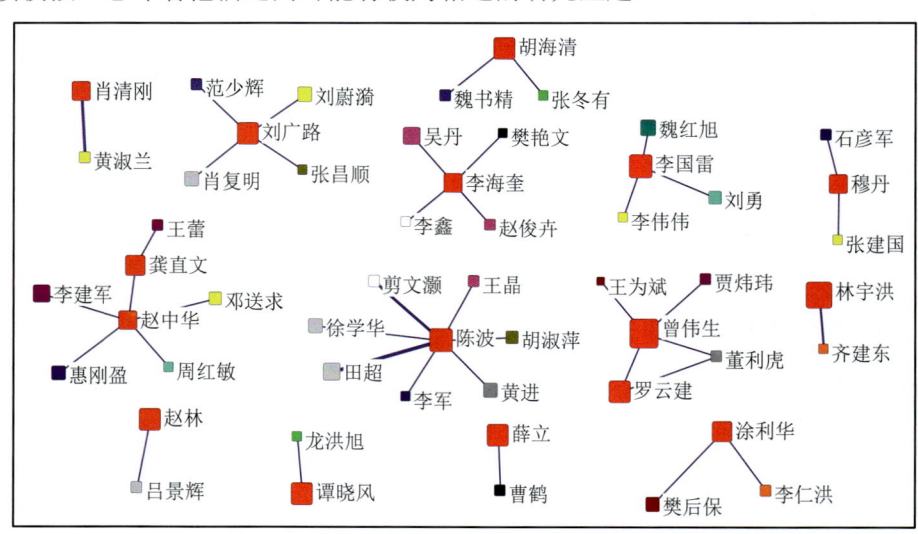

图 26-9　林业科高被引作者发文主题关联

26.6 高被引机构分析

26.6.1 高被引机构

为便于比较，本书将林业学科的高被引机构分为高等院校和科研院所两种类型。其中，被引频次 TOP 10 高等院校和被引频次 TOP 5 科研院所的发文及被引情况分别见表 26-5 和表 26-6。其中，总被引频次较高的 3 所高等院校分别是北京林业大学、东北林业大学和中南林业科技大学，中国林业科学研究院林业研究所、中国林业科学研究院亚热带林业研究所和中国林业科学研究院森林生态环境与保护研究所是总被引频次较高的 3 所科研院所；前 5 年学科发文在 2013 年的被引率最高的高等院校和科研院所分别是中南林业科技大学和中国林业科学研究院亚热带林业研究所；篇均被引最高的高等院校和科研院所分别是中南林业科技大学和中国科学院沈阳应用生态研究所。上述高被引机构的论文被引率和篇均被引频次对比如图 26-10 所示。

表 26-5　林业学科高被引高等院校 TOP 10

序号	第一作者单位	学科发文量（篇）		前 5 年学科发文在 2013 年的被引			
		前 5 年	2013 年	频次	被引率（%）	最高（次）	篇均（次）
1	北京林业大学	2418	369	1774	36.4	11	0.73
2	东北林业大学	1768	446	1268	34.4	12	0.72
3	中南林业科技大学	1246	190	1104	43.3	10	0.89
4	南京林业大学	1547	234	980	35.6	10	0.63
5	西北农林科技大学	1027	158	804	38.7	11	0.78
6	浙江农林大学	786	147	624	40.6	13	0.79
7	西南林业大学	950	157	379	26.3	5	0.40
8	福建农林大学	547	119	366	32.2	15	0.67
9	四川农业大学	355	42	313	37.2	11	0.88
10	河北农业大学	424	61	309	33.5	15	0.73

表 26-6　林业学科高被引科研院所 TOP 5

序号	第一作者单位	学科发文量（篇）		前 5 年学科发文在 2013 年的被引			
		前 5 年	2013 年	频次	被引率（%）	最高（次）	篇均（次）
1	中国林业科学研究院林业研究所	443	74	408	47.0	8	0.92
2	中国林业科学研究院亚热带林业研究所	351	39	399	51.9	9	1.14
3	中国林业科学研究院森林生态环境与保护研究所	286	47	317	45.8	15	1.11
4	中国林业科学研究院资源信息研究所	237	31	243	42.6	13	1.03
5	中国科学院沈阳应用生态研究所	161	32	238	51.6	15	1.48

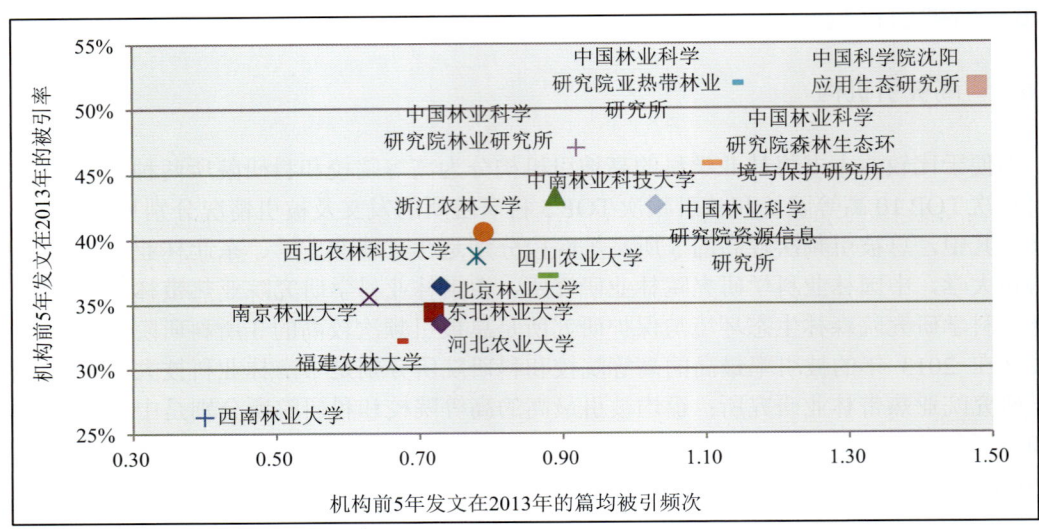

图 26-10　林业学科高被引机构论文篇均被引及被引率对比

26.6.2　高被引机构科研合作关系

通过合著分析，获得林业学科高被引机构之间及其与其他机构之间的科研合作关系，如图 26-11 所示（合作 67 次以下不显示）。分析得知，林业学科机构合作链接较为紧密，显示出学科内各个机构间的合作关系较为普遍；高被引机构基本主导了机构合作网络，显示出这些机构已经在学科内具有了一定的科研优势。中南林业科技大学与湖南省林业科学院、西南林业大学和云南省林业科学院等机构之间的链接较强，显示出它们的学术合作较为频繁。

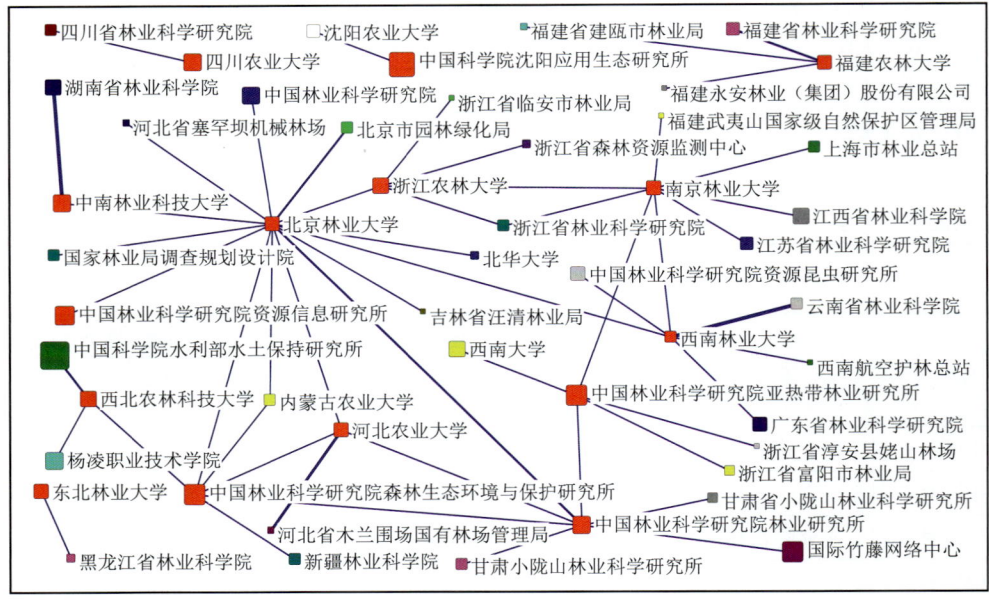

图 26-11　林业学科高被引机构科研合作关系

26.7 高被引图书、国外期刊及学术会议

2013年,林业学科被引频次位居前10位的图书及国外期刊见表26-7和表26-8。其中,被引次数较多的图书分别是陈有民的《园林树木学》、孟宪宇的《测树学》、鲍士旦的《土壤农化分析》和鲁如坤的《土壤农业化学分析方法》;被引次数较多的3种国外期刊分别是《Forest Ecology and Management》《Canadian Journal of Forest Research》和《Science》;被引次数较多的3场学术会议分别是"CCA Conference""The 26th Annual Meeting of International Research Group on Wood Preservation"和"Proceedings 'Review on heat treatments of wood' of the Special Seminar of COST ACTION E22"。

表 26-7 林业学科高被引图书 TOP 10

序号	责任者	图书名称	出版社	2013 年被引频次
1	陈有民	园林树木学	中国林业出版社	91
2	孟宪宇	测树学	中国林业出版社	71
3	鲍士旦	土壤农化分析	中国农业出版社	62
3	鲁如坤	土壤农业化学分析方法	中国农业科技出版社	62
5	李合生	植物生理生化实验原理和技术	高等教育出版社	58
6	庄瑞林	中国油茶	中国林业出版社	57
7	沈国舫	森林培育学	中国林业出版社	41
8	潘瑞炽	植物生理学	高等教育出版社	34
8	郑万钧	中国树木志	中国林业出版社	34
10	方中达	植病研究方法	中国农业出版社	31

表 26-8 林业学科高被引国外期刊 TOP 10

序号	期刊名称	2013 年被引频次
1	Forest Ecology and Management	1157
2	Canadian Journal of Forest Research	493
3	Science	479
4	Ecology	446
5	Nature	434
6	Plant Physiology	429
7	Soil Biology & Biochemistry	410
8	Plant and Soil	406
9	Global Change Biology	376
10	Acta Ecologica Sinica	366

第 27 章 畜牧、动物医学学科高被引分析

27.1 学科论文概况

2008—2012 年,畜牧、动物医学学科共有 132147 位来自 51112 所机构的论文第一作者在 2272 种期刊上发表了 197607 篇学术论文。其中,80%以上的论文产出自 30641 所机构、97935 位作者,发表在 103 种期刊上。在前 5 年发表的这些论文中,有 25732 篇在 2013 年获得过引用,整体被引率为 13.0%,总被引频次为 38496 次,篇均被引 0.19 次;其中,高被引论文有 315 篇,单篇论文最高被引频次为 53 次,累计被引 2398 次,篇均被引 7.61 次(表 27-1)。另外,2013 年畜牧、动物医学学科共发表论文 34071 篇,其中有 529 篇在当年获得过引用,总共被引 675 次。

表 27-1 畜牧、动物医学学科论文分布情况

年份	论文篇数	2013 年被引频次	2013 年被引率(%)	2013 年高被引论文			
				论文篇数	最高被引频次	总被引频次	篇均被引频次
2008	32060	6114	12.9	76	34	459	6.04
2009	33433	6938	13.9	48	28	374	7.79
2010	36235	8267	15.0	58	31	503	8.67
2011	45250	9494	13.7	80	53	675	8.44
2012	50629	7683	10.5	53	30	387	7.30
合计	197607	38496	13.0	315	53	2398	7.61

从畜牧、动物医学学科论文的地域分布来看,2013 年被引频次较高的 5 个省、直辖市或自治区依次是北京、江苏、山东、黑龙江和甘肃(图 27-1);5 年论文产出量较多的 5 个省、直辖市或自治区依次是黑龙江、江苏、山东、河南和吉林(图 27-2)。

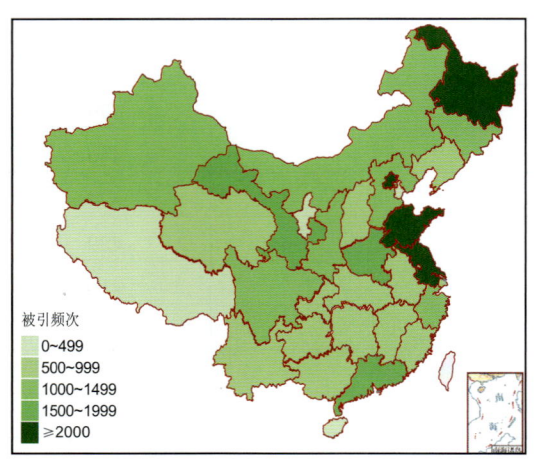
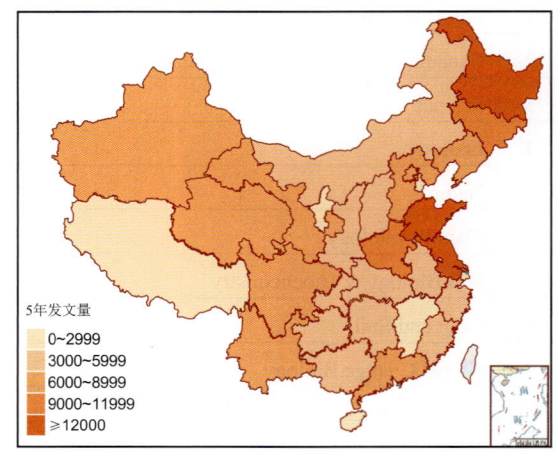

图 27-1 2013 年畜牧、动物医学学科地被引分布　　图 27-2 畜牧、动物医学学科 5 年论文产出地区分布

27.2 高被引论文分析

在畜牧、动物医学学科，2013年被引频次位居前10位的论文（表27-2）平均被引频次为24.8次，是全部315篇高被引论文篇均被引频次的3.3倍。其中，被引频次最高的论文是曹贞贞于2010年发表的《鸭出血性卵巢炎的初步研究》，随后2篇分别是滕巧泱于2010年发表的《一种新的黄病毒导致蛋鸭产蛋下降及死亡》和毕于运于2009年发表的《中国秸秆资源数量估算》。

从论文分布来看，刊载高被引论文数量最多的3种期刊分别是《草业学报》（30篇）、《动物营养学报》（25篇）和《中国畜牧兽医》（12篇），其中《草业学报》刊载了高被引论文TOP 10中的2篇；发表高被引论文最多的3位学者分别是兰州大学的刘兴元（2篇）、山东省农业科学院的李玉峰（2篇）和福建省农业科学院的万春和（2篇）；产出高被引论文数量最多的3所机构分别是西北农林科技大学（8篇）、浙江大学（8篇）和南京农业大学（7篇）。

表27-2 畜牧、动物医学学科高被引论文TOP 10

序号	论文题名	第一作者	期刊名称	发表年份	被引频次 总频次	被引频次 2013年
1	鸭出血性卵巢炎的初步研究	曹贞贞	中国兽医杂志	2010	78	37
2	一种新的黄病毒导致蛋鸭产蛋下降及死亡	滕巧泱	中国动物传染病学报	2010	69	33
3	中国秸秆资源数量估算	毕于运	农业工程学报	2009	91	32
4	一种引起种（蛋）鸭产蛋骤降新病毒的分离与初步鉴定	万春和	福建农业学报	2010	59	28
5	新型鹅黄病毒JS804毒株的分离与鉴定	黄欣梅	江苏农业学报	2011	47	25
6	一种从鸭新分离的黄病毒研究初报	李玉峰	畜牧兽医学报	2011	38	22
6	草地对全球气候变化的响应及其碳汇潜势研究	任继周	草业学报	2011	50	22
8	自由基与疾病研究进展	李勇	动物医学进展	2008	55	17
9	草地生态系统服务功能及其价值评估方法研究	刘兴元	草业学报	2011	46	16
9	鸭坦布苏病毒研究进展	朱丽萍	中国预防兽医学报	2012	21	16

27.3 研究主题关联分析

在畜牧、动物医学学科，高被引论文累计被 2013 年发表的 1611 篇论文引用了 2398 次。通过分析施引文献关键词的词频及关键词之间的共现关系，获得 2013 年畜牧、动物医学学科的热点主题和主题关联，如图 27-3 所示（共现 7 次以下不显示）。由图 27-3 可知："鸭坦布苏病毒"、"生产性能"和"生长性能"的文档词频较高，是畜牧、动物医学学科近期的热点研究主题；"鸭坦布苏病毒"与"分离鉴定""诊断"等概念之间的共现次数较多，显示出它们之间主题关联较为紧密。以"鸭坦布苏病毒"和"分离鉴定"为核心的多个概念相互关联，构成了领域内近期较为突出的研究主题簇。

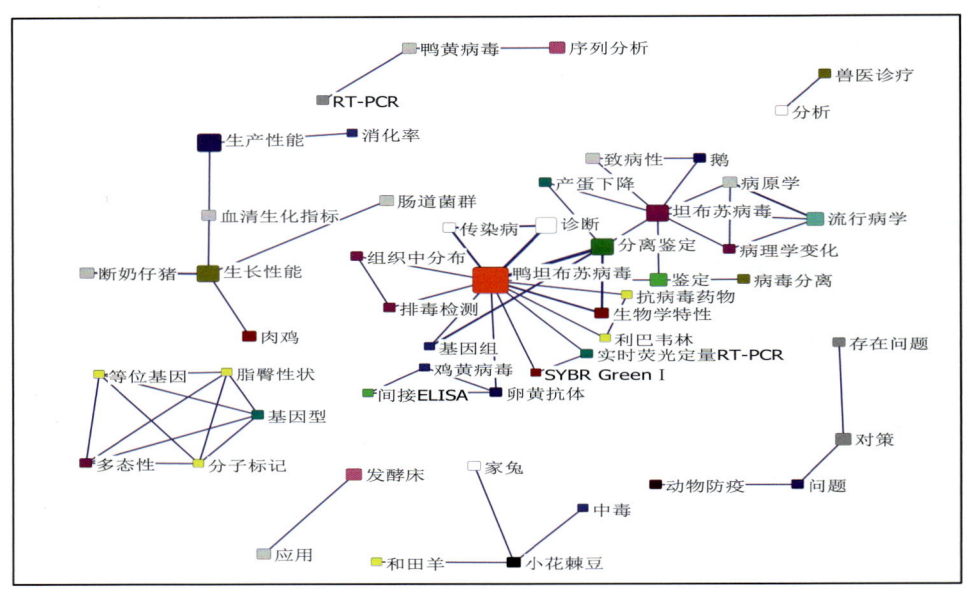

图 27-3　畜牧、动物医学学科 2013 年热点主题关联

27.4 学科高影响力期刊分析

27.4.1 学科高影响力期刊 TOP 10

在畜牧、动物医学学科，学科 5 年影响因子位居前 10 位的期刊见表 27-3，排在前 3 位的期刊分别是《中国草地学报》《动物营养学报》和《草地学报》。在表 27-3 中，学科载文量占其总载文量比例最大的期刊是《畜牧兽医学报》；前 5 年学科载文在 2013 年被引率最高的期刊是《中国草地学报》；期刊 5 年影响因子较高的前 3 种期刊分别是《动物营养学报》《中国草地学报》和《草地学报》；学科 5 年影响因子与期刊 5 年影响因子差异最大的期刊是《中国草地学报》。表 27-3 中期刊的学科 5 年影响因子和前 5 年学科载文在 2013 年的被引率对比如图 27-4 所示，2008—2013 年期刊 5 年影响因子的变动情况如图 27-5 所示。

表 27-3 畜牧、动物医学学科高影响力期刊基本指数

序号	期刊名称	前 5 年载文量			2013 年学科被引			5 年影响因子		h指数（学科）
		学科（篇）	占比（%）	总量（篇）	频次	被引率（%）	高被引论文篇数	期刊（2013）	学科（2013）	
1	中国草地学报	217	28.2	770	226	48.4	4	0.888	1.041	7
2	动物营养学报	1339	86.9	1541	1257	44.0	25	0.960	0.939	8
3	草地学报	236	23.7	997	219	45.3	2	0.792	0.928	6
4	草业科学	740	34.3	2155	480	35.8	4	0.762	0.649	7
5	畜牧兽医学报	1600	94.3	1697	986	34.9	11	0.602	0.616	7
6	草原与草坪	169	23.3	725	98	37.9	0	0.571	0.580	4
7	农业生物技术学报	284	24.9	1140	162	33.5	2	0.482	0.570	5
8	福建农林大学学报（自然科学版）	100	12.4	804	53	36.0	0	0.542	0.530	5
9	蚕业科学	871	86.3	1009	454	29.6	4	0.508	0.521	5
10	石河子大学学报（自然科学版）	124	12.1	1024	63	29.8	0	0.470	0.508	4

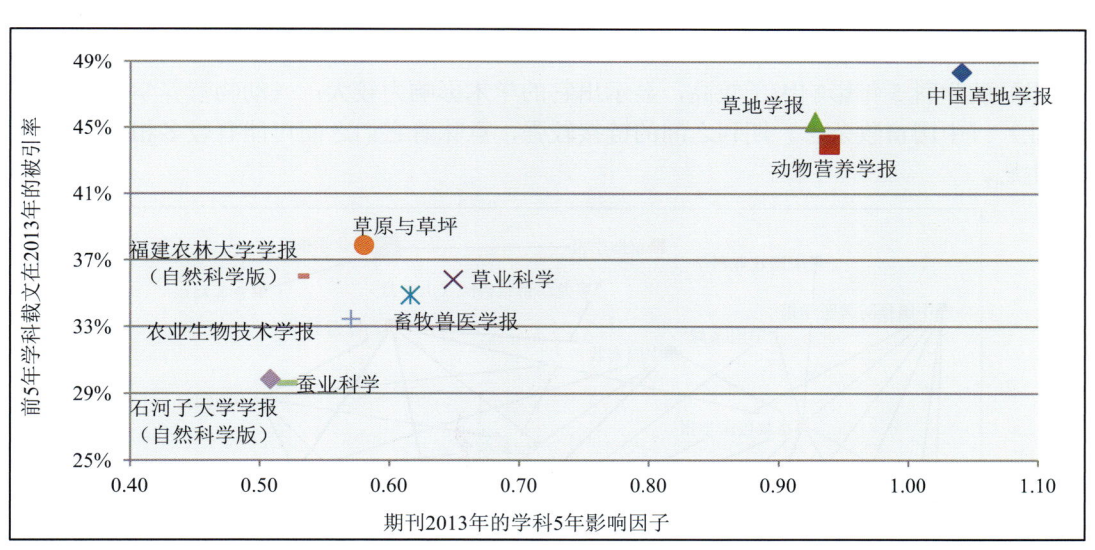

图 27-4 畜牧、动物医学学科高影响力期刊对比

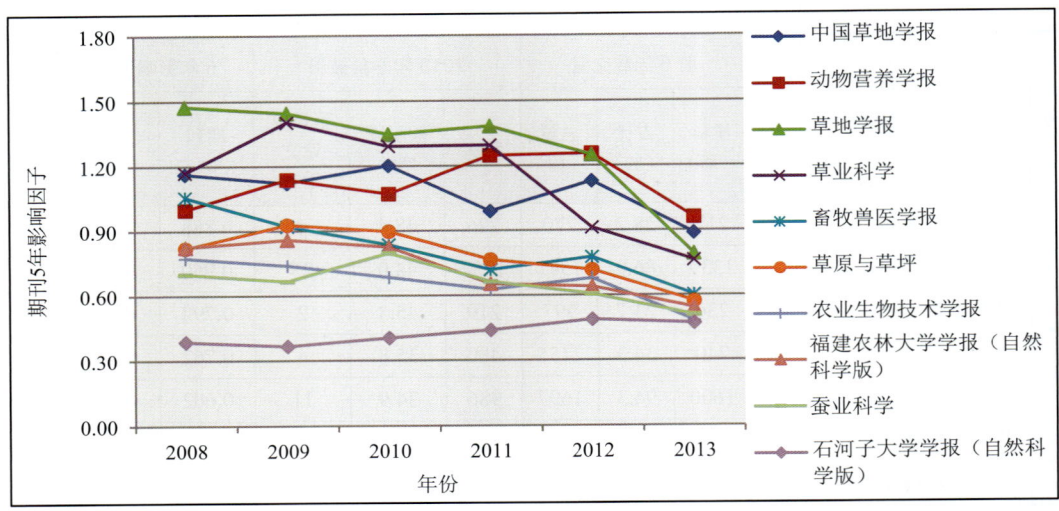

图 27-5　畜牧、动物医学学科期刊 5 年影响因子变动

27.4.2　学科高影响力期刊载文主题关联

通过期刊共被引分析，获得畜牧、动物医学学科高影响力期刊及与其他期刊之间的载文主题关联，如图 27-6 所示（共被引 59 次以下不显示）。结果显示，畜牧、动物医学学科的高影响力期刊相互链接较为紧密，部分主导了该学科的期刊共被引网络，显示出该学科高影响力期刊可能共同刊载了许多相近的研究主题，热点研究主题分散在多种期刊上。《动物营养学报》的学科 5 年影响因子较高，显示出它的学术影响力较大；《动物营养学报》与《饲料工业》《中国畜牧杂志》期刊之间的链接较强，意味着它们之间可能有较多相同或相近的载文主题。

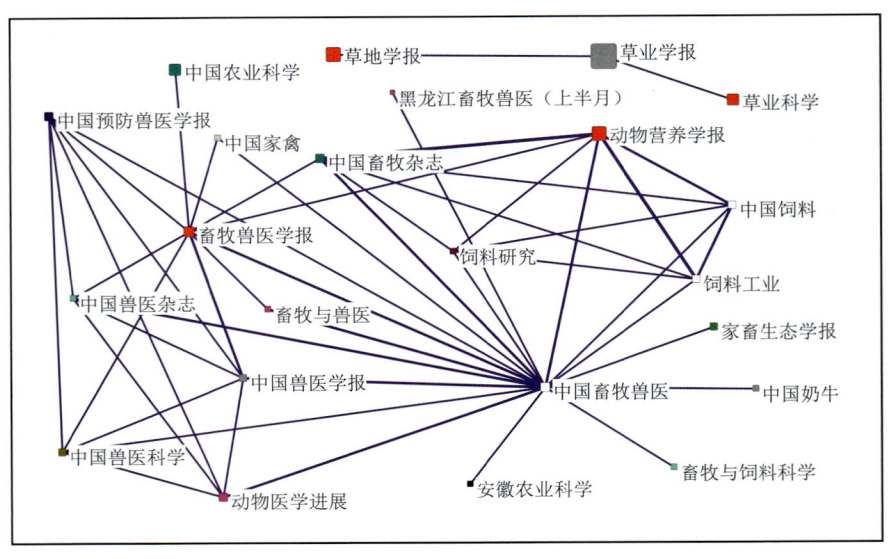

图 27-6　畜牧、动物医学学科高影响力期刊载文主题关联

27.5 高被引作者分析

27.5.1 高被引作者 TOP 20

2008—2012 年，在 132147 位畜牧、动物医学学科论文的第一作者中，在 2013 年学科被引频次位居前 20 位的学者的发文及被引情况见表 27-4。其中，学科发文总被引频次较高的 3 位作者分别是福建省农业科学院的万春和（47 次）、中国农业大学的曹贞贞（37 次）和兰州大学的任继周（34 次）。高被引作者的 5 年学科发文数量从 1 篇到 65 篇不等，同时，作者学科发文的期刊分布也在 1 种到 16 种之间变化。在发文超过 5 篇的所有作者中，篇均被引较高的 3 位作者分别是兰州大学的刘兴元（篇均 4.00 次）、福建省农业科学院的万春和（篇均 3.36 次）和兰州大学的任继周（篇均 2.83 次）；前 5 年发表学科论文较多的 3 位作者分别是河北省邢台市兽医院的邢兰君（153 篇）、吉林省大安市龙沼镇农科站的洪学（109 篇）和山东省无棣县畜牧局的王秀（106 篇）。高被引作者的学科发文量和被引量对比如图 27-7 所示。

表 27-4 畜牧、动物医学学科高被引作者 TOP 20

序号	姓名	作者单位	前 5 年发文			前 5 年学科发文在 2013 年的被引				h 指数（学科）
			学科发文（篇）	期刊分布（种）	发文总量（篇）	总频次	被引率（%）	最高（次）	篇均（次）	
1	万春和	福建省农业科学院	14	6	19	47	50.0	28	3.36	4
2	曹贞贞	中国农业大学	1	1	1	37	100.0	37	37.00	1
3	任继周	兰州大学	12	5	22	34	58.3	22	2.83	3
4	滕巧泱	中国农业科学院上海兽医研究所	1	1	1	33	100.0	33	33.00	1
5	刘兴元	兰州大学	8	5	15	32	75.0	16	4.00	4
5	毕于运	中国农业科学院农业资源与农业区划研究所	1	1	3	32	100.0	32	32.00	2
7	郭建凤	山东省农业科学院	65	10	66	30	33.9	3	0.46	2
7	王泽林	四川省南充蚕种场	60	6	70	30	33.3	3	0.50	2
9	李玉峰	山东省农业科学院	4	3	4	29	50.0	22	7.25	2
10	黄欣梅	江苏省农业科学院	2	1	2	27	100.0	25	13.50	2
11	盛清凯	山东省农业科学院	16	7	20	26	50.0	12	1.62	3
11	张勇	沈阳农业大学	31	8	33	26	41.9	5	0.84	3
13	傅光华	福建省农业科学院	12	10	14	23	50.0	15	1.92	2

序号	姓名	作者单位	前 5 年发文			前 5 年学科发文在 2013 年的被引				h 指数 (学科)
			学科发文（篇）	期刊分布（种）	发文总量（篇）	总频次	被引率（%）	最高（次）	篇均（次）	
14	刘显军	沈阳农业大学	18	13	18	22	44.4	5	1.22	3
14	赵成章	西北师范大学	9	5	24	22	66.7	8	2.44	5
16	张吉鹍	江西省农业科学院	54	16	55	21	24.1	4	0.39	3
16	路浩	西北农林科技大学	13	6	14	21	38.5	10	1.62	3
16	侯向阳	中国农业科学院草原研究所	8	4	16	21	50.0	13	2.62	3
19	陈仕龙	福建省农业科学院	8	6	8	20	62.5	13	2.50	2
19	林英庭	青岛农业大学	15	10	17	20	40.0	10	1.33	2
19	王远孝	南京农业大学	16	13	18	20	68.8	4	1.25	3

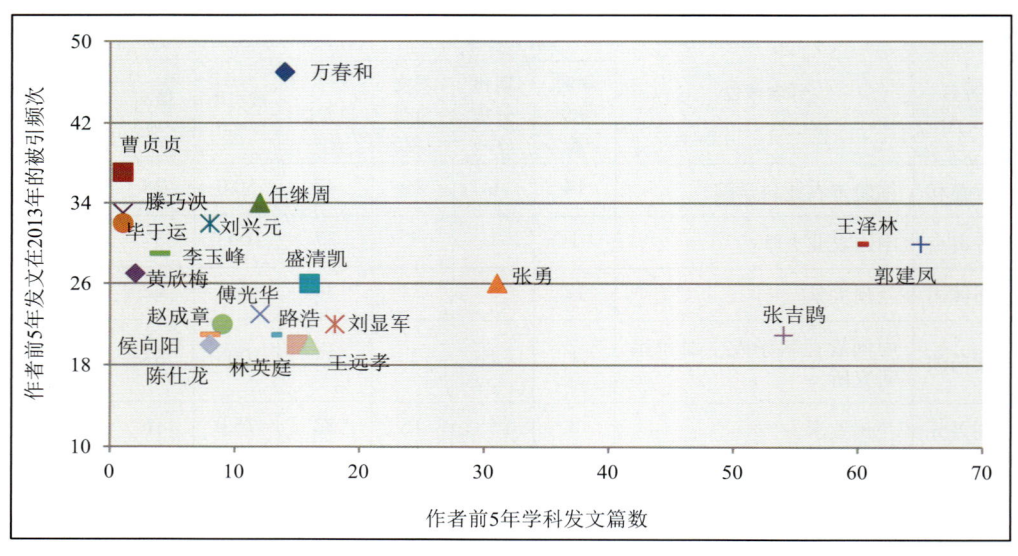

图 27-7　畜牧、动物医学学科高被引作者学科发文及被引对比

27.5.2　高被引作者科研合作关系

通过作者合著分析，获得 2013 年畜牧、动物医学学科高被引作者及与其他学者之间的科研论文合作关系（不考虑论文署名次序），如图 27-8 所示（合著 9 次以下不显示）。可以看出，畜牧、动物医学学科的高被引作者的论文合作现象比较普遍，而且合作人数较多。其中，学者郭建凤的发文量较多；学者郭建凤、傅光华等的论文合作网络最为突出，在该学科的研究人员中表现出一定的集聚效应；傅光华与万春和等学者之间的合作关系最为紧密，显示出他们可能属于同一支科研团队。

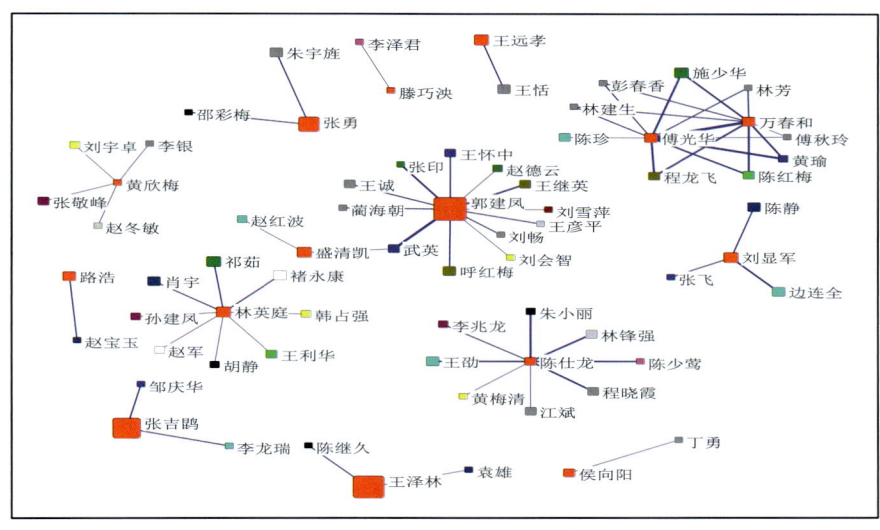

图 27-8 畜牧、动物医学学科高被引作者科研论文合作关系

27.5.3 高被引作者发文主题关联

通过作者共被引分析，获得 2013 年畜牧、动物医学学科高被引作者及与其他学者之间的发文主题关联（见图 27-9，共被引 4 次以下不显示）。如图 27-9 所示，畜牧、动物医学学科的高被引作者基本主导了作者共被引网络，显示出该学科在热点主题上已形成优势明显的科研力量；万春和与曹贞贞的节点较大，显示出他们的学术成果在学科内得到较多关注。以滕巧泱、曹贞贞为主要节点的共被引作者簇人数较多且网络规模较大，意味着这些学者的研究主题关联可能较为紧密；曹贞贞和万春和、黄欣梅等学者之间的链接较强，意味着他们之间可能有较为相近的研究主题。

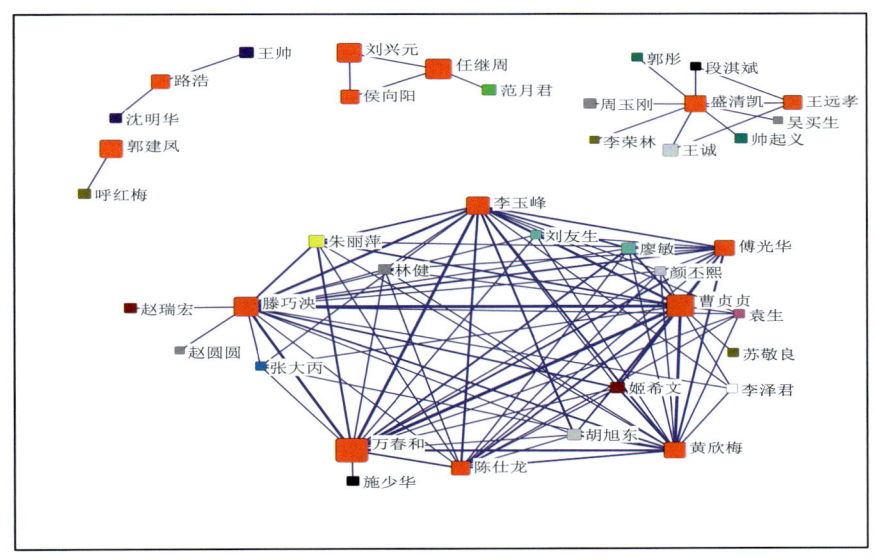

图 27-9 畜牧、动物医学学科高被引作者发文主题关联

27.6 高被引机构分析

27.6.1 高被引机构

为便于比较，本书将畜牧、动物医学学科的高被引机构分为高等院校和科研院所两种类型。其中，被引频次 TOP 10 高等院校和被引频次 TOP 5 科研院所的发文及被引情况分别见表 27-5 和表 27-6。其中，总被引频次较高的 3 所高等院校分别是中国农业大学、东北农业大学和南京农业大学，中国农业科学院北京畜牧兽医研究所、福建省农业科学院和中国农业科学院哈尔滨兽医研究所是总被引频次较高的 3 所科研院所；前 5 年学科发文在 2013 年的被引率最高的高等院校和科研院所分别是南京农业大学和福建省农业科学院；篇均被引最高的高等院校和科研院所分别是南京农业大学和福建省农业科学院。上述高被引机构的论文被引率和篇均被引频次对比如图 27-10 所示。

表 27-5　畜牧、动物医学学科高被引高等院校 TOP 10

序号	第一作者单位	学科发文量（篇）		前 5 年学科发文在 2013 年的被引			
		前 5 年	2013 年	频次	被引率（%）	最高（次）	篇均（次）
1	中国农业大学	1928	241	983	29.4	37	0.51
2	东北农业大学	2098	307	793	23.8	8	0.38
3	南京农业大学	1424	160	772	31.7	9	0.54
4	西北农林科技大学	1737	248	761	26.5	10	0.44
5	扬州大学	1944	283	685	22.9	7	0.35
6	四川农业大学	1642	238	666	25.1	8	0.41
7	华南农业大学	1710	209	576	22.4	6	0.34
8	山东农业大学	1105	170	564	29.8	11	0.51
9	甘肃农业大学	1114	198	557	30.3	13	0.50
10	内蒙古农业大学	1441	187	514	23.7	7	0.36

表 27-6　畜牧、动物医学学科高被引科研院所 TOP 5

序号	第一作者单位	学科发文量（篇）		前 5 年学科发文在 2013 年的被引			
		前 5 年	2013 年	频次	被引率（%）	最高（次）	篇均（次）
1	中国农业科学院北京畜牧兽医研究所	790	113	420	32.3	8	0.53
2	福建省农业科学院	474	80	332	33.3	28	0.70
3	中国农业科学院哈尔滨兽医研究所	666	75	300	27.5	6	0.45
4	山东省农业科学院	620	63	258	23.7	22	0.42
5	江苏省农业科学院	479	98	254	28.8	25	0.53

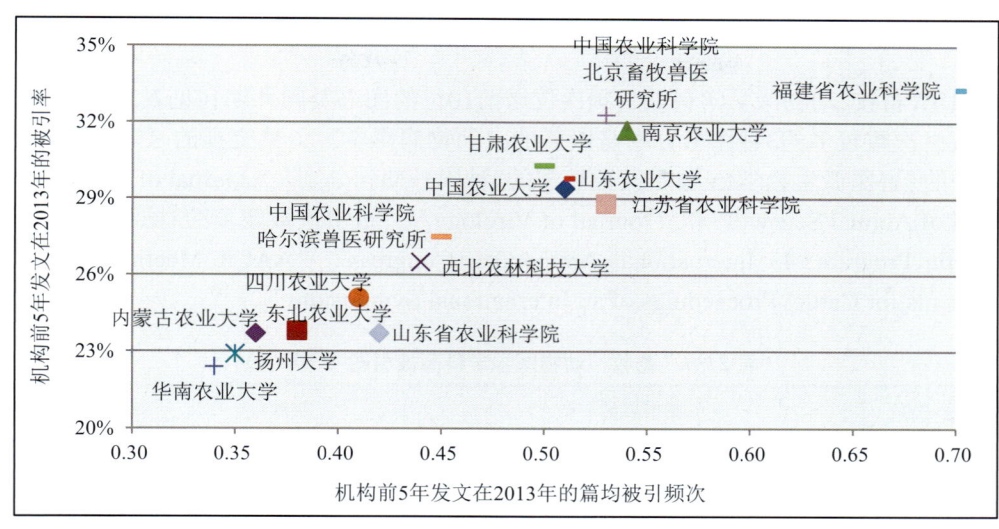

图 27-10　畜牧、动物医学学科高被引机构论文篇均被引及被引率对比

27.6.2 高被引机构科研合作关系

通过合著分析，获得畜牧、动物医学学科高被引机构之间及其与其他机构之间的科研合作关系，如图 27-11 所示（合作 140 次以下不显示）。分析得知，畜牧、动物医学学科的机构合作链接较为紧密，显示出学科内各个机构间的合作关系较为普遍；高被引机构基本主导了机构合作网络，显示出这些机构已经在学科内具有了一定的科研优势。东北农业大学与中国农业科学院哈尔滨兽医研究所、甘肃农业大学和中国农业科学院兰州畜牧与兽药研究所等机构之间的链接较强，显示出它们的学术合作较为频繁。

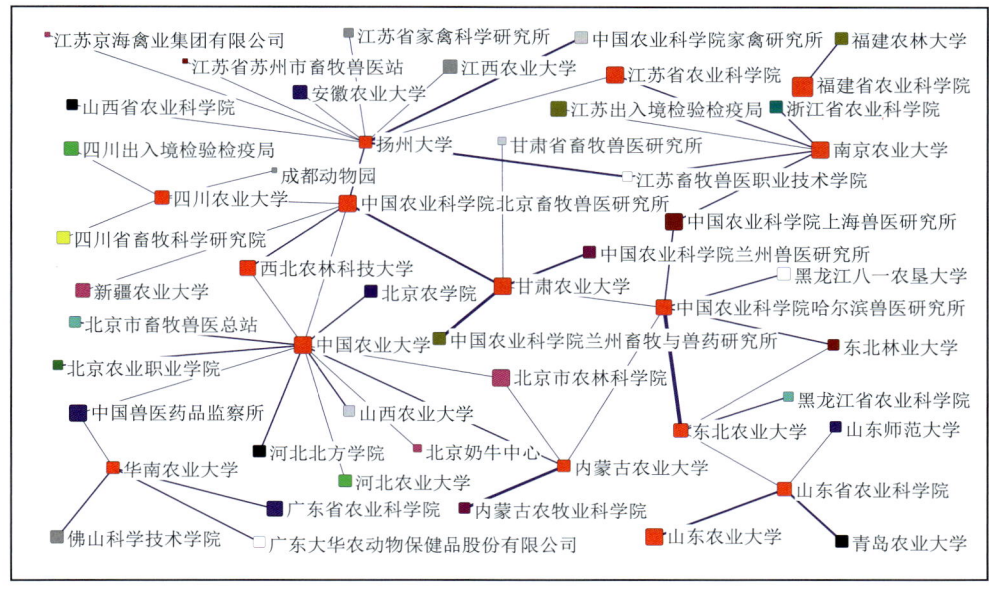

图 27-11　畜牧、动物医学学科高被引机构科研合作关系

27.7 高被引图书、国外期刊及学术会议

2013年，畜牧、动物医学学科被引频次位居前10位的图书及国外期刊见表27-7和表27-8。其中，被引次数较多的3种图书分别是殷震的《动物病毒学》、蔡宝祥的《家畜传染病学》和陆承平的《兽医微生物学》；被引次数较多的3种国外期刊分别是《Journal of Dairy Science》《Journal of Animal Science》和《Journal of Virology》；被引次数较多的3场学术会议分别是"Scientific Program, 43 International Apimondial Congress""AACR Meeting"和"Protein Requirements for Cattle: Proceedings of an International Symposium"。

表 27-7 畜牧、动物医学学科高被引图书 TOP 10

序号	责任者	图书名称	出版社	2013 年被引频次
1	殷震	动物病毒学	科学出版社	244
2	蔡宝祥	家畜传染病学	中国农业出版社	107
3	陆承平	兽医微生物学	中国农业出版社	106
4	张丽英	饲料分析及饲料质量检测技术	中国农业大学出版社	82
5	杨凤	动物营养学	中国农业出版社	66
6	陈溥言	兽医传染病学	中国农业出版社	63
7	杨胜	饲料分析及饲料质量检测技术	北京农业大学出版社	41
8	赵有璋	羊生产学	中国农业出版社	40
8	冯仰廉	反刍动物营养学	科学出版社	40
8	姚火春	兽医微生物学实验指导	中国农业出版社	40

表 27-8 畜牧、动物医学学科高被引国外期刊 TOP 10

序号	期刊名称	2013 年被引频次
1	Journal of Dairy Science	2077
2	Journal of Animal Science	1799
3	Journal of Virology	1433
4	Poultry Science	1354
5	Proceedings of the National Academy of Sciences of the United States of America	1167
6	Veterinary Microbiology	1113
7	Nature	1061
8	Journal of Biological Chemistry	907
9	Science	856
10	Vaccine	806

第 28 章　水产、渔业学科高被引分析

28.1　学科论文概况

2008—2012 年,水产、渔业学科共有 25174 位来自 10018 所机构的论文第一作者在 1468 种期刊上发表了 34225 篇学术论文。其中,80%以上的论文产出自 7256 所机构、19175 位作者,发表在 91 种期刊上。在前 5 年发表的这些论文中,有 6734 篇在 2013 年获得过引用,整体被引率为 19.7%,总被引频次为 11869 次,篇均被引 0.35 次;其中,高被引论文有 92 篇,单篇论文最高被引频次为 13 次,累计被引 710 次,篇均被引 7.72 次(表 28-1)。另外,2013 年水产、渔业学科共发表论文 6976 篇,其中有 104 篇在当年获得过引用,总共被引 122 次。

表 28-1　水产、渔业学科论文分布情况

年份	论文篇数	2013 年被引频次	2013 年被引率（%）	2013 年高被引论文			
				论文篇数	最高被引频次	总被引频次	篇均被引频次
2008	5442	1909	19.7	10	8	93	9.30
2009	6198	2333	20.8	20	11	175	8.75
2010	5988	2888	26.0	20	13	161	8.05
2011	7744	2845	20.9	16	9	125	7.81
2012	8853	1894	13.6	26	10	156	6.00
合计	34225	11869	19.7	92	13	710	7.72

从水产、渔业学科论文的地域分布来看,2013 年被引频次较高的 5 个省、直辖市或自治区依次是上海、山东、广东、江苏和浙江(图 28-1);5 年论文产出量较多的 5 个省、直辖市或自治区依次是江苏、山东、广东、上海和浙江(图 28-2)。

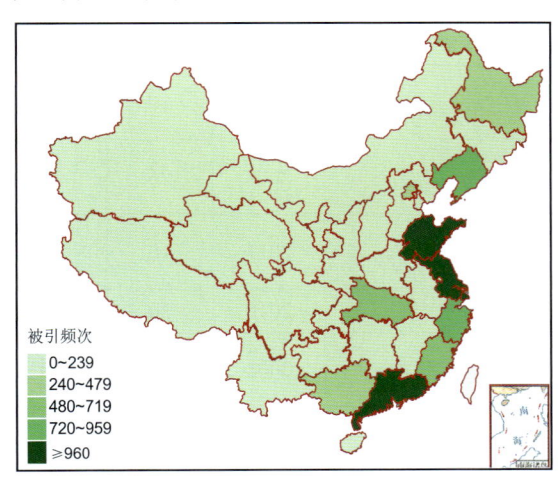

图 28-1　2013 年水产、渔业学科地区被引分布

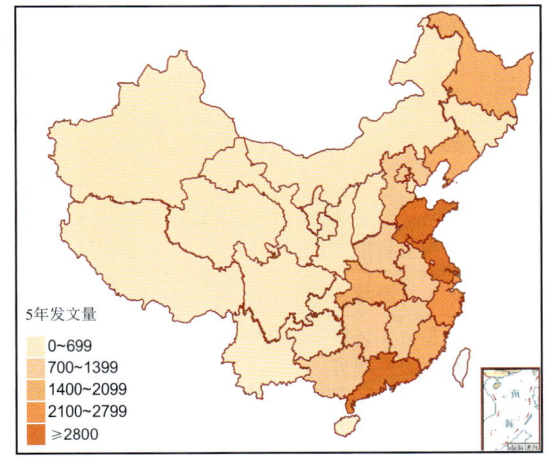

图 28-2　水产、渔业学科 5 年论文产出地区分布

28.2 高被引论文分析

在水产、渔业学科，2013 年被引频次位居前 10 位的论文（表 28-2）平均被引频次为 12.5 次，是全部 92 篇高被引论文篇均被引频次的 1.6 倍。其中，被引频次较高的论文分别是陈雪忠于 2009 年发表的《南极磷虾资源利用现状与中国的开发策略分析》和冀德伟于 2009 年发表的《不同低温胁迫时间对大黄鱼血清生化指标的影响》。

从论文分布来看，刊载高被引论文数量最多的 3 种期刊分别是《水产学报》（11 篇）、《中国水产科学》（9 篇）和《动物营养学报》（4 篇），而《水产学报》刊载了高被引论文 TOP 10 中的 4 篇；发表高被引论文最多的 3 位学者分别是上海海洋大学的蓝蔚青（2 篇）、中国水产科学研究院珠江水产研究所的卢迈新（2 篇）和中国水产科学研究院黑龙江水产研究所的鲁翠云（1 篇）；产出高被引论文数量最多的 3 所机构分别是上海海洋大学（10 篇）、中国水产科学研究院东海水产研究所（8 篇）和中国水产科学研究院黄海水产研究所（5 篇），而中国水产科学研究院东海水产研究所产出了高被引论文 TOP 10 中的 3 篇。

表 28-2　水产、渔业学科高被引论文 TOP 10

序号	论文题名	第一作者	期刊名称	发表年份	被引频次 总频次	被引频次 2013 年
1	南极磷虾资源利用现状与中国的开发策略分析	陈雪忠	中国水产科学	2009	69	22
2	不同低温胁迫时间对大黄鱼血清生化指标的影响	冀德伟	水产科学	2009	30	13
3	黄斑篮子鱼肌肉营养成分与品质的评价	庄平	水产学报	2008	82	12
3	大口黑鲈形态性状对体重的影响效果分析	何小燕	水产学报	2009	34	12
3	中国南方地区罗非鱼无乳链球菌的分子流行病学研究	郭玉娟	水产学报	2012	16	12
3	广东与海南养殖罗非鱼无乳链球菌的分离、鉴定与特性分析	卢迈新	微生物学通报	2010	30	12
7	微卫星分子标记辅助镜鲤家系构建	鲁翠云	中国水产科学	2008	26	11
7	基于无线传感网络的规模化水产养殖智能监控系统	史兵	农业工程学报	2011	16	11
9	罗非鱼链球菌病研究进展	卢迈新	南方水产	2010	20	10
9	罗非鱼无乳链球菌的分离、鉴定及致病性研究	张新艳	水产学报	2008	29	10

28.3 研究主题关联分析

在水产、渔业学科，高被引论文累计被 2013 年发表的 527 篇论文引用了 710 次。通过分析施引文献关键词的词频及关键词之间的共现关系，获得 2013 年水产、渔业学科的热点主题和主题关联，如图 28-3 所示（共现 3 次以下不显示）。由图 28-3 可知："通径分析""无乳链球菌"和"罗非鱼"的文档词频较高，是水产、渔业学科近期的热点研究主题；"通径分析"与"形态性状"等概念之间的共现次数较多，显示出它们之间主题关联较为紧密，以"罗非鱼"、"无乳链球菌"为核心的多个概念相互关联，构成了领域内近期最为突出的研究主题。

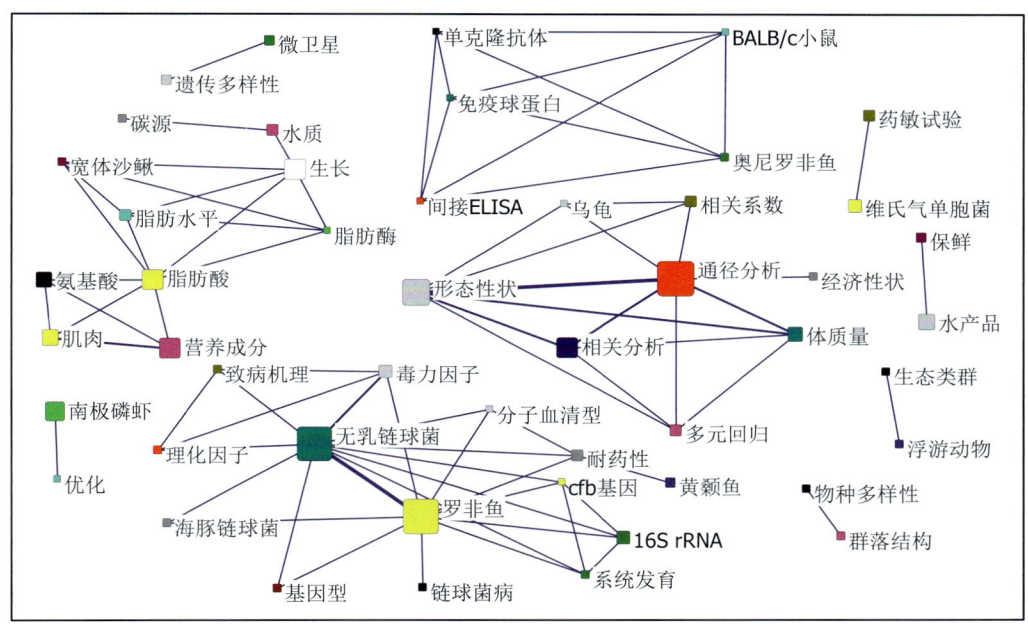

图 28-3　水产、渔业学科 2013 年热点主题关联

28.4 学科高影响力期刊分析

28.4.1 学科高影响力期刊 TOP 10

在水产、渔业学科，学科 5 年影响因子位居前 10 位的期刊见表 28-3，排在前 3 位的期刊分别是《水产学报》《中国水产科学》和《水生生物学报》。在表 28-3 中，学科载文量占其总载文量比例最大的期刊是《淡水渔业》；前 5 年学科载文在 2013 年被引率最高的期刊是《水产学报》；期刊 5 年影响因子较高的前 3 种期刊分别是《中国水产科学》《水产学报》和《水生生物学报》；学科 5 年影响因子与期刊 5 年影响因子差异最大的期刊是《广东海洋大学学报》。表 28-3 中期刊的学科 5 年影响因子和前 5 年学科载文在 2013 年的被引率对比如图 28-4 所示，2008—2013 年期刊 5 年影响因子的变动情况如图 28-5 所示。

表 28-3 水产、渔业学科高影响力期刊基本指数

序号	期刊名称	前 5 年载文量			2013 年学科被引			5 年影响因子		h 指数（学科）
		学科（篇）	占比（%）	总量（篇）	频次	被引率（%）	高被引论文篇数	期刊(2013)	学科(2013)	
1	水产学报	518	42.7	1212	697	53.5	11	1.125	1.346	8
2	中国水产科学	633	73.3	864	766	50.9	9	1.152	1.210	7
3	水生生物学报	244	24.6	991	292	50.0	3	0.971	1.197	7
4	大连海洋大学学报	403	62.2	648	422	50.6	2	0.924	1.047	6
5	广东海洋大学学报	184	25.8	713	140	39.7	1	0.442	0.761	5
6	海洋渔业	251	64.0	392	184	40.6	0	0.839	0.733	5
7	上海海洋大学学报	645	75.4	855	466	40.9	1	0.708	0.722	6
8	渔业科学进展	426	61.3	695	303	38.0	1	0.812	0.711	6
9	淡水渔业	529	88.6	597	356	38.6	1	0.650	0.673	5
10	水产科学	710	69.1	1027	472	36.8	2	0.628	0.665	6

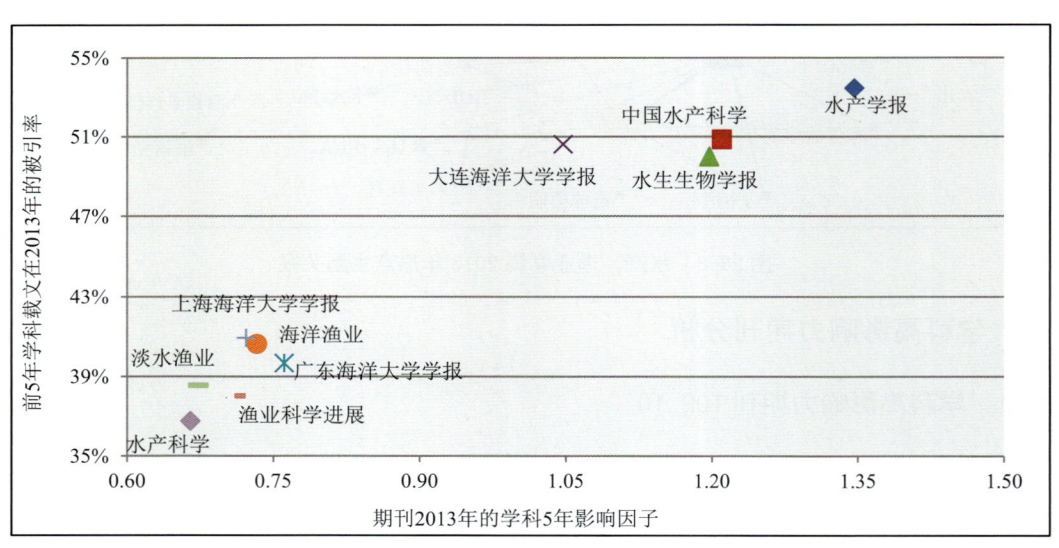

图 28-4 水产、渔业学科高影响力期刊对比

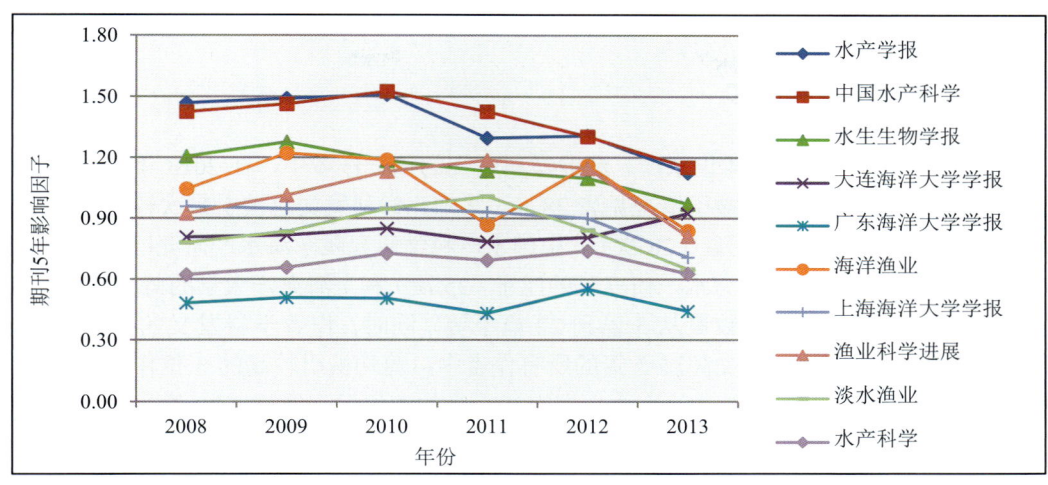

图 28-5 水产、渔业学科期刊 5 年影响因子变动

28.4.2 学科高影响力期刊载文主题关联

通过期刊共被引分析，获得水产、渔业学科高影响力期刊及与其他期刊之间的载文主题关联，如图 28-6 所示（共被引 22 次以下不显示）。结果显示，水产、渔业学科的高影响力期刊相互链接较为紧密，基本主导了该学科的期刊共被引网络，显示出该学科高影响力期刊可能共同刊载了许多相近的研究主题，热点研究主题分散在多种期刊上。《水产学报》等学科 5 年影响因子较高，显示出它们的学术影响力较大。《水产学报》与《中国水产科学》等期刊之间的链接较强，意味着它们之间可能有较多相同或相近的载文主题。

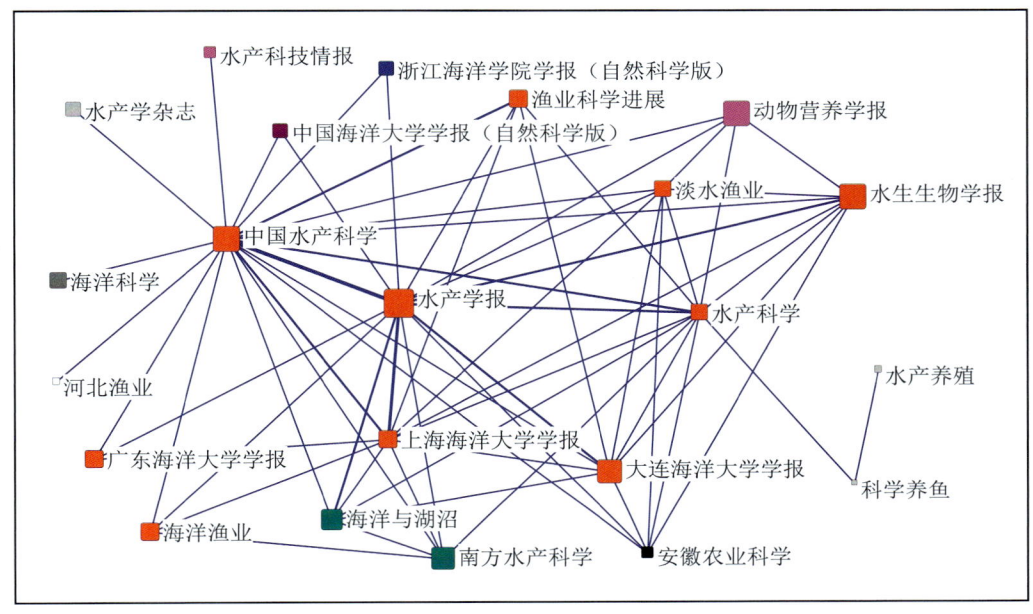

图 28-6 水产、渔业学科高影响力期刊载文主题关联

28.5 高被引作者分析

28.5.1 高被引作者 TOP 20

2008—2012 年，在 25174 位水产、渔业学科论文的第一作者中，在 2013 年学科被引频次位居前 20 位的学者的发文及被引情况见表 28-4。其中，学科发文总被引频次较高的 4 位作者分别是西北农林科技大学的吉红（28 次）、中国水产科学研究院东海水产研究所的徐兆礼（28 次）、中国水产科学研究院东海水产研究所的庄平（25 次）和上海海洋大学的蓝蔚青（25 次）。高被引作者的 5 年学科发文数量从 3 篇到 22 篇不等，同时，作者学科发文的期刊分布也在 2 种到 13 种之间变化。在发文超过 5 篇的所有作者中，篇均被引较高的 3 位作者分别是南京农业大学的明建华（篇均 3.40 次）、中上海海洋大学的李思发（篇均 3.20 次）和上海海洋大学的蓝蔚青（篇均 3.12 次）；前 5 年发表学科论文较多的 3 位作者分别是湖北省英山县水产局的王文彬（69 篇）、《海洋与渔业》编辑部的陈石娟（49 篇）和全国水产技术推广总站的王玉堂（48 篇）。高被引作者的学科发文量和被引量对比如图 28-7 所示。

表 28-4 水产、渔业学科高被引作者 TOP 20

序号	姓名	作者单位	前 5 年发文		前 5 年学科发文在 2013 年的被引				h 指数（学科）
			学科发文（篇）	期刊分布（种）	发文总量	总频次	被引率（%）	最高（次）	篇均（次）	
1	吉红	西北农林科技大学	17	13	27	28	64.7	6	1.65	3
2	徐兆礼	中国水产科学研究院东海水产研究所	14	7	54	28	71.4	5	2.00	5
3	庄平	中国水产科学研究院东海水产研究所	13	8	21	25	38.5	12	1.92	4
3	蓝蔚青	上海海洋大学	8	6	30	25	62.5	7	3.12	5
5	陈雪忠	中国水产科学研究院东海水产研究所	3	2	4	22	33.3	22	7.33	1
5	卢迈新	中国水产科学研究院珠江水产研究所	3	3	3	22	66.7	12	7.33	2
5	区又君	中国水产科学研究院南海水产研究所	21	10	46	22	47.6	5	1.05	3
8	王吉桥	大连水产学院	22	10	25	20	54.6	5	0.91	2
9	黄钧	广西大学	16	5	16	19	43.8	9	1.19	2
10	强俊	广东海洋大学	21	8	22	18	57.1	3	0.86	2
10	陈新军	上海海洋大学	15	8	20	18	40.0	7	1.20	3
10	尹飞	中国水产科学研究院东海水产研究所	4	3	5	18	100.0	10	4.50	2

序号	姓名	作者单位	前5年发文			前5年学科发文在2013年的被引				h指数(学科)
			学科发文(篇)	期刊分布(种)	发文总量	总频次	被引率(%)	最高(次)	篇均(次)	
13	吴莉芳	吉林农业大学	14	7	17	17	57.1	5	1.21	2
13	明建华	南京农业大学	5	4	5	17	100.0	6	3.40	3
13	佟懿	上海海洋大学	4	3	6	17	100.0	9	4.25	3
16	孙建璋	浙江省平阳县南麂岛开发有限公司	7	2	8	16	71.4	6	2.29	2
16	李思发	上海海洋大学	5	4	9	16	80.0	6	3.20	3
16	李学英	中国水产科学研究院东海水产研究所	3	3	7	16	100.0	7	5.33	3
19	栗志民	广东海洋大学	13	11	17	15	53.9	4	1.15	3
19	罗国芝	上海海洋大学	8	4	14	15	75.0	6	1.88	3

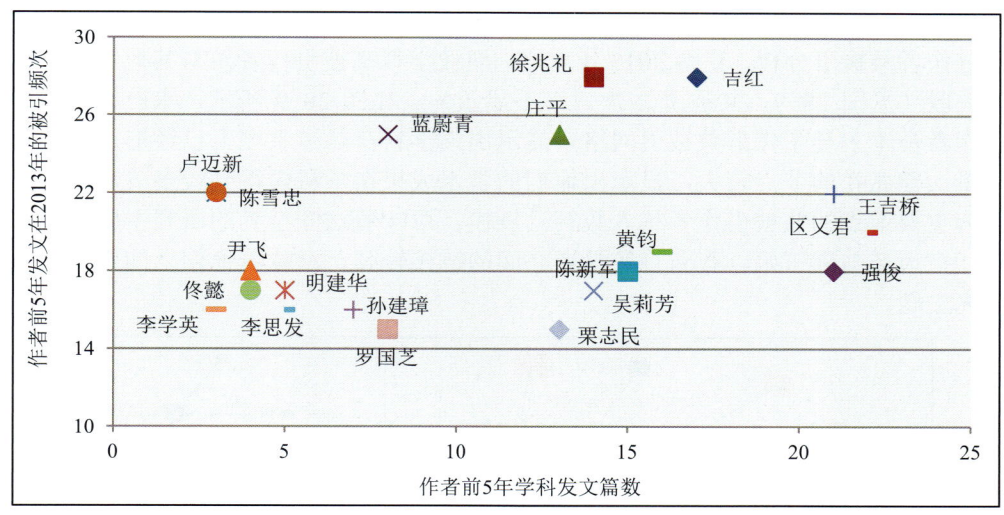

图 28-7　水产、渔业学科高被引作者学科发文及被引对比

28.5.2　高被引作者科研合作关系

通过作者合著分析，获得 2013 年水产、渔业学科高被引作者及与其他学者之间的科研论文合作关系（不考虑论文署名次序），如图 28-8 所示（合著 5 次以下不显示）。可以看出，水产、渔业学科的高被引作者的论文合作比较松散。其中，王吉桥、区又君等学者发文量较多，庄平、陈新军等学者的论文合作网络最为突出，在该学科的研究人员中表现出一定的集聚效应；庄平和章龙珍学者之间的合作关系最为紧密，显示出他们可能分别属于同一支科研团队。

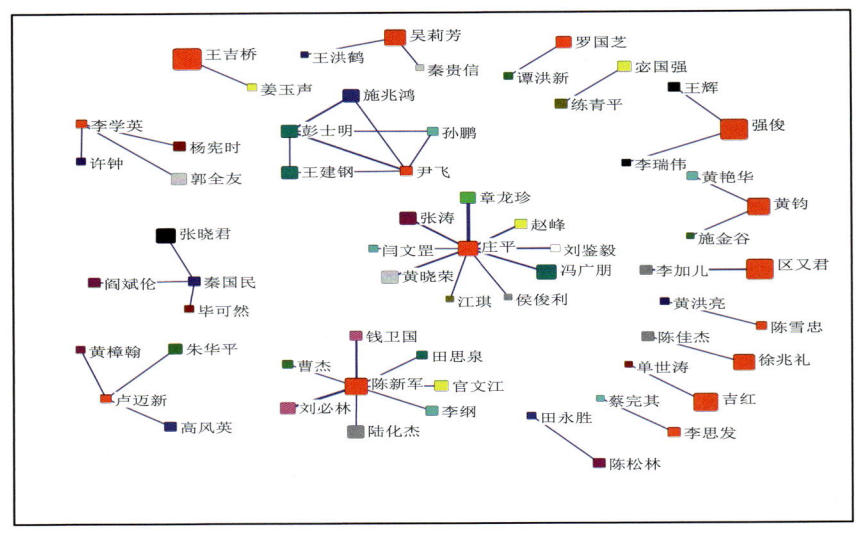

图 28-8 水产、渔业学科高被引作者科研论文合作关系

28.5.3 高被引作者发文主题关联

通过作者共被引分析，获得 2013 年水产、渔业学科高被引作者及与其他学者之间的发文主题关联（见图 28-9，共被引 2 次以下不显示）。如图 28-9 所示，水产、渔业学科的高被引作者基本主导了作者共被引网络，显示出该学科在热点主题上已经形成优势明显的科研力量。徐兆礼的节点较大，显示出他们的学术成果在学科内得到较多关注；以卢迈新等学者为主要节点的共被引作者簇人数初具规模，意味着这些学者的研究主题关联可能较为紧密；卢迈新与郭玉娟、张新艳等学者之间的链接较强，意味着他们之间可能有较为相近的研究主题。

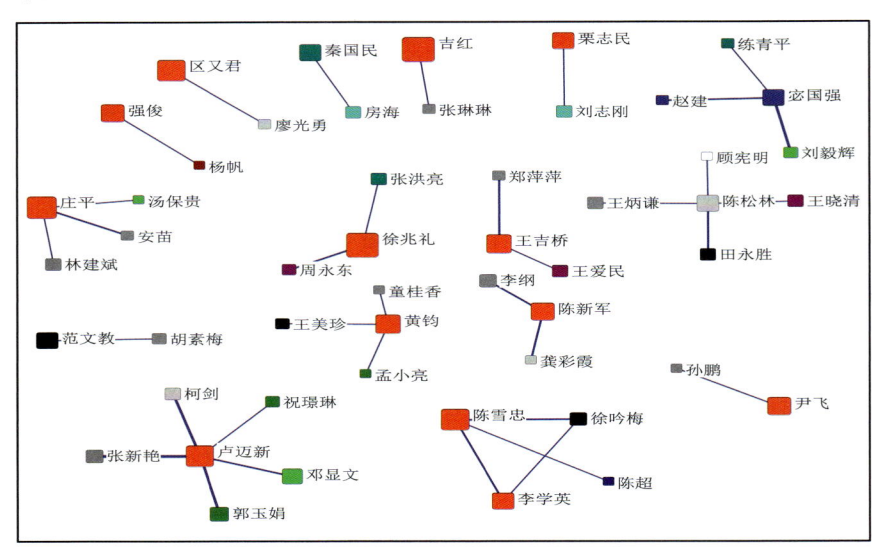

图 28-9 水产、渔业学科高被引作者发文主题关联

28.6 高被引机构分析

28.6.1 高被引机构

为便于比较，本书将水产、渔业学科的高被引机构分为高等院校和科研院所两种类型。其中，被引频次 TOP 10 高等院校和被引频次 TOP 5 科研院所的发文及被引情况分别见表 28-5 和表 28-6。其中，总被引频次较高的 3 所高等院校分别是上海海洋大学、中国海洋大学和广东海洋大学，中国水产科学研究院东海水产研究所、中国水产科学研究院黄海水产研究所和中国水产科学研究院南海水产研究所是总被引频次较高的 3 所科研院所；前 5 年学科发文在 2013 年的被引率最高的高等院校和科研院所分别是上海海洋大学和中国水产科学研究院东海水产研究所，篇均被引最高的高等院校和科研院所分别是大连海洋大学和中国水产科学研究院东海水产研究所。上述高被引机构的论文被引率和篇均被引频次对比如图 28-10 所示。

表 28-5　水产、渔业学科高被引高等院校 TOP 10

序号	第一作者单位	学科发文量（篇）		前 5 年学科发文在 2013 年的被引			
		前 5 年	2013 年	频次	被引率(%)	最高(次)	篇均(次)
1	上海海洋大学	1389	262	1023	39.2	9	0.74
2	中国海洋大学	729	132	465	33.6	7	0.64
3	广东海洋大学	579	91	374	35.2	7	0.65
4	大连海洋大学	598	137	449	36.4	7	0.75
5	华中农业大学	354	60	248	33.3	9	0.70
6	宁波大学	279	42	192	33.3	13	0.69
7	集美大学	290	56	171	32.8	8	0.59
8	浙江海洋学院	346	76	158	26.9	6	0.46
9	西南大学	235	38	141	32.3	6	0.60
10	淮海工学院	212	26	137	34.0	8	0.65

表 28-6　水产、渔业学科高被引科研院所 TOP 5

序号	第一作者单位	学科发文量（篇）		前 5 年学科发文在 2013 年的被引			
		前 5 年	2013 年	频次	被引率（%）	最高(次)	篇均(次)
1	中国水产科学研究院东海水产研究所	480	76	447	41.2	22	0.93
2	中国水产科学研究院黄海水产研究所	442	90	346	37.6	9	0.78
3	中国水产科学研究院南海水产研究所	416	67	345	39.2	8	0.83
4	中国水产科学研究院黑龙江水产研究所	308	65	245	39.6	11	0.80
5	中国水产科学研究院珠江水产研究所	277	41	179	30.3	12	0.65

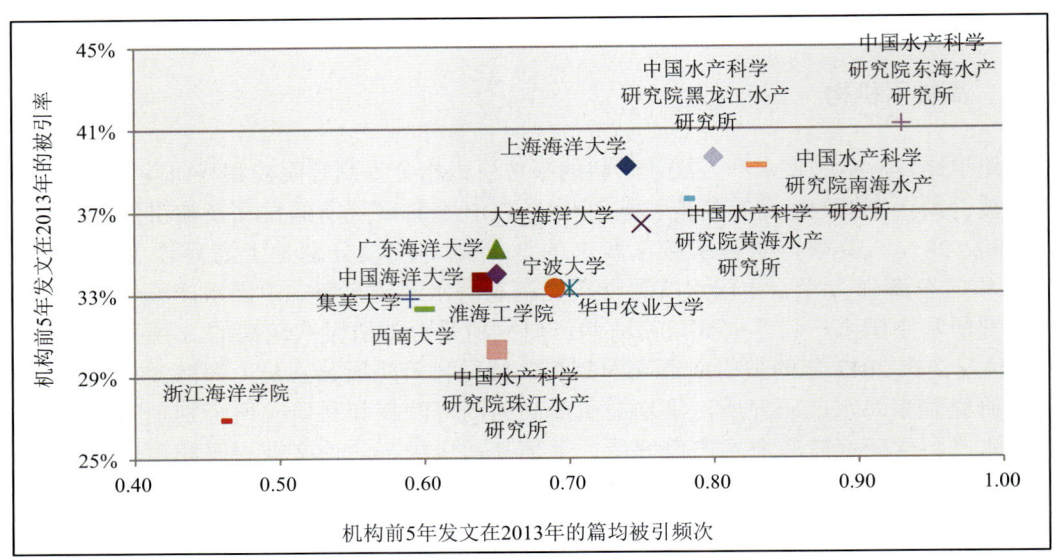

图 28-10 水产、渔业学科高被引机构论文篇均被引及被引率对比

28.6.2 高被引机构科研合作关系

通过合著分析，获得水产、渔业学科高被引机构之间及其与其他机构之间的科研合作关系，如图 28-11 所示（合作 64 次以下不显示）。分析得知，水产、渔业学科的机构合作链接非常紧密，显示出学科内各个机构间的科研合作关系非常普遍；高被引机构部分主导了机构合作网络，显示出这些机构已经在学科内具有了一定的科研优势。中国海洋大学与中国水产科学研究院黄海水产研究所等机构之间的链接较强，显示出它们的学术合作较为频繁。

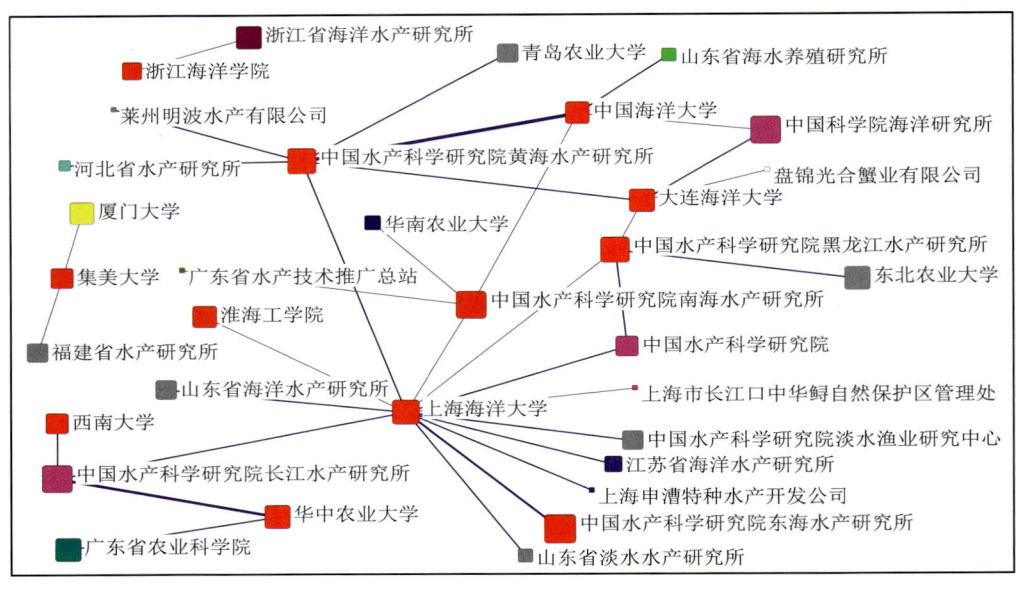

图 28-11 水产、渔业学科高被引机构科研合作关系

28.7 高被引图书、国外期刊及学术会议

2013年,水产、渔业学科被引频次位居前10位的图书及国外期刊见表28-7和表28-8。其中,被引次数较多的3种图书分别是殷名称的《鱼类生态学》、东秀珠的《常见细菌系统鉴定手册》和农业部渔业局的《中国渔业年鉴》;被引次数较多的3种国外期刊分别是《Aquaculture》《Fish and Shellfish Immunology》和《Aquaculture Research》;被引次数较多的3场学术会议分别是"American Fisheries Society Symposium""5th International Symposium on Sturgeons"和"Paper Presented at the International Symposium on Feeding and Nutrition of Fish"。

表 28-7 水产、渔业学科高被引图书 TOP 10

序号	责任者	图书名称	出版社	2013 年被引频次
1	殷名称	鱼类生态学	中国农业出版社	32
2	东秀珠	常见细菌系统鉴定手册	科学出版社	27
3	农业部渔业局	中国渔业年鉴	中国农业出版社	21
4	李爱杰	水产动物营养与饲料学	中国农业出版社	19
5	王武	鱼类增养殖学	中国农业出版社	18
6	楼允东	鱼类育种学	中国农业出版社	17
6	丁瑞华	四川鱼类志	四川科学技术出版社	17
8	朱元鼎	东海鱼类志	科学出版社	15
8	张觉民	内陆水域渔业自然资源调查手册	中国农业出版社	15
10	郑元甲	东海大陆架生物资源与环境	上海科学技术出版社	13

表 28-8 水产、渔业学科高被引国外期刊 TOP 10

序号	期刊名称	2013 年被引频次
1	Aquaculture	3023
2	Fish and Shellfish Immunology	650
3	Aquaculture Research	372
4	Journal of Fish Biology	343
5	Journal of Experimental Marine Biology and Ecology	278
6	Marine Biology	269
7	Fisheries Research	243
8	Nature	228
9	Aquaculture Nutrition	206
9	Canadian Journal of Fisheries and Aquatic Sciences	206

第 29 章　一般工业技术学科高被引分析

29.1　学科论文概况

2008—2012 年，一般工业技术共有 59648 位来自 16671 所机构的论文第一作者在 3221 种期刊上发表了 63211 篇学术论文。其中，80%以上的论文产出自 8426 所机构、47647 位作者，发表在 410 种期刊上。在前 5 年发表的这些论文中，有 12159 篇在 2013 年获得过引用，整体被引率为 19.2%，总被引频次为 18264 次，篇均被引 0.29 次；其中，高被引论文有 179 篇，单篇论文最高被引频次为 29 次，累计被引 1211 次，篇均被引 6.77 次（表 29-1）。另外，2013 年一般工业技术共发表论文 12742 篇，其中有 207 篇在当年获得过引用，总共被引 248 次。

表 29-1　一般工业技术论文分布情况

年份	论文篇数	2013 年被引频次	2013 年被引率（%）	2013 年高被引论文			
				论文篇数	最高被引频次	总被引频次	篇均被引频次
2008	9744	3058	20.8	26	17	195	7.50
2009	10533	3533	22.3	46	22	269	5.85
2010	11019	3802	23.1	27	13	184	6.81
2011	15846	4709	19.0	48	29	374	7.79
2012	16069	3162	13.9	32	15	189	5.91
合计	63211	18264	19.2	179	29	1211	6.77

从一般工业技术论文的地域分布来看，2013 年被引频次较高的 5 个省、直辖市或自治区依次是北京、江苏、陕西、上海和广东（图 29-1）；5 年论文产出量较多的 5 个省、直辖市或自治区依次是北京、江苏、陕西、上海和广东（图 29-2）。

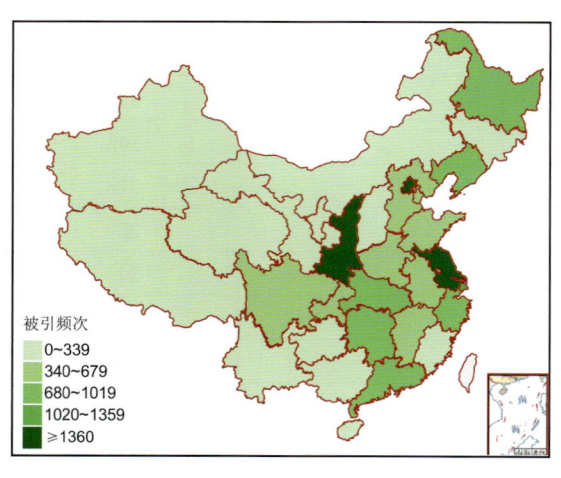

图 29-1　2013 年一般工业技术学科地区被引分布

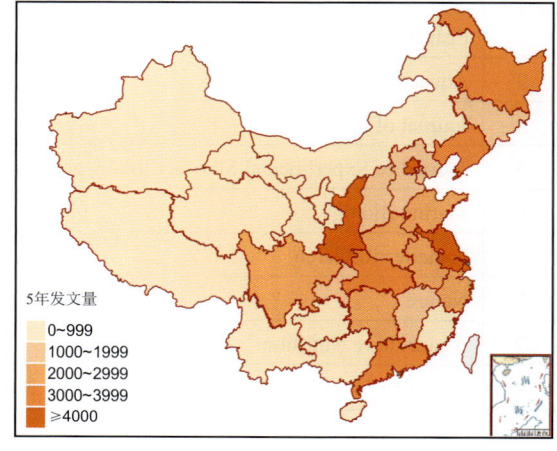

图 29-2　一般工业技术学科 5 年论文产出地区分布

29.2 高被引论文分析

在一般工业技术，2013 年被引频次位居前 10 位的论文（表 29-2）平均被引频次为 12.4 次，是全部 179 篇高被引论文篇均被引频次的 1.8 倍。其中，被引频次较高的论文分别是周英于 2011 年发表的《落实卓越工程师教育培养计划大力培养工程科技创新人才》和张洪田于 2011 年发表的《构建开放式实践教学体系培养工程应用型人才的探索与实践》。

从论文分布来看，刊载高被引论文数量最多的 3 种期刊分别是《复合材料学报》（12 篇）、《包装工程》（7 篇）和《仪器仪表学报》（5 篇）；发表高被引论文最多的 2 位学者分别是清华大学的童秉枢（2 篇）和华南理工大学的马文石（2 篇）；产出高被引论文数量最多的 3 所机构分别是清华大学（6 篇）、华南理工大学（5 篇）和中南大学（4 篇）。

表 29-2 一般工业技术高被引论文 TOP 10

序号	论文题名	第一作者	期刊名称	发表年份	被引频次 总频次	被引频次 2013 年
1	落实卓越工程师教育培养计划大力培养工程科技创新人才	周英	中国大学教学	2011	27	17
2	构建开放式实践教学体系培养工程应用型人才的探索与实践	张洪田	中国大学教学	2011	26	15
3	我国大型客机先进复合材料技术应对策略思考	杜善义	复合材料学报	2008	36	13
3	工程教育中的几个理念问题	朱高峰	高等工程教育研究	2011	27	13
3	工程人才培养模式的国际比较研究	赵晓闻	高等工程教育研究	2011	23	13
6	基于 CDIO 模式的校企合作办学的工程应用型人才培养模式研究	罗高涌	高教探索	2011	21	12
7	硅烷偶联剂对纳米二氧化硅表面接枝改性研究	谭秀民	中国粉体技术	2011	19	11
8	超声弹性成像基本原理及技术	赵子卓	中国医疗器械信息	2008	37	10
8	外墙外保温系统的裂缝控制	胡海涛	科技创新导报	2009	10	10
8	扭曲管管内传热及流动特性数值模拟	朱冬生	流体机械	2012	21	10

29.3 研究主题关联分析

在一般工业技术学科，高被引论文累计被 2013 年发表的 956 篇论文引用了 1211 次。通过分析施引文献关键词的词频及关键词之间的共现关系，获得 2013 年一般工业技术学科的热点主题和主题关联，如图 29-3 所示（共现 2 次以下不显示）。由图 29-3 可知："复合材料"的文档词频较高，是一般工业技术学科近期的热点研究主题；"施工技术"与"外墙保温"等概念之间的共现次数较多，显示出它们之间主题关联较为紧密。以"复合材料"和"石墨烯"为核心的多个概念相互关联，构成了领域内近期最为突出的研究主题簇。

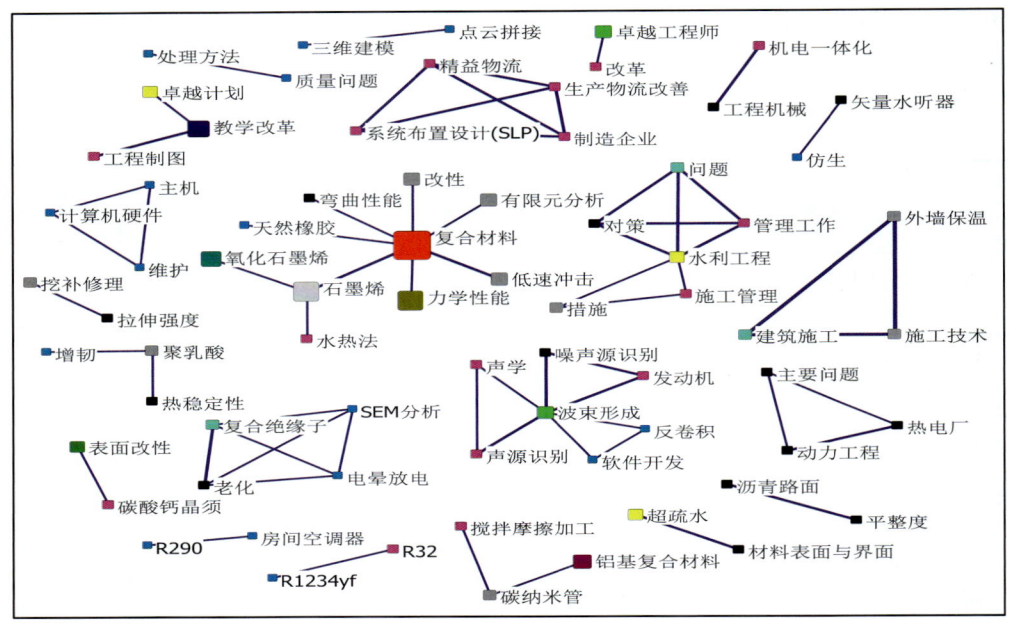

图 29-3　一般工业技术学科 2013 年热点主题关联

29.4 学科高影响力期刊分析

29.4.1 学科高影响力期刊 TOP 10

在一般工业技术，学科 5 年影响因子位居前 10 位的期刊见表 29-3，排在前 3 位的期刊分别是《复合材料学报》《制冷学报》和《玻璃钢/复合材料》。在表 29-3 中，学科载文量占其总载文量比例最大的期刊是《复合材料学报》；前 5 年学科载文在 2013 年被引率最高的期刊是《复合材料学报》；期刊 5 年影响因子较高的前 3 种期刊分别是《玻璃钢/复合材料》《复合材料学报》和《制冷学报》；学科 5 年影响因子与期刊 5 年影响因子差异最大的期刊是《真空科学与技术学报》。表 29-3 中期刊的学科 5 年影响因子和前 5 年学科载文在 2013 年的被引率对比如图 29-4 所示，2008—2013 年期刊 5 年影响因子的变动情况如图 29-5 所示。

表 29-3　一般工业技术高影响力期刊基本指数

序号	期刊名称	前 5 年载文量			2013 年学科被引			5 年影响因子		h 指数（学科）
		学科（篇）	占比（%）	总量（篇）	频次	被引率（%）	高被引论文篇数	期刊（2013）	学科（2013）	
1	复合材料学报	1075	83.7	1284	673	35.7	12	0.634	0.626	7
2	制冷学报	277	55.7	497	171	31.8	4	0.588	0.617	5
3	玻璃钢/复合材料	496	69.9	710	293	31.5	2	0.708	0.591	6
4	无机材料学报	364	24.5	1484	207	32.1	3	0.507	0.569	6
5	真空科学与技术学报	229	21.4	1068	128	34.9	0	0.442	0.559	5
6	材料研究学报	244	35.1	696	104	27.5	3	0.391	0.426	5
7	包装学报	188	49.0	384	78	28.2	0	0.406	0.415	4
8	功能材料	947	21.1	4498	372	26.1	1	0.390	0.393	6
9	包装工程	3346	62.1	5388	1278	25.3	7	0.382	0.382	6
10	材料科学与工艺	140	12.7	1103	56	21.4	0	0.315	0.400	4

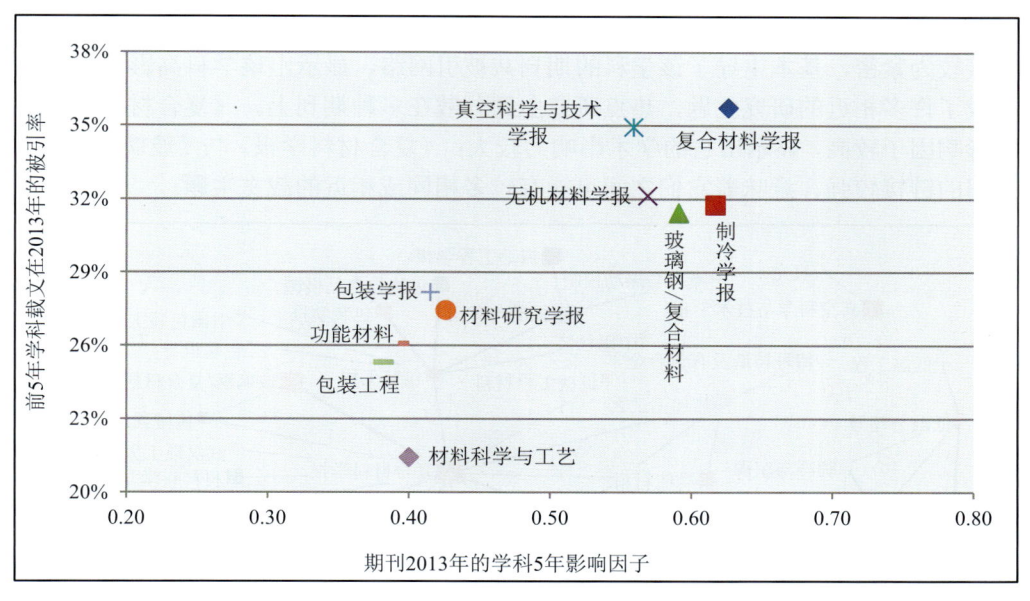

图 29-4　一般工业技术高影响力期刊对比

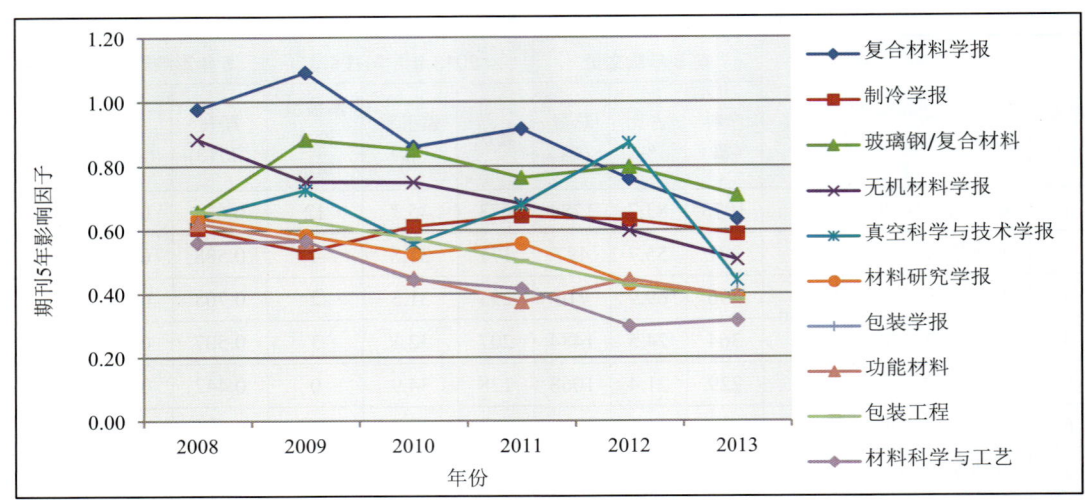

图 29-5　一般工业技术期刊 5 年影响因子变动

29.4.2　学科高影响力期刊载文主题关联

通过期刊共被引分析，获得一般工业技术高影响力期刊及与其他期刊之间的载文主题关联，如图 29-6 所示（共被引 6 次以下不显示）。结果显示，一般工业技术的高影响力期刊相互链接较为紧密，基本主导了该学科的期刊共被引网络，显示出该学科高影响力期刊可能共同刊载了许多相近的研究主题，热点研究主题分散在多种期刊上。《复合材料学报》的学科 5 年影响因子较高，显示出它的学术影响力较大；《复合材料学报》与《玻璃钢/复合材料》期刊之间的链接较强，意味着它们之间可能有较多相同或相近的载文主题。

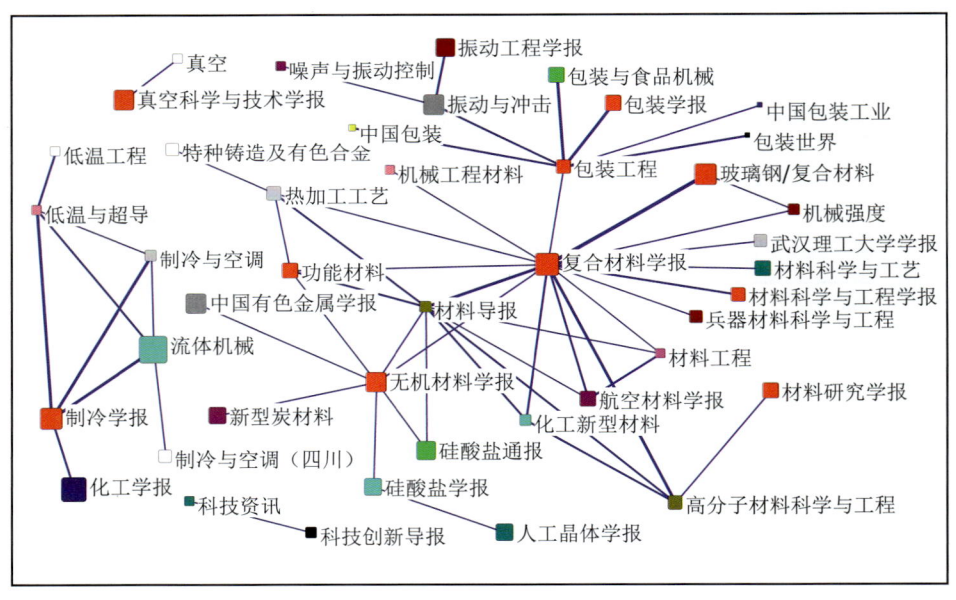

图 29-6　一般工业技术高影响力期刊载文主题关联

29.5 高被引作者分析

29.5.1 高被引作者 TOP 20

2008—2012 年,在 59648 位一般工业技术论文的第一作者中,在 2013 年学科被引频次位居前 20 位的学者的发文及被引情况见表 29-4。其中,学科发文总被引频次较高的 3 位作者分别是华南理工大学的马文石(22 次)、清华大学的童秉枢(21 次)和浙江大学的卢富德(19 次)。高被引作者的 5 年学科发文数量从 1 篇到 19 篇不等,同时,作者学科发文的期刊分布也在 1 种到 15 种之间变化。在发文超过 5 篇的所有作者中,篇均被引较高的 3 位作者分别是西安工程大学的黄翔(篇均 3.40 次)、浙江大学的卢富德(篇均 2.71 次)和华南理工大学的朱冬生(篇均 2.20 次);前 5 年发表学科论文较多的 3 位作者分别是国家质量监督检验检疫总局的李慎安(34 篇)、陕西科技大学的丁毅(28 篇)和东北大学的张以忱(25 篇)。高被引作者的学科发文量和被引量对比如图 29-7 所示。

表 29-4 一般工业技术高被引作者 TOP 20

序号	姓名	作者单位	前 5 年发文			前 5 年学科发文在 2013 年的被引				h 指数(学科)
			学科发文(篇)	期刊分布(种)	发文总量(篇)	总频次	被引率(%)	最高(次)	篇均(次)	
1	马文石	华南理工大学	4	4	9	22	100.0	10	5.50	3
2	童秉枢	清华大学	4	1	6	21	100.0	9	5.25	3
3	卢富德	浙江大学	7	5	7	19	85.7	6	2.71	3
4	黄翔	西安工程大学	5	4	30	17	80.0	8	3.40	4
4	周英	河南理工大学	1	1	2	17	100.0	17	17.00	1
6	张洪田	黑龙江工程学院	1	1	8	15	100.0	15	15.00	4
6	张巍	派力固(大连)工业有限公司	19	15	46	15	52.6	4	0.79	3
8	陈果	南京航空航天大学	4	4	27	14	75.0	7	3.50	3
9	杜善义	哈尔滨工业大学	2	2	3	13	50.0	13	6.50	1
9	马一太	天津大学	15	7	30	13	26.7	6	0.87	2
9	赵晓闻	清华大学	1	1	3	13	100.0	13	13.00	1
9	朱高峰	中国工程院	2	1	9	13	50.0	13	6.50	2
9	刘增华	北京工业大学	12	6	16	13	50.0	4	1.08	2
14	赵子卓	中山大学附属第二医院	2	1	2	12	100.0	10	6.00	2

序号	姓名	作者单位	前5年发文			前5年学科发文在2013年的被引				h指数(学科)
			学科发文（篇）	期刊分布（种）	发文总量（篇）	总频次	被引率（%）	最高（次）	篇均（次）	
14	尤晋闽	西安交通大学	4	2	6	12	75.0	7	3.00	3
14	欧育湘	北京理工大学	4	2	25	12	100.0	4	3.00	3
14	罗高涌	广州大学	1	1	2	12	100.0	12	12.00	1
14	贺兵	湖南工业大学	4	2	8	12	75.0	9	3.00	2
14	李晓刚	北京林业大学	12	3	16	12	25.0	9	1.00	2
14	戴宏民	重庆工商大学	18	5	27	12	27.8	4	0.67	2

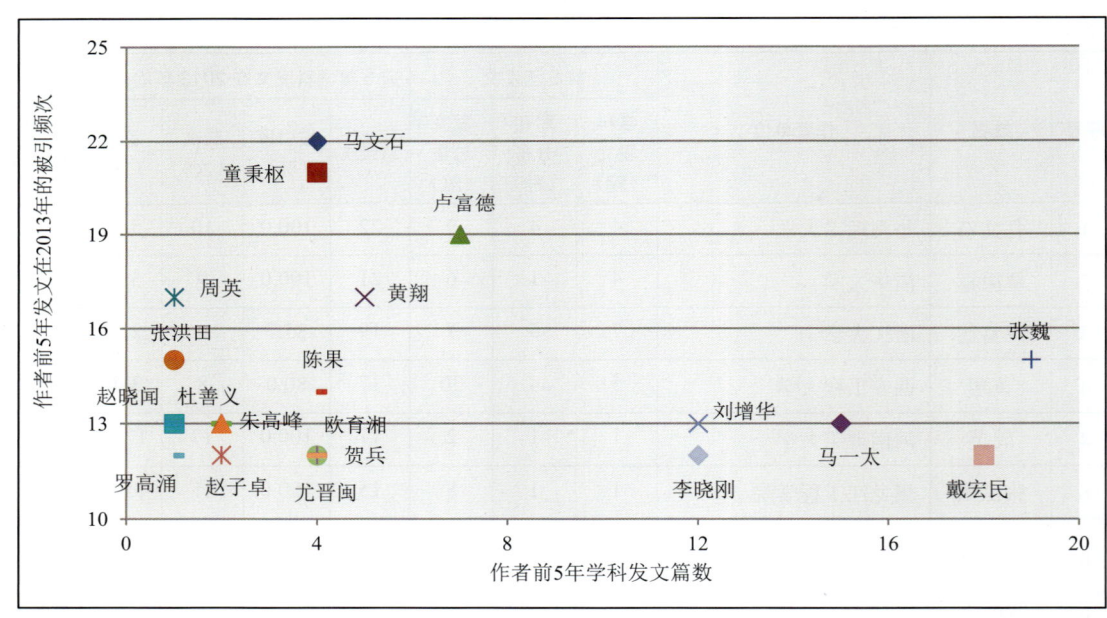

图 29-7　一般工业技术高被引作者学科发文及被引对比

29.5.2　高被引作者科研合作关系

通过作者合著分析，获得 2013 年一般工业技术学科高被引作者及与其他学者之间的科研论文合作关系（不考虑论文署名次序），如图 29-8 所示（合著 2 次以下不显示）。可以看出，一般工业技术学科的高被引作者的论文合作现象比较普遍，而且合作人数较多。学者张巍的发文量较多，论文合作者较少，说明该学者倾向于独立研究；学者马一太的论文合作网络最为突出，在该学科的研究人员中表现出一定的集聚效应；刘增华和吴斌、马一太与李敏霞等学者之间的合作关系最为紧密，显示出他们可能分别属于同一支科研团队。

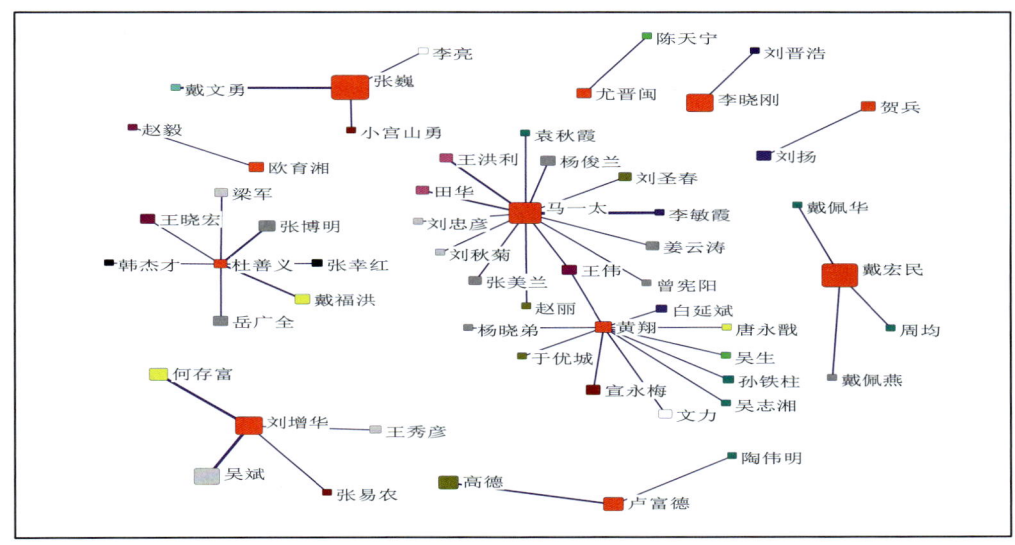

图 29-8　一般工业技术学科高被引作者科研论文合作关系

29.5.3　高被引作者发文主题关联

通过作者共被引分析，获得 2013 年一般工业技术学科高被引作者及与其他学者之间的发文主题关联。如图 29-9，一般工业技术学科的高被引作者主导了作者共被引网络，显示出该学科在热点主题上已经形成优势明显的科研力量。童秉枢和马文石的节点较大，显示出他们的学术成果在学科内得到较多关注；以童秉枢为主要节点的共被引作者簇人数较多且具有一定网络规模，意味着这些学者的研究主题关联可能较为紧密；学者卢富德和高德之间的链接较强，意味着他们之间可能有较为相近的研究主题。

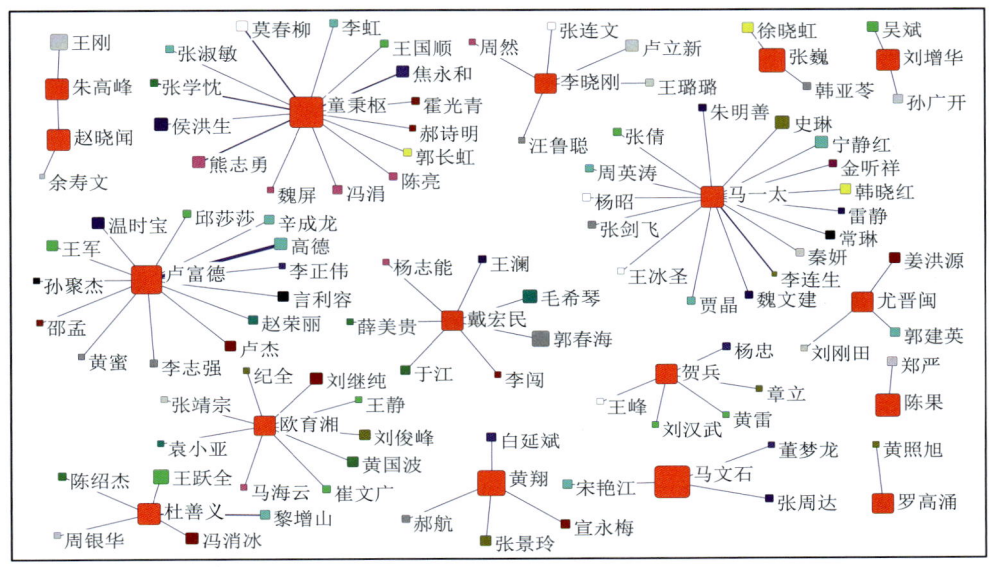

图 29-9　一般工业技术高被引作者发文主题关联

29.6 高被引机构分析

29.6.1 高被引机构

为便于比较,本书将一般工业技术的高被引机构分为高等院校和科研院所两种类型。其中,被引频次 TOP 10 高等院校和被引频次 TOP 5 科研院所的发文及被引情况分别见表 29-5 和表 29-6。其中,总被引频次较高的 3 所高等院校分别是西北工业大学、北京航空航天大学和中南大学,中国计量科学研究院、北京航空材料研究院和中国科学院声学研究所是总被引频次较高的 3 所科研院所;前 5 年学科发文在 2013 年的被引率最高的高等院校和科研院所分别是北京航空航天大学和北京航空材料研究院;篇均被引最高的高等院校和科研院所分别是北京航空航天大学和合肥通用机械研究院。上述高被引机构的论文被引率和篇均被引频次对比如图 29-10 所示。

表 29-5 一般工业技术高被引高等院校 TOP 10

序号	第一作者单位	学科发文量(篇)		前 5 年学科发文在 2013 年的被引			
		前 5 年	2013 年	频次	被引率(%)	最高(次)	篇均(次)
1	西北工业大学	1324	205	450	24.5	5	0.34
2	北京航空航天大学	707	103	410	33.4	6	0.58
3	中南大学	681	89	265	25.3	7	0.39
4	南京航空航天大学	586	97	260	25.4	7	0.44
5	华南理工大学	512	55	254	27.1	10	0.50
6	上海交通大学	681	100	240	24.4	6	0.35
7	哈尔滨工业大学	499	46	233	29.5	13	0.47
8	江南大学	584	94	217	25.3	6	0.37
9	浙江大学	474	67	209	25.5	8	0.44
9	清华大学	388	52	209	28.9	13	0.54

表 29-6 一般工业技术高被引科研院所 TOP 5

序号	第一作者单位	学科发文量(篇)		前 5 年学科发文在 2013 年的被引			
		前 5 年	2013 年	频次	被引率(%)	最高(次)	篇均(次)
1	中国计量科学研究院	468	68	87	14.3	3	0.19
2	北京航空材料研究院	140	20	59	27.9	5	0.42
2	中国科学院声学研究所	158	31	59	22.8	5	0.37
4	合肥通用机械研究院	100	21	48	21.0	6	0.48
5	北京有色金属研究总院	101	10	35	24.8	6	0.35

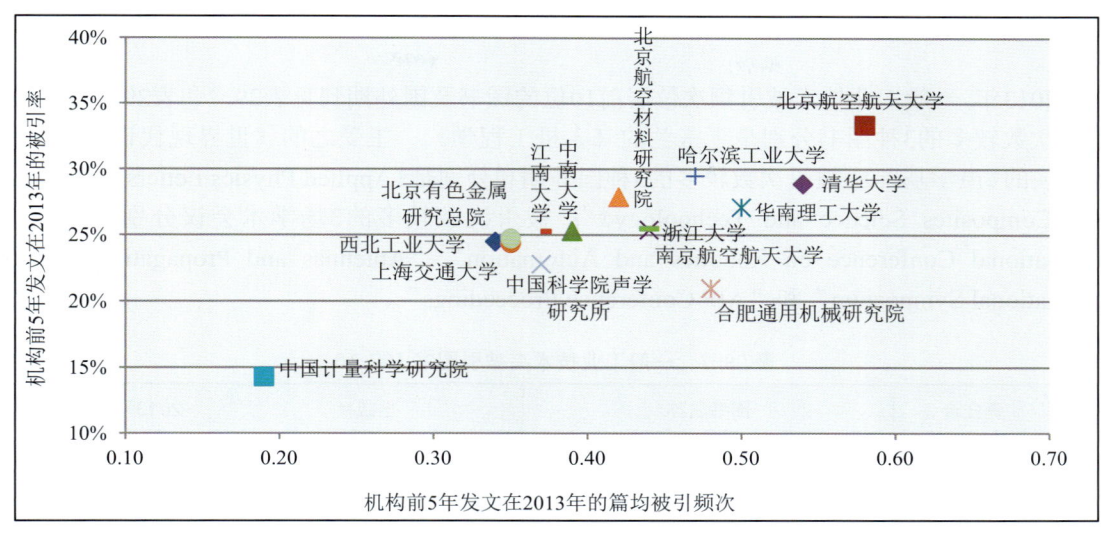

图 29-10 一般工业技术高被引机构论文篇均被引及被引率对比

29.6.2 高被引机构科研合作关系

通过合著分析，获得一般工业技术高被引机构之间及其与其他机构之间的科研合作关系，如图 29-11 所示（合作 24 次以下不显示）。分析得知，一般工业技术的机构合作链接较为紧密，显示出学科内各个机构间的研究主题科研合作较为普遍；高被引机构基本主导了机构合作网络，显示出这些机构已经在学科内具有了一定的科研优势。北京航空航天大学与北京航空材料研究院、中国计量科学研究院和北京化工大学等机构之间的链接较强，显示出它们的学术合作较为频繁。

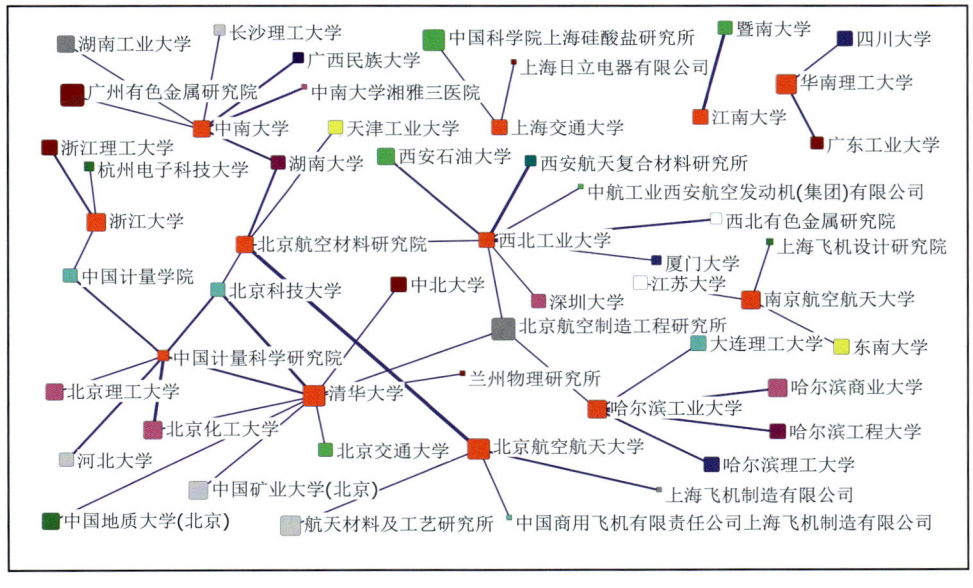

图 29-11 一般工业技术高被引机构科研合作关系

29.7 高被引图书、国外期刊及学术会议

2013年,一般工业技术被引频次位居前10位的图书及国外期刊见表29-7和表29-8。其中,被引次数较多的3种图书分别是丁玉兰的《人机工程学》、王受之的《世界现代设计史》和杜功焕的《声学基础》;被引次数较多的3种国外期刊分别是《Applied Physics Letters》《Carbon》和《Composites Science and Technology》;被引次数较多的3场学术会议分别是"IEEE International Conference on Robotics and Automation""Antennas and Propagation Society International Symposium"和"AIP Conference Proceedings"。

表29-7 一般工业技术高被引图书 TOP 10

序号	责任者	图书名称	出版社	2013年被引频次
1	丁玉兰	人机工程学	北京理工大学出版社	32
2	王受之	世界现代设计史	中国青年出版社	31
3	杜功焕	声学基础	南京大学出版社	23
4	达道安	真空设计手册	国防工业出版社	21
5	杨世铭	传热学	高等教育出版社	19
6	原研哉	设计中的设计	山东人民出版社	17
7	成大先	机械设计手册	化学工业出版社	16
8	彭国勋	物流运输包装设计	印刷工业出版社	12
8	简召全	工业设计方法学	北京理工大学出版社	12
10	马大猷	噪声与振动控制工程手册	机械工业出版社	11

表29-8 一般工业技术高被引国外期刊 TOP 10

序号	期刊名称	2013年被引频次
1	Applied Physics Letters	940
2	Carbon	655
3	Composites Science and Technology	654
4	Journal of Applied Physics	637
5	Journal of Alloys and Compounds	625
6	Surface and Coatings Technology	607
7	Journal of the American Chemical Society	583
8	Advanced Materials	534
9	Science	528
10	Nature	515

第 30 章 矿业工程学科高被引分析

30.1 学科论文概况

2008—2012 年,矿业工程学科共有 87796 位来自 28679 所机构的论文第一作者在 2016 种期刊上发表了 92975 篇学术论文。其中,80%以上的论文产出自 9813 所机构、66475 位作者,发表在 98 种期刊上。在前 5 年发表的这些论文中,有 21690 篇在 2013 年获得过引用,整体被引率为 23.3%,总被引频次为 37638 次,篇均被引 0.40 次;其中,高被引论文有 292 篇,单篇论文最高被引频次为 46 次,累计被引 3079 次,篇均被引 10.54 次(表 30-1)。另外,2013 年矿业工程学科共发表论文 22325 篇,其中有 410 篇在当年获得过引用,总共被引 548 次。

表 30-1 矿业工程学科论文分布情况

年份	论文篇数	2013 年被引频次	2013 年被引率(%)	2013 年高被引论文			
				论文篇数	最高被引频次	总被引频次	篇均被引频次
2008	13567	5623	23.7	43	30	473	11.00
2009	15846	7006	24.8	47	36	594	12.64
2010	17875	8779	26.6	70	46	801	11.44
2011	21544	9396	25.0	65	46	704	10.83
2012	24143	6834	18.2	67	41	507	7.57
合计	92975	37638	23.3	292	46	3079	10.54

从矿业工程学科论文的地域分布来看,2013 年被引频次较高的 5 个省、直辖市或自治区依次是江苏、北京、河南、山西和安徽(图 30-1);5 年论文产出量较多的 5 个省、直辖市或自治区依次是河南、山西、江苏、山东和安徽(图 30-2)。

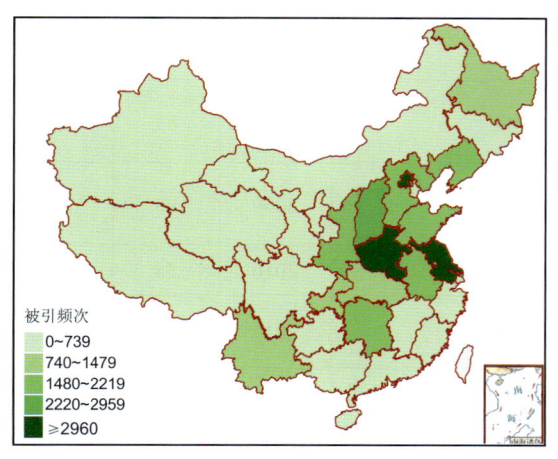

图 30-1 2013 年矿业工程学科地区被引分布

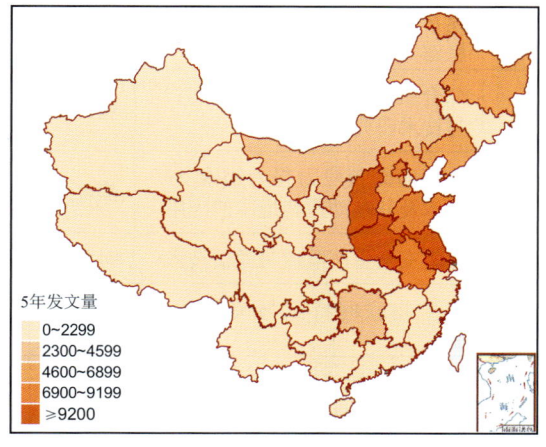

图 30-2 矿业工程学科 5 年论文产出地区分布

30.2　高被引论文分析

在矿业工程学科，2013 年被引频次位居前 10 位的论文（表 30-2）平均被引频次为 30 次，是全部 292 篇高被引论文篇均被引频次的 2.8 倍。其中，被引频次最高的论文是康红普于 2010 年发表的《煤矿巷道锚杆支护应用实例分析》，随后 2 篇分别是缪协兴于 2009 年发表的《中国煤炭资源绿色开采研究现状与展望》和程远平于 2009 年发表的《中国煤矿瓦斯抽采技术的发展》。

从论文分布来看，刊载高被引论文数量最多的 3 种期刊分别是《煤炭学报》（62 篇）、《煤炭科学技术》（30 篇）和《岩石力学与工程学报》（29 篇），而《煤炭学报》刊载了高被引论文 TOP 10 中的 4 篇；发表高被引论文最多的 3 位学者分别是中国矿业大学（北京）的孙继平（12 篇）、中国矿业大学（徐州）的缪协兴（5 篇）和中南大学的彭康（4 篇）；产出高被引论文数量最多的 3 所机构分别是中国矿业大学（徐州）（52 篇）、中国矿业大学（北京）（26 篇）和中南大学（9 篇），而中国矿业大学（徐州）产出了高被引论文 TOP 10 中的 3 篇。

表 30-2　矿业工程学科高被引论文 TOP 10

序号	论文题名	第一作者	期刊名称	发表年份	被引频次 总频次	被引频次 2013 年
1	煤矿巷道锚杆支护应用实例分析	康红普	岩石力学与工程学报	2010	100	45
2	中国煤炭资源绿色开采研究现状与展望	缪协兴	采矿与安全工程学报	2009	126	36
3	中国煤矿瓦斯抽采技术的发展	程远平	采矿与安全工程学报	2009	130	32
4	基于层次分析和模糊数学的采矿方法选择	王新民	中南大学学报（自然科学版）	2008	102	31
5	煤矿井下移动救生舱的设计思路	高广伟	中国安全生产科学技术	2009	74	30
6	综合机械化固体充填采煤方法与技术研究	缪协兴	煤炭学报	2010	83	29
7	全断面高预应力强力锚索支护技术及其在动压巷道中的应用	康红普	煤炭学报	2009	93	25
8	煤矿安全生产监控与通信技术	孙继平	煤炭学报	2010	58	24
8	煤矿物联网特点与关键技术研究	孙继平	煤炭学报	2011	65	24
8	海底下框架式分层充填法开采中矿岩稳定性分析	彭康	中南大学学报（自然科学版）	2011	44	24

30.3 研究主题关联分析

在矿业工程学科,高被引论文累计被 2013 年发表的 2153 篇论文引用了 3079 次。通过分析施引文献关键词的词频及关键词之间的共现关系,获得 2013 年矿业工程学科的热点主题和主题关联,如图 30-3 所示(共现 7 次以下不显示)。由图 30-3 可知:"数值模拟"和"煤矿"的文档词频较高,是矿业工程学科近期的热点研究主题;"煤矿"与"物联网""机电设备"等概念之间的共现次数较多,显示出它们之间主题关联较为紧密。以"WiFi"和"宽带传输"为核心的多个概念相互关联,构成了领域内近期最为突出的研究主题簇。

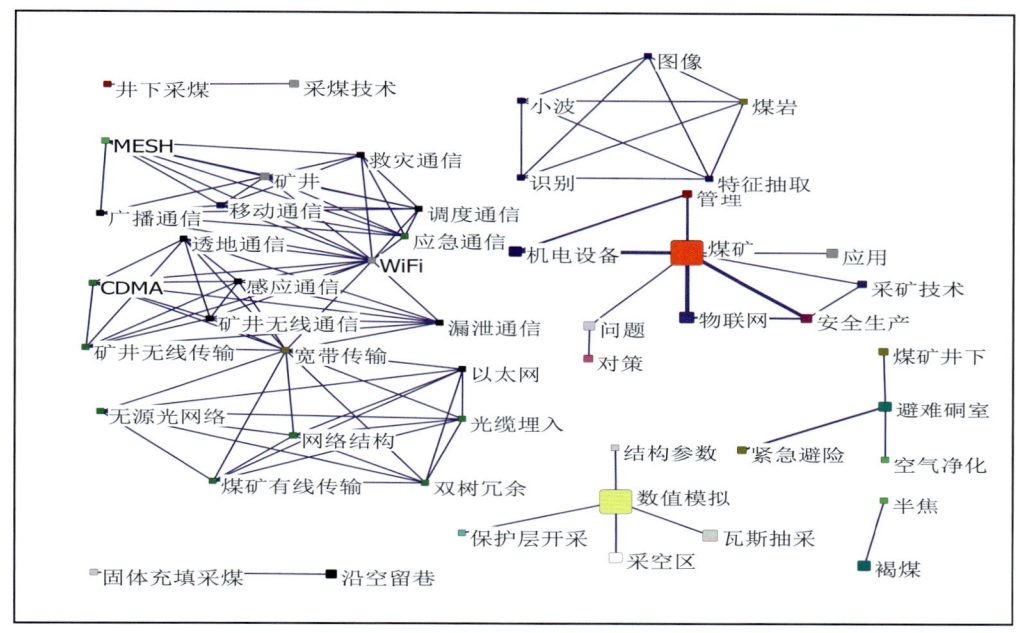

图 30-3 矿业工程学科 2013 年热点主题关联

30.4 学科高影响力期刊分析

30.4.1 学科高影响力期刊 TOP 10

在矿业工程学科,学科 5 年影响因子位居前 10 位的期刊见表 30-3,排在前 3 位的期刊分别是《煤炭学报》《中国矿业大学学报》和《采矿与安全工程学报》。在表 30-3 中,学科载文量占其总载文量比例最大的期刊是《采矿与安全工程学报》;前 5 年学科载文在 2013 年被引率最高的期刊是《煤炭学报》;期刊 5 年影响因子较高的前 3 种期刊分别是《煤炭学报》《采矿与安全工程学报》和《中国矿业大学学报》;学科 5 年影响因子与期刊 5 年影响因子差异最大的期刊是《中国矿业大学学报》。表 30-3 中期刊的学科 5 年影响因子和前 5 年学科载文在 2013 年的被引率对比如图 30-4 所示,2008—2013 年期刊 5 年影响因子的变动情况如图 30-5 所示。

表 30-3 矿业工程学科高影响力期刊基本指数

序号	期刊名称	前 5 年载文量			2013 年学科被引			5 年影响因子		h 指数（学科）
		学科（篇）	占比（%）	总量（篇）	频次	被引率（%）	高被引论文篇数	期刊（2013）	学科（2013）	
1	煤炭学报	1469	59.7	2459	2723	56.2	62	1.580	1.854	15
2	中国矿业大学学报	329	32.4	1015	472	52.0	6	1.041	1.435	8
3	采矿与安全工程学报	698	91.2	765	974	51.6	12	1.333	1.395	9
4	煤炭科学技术	1953	79.8	2448	1943	43.2	30	0.935	0.995	12
5	煤田地质与勘探	93	13.0	717	81	38.7	0	0.685	0.871	6
6	爆破	338	45.3	746	284	37.6	1	0.735	0.840	7
7	西安科技大学学报	381	40.0	952	317	45.1	0	0.612	0.832	6
8	中国钨业	126	28.0	450	103	42.9	0	0.587	0.817	5
9	湖南科技大学学报（自然科学版）	106	16.3	649	86	42.5	1	0.442	0.811	5
10	洁净煤技术	513	44.5	1154	406	36.3	6	0.640	0.791	8

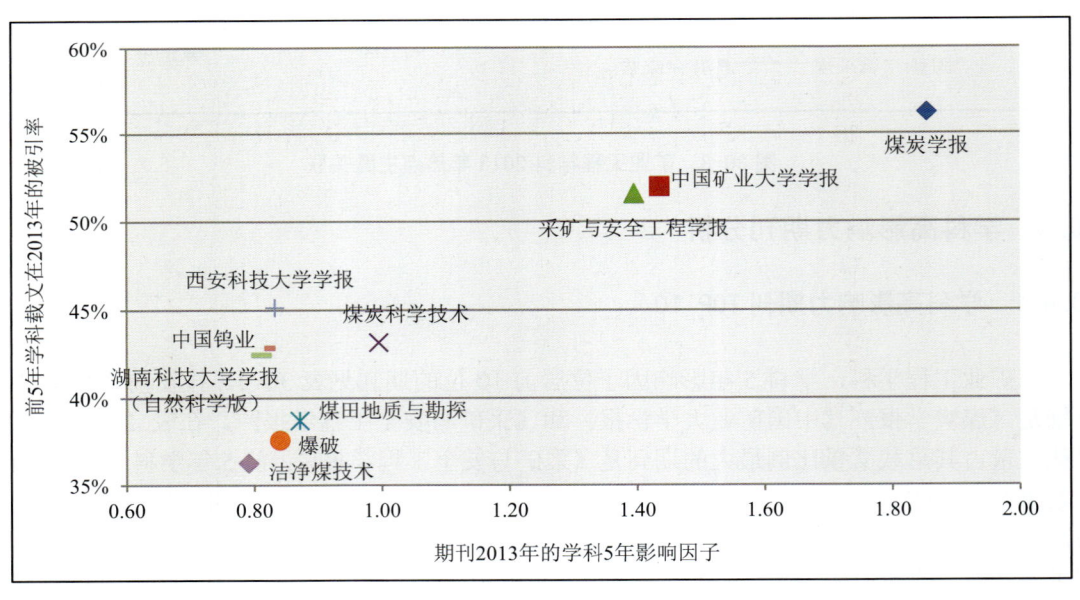

图 30-4 矿业工程学科高影响力期刊对比

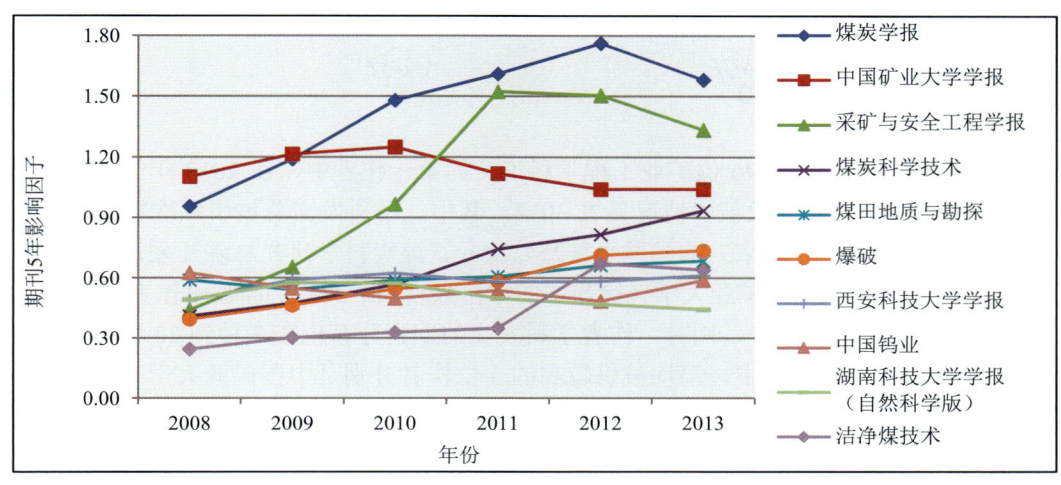

图 30-5 矿业工程学科期刊 5 年影响因子变动

30.4.2 学科高影响力期刊载文主题关联

通过期刊共被引分析，获得矿业工程学科高影响力期刊及与其他期刊之间的载文主题关联，如图 30-6 所示（共被引 50 次以下不显示）。结果显示，矿业工程学科的高影响力期刊相互链接较为紧密，部分主导了该学科的期刊共被引网络，显示出该学科高影响力期刊可能共同刊载了许多相近的研究主题，热点研究主题分散在多种期刊上。《煤炭学报》学科 5 年影响因子较高，显示出它们的学术影响力较大；《采矿与安全工程学报》与《煤炭学报》期刊之间的链接较强，意味着它们之间可能有较多相同或相近的载文主题。

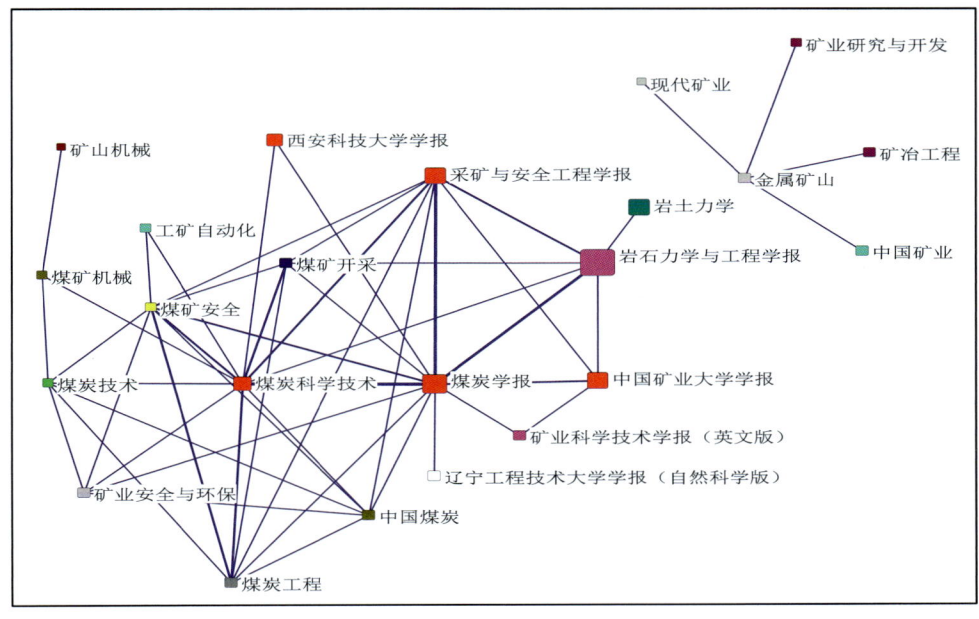

图 30-6 矿业工程学科高影响力期刊载文主题关联

30.5 高被引作者分析

30.5.1 高被引作者 TOP 20

2008—2012 年，在 87796 位矿业工程学科论文的第一作者中，在 2013 年学科被引频次位居前 20 位的学者的发文及被引情况见表 30-4。其中，学科发文总被引频次较高的 3 位作者分别是中国矿业大学（北京）的孙继平（254 次）、煤炭科学研究总院开采设计研究分院的康红普（171 次）和中国矿业大学（徐州）的缪协兴（114 次）。高被引作者的 5 年学科发文数量从 2 篇到 73 篇不等，同时，作者学科发文的期刊分布也在 2 种到 22 种之间变化。在发文超过 5 篇的所有作者中，篇均被引较高的 3 位作者分别是中国矿业大学（徐州）的缪协兴（篇均 12.67 次）、中南大学的彭康（篇均 10.14 次）和煤炭科学研究总院开采设计研究分院的康红普（篇均 9.50 次）；前 5 年发表学科论文较多的 3 位作者分别是辽宁工程技术大学的李晓豁（73 篇）、中国矿业大学（北京）的孙继平（60 篇）和内蒙古科技大学的张飞（48 篇）。高被引作者的学科发文量和被引量对比如图 30-7 所示。

表 30-4 矿业工程学科高被引作者 TOP 20

序号	姓名	作者单位	前 5 年发文			前 5 年学科发文在 2013 年的被引				h 指数（学科）
			学科发文（篇）	期刊分布（种）	发文总量（篇）	总频次	被引率（%）	最高（次）	篇均（次）	
1	孙继平	中国矿业大学（北京）	60	10	62	254	58.3	24	4.23	9
2	康红普	煤炭科学研究总院开采设计研究分院	18	8	20	171	100.0	45	9.50	7
3	缪协兴	中国矿业大学（徐州）	9	4	10	114	100.0	36	12.67	6
4	袁亮	煤矿瓦斯治理国家工程研究中心	11	7	11	90	90.9	20	8.20	5
5	彭康	中南大学	7	4	9	71	85.7	24	10.14	4
6	尹光志	重庆大学	23	6	36	63	69.6	8	2.74	6
7	张申	中国矿业大学（徐州）	10	5	11	62	70.0	20	6.20	4
8	王新民	中南大学	29	16	31	57	51.7	31	1.97	4
9	李晓豁	辽宁工程技术大学	73	22	89	56	41.1	4	0.77	4
10	许江	重庆大学	22	5	37	40	50.0	9	1.82	5
11	史秀志	中南大学	28	14	44	38	53.6	5	1.36	4
12	许家林	中国矿业大学（徐州）	6	5	36	36	66.7	11	6.00	4
12	张吉雄	中国矿业大学（徐州）	5	3	6	36	80.0	15	7.20	3

序号	姓名	作者单位	前5年发文			前5年学科发文在2013年的被引				h指数（学科）
			学科发文（篇）	期刊分布（种）	发文总量（篇）	总频次	被引率（%）	最高次	篇均次	
14	钱鸣高	中国矿业大学（徐州）	4	4	4	34	100.0	20	8.50	3
14	方新秋	中国矿业大学（徐州）	10	7	11	34	70.0	9	3.40	4
16	林柏泉	中国矿业大学（徐州）	8	3	9	33	87.5	12	4.12	4
16	武强	中国矿业大学（北京）	13	6	24	33	84.6	9	2.54	4
18	赵丽娟	辽宁工程技术大学	32	13	59	32	34.4	6	1.00	3
18	曹树刚	重庆大学	14	6	19	32	57.1	11	2.29	3
18	程远平	中国矿业大学（徐州）	2	2	2	32	50.0	32	16.00	1

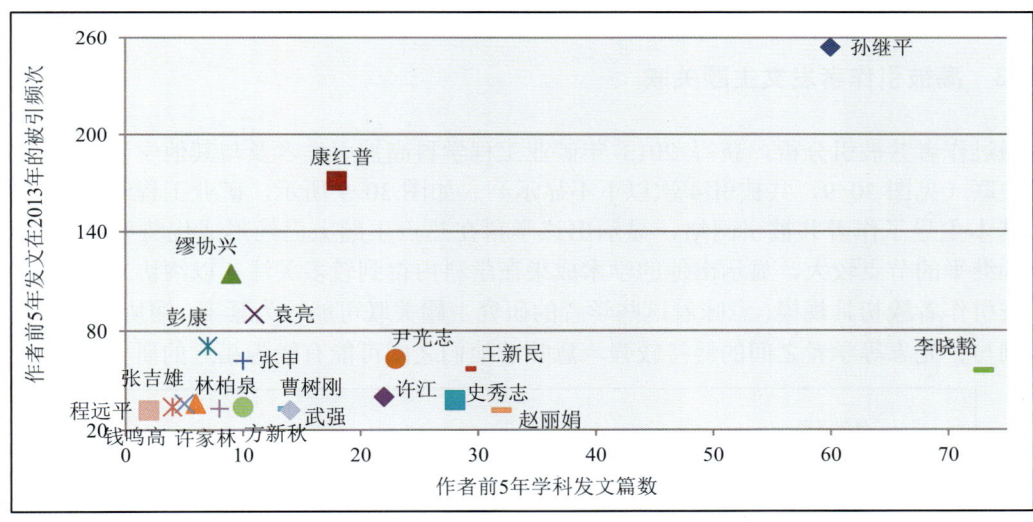

图 30-7　矿业工程学科高被引作者学科发文及被引对比

30.5.2 高被引作者科研合作关系

通过作者合著分析，获得 2013 年矿业工程学科高被引作者及与其他学者之间的科研论文合作关系（不考虑论文署名次序），如图 30-8 所示（合著 6 次以下不显示）。可以看出，矿业工程学科的高被引作者的论文合作现象比较普遍，而且合作人数较多。其中，学者李晓豁的发文量较多，论文合作者并不多，显示出其偏向于独立发文；学者尹光志的论文合作网络最为突出，在该学科的研究人员中表现出一定的集聚效应；学者王新民和张钦礼之间的合作关系最为紧密，显示出他们可能属于同一支科研团队。

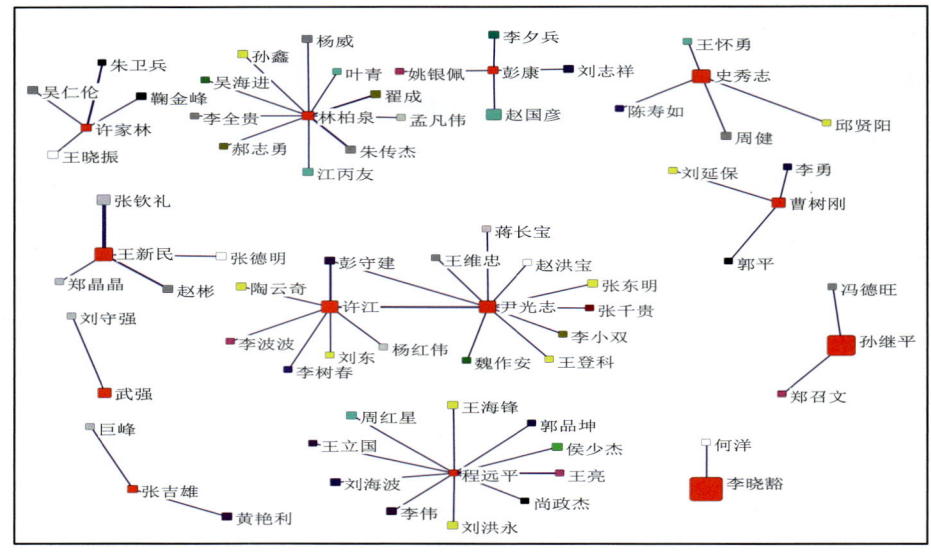

图 30-8 矿业工程学科高被引作者科研论文合作关系

30.5.3 高被引作者发文主题关联

通过作者共被引分析，获得 2013 年矿业工程学科高被引作者及与其他学者之间的发文主题关联（见图 30-9，共被引 4 次以下不显示）。如图 30-9 所示，矿业工程学科的高被引作者基本主导了作者共被引网络，显示出该学科在热点主题上已经形成优势明显的科研力量。孙继平的节点较大，显示出他的学术成果在学科内得到较多关注；以缪协兴为主要节点的共被引作者簇初具规模，意味着这些学者的研究主题关联可能较为紧密；缪协兴与张吉雄、曹树刚与尹光志等学者之间的链接较强，意味着他们之间可能有较为相近的研究主题。

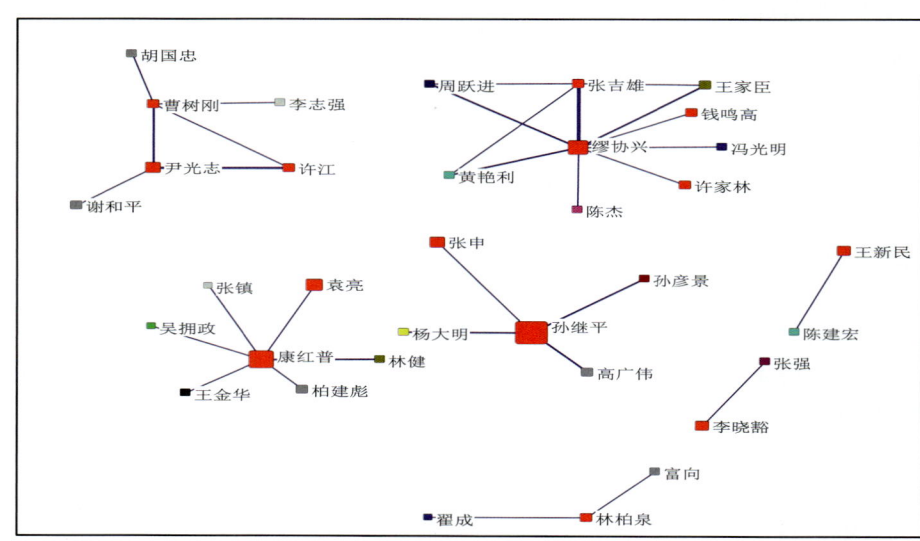

图 30-9 矿业工程学科高被引作者发文主题关联

30.6 高被引机构分析

30.6.1 高被引机构

为便于比较，本书将矿业工程学科的高被引机构分为高等院校和科研院所两种类型。其中，被引频次 TOP 10 高等院校和被引频次 TOP 5 科研院所的发文及被引情况分别见表 30-5 和表 30-6。其中，总被引频次较高的 3 所高等院校分别是中国矿业大学（北京）、中南大学和北京科技大学，北京矿冶研究总院、煤炭科学研究总院开采设计研究分院和煤炭科学研究总院唐山研究院是总被引频次较高的 3 所科研院所；前 5 年学科发文在 2013 年的被引率最高的高等院校和科研院所分别是中南大学和煤炭科学研究总院开采设计研究分院；篇均被引最高的高等院校和科研院所分别是中国矿业大学（北京）和煤炭科学研究总院开采设计研究分院。上述高被引机构的论文被引率和篇均被引频次对比如图 30-10 所示。

表 30-5 矿业工程学科高被引高等院校 TOP 10

序号	第一作者单位	学科发文量（篇）		前 5 年学科发文在 2013 年的被引			
		前 5 年	2013 年	频次	被引率（%）	最高（次）	篇均（次）
1	中国矿业大学（北京）	1829	386	1592	36.3	24	0.87
2	中南大学	1206	193	1000	37.7	31	0.83
3	北京科技大学	1080	197	878	37.7	10	0.81
4	河南理工大学	1619	309	856	28.2	17	0.53
5	安徽理工大学	1541	351	706	23.9	15	0.46
6	西安科技大学	1107	184	695	34.4	12	0.63
7	辽宁工程技术大学	1086	180	618	28.7	10	0.57
8	太原理工大学	1151	295	551	23.5	17	0.48
9	山东科技大学	933	157	536	31.3	8	0.57
10	昆明理工大学	725	123	391	32.3	8	0.54

表 30-6 矿业工程学科高被引科研院所 TOP 5

序号	第一作者单位	学科发文量（篇）		前 5 年学科发文在 2013 年的被引			
		前 5 年	2013 年	频次	被引率（%）	最高（次）	篇均（次）
1	北京矿冶研究总院	591	143	280	28.9	8	0.47
2	煤炭科学研究总院开采设计研究分院	139	11	235	51.1	25	1.69
3	煤炭科学研究总院唐山研究院	230	37	120	33.9	7	0.52
4	广州有色金属研究院	116	24	89	47.4	4	0.77
5	煤炭科学研究总院沈阳研究院	236	54	86	21.2	7	0.36

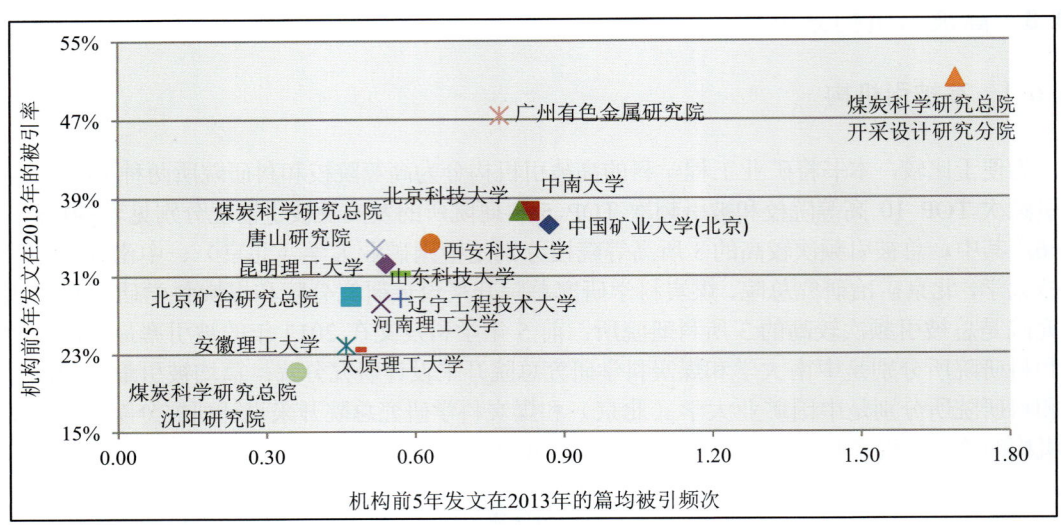

图 30-10　矿业工程学科高被引机构论文篇均被引及被引率对比

30.6.2　高被引机构科研合作关系

通过合著分析，获得矿业工程学科高被引机构之间及其与其他机构之间的科研合作关系，如图 30-11 所示（合作 35 次以下不显示）。分析得知，矿业工程学科的机构合作链接非常紧密，显示出学科内各个机构间的科研合作关系非常普遍；高被引机构基本主导了机构合作网络，显示出这些机构已经在学科内具有了一定的科研优势。北京科技大学和北京矿冶研究总院等机构之间的链接较强，显示出它们的学术合作较为频繁。

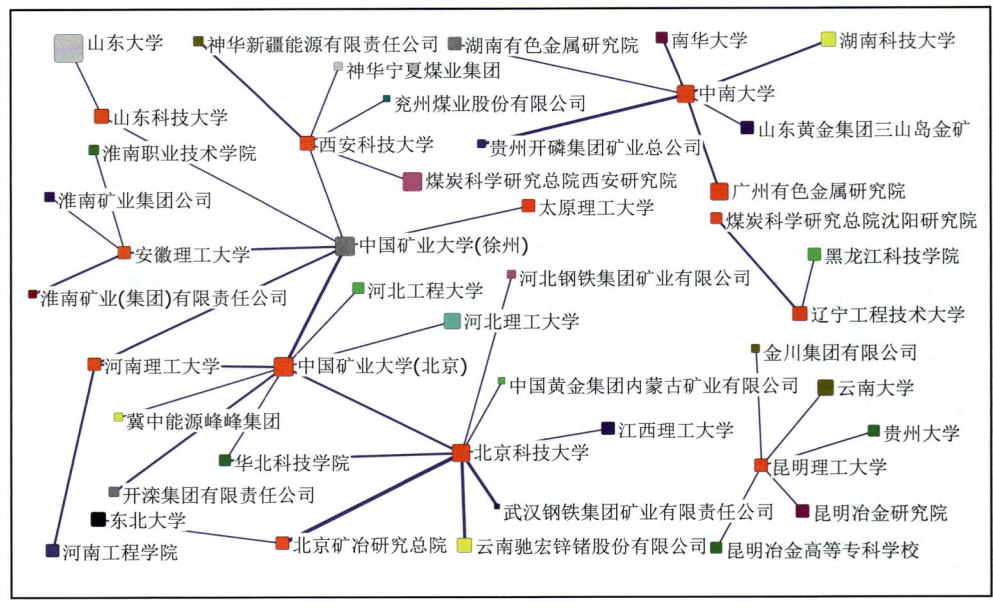

图 30-11　矿业工程学科高被引机构科研合作关系

30.7 高被引图书、国外期刊及学术会议

2013 年，矿业工程学科被引频次位居前 10 位的图书及国外期刊见表 30-7 和表 30-8。其中，被引次数较多的 3 种图书分别是钱鸣高的《矿山压力与岩层控制》、徐永圻的《煤矿开采学》和俞启香的《矿井瓦斯防治》；被引次数较多的 3 种国外期刊分别是《Minerals Engineering》《International Journal of Mineral Processing》和《Fuel》；被引次数较多的 3 场学术会议分别是"Proceedings of the 13th International Seminar on Paste and Thickened Tailings""Proceedings of the International Coalbed Methane Symposium"和"American Control Conference"。

表 30-7 矿业工程学科高被引图书 TOP 10

序号	责任者	图书名称	出版社	2013 年被引频次
1	钱鸣高	矿山压力与岩层控制	中国矿业大学出版社	338
2	徐永圻	煤矿开采学	中国矿业大学出版社	123
3	俞启香	矿井瓦斯防治	中国矿业大学出版社	114
4	谢广元	选矿学	中国矿业大学出版社	108
5	张国枢	通风安全学	中国矿业大学出版社	89
6	国家安全生产监督管理局	煤矿安全规程	煤炭工业出版社	87
7	张荣立	采矿工程设计手册	煤炭工业出版社	80
7	钱鸣高	矿山压力及其控制	煤炭工业出版社	80
9	康红普	煤巷锚杆支护理论与成套技术	煤炭工业出版社	79
10	国家煤炭工业局	建筑物、水体、铁路及主要井巷煤柱留设与压煤开采规程	煤炭工业出版社	77

表 30-8 矿业工程学科高被引国外期刊 TOP 10

序号	期刊名称	2013 年被引频次
1	Minerals Engineering	408
2	International Journal of Mineral Processing	263
3	Fuel	208
4	International Journal of Rock Mechanics & Mining Sciences & Geomechanics Abstracts	168
5	International Journal of Coal Geology	164
6	Hydrometallurgy	122
7	International Journal of Rock Mechanics and Mining Sciences	111
8	Journal of Hazardous Materials	99
9	Tunnelling and Underground Space Technology	95
10	Mining Science and Technology	90

第 31 章　石油、天然气工业学科高被引分析

31.1　学科论文概况

2008—2012 年，石油、天然气工业学科共有 80078 位来自 18691 所机构的论文第一作者在 1848 种期刊上发表了 81200 篇学术论文。其中，80%以上的论文产出自 4562 所机构、61357 位作者，发表在 112 种期刊上。在前 5 年发表的这些论文中，有 22881 篇在 2013 年获得过引用，整体被引率为 28.2%，总被引频次为 43893 次，篇均被引 0.54 次；其中，高被引论文有 301 篇，单篇论文最高被引频次为 50 次，累计被引 3846 次，篇均被引 12.78 次（表 31-1）。另外，2013 年石油、天然气工业学科共发表论文 23302 篇，其中有 405 篇在当年获得过引用，总共被引 583 次。

表 31-1　石油、天然气工业学科论文分布情况

年份	论文篇数	2013 年被引频次	2013 年被引率（%）	2013 年高被引论文			
				论文篇数	最高被引频次	总被引频次	篇均被引频次
2008	12244	7269	31.3	57	37	658	11.54
2009	12864	7948	32.6	49	38	640	13.06
2010	15843	9248	31.1	63	46	790	12.54
2011	18452	10963	29.6	71	50	928	13.07
2012	21797	8465	20.5	61	43	830	13.61
合计	81200	43893	28.2	301	50	3846	12.78

从石油、天然气工业学科论文的地域分布来看，2013 年被引频次较高的 5 个省、直辖市或自治区依次是北京、山东、四川、陕西和黑龙江（图 31-1）；5 年论文产出量较多的 5 个省、直辖市或自治区依次是北京、山东、黑龙江、四川和陕西（图 31-2）。

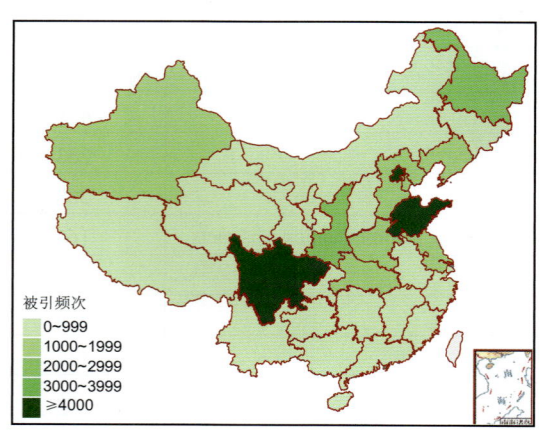

图 31-1　2013 年石油、天然气工业学科地区被引分布

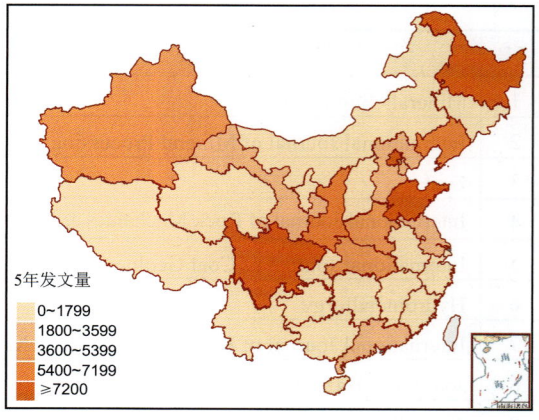

图 31-2　石油、天然气工业学科 5 年论文产出地区分布

31.2 高被引论文分析

在石油、天然气工业学科，2013 年被引频次位居前 10 位的论文（表 31-2）平均被引频次为 35.9 次，是全部 301 篇高被引论文篇均被引频次的 2.8 倍。其中，被引频次最高的论文分别是邹才能于 2012 年发表的《常规与非常规油气聚集类型、特征、机理及展望——以中国致密油和致密气为例》和蒋裕强于 2010 年发表的《页岩气储层的基本特征及其评价》，随后是贾承造于 2012 年发表的《中国致密油评价标准、主要类型、基本特征及资源前景》。

从论文分布来看，刊载高被引论文数量最多的 3 种期刊分别是《石油学报》（44 篇）、《石油勘探与开发》（36 篇）和《天然气工业》（19 篇），而《石油学报》和《天然气工业》刊载了高被引论文 TOP 10 中的 2 篇；发表高被引论文最多的 3 位学者分别是中国石油勘探开发科学研究院的邹才能（7 篇）、西安石油大学的赵靖舟（4 篇）和中国石油天然气集团公司的胡文瑞（3 篇）；产出高被引论文数量最多的 3 所机构分别是中国石油勘探开发科学研究院（31 篇）、中国石油大学（北京）（23 篇）和中国地质大学（北京）（17 篇），而中国石油勘探开发科学研究院产出了高被引论文 TOP 10 中的 3 篇。

表 31-2 石油、天然气工业学科高被引论文 TOP 10

序号	论文题名	第一作者	期刊名称	发表年份	被引频次 总频次	被引频次 2013 年
1	常规与非常规油气聚集类型、特征、机理及展望——以中国致密油和致密气为例	邹才能	石油学报	2012	104	50
1	页岩气储层的基本特征及其评价	蒋裕强	天然气工业	2010	110	50
3	中国致密油评价标准、主要类型、基本特征及资源前景	贾承造	石油学报	2012	91	37
4	中国非常规油气资源与勘探开发前景	贾承造	石油勘探与开发	2012	88	35
5	中国南方海相生烃成藏研究的若干新进展（一）南方四套区域性海相烃源岩的分布	梁狄刚	海相油气地质	2008	105	33
6	页岩气形成条件及成藏影响因素研究	王祥	天然气地球科学	2010	81	32
7	页岩气钻完井技术现状及难点分析	崔思华	天然气工业	2011	64	31
7	页岩气地质选区及资源潜力评价方法	李延钧	西南石油大学学报（自然科学版）	2011	58	31
9	美国致密油开发现状及启示	林森虎	岩性油气藏	2011	64	30
9	成岩相的形成、分类与定量评价方法	邹才能	石油勘探与开发	2008	92	30

31.3 研究主题关联分析

在石油、天然气工业学科,高被引论文累计被 2013 年发表的 2068 篇论文引用了 3846 次。通过分析施引文献关键词的词频及关键词之间的共现关系,获得 2013 年石油、天然气工业学科的热点主题和主题关联,如图 31-3 所示(共现 15 次以下不显示)。由图 31-3 可知:"页岩气"和"鄂尔多斯盆地"的文档词频较高,是石油、天然气工业学科近期的热点研究主题;"页岩气"与"水平井"、"鄂尔多斯盆地"与"延长组"等概念之间的共现次数较多,显示出它们之间主题关联较为紧密,以此为核心的多个概念相互关联,构成了领域内近期较为突出的研究主题簇。

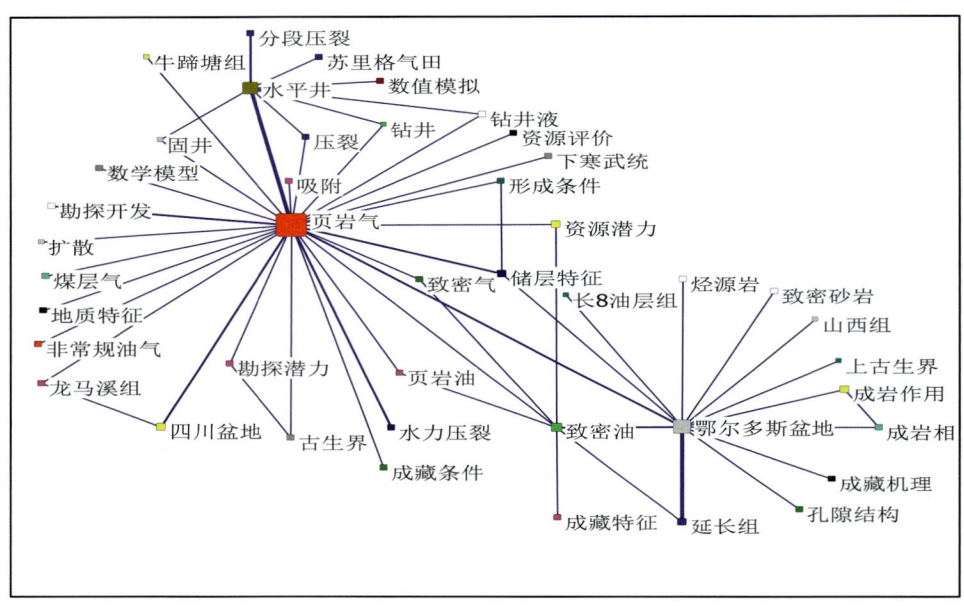

图 31-3 石油、天然气工业学科 2013 年热点主题关联

31.4 学科高影响力期刊分析

31.4.1 学科高影响力期刊 TOP 10

在石油、天然气工业学科,学科 5 年影响因子位居前 10 位的期刊见表 31-3,排在前 3 位的期刊分别是《石油勘探与开发》《石油学报》和《石油与天然气地质》。在表 31-3 中,学科载文量占其总载文量比例最大的期刊是《石油钻探技术》;前 5 年学科载文在 2013 年被引率最高的期刊是《石油勘探与开发》;期刊 5 年影响因子较高的前 3 种期刊分别是《石油勘探与开发》《石油学报》和《石油与天然气地质》;学科 5 年影响因子与期刊 5 年影响因子差异最大的期刊是《成都理工大学学报(自然科学版)》。表 31-3 中期刊的学科 5 年影响因子和前 5 年学科载文在 2013 年的被引率对比如图 31-4 所示,2008—2013 年期刊 5 年影响因子的变动情况如图 31-5 所示。

表 31-3 石油、天然气工业学科高影响力期刊基本指数

序号	期刊名称	前5年载文量			2013年学科被引			5年影响因子		h指数（学科）
		学科（篇）	占比（%）	总量（篇）	频次	被引率（%）	高被引论文篇数	期刊(2013)	学科(2013)	
1	石油勘探与开发	608	92.8	655	1630	65.1	36	2.762	2.681	15
2	石油学报	1056	95.5	1106	2285	61.5	44	2.202	2.164	15
3	石油与天然气地质	679	96.0	707	1303	62.2	19	1.909	1.919	11
4	石油实验地质	705	98.6	715	989	56.5	4	1.396	1.403	8
5	断块油气田	1263	93.6	1349	1594	50.4	10	1.254	1.262	9
6	油气地质与采收率	1040	95.0	1095	1294	53.6	4	1.232	1.244	8
7	天然气地球科学	982	98.6	996	1159	48.2	14	1.167	1.180	10
8	石油钻探技术	886	98.7	898	1042	47.3	15	1.167	1.176	9
8	成都理工大学学报（自然科学版）	250	40.5	618	294	46.4	1	0.888	1.176	7
10	中国石油勘探	325	70.4	462	364	46.8	4	1.004	1.120	7

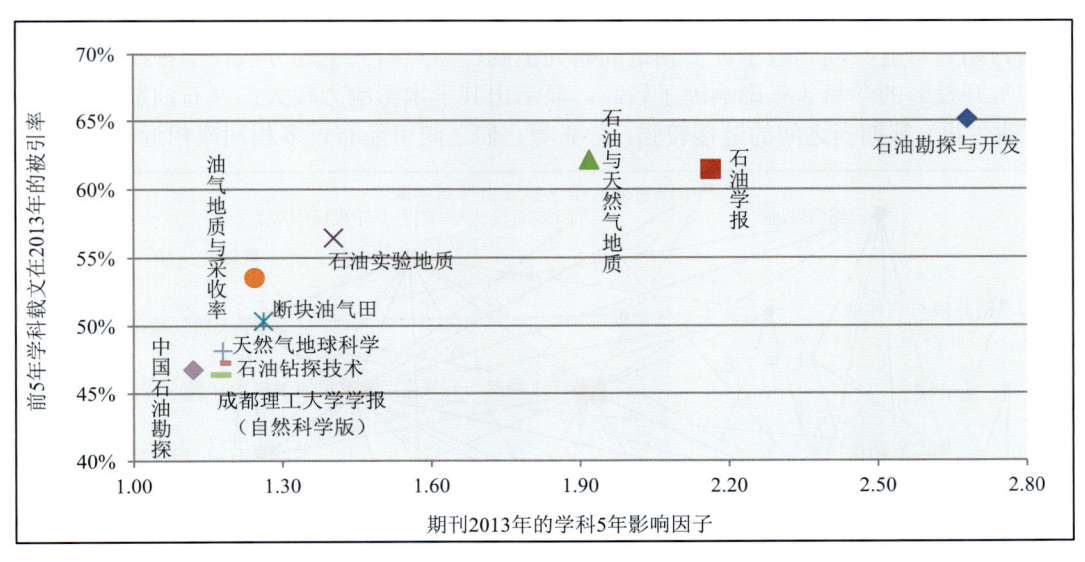

图 31-4 石油、天然气工业学科高影响力期刊对比

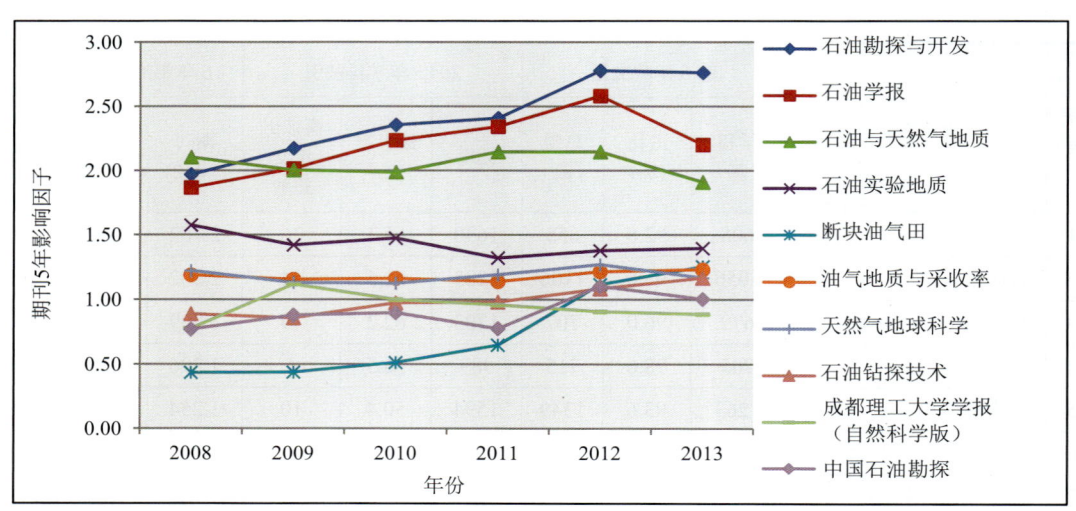

图 31-5 石油、天然气工业学科期刊 5 年影响因子变动

31.4.2 学科高影响力期刊载文主题关联

通过期刊共被引分析，获得石油、天然气工业学科高影响力期刊及与其他期刊之间的载文主题关联，如图 31-6 所示（共被引 68 次以下不显示）。结果显示，石油、天然气工业学科的高影响力期刊相互链接较为紧密，基本主导了该学科的期刊共被引网络，显示出该学科高影响力期刊可能共同刊载了许多相近的研究主题，热点研究主题分散在多种期刊上。《石油勘探与开发》的学科 5 年影响因子较高，显示出其学术影响力较大；《石油勘探与开发》与《石油学报》等期刊之间的链接较强，意味着它们之间可能有较多相同或相近的载文主题。

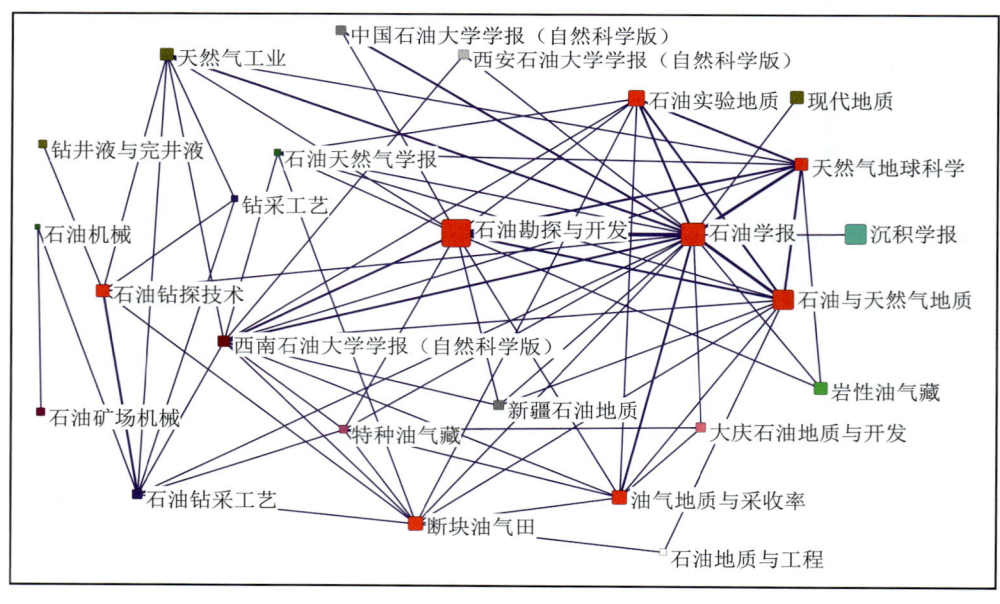

图 31-6 石油、天然气工业学科高影响力期刊载文主题关联

31.5 高被引作者分析

31.5.1 高被引作者 TOP 20

2008—2012 年，在 80078 位石油、天然气工业学科论文的第一作者中，在 2013 年学科被引频次位居前 20 位的学者的发文及被引情况见表 31-4。其中，学科发文总被引频次较高的 3 位作者分别是中国石油勘探开发科学研究院的邹才能（202 次）、西南石油大学的熊健（81 次）和中国石油天然气集团公司的贾承造（78 次）。高被引作者的 5 年学科发文数量从 2 篇到 39 篇不等，同时，作者学科发文的期刊分布也在 2 种到 18 种之间变化。在发文超过 5 篇的所有作者中，篇均被引较高的 3 位作者分别是中国石油勘探开发科学研究院的邹才能（篇均 20.20 次）、西安石油大学的赵靖舟（篇均 12.83 次）和西南石油大学的蒋裕强（篇均 7.29 次）；前 5 年发表学科论文较多的 3 位作者分别是西南石油大学的李传亮（39 篇）、西南石油大学的熊健（38 篇）和西南石油大学的祝效华（38 篇）。高被引作者的学科发文量和被引量对比如图 31-7 所示。

表 31-4 石油、天然气工业学科高被引作者 TOP 20

序号	姓名	作者单位	前5年发文			前5年学科发文在2013年的被引				h指数（学科）
			学科发文（篇）	期刊分布（种）	发文总量（篇）	总频次	被引率（%）	最高（次）	篇均（次）	
1	邹才能	中国石油勘探开发科学研究院	10	4	38	202	100.0	50	20.20	11
2	熊健	西南石油大学	38	18	38	81	42.1	16	2.13	5
3	贾承造	中国石油天然气集团公司	3	2	4	78	100.0	37	26.00	3
4	赵靖舟	西安石油大学	6	4	7	77	83.3	21	12.83	5
5	江怀友	中国石油经济技术研究院	18	12	30	65	88.9	18	3.61	5
6	李传亮	西南石油大学	39	9	43	60	59.0	6	1.54	5
7	陈尚斌	中国矿业大学（徐州）	3	2	6	55	66.7	29	18.33	2
8	李建忠	中国石油勘探开发科学研究院	4	4	5	52	100.0	25	13.00	5
9	蒋裕强	西南石油大学	7	6	12	51	28.6	50	7.29	3
10	蒲泊伶	中国石油大学（华东）	2	2	48	48	100.0	27	24.00	2
11	罗群	中国石油大学（北京）	12	7	16	46	83.3	21	3.83	4
12	王瑞飞	西安石油大学	11	10	22	44	81.8	21	4.00	5
12	陈元千	中国石油勘探开发科学研究院	29	8	30	44	62.1	11	1.52	3

序号	姓名	作者单位	前5年发文			前5年学科发文在2013年的被引				h指数（学科）
			学科发文（篇）	期刊分布（种）	发文总量（篇）	总频次	被引率（%）	最高（次）	篇均（次）	
14	胡文瑞	中国石油天然气集团公司	6	4	6	42	66.7	14	7.00	4
14	王中华	中原石油勘探局钻井工程	13	6	19	42	84.6	11	3.23	4
16	朱伟林	中国海洋石油总公司	7	4	10	41	85.7	12	5.86	5
17	聂海宽	中国石油化工股份有限公	3	2	6	40	100.0	26	13.33	5
18	李延钧	西南石油大学	7	5	12	38	57.1	31	5.43	3
19	杨华	中国石油长庆油田公司	10	6	16	37	50.0	13	3.70	5
20	张功成	中海油研究总院	11	4	12	36	54.6	9	3.27	5
20	王祥	中国石油大学（北京）	4	3	5	36	50.0	32	9.00	2

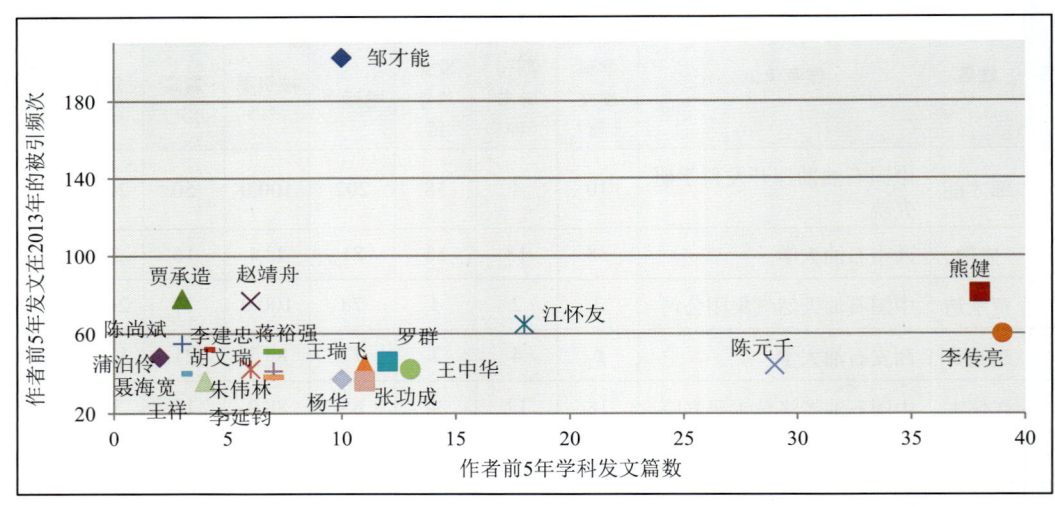

图 31-7　石油、天然气工业学科高被引作者学科发文及被引对比

31.5.2　高被引作者科研合作关系

通过作者合著分析，获得 2013 年石油、天然气工业学科高被引作者及与其他学者之间的科研论文合作关系（不考虑论文署名次序），如图 31-8 所示（合著 4 次以下不显示）。可以看出，石油、天然气工业学科的高被引作者的论文合作现象比较普遍。其中，学者熊健的发文量较多，论文合作者并不多，显示出其倾向于独立研究；学者邹才能的论文合作网络最为突出，在该学科的研究人员中表现出一定的集聚效应；学者熊健与郭平之间的合作关系最为紧密，显示出他们可能属于同一支科研团队。

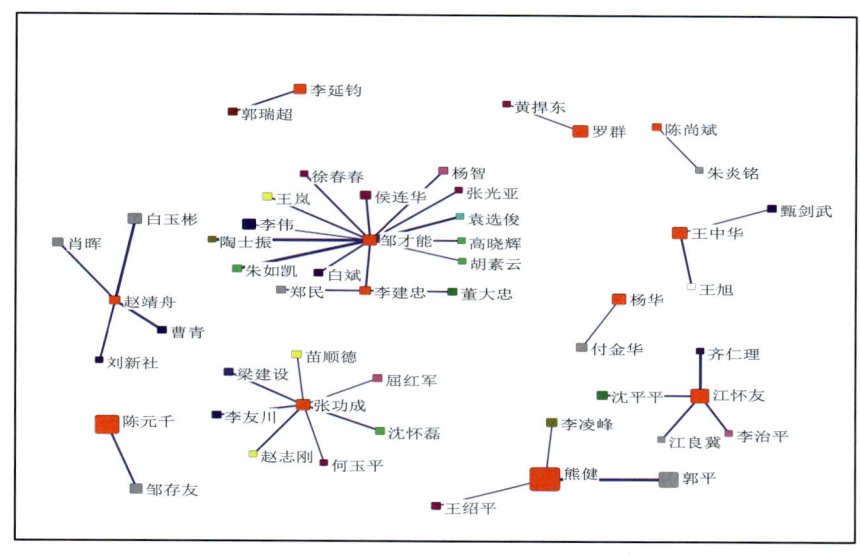

图 31-8　石油、天然气工业学科高被引作者科研论文合作关系

31.5.3　高被引作者发文主题关联

通过作者共被引分析，获得 2013 年石油、天然气工业学科高被引作者及与其他学者之间的发文主题关联（见图 31-9，共被引 6 次以下不显示）。如图 31-9 所示，石油、天然气工业学科的高被引作者基本主导了作者共被引网络，显示出该学科在热点主题上已形成优势明显的科研力量。邹才能的节点较大，显示出其学术成果在学科内得到较多关注；以聂海宽和邹才能等学者为主要节点的共被引作者簇人数较多且网络规模较大，意味着这些学者的研究主题关联可能较为紧密；邹才能和贾承造等学者之间的链接较强，意味着他们之间可能有较为相近的研究主题。

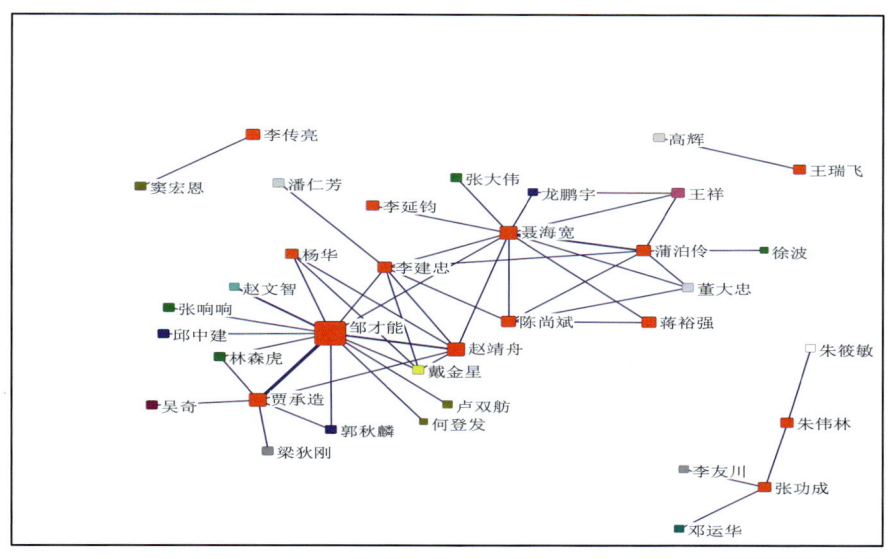

图 31-9　石油、天然气工业学科高被引作者发文主题关联

31.6 高被引机构分析

31.6.1 高被引机构

为便于比较，本书将石油、天然气工业学科的高被引机构分为高等院校和科研院所两种类型。其中，被引频次 TOP 10 高等院校和被引频次 TOP 5 科研院所的发文及被引情况分别见表 31-5 和表 31-6。其中，总被引频次较高的 3 所高等院校分别是中国石油大学（北京）、西南石油大学和中国石油大学（华东），中国石油勘探开发科学研究院、中海油研究总院和中国石化石油工程技术研究院是总被引频次较高的 3 所科研院所；前 5 年学科发文在 2013 年的被引率最高的高等院校和科研院所分别是中国地质大学（北京）和中国科学院地质与地球物理研究所；篇均被引最高的高等院校和科研院所分别是中国地质大学（北京）和中国石油勘探开发科学研究院。上述高被引机构的论文被引率和篇均被引频次对比如图 31-10 所示。

表 31-5 石油、天然气工业学科高被引高等院校 TOP 10

序号	第一作者单位	学科发文量（篇）		前 5 年学科发文在 2013 年的被引			
		前 5 年	2013 年	频次	被引率(%)	最高(次)	篇均(次)
1	中国石油大学（北京）	4128	986	3326	35.3	32	0.81
2	西南石油大学	4316	742	2739	32.7	50	0.63
3	中国石油大学（华东）	2907	435	2102	36.5	27	0.72
4	中国地质大学（北京）	1173	78	1372	47.7	29	1.17
5	东北石油大学	2083	286	1149	29.7	17	0.55
6	成都理工大学	1318	230	1103	38.6	11	0.84
7	长江大学	2348	523	1047	25.1	12	0.45
8	西安石油大学	1838	498	892	22.9	21	0.49
9	中国地质大学（武汉）	659	128	526	38.7	11	0.80
10	西北大学	506	138	452	37.5	18	0.89

表 31-6 石油、天然气工业学科高被引科研院所 TOP 5

序号	第一作者单位	学科发文量（篇）		前 5 年学科发文在 2013 年的被引			
		前 5 年	2013 年	频次	被引率(%)	最高(次)	篇均(次)
1	中国石油勘探开发科学研究院	2000	227	294	52.5	50	1.47
2	中海油研究总院	399	158	285	27.3	9	0.71
3	中国石化石油工程技术研究院	184	75	198	32.6	17	1.08
4	中国科学院地质与地球物理研究所	150	13	187	54.7	11	1.25
5	中国科学院渗流流体力学研究所	159	24	168	41.5	19	1.06

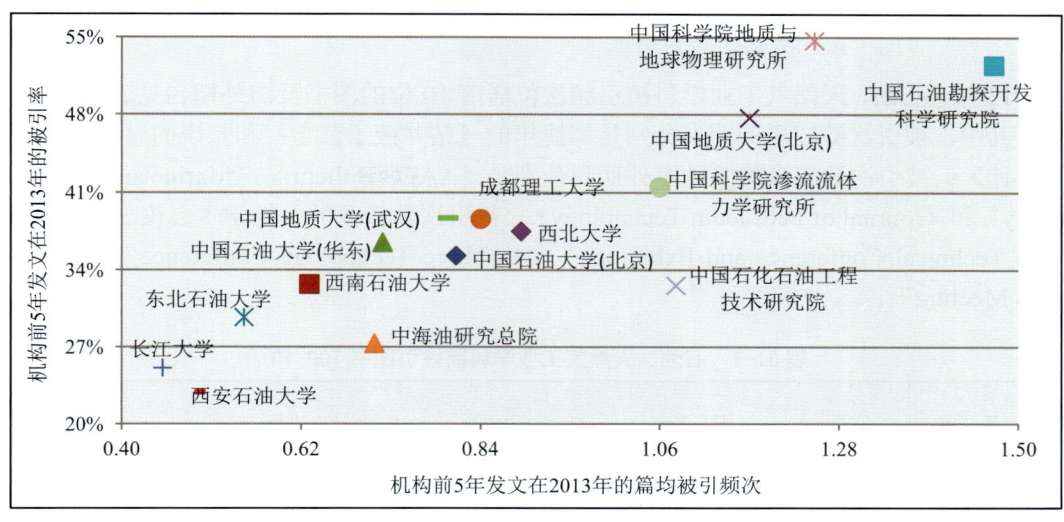

图 31-10　石油、天然气工业学科高被引机构论文篇均被引及被引率对比

31.6.2　高被引机构科研合作关系

通过合著分析，获得石油、天然气工业学科高被引机构之间及其与其他机构之间的科研合作关系，如图 31-11 所示（合作 157 次以下不显示）。分析得知，石油、天然气工业学科的机构合作链接较为紧密，显示出学科内各个机构间的研究主题关联较为普遍；高被引机构部分主导了机构合作网络，显示出这些机构已经在学科内具有了一定的科研优势。中国石油勘探开发科学研究院与中国石油大学（北京）、中国地质大学（北京）等机构之间的链接较强，显示出它们的学术合作较为频繁。

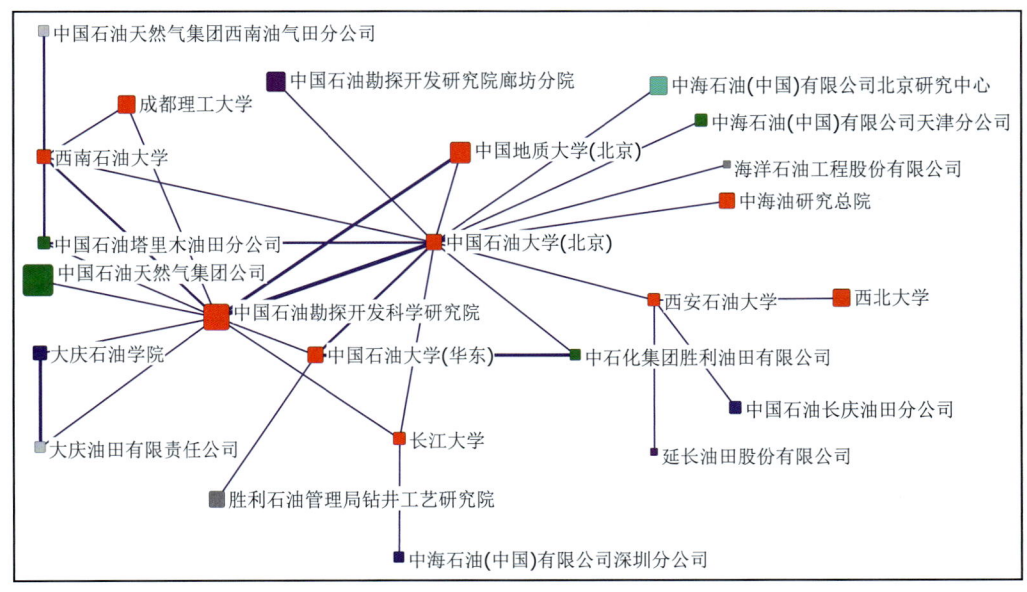

图 31-11　石油、天然气工业学科高被引机构科研合作关系

31.7 高被引图书、国外期刊及学术会议

2013 年，石油、天然气工业学科被引频次位居前 10 位的图书及国外期刊见表 31-7 和表 31-8。其中，被引次数较多的图书分别是鄢捷年的《钻井液工艺学》和张琪的《采油工程原理与设计》；被引次数较多的 3 种国外期刊分别是《AAPG Bulletin》《Marine and Petroleum Geology》和《Journal of Petroleum Technology》；被引次数较多的 3 场学术会议分别是"SPE Annual Technical Conference and Exhibition""Offshore Technology Conference"和"NPRA Annual Meeting"。

表 31-7 石油、天然气工业学科高被引图书 TOP 10

序号	责任者	图书名称	出版社	2013 年被引频次
1	鄢捷年	钻井液工艺学	中国石油大学出版社	75
2	张琪	采油工程原理与设计	中国石油大学出版社	70
3	李士伦	天然气工程	石油工业出版社	61
3	何自新	鄂尔多斯盆地演化与油气	石油工业出版社	61
5	王鸿勋	采油工艺原理	石油工业出版社	57
6	万仁溥	采油工程手册	石油工业出版社	55
7	何更生	油层物理	石油工业出版社	53
8	陈庭根	钻井工程理论与技术	中国石油大学出版社	51
9	杨俊杰	鄂尔多斯盆地构造演化与油气分布规律	石油工业出版社	47
10	李道品	低渗透砂岩油田开发	石油工业出版社	46

表 31-8 石油、天然气工业学科高被引国外期刊 TOP 10

序号	期刊名称	2013 年被引频次
1	AAPG Bulletin	1556
2	Marine and Petroleum Geology	373
3	Journal of Petroleum Technology	371
4	Organic Geochemistry	365
5	Energy & Fuels	305
6	Journal of Petroleum Science and Engineering	290
7	Fuel	284
8	Industrial & Engineering Chemistry Research	251
9	Geophysics	240
10	Journal of Catalysis	234

第 32 章 冶金工业学科高被引分析

32.1 学科论文概况

2008—2012 年,冶金工业学科共有 30034 位来自 9442 所机构的论文第一作者在 1441 种期刊上发表了 31581 篇学术论文。其中,80%以上的论文产出自 3120 所机构、22833 位作者,发表在 143 种期刊上。在前 5 年发表的这些论文中,有 5414 篇在 2013 年获得过引用,整体被引率为 17.1%,总被引频次为 7990 次,篇均被引 0.25 次;其中,高被引论文有 79 篇,单篇论文最高被引频次为 10 次,累计被引 476 次,篇均被引 6.03 次(表 32-1)。另外,2013 年冶金工业学科共发表论文 6540 篇,其中有 73 篇在当年获得过引用,总共被引 90 次。

表 32-1 冶金工业学科论文分布情况

年份	论文篇数	2013年被引频次	2013年被引率(%)	2013年高被引论文			
				论文篇数	最高被引频次	总被引频次	篇均被引频次
2008	6163	1497	15.8	13	8	100	7.69
2009	6180	1538	17.1	11	6	62	5.64
2010	7061	1892	18.0	20	10	114	5.70
2011	5933	1739	19.4	24	9	139	5.79
2012	6244	1324	15.4	11	6	61	5.55
合计	31581	7990	17.1	79	10	476	6.03

从冶金工业学科论文的地域分布来看,2013 年被引频次较高的 5 个省、直辖市或自治区依次是北京、湖南、辽宁、云南和湖北(图 32-1);5 年论文产出量较多的 5 个省、直辖市或自治区依次是北京、辽宁、河北、山东和湖南(图 32-2)。

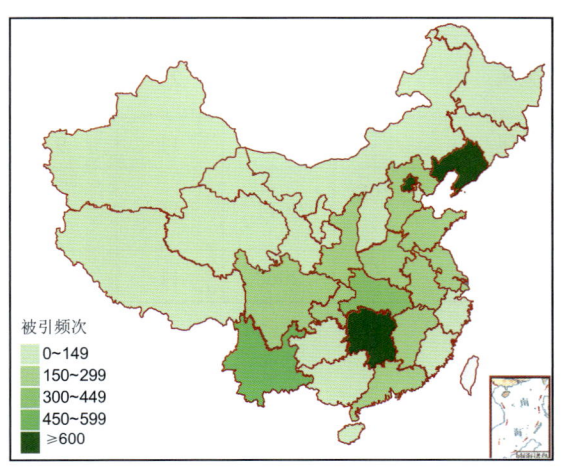

图 32-1 2013年冶金工业学科地区被引分布

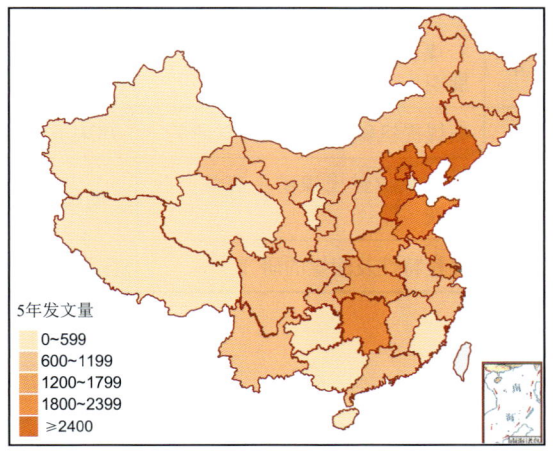

图 32-2 冶金工业学科5年论文产出地区分布

32.2 高被引论文分析

在冶金工业学科，2013 年被引频次位居前 10 位的论文（表 32-2）平均被引频次为 9.4 次，是全部 79 篇高被引论文篇均被引频次的 1.6 倍。其中，被引频次最高的论文是王成彦于 2008 年发表的《国内外红土镍矿处理技术及进展》，随后 2 篇分别是李同庆于 2008 年发表的《低品位软锰矿还原工艺技术与研究进展》和罗果萍于 2008 年发表的《包钢常用铁矿粉烧结基础特性》。

从论文分布来看，刊载高被引论文数量最多的 3 种期刊分别是《中国有色金属学报》（8 篇）、《有色金属（冶炼部分）》（5 篇）和《北京科技大学学报》（5 篇），而《稀有金属》刊载了高被引论文 TOP 10 中的 2 篇；发表高被引论文最多的 2 位学者分别是钢铁研究总院的殷瑞钰（5 篇）和中南大学的李光辉（2 篇）；产出高被引论文数量最多的 3 所机构分别是中南大学（14 篇）、北京科技大学（10 篇）和钢铁研究总院（7 篇）。

表 32-2 冶金工业学科高被引论文 TOP 10

序号	论文题名	第一作者	期刊名称	发表年份	被引频次 总频次	被引频次 2013 年
1	国内外红土镍矿处理技术及进展	王成彦	中国有色金属学报	2008	33	13
2	低品位软锰矿还原工艺技术与研究进展	李同庆	中国锰业	2008	38	11
3	包钢常用铁矿粉烧结基础特性	罗果萍	过程工程学报	2008	18	10
4	难处理金矿石浸出工艺研究现状	俞海平	广州化工	2011	11	9
4	火法冶炼红土镍矿技术分析	庞建明	钢铁研究学报	2011	12	9
4	当前我国铜渣资源利用现状研究	刘纲	矿冶	2008	15	9
4	石煤提钒浸出过程研究现状与展望	王明玉	稀有金属	2010	22	9
4	石煤提钒碱浸过程动力学研究	郑琍玉	稀有金属	2011	11	9
9	从低品位红土镍矿中高效回收镍铁	梁威	中南大学学报（自然科学版）	2011	15	8
10	煤粉特性及配煤的研究	张海滨	中国冶金	2008	11	7

32.3 研究主题关联分析

在冶金工业学科，高被引论文累计被 2013 年发表的 426 篇论文引用了 476 次。通过分析施引文献关键词的词频及关键词之间的共现关系，获得 2013 年冶金工业学科的热点主题和主题关联，如图 32-3 所示（共现 4 次以下不显示）。由图 32-3 可知："石煤"和"红土镍矿"的文档词频较高，是冶金工业学科近期的热点研究主题；"石煤"与"钒""提钒"等概念之间的共现次数较多，显示出它们之间主题关联较为紧密。以"石煤""提钒"为核心的多个概念相互关联，构成了领域内近期较为突出的研究主题簇。

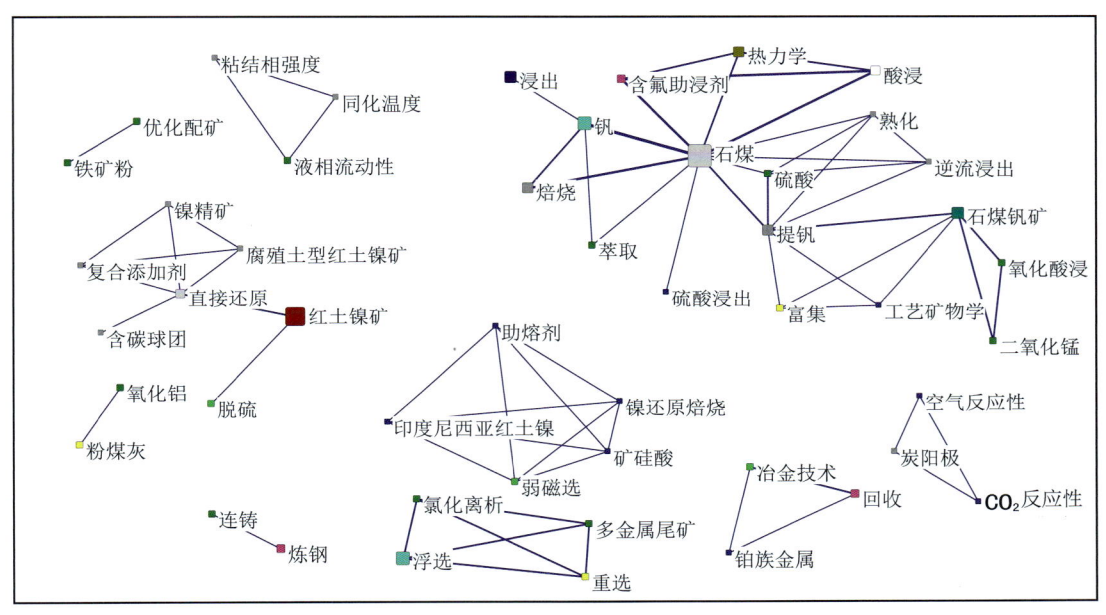

图 32-3　冶金工业学科 2013 年热点主题关联

32.4 学科高影响力期刊分析

32.4.1 学科高影响力期刊 TOP 10

在冶金工业学科，学科 5 年影响因子位居前 10 位的期刊见表 32-3，排在前 3 位的期刊分别是《贵金属》《中国锰业》和《工程科学学报》。在表 32-3 中，学科载文量占其总载文量比例最大的期刊是《湿法冶金》；前 5 年学科载文在 2013 年被引率最高的期刊是《贵金属》；期刊 5 年影响因子较高的前 3 种期刊分别是《工程科学学报》《钢铁》和《湿法冶金》；学科 5 年影响因子与期刊 5 年影响因子差异最大的期刊是《贵金属》。表 32-3 中期刊的学科 5 年影响因子和前 5 年学科载文在 2013 年的被引率对比如图 32-4 所示，2008—2013 年期刊 5 年影响因子的变动情况如图 32-5 所示。

表 32-3 冶金工业学科高影响力期刊基本指数

序号	期刊名称	前 5 年载文量			2013 年学科被引			5 年影响因子		h 指数（学科）
		学科（篇）	占比（%）	总量（篇）	频次	被引率（%）	高被引论文篇数	期刊(2013)	学科(2013)	
1	贵金属	86	18.0	479	56	34.9	2	0.376	0.651	4
2	中国锰业	106	26.8	396	63	28.3	2	0.346	0.594	4
3	工程科学学报	308	19.0	1618	165	29.2	5	0.528	0.536	6
4	中国钼业	114	22.7	503	55	26.3	1	0.380	0.482	4
5	湿法冶金	330	64.6	511	151	28.5	3	0.448	0.458	5
6	粉末冶金材料科学与工程	196	28.2	695	89	31.1	0	0.401	0.454	4
7	钢铁	765	50.9	1503	341	28.4	4	0.484	0.446	6
8	有色金属工程	177	24.6	720	77	31.6	1	0.415	0.435	5
9	稀有金属与硬质合金	151	32.6	463	64	25.2	2	0.348	0.424	4
10	湖南有色金属	198	25.4	780	81	25.8	1	0.273	0.409	4

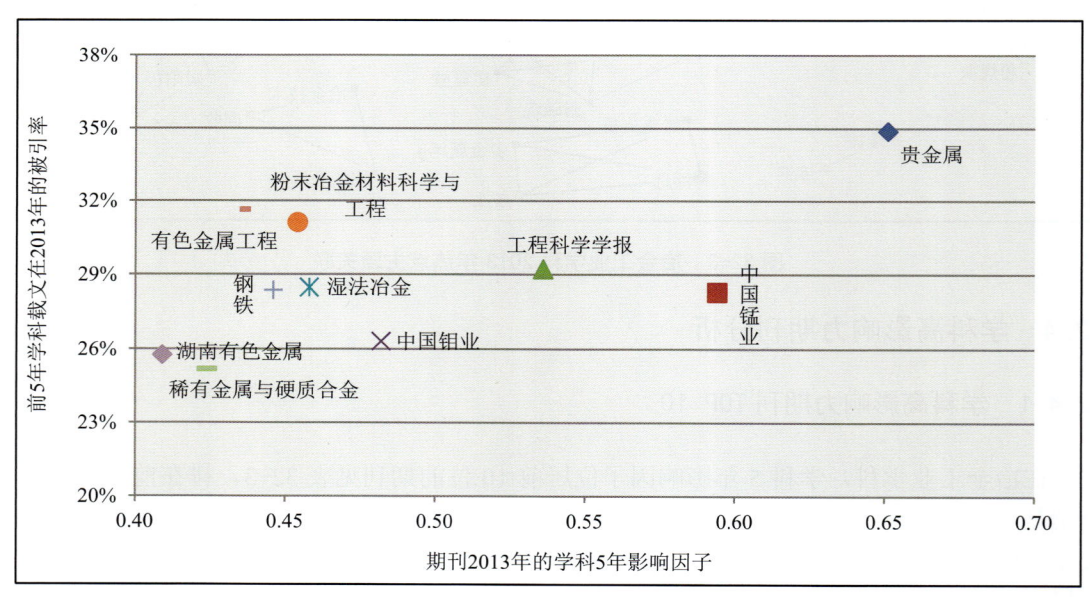

图 32-4 冶金工业学科高影响力期刊对比

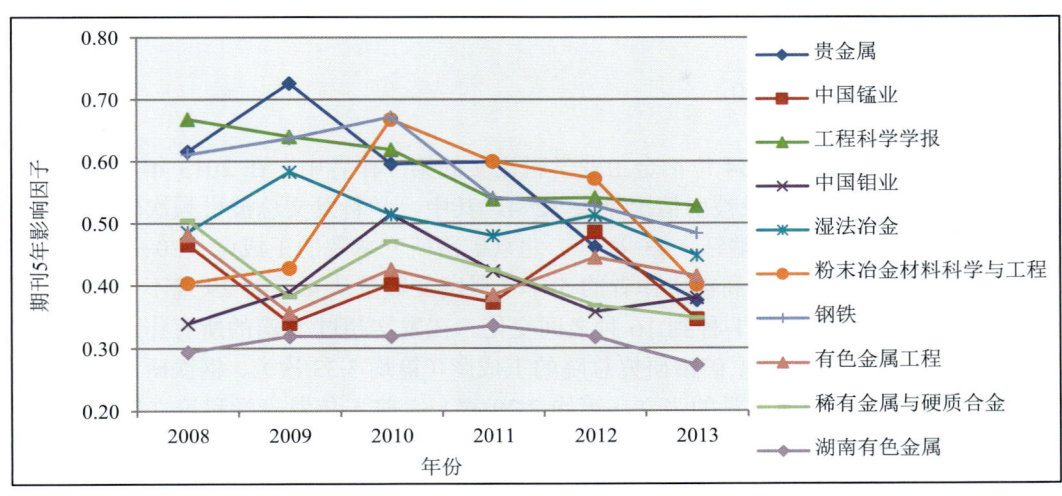

图 32-5　冶金工业学科期刊 5 年影响因子变动

32.4.2　学科高影响力期刊载文主题关联

通过期刊共被引分析，获得冶金工业学科高影响力期刊及与其他期刊之间的载文主题关联，如图 32-6 所示（共被引 8 次以下不显示）。结果显示，冶金工业学科的高影响力期刊相互链接较为松散，显示出该学科高影响力期刊可能各自有着更加青睐的载文主题，热点研究主题各自集中在少数几种期刊上。《贵金属》和《工程科学学报》的学科 5 年影响因子较高，显示出它们的学术影响力较大；《中国有色冶金》与《有色金属（冶炼部分）》期刊之间的链接较强，意味着它们之间可能有较多相同或相近的载文主题。

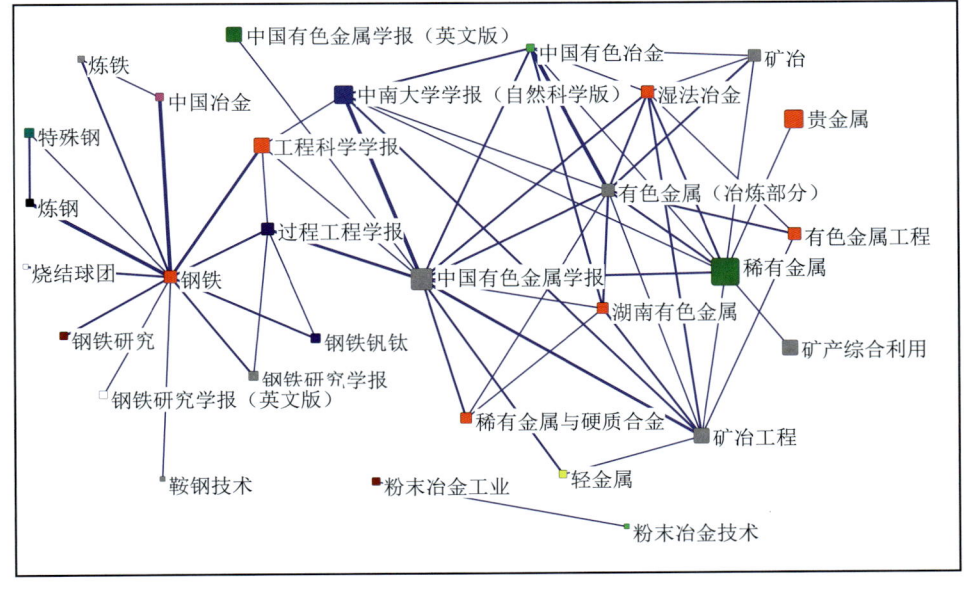

图 32-6　冶金工业学科高影响力期刊载文主题关联

32.5 高被引作者分析

32.5.1 高被引作者 TOP 20

2008—2012 年，在 30034 位冶金工业学科论文的第一作者中，在 2013 年学科被引频次位居前 20 位的学者的发文及被引情况见表 32-4。其中，学科发文总被引频次较高的 3 位作者分别是钢铁研究总院的殷瑞钰（43 次）、北京矿冶研究总院的王成彦（20 次）和北京科技大学的吴胜利（20 次）。高被引作者的 5 年学科发文数量从 4 篇到 29 篇不等，同时，作者学科发文的期刊分布也在 1 种到 16 种之间变化。在发文超过 5 篇的所有作者中，篇均被引较高的 3 位作者分别是北京矿冶研究总院的王成彦（篇均 3.33 次）、钢铁研究总院的殷瑞钰（篇均 2.39 次）和中南大学的张立（篇均 2.20 次）；前 5 年发表学科论文较多的 3 位作者分别是北京科技大学的张建良（29 篇）、鞍钢股份有限公司的潘秀兰（23 篇）和北京科技大学的李士琦（22 篇）。高被引作者的学科发文量和被引量对比如图 32-7 所示。

表 32-4 冶金工业学科高被引作者 TOP 20

序号	姓名	作者单位	前 5 年发文			前 5 年学科发文在 2013 年的被引				h指数（学科）
			学科发文（篇）	期刊分布（种）	发文总量（篇）	总频次	被引率（%）	最高（次）	篇均（次）	
1	殷瑞钰	钢铁研究总院	18	6	27	43	72.2	6	2.39	5
2	王成彦	北京矿冶研究总院	6	2	8	20	83.3	13	3.33	2
2	吴胜利	北京科技大学	15	3	15	20	53.3	6	1.33	3
4	朱德庆	中南大学	14	5	20	18	50.0	6	1.29	4
5	郭学益	中南大学	14	10	28	17	57.1	4	1.21	3
6	郑雅杰	中南大学	16	5	24	16	37.5	4	1.00	3
7	李光辉	中南大学	4	3	9	15	100.0	6	3.75	3
8	魏昶	昆明理工大学	8	8	9	14	75.0	3	1.75	3
9	潘秀兰	鞍钢股份有限公司	23	6	27	13	30.4	3	0.57	2
9	范晓慧	中南大学	13	6	17	13	38.5	6	1.00	2
9	赵中伟	中南大学	14	8	22	13	57.1	3	0.93	2
9	朱军	西安建筑科技大学	13	6	19	13	46.2	5	1.00	3
13	张建良	北京科技大学	29	16	36	12	31.0	2	0.41	2
13	段东平	中国科学院过程工程研究所	4	2	4	12	75.0	5	3.00	3

序号	姓名	作者单位	前5年发文			前5年学科发文在2013年的被引				h指数(学科)
			学科发文(篇)	期刊分布(种)	发文总量(篇)	总频次	被引率(%)	最高(次)	篇均(次)	
13	李卫锋	中南大学	6	5	6	12	83.3	5	2.00	2
16	李同庆	中信大锰矿业有限责任公司	6	1	7	11	16.7	11	1.83	1
16	罗果萍	内蒙古科技大学	6	4	7	11	33.3	10	1.83	1
16	杨双平	西安建筑科技大学	11	6	14	11	36.4	4	1.00	2
16	张立	中南大学	5	4	19	11	80.0	5	2.20	3
20	庞建明	钢铁研究总院	4	3	4	10	50.0	9	2.50	1

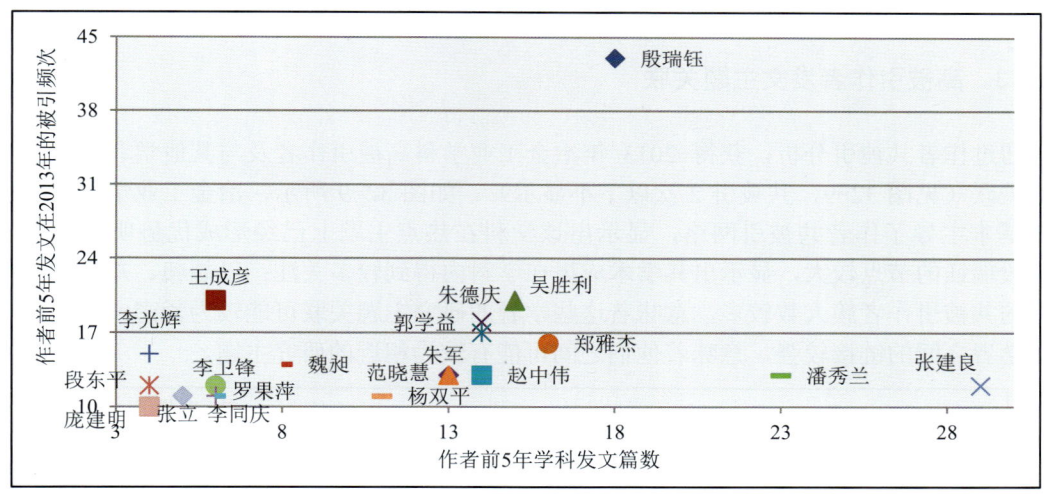

图 32-7 冶金工业学科高被引作者学科发文及被引对比

32.5.2 高被引作者科研合作关系

通过作者合著分析，获得 2013 年冶金工业学科高被引作者及与其他学者之间的科研论文合作关系（不考虑论文署名次序），如图 32-8 所示（合著 6 次以下不显示）。可以看出，冶金工业学科的高被引作者的论文合作现象比较普遍，而且合作人数较多。其中，学者张建良的发文量较多；学者张建良的论文合作网络最为突出，在该学科的研究人员中表现出一定的集聚效应；梁慧智与潘秀兰学者之间的合作关系最为紧密，显示出他们可能属于同一支科研团队。

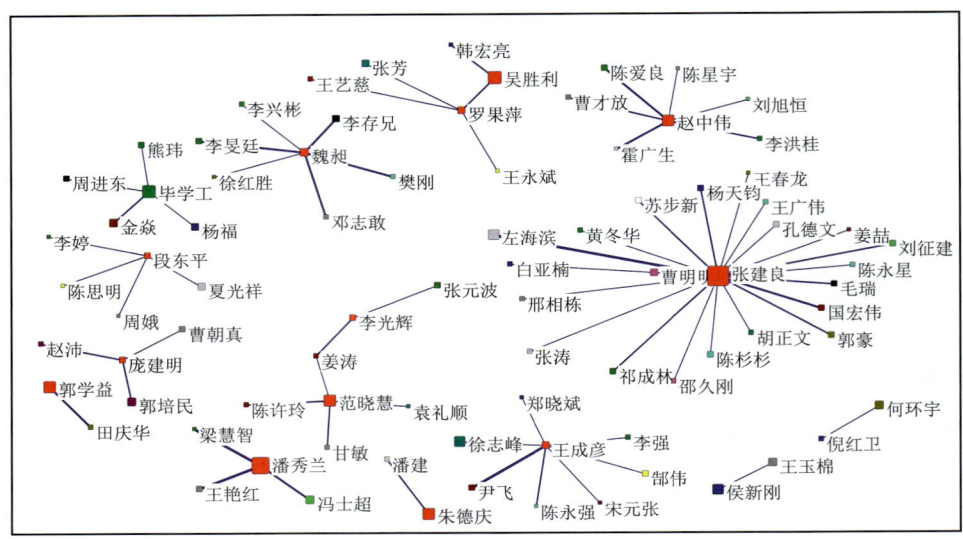

图 32-8　冶金工业学科高被引作者科研论文合作关系

32.5.3　高被引作者发文主题关联

通过作者共被引分析，获得 2013 年冶金工业学科高被引作者及与其他学者之间的发文主题关联（见图 32-9，共被引 2 次以下不显示）。如图 32-9 所示，冶金工业学科的高被引作者基本主导了作者共被引网络，显示出该学科在热点主题上已经形成优势明显的科研力量。殷瑞钰的节点较大，显示出其学术成果在学科内得到较多关注；以魏昶、郑雅杰为主要节点的共被引作者簇人数较多，意味着这些学者的研究主题关联可能较为紧密；李光辉与梁威等学者之间的链接较强，意味着他们之间可能有较为相近的研究主题。

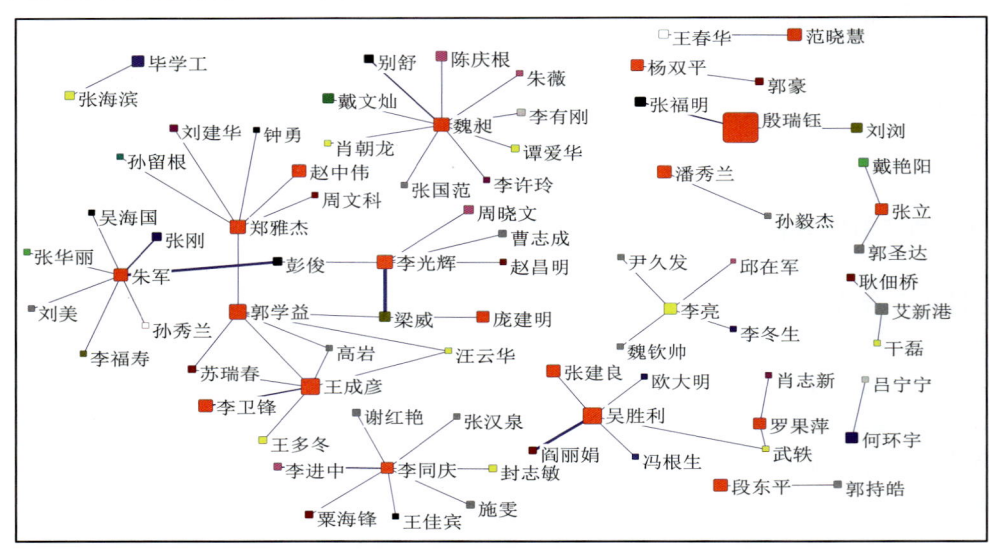

图 32-9　冶金工业学科高被引作者发文主题关联

32.6 高被引机构分析

32.6.1 高被引机构

为便于比较，本书将冶金工业学科的高被引机构分为高等院校和科研院所两种类型。其中，被引频次 TOP 10 高等院校和被引频次 TOP 5 科研院所的发文及被引情况分别见表 32-5 和表 32-6。其中，总被引频次较高的 3 所高等院校分别是中南大学、北京科技大学、东北大学，钢铁研究总院、北京矿冶研究总院、北京有色金属研究总院是总被引频次较高的 3 所科研院所；前 5 年学科发文在 2013 年的被引率最高的高等院校和科研院所分别是中南大学和钢铁研究总院；篇均被引最高的高等院校和科研院所分别是中南大学和钢铁研究总院。上述高被引机构的论文被引率和篇均被引频次对比如图 32-10 所示。

表 32-5 冶金工业学科高被引高等院校 TOP 10

序号	第一作者单位	学科发文量（篇）		前 5 年学科发文在 2013 年的被引			
		前 5 年	2013 年	频次	被引率（%）	最高（次）	篇均（次）
1	中南大学	1160	136	671	33.8	9	0.58
1	北京科技大学	1737	309	671	23.9	9	0.39
3	东北大学	1068	134	372	22.7	7	0.35
4	昆明理工大学	537	91	261	33.2	6	0.49
5	武汉科技大学	388	64	129	21.9	7	0.33
6	江西理工大学	263	55	115	28.5	7	0.44
7	重庆大学	296	27	99	21.3	4	0.33
8	西安建筑科技大学	222	33	88	21.2	6	0.40
9	安徽工业大学	224	40	62	19.6	4	0.28
10	贵州大学	206	44	56	19.4	6	0.27

表 32-6 冶金工业学科高被引科研院所 TOP 5

序号	第一作者单位	学科发文量（篇）		前 5 年学科发文在 2013 年的被引			
		前 5 年	2013 年	频次	被引率（%）	最高（次）	篇均（次）
1	钢铁研究总院	201	30	165	36.3	9	0.82
2	北京矿冶研究总院	143	29	88	31.5	13	0.62
3	北京有色金属研究总院	127	21	74	33.9	5	0.58
4	中国科学院过程工程研究所	47	14	31	29.8	5	0.66
5	首钢技术研究院	82	21	24	24.4	2	0.29

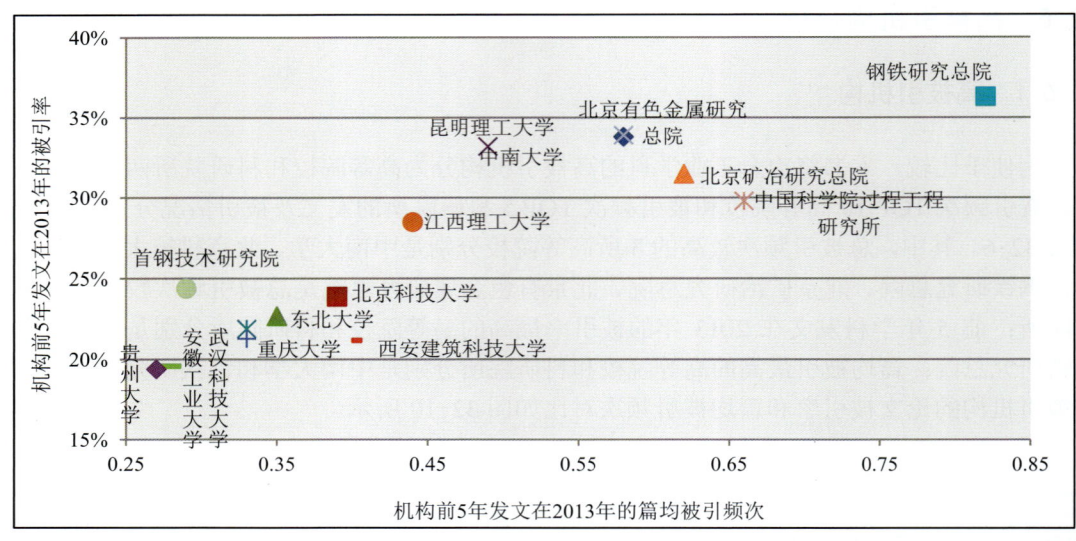

图 32-10　冶金工业学科高被引机构论文篇均被引及被引率对比

32.6.2　高被引机构科研合作关系

通过合著分析，获得冶金工业学科高被引机构之间及其与其他机构之间的科研合作关系，如图 32-11 所示（合作 51 次以下不显示）。分析得知，冶金工业学科的机构合作链接较为紧密，显示出学科内各个机构间的研究主题关联较为普遍；高被引机构基本主导了机构合作网络，显示出这些机构已经在学科内具有了一定的科研优势。北京科技大学与首钢技术研究院、钢铁研究总院等机构之间的链接较强，显示出它们的学术合作较为频繁。

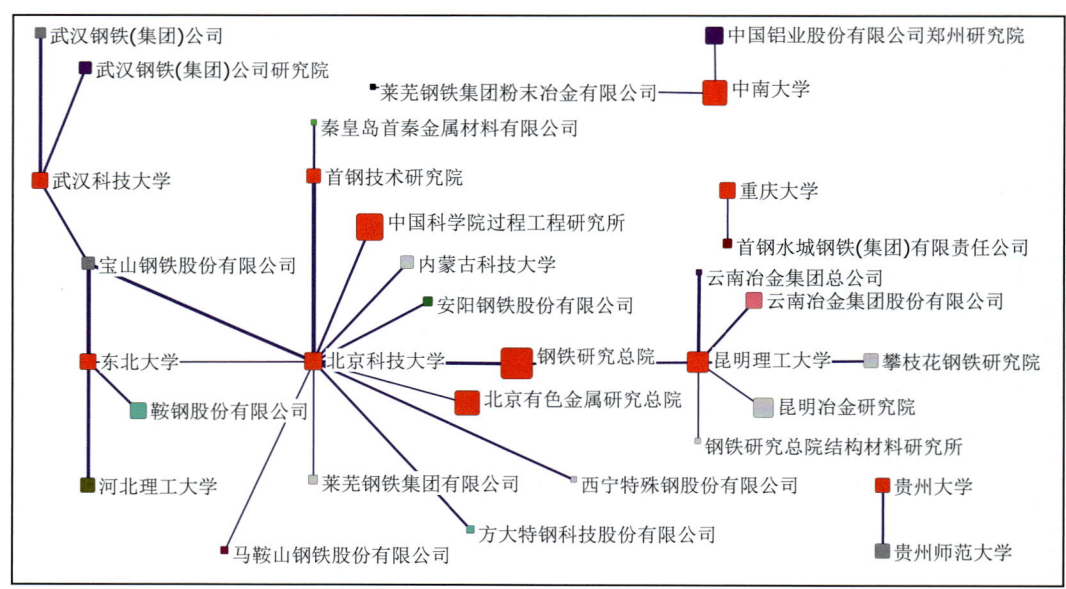

图32-11　能源与动力工程学科高被引机构科研合作关系

32.7 高被引图书、国外期刊及学术会议

2013年，冶金工业学科被引频次位居前10位的图书及国外期刊见表32-7和表32-8。其中，被引次数较多的3种图书分别是周传典的《高炉炼铁生产技术手册》、黄希祜的《钢铁冶金原理》和蔡开科的《连续铸钢原理与工艺》；被引次数较多的3种国外期刊分别是《ISIJ International》《Hydrometallurgy》和《Minerals Engineering》；被引次数较多的3场学术会议分别是"Steelmaking Conference Proceedings""Ironmaking Conference Proceedings"和"Conference Proceedings of Fundamentals of Microalloying Forging Steels"。

表32-7 冶金工业学科高被引图书 TOP 10

序号	责任者	图书名称	出版社	2013年被引频次
1	周传典	高炉炼铁生产技术手册	冶金工业出版社	67
2	黄希祜	钢铁冶金原理	冶金工业出版社	61
3	蔡开科	连续铸钢原理与工艺	冶金工业出版社	35
4	邱竹贤	预焙槽炼铝	冶金工业出版社	27
5	杨重愚	氧化铝生产工艺学	冶金工业出版社	25
6	朱祖泽	现代铜冶金学	科学出版社	23
6	成大先	机械设计手册	化学工业出版社	23
6	蔡开科	连铸坯质量控制	冶金工业出版社	23
9	王筱留	钢铁冶金学（炼铁部分）	冶金工业出版社	19
9	毕诗文	氧化铝生产工艺	化学工业出版社	19

表32-8 冶金工业学科高被引国外期刊 TOP 10

序号	期刊名称	2013年被引频次
1	ISIJ International	967
2	Hydrometallurgy	553
3	Minerals Engineering	247
4	Acta Materialia	198
5	Materials science and engineering a-Structural materials properties microstructure and processing	196
6	Journal of Materials Processing Technology	192
7	Journal of Alloys and Compounds	185
8	Metallurgical and Materials Transactions B: Process Metallurgy and Materials Processing	162
9	Scripta Materialia	141
10	Journal of Iron and Steel Research, International	137

第 33 章 金属学与金属工艺学科高被引分析

33.1 学科论文概况

2008—2012 年,金属学与金属工艺学科共有 97517 位来自 24818 所机构的论文第一作者在 2589 种期刊上发表了 120301 篇学术论文。其中,80% 以上的论文产出自 5272 所机构、70538 位作者,发表在 201 种期刊上。在前 5 年发表的这些论文中,有 24256 篇在 2013 年获得过引用,整体被引率为 20.2%,总被引频次为 35718 次,篇均被引 0.3 次;其中,高被引论文有 389 篇,单篇论文最高被引频次为 53 次,累计被引 2399 次,篇均被引 6.17 次(表 33-1)。另外,2013 年金属学与金属工艺学科共发表论文 24690 篇,其中有 345 篇在当年获得过引用,总共被引 402 次。

表 33-1 金属学与金属工艺学科论文分布情况

年份	论文篇数	2013 年被引频次	2013 年被引率(%)	2013 年高被引论文			
				论文篇数	最高被引频次	总被引频次	篇均被引频次
2008	21113	6236	19.7	59	34	426	7.22
2009	22112	6876	21.0	81	33	476	5.88
2010	23789	8069	22.6	109	53	660	6.06
2011	26089	8451	21.8	95	43	556	5.85
2012	27198	6086	16.2	45	25	281	6.24
合计	120301	35718	20.2	389	53	2399	6.17

从金属学与金属工艺学科论文的地域分布来看,2013 年被引频次较高的 5 个省、直辖市或自治区依次是北京、辽宁、江苏、陕西和湖南(图 33-1);5 年论文产出量较多的 5 个省、直辖市或自治区依次是北京、辽宁、江苏、陕西和山东(图 33-2)。

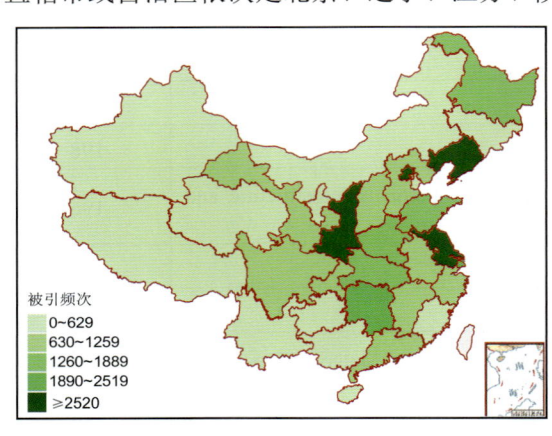

图33-1 2013年金属学与金属工艺学科地区被引分布

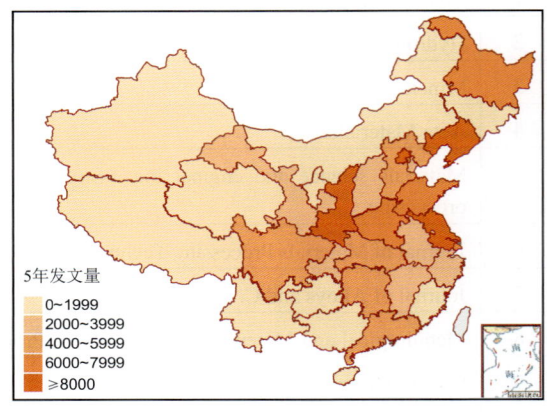

图33-2 金属学与金属工艺学科5年论文产出地区分布

33.2 高被引论文分析

在金属学与金属工艺学科，2013 年被引频次位居前 10 位的论文（表 33-2）平均被引频次为 14.2 次，是全部 389 篇高被引论文篇均被引频次的 2.3 倍。其中，被引频次最高的论文是刘兵于 2010 年发表的《大飞机用铝合金的研究现状及展望》，随后 2 篇分别是王国栋于 2009 年发表的《新一代控制轧制和控制冷却技术与创新的热轧过程》和 2008 年发表的《以超快速冷却为核心的新一代 TMCP 技术》。

从论文分布来看，刊载高被引论文数量最多的 3 种期刊分别是《热加工工艺》（37 篇）、《中国有色金属学报》（36 篇）和《机械工程学报》（29 篇），而《热加工工艺》刊载了高被引论文 TOP 10 中的 3 篇；发表高被引论文最多的 3 位学者分别是东北大学的王国栋（6 篇）、上海交通大学的丁文江（4 篇）和北京科技大学的康永林（2 篇）；产出高被引论文数量最多的 3 所机构分别是北京科技大学（22 篇）、中南大学（17 篇）和上海交通大学（16 篇），而东北大学产出了高被引论文 TOP 10 中的 2 篇。

表 33-2 金属学与金属工艺学科高被引论文 TOP 10

序号	论文题名	第一作者	期刊名称	发表年份	被引频次 总频次	被引频次 2013 年
1	大飞机用铝合金的研究现状及展望	刘兵	中国有色金属学报	2010	56	21
2	新一代控制轧制和控制冷却技术与创新的热轧过程	王国栋	东北大学学报（自然科学版）	2009	40	18
3	以超快速冷却为核心的新一代 TMCP 技术	王国栋	上海金属	2008	53	17
4	模糊自适应 PID 炉温控制系统的设计	张丽萍	热加工工艺	2012	17	15
5	浅谈化工设备安装中焊接质量控制	王德福	中国新技术新产品	2010	15	13
6	重型制造装备国内外研究与发展	高峰	机械工程学报	2010	28	12
6	基于人工神经网络的超级马氏体不锈钢淬火力学性能预测	刘环	热加工工艺	2011	13	12
6	60Si2Mn 弹簧钢加热温度对表面脱碳的影响	温宏权	宝钢技术	2008	17	12
9	基于主成分分析与 BP 神经网络的激光拼焊板力学性能预测	李新城	热加工工艺	2012	13	11
9	机床结合部特性的理论解析及应用	赵宏林	机械工程学报	2008	32	11

33.3 研究主题关联分析

在金属学与金属工艺学科,高被引论文累计被 2013 年发表的 2232 篇论文引用了 2399 次。通过分析施引文献关键词的词频及关键词之间的共现关系,获得 2013 年金属学与金属工艺学科的热点主题和主题关联,如图 33-3 所示(共现 5 次以下不显示)。由图 33-3 可知:"力学性能"的文档词频较高,是金属学与金属工艺学科近期的热点研究主题;"显微组织"与"力学性能"之间的共现次数较多,显示出它们之间主题关联较为紧密。以"力学性能""显微组织"为核心的多个概念相互关联,构成了领域内近期较为突出的研究主题簇。

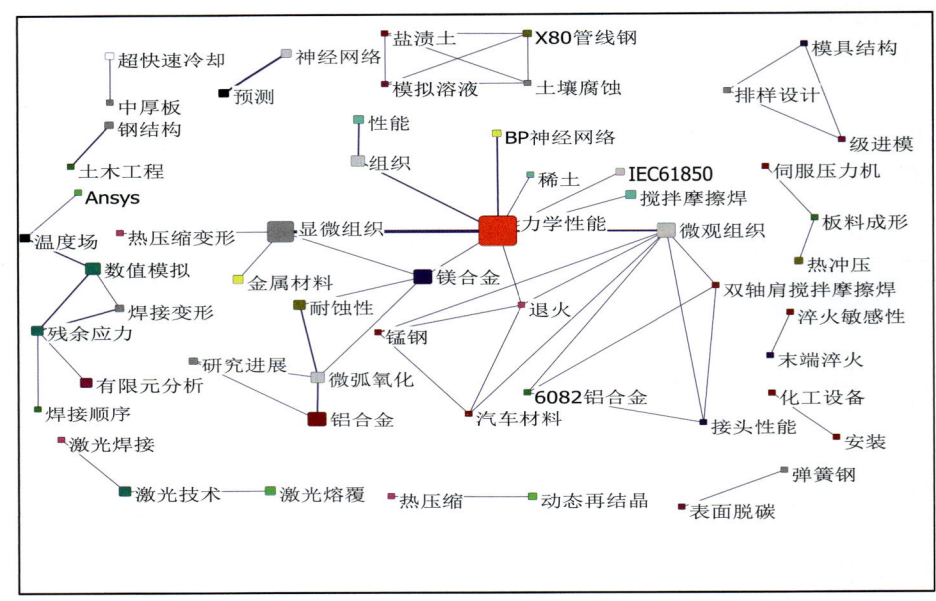

图 33-3　金属学与金属工艺学科 2013 年热点主题关联

33.4 学科高影响力期刊分析

33.4.1 学科高影响力期刊 TOP 10

在金属学与金属工艺学科,学科 5 年影响因子位居前 10 位的期刊见表 33-3,排在前 3 位的期刊分别是《中国有色金属学报》《金属学报》和《稀有金属》。在表 33-3 中,学科载文量占其总载文量比例最大的期刊是《焊接学报》;前 5 年学科载文在 2013 年被引率最高的期刊是《中国有色金属学报》;期刊 5 年影响因子较高的前 3 种期刊分别是《中国有色金属学报》《金属学报》和《稀有金属》;学科 5 年影响因子与期刊 5 年影响因子差异最大的期刊是《装备环境工程》。表 33-3 中期刊的学科 5 年影响因子和前 5 年学科载文的 2013 年被引率对比如图 33-4 所示,2008—2013 年期刊 5 年影响因子的变动情况如图 33-5 所示。

表 33-3　金属学与金属工艺学科高影响力期刊基本指数

序号	期刊名称	前5年载文量			2013年学科被引			5年影响因子		h指数（学科）
		学科（篇）	占比（%）	总量（篇）	频次	被引率（%）	高被引论文篇数	期刊（2013）	学科（2013）	
1	中国有色金属学报	1366	51.9	2630	1038	39.8	36	0.696	0.760	7
2	金属学报	1100	77.7	1415	752	35.3	22	0.634	0.684	6
3	稀有金属	442	43.6	1013	284	38.2	3	0.630	0.643	6
4	航空材料学报	347	48.8	711	207	33.7	4	0.511	0.597	5
5	装备环境工程	220	21.6	1020	125	36.4	2	0.407	0.568	5
6	中国表面工程	460	74.7	616	251	33.0	4	0.554	0.546	6
7	焊接学报	1861	91.1	2042	1002	32.2	19	0.525	0.538	5
8	材料热处理学报	1917	85.9	2233	989	31.9	15	0.487	0.516	5
9	硬质合金	296	82.7	358	149	31.8	1	0.506	0.503	4
10	材料工程	740	40.7	1818	358	29.3	5	0.362	0.484	5

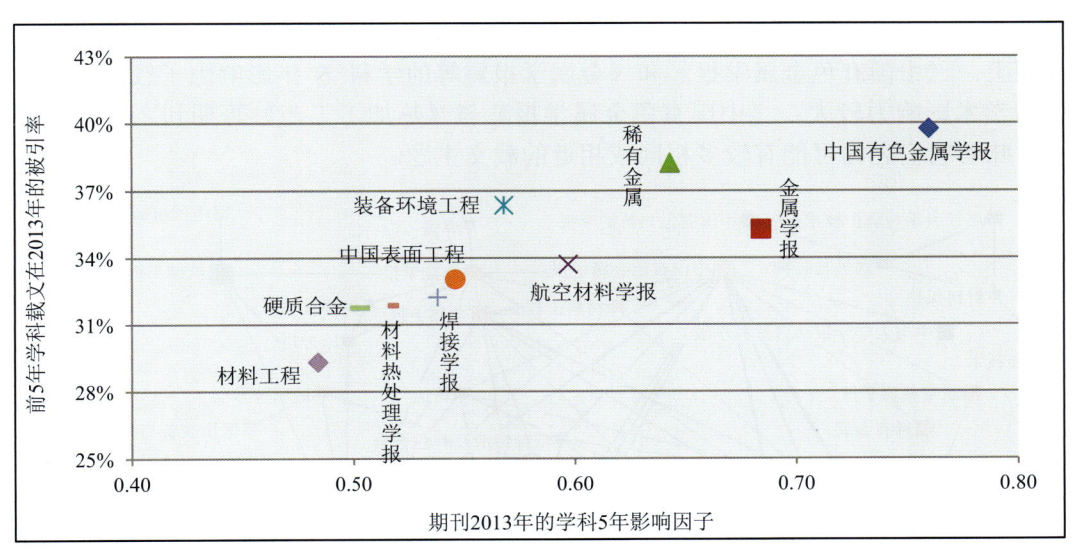

图 33-4　金属学与金属工艺学科高影响力期刊对比

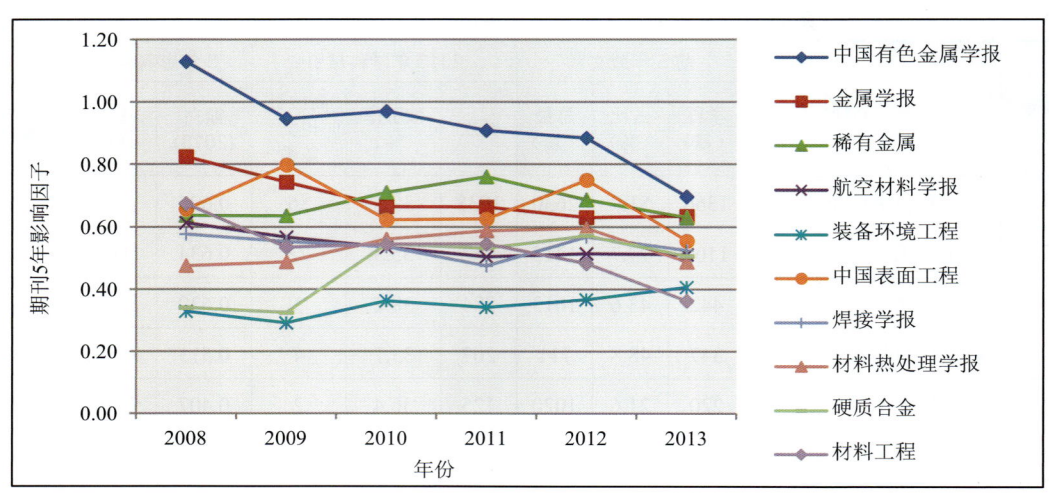

图 33-5 金属学与金属工艺学科期刊 5 年影响因子变动

33.4.2 学科高影响力期刊载文主题关联

通过期刊共被引分析，获得金属学与金属工艺学科高影响力期刊及与其他期刊之间的载文主题关联，如图 33-6 所示（共被引 28 次以下不显示）。结果显示，金属学与金属工艺学科的高影响力期刊相互链接较为紧密，基本主导了该学科的期刊共被引网络，显示出该学科高影响力期刊可能共同刊载了许多相近的研究主题，热点研究主题分散在多种期刊上。《中国有色金属学报》和《金属学报》等的学科 5 年影响因子较高，显示出它们的学术影响力较大；《中国有色金属学报》与《热加工工艺》等期刊之间的链接较强，意味着它们之间可能有较多相同或相近的载文主题。

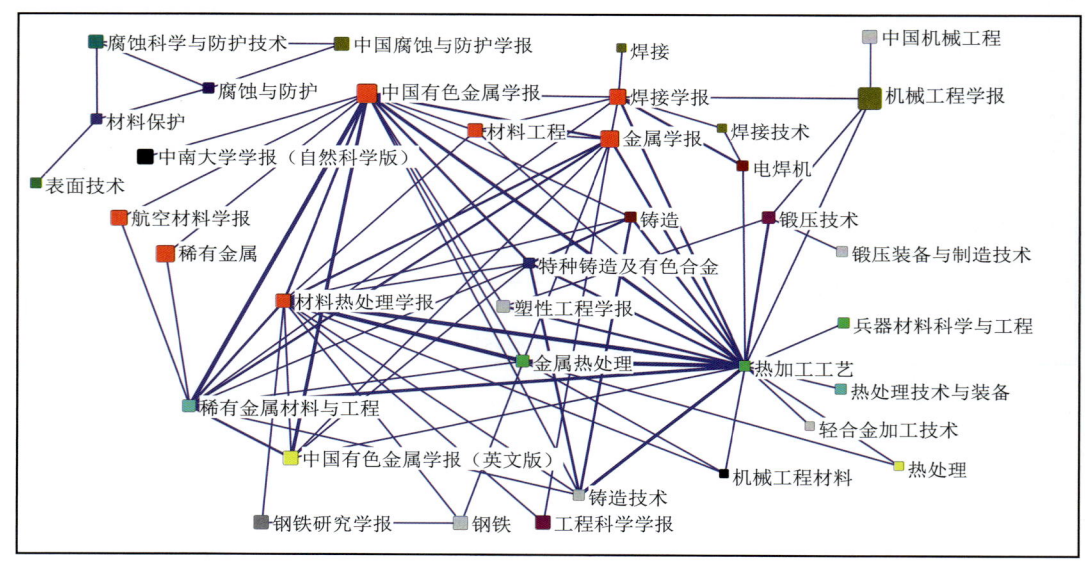

图 33-6 金属学与金属工艺学科高影响力期刊载文主题关联

33.5 高被引作者分析

33.5.1 高被引作者 TOP 20

2008—2012 年，在 97517 位金属学与金属工艺学科论文的第一作者中，在 2013 年学科被引频次位居前 20 位的学者的发文及被引情况见表 33-4。其中，学科发文总被引频次较高的 2 位作者分别是东北大学的王国栋（71 次）和内蒙古科技大学的刘宗昌（42 次）。高被引作者的 5 年学科发文数量从 5 篇到 75 篇不等，同时，作者学科发文的期刊分布也在 2 种到 19 种之间变化。在发文超过 5 篇的所有作者中，篇均被引较高的 3 位作者分别是上海交通大学的丁文江（篇均 5.20 次）、中南大学的刘兵（篇均 4.80 次）和东北大学的王国栋（篇均 4.44 次）；前 5 年发表学科论文较多的 3 位作者分别是河南理工大学的米国发（75 篇）、中国传统工艺研究会的谭德睿（58 篇）和辽宁工程技术大学的马壮（50 篇）。高被引作者的学科发文量和被引量对比如图 33-7 所示。

表 33-4 金属学与金属工艺学科高被引作者 TOP 20

序号	姓名	作者单位	前 5 年发文			前 5 年学科发文在 2013 年的被引				h 指数（学科）
			学科发文（篇）	期刊分布（种）	发文总量（篇）	总频次	被引率（％）	最高（次）	篇均（次）	
1	王国栋	东北大学	16	9	18	71	62.5	18	4.44	5
2	刘宗昌	内蒙古科技大学	45	9	46	42	44.4	6	0.93	3
3	刘志东	南京航空航天大学	31	9	34	31	45.2	5	1.00	3
3	张丁非	重庆大学	37	14	40	31	40.5	5	0.84	3
5	米国发	河南理工大学	75	9	85	30	29.3	3	0.40	2
6	张新明	中南大学	45	12	47	29	31.1	7	0.64	3
7	胥聪敏	西安石油大学	12	6	12	27	66.7	9	2.25	3
8	任吉林	南昌航空大学	15	6	19	26	53.3	7	1.73	3
8	李红英	中南大学	34	10	37	26	50.0	3	0.76	2
8	丁文江	上海交通大学	5	4	6	26	80.0	7	5.20	4
11	范景莲	中南大学	20	7	25	25	55.0	8	1.25	3
11	刘智勇	北京科技大学	12	9	13	25	75.0	4	2.08	3
11	马壮	辽宁工程技术大学	50	19	76	25	34.0	3	0.50	3
14	刘兵	中南大学	5	2	5	24	60.0	21	4.80	2
15	徐滨士	装甲兵工程学院	12	10	70	23	75.0	7	1.92	5

序号	姓名	作者单位	前5年发文			前5年学科发文在2013年的被引				h指数(学科)
			学科发文(篇)	期刊分布(种)	发文总量(篇)	总频次	被引率(%)	最高(次)	篇均(次)	
15	王东生	南京航空航天大学	27	15	33	23	37.0	3	0.85	3
17	计时鸣	浙江工业大学	23	9	42	22	30.4	8	0.96	4
18	康永林	北京科技大学	15	9	17	20	53.3	7	1.33	2
19	姚志浩	北京科技大学	11	6	12	19	54.6	7	1.73	3
19	汪洪峰	南京航空航天大学	8	7	10	19	75.0	4	2.38	3

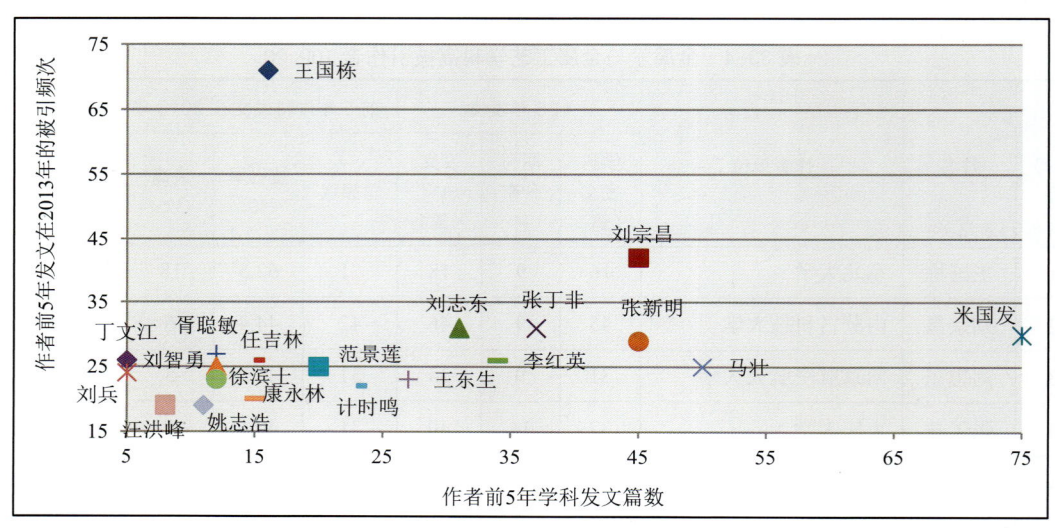

图 33-7　金属学与金属工艺学科高被引作者学科发文及被引对比

33.5.2　高被引作者科研合作关系

通过作者合著分析，获得 2013 年金属学与金属工艺学科高被引作者及与其他学者之间的科研论文合作关系（不考虑论文署名次序），如图 33-8 所示（合著 12 次以下不显示）。可以看出，金属学与金属工艺学科的高被引作者的论文合作现象比较普遍，而且合作人数较多。其中，学者米国发的发文量较多，论文合作者也较多，显示出其在该学科的研究人员中具有一定的集聚效应。学者王国栋的论文合作网络最为突出，在该学科的研究人员中表现出一定的集聚效应。王国栋和刘振宇、刘志东与田宗军等学者之间的合作关系最为紧密，显示出他们可能属于同一支科研团队。

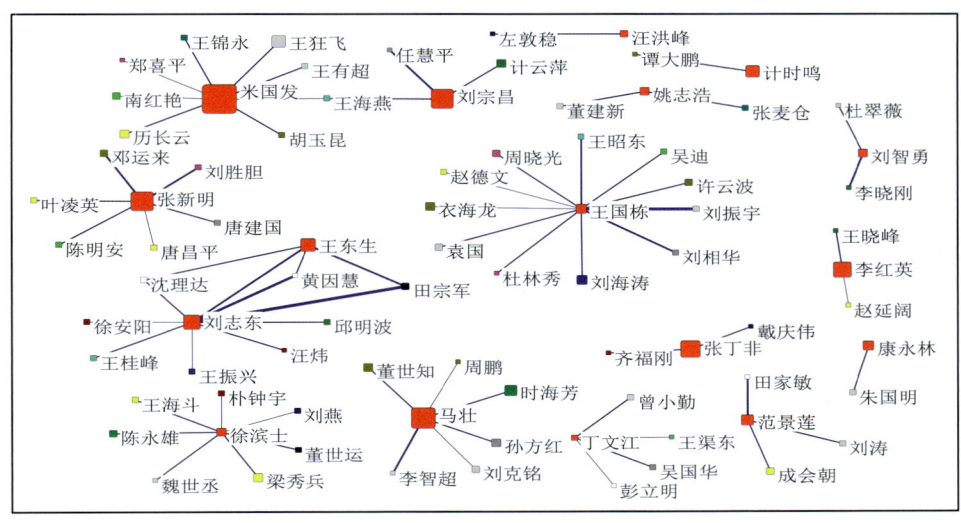

图 33-8　金属学与金属工艺学科高被引作者科研论文合作关系

33.5.3 高被引作者发文主题关联

通过作者共被引分析，获得 2013 年金属学与金属工艺学科高被引作者及与其他学者之间的发文主题关联（见图 33-9，共被引 2 次以下不显示）。如图 33-9 所示，金属学与金属工艺学科的高被引作者基本主导了作者共被引网络，显示出该学科在热点主题上可能已经形成了优势明显的科研力量。王国栋的节点较大，显示出他的学术成果在学科内得到较多关注；以张新明、米国发等学者为主要节点的共被引作者簇人数较多且网络规模较大，意味着这些学者的研究主题关联可能较为紧密。王国栋与康永林等学者之间的链接较强，意味着他们之间可能有较为相近的研究主题。

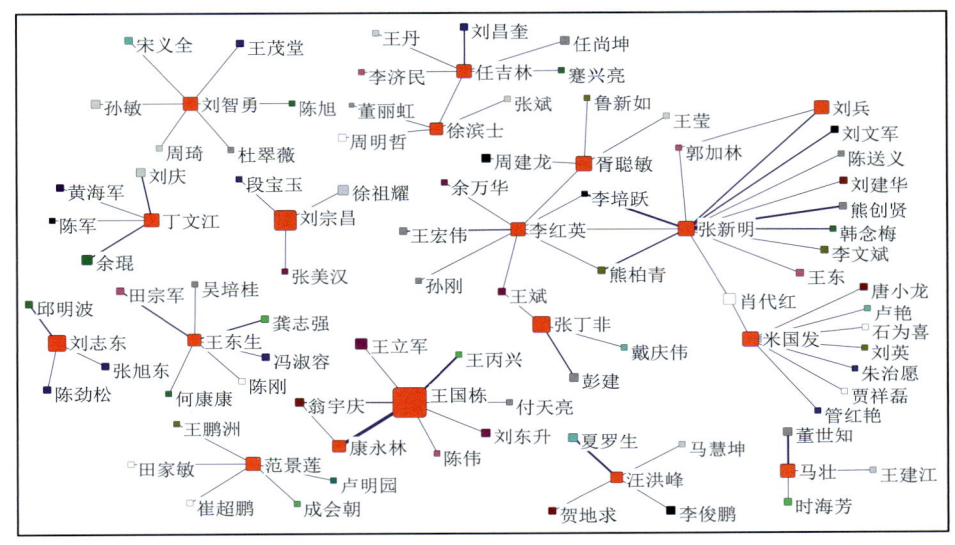

图 33-9　金属学与金属工艺学科高被引作者发文主题关联

33.6 高被引机构分析

33.6.1 高被引机构

为便于比较,本书将金属学与金属工艺学科的高被引机构分为高等院校和科研院所两种类型。其中,被引频次 TOP 10 高等院校和被引频次 TOP 5 科研院所的发文及被引情况分别见表 33-5 和表 33-6。其中,总被引频次较高的 3 所高等院校分别是北京科技大学、中南大学和东北大学,中国科学院金属研究所、北京航空材料研究院和北京有色金属研究总院是总被引频次较高的 3 所科研院所;前 5 年学科发文在 2013 年的被引率最高的高等院校和科研院所分别是中南大学和北京有色金属研究总院;篇均被引最高的高等院校和科研院所分别是中南大学和钢铁研究总院。上述高被引机构的论文被引率和篇均被引频次对比如图 33-10 所示。

表 33-5 金属学与金属工艺学科高被引高等院校 TOP 10

序号	第一作者单位	学科发文量(篇)		前 5 年学科发文在 2013 年的被引			
		前 5 年	2013 年	频次	被引率(%)	最高(次)	篇均(次)
1	北京科技大学	3044	464	1403	28.6	9	0.46
2	中南大学	1916	277	1012	31.5	21	0.53
3	东北大学	1864	219	791	26.1	18	0.42
4	上海交通大学	1366	181	630	27.5	12	0.46
5	西北工业大学	1596	229	578	24.5	6	0.36
6	哈尔滨工业大学	1377	177	565	26.4	9	0.41
7	重庆大学	1150	153	535	29.5	9	0.47
8	兰州理工大学	1300	165	489	24.5	7	0.38
9	南京航空航天大学	1173	185	470	25.8	9	0.40
10	昆明理工大学	923	196	403	28.5	9	0.44

表 33-6 金属学与金属工艺学科高被引科研院所 TOP 5

序号	第一作者单位	学科发文量(篇)		前 5 年学科发文在 2013 年的被引			
		前 5 年	2013 年	频次	被引率(%)	最高(次)	篇均(次)
1	中国科学院金属研究所	572	77	285	29.9	7	0.50
2	北京航空材料研究院	551	75	238	27.6	6	0.43
3	北京有色金属研究总院	417	49	217	31.2	7	0.52
4	钢铁研究总院	282	47	160	30.1	7	0.57
5	西北有色金属研究院	310	51	129	27.4	5	0.42

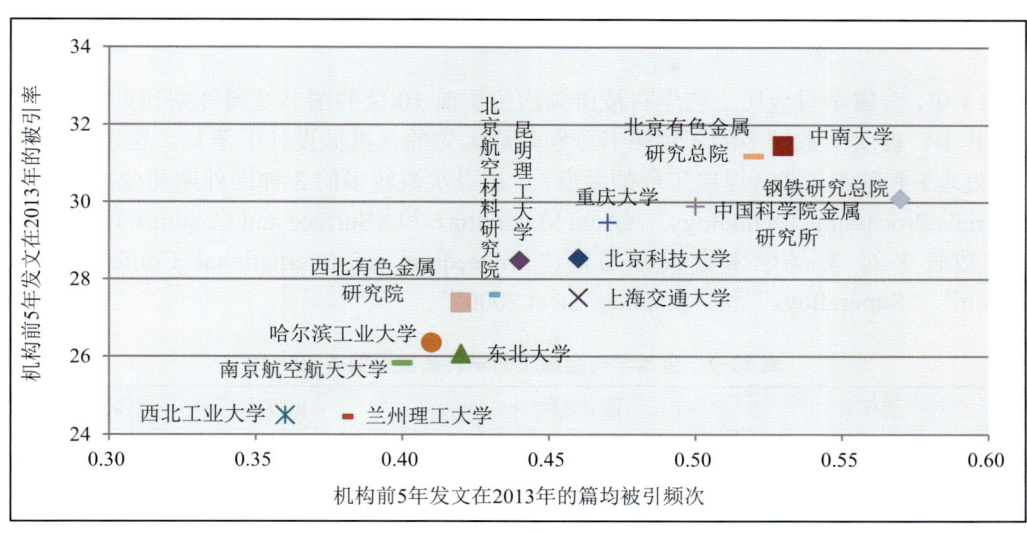

图 33-10　金属学与金属工艺学科高被引机构论文篇均被引及被引率对比

33.6.2　高被引机构科研合作关系

通过合著分析，获得金属学与金属工艺学科高被引机构之间及其与其他机构之间的科研合作关系，如图 33-11 所示（合作 86 次以下不显示）。分析得知，金属学与金属工艺学科的机构合作链接非常紧密，显示出学科内各个机构间的科研合作关系非常普遍；高被引机构基本主导了机构合作网络，显示出这些机构已经在学科内具有了一定的科研优势。昆明理工大学与钢铁研究总院结构材料研究所等机构之间的链接较强，显示出它们的学术合作较为频繁。

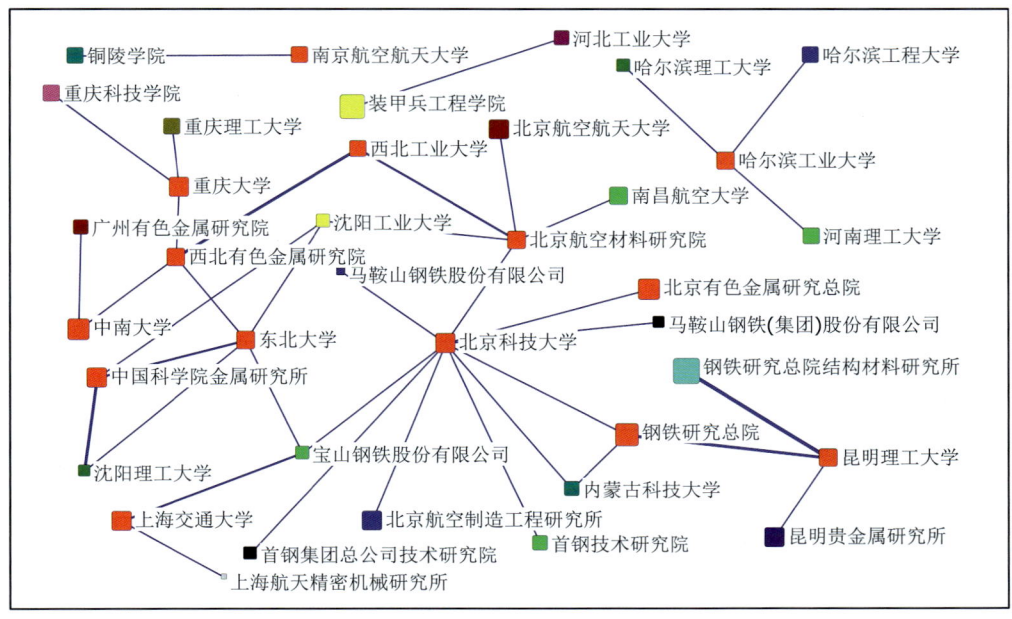

图 33-11　金属学与金属工艺学科高被引机构科研合作

33.7 高被引图书、国外期刊及学术会议

2013 年，金属学与金属工艺学科被引频次位居前 10 位的图书及国外期刊见表 33-7 和表 33-8。其中，被引次数较多的 3 种图书分别是成大先的《机械设计手册》、崔忠圻的《金属学与热处理》和陈祝年的《焊接工程师手册》；被引次数较多的 3 种国外期刊分别是《Journal of Materials Processing Technology》《Acta Materialia》和《Surface and Coatings Technology》；被引次数较多的 3 场学术会议分别是"Proceedings of International Conference NACE Corrosion" "Superalloys"和"Stainless Steel 2000"。

表 33-7 金属学与金属工艺学科高被引图书 TOP 10

序号	责任者	图书名称	出版社	2013年被引频次
1	成大先	机械设计手册	化学工业出版社	109
2	崔忠圻	金属学与热处理	机械工业出版社	101
3	陈祝年	焊接工程师手册	机械工业出版社	60
4	中国机械工程学会焊接协会	焊接手册	机械工业出版社	53
5	陈振华	镁合金	化学工业出版社	51
6	王孝培	冲压手册	机械工业出版社	49
7	雍岐龙	钢铁材料中的第二相	冶金工业出版社	46
8	邹家祥	轧钢机械	冶金工业出版社	45
8	曹楚南	电化学阻抗谱导论	科学出版社	45
10	王祝堂	铝合金及其加工手册	中南大学出版社	40

表 33-8 金属学与金属工艺学科高被引国外期刊 TOP 10

序号	期刊名称	2013年被引频次
1	Journal of Materials Processing Technology	2665
2	Acta Materialia	2339
3	Surface and Coatings Technology	2127
4	Materials Science and Engineering A-Structural Materials Properties Microstructure and Processing	2063
5	Journal of Alloys and Compounds	1888
6	Corrosion Science	1871
7	Scripta Materialia	1847
8	Materials Science and Engineering	1447
9	Journal of Materials Science	912
10	Wear	808

第34章 机械、仪表工业学科高被引分析

34.1 学科论文概况

2008—2012年，机械、仪表工业学科共有88818位来自27684所机构的论文第一作者在3097种期刊上发表了95872篇学术论文。其中，80%以上的论文产出自8879所机构、67285位作者，发表在260种期刊上。在前5年发表的这些论文中，有19851篇在2013年获得过引用，整体被引率为20.7%，总被引频次为30639次，篇均被引0.32次；其中，高被引论文有222篇，单篇论文最高被引频次为31次，累计被引1765次，篇均被引7.95次（表34-1）。另外，2013年机械、仪表工业学科共发表论文21670篇，其中有379篇在当年获得过引用，总共被引471次。

表34-1 机械、仪表工业学科论文分布情况

年份	论文篇数	2013年被引频次	2013年被引率（%）	2013年高被引论文			
				论文篇数	最高被引频次	总被引频次	篇均被引频次
2008	15279	4402	19.5	39	20	313	8.03
2009	15779	5249	21.4	34	20	286	8.41
2010	18770	6647	22.6	55	31	420	7.64
2011	22347	8064	22.5	50	27	423	8.46
2012	23697	6277	17.8	44	25	323	7.34
合计	95872	30639	20.7	222	31	1765	7.95

从机械、仪表工业学科论文的地域分布来看，2013年被引频次较高的5个省、直辖市或自治区依次是江苏、北京、陕西、上海和浙江（图34-1）；5年论文产出量较多的5个省、直辖市或自治区依次是江苏、北京、辽宁、陕西和山东（图34-2）。

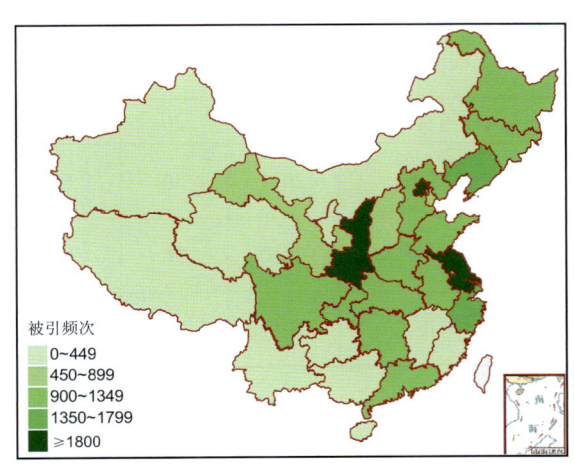

图34-1 2013年机械、仪表工业学科地区被引分布

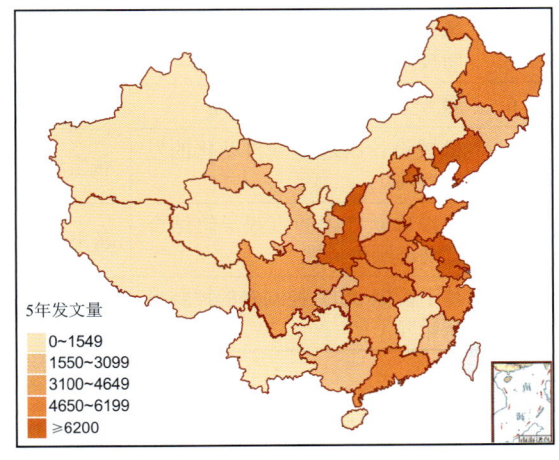

图34-2 机械、仪表工业学科5年论文产出地区分布

34.2 高被引论文分析

在机械、仪表工业学科，2013年被引频次位居前10位的论文（表34-2）平均被引频次为15.2次，是全部222篇高被引论文篇均被引频次的1.9倍。其中，被引频次最高的论文分别是杨建平于2008年发表的《自动化技术在机械应用中的发展研究》和张义民于2010年发表的《机械可靠性设计的内涵与递进》，随后是尹超于2011年发表的《中小企业云制造服务平台共性关键技术体系》。

从论文分布来看，刊载高被引论文数量最多的3种期刊分别是《机械工程学报》（38篇）、《机械设计与制造》（19篇）和《农业机械学报》（15篇），而《机械工程学报》刊载了高被引论文TOP 10中的3篇；发表高被引论文最多的3位学者分别是江苏大学的施卫东（3篇）、装甲兵工程学院的徐滨士（3篇）和东北大学的张义民（2篇）；产出高被引论文数量最多的3所机构分别是江苏大学（17篇）、重庆大学（12篇）和中国科学院长春光学精密机械与物理研究所（11篇），而西安电子科技大学产出了高被引论文TOP 10中的2篇。

表34-2 机械、仪表工业学科高被引论文 TOP 10

序号	论文题名	第一作者	期刊名称	发表年份	被引频次 总频次	被引频次 2013年
1	自动化技术在机械应用中的发展研究	杨建平	中小企业管理与科技	2008	28	18
1	机械可靠性设计的内涵与递进	张义民	机械工程学报	2010	53	18
3	中小企业云制造服务平台共性关键技术体系	尹超	计算机集成制造系统	2011	50	17
4	机械自动化技术应用与发展前景	王英	科技传播	2010	26	16
5	论我国机械自动化技术的发展应该注重的几个问题	马振华	科技资讯	2008	28	15
6	风力发电机状态监测和故障诊断技术的研究与进展	陈雪峰	机械工程学报	2011	33	14
6	服务型制造理论研究综述	林文进	工业工程与管理	2009	26	14
6	机械设计制造及其自动化的发展方向	张宝坤	化工装备技术	2011	30	14
9	带滚珠丝杠副的直线导轨结合部动态刚度特性	蒋书运	机械工程学报	2010	36	13
9	基于模糊PID控制器的控制方法研究	王述彦	机械科学与技术	2011	39	13

34.3 研究主题关联分析

在机械、仪表工业学科，高被引论文累计被2013年发表的1875篇论文引用了1765次。通过分析施引文献关键词的词频及关键词之间的共现关系，获得2013年机械、仪表工业学科的热点主题和主题关联，如图34-3所示（共现7次以下不显示）。由图34-3可知："故障诊断""数值模拟"等概念的文档词频较高，是机械、仪表工业学科近期的热点研究主题；"故障诊断"与"滚动轴承"等概念之间的共现次数较多，显示出他们之间的主题关联较为紧密。以"数值模拟""离心泵"和"压力脉动"为核心的多个概念相互关联，构成了领域内近期较为突出的研究主题簇。

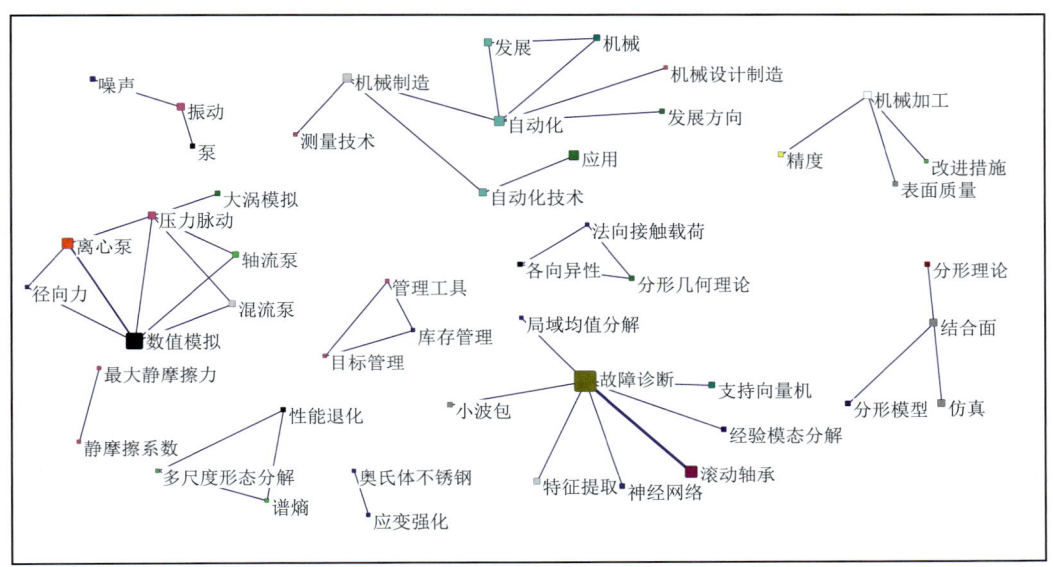

图 34-3　机械、仪表工业学科 2013 年热点主题关联

34.4 学科高影响力期刊分析

34.4.1 学科高影响力期刊 TOP 10

在机械、仪表工业学科，学科5年影响因子位居前10位的期刊见表34-3，排在前3位的期刊分别是《机械工程学报》《排灌机械工程学报》和《压力容器》。在表34-3中，学科载文量占其总载文量比例最大的期刊是《风机技术》；前5年学科载文在2013年被引率最高的期刊是《机械工程学报》；期刊5年影响因子较高的前3种期刊分别是《机械工程学报》《压力容器》和《排灌机械工程学报》；学科5年影响因子与期刊5年影响因子差异最大的期刊是《振动工程学报》。表34-3中期刊的学科5年影响因子和前5年学科载文在2013年的被引率对比如图34-4所示，2008—2013年期刊5年影响因子的变动情况如图34-5所示。

表 34-3　机械、仪表工业学科高影响力期刊基本指数

序号	期刊名称	前5年载文量			2013年学科被引			5年影响因子		h指数(学科)
		学科(篇)	占比(%)	总量(篇)	频次	被引率(%)	高被引论文篇数	期刊(2013)	学科(2013)	
1	机械工程学报	1024	26.9	3810	1250	52.1	38	1.049	1.221	10
2	排灌机械工程学报	142	19.2	740	134	43.0	3	0.782	0.944	7
3	压力容器	356	38.5	925	327	34.6	15	0.798	0.919	8
4	振动工程学报	108	16.2	668	93	33.3	3	0.606	0.861	5
5	摩擦学学报	386	63.7	606	282	40.9	2	0.652	0.731	5
6	振动、测试与诊断	261	29.2	895	184	35.6	3	0.658	0.705	7
7	流体机械	654	47.3	1382	384	32.7	3	0.719	0.587	7
8	中国机械工程学报	542	67.8	800	293	35.2	2	0.470	0.541	5
9	机械强度	177	16.1	1099	89	31.1	0	0.361	0.503	4
10	风机技术	628	80.2	783	311	32.2	2	0.480	0.495	5

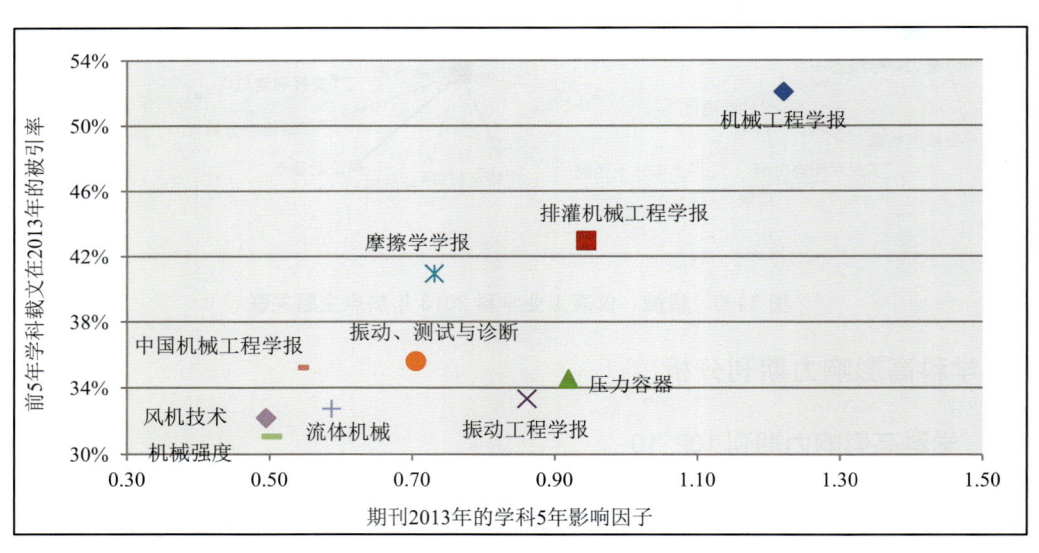

图 34-4　机械、仪表工业学科高影响力期刊对比

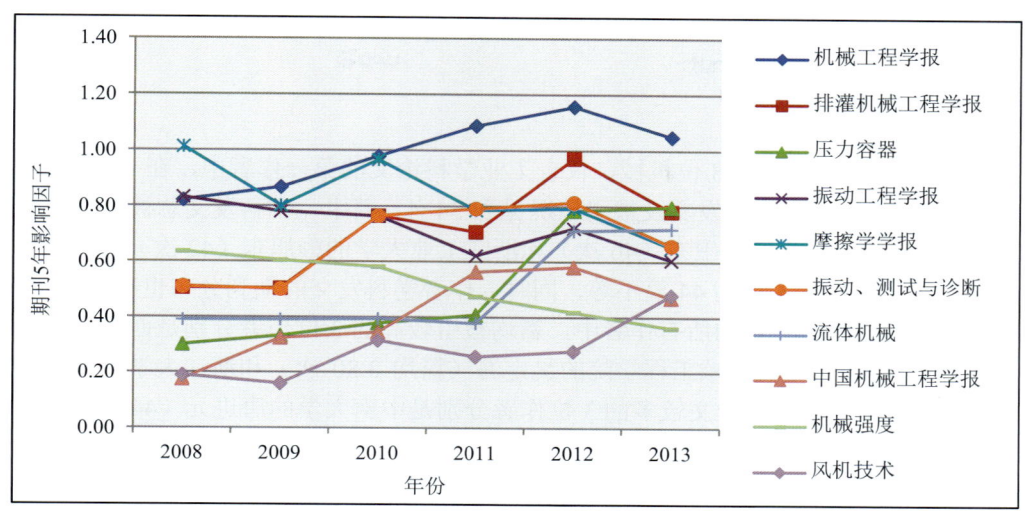

图 34-5　机械、仪表工业学科期刊 5 年影响因子变动

34.4.2　学科高影响力期刊载文主题关联

通过期刊共被引分析，获得机械、仪表工业学科高影响力期刊及与其他期刊之间的载文主题关联，如图 34-6 所示（共被引 17 次以下不显示）。结果显示，机械、仪表工业学科的高影响力期刊相互链接较为紧密，基本主导了该学科的期刊共被引网络，显示出该学科高影响力期刊可能共同刊载了许多相近的研究主题，热点研究主题分散在多种期刊上。《机械工程学报》和《振动与冲击》之间的链接较强，意味着它们之间可能有较多相同或相近的载文主题。

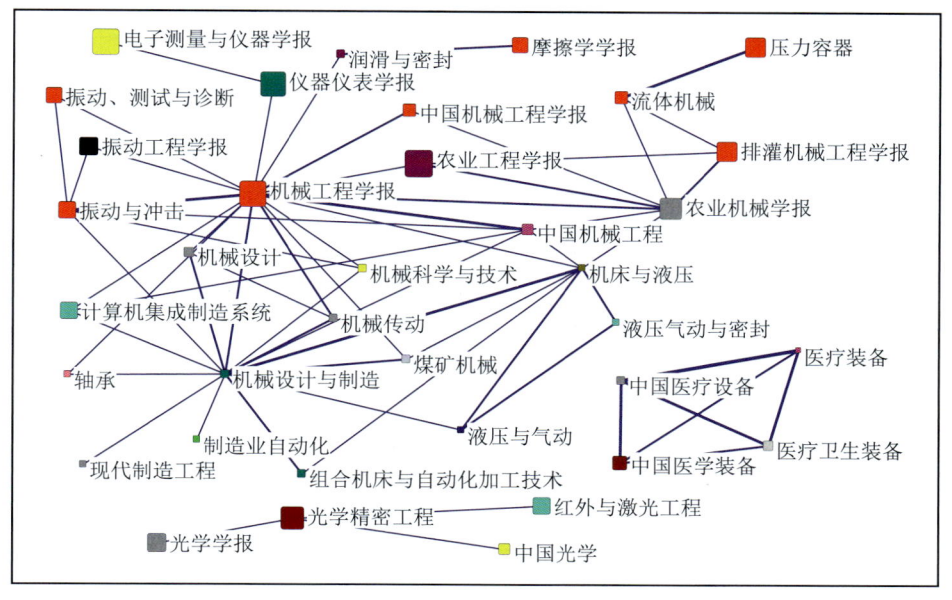

图 34-6　机械、仪表工业学科高影响力期刊载文主题关联

34.5 高被引作者分析

34.5.1 高被引作者TOP 20

2008—2012年,在88818位机械、仪表工业学科论文的第一作者中,在2013年学科被引频次位居前20位的学者的发文及被引情况见表34-4。其中,学科发文总被引频次较高的2位作者分别是江苏大学的施卫东(46次)和浙江工业大学的彭旭东(42次)。高被引作者的5年学科发文数量从4篇到44篇不等,同时,作者学科发文的期刊分布也在2种到14种之间变化。在发文超过5篇的所有作者中,篇均被引较高的3位作者分别是西安交通大学的雷亚国(篇均4.80次)、军械工程学院的吴定海(篇均3.80次)和浙江大学的沈路(篇均3.50次);前5年发表学科论文较多的3位作者分别是中南大学的唐进元(44篇)、同济大学的阎耀保(31篇)和兰州理工大学的杨国来(30篇)。高被引作者的学科发文量和被引量对比如图34-7所示。

表34-4 机械、仪表工业学科高被引作者TOP 20

序号	姓名	作者单位	前5年发文			前5年学科发文在2013年的被引				h指数(学科)
			学科发文(篇)	期刊分布(种)	发文总量(篇)	总频次	被引率(%)	最高(次)	篇均(次)	
1	施卫东	江苏大学	24	8	36	46	58.3	8	1.92	5
2	彭旭东	浙江工业大学	15	7	16	42	66.7	10	2.80	4
3	张义民	东北大学	21	13	38	39	47.6	18	1.86	3
3	唐进元	中南大学	44	14	63	39	34.1	8	0.89	4
5	冀宏	兰州理工大学	27	8	30	35	48.2	6	1.30	3
6	田红亮	三峡大学	25	8	29	31	32.0	8	1.24	3
6	尹超	重庆大学	13	4	13	31	61.5	17	2.38	3
8	王洋	江苏大学	26	7	33	30	46.2	7	1.15	4
9	刘小宁	武汉软件职业学院	17	9	38	29	58.8	7	1.71	3
10	张根保	重庆大学	29	11	56	27	55.2	3	0.93	3
11	刘厚林	江苏大学	22	8	26	25	54.6	4	1.14	3
11	张德胜	江苏大学	17	7	19	25	35.3	7	1.47	4
11	潘中永	江苏大学	12	4	15	25	75.0	5	2.08	3
14	雷亚国	西安交通大学	5	2	5	24	100.0	8	4.80	4
15	徐滨士	装甲兵工程学院	4	3	70	23	75.0	11	5.75	5

序号	姓名	作者单位	前5年发文			前5年学科发文在2013年的被引				h指数(学科)
			学科发文（篇）	期刊分布（种）	发文总量（篇）	总频次	被引率（%）	最高（次）	篇均（次）	
15	曾庆虎	国防科学技术大学	8	5	10	23	100.0	6	2.88	3
17	秦大同	重庆大学	9	3	72	21	44.4	12	2.33	4
17	沈路	浙江大学	6	4	7	21	83.3	8	3.50	3
17	常勇	集美大学	12	6	12	21	50.0	7	1.75	3
17	程军圣	湖南大学	11	5	42	21	54.6	11	1.91	4

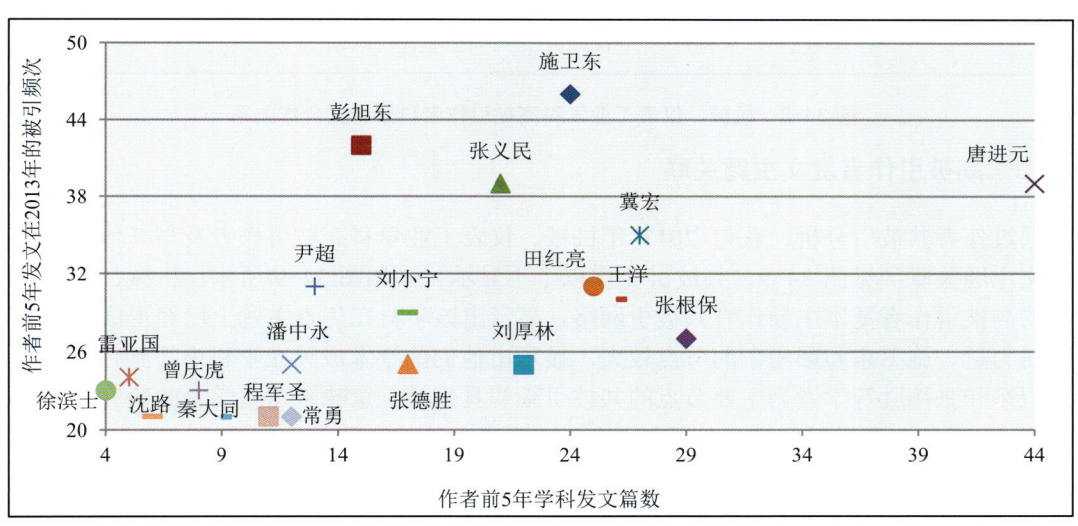

图34-7　机械、仪表工业学科高被引作者学科发文及被引对比

34.5.2 高被引作者科研合作关系

通过作者合著分析，获得2013年机械、仪表工业学科高被引作者及与其他学者之间的科研论文合作关系（不考虑论文署名次序），如图34-8所示（合著6次以下不显示）。可以看出，机械、仪表工业学科的高被引作者的论文合作现象比较普遍，而且合作人数较多。其中，学者唐进元的发文量较多，但论文合作者并不多，显示出其倾向于独立研究；学者施卫东、刘厚林等学者的论文合作网络较为突出，在该学科的研究人员中表现出一定的集聚效应。张德胜和施卫东之间的合作关系最为紧密，显示出他们可能属于同一支科研团队。

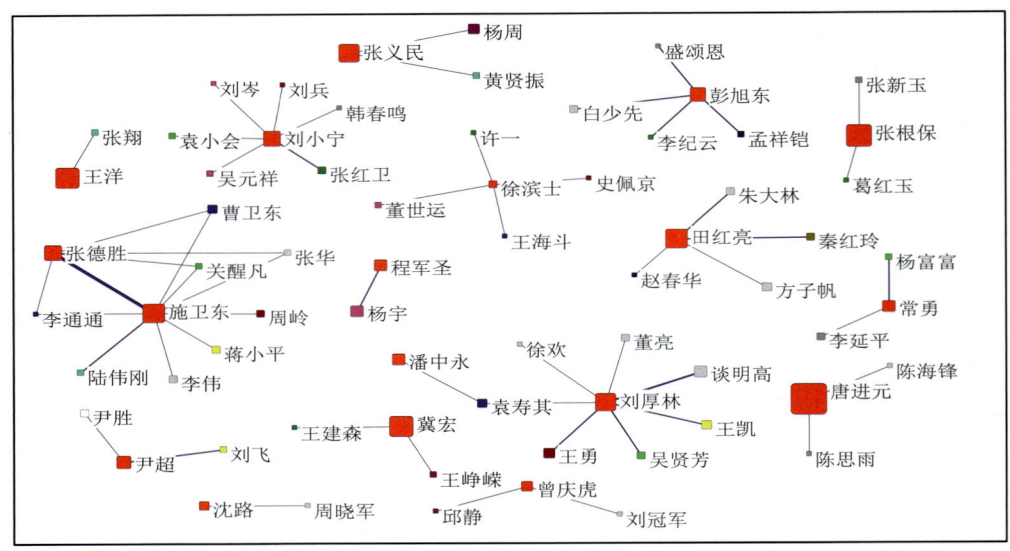

图 34-8　机械、仪表工业学科高被引作者科研论文合作关系

34.5.3　高被引作者发文主题关联

通过作者共被引分析，获得 2013 年机械、仪表工业学科高被引作者及与其他学者之间的发文主题关联（见图 34-9，共被引 3 次以下不显示）。如图 34-9 所示，机械、仪表工业学科的高被引作者基本主导作者共被引网络，显示出该学科在热点主题上已经形成优势明显的科研力量。施卫东和彭旭东的节点较大，显示出他们的学术成果在学科内得到较多关注。以施卫东和张德胜等学者为主要节点的共被引簇初具规模，意味着这些学者的研究主题关联较为紧密；尹超与尹胜等学者之间的链接较强，意味着他们之间可能有较为相近的研究主题。

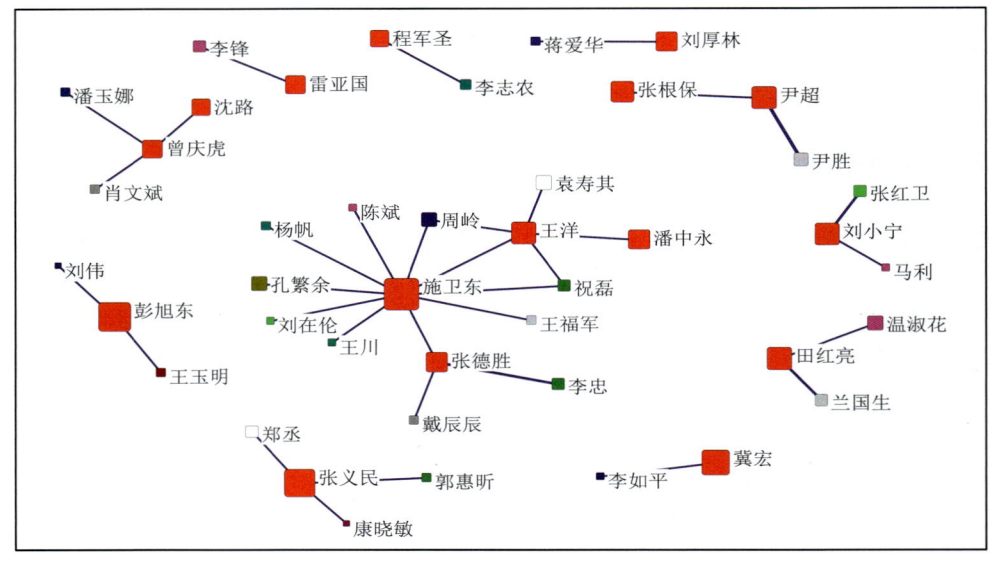

图 34-9　机械、仪表工业学科高被引作者发文主题关联

34.6 高被引机构分析

34.6.1 高被引机构

为便于比较，本书将机械、仪表工业学科的高被引机构分为高等院校和科研院所两种类型。其中，被引频次 TOP 10 高等院校和被引频次 TOP 5 科研院所的发文及被引情况分别见表 34-5 和表 34-6。其中，总被引频次较高的 3 所高等院校分别是江苏大学、重庆大学和浙江大学，中国科学院长春光学精密机械与物理研究所、合肥通用机械研究院和中国科学院西安光学精密机械研究所是总被引频次较高的 3 所科研院所；前 5 年学科发文在 2013 年的被引率最高的高等院校和科研院所分别是江苏大学和中国科学院西安光学精密机械研究所；篇均被引最高的高等院校和科研院所分别是西安交通大学和中国科学院光电技术研究所。上述高被引机构的论文被引率和篇均被引频次对比如图 34-10 所示。

表 34-5　机械、仪表工业学科高被引高等院校 TOP 10

序号	第一作者单位	学科发文量（篇）		前 5 年学科发文在 2013 年的被引			
		前 5 年	2013 年	频次	被引率（%）	最高（次）	篇均（次）
1	江苏大学	1090	181	695	31.8	10	0.64
2	重庆大学	1006	153	593	31.6	17	0.59
3	浙江大学	865	110	527	31.7	12	0.61
4	西北工业大学	1164	199	464	24.6	9	0.40
5	合肥工业大学	837	174	379	26.8	7	0.45
6	上海交通大学	901	145	376	24.8	14	0.42
7	西安交通大学	548	127	367	31.0	14	0.67
8	哈尔滨工业大学	724	82	308	28.3	7	0.43
9	南京航空航天大学	721	132	295	25.6	9	0.41
10	北京航空航天大学	589	89	286	27.1	9	0.49

表 34-6　机械、仪表工业学科高被引科研院所 TOP 5

序号	第一作者单位	学科发文量（篇）		前 5 年学科发文在 2013 年的被引			
		前 5 年	2013 年	频次	被引率（%）	最高（次）	篇均（次）
1	中国科学院长春光学精密机械与物理研究所	653	120	505	36.3	11	0.77
2	合肥通用机械研究院	174	44	65	25.3	4	0.37
3	中国科学院西安光学精密机械研究所	89	8	60	40.4	5	0.67
4	中国科学院光电技术研究所	70	7	35	30.0	5	5.00
5	中国科学院兰州化学物理研究所	62	14	33	29.0	5	0.53

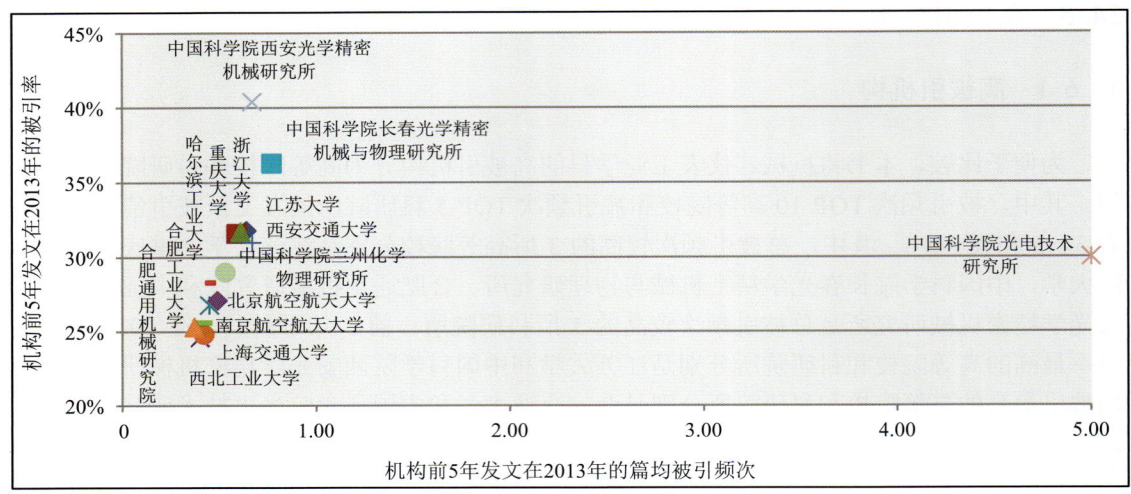

图 34-10　机械、仪表工业学科高被引机构论文篇均被引及被引率对比

34.6.2　高被引机构科研合作分析

通过合著分析，获得机械、仪表工业学科高被引机构之间及其与其他机构之间的科研合作关系，如图 34-11 所示（合作 32 次以下不显示）。分析得知，机械、仪表工业学科的机构合作链接较为紧密，显示出学科内各个机构间的科研合作关系较为普遍；高被引机构基本主导了机构合作网络，显示出这些机构已经在学科内具有了一定的科研优势。西北工业大学与河南科技大学之间的链接较强，显示出它们的学术合作较为频繁。

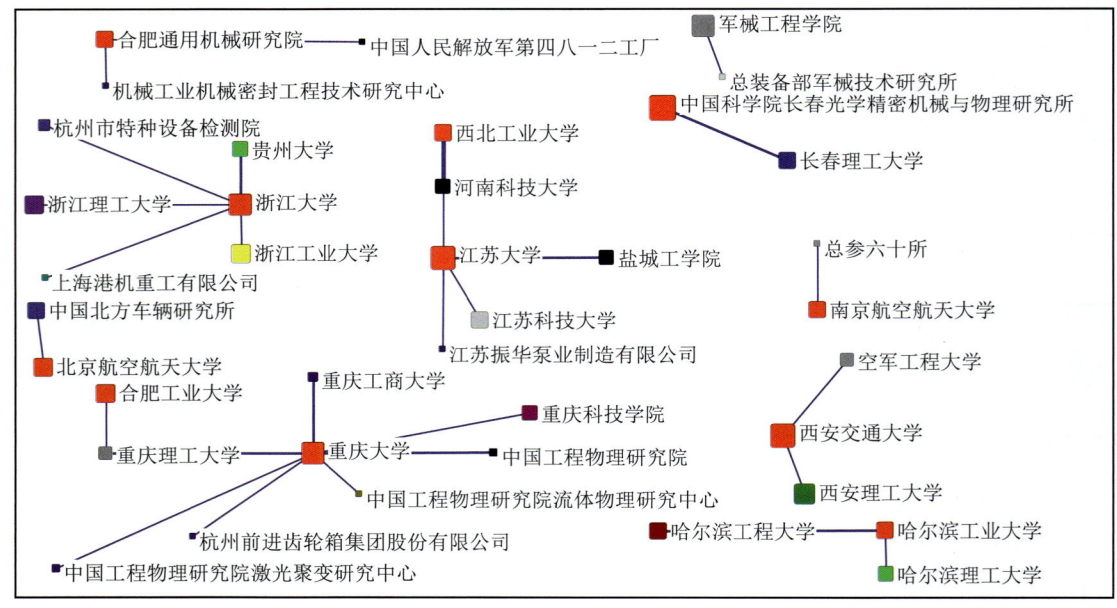

图 34-11　机械、仪表工业学科高被引机构科研合作分析

34.7 高被引图书、国外期刊及学术会议

2013年，机械、仪表工业学科被引频次位居前10位的图书及国外期刊见表34-7和表34-8。其中，被引次数较多的3种图书分别是成大先的《机械设计手册》、濮良贵的《机械设计》和雷天觉的《新编液压工程手册》；被引次数较多的3种国外期刊分别是《Journal of Sound and Vibration》《Wear》和《Mechanism and Machine Theory》；被引次数较多的3场学术会议分别是"IEEE International Conference on Robotics and Automation""Proceedings of the American Control Conference"和"Proceedings of 7th International Fluid Power Conference"。

表 34-7 机械、仪表工业学科高被引图书 TOP 10

序号	责任者	图书名称	出版社	2013年被引频次
1	成大先	机械设计手册	化学工业出版社	266
2	濮良贵	机械设计	高等教育出版社	108
3	雷天觉	新编液压工程手册	北京理工大学出版社	81
4	路甬祥	液压气动技术手册	机械工业出版社	78
5	温诗铸	摩擦学原理	清华大学出版社	69
5	刘鸿文	材料力学	高等教育出版社	69
7	雷天觉	液压工程手册	机械工业出版社	68
8	张质文	起重机设计手册	中国铁道出版社	66
9	徐灏	机械设计手册	机械工业出版社	62
10	李增刚	ADAMS 入门详解与实例	国防工业出版社	52

表 34-8 机械、仪表工业学科高被引国外期刊 TOP 10

序号	期刊名称	2013年被引频次
1	Journal of Sound and Vibration	770
2	Wear	656
3	Mechanism and Machine Theory	625
4	Mechanical Systems and Signal Processing	514
5	International Journal of Machine Tools and Manufacture	484
6	Tribology International	395
7	Journal of Materials Processing Technology	373
8	International Journal of Advanced Manufacturing Technology	322
9	SPIE	266
10	Applied Optics	208

第 35 章　能源与动力工程学科高被引分析

35.1　学科论文概况

2008—2012 年，能源与动力工程学科共有 58404 位来自 19189 所机构的论文第一作者在 2671 种期刊上发表了 62261 篇学术论文。其中，80%以上的论文产出自 8342 所机构、44596 位作者，发表在 296 种期刊上。在前 5 年发表的这些论文中，有 12491 篇在 2013 年获得过引用，整体被引率为 20.1%，总被引频次为 19798 次，篇均被引 0.32 次；其中，高被引论文有 169 篇，单篇论文最高被引频次为 24 次，累计被引 1451 次，篇均被引 8.59 次（表 35-1）。另外，2013 年能源与动力工程学科共发表论文 14652 篇，其中有 202 篇在当年获得过引用，总共被引 253 次。

表 35-1　能源与动力工程学科论文分布情况

年份	论文篇数	2013 年被引频次	2013 年被引率（%）	2013 年高被引论文			
				论文篇数	最高被引频次	总被引频次	篇均被引频次
2008	10047	3662	21.8	32	20	333	10.41
2009	10045	3827	23.0	29	20	267	9.21
2010	11587	4313	23.5	31	21	228	7.35
2011	14970	4666	20.0	42	24	334	7.95
2012	15612	3330	14.6	35	19	289	8.26
合计	62261	19798	20.1	169	24	1451	8.59

从能源与动力工程学科论文的地域分布来看，2013 年被引频次较高的 5 个省、直辖市或自治区依次是北京、江苏、上海、广东和陕西（图 35-1）；5 年论文产出量较多的 5 个省、直辖市或自治区依次是北京、江苏、上海、黑龙江和广东（图 35-2）。

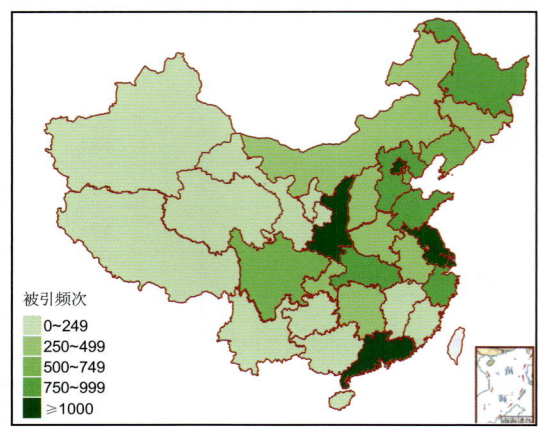

图 35-1　2013 年能源与动力工程学科地区被引分布

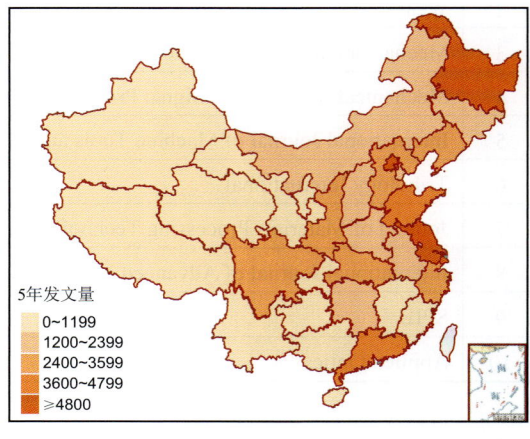

图 35-2　能源与动力工程学科 5 年论文产出地区分布

35.2 高被引论文分析

在能源与动力工程学科，2013 年被引频次位居前 10 位的论文（表 35-2）平均被引频次为 24.2 次，是全部 169 篇高被引论文篇均被引频次的 2.8 倍。其中，被引频次最高的论文是江泽民于 2008 年发表的《对中国能源问题的思考》，随后 2 篇分别是郑崇伟于 2012 年发表的《Wind energy and wave energy resources assessment in the East China Sea and South China Sea》和钱科军于 2008 年发表的《分布式发电的环境效益分析》。

从论文分布来看，刊载高被引论文数量最多的 3 种期刊分别是《中国电机工程学报》（21 篇）、《太阳能学报》（15 篇）和《中国电力》（8 篇），而《中国电机工程学报》《节能技术》和《中国电机工程学报》分别刊载了高被引论文 TOP 10 中的 2 篇；发表高被引论文最多的 3 位学者分别是华北电力大学的周兰欣（4 篇）、中国人民解放军理工大学的郑崇伟（2 篇）和西安交通大学的赵钦新（2 篇）；产出高被引论文数量最多的 3 所机构分别是华北电力大学（21 篇）、清华大学（9 篇）和西安交通大学（6 篇），而中国人民解放军理工大学产出了高被引论文 TOP 10 中的 2 篇。

表 35-2 能源与动力工程学科高被引论文 TOP 10

序号	论文题名	第一作者	期刊名称	发表年份	被引频次 总频次	被引频次 2013 年
1	对中国能源问题的思考	江泽民	上海交通大学学报	2008	293	47
2	Wind energy and wave energy resources assessment in the East China Sea and South China Sea	郑崇伟	中国科学：技术科学（英文版）	2012	63	40
3	分布式发电的环境效益分析	钱科军	中国电机工程学报	2008	76	26
4	中国主要农作物秸秆资源能源化利用分析评价	崔明	农业工程学报	2008	91	25
5	近 10 年南海波候特征分析及波浪能研究	郑崇伟	太阳能学报	2012	25	20
6	独立光伏发电系统能量管理控制策略	廖志凌	中国电机工程学报	2009	62	19
7	我国工业余热回收利用技术综述	连红奎	节能技术	2011	34	18
8	全球海域风能资源评估及等级区划	郑崇伟	自然资源学报	2012	25	17
9	提高电厂热控系统可靠性技术研究	孙长生	中国电力	2009	42	15
9	风光互补逆变器控制方法的研究与仿真	高胜利	节能技术	2012	19	15

35.3 研究主题关联分析

在能源与动力工程学科,高被引论文累计被2013年发表的1383篇论文引用了1451次。通过分析施引文献关键词的词频及关键词之间的共现关系,获得2013年能源与动力工程学科的热点主题和主题关联,如图35-3所示(共现4次以下不显示)。由图35-3可知:"数值模拟"的文档词频较高,是能源与动力工程学科近期的热点研究主题;"数值模拟"与"冷却塔""空冷单元"等概念之间的共现次数较多,显示出它们之间主题关联较为紧密。以"数值模拟""转子振动"为核心的多个概念相互关联,构成了领域内近期较为突出的研究主题簇。

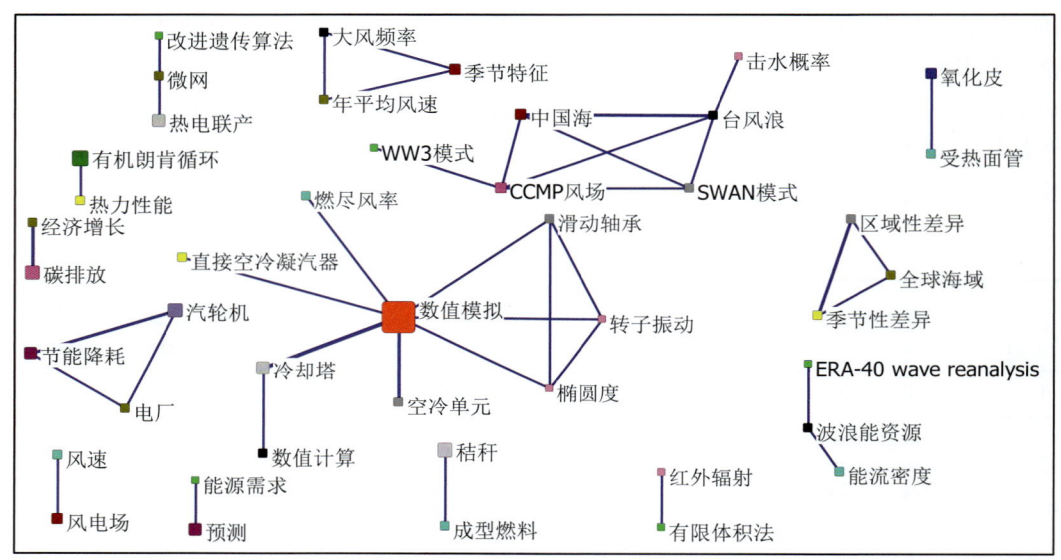

图 35-3 能源与动力工程学科 2013 年热点主题关联

35.4 学科高影响力期刊分析

35.4.1 学科高影响力期刊 TOP 10

在能源与动力工程学科,学科5年影响因子位居前10位的期刊见表35-3,排在前3位的期刊分别是《中国能源》《太阳能学报》和《动力工程学报》。在表35-3中,学科载文量占其总载文量比例最大的期刊是《内燃机工程》;前5年学科载文在2013年被引率最高的期刊是《中国能源》;期刊5年影响因子较高的前3种期刊分别是《动力工程学报》《太阳能学报》和《内燃机工程》;学科5年影响因子与期刊5年影响因子差异最大的期刊是《中国能源》。表35-3中期刊的学科5年影响因子和前5年学科载文在2013年的被引率对比如图35-4所示,2008—2013年期刊5年影响因子的变动情况如图35-5所示。

表 35-3　能源与动力工程学科高影响力期刊基本指数

序号	期刊名称	前5年载文量			2013年学科被引			5年影响因子		h指数（学科）
		学科（篇）	占比（%）	总量（篇）	频次	被引率（%）	高被引论文篇数	期刊（2013）	学科（2013）	
1	中国能源	106	15.6	680	91	44.3	1	0.609	0.858	6
2	太阳能学报	1136	57.6	1971	805	34.2	15	0.656	0.709	8
3	动力工程学报	771	67.6	1140	513	32.9	2	0.668	0.665	6
4	节能技术	418	48.5	862	265	30.6	5	0.573	0.634	8
5	内燃机工程	659	100.0	659	412	36.0	2	0.625	0.625	4
6	内燃机学报	563	99.7	565	343	37.1	1	0.607	0.609	4
7	储能科学与技术	28	31.5	89	14	21.4	0	0.281	0.500	3
8	燃烧科学与技术	365	64.7	564	178	28.2	2	0.544	0.488	4
9	热力发电	1161	56.9	2039	518	28.3	2	0.445	0.446	5
10	华东电力	360	10.1	3560	153	23.1	2	0.437	0.425	8

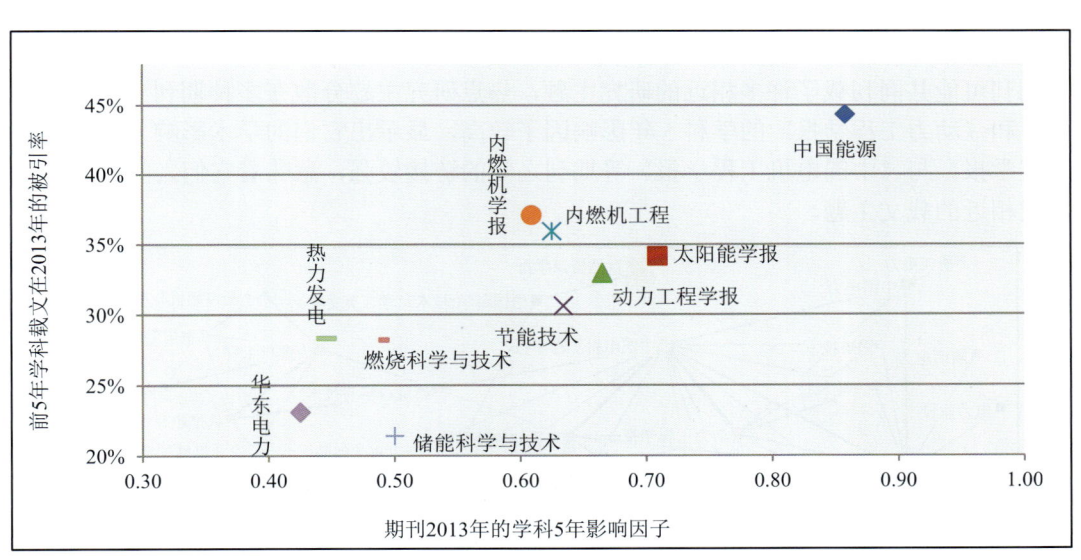

图 35-4　能源与动力工程学科高影响力期刊对比

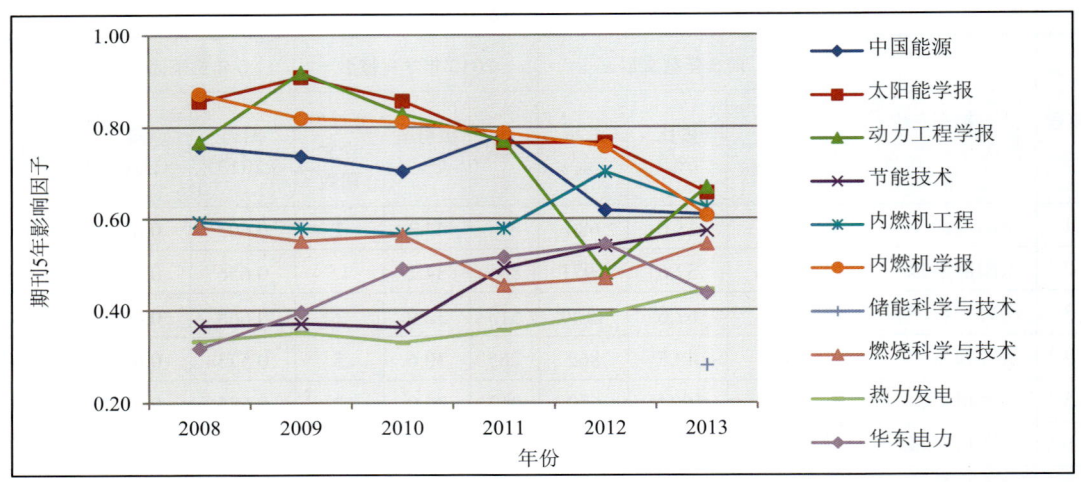

图 35-5 能源与动力工程学科期刊 5 年影响因子变动

35.4.2 学科高影响力期刊载文主题关联

通过期刊共被引分析，获得能源与动力工程学科高影响力期刊及与其他期刊之间的载文主题关联，如图 35-6 所示（共被引 12 次以下不显示）。结果显示，能源与动力工程学科的高影响力期刊相互链接较为紧密，基本主导了该学科的期刊共被引网络，显示出该学科高影响力期刊可能共同刊载了许多相近的研究主题，热点研究主题分散在多种期刊上。《太阳能学报》和《动力工程学报》的学科 5 年影响因子较高，显示出它们的学术影响力较大；《动力工程学报》与《中国电机工程学报》等期刊之间的链接较强，意味着它们之间可能有较多相同或相近的载文主题。

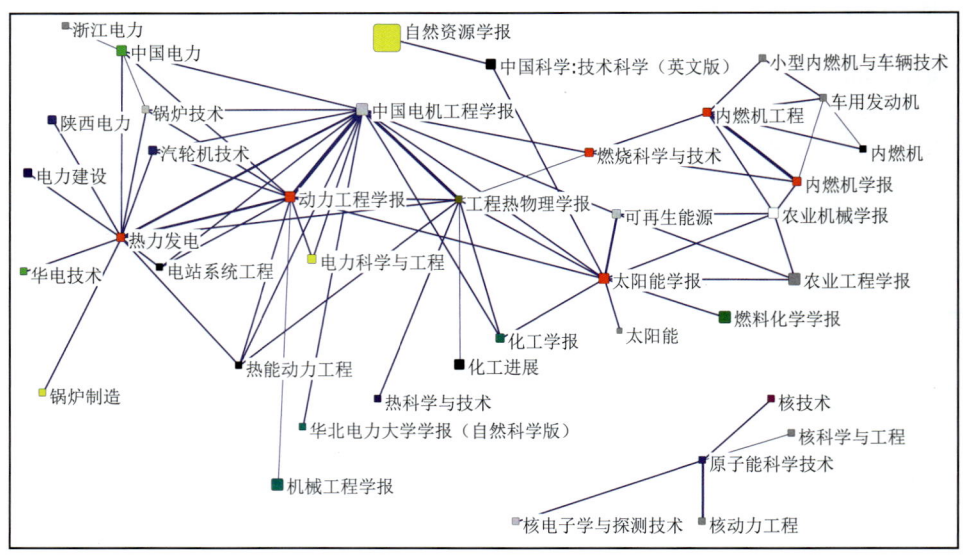

图 35-6 能源与动力工程学科高影响力期刊载文主题关联

35.5 高被引作者分析

35.5.1 高被引作者 TOP 20

2008—2012 年，在 52979 位能源与动力工程学科论文的第一作者中，在 2013 年学科被引频次位居前 20 位的学者的发文及被引情况见表 35-4。其中，学科发文总被引频次较高的 3 位作者分别是华北电力大学的周兰欣（81 次）、中国人民解放军理工大学的郑崇伟（68 次）和东北电力大学的徐志明（31 次）。高被引作者的 5 年学科发文数量从 1 篇到 36 篇不等，同时，作者学科发文的期刊分布也在 1 种到 16 种之间变化。在发文超过 5 篇的所有作者中，篇均被引较高的 3 位作者分别是浙江省电力试验研究院的孙长生（篇均 3.80 次）、上海理工大学的胡向柏（篇均 3.20 次）和西安交通大学的赵钦新（篇均 3.11 次）；前 5 年发表学科论文较多的 3 位作者分别是华北电力大学的闫顺林（36 篇）、华北电力大学的周兰欣（34 篇）和天津大学的姚春德（34 篇）。高被引作者的学科发文量和被引量对比如图 35-7 所示。

表 35-4 能源与动力工程学科高被引作者 TOP 20

序号	姓名	作者单位	前 5 年发文			前 5 年学科发文在 2013 年的被引				h 指数（学科）
			学科发文（篇）	期刊分布（种）	发文总量（篇）	总频次	被引率（%）	最高（次）	篇均（次）	
1	周兰欣	华北电力大学	34	9	39	81	73.5	9	2.38	5
2	郑崇伟	中国人民解放军理工大学	3	3	8	68	100.0	40	40.00	5
3	徐志明	东北电力大学	33	14	37	31	42.4	6	0.94	3
4	韩中合	华北电力大学	25	10	33	30	52.0	6	1.20	3
5	赵钦新	西安交通大学	9	2	12	28	44.4	11	3.11	3
6	钱科军	河海大学	1	1	3	26	100.0	26	14.00	2
7	姚春德	天津大学	34	9	48	25	100.0	2	26.00	2
7	崔明	农业部规划设计研究院	1	1	2	25	50.0	25	0.74	2
9	闫顺林	华北电力大学	36	16	38	24	100.0	3	25.00	2
10	杨立军	华北电力大学	11	4	12	23	41.7	5	0.67	4
11	阎维平	华北电力大学	23	8	28	22	63.6	4	2.09	4
11	龚金科	湖南大学	21	7	25	22	43.5	7	0.96	2
13	程启明	上海电力学院	16	10	104	21	47.6	5	1.05	5
14	高正阳	华北电力大学	10	5	16	20	37.5	6	1.31	3
14	廖志凌	江苏大学	2	2	7	20	80.0	19	2.00	2
16	彭怀午	内蒙古电力勘测设计院	10	4	12	19	100.0	5	10.00	3
16	杨海平	华中科技大学	4	1	4	19	80.0	8	1.90	3

序号	姓名	作者单位	前5年发文			前5年学科发文在2013年的被引				h指数（学科）
			学科发文（篇）	期刊分布（种）	发文总量（篇）	总频次	被引率（％）	最高（次）	篇均（次）	
16	孙长生	浙江省电力试验研究院	5	4	7	19	100.0	15	4.75	2
19	李岩	东北农业大学	13	5	31	18	80.0	4	3.80	3
19	连红奎	清华大学	1	1	1	18	61.5	18	1.38	1
19	顾伟	上海交通大学	4	3	4	18	100.0	9	18.00	2
19	戴兴建	清华大学	3	2	6	18	75.0	12	4.50	3

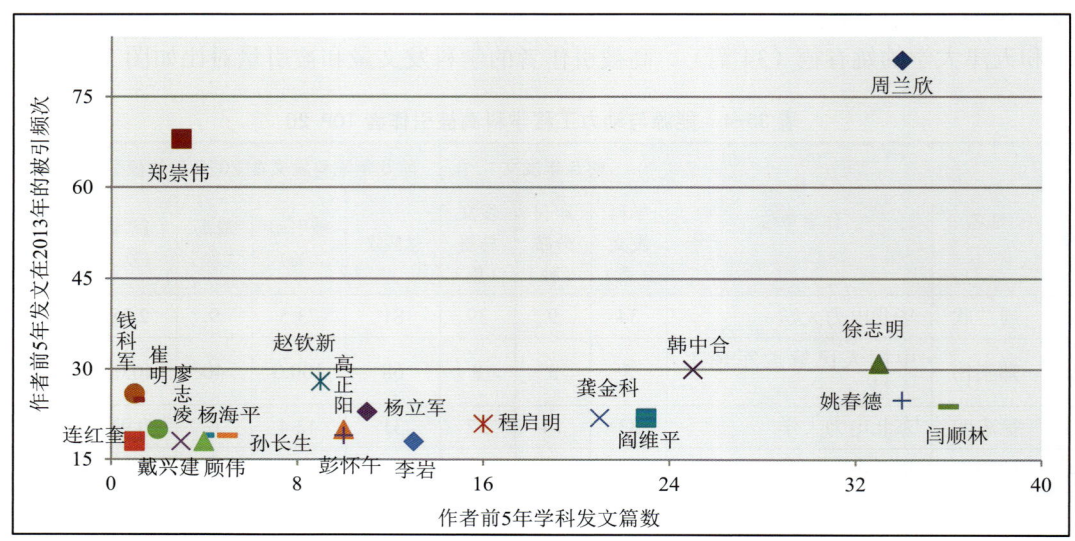

图 35-7 能源与动力工程学科高被引作者学科发文及被引对比

35.5.2 高被引作者科研合作关系

通过作者合著分析，获得 2013 年能源与动力工程学科高被引作者及与其他学者之间的科研论文合作关系（不考虑论文署名次序），如图 35-8（合著 5 次以下不显示）。可以看出，能源与动力工程学科的高被引作者的论文合作现象比较普遍，而且合作人数较多。其中，学者姚春德的发文量较多；学者阎维平、姚春德和龚金科的论文合作网络最为突出，在该学科的研究人员中表现出一定的集聚效应；杨海平和王贤华、陈汉平等学者之间的合作关系最为紧密，显示出他们可能属于同一支科研团队。

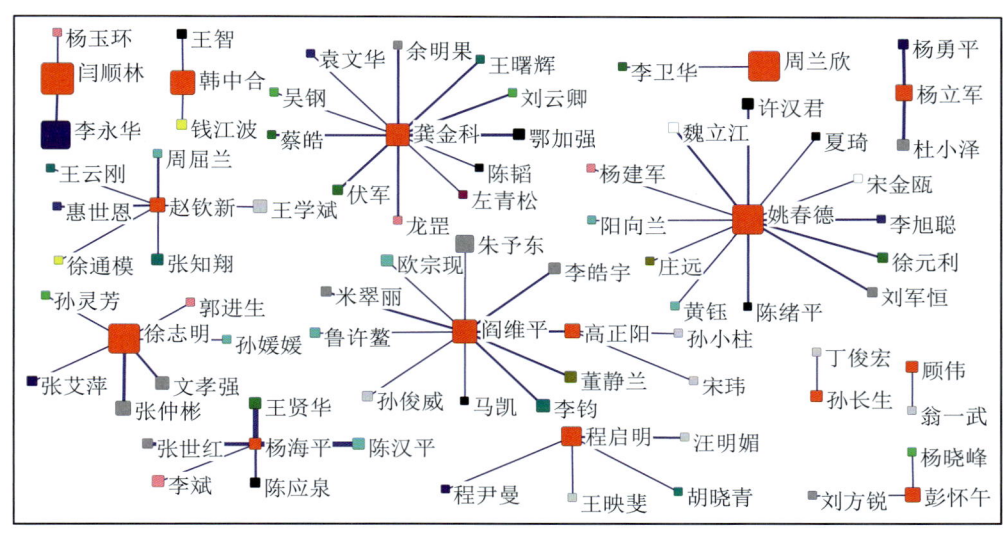

图 35-8　能源与动力工程学科高被引作者科研论文合作关系

35.5.3　高被引作者发文主题关联

通过作者共被引分析，获得 2013 年能源与动力工程学科高被引作者及与其他学者之间的发文主题关联（见图 35-9）。如图 35-9 所示，能源与动力工程学科的高被引作者部分主导了作者共被引网络，显示出该学科在热点主题上可能尚未形成优势明显的科研力量。周兰欣的节点较大，显示出其学术成果在学科内得到较多关注；以周兰欣为主要节点的共被引作者簇人数较多且网络初具规模，意味着这些学者的研究主题关联可能较为紧密；周兰欣与杨立军、赵元宾、贾宝荣等学者之间的链接较强，意味着他们之间可能有较为相近的研究主题。

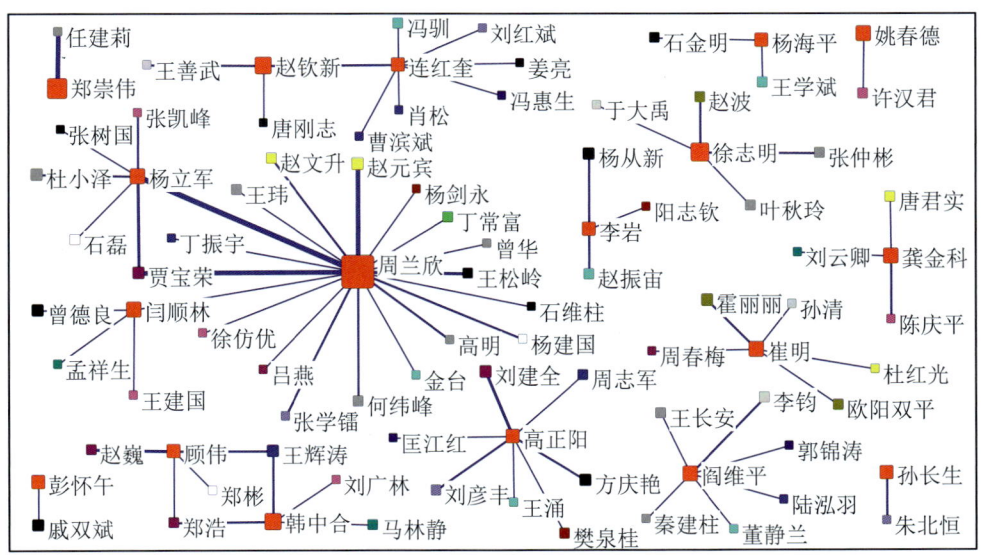

图 35-9　能源与动力工程学科高被引作者发文主题关联

35.6 高被引机构分析

35.6.1 高被引机构

为便于比较，本书将能源与动力工程学科的高被引机构分为高等院校和科研院所两种类型。其中，被引频次 TOP 10 高等院校和被引频次 TOP 5 科研院所的发文及被引情况分别见表 35-5 和表 35-6。其中，总被引频次较高的 3 所高等院校分别是华北电力大学、清华大学和上海交通大学，中国科学院工程热物理研究所、中国科学院广州能源研究所和中国核动力研究设计院是总被引频次较高的 3 所科研院所；前 5 年学科发文在 2013 年的被引率最高的高等院校和科研院所分别是东南大学和中国科学院广州能源研究所；篇均被引最高的高等院校和科研院所分别是华北电力大学和中国科学院广州能源研究所。上述高被引机构的论文被引率和篇均被引频次对比如图 35-10 所示。

表 35-5 能源与动力工程学科高被引高等院校 TOP 10

序号	第一作者单位	学科发文量（篇）		前 5 年学科发文在 2013 年的被引			
		前 5 年	2013 年	频次	被引率（%）	最高（次）	篇均（次）
1	华北电力大学	1452	390	1000	33.8	11	0.68
2	清华大学	1574	303	676	24.7	18	0.43
3	上海交通大学	1264	184	444	22.2	13	0.35
4	西安交通大学	1053	179	403	22.9	11	0.38
5	东南大学	678	75	374	34.7	8	0.55
6	天津大学	682	122	324	29.9	7	0.48
7	浙江大学	616	98	301	29.7	9	0.49
8	华中科技大学	522	78	288	31.2	12	0.55
9	重庆大学	647	99	246	23.0	6	0.38
10	华南理工大学	452	62	221	32.1	6	0.52

表 35-6 能源与动力工程学科高被引科研院所 TOP 5

序号	第一作者单位	学科发文量（篇）		前 5 年学科发文在 2013 年的被引			
		前 5 年	2013 年	频次	被引率（%）	最高（次）	篇均（次）
1	中国科学院工程热物理研究所	355	60	131	23.4	7	0.37
2	中国科学院广州能源研究所	204	47	118	33.8	8	0.58
3	中国核动力研究设计院	320	128	64	14.4	4	0.20
4	中国原子能科学研究院	236	52	49	16.1	4	0.21
5	中国科学院等离子体物理研究所	126	22	42	20.6	4	0.33

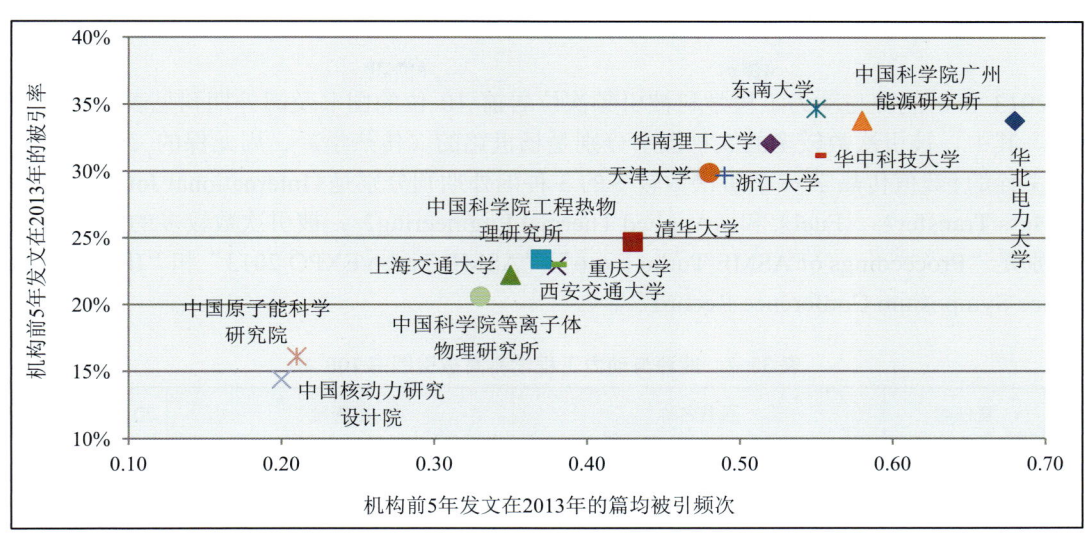

图 35-10　能源与动力工程学科高被引机构论文篇均被引及被引率对比

35.6.2　高被引机构科研合作关系

通过合著分析，获得能源与动力工程学科高被引机构之间及其与其他机构之间的科研合作关联，如图 35-11 所示（合作 43 次以下不显示）。分析得知，能源与动力工程学科的机构合作链接较为紧密，表明学科内机构合作现象非常普遍；高被引机构基本主导了机构合作网络，显示出这些机构已经在学科内具有了一定的科研优势。西安交通大学和东方汽轮机有限公司、中国核动力研究设计院等机构之间的链接较强，表明它们的学术合作较为频繁。

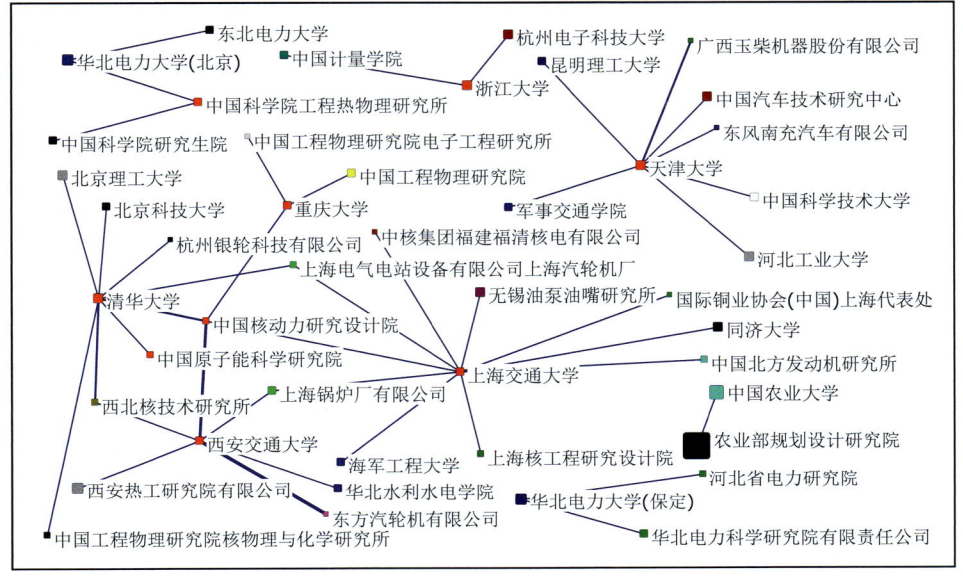

图 35-11　能源与动力工程学科高被引机构科研合作关联

35.7 高被引图书、国外期刊及学术会议

2013 年,能源与动力工程学科被引频次位居前 10 位的图书及国外期刊见表 35-7 和表 35-8。其中,被引次数较多的 3 种图书分别是杨世铭的《传热学》、周龙保的《内燃机学》和陶文铨的《数值传热学》;被引次数较多的 3 种国外期刊分别是《International Journal of Heat and Mass Transfer》《Fuel》和《Applied Thermal Engineering》;被引次数较多的 3 场学术会议分别是"Proceedings of ASME Turbo Expo""ASME Turbo EXPO 2013"和"IEEE Nuclear Science Symposium Conference Record"。

表 35-7 能源与动力工程学科高被引图书 TOP 10

序号	责任者	图书名称	出版社	2013 年被引频次
1	杨世铭	传热学	高等教育出版社	109
2	周龙保	内燃机学	机械工业出版社	71
3	陶文铨	数值传热学	西安交通大学出版社	42
4	岑可法	循环流化床锅炉理论设计与运行	中国电力出版社	36
5	樊泉桂	锅炉原理	中国电力出版社	34
6	冯俊凯	锅炉原理及计算	科学出版社	32
6	林万超	火电厂热系统节能理论	西安交通大学出版社	32
8	郑体宽	热力发电厂	中国电力出版社	31
9	王福军	计算流体动力学分析	清华大学出版社	30
10	沈维道	工程热力学	高等教育出版社	23

表 35-8 能源与动力工程学科高被引国外期刊 TOP 10

序号	期刊名称	2013 年被引频次
1	International Journal of Heat and Mass Transfer	1191
2	Fuel	801
3	Applied Thermal Engineering	795
4	Energy Conversion and Management	494
5	Nuclear Engineering and Design	490
6	Energy	489
7	Combustion and Flame	425
8	Journal of Solar Energy Engineering	382
9	International Journal of Hydrogen Energy	377
10	Applied Energy	372

第 36 章 电工技术学科高被引分析

36.1 学科论文概况

2008—2012 年，电工技术学科共有 183139 位来自 48938 所机构的论文第一作者在 3345 种期刊上发表了 196126 篇学术论文。其中，80%以上的论文产出自 16063 所机构、139434 位作者，发表在 255 种期刊上。在前 5 年发表的这些论文中，有 43917 篇在 2013 年获得过引用，整体被引率为 22.4%，总被引频次为 88804 次，篇均被引 0.45 次；其中，高被引论文有 488 篇，单篇论文最高被引频次为 96 次，累计被引 8176 次，篇均被引 16.75 次（表 36-1）。另外，2013 年电工技术学科共发表论文 50389 篇，其中有 758 篇在当年获得过引用，总共被引 1089 次。

表 36-1 电工技术学科论文分布情况

年份	论文篇数	2013 年被引频次	2013 年被引率（%）	2013 年高被引论文			
				论文篇数	最高被引频次	总被引频次	篇均被引频次
2008	27181	13013	23.0	67	58	1330	19.85
2009	30855	16853	25.5	87	77	1977	22.72
2010	37536	21135	26.3	111	95	1969	17.74
2011	46555	22240	23.2	116	96	1797	15.49
2012	53999	15563	16.9	107	60	1103	10.31
合计	196126	88804	22.4	488	96	8176	16.75

从电工技术学科论文的地域分布来看，2013 年被引频次较高的 5 个省、直辖市或自治区依次是北京、江苏、广东、湖北和上海（图 36-1）；5 年论文产出量较多的 5 个省、直辖市或自治区依次是广东、江苏、北京、黑龙江和湖北（图 36-2）。

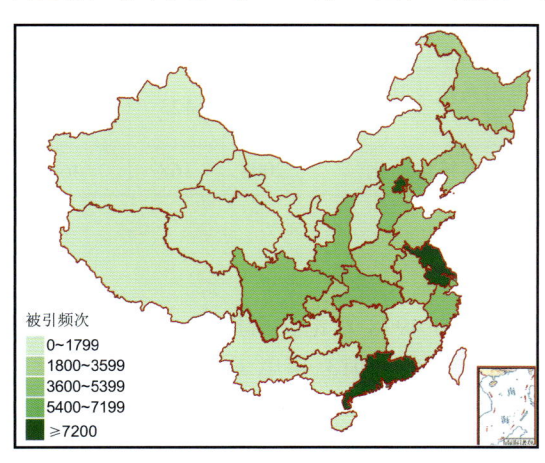

图 36-1 2013 年电工技术学科地区被引分布

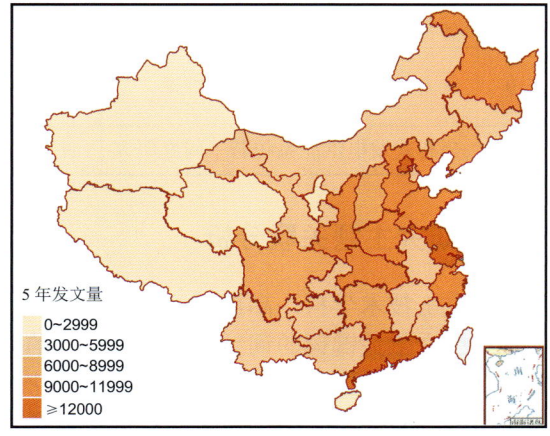

图 36-2 电工技术学科 5 年论文产出地区分布

36.2 高被引论文分析

在电工技术学科,2013 年被引频次位居前 10 位的论文(表 36-2)平均被引频次为 66.6 次,是全部 488 篇高被引论文篇均被引频次的 4.0 倍。其中,被引频次最高的论文是陈树勇于 2009 年发表的《智能电网技术综述》,随后 2 篇分别是肖世杰于 2009 年发表的《构建中国智能电网技术思考》和张文亮于 2009 年发表的《智能电网的研究进展及发展趋势》。

从论文分布来看,刊载高被引论文数量最多的 3 种期刊分别是《电力系统自动化》(100 篇)、《中国电机工程学报》(94 篇)和《电网技术》(68 篇),而《电力系统自动化》刊载了高被引论文 TOP 10 中的 4 篇;发表高被引论文最多的 3 位学者分别是合肥工业大学的丁明(8 篇)、天津大学的王成山(6 篇)和中国电力科学研究院的张文亮(6 篇);产出高被引论文数量最多的 3 所机构分别是中国电力科学研究院(58 篇)、清华大学(30 篇)和华中科技大学(23 篇),而西安电子科技大学产出了高被引论文 TOP 10 中的 2 篇。

表 36-2 电工技术学科高被引论文 TOP 10

序号	论文题名	第一作者	期刊名称	发表年份	被引频次 总频次	被引频次 2013 年
1	智能电网技术综述	陈树勇	电网技术	2009	566	120
2	构建中国智能电网技术思考	肖世杰	电力系统自动化	2009	345	82
3	智能电网的研究进展及发展趋势	张文亮	电网技术	2009	276	81
4	储能技术在电力系统中的应用	张文亮	电网技术	2008	184	64
5	智能电网述评	余贻鑫	中国电机工程学报	2009	180	60
6	大规模风电接入电网的相关问题及措施	张丽英	中国电机工程学报	2010	146	57
7	微网综合控制与分析	王成山	电力系统自动化	2008	193	56
8	分布式发电、微网与智能配电网的发展与挑战	王成山	电力系统自动化	2010	153	53
9	风力发电低电压穿越技术综述	张兴	电力系统及其自动化学报	2008	123	47
10	分布式发电供能系统若干问题研究	王成山	电力系统自动化	2008	168	46

36.3 研究主题关联分析

在电工技术学科,高被引论文累计被 2013 年发表的 4978 篇论文引用了 8176 次。通过分析施引文献关键词的词频及关键词之间的共现关系,获得 2013 年电工技术学科的热点主题和主题关联,如图 36-3 所示(共现 17 次以下不显示)。由图 36-3 可知:"智能电网"的文档词频较高,是电工技术学科近期的热点研究主题;"高压电直流输电"与"模块化多电平换流器"之间的共现次数较多,显示出它们之间主题关联较为紧密。围绕"智能电网"

"继电保护""电力系统"的多个概念相互关联,构成了领域内近期较为突出的研究主题簇。

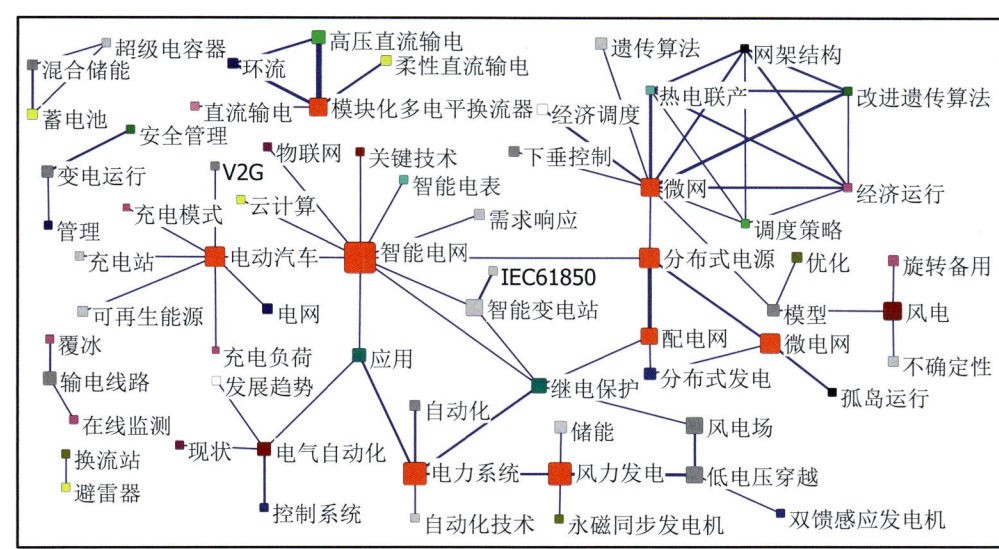

图 36-3　电工技术学科 2013 年热点主题关联

36.4　学科高影响力期刊分析

36.4.1　学科高影响力期刊 TOP 10

在电工技术学科,学科 5 年影响因子位居前 10 位的期刊见表 36-3,排在前 3 位的期刊分别是《电力系统自动化》《中国电机工程学报》和《电网技术》。在表 36-3 中,学科载文量占其总载文量比例最大的期刊是《高压电器》;前 5 年学科载文在 2013 年被引率最高的期刊是《中国电机工程学报》;期刊 5 年影响因子较高的前 3 种期刊分别是《电力系统自动化》《电网技术》和《中国电机工程学报》;学科 5 年影响因子与期刊 5 年影响因子差异最大的期刊是《中国电机工程学报》。表 36-3 中期刊的学科 5 年影响因子和前 5 年学科载文的 2013 年被引率对比如图 36-4 所示,2008—2013 年期刊 5 年影响因子的变动情况如图 36-5 所示。

表 36-3　电工技术学科高影响力期刊基本指数

序号	期刊名称	前 5 年载文量			2013 年学科被引			5 年影响因子		h 指数 (学科)
		学科 (篇)	占比 (%)	总量 (篇)	频次	被引率 (%)	高被引论文篇数	期刊 (2013)	学科 (2013)	
1	电力系统自动化	3080	93.2	3306	6701	56.7	100	2.147	2.176	22
2	中国电机工程学报	3438	71.1	4834	7175	57.5	94	1.791	2.087	23
3	电网技术	2874	94.9	3028	5537	55.7	68	1.953	1.927	20
4	电力系统保护与控制	4096	98.4	4161	6563	54.5	64	1.595	1.602	18
5	高电压技术	2608	87.0	2998	3931	55.6	20	1.444	1.507	13

序号	期刊名称	前5年载文量			2013年学科被引			5年影响因子		h指数（学科）
		学科（篇）	占比（%）	总量（篇）	频次	被引率（%）	高被引论文篇数	期刊（2013）	学科（2013）	
6	电工技术学报	2150	92.2	2333	2659	46.4	16	1.215	1.237	12
7	电力自动化设备	1989	89.1	2232	2410	48.0	15	1.168	1.212	12
8	中国电力	909	61.5	1478	1023	43.9	5	1.032	1.125	9
9	高压电器	1551	98.5	1574	1532	41.8	10	0.982	0.988	10
10	电网与清洁能源	1068	74.5	1434	1008	43.3	4	0.817	0.944	8

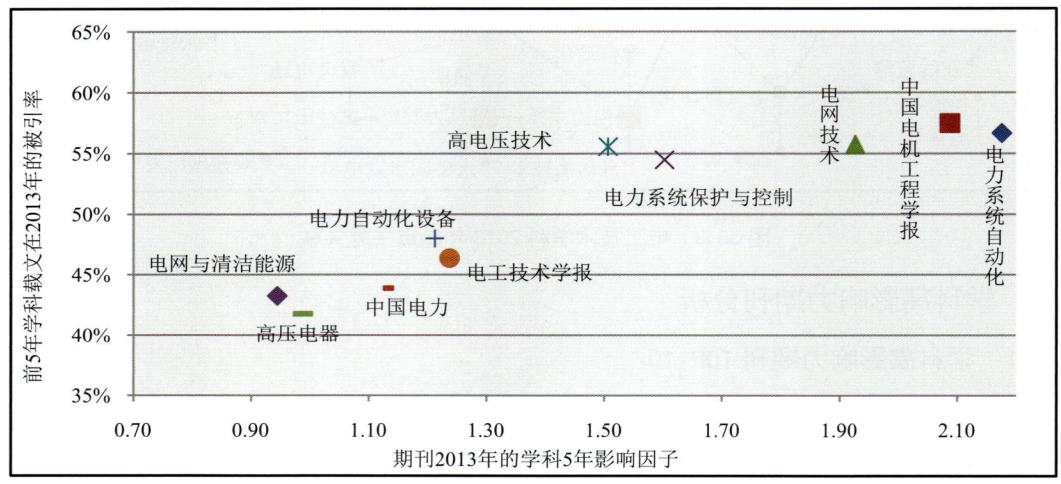

图 36-4 电工技术学科高影响力期刊对比

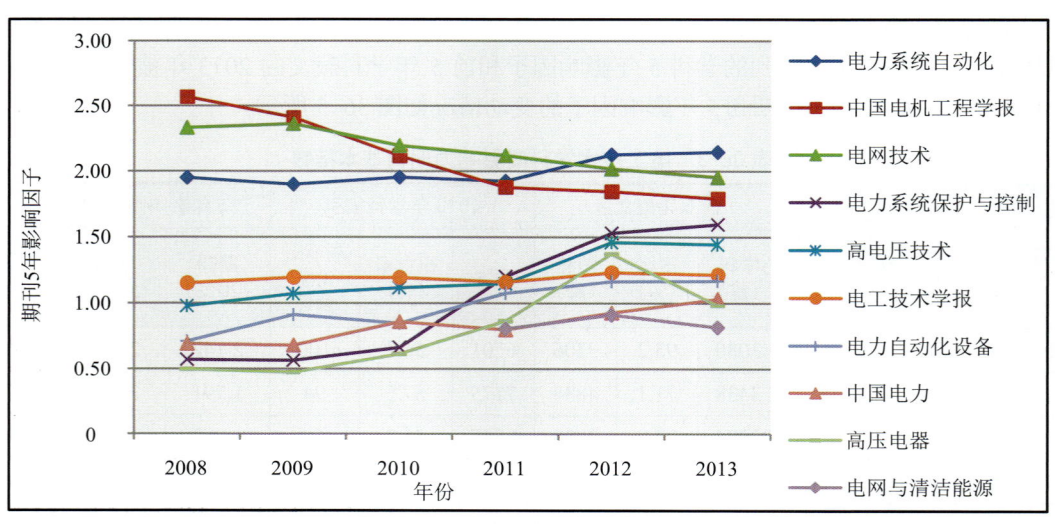

图 36-5 电工技术学科期刊5年影响因子变动

36.4.2 学科高影响力期刊载文主题关联

通过期刊共被引分析，获得电工技术学科高影响力期刊及与其他期刊之间的载文主题关联，如图 36-6 所示（共被引 65 次以下不显示）。结果显示，电工技术学科的高影响力期刊相互链接较为紧密，基本主导了该学科的期刊共被引网络，显示出该学科高影响力期刊可能共同刊载了许多相近的研究主题，热点研究主题分散在多种期刊上。《电力系统自动化》和《中国电机工程学报》的学科 5 年影响因子较高，显示出它们的学术影响力较大；《电力系统自动化》与《中国电机工程学报》《电网技术》《电力系统保护与控制》等期刊之间的链接较强，意味着它们之间可能有较多相同或相近的载文主题。

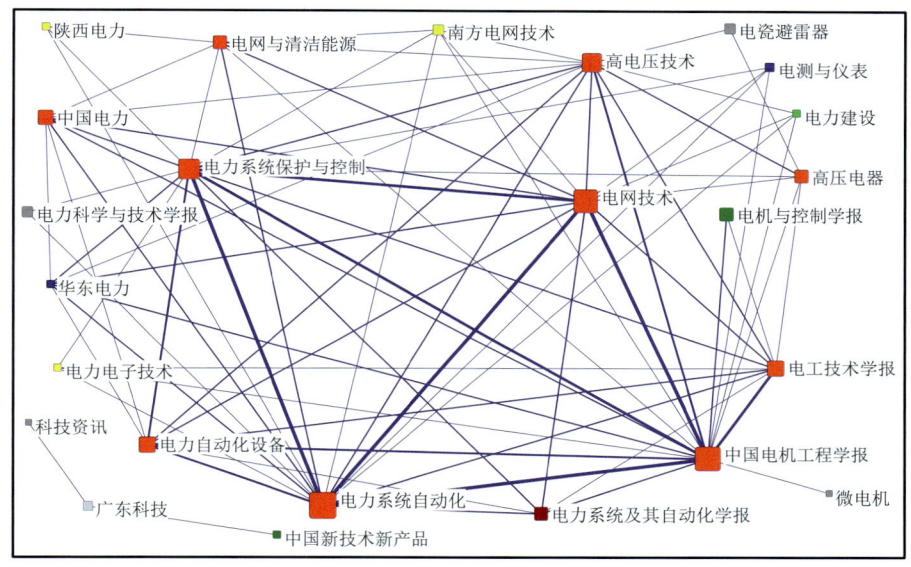

图 36-6　电工技术学科高影响力期刊载文主题关联

36.5　高被引作者分析

36.5.1　高被引作者 TOP 20

2008—2012 年，在 183139 位电工技术学科论文的第一作者中，在 2013 年学科被引频次位居前 20 位的学者的发文及被引情况见表 36-4。其中，学科发文总被引频次较高的 3 位作者分别是天津大学的王成山（280 次）、中国电力科学研究院的张文亮（257 次）和合肥工业大学的丁明（222 次）。高被引作者的 5 年学科发文数量从 1 篇到 75 篇不等，同时，作者学科发文的期刊分布也在 1 种到 13 种之间变化。在发文超过 5 篇的所有作者中，篇均被引较高的 3 位作者分别是中国电力科学研究院的陈树勇（篇均 23.83 次）、中国电力科学研究院的张文亮（篇均 16.06 次）和浙江大学的赵俊华（篇均 14.00 次）；前 5 年发表学科论文较多的 3 位作者分别是华北电力大学（北京）的曾鸣（75 篇）、重庆大学的蒋兴良（54 篇）和西安交通大学的索南加乐（53 篇）。高被引作者的学科发文量和被引量对比如图 36-7 所示。

表 36-4 电工技术学科高被引作者 TOP 20

序号	姓名	作者单位	前5年发文			前5年学科发文在2013年的被引				h指数（学科）
			学科发文（篇）	期刊分布（种）	发文总量（篇）	总频次	被引率（%）	最高（次）	篇均（次）	
1	王成山	天津大学	39	11	40	280	66.7	56	7.18	8
2	张文亮	中国电力科学研究院	16	3	17	257	93.8	81	16.06	6
3	丁明	合肥工业大学	43	9	92	222	65.1	37	5.16	9
4	余贻鑫	天津大学	12	5	15	157	75.0	60	13.08	6
5	廖瑞金	重庆大学	50	6	57	145	74.0	25	2.90	6
6	陈树勇	中国电力科学研究院	6	2	6	143	66.7	120	23.83	4
7	束洪春	昆明理工大学	49	8	68	106	59.2	14	2.16	5
8	周林	重庆大学	24	13	24	92	62.5	28	3.83	5
9	张保会	西安交通大学	23	6	23	89	52.2	15	3.87	6
10	肖世杰	中国电力科学研究院	1	1	1	82	100.0	82	82.00	1
11	蒋兴良	重庆大学	54	9	55	81	61.1	7	1.50	5
11	屠卿瑞	浙江大学	7	6	7	81	85.7	36	11.57	5
13	曾鸣	华北电力大学（北京）	75	11	118	80	54.7	5	1.07	4
14	索南加乐	西安交通大学	53	7	53	79	60.4	10	1.49	4
15	管敏渊	浙江大学	9	5	20	76	77.8	24	8.44	5
16	唐炬	重庆大学	44	6	48	74	50.0	10	1.68	5
17	汤涌	中国电力科学研究院	13	2	13	71	92.3	16	5.46	6
18	黄新波	西安工程大学	21	12	24	70	61.9	14	3.33	6
18	赵俊华	浙江大学	5	1	5	70	100.0	22	14.00	5
20	李辉	重庆大学	29	7	38	68	72.4	10	2.34	5

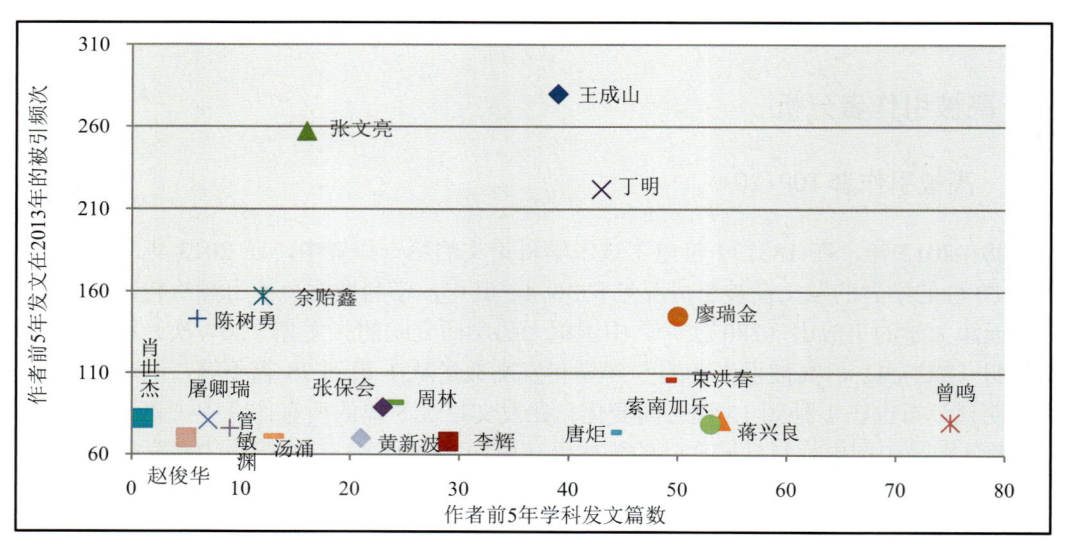

图 36-7 电工技术学科高被引作者学科发文及被引对比

36.5.2 高被引作者科研合作关系

通过作者合著分析，获得 2013 年电工技术学科高被引作者及与其他学者之间的科研论文合作关系（不考虑论文署名次序），如图 36-8 所示（合著 11 次以下不显示）。可以看出，电工技术学科的高被引作者的论文合作规模比较突出。其中，学者曾鸣的发文量较多，论文合作者也较多，显示出其在该学科的研究人员中具有一定的集聚效应；学者廖瑞金、蒋兴良的论文合作网络也较突出，显示出他们可能各自在学科内集聚了一个合作团队。

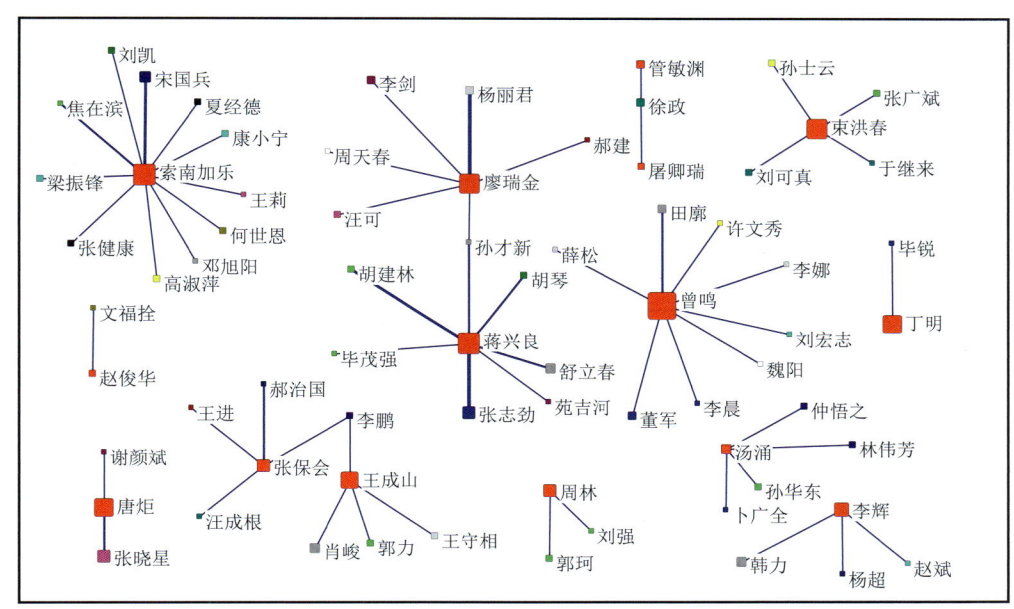

图 36-8　电工技术学科高被引作者科研论文合作关系

36.5.3 高被引作者发文主题关联

通过作者共被引分析，获得 2013 年电工技术学科高被引作者及与其他学者之间的发文主题关联（见图 36-9，共被引 9 次以下不显示）。如图 36-9 所示，电工技术学科的高被引作者基本主导了作者共被引网络，显示出该学科在热点主题上可能已经形成了优势明显的科研力量。王成山和张文亮的节点较大，显示出他们的学术成果在学科内得到较多关注；以张文亮、王成山等学者为主要节点的共被引作者簇人数较多且网络规模较大，意味着这些学者的研究主题关联可能较为紧密。

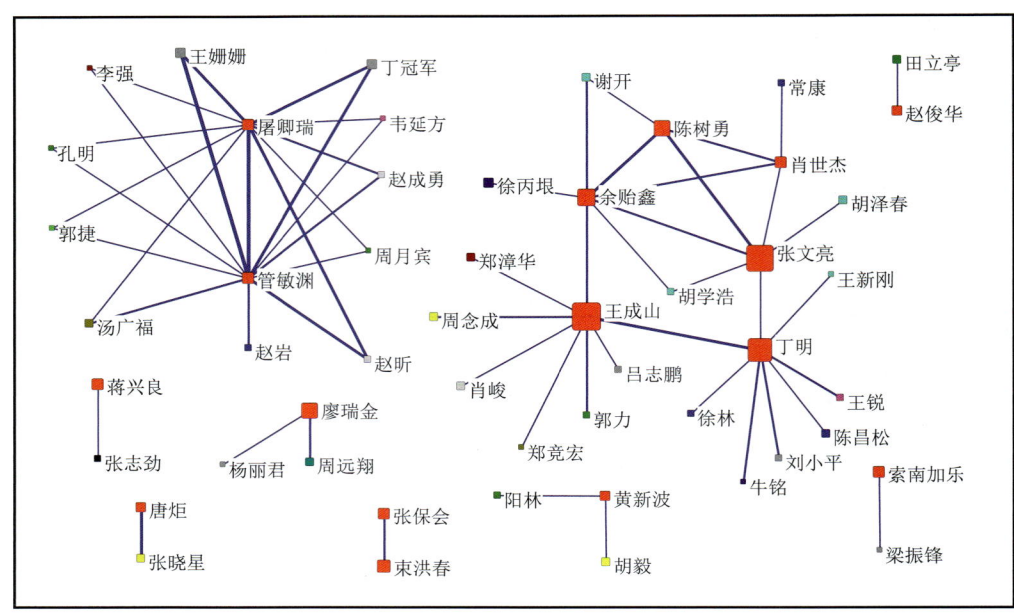

图 36-9 电工技术学科高被引作者发文主题关联

36.6 高被引机构分析

36.6.1 高被引机构

为便于比较,本书将电工技术学科的高被引机构分为高等院校和科研院所两种类型。其中,被引频次 TOP 10 高等院校和被引频次 TOP 5 科研院所的发文及被引情况分别见表 36-5 和表 36-6。其中,总被引频次较高的 3 所高等院校分别是华北电力大学、清华大学和重庆大学,中国电力科学研究院、国网电力科学研究院和中国科学院电工研究所是总被引频次较高的 3 所科研院所;前 5 年学科发文在 2013 年的被引率最高的高等院校和科研院所分别是清华大学和中国电力科学研究院;篇均被引最高的高等院校和科研院所分别是清华大学和中国电力科学研究院。上述高被引机构的论文被引率和篇均被引频次对比如图 36-10 所示。

表 36-5 电工技术学科高被引高等院校 TOP 10

序号	第一作者单位	学科发文量(篇)		前 5 年学科发文在 2013 年的被引			
		前 5 年	2013 年	频次	被引率(%)	最高(次)	篇均(次)
1	华北电力大学	2323	1212	4148	41.5	32	0.98
2	清华大学	1646	206	2747	51.9	46	1.67
3	重庆大学	2060	334	2500	45.0	28	1.21
4	浙江大学	1672	307	1985	41.0	36	1.19

序号	第一作者单位	学科发文量（篇）		前5年学科发文在2013年的被引			
		前5年	2013年	频次	被引率（%）	最高（次）	篇均（次）
5	上海交通大学	2124	319	1642	30.8	26	0.77
6	华中科技大学	1395	239	1460	36.6	30	1.05
7	西安交通大学	1264	173	1389	40.9	22	1.10
8	华南理工大学	1440	195	1249	35.6	19	0.87
9	天津大学	752	128	1223	41.8	60	1.63
10	湖南大学	1160	142	1170	41.4	13	1.01

表 36-6　电工技术学科高被引科研院所 TOP 5

序号	第一作者单位	学科发文量（篇）		前5年学科发文在2013年的被引			
		前5年	2013年	频次	被引率（%）	最高（次）	篇均（次）
1	中国电力科学研究院	1711	301	3395	48.8	120	1.98
2	国网电力科学研究院	381	53	472	45.4	13	1.24
3	中国科学院电工研究所	382	53	392	36.9	20	1.03
4	广东电网公司电力科学研究院	353	101	198	24.9	11	0.56
5	国网北京经济技术研究院	209	44	182	35.4	7	0.87

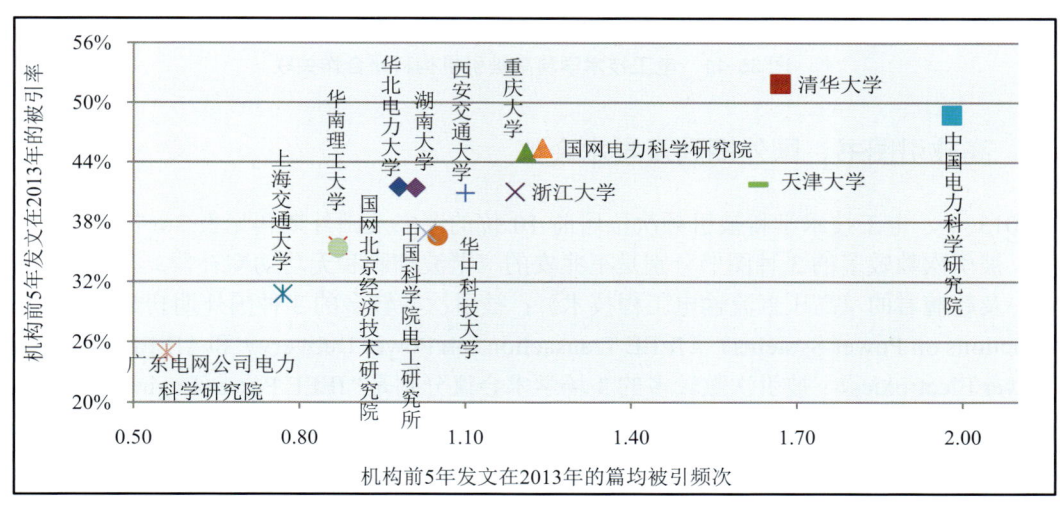

图 36-10　电工技术学科高被引机构论文篇均被引及被引率对比

36.6.2 高被引机构科研合作关系

通过合著分析，获得电工技术学科高被引机构之间及其与其他机构之间的科研合作关联，如图 36-11 所示（合作 96 次以下不显示）。分析得知，电工技术学科的机构合作链接非常紧密，表明学科内机构合作现象非常普遍；高被引机构基本主导了机构合作网络，表明这些机构已经在学科内具有了一定的科研优势。上海交通大学和上海市电力公司之间的链接较强，表明它们的学术合作较为频繁。

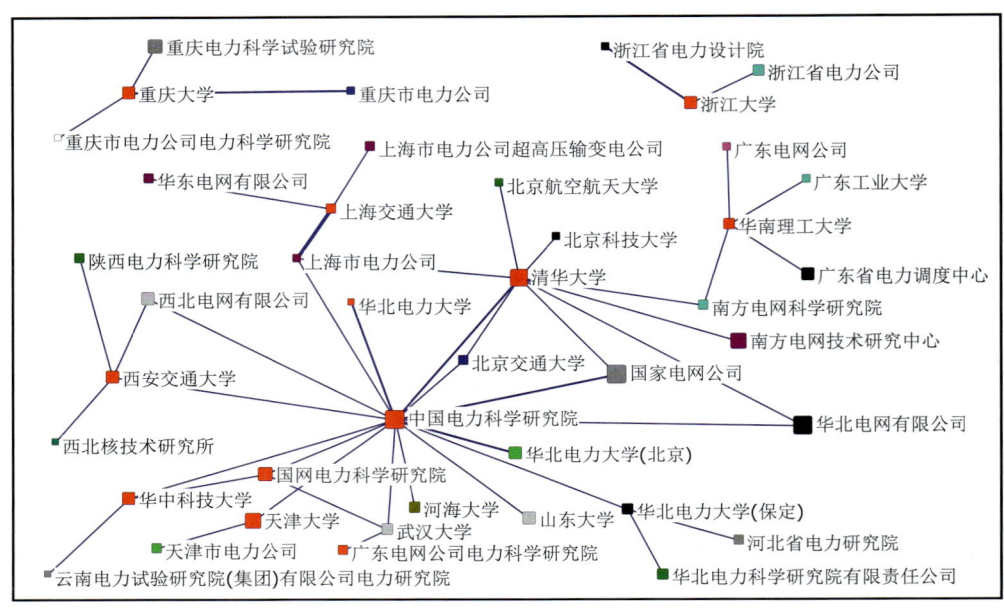

图 36-11　电工技术学科高被引机构科研合作关联

36.7　高被引图书、国外期刊及学术会议

2013 年，电工技术学科被引频次位居前 10 位的图书及国外期刊见表 36-7 和表 36-8。其中，被引次数较多的 3 种图书分别是王兆安的《谐波抑制和无功功率补偿》与《电力电子技术》及赵畹君的《高压直流输电工程技术》；被引次数较多的 3 种国外期刊分别是《IEEE Transactions on Power Systems》《IEEE Transactions on Power Delivery》和《IEEE Transactions on Power Electronics》；被引次数较多的 3 场学术会议分别是"IEEE Power Engineering Society General Meeting""Power Electronics Specialists Conference"和"IEEE Power Electronics Specialists Conference"。

表 36-7 电工技术学科高被引图书 TOP 10

序号	责任者	图书名称	出版社	2013年被引频次
1	王兆安	谐波抑制和无功功率补偿	机械工业出版社	172
2	王兆安	电力电子技术	机械工业出版社	149
3	赵畹君	高压直流输电工程技术	中国电力出版社	130
4	王维俭	电气主设备继电保护原理与应用	中国电力出版社	91
5	贺家李	电力系统继电保护原理	中国电力出版社	90
6	刘振亚	特高压电网	中国经济出版社	88
7	唐任远	现代永磁电机理论与设计	机械工业出版社	85
7	张崇巍	PWM整流器及其控制	机械工业出版社	85
9	张保会	电力系统继电保护	中国电力出版社	80
10	倪以信	动态电力系统的理论和分析	清华大学出版社	74

表 36-8 电工技术学科高被引国外期刊 TOP 10

序号	期刊名称	2013年被引频次
1	IEEE Transactions on Power Systems	3336
2	IEEE Transactions on Power Delivery	3125
3	IEEE Transactions on Power Electronics	2763
4	Journal of Power Sources	2719
5	IEEE Transactions on Industrial Electronics	2334
6	IEEE Transactions on Industry Applications	1953
7	IEEE Transactions on Energy Conversion	1473
8	IEEE Transactions on Magnetics	1316
9	IEEE Transactions on Dielectrics and Electrical Insulation	1074
10	Journal of the Electrochemical Society	1002

第 37 章 无线电电子学、电信技术学科高被引分析

37.1 学科论文概况

2008—2012 年,无线电电子学、电信技术学科共有 169925 位来自 33746 所机构的论文第一作者在 3554 种期刊上发表了 206360 篇学术论文。其中,80% 以上的论文产出自 18847 所机构、136711 位作者,发表在 311 种期刊上。在前 5 年发表的这些论文中,有 35266 篇在 2013 年获得过引用,整体被引率为 17.1%,总被引频次为 54891 次,篇均被引 0.27 次;其中,高被引论文有 470 篇,单篇论文最高被引频次为 80 次,累计被引 3970 次,篇均被引 8.45 次(表 37-1)。另外,2013 年无线电电子学、电信技术学科共发表论文 40896 篇,其中有 653 篇在当年获得过引用,总共被引 814 次。

表 37-1 无线电电子学、电信技术学科论文分布情况

年份	论文篇数	2013 年被引频次	2013 年被引率（%）	2013 年高被引论文			
				论文篇数	最高被引频次	总被引频次	篇均被引频次
2008	32916	7445	15.5	59	30	431	7.31
2009	33346	9386	17.7	60	36	711	11.85
2010	37241	12046	20.2	83	57	899	10.83
2011	49794	14934	18.5	132	80	1047	7.93
2012	53063	11080	14.1	136	66	882	6.49
合计	206360	54891	17.1	470	80	3970	8.45

从无线电电子学、电信技术学科论文的地域分布来看,2013 年被引频次较高的 5 个省、直辖市或自治区依次是北京、陕西、江苏、四川和广东(图 37-1);5 年论文产出量较多的 5 个省、直辖市或自治区依次是北京、江苏、陕西、四川和广东(图 37-2)。

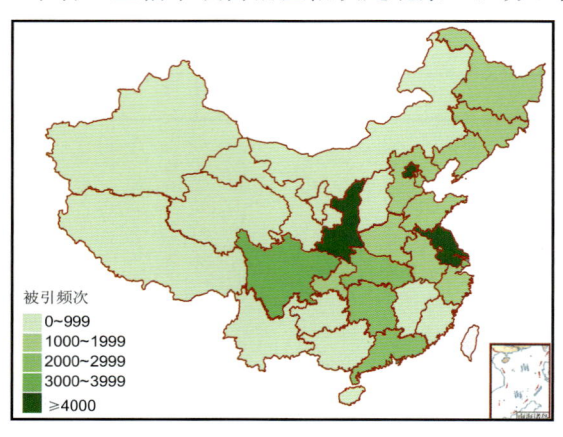

图 37-1 2013 年无线电电子学、电信技术学科地区被引分布

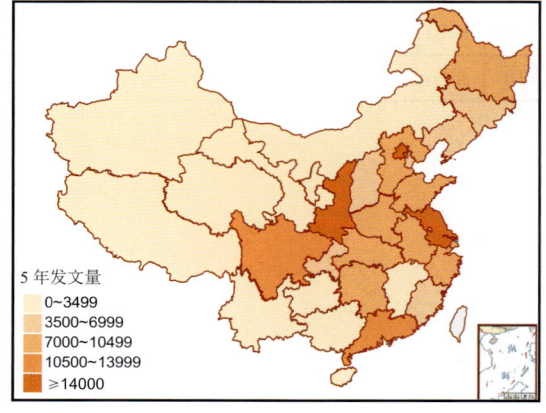

图 37-2 无线电电子学、电信技术学科 5 年论文产出地区分布

37.2 高被引论文分析

在无线电电子学、电信技术学科,2013 年被引频次位居前 10 位的论文(表 37-2)平均被引频次为 36.08 次,是全部 470 篇高被引论文篇均被引频次的 4.3 倍。其中,被引频次最高的论文是石光明于 2009 年发表的《压缩感知理论及其研究进展》,随后 2 篇分别是焦李成于 2011 年发表的《压缩感知回顾与展望》和管敏渊于 2010 年发表的《模块化多电平换流器型直流输电的调制策略》。

从论文分布来看,刊载高被引论文数量最多的 3 种期刊分别是《电子与信息学报》(26 篇)、《电子学报》(20 篇)和《中国激光》(18 篇);发表高被引论文最多的 3 位学者分别是大连民族大学的肖瑛(5 篇)、北京邮电大学的杨义先(2 篇)和天津大学的姚建铨(2 篇);产出高被引论文数量最多的 3 所机构分别是西安电子科技大学(17 篇)、国防科学技术大学(13 篇)和南京邮电大学(11 篇),而西安电子科技大学产出了高被引论文 TOP 10 中的 2 篇。

表 37-2 无线电电子学、电信技术学科高被引论文 TOP 10

序号	论文题名	第一作者	期刊名称	发表年份	被引频次 总频次	被引频次 2013 年
1	压缩感知理论及其研究进展	石光明	电子学报	2009	327	88
2	压缩感知回顾与展望	焦李成	电子学报	2011	87	40
3	模块化多电平换流器型直流输电的调制策略	管敏渊	电力系统自动化	2010	100	39
4	基于模块化多电平变流器的轻型直流输电系统	刘钟淇	电力系统自动化	2010	84	38
5	含分布式发电系统的微网技术研究综述	黄伟	电网技术	2009	132	37
6	物联网的技术思想与应用策略研究	朱洪波	通信学报	2010	82	35
7	微网研究中的关键技术	丁明	电网技术	2009	104	34
7	云计算概念和影响力解析	张健	电信网技术	2009	93	34
9	电子信息工程的现代化技术探讨	李国林	硅谷	2012	31	28
10	计算机网络安全分析研究	彭沙沙	现代电子技术	2012	33	24
10	云计算安全关键技术分析	张云勇	电信科学	2010	60	24
10	图像质量评价方法研究进展	蒋刚毅	电子与信息学报	2010	59	24
10	压缩传感综述	李树涛	自动化学报	2009	84	24

37.3 研究主题关联分析

在无线电电子学、电信技术学科，高被引论文累计被 2013 年发表的 3675 篇论文引用了 3970 次。通过分析施引文献关键词的词频及关键词之间的共现关系，获得 2013 年无线电电子学、电信技术学科的热点主题和主题关联，如图 37-3 所示（共现 6 次以下不显示）。由图 37-3 可知："物联网""压缩感知"等概念的文档词频较高，是无线电电子学、电信技术学科近期的热点研究主题；"物联网"与"RFID"共现的次数较多，显示它们之间的关联较为紧密。以"物联网"和"云计算"为核心的多个概念相互关联，构成了领域内近期较为突出的研究主题簇。

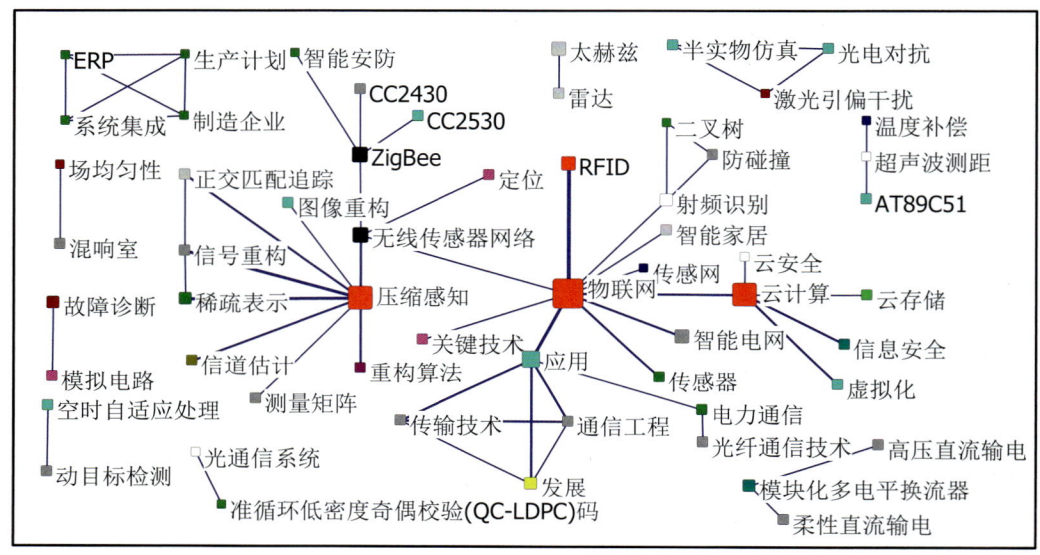

图 37-3　无线电电子学、电信技术学科 2013 年热点主题关联

37.4 学科高影响力期刊分析

37.4.1 学科高影响力期刊 TOP 10

在无线电电子学、电信技术学科，学科 5 年影响因子位居前 10 位的期刊见表 37-3，排在前 3 位的期刊分别是《电子学报》《光学精密工程》和《中国激光》。在表 37-3 中，学科载文量占其总载文量比例最大的期刊是《电力系统通信》；前 5 年学科载文在 2013 年被引率最高的期刊是《光学精密工程》；期刊 5 年影响因子较高的前 3 种期刊分别是《光学精密工程》《电子学报》和《电子测量与仪器学报》；学科 5 年影响因子与期刊 5 年影响因子差异最大的期刊是《电子测量与仪器学报》。表 37-3 中期刊的学科 5 年影响因子和前 5 年学科载文在 2013 年的被引率对比如图 37-4 所示，2008—2013 年期刊 5 年影响因子的变动情况如图 37-5 所示。

表 37-3 无线电电子学、电信技术学科高影响力期刊基本指数

序号	期刊名称	前5年载文量			2013年学科被引			5年影响因子		h指数(学科)
		学科(篇)	占比(%)	总量(篇)	频次	被引率(%)	高被引论文篇数	期刊(2013)	学科(2013)	
1	电子学报	1230	41.8	2941	1217	41.5	20	1.017	0.989	11
2	光学精密工程	506	20.8	2433	477	44.1	7	1.085	0.943	9
3	中国激光	1661	52.8	3144	1372	42.0	18	0.790	0.826	8
4	电子测量与仪器学报	367	26.1	1408	279	36.2	4	0.995	0.760	9
5	电子与信息学报	2403	71.0	3385	1687	37.3	26	0.747	0.702	9
6	电力系统通信	938	81.2	1155	620	33.9	14	0.616	0.661	7
7	红外与激光工程	1181	46.4	2543	768	35.1	10	0.658	0.650	8
7	光电子·激光	1236	49.3	2507	803	36.5	8	0.625	0.650	6
9	系统工程与电子技术	1306	39.9	3272	713	32.3	6	0.627	0.546	8
10	中兴通讯技术	397	79.9	497	212	30.5	3	0.541	0.534	4

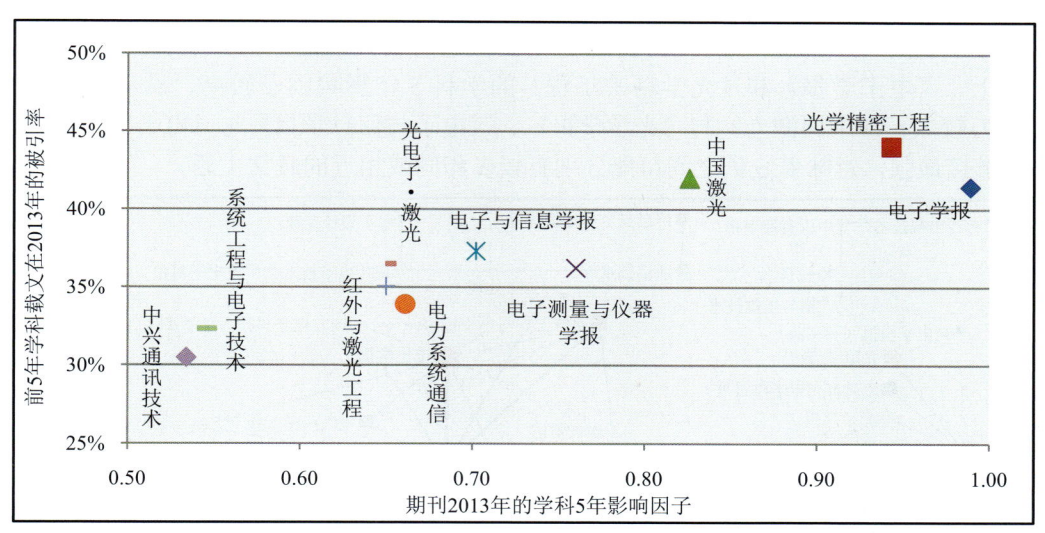

图 37-4 无线电电子学、电信技术学科高影响力期刊对比

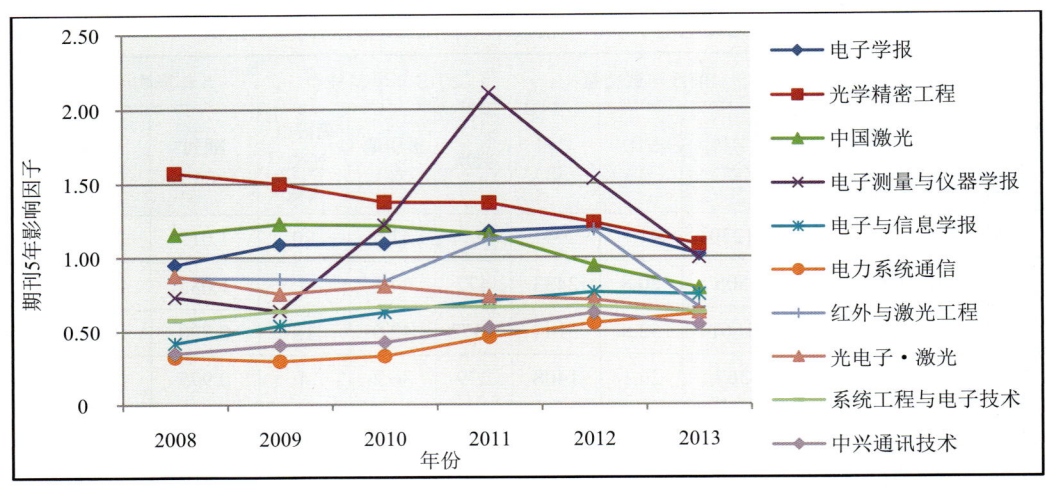

图 37-5　无线电电子学、电信技术学科期刊 5 年影响因子变动

37.4.2　学科高影响力期刊载文主题关联

通过期刊共被引分析，获得无线电电子学、电信技术学科高影响力期刊及与其他期刊之间的载文主题关联，如图 37-6 所示（共被引 27 下不显示）。结果显示，无线电电子学、电信技术学科的高影响力期刊相互链接较为紧密，基本主导了该学科的期刊共被引网络，显示出该学科高影响力期刊可能共同刊载了许多相近的研究主题，热点研究主题分散在多种期刊上。《电子学报》和《光学精密工程》的学科 5 年影响因子较高，显示出它们的学术影响力较大；《中国激光》与《光学学报》、《电子与信息学报》与《电子学报》之间的共被引链接最强，意味着它们之间可能分别有较多相同或相近的载文主题。

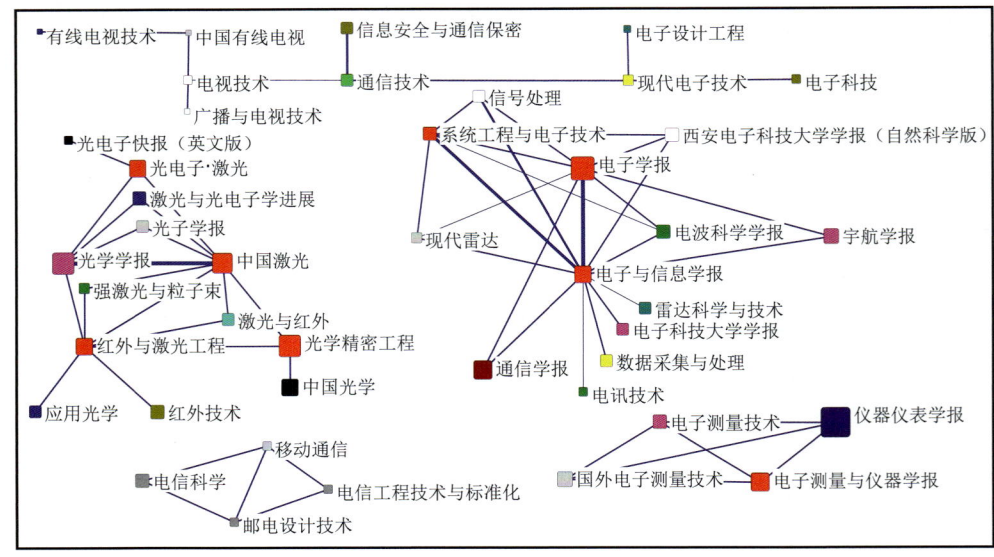

图 37-6　无线电电子学、电信技术学科高影响力期刊载文主题关联

37.5 高被引作者分析

37.5.1 高被引作者 TOP 20

2008—2012年，在169925位无线电电子学、电信技术学科论文的第一作者中，在2013年学科被引频次位居前20位的学者的发文及被引情况见表37-4。其中，学科发文总被引频次较高的3位作者分别是西安电子科技大学的石光明（88次）、南京邮电大学的朱洪波（56次）和南京航空航天大学的吴一全（51次）。高被引作者的5年学科发文数量从1篇到48篇不等，同时，作者学科发文的期刊分布也在1种到23种之间变化。在发文超过5篇的所有作者中，篇均被引较高的3位作者分别是大连民族大学的肖瑛（篇均5.00次）、中国电信四川公司的张应福（篇均4.60次）和天津大学的姚建铨（篇均4.40次）；前5年发表学科论文较多的3位作者分别是南京航空航天大学的吴一全（48篇）、中国人民解放军通信指挥学院的郎为民（47篇）和重庆邮电大学的陈发堂（45篇）。高被引作者的学科发文量和被引量对比如图37-7所示。

表37-4 无线电电子学、电信技术学科高被引作者 TOP 20

序号	姓名	作者单位	前5年发文			前5年学科发文在2013年的被引				h指数（学科）
			学科发文（篇）	期刊分布（种）	发文总量（篇）	总频次	被引率（%）	最高（次）	篇均（次）	
1	石光明	西安电子科技大学	1	1	3	88	100.0	88	88.00	2
2	朱洪波	南京邮电大学	4	4	6	56	75.0	35	14.00	2
3	吴一全	南京航空航天大学	48	23	86	51	54.2	5	1.06	4
4	刘立人	中国科学院上海光学精密机械研究所	11	1	11	42	100.0	8	3.82	4
5	焦李成	西安电子科技大学	1	1	2	40	100.0	40	40.00	1
6	管敏渊	浙江大学	1	1	20	39	100.0	39	39.00	5
7	刘钟淇	清华大学	1	1	2	38	100.0	38	38.00	2
8	黄伟	华北电力大学（北京）	1	1	11	37	100.0	37	37.00	2
9	赵春晖	哈尔滨工程大学	41	21	72	36	36.6	6	0.88	3
10	袁建国	重庆邮电大学	29	7	36	35	48.3	8	1.21	4
11	张健	信息产业部电信研究院通信标准研究所	1	1	1	34	100.0	34	34.00	2
11	丁明	合肥工业大学	1	1	92	34	100.0	34	34.00	9
13	兰羽	陕西工业职业技术学院	22	7	43	29	31.8	13	1.32	3
14	李国林	贵州大学科技学院	1	1	1	28	100.0	28	28.00	

序号	姓名	作者单位	前5年发文			前5年学科发文在2013年的被引				h指数（学科）
			学科发文（篇）	期刊分布（种）	发文总量（篇）	总频次	被引率（%）	最高（次）	篇均（次）	
14	赵慧玲	中国电信股份有限公司北京研究院	20	7	38	28	55.0	7	1.40	3
16	张云勇	中国联通研究院	6	4	14	26	50.0	24	4.33	1
16	吴吉义	浙江大学	2	1	6	26	100.0	23	13.00	3
16	练秋生	燕山大学	10	4	19	26	80.0	8	2.60	4
16	程军圣	湖南大学	8	5	42	26	75.0	9	3.25	4
20	程水英	解放军电子工程学院	10	6	10	25	80.0	9	2.50	2

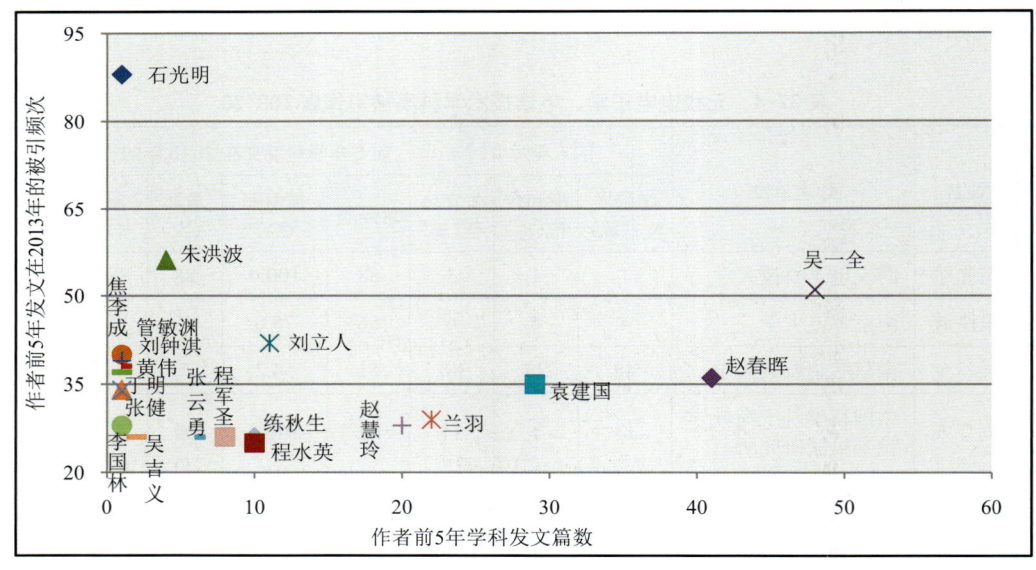

图 37-7　无线电电子学、电信技术学科高被引作者学科发文及被引对比

37.5.2　高被引作者科研合作关系

通过作者合著分析，获得 2013 年无线电电子学、电信技术学科高被引作者及与其他学者之间的科研论文合作关系（不考虑论文署名次序），如图 37-8 所示（合著 3 次以下不显示）。可以看出，无线电电子学、电信技术学科的高被引作者的论文合作现象比较普遍，而且合作人数较多。其中，学者吴一全发文量较多，论文合作者也较多，显示出其呈现一定的集聚效应；学者刘立人与孙建锋、周煜等学者之间的合作关系最为紧密，显示出他们可能属于同一支科研团队。

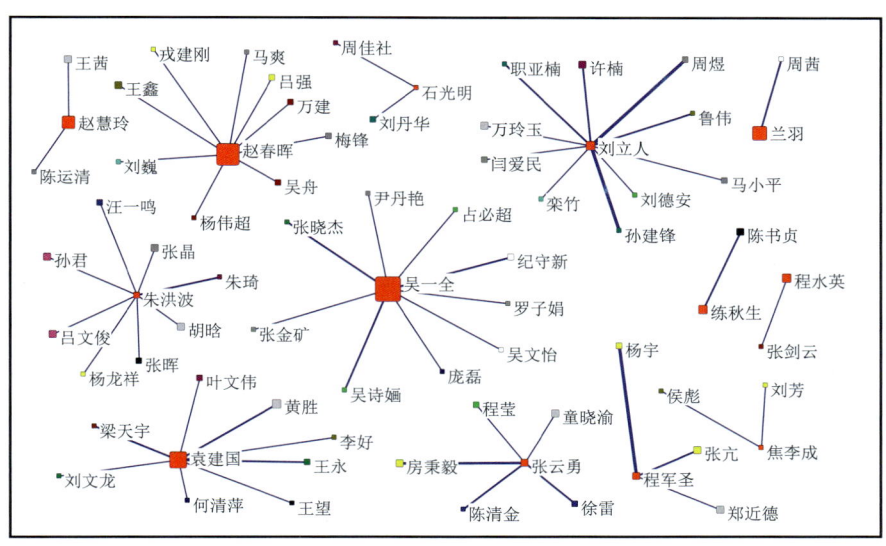

图 37-8　无线电电子学、电信技术学科高被引作者科研论文合作关系

37.5.3　高被引作者发文主题关联

通过作者共被引分析，获得 2013 年无线电电子学、电信技术学科高被引作者及与其他学者之间的发文主题关联（见图 37-9，共被引 3 次以下不显示）。如图 37-9 所示，无线电电子学、电信技术学科的高被引作者基本主导作者共被引网络，显示出该学科在热点主题上可能已经形成优势明显的科研力量。石光明的节点较大，显示出其学术成果在学科内得到较多关注；以石光明为主要节点的共被引作者簇人数较多且网络规模较大，意味着这些学者的研究主题关联可能较为紧密。学者刘钟淇与管敏渊之间的链接较强，意味着他们之间可能有较为相近的研究主题。

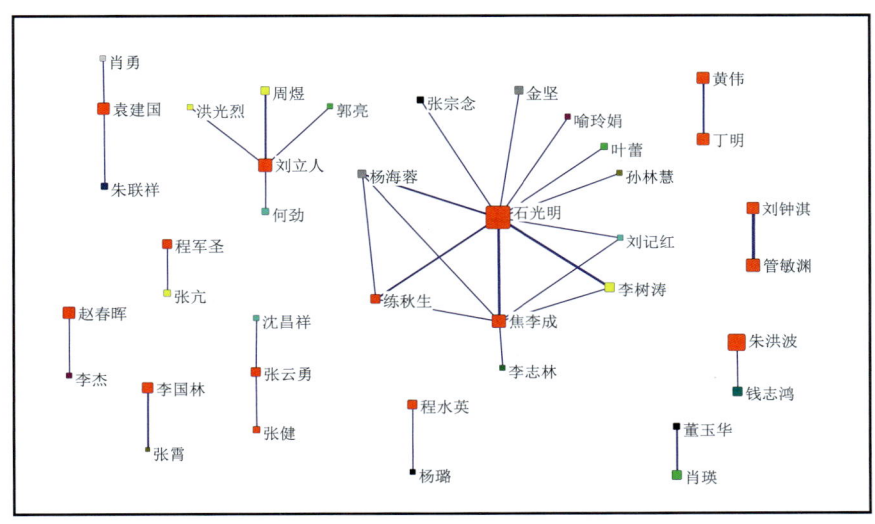

图 37-9　无线电电子学、电信技术学科高被引作者发文主题关联

37.6 高被引机构分析

37.6.1 高被引机构

为便于比较,本书将无线电电子学、电信技术学科的高被引机构分为高等院校和科研院所两种类型。其中,被引频次 TOP 10 高等院校和被引频次 TOP 5 科研院所的发文及被引情况分别见表 37-5 和表 37-6。其中,总被引频次较高的 3 所高等院校分别是西安电子科技大学、国防科学技术大学和电子科技大学,中国科学院长春光学精密机械与物理研究所、中国科学院电子学研究所和南京电子技术研究所是总被引频次较高的 3 所科研院所;前 5 年学科发文在 2013 年的被引率最高的高等院校和科研院所分别是国防科学技术大学和中国科学院上海光学精密机械研究所;篇均被引最高的高等院校和科研院所分别是西安电子科技大学和中国科学院上海光学精密机械研究所。上述高被引机构的论文被引率和篇均被引频次对比如图 37-10 所示。

表 37-5 无线电电子学、电信技术学科高被引高等院校 TOP 10

序号	第一作者单位	学科发文量(篇)		前 5 年学科发文在 2013 年的被引			
		前 5 年	2013 年	频次	被引率(%)	最高(次)	篇均(次)
1	西安电子科技大学	4051	482	1894	26.3	88	0.47
2	国防科学技术大学	3180	350	1406	26.7	7	0.44
3	电子科技大学	3831	477	1175	20.2	13	0.31
4	重庆邮电大学	2636	495	693	16.8	20	0.26
5	北京邮电大学	2044	229	687	20.8	11	0.34
6	西北工业大学	1968	261	675	22.0	7	0.34
7	清华大学	1685	186	637	22.3	38	0.38
8	空军工程大学	1885	364	584	19.6	24	0.31
9	南京邮电大学	1909	284	555	16.4	35	0.29
10	哈尔滨工程大学	1439	198	502	21.8	7	0.35

表 37-6 无线电电子学、电信技术学科高被引科研院所 TOP 5

序号	第一作者单位	学科发文量(篇)		前 5 年学科发文在 2013 年的被引			
		前 5 年	2013 年	频次	被引率(%)	最高(次)	篇均(次)
1	中国科学院长春光学精密机械与物理研究所	883	201	607	33.7	9	0.69
2	中国科学院电子学研究所	842	97	359	26.5	20	0.43
3	南京电子技术研究所	922	106	334	21.7	11	0.36
4	中国科学院上海光学精密机械研究所	233	39	200	39.9	8	0.86
5	工业和信息化部电信研究院	581	104	171	16.5	10	0.29

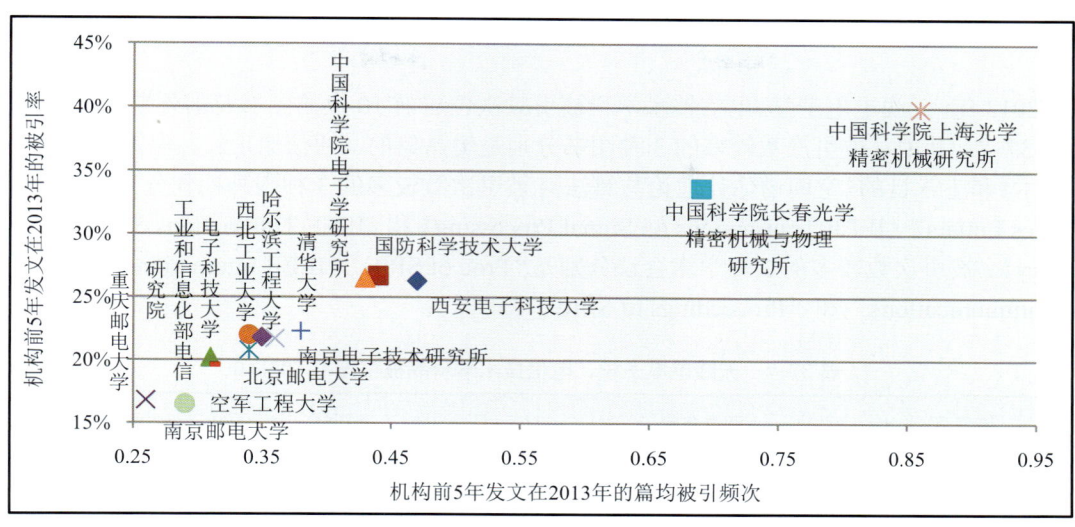

图 37-10　无线电电子学、电信技术学科高被引机构论文篇均被引及被引率对比

37.6.2　高被引机构科研合作关系

通过合著分析，获得无线电电子学、电信技术学科高被引机构之间及其与其他机构之间的科研合作关联，如图 37-11 所示（合作 64 次以下不显示）。分析得知，无线电电子学、电信技术学科的机构合作链接较为紧密；高被引机构基本主导了机构合作网络，表明这些机构已经在学科内具有了一定的科研优势。电子科技大学和珠海元盛电子科技股份有限公司之间的链接较强，表明它们的学术合作较为频繁。

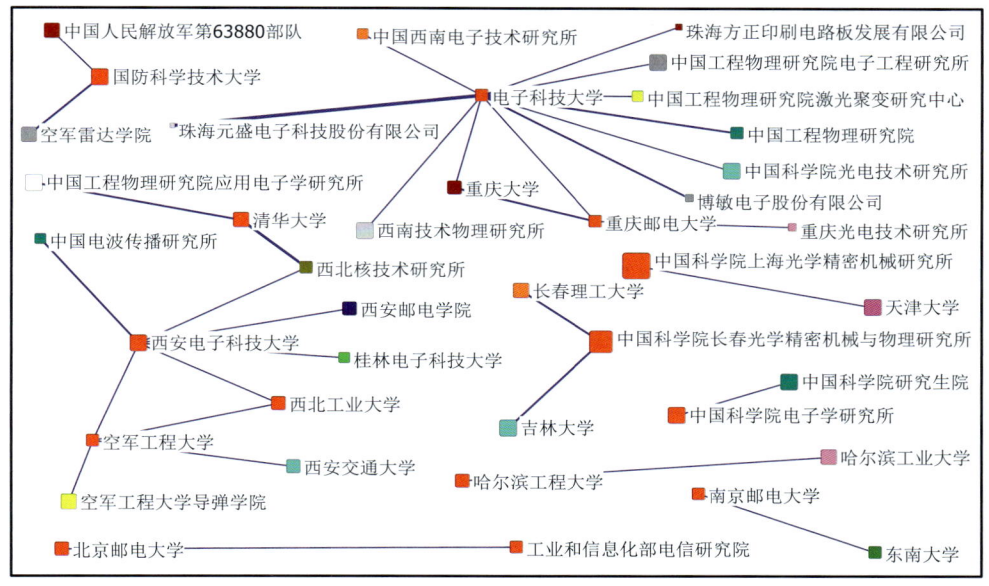

图 37-11　无线电电子学、电信技术学科高被引机构科研合作关联

37.7 高被引图书、国外期刊及学术会议

2013年,无线电电子学、电信技术学科被引频次位居前10位的图书及国外期刊见表37-7和表37-8。其中,被引次数较多的3种图书分别是樊昌信的《通信原理》、保铮的《雷达成像技术》和王永良的《空间谱估计理论与算法》;被引次数较多的3种国外期刊分别是《Applied Physics Letters》《IEEE Transactions on Signal Processing》和《IEEE Transactions on Information Theory》;被引次数较多的3场学术会议分别是"Proc of SPIE""IEEE International Conference on Communications"和"Proceedings of SPIE"。

表37-7 无线电电子学、电信技术学科高被引图书 TOP 10

序号	责任者	图书名称	出版社	2013年被引频次
1	樊昌信	通信原理	国防工业出版社	108
2	保铮	雷达成像技术	电子工业出版社	89
3	王永良	空间谱估计理论与算法	清华大学出版社	68
4	童诗白	模拟电子技术基础	高等教育出版社	66
5	赵国庆	雷达对抗原理	西安电子科技大学出版社	64
6	沈嘉	3GPP 长期演进（LTE）技术原理与系统设计	人民邮电出版社	60
7	王映民	TD-LTE 技术原理与系统设计	人民邮电出版社	56
8	孙利民	无线传感器网络	清华大学出版社	55
8	张贤达	现代信号处理	清华大学出版社	55
10	丁鹭飞	雷达原理	西安电子科技大学出版社	54

表37-8 无线电电子学、电信技术学科高被引国外期刊 TOP 10

序号	期刊名称	2013年被引频次
1	Applied Physics Letters	3102
2	IEEE Transactions on Signal Processing	2887
3	IEEE Transactions on Information Theory	2378
4	Optics Express	2291
5	Optics Letters	2072
6	IEEE Transactions on Communications	1811
7	IEEE Transactions on Wireless Communications	1681
8	IEEE Transactions on Aerospace and Electronic Systems	1651
9	IEEE Transactions on Antennas and Propagation	1617
10	Physical Review Letters	1319

第 38 章 自动化技术学科高被引分析

38.1 学科论文概况

2008—2012 年,自动化技术学科共有 105806 位来自 21321 所机构的论文第一作者在 3482 种期刊上发表了 116374 篇学术论文。其中,80%以上的论文产出自 2640 所机构、79982 位作者,发表在 474 种期刊上。在前 5 年发表的这些论文中,有 27688 篇在 2013 年获得过引用,整体被引率为 23.8%,总被引频次为 46161 次,篇均被引 0.40 次;其中,高被引论文有 338 篇,单篇论文最高被引频次为 55 次,累计被引 3391 次,篇均被引 10.03 次(表 38-1)。另外,2013 年自动化技术学科共发表论文 23055 篇,其中有 429 篇在当年获得过引用,总共被引 536 次。

表 38-1 自动化技术学科论文分布情况

年份	论文篇数	2013 年被引频次	2013 年被引率(%)	2013 年高被引论文			
				论文篇数	最高被引频次	总被引频次	篇均被引频次
2008	20824	7526	22.0	46	35	540	11.74
2009	21952	8861	24.0	74	50	791	10.69
2010	21650	10207	27.4	77	53	715	9.29
2011	25912	11787	26.2	71	55	786	11.07
2012	26036	7780	19.6	70	45	559	7.99
合计	116374	46161	23.8	338	55	3391	10.03

从自动化技术学科论文的地域分布来看,2013 年被引频次较高的 5 个省、直辖市或自治区依次是北京、江苏、陕西、辽宁和上海(图 38-1);5 年论文产出量较多的 5 个省、直辖市或自治区依次是江苏、北京、陕西、辽宁和山东(图 38-2)。

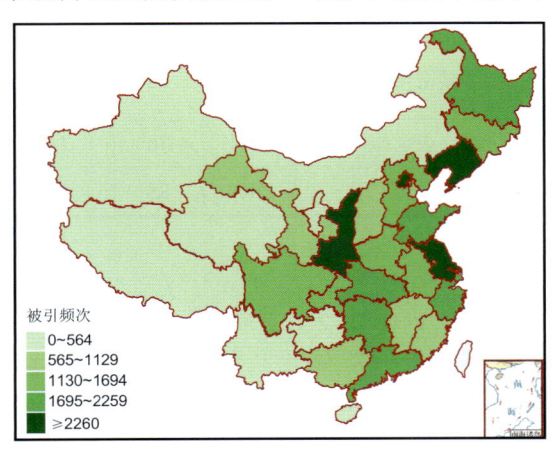 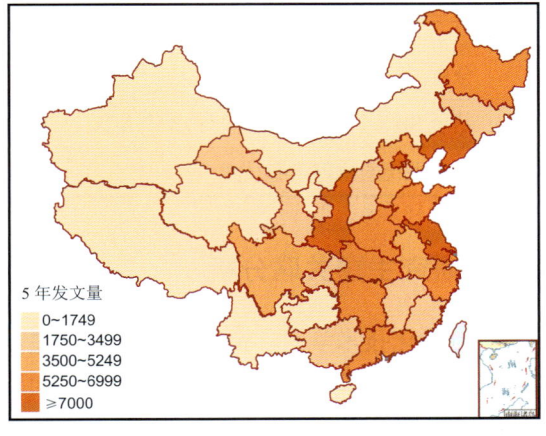

图 38-1 2013 年自动化技术学科地区被引分布　　图 38-2 自动化技术学科 5 年论文产出地区分布

38.2 高被引论文分析

在自动化技术学科，2013 年被引频次位居前 10 位的论文（表 38-2）平均被引频次为 31 次，是全部 338 篇高被引论文篇均被引频次的 3.1 倍。其中，被引频次最高的论文是孙吉贵于 2008 年发表的《聚类算法研究》，随后 2 篇分别是公茂果于 2009 年发表的《进化多目标优化算法研究》和王国胤于 2009 年发表的《粗糙集理论与应用研究综述》。

从论文分布来看，刊载高被引论文数量最多的 3 种期刊分别是《农业工程学报》（23 篇）、《自动化学报》（18 篇）和《仪器仪表学报》（17 篇），而《软件学报》刊载了高被引论文 TOP 10 中的 2 篇；发表高被引论文最多的 3 位学者分别是中国科学院遥感应用研究所的宫鹏（2 篇）、重庆邮电大学的王国胤（2 篇）和浙江工业大学的高峰（2 篇）；产出高被引论文数量最多的 3 所机构分别是浙江大学（13 篇）、哈尔滨工业大学（8 篇）和中国科学院长春光学精密机械与物理研究所（8 篇），而西安电子科技大学产出了高被引论文 TOP 10 中的 2 篇。

表 38-2 自动化技术学科高被引论文 TOP 10

序号	论文题名	第一作者	期刊名称	发表年份	被引频次 总频次	被引频次 2013 年
1	聚类算法研究	孙吉贵	软件学报	2008	367	67
2	进化多目标优化算法研究	公茂果	软件学报	2009	135	40
3	粗糙集理论与应用研究综述	王国胤	计算机学报	2009	126	33
4	浅析电气自动化控制系统的应用及发展趋势	李修伟	民营科技	2011	55	32
5	使用 SPSS 线性回归实现通径分析的方法	杜家菊	生物学通报	2010	64	27
6	支持向量机理论与算法研究综述	丁世飞	电子科技大学学报	2011	72	26
7	电子舌在红茶饮料区分辨识中的应用	姜莎	农业工程学报	2009	38	22
8	光电轴角编码器细分信号误差及精度分析	王显军	光学精密工程	2012	33	21
8	基于 SIFT 算法的图像目标匹配与定位	傅卫平	仪器仪表学报	2011	36	21
8	动态系统的故障诊断技术	周东华	自动化学报	2009	88	21

38.3 研究主题关联分析

在自动化技术学科，高被引论文累计被 2013 年发表的 3177 篇论文引用了 3391 次。通过分析施引文献关键词的词频及关键词之间的共现关系，获得 2013 年自动化技术学科的热点主题和主题关联，如图 38-3 所示（共现 7 次以下不显示）。由图 38-3 可知："电气自动化""无线传感器网络"和"故障诊断"的文档词频较高，是自动化技术学科近期的热点研究主题;"电气自动化"与"控制系统"之间的共现次数较多,显示出它们之间主题关联较为紧密。以"电气自动化"和"主成分分析"为核心的多个概念相互关联,构成了领域内近期较为突出的研究主题簇。

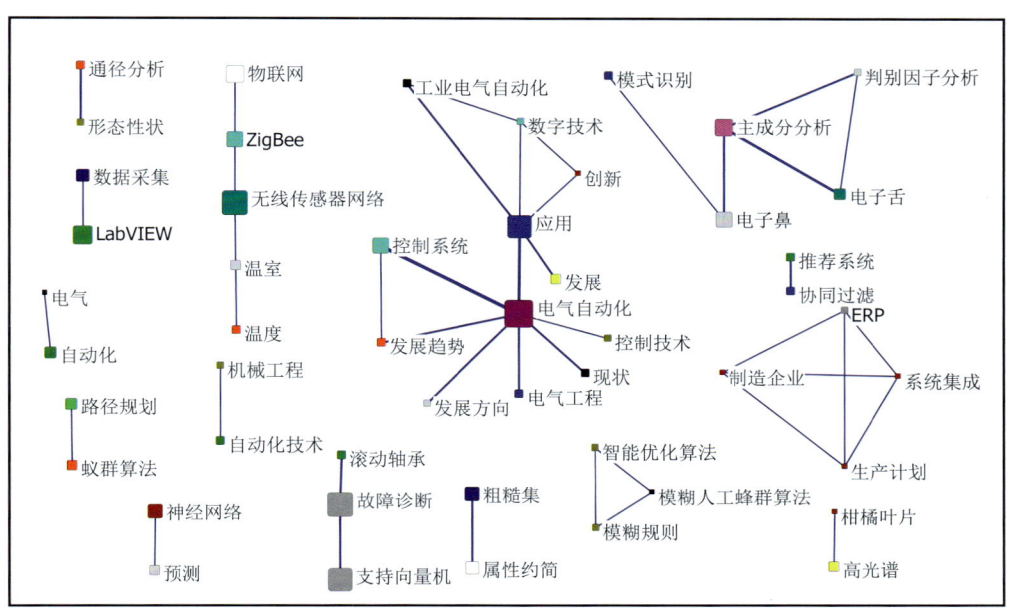

图 38-3 自动化技术学科 2013 年热点主题关联

38.4 学科高影响力期刊分析

38.4.1 学科高影响力期刊 TOP 10

在自动化技术学科,学科 5 年影响因子位居前 10 位的期刊见表 38-3,排在前 3 位的期刊分别是《仪器仪表学报》《自动化学报》和《遥感学报》。在表 38-3 中,学科载文量占其总载文量比例最大的期刊是《国土资源遥感》;前 5 年学科载文在 2013 年被引率最高的期刊是《仪器仪表学报》;期刊 5 年影响因子较高的前 3 种期刊分别是《仪器仪表学报》《自动化学报》和《遥感学报》;学科 5 年影响因子与期刊 5 年影响因子差异最大的期刊是《红外与毫米波学报》。表 38-3 中期刊的学科 5 年影响因子和前 5 年学科载文在 2013 年的被引率对比如图 38-4 所示,2008—2013 年期刊 5 年影响因子的变动情况如图 38-5 所示。

表 38-3 自动化技术学科高影响力期刊基本指数

序号	期刊名称	前5年载文量			2013年学科被引			5年影响因子		h指数（学科）
		学科（篇）	占比（%）	总量（篇）	频次	被引率（%）	高被引论文篇数	期刊（2013）	学科（2013）	
1	仪器仪表学报	741	27.3	2716	915	52.8	17	1.249	1.235	10
2	自动化学报	568	42.1	1348	679	48.2	18	1.168	1.195	10
3	遥感学报	442	68.7	643	459	43.4	8	0.921	1.038	7
4	红外与毫米波学报	122	19.1	639	100	47.5	1	0.585	0.820	5
4	遥感技术与应用	633	75.9	834	519	42.0	4	0.800	0.820	6
6	控制与决策	1228	57.6	2133	954	39.1	10	0.832	0.777	9
7	机器人	529	84.2	628	401	41.6	1	0.771	0.758	6
8	控制理论与应用	1142	73.5	1554	855	38.9	7	0.734	0.749	7
9	国土资源遥感	608	90.2	674	450	37.2	4	0.730	0.740	6
10	系统工程学报	119	17.4	685	83	38.7	1	0.883	0.697	7

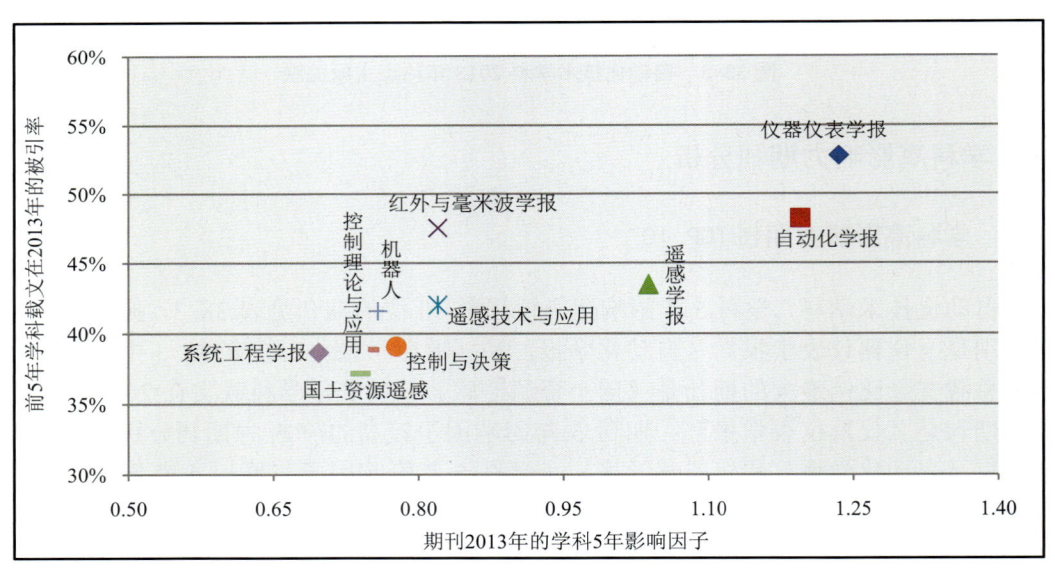

图 38-4 自动化技术学科高影响力期刊对比

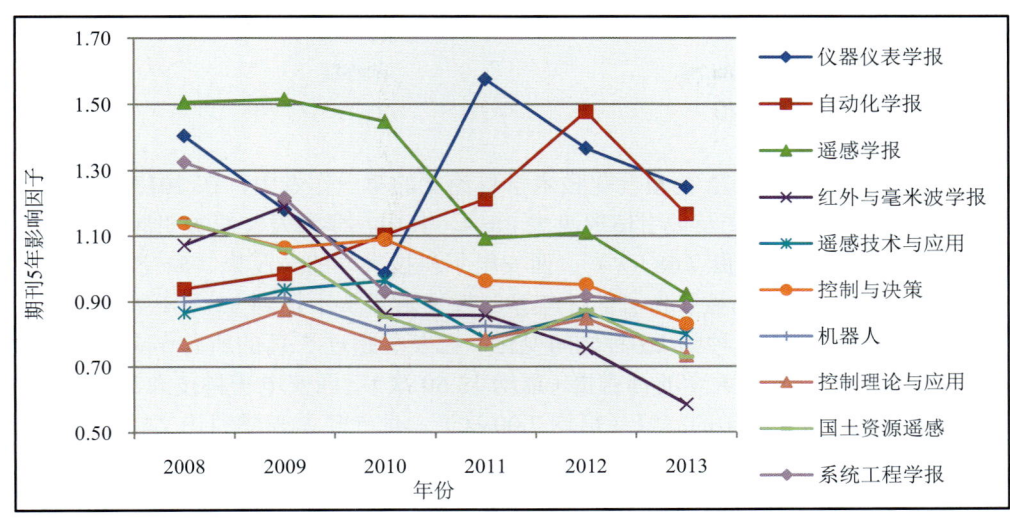

图 38-5　自动化技术学科期刊 5 年影响因子变动

38.4.2　学科高影响力期刊载文主题关联

通过期刊共被引分析，获得自动化技术学科高影响力期刊及与其他期刊之间的载文主题关联，如图 38-6 所示（共被引 18 次以下不显示）。结果显示，自动化技术学科的高影响力期刊相互链接较为紧密，基本主导了学科的期刊共被引网络，显示出该学科高影响力期刊可能共同刊载了许多相近的研究主题，热点研究主题分散在多种期刊上。《仪器仪表学报》的学科 5 年影响因子较高，显示出其学术影响力较大；《控制理论与应用》与《控制与决策》之间的链接较强，意味着它们之间可能有较多相同或相近的载文主题。

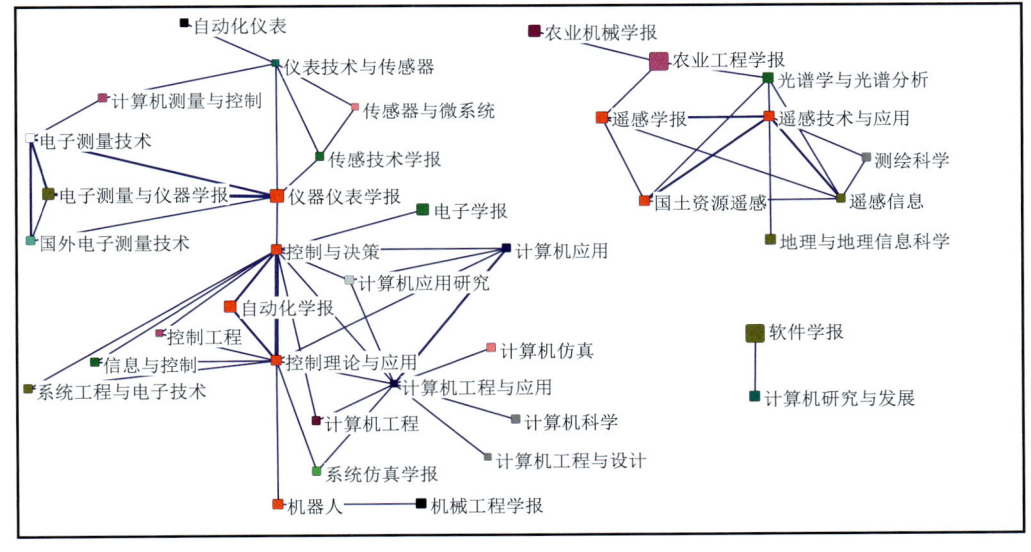

图 38-6　自动化技术学科高影响力期刊载文主题关联

38.5 高被引作者分析

38.5.1 高被引作者TOP 20

2008—2012年，在96672位自动化技术学科论文的第一作者中，在2013年学科被引频次位居前20位的学者的发文及被引情况见表38-4。其中，学科发文总被引频次较高的3位作者分别是吉林大学的孙吉贵（68次）、西安电子科技大学的公茂果（54次）和重庆邮电大学的王国胤（43次）。高被引作者的5年学科发文数量从1篇到33篇不等，同时，作者学科发文的期刊分布也在1种到25种之间变化。在发文超过5篇的所有作者中，篇均被引较高的3位作者分别是吉林大学的孙吉贵（篇均13.60次）、西安电子科技大学的公茂果（篇均10.80次）和浙江工业大学的高峰（篇均7.00次）；前5年发表学科论文较多的3位作者分别是兰州理工大学的李炜（55篇）、辽宁工程技术大学的付华（37篇）和中山大学的张雨浓（33篇）。高被引作者的学科发文量和被引量对比如图38-7所示。

表38-4 自动化技术学科高被引作者TOP 20

序号	姓名	作者单位	前5年发文			前5年学科发文在2013年的被引				h指数（学科）
			学科发文（篇）	期刊分布（种）	发文总量（篇）	总频次	被引率（%）	最高（次）	篇均（次）	
1	孙吉贵	吉林大学	5	4	7	68	40.0	67	13.60	1
2	公茂果	西安电子科技大学	5	3	5	54	100.0	40	10.80	3
3	王国胤	重庆邮电大学	4	4	7	43	75.0	33	10.75	2
4	高峰	浙江工业大学	5	3	7	35	80.0	16	7.00	4
5	李修伟	黑龙江建龙钢铁有限公司炼铁厂	1	1	1	32	100.0	32	32.00	1
5	王显军	中国科学院长春光学精密机械与物理研究所	7	3	7	32	57.1	21	4.57	3
7	陶新民	哈尔滨工程大学	17	10	38	29	64.7	5	1.71	4
8	丁世飞	中国矿业大学（徐州）	3	3	3	28	100.0	26	9.33	1
9	杜家菊	山东理工大学	1	1	3	27	100.0	27	27.00	2
10	刘增环	河北工程大学	14	8	18	26	42.9	15	1.86	3
11	徐文福	哈尔滨工业大学	10	5	11	25	60.0	6	2.50	5
11	张雨浓	中山大学	33	25	48	25	45.5	4	0.76	2
13	周东华	清华大学	5	3	5	24	40.0	21	4.80	2
14	胡中华	南京航空航天大学	11	11	21	23	45.5	18	2.09	2

序号	姓名	作者单位	前5年发文			前5年学科发文在2013年的被引				h指数（学科）
			学科发文（篇）	期刊分布（种）	发文总量（篇）	总频次	被引率（%）	最高（次）	篇均（次）	
14	傅卫平	西安理工大学	4	4	4	23	75.0	21	5.75	1
14	程启明	上海电力学院	17	12	104	23	70.6	8	1.35	5
17	姜莎	中国农业大学	1	1	1	22	100.0	22	22.00	1
17	刘全	苏州大学	8	6	14	22	50.0	10	2.75	3
19	胡清华	哈尔滨工业大学	2	2	2	21	100.0	18	10.50	2
19	章伟聪	浙江万里学院	3	3	6	21	100.0	17	7.00	2

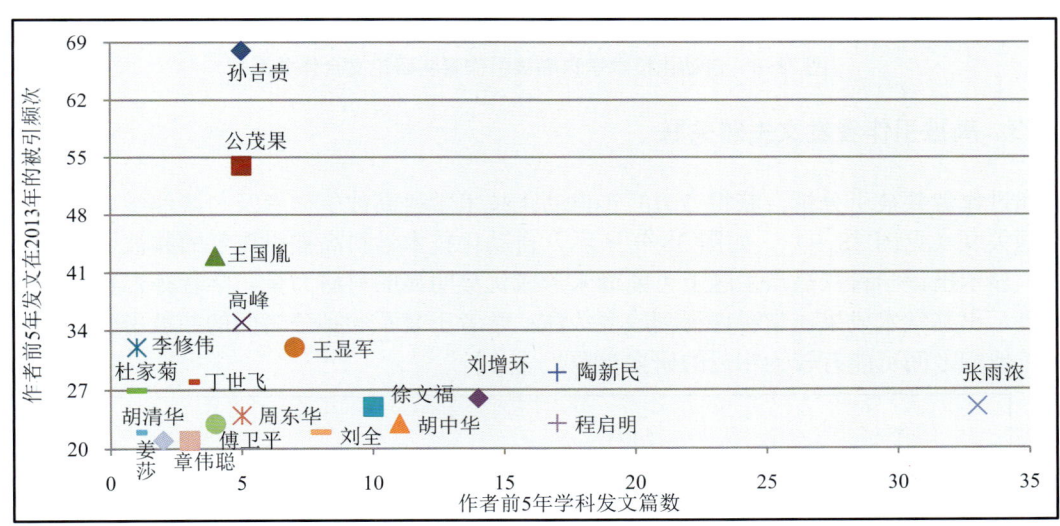

图 38-7　自动化技术学科高被引作者学科发文及被引对比

38.5.2　高被引作者科研合作关系

通过作者合著分析，获得 2013 年自动化技术学科高被引作者及与其他学者之间的科研论文合作关系（不考虑论文署名次序），如图 38-8 所示（合著 4 次以下不显示）。从中可以看出，自动化技术学科的高被引作者的论文合作现象比较普遍，而且合作人数较多。其中，张雨浓的发文量较多，显示出其在学科研究人员中具有一定的集聚效应；学者张雨浓、程启明、陶新民等人的论文合作网络较为突出，在该学科的研究人员中表现出一定的集聚效应；傅卫平与王雯、陶新民与刘玉之间的合作关系最为紧密，显示出他们可能分别属于同一支科研团队。

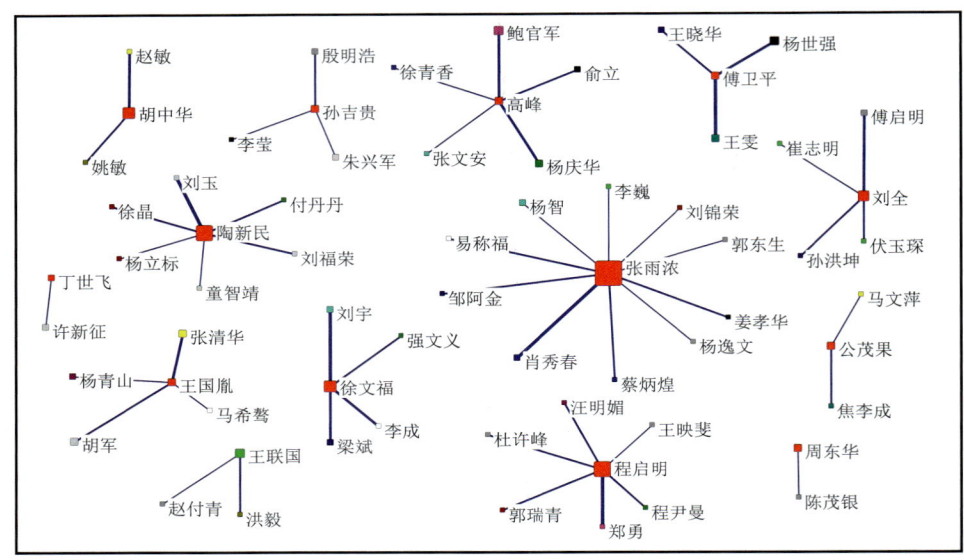

图 38-8　自动化技术学科高被引作者科研论文合作关系

38.5.3　高被引作者发文主题关联

通过作者共被引分析，获得 2013 年自动化技术学科高被引作者及与其他学者之间的发文主题关联（见图 38-9）。如图 38-9 所示，自动化技术学科高被引作者的共被引网络较为分散，显示出该学科在热点主题上可能尚未形成优势明显的科研力量。学者孙吉贵的节点较大，显示出其学术成果在学科内得到较多关注；学者王显军和孙莹之间的共被引链接较强，意味着他们之间可能有较为相近的研究主题。

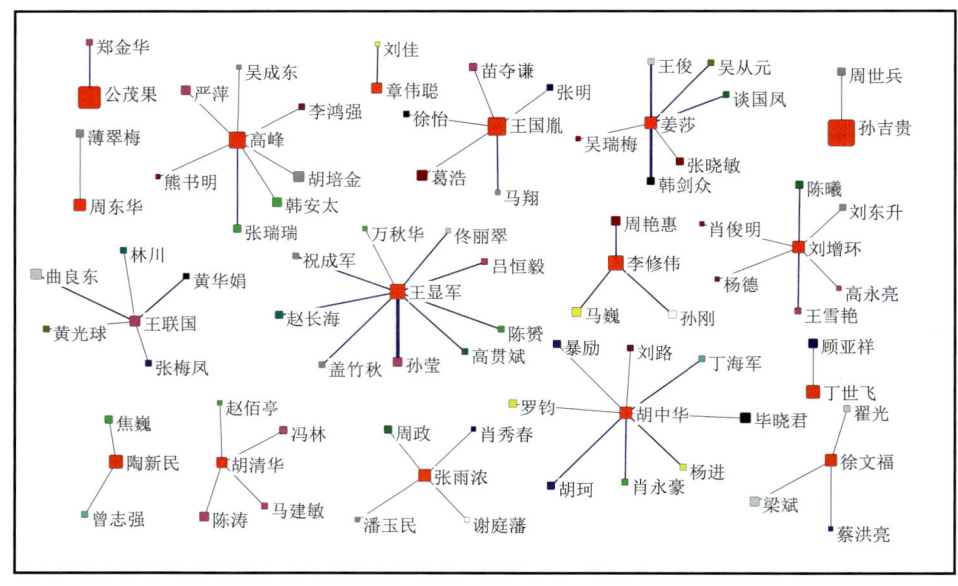

图 38-9　自动化技术学科高被引作者发文主题关联

38.6 高被引机构分析

38.6.1 高被引机构

为便于比较，本书将自动化技术学科的高被引机构分为高等院校和科研院所两种类型。其中，被引频次 TOP 10 高等院校和被引频次 TOP 5 科研院所的发文及被引情况分别见表 38-5 和表 38-6。其中，总被引频次较高的 3 所高等院校分别是西北工业大学、哈尔滨工业大学和浙江大学，中国科学院遥感应用研究所、中国科学院长春光学精密机械与物理研究所和中国科学院沈阳自动化研究所是总被引频次较高的 3 所科研院所；前 5 年学科发文在 2013 年的被引率最高的高等院校和科研院所分别是浙江大学和中国科学院地理科学与资源研究所；篇均被引最高的高等院校和科研院所分别是浙江大学和中国科学院地理科学与资源研究所。上述高被引机构的论文被引率和篇均被引频次对比如图 38-10 所示。

表 38-5 自动化技术学科高被引高等院校 TOP 10

序号	第一作者单位	学科发文量（篇）		前 5 年学科发文在 2013 年的被引			
		前 5 年	2013 年	频次	被引率（%）	最高（次）	篇均（次）
1	西北工业大学	1811	232	834	27.8	12	0.46
2	哈尔滨工业大学	1425	133	747	28.6	18	0.52
3	浙江大学	1154	123	659	29.9	14	0.57
4	北京航空航天大学	1226	157	589	27.7	14	0.48
5	重庆大学	1030	113	526	28.8	13	0.51
6	中南大学	1148	112	525	25.8	10	0.46
7	华南理工大学	1097	122	506	26.7	12	0.46
8	哈尔滨工程大学	1006	132	503	29.2	7	0.50
9	东北大学	1027	175	501	28.8	10	0.49
10	南京航空航天大学	1102	154	485	26.5	18	0.44

表 38-6 自动化技术学科高被引科研院所 TOP 5

序号	第一作者单位	学科发文量（篇）		前 5 年学科发文在 2013 年的被引			
		前 5 年	2013 年	频次	被引率（%）	最高（次）	篇均（次）
1	中国科学院遥感应用研究所	314	43	356	53.5	15	1.13
2	中国科学院长春光学精密机械与物理研究所	344	59	285	40.1	10	0.83
3	中国科学院沈阳自动化研究所	195	41	140	41.0	7	0.72
4	中国科学院电子学研究所	163	17	112	31.9	33	0.69
5	中国科学院地理科学与资源研究所	68	19	102	67.7	8	1.50

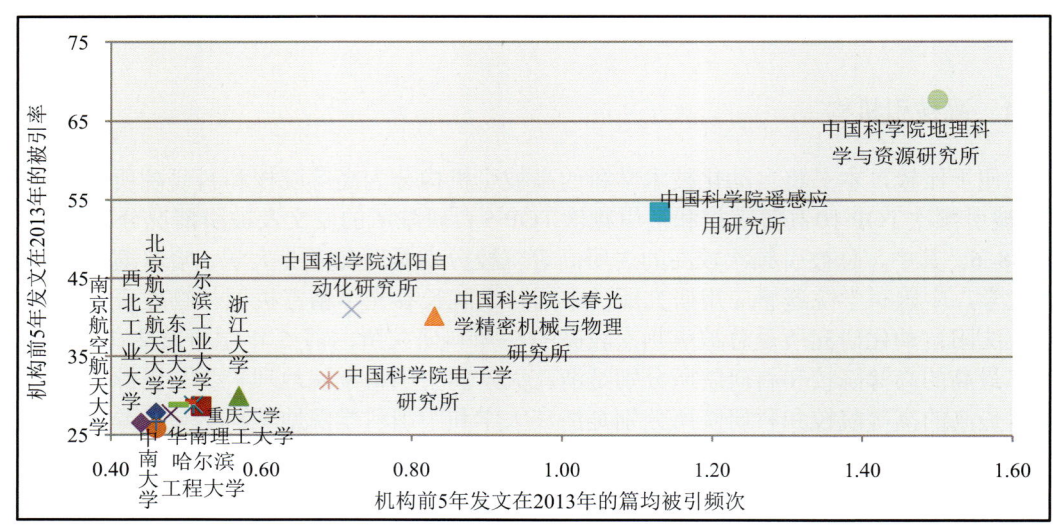

图 38-10　自动化技术学科高被引机构论文篇均被引及被引率对比

38.6.2　高被引机构科研合作关系

通过合著分析，获得自动化技术学科高被引机构之间及其与其他机构之间的科研合作关联，如图 38-11 所示（合作 35 次以下不显示）。分析得知，自动化技术学科的机构合作链接较为紧密，表明学科内机构合作现象较为普遍；高被引机构基本主导了机构合作网络，表明这些机构已经在学科内具有了一定的科研优势。中国科学院遥感应用研究所和中国科学院寒区旱区环境与工程研究所之间的链接较强，说明它们的学术合作较为频繁。

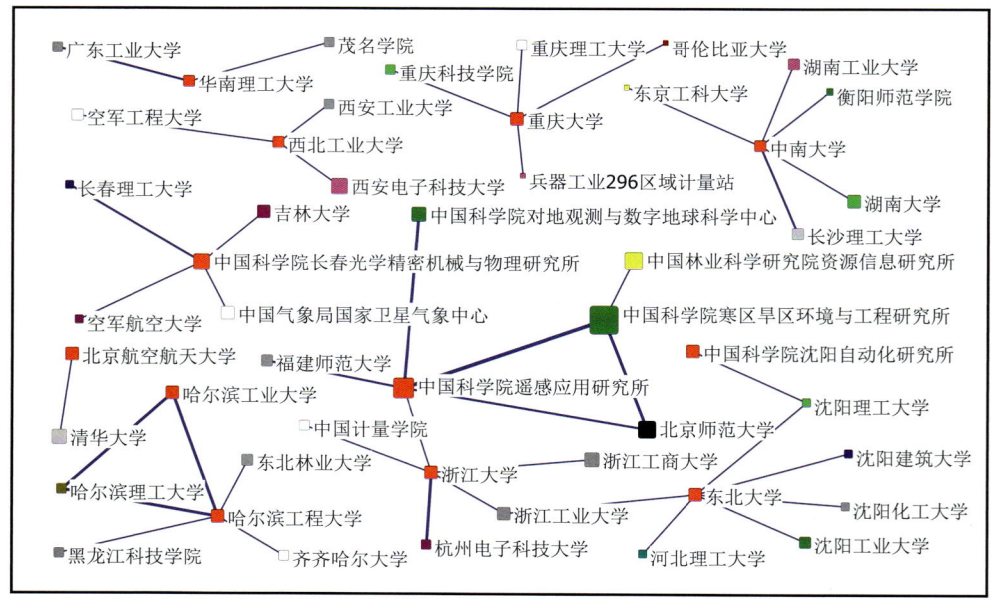

图 38-11　自动化技术学科高被引机构科研合作关联

38.7 高被引图书、国外期刊及学术会议

2013年，自动化技术学科被引频次位居前10位的图书及国外期刊见表38-7和表38-8。其中，被引次数较多的3种图书分别是赵英时的《遥感应用分析原理与方法》、胡寿松的《自动控制原理》和刘金琨的《先进PID控制MATLAB仿真》；被引次数较多的3种国外期刊分别是《IEEE Transactions on Automatic Control》《Automatica》和《Remote Sensing of Environment》；被引次数较多的3场学术会议分别是"IEEE International Conference on Robotics and Automation""Proceedings of the American Control Conference"和"IEEE/RSJ International Conference on Intelligent Robots and Systems"。

表38-7 自动化技术学科高被引图书 TOP 10

序号	责任者	图书名称	出版社	2013年被引频次
1	赵英时	遥感应用分析原理与方法	科学出版社	63
2	胡寿松	自动控制原理	科学出版社	58
3	刘金琨	先进PID控制MATLAB仿真	电子工业出版社	56
4	孙利民	无线传感器网络	清华大学出版社	54
5	蔡自兴	机器人学	清华大学出版社	49
6	张文修	粗糙集理论与方法	科学出版社	40
7	廖常初	S7-300/400 PLC应用技术	机械工业出版社	39
8	廖常初	PLC编程及应用	机械工业出版社	34
9	刘金琨	滑模变结构控制MATLAB仿真	清华大学出版社	31
10	刘金琨	先进PID控制及其MATLAB仿真	电子工业出版社	30

表38-8 自动化技术学科高被引国外期刊 TOP 10

序号	期刊名称	2013年被引频次
1	IEEE Transactions on Automatic Control	2042
2	Automatica	1757
3	Remote Sensing of Environment	1544
4	IEEE Transactions on Geoscience and Remote Sensing	1422
5	International Journal of Remote Sensing	793
6	IEEE Transactions on Neural Networks	746
7	IEEE Transactions on Pattern Analysis and Machine Intelligence	706
8	Information Sciences	516
9	IEEE Transactions on Industrial Electronics	497
10	Expert Systems with Applications	466

第 39 章　计算机技术学科高被引分析

39.1　学科论文概况

2008—2012 年，计算机技术学科共有 307525 位来自 55645 所机构的论文第一作者在 4763 种期刊上发表了 387499 篇学术论文。其中，80%以上的论文产出自 9346 所机构、234147 位作者，发表在 430 种期刊上。在前 5 年发表的这些论文中，有 71674 篇在 2013 年获得过引用，整体被引率为 18.5%，总被引频次为 116934 次，篇均被引 0.30 次；其中，高被引论文有 932 篇，单篇论文最高被引频次为 175 次，累计被引 10591 次，篇均被引 11.36 次（表 39-1）。另外，2013 年计算机技术学科共发表论文 71694 篇，其中有 1241 篇在当年获得过引用，总共被引 1765 次。

表 39-1　计算机技术学科论文分布情况

年份	论文篇数	2013 年被引频次	2013 年被引率（%）	2013 年高被引论文			
				论文篇数	最高被引频次	总被引频次	篇均被引频次
2008	68870	17150	16.2	120	82	1233	10.28
2009	70988	21516	18.7	143	96	1969	13.77
2010	72163	25855	21.3	226	147	2567	11.36
2011	87223	29774	20.1	259	175	2858	11.03
2012	88255	22639	16.3	184	135	1964	10.67
合计	387499	116934	18.5	932	175	10591	11.36

从计算机技术学科论文的地域分布来看，2013 年被引频次较高的 5 个省、直辖市或自治区依次是北京、江苏、陕西、广东和上海（图 39-1）；5 年论文产出量较多的 5 个省、直辖市或自治区依次是江苏、北京、陕西、广东和河南（图 39-2）。

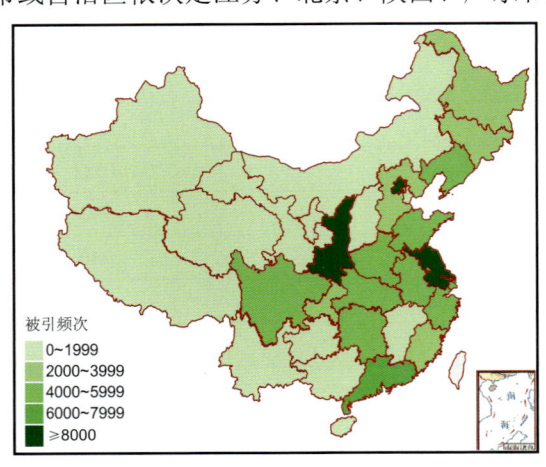

图 39-1　2013 年计算机技术学科地区被引分布

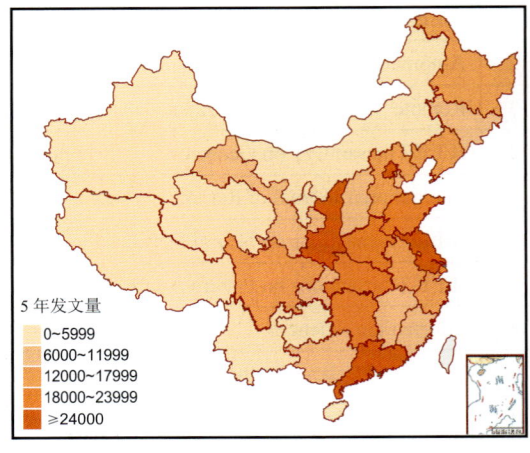

图 39-2　计算机技术学科 5 年论文产出地区分布

39.2 高被引论文分析

在计算机技术学科，2013 年被引频次位居前 10 位的论文（表 39-2）平均被引频次为 106.5 次，是全部 932 篇高被引论文篇均被引频次的 9.4 倍。其中，被引频次最高的论文是陈康于 2009 年发表的《云计算：系统实例与研究现状》，随后 2 篇分别是冯登国于 2011 年发表的《云计算安全研究》和陈全于 2009 年发表的《云计算及其关键技术》。

从论文分布来看，刊载高被引论文数量最多的 3 种期刊分别是《计算机学报》（77 篇）、《软件学报》（65 篇）和《信息网络安全》（54 篇），《软件学报》和《计算机学报》分别刊载了高被引论文 TOP 10 中的 2 篇；发表高被引论文最多的 3 位学者分别是清华大学的林闯（4 篇）、华东师范大学的周傲英（3 篇）和大连理工大学的姜明新（3 篇）；产出高被引论文数量最多的 3 所机构分别是清华大学（31 篇）、国防科学技术大学（22 篇）和哈尔滨工业大学（20 篇），而西安电子科技大学产出了高被引论文 TOP 10 中的 2 篇。

表 39-2 计算机技术学科高被引论文 TOP 10

序号	论文题名	第一作者	期刊名称	发表年份	被引频次 总频次	被引频次 2013 年
1	云计算：系统实例与研究现状	陈康	软件学报	2009	631	201
2	云计算安全研究	冯登国	软件学报	2011	314	147
3	云计算及其关键技术	陈全	计算机应用	2009	414	138
4	物联网：概念、架构与关键技术研究综述	孙其博	北京邮电大学学报	2010	282	108
5	云计算研究进展综述	张建勋	计算机应用研究	2010	267	91
6	物联网关键技术与应用	刘强	计算机科学	2010	241	85
7	物联网技术研究综述	王保云	电子测量与仪器学报	2009	314	83
8	云计算：体系架构与关键技术	罗军舟	通信学报	2011	180	80
9	物联网的体系结构与相关技术研究	沈苏彬	南京邮电大学学报（自然科学版）	2009	247	72
10	云计算研究现状综述	李乔	计算机科学	2011	141	60

39.3 研究主题关联分析

在计算机技术学科，高被引论文累计被 2013 年发表的 8064 篇论文引用了 10591 次。通过分析施引文献关键词的词频及关键词之间的共现关系，获得 2013 年计算机技术学科的热点主题和主题关联，如图 39-3 所示（共现 21 次以下不显示）。由图 39-3 可知："云计算"和"物联网"的文档词频较高，是计算机技术学科近期的热点研究主题；"云计算"与"虚拟化""物联网"与"云计算"等概念之间的共现次数较多，显示出它们之间主题关联较为紧密。以"物联网"和"云计算"为核心的多个概念相互关联，构成了领域内近期较为突出的两个研究主题簇。

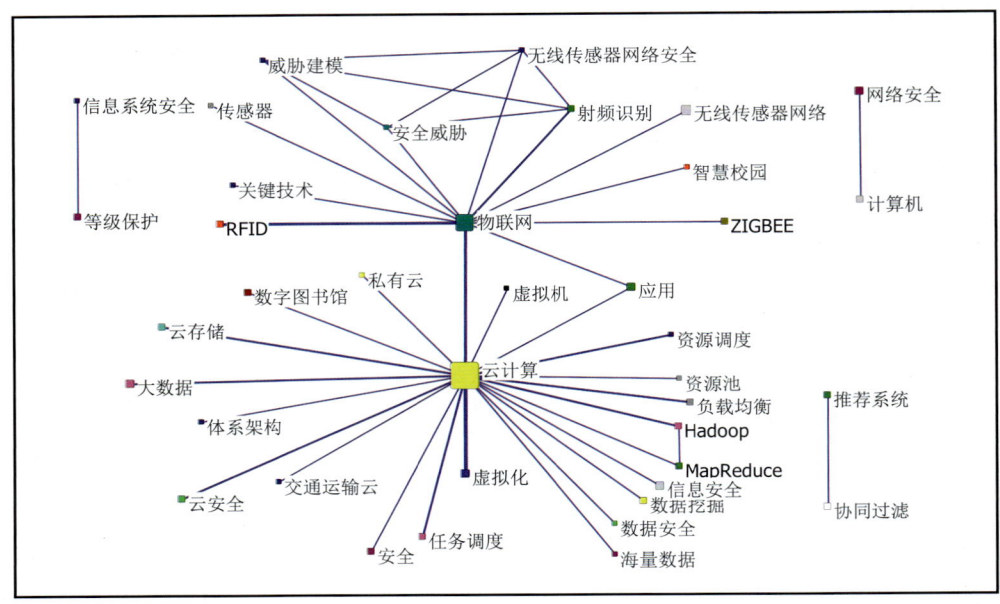

图 39-3　计算机技术学科 2013 年热点主题关联

39.4　学科高影响力期刊分析

39.4.1　学科高影响力期刊 TOP 10

在计算机技术学科，学科 5 年影响因子位居前 10 位的期刊见表 39-3，排在前 3 位的期刊分别是《软件学报》《计算机学报》和《南京邮电大学学报（自然科学版）》。在表 39-3 中，学科载文量占其总载文量比例最大的期刊是《中文信息学报》；前 5 年学科载文在 2013 年被引率最高的期刊是《计算机学报》；期刊 5 年影响因子较高的前 3 种期刊分别是《软件学报》《计算机学报》和《通信学报》；学科 5 年影响因子与期刊 5 年影响因子差异最大的期刊是《南京邮电大学学报（自然科学版）》。表 39-3 中期刊的学科 5 年影响因子和前 5 年学科载文在 2013 年的被引率对比如图 39-4 所示，2008—2013 年期刊 5 年影响因子的变动情况如图 39-5 所示。

表 39-3　计算机技术学科高影响力期刊基本指数

序号	期刊名称	前 5 年载文量			2013 年学科被引			5 年影响因子		h 指数（学科）
		学科（篇）	占比（%）	总量（篇）	频次	被引率（%）	高被引论文篇数	期刊（2013）	学科（2013）	
1	软件学报	1257	85.3	1473	2404	48.9	65	1.939	1.912	16
2	计算机学报	1255	90.6	1386	2247	51.5	77	1.816	1.790	15
3	南京邮电大学学报（自然科学版）	179	25.8	694	183	20.1	5	0.406	1.022	7
4	通信学报	957	57.7	1659	820	36.1	11	0.813	0.857	9
5	中文信息学报	704	98.3	716	575	40.6	7	0.809	0.817	7
6	计算机集成制造系统	980	45.1	2173	770	35.4	13	0.776	0.786	9
7	北京邮电大学学报	302	29.0	1042	226	25.2	1	0.508	0.748	5
8	计算机研究与发展	2123	88.5	2398	1561	32.4	30	0.749	0.735	11
9	中国图象图形学报	1394	76.5	1823	997	36.5	5	0.681	0.715	8
10	中国医疗设备	548	12.4	4416	350	31.6	3	0.520	0.639	7

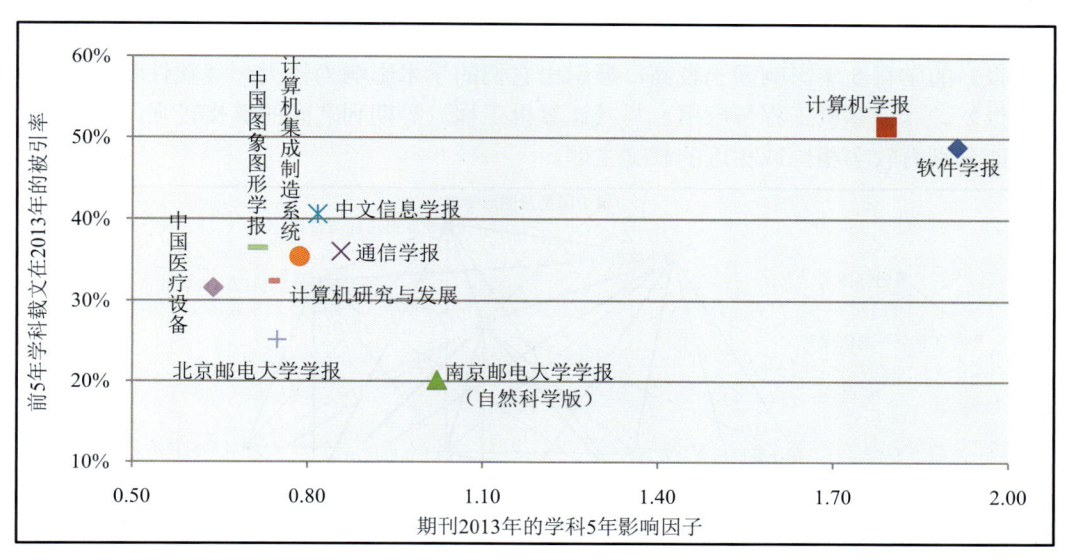

图 39-4　计算机技术学科高影响力期刊对比

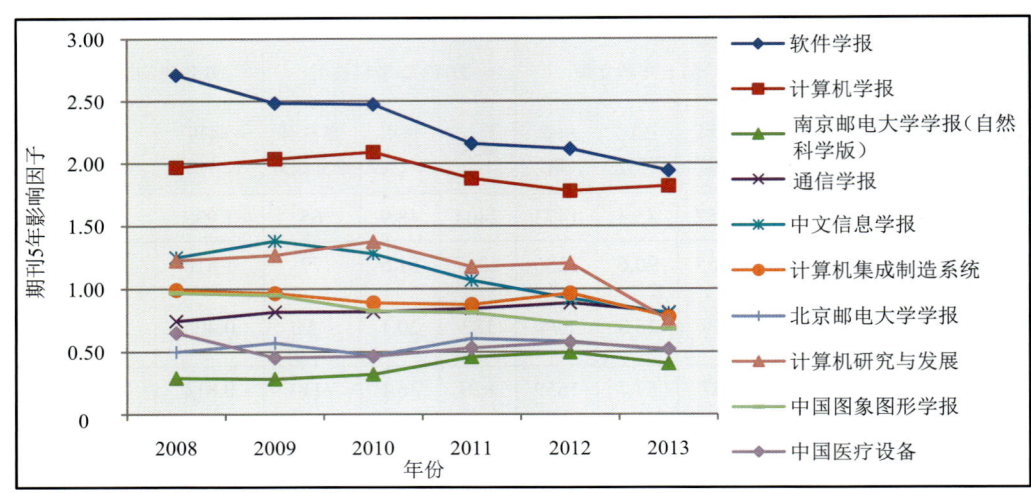

图 39-5 计算机技术学科期刊 5 年影响因子变动

39.4.2 学科高影响力期刊载文主题关联

通过期刊共被引分析，获得计算机技术学科高影响力期刊及与其他期刊之间的载文主题关联，如图 39-6 所示（共被引 84 次以下不显示）。结果显示，计算机技术学科的高影响力期刊相互链接较为紧密，基本主导了该学科的期刊共被引网络，显示出该学科高影响力期刊可能共同刊载了许多相近的研究主题，热点研究主题分散在多种期刊上。《软件学报》和《计算机学报》的学科 5 年影响因子较高，显示出它们的学术影响力较大；《软件学报》与《计算机学报》、《计算机工程与应用》与《计算机工程》等期刊之间的链接较强，意味着它们之间可能分别有较多相同或相近的载文主题。

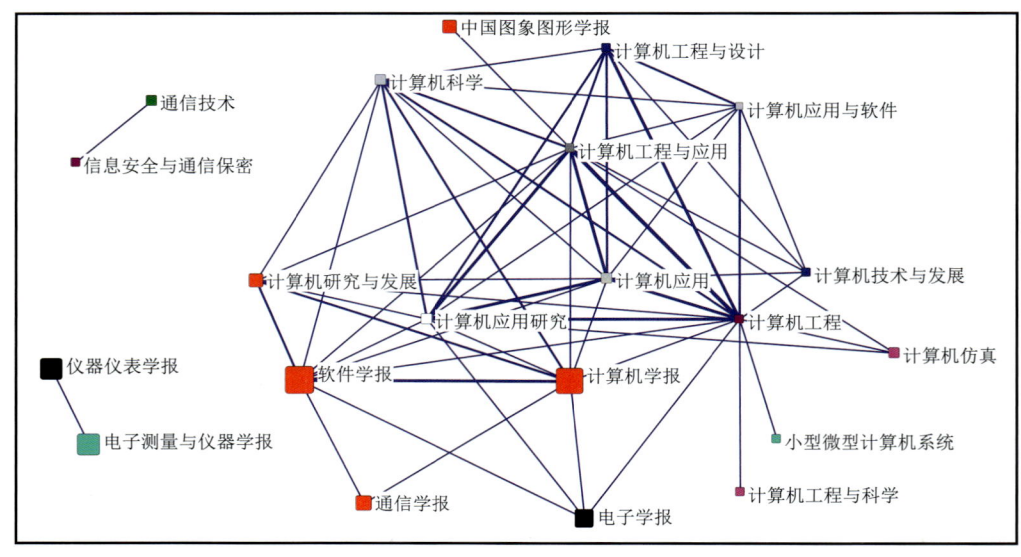

图 39-6 计算机技术学科高影响力期刊载文主题关联

39.5 高被引作者分析

39.5.1 高被引作者 TOP 20

2008—2012 年，在 307525 位计算机技术学科论文的第一作者中，在 2013 年学科被引频次位居前 20 位的学者的发文及被引情况见表 39-4。其中，学科发文总被引频次较高的 3 位作者分别是清华大学的陈康（203 次）、中国科学院软件研究所的冯登国（151 次）和上海交通大学的陈全（141 次）。高被引作者的 5 年学科发文数量从 1 篇到 12 篇不等，同时，作者学科发文的期刊分布也在 1 种到 6 种之间变化。在发文超过 5 篇的所有作者中，篇均被引较高的 3 位作者分别是清华大学的林闯（篇均 7.42 次）、中国人民大学的覃雄派（篇均 7.29 次）和哈尔滨工业大学的彭宇（篇均 6.22 次）；前 5 年发表学科论文较多的 3 位作者分别是沈阳工业大学的苑玮琦（86 篇）、燕山大学的胡正平（45 篇）和燕山大学的张忠平（41 篇）。高被引作者的学科发文量和被引量对比如图 39-7 所示。

表 39-4 计算机技术学科高被引作者 TOP 20

序号	姓名	作者单位	前 5 年发文			前 5 年学科发文在 2013 年的被引				h 指数（学科）
			学科发文（篇）	期刊分布（种）	发文总量（篇）	总频次	被引率（%）	最高（次）	篇均（次）	
1	陈康	清华大学	3	3	5	203	66.7	201	67.67	2
2	冯登国	中国科学院软件研究所	3	3	5	151	66.7	147	50.33	2
3	陈全	上海交通大学	2	2	2	141	100.0	138	70.50	2
4	孙其博	北京邮电大学	1	1	2	108	100.0	108	108.00	1
5	罗军舟	东南大学	3	2	3	102	100.0	80	34.00	2
6	沈苏彬	南京邮电大学	3	1	6	94	100.0	72	31.33	3
7	张建勋	北京理工大学	2	2	2	91	50.0	91	45.50	1
8	林闯	清华大学	12	4	14	89	83.3	33	7.42	6
9	刘强	中国科学院计算技术研究所	1	1	1	85	100.0	85	85.00	1
9	李伯虎	北京航空航天大学	3	1	4	85	100.0	59	28.33	4
11	王保云	南京邮电大学	1	1	2	83	100.0	83	83.00	1
12	周傲英	华东师范大学	4	1	4	64	75.0	40	16.00	3
13	李乔	安徽工业大学	2	2	2	62	100.0	60	31.00	2
14	王珊	中国人民大学	3	2	7	57	33.3	57	19.00	2
14	许海玲	中国科学院计算机网络信息中心	1	1	1	57	100.0	57	57.00	1

序号	姓名	作者单位	前5年发文			前5年学科发文在2013年的被引				h指数（学科）
			学科发文（篇）	期刊分布（种）	发文总量（篇）	总频次	被引率（%）	最高（次）	篇均（次）	
16	彭宇	哈尔滨工业大学	9	5	15	56	88.9	27	6.22	3
17	公磊	南昌大学	1	1	1	53	100.0	53	53.00	1
18	覃雄派	中国人民大学	7	6	8	51	14.3	51	7.29	1
18	刘建国	中国科学技术大学	1	1	2	51	100.0	51	51.00	2
20	姚昱旻	中南大学	1	1	1	49	100.0	49	49.00	1

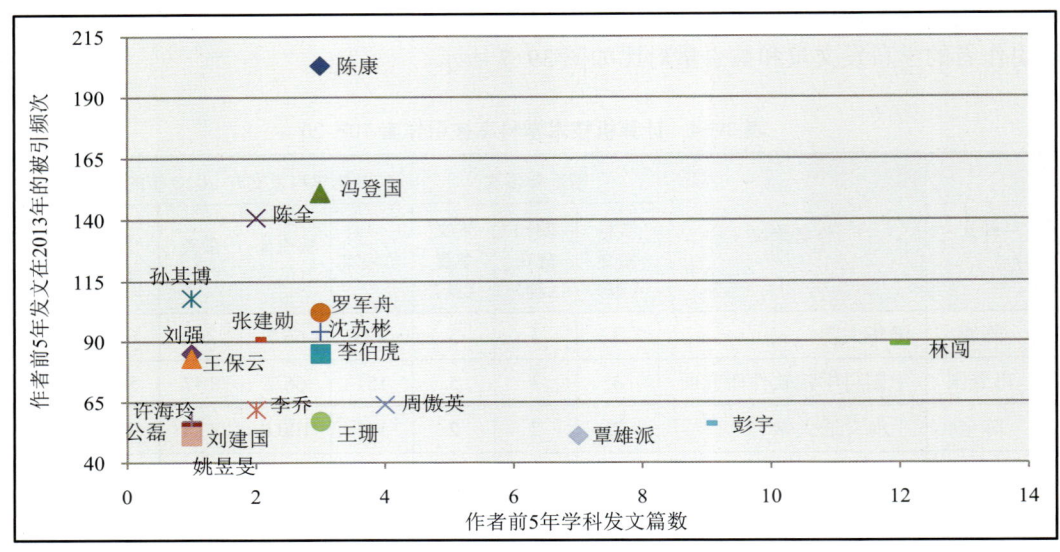

图 39-7　计算机技术学科高被引作者学科发文及被引对比

39.5.2　高被引作者科研合作关系

通过作者合著分析，获得 2013 年计算机技术学科高被引作者及与其他学者之间的科研论文合作关系（不考虑论文署名次序），如图 39-8 所示（合著 2 次以下不显示）。可以看出，计算机技术学科的高被引作者的论文合作现象比较普遍，而且合作人数较多。其中，学者林闯的发文量较多，论文合作者也较多，显示出其在该学科的研究人员中具有一定的集聚效应；学者罗军舟、王珊、冯登国的论文合作网络最为突出，在该学科的研究人员中表现出一定的集聚效应；罗军舟和李伟等学者之间的合作关系最为紧密，显示出他们可能属于同一支科研团队。

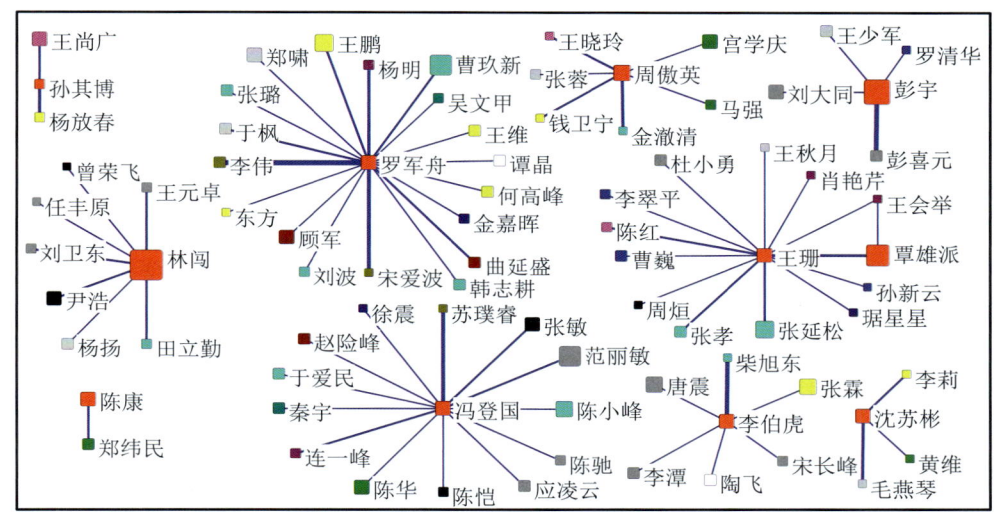

图 39-8　计算机技术学科高被引作者科研论文合作关系

39.5.3　高被引作者发文主题关联

通过作者共被引分析，获得 2013 年计算机技术学科高被引作者及与其他学者之间的发文主题关联（见图 39-9，共被引 3 次以下不显示）。如图 39-9 所示，计算机技术学科的高被引作者基本主导了作者共被引网络，显示出该学科在热点主题上可能已经形成了优势较为明显的科研力量。陈康的节点较大，显示出他的学术成果在学科内得到较多关注；以陈康和冯登国等学者为主要节点的共被引作者簇人数较多且网络规模较大，意味着这些学者的研究主题关联可能较为紧密；陈康与陈全、冯登国等学者之间的链接较强，意味着他们之间可能有较为相近的研究主题。

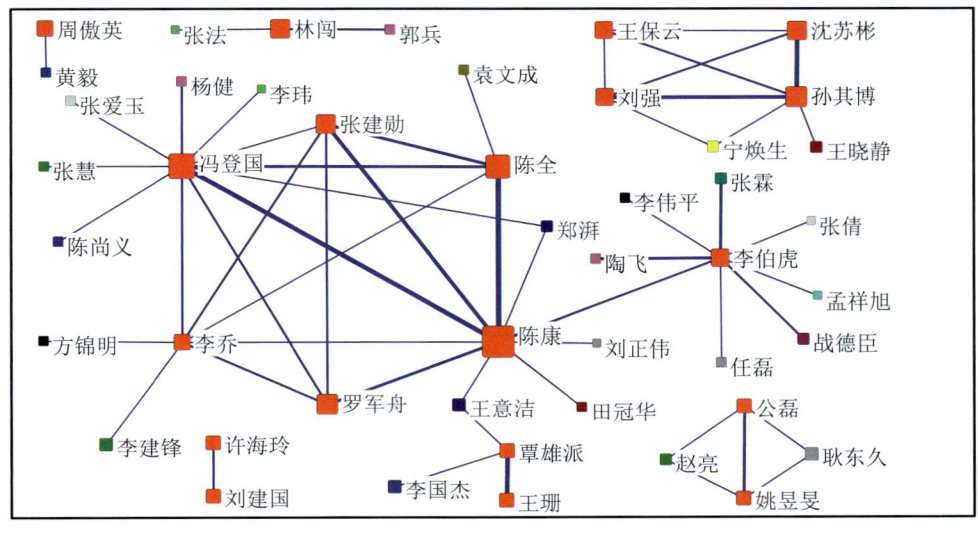

图 39-9　计算机技术学科高被引作者发文主题关联

39.6 高被引机构分析

39.6.1 高被引机构

为便于比较，本书将计算机技术学科的高被引机构分为高等院校和科研院所两种类型。其中，被引频次TOP 10 高等院校和被引频次TOP 5 科研院所的发文及被引情况分别见表39-5和表39-6。其中，总被引频次较高的3所高等院校分别是国防科学技术大学、西北工业大学和清华大学，中国科学院软件研究所、中国科学院计算技术研究所和中国科学院长春光学精密机械与物理研究所是总被引频次较高的3所科研院所；前5年学科发文在2013年的被引率最高的高等院校和科研院所分别是哈尔滨工业大学和中国科学院计算技术研究所；篇均被引最高的高等院校和科研院所分别是清华大学和中国科学院计算技术研究所。上述高被引机构的论文被引率和篇均被引频次对比如图39-10所示。

表39-5 计算机技术学科高被引高等院校 TOP 10

序号	第一作者单位	学科发文量（篇）		前5年学科发文在2013年的被引			
		前5年	2013年	频次	被引率(%)	最高（次）	篇均（次）
1	国防科学技术大学	4599	432	2164	25.5	36	0.47
2	西北工业大学	4764	555	1874	24.4	19	0.39
3	清华大学	2146	252	1591	28.1	201	0.74
4	北京航空航天大学	2391	233	1317	26.6	59	0.55
5	上海交通大学	3118	341	1191	20.6	138	0.38
6	重庆大学	2713	257	1167	24.8	16	0.43
7	哈尔滨工业大学	1742	215	1065	28.3	46	0.61
8	浙江大学	2100	241	1044	27.9	17	0.50
9	中南大学	2682	222	1043	22.1	49	0.39
10	西安电子科技大学	2088	215	1000	25.7	16	0.48

表39-6 计算机技术学科高被引科研院所 TOP 5

序号	第一作者单位	学科发文量（篇）		前5年学科发文在2013年的被引			
		前5年	2013年	频次	被引率(%)	最高（次）	篇均（次）
1	中国科学院软件研究所	738	94	638	29.1	147	0.86
2	中国科学院计算技术研究所	807	110	811	33.2	85	1.00
3	中国科学院长春光学精密机械与物理研究所	625	116	413	31.0	11	0.66
4	中国科学院自动化研究所	252	29	164	31.3	12	0.65
5	中国科学院计算机网络信息中心	135	26	115	24.4	57	0.85

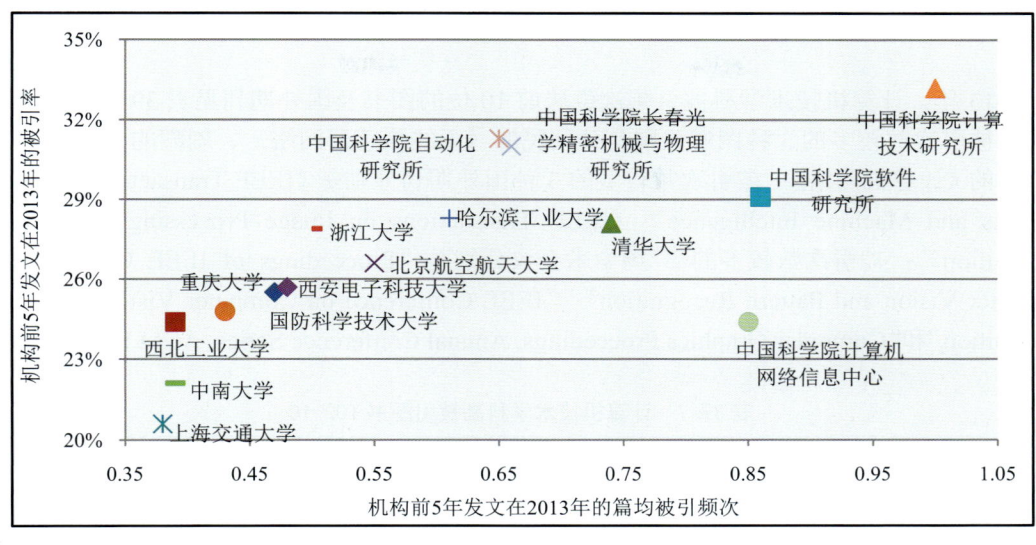

图 39-10 计算机技术学科高被引机构论文篇均被引及被引率对比

39.6.2 高被引机构科研合作关系

通过合著分析,获得计算机技术学科高被引机构之间及其与其他机构之间的科研合作关联,如图 39-11 所示(合作 59 次以下不显示)。分析得知,计算机技术学科的机构合作链接较为紧密,表明学科内机构合作现象较为普遍;高被引机构基本主导了机构合作网络,表明这些机构已经在学科内具有了一定的科研优势。西安电子科技大学和北京电子科技学院之间的链接较强,表明它们的学术合作较为频繁。

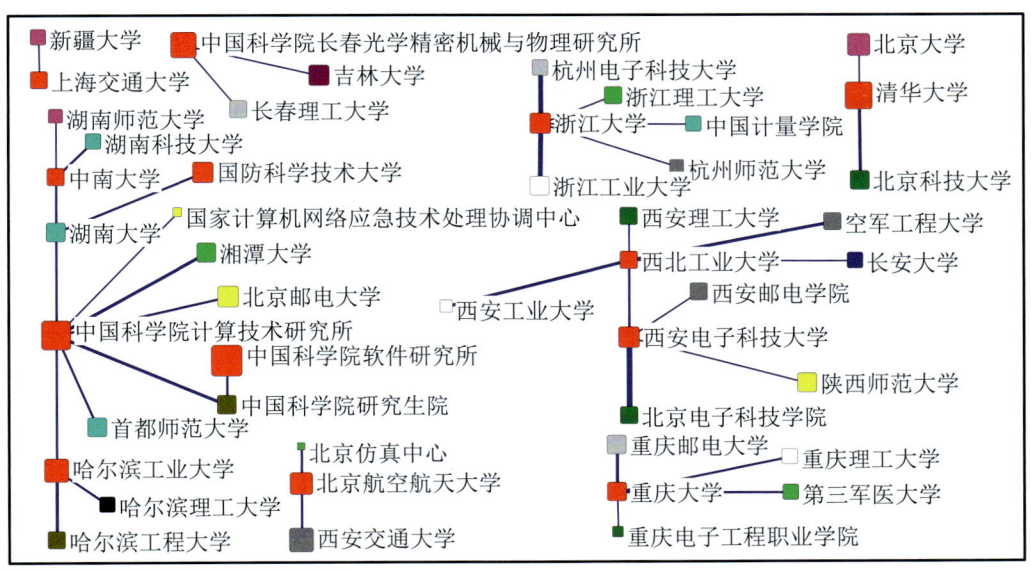

图 39-11 计算机技术学科高被引机构科研合作关联

39.7 高被引图书、国外期刊及学术会议

2013年，计算机技术学科被引频次位居前10位的图书及国外期刊见表39-7和表39-8。其中，被引次数较多的3种图书分别是孙利民的《无线传感器网络》、刘鹏的《云计算》和谢希仁的《计算机网络》；被引次数较多的3种国外期刊分别是《IEEE Transactions on Pattern Analysis and Machine Intelligence》《IEEE Transactions on Image Processing》和《Pattern Recognition》；被引次数较多的3场学术会议分别是"Proceedings of IEEE Conference on Computer Vision and Pattern Recognition""IEEE Conference on Computer Vision and Pattern Recognition"和"Computer Graphics Proceedings, Annual Conference Series, ACM SIGGRAPH"。

表 39-7 计算机技术学科高被引图书 TOP 10

序号	责任者	图书名称	出版社	2013年被引频次
1	孙利民	无线传感器网络	清华大学出版社	156
2	刘鹏	云计算	电子工业出版社	131
3	谢希仁	计算机网络	电子工业出版社	124
4	萨师煊	数据库系统概论	高等教育出版社	87
5	谭浩强	C程序设计	清华大学出版社	82
6	冈萨雷斯	数字图像处理	电子工业出版社	72
7	严蔚敏	数据结构	清华大学出版社	71
8	王珊	数据库系统概论	高等教育出版社	59
8	边肇祺	模式识别	清华大学出版社	58
10	严蔚敏	数据结构（C语言版）	清华大学出版社	55

表 39-8 计算机技术学科高被引国外期刊 TOP 10

序号	期刊名称	2013年被引频次
1	IEEE Transactions on Pattern Analysis and Machine Intelligence	3683
2	IEEE Transactions on Image Processing	2353
3	Pattern Recognition	1739
4	International Journal of Computer Vision	1329
5	Communications of the ACM	1207
6	IEEE Transactions on Information Theory	1080
7	ACM Transactions on Graphics	981
8	Pattern Recognition Letters	892
9	Expert Systems with Applications	836
10	IEEE Transactions on Signal Processing	812

第 40 章　化学工业学科高被引分析

40.1　学科论文概况

2008—2012 年,化学工业学科共有 147666 位来自 37577 所机构的论文第一作者在 3663 种期刊上发表了 177279 篇学术论文。其中,80%以上的论文产出自 15517 所机构、114997 位作者,发表在 327 种期刊上。在前 5 年发表的这些论文中,有 36332 篇在 2013 年获得过引用,整体被引率为 20.5%,总被引频次为 54349 次,篇均被引 0.31 次;其中,高被引论文有 694 篇,单篇论文最高被引频次为 71 次,累计被引 4069 次,篇均被引 5.86 次(表 40-1)。另外,2013 年化学工业学科共发表论文 35456 篇,其中有 579 篇在当年获得过引用,总共被引 696 次。

表 40-1　化学工业学科论文分布情况

年份	论文篇数	2013年被引频次	2013年被引率（%）	2013年高被引论文			
				论文篇数	最高被引频次	总被引频次	篇均被引频次
2008	28348	9420	21.7	133	59	826	6.21
2009	29843	10510	23.3	141	68	853	6.05
2010	33809	12239	23.8	166	71	977	5.89
2011	41050	13100	21.0	88	53	645	7.33
2012	44229	9080	14.8	166	58	768	4.63
合计	177279	54349	20.5	694	71	4069	5.86

从化学工业学科论文的地域分布来看,2013 年被引频次较高的 5 个省、直辖市或自治区依次是北京、江苏、广东、山东和上海(图 40-1);5 年论文产出量较多的 5 个省、直辖市或自治区依次是江苏、北京、山东、广东和河南(图 40-2)。

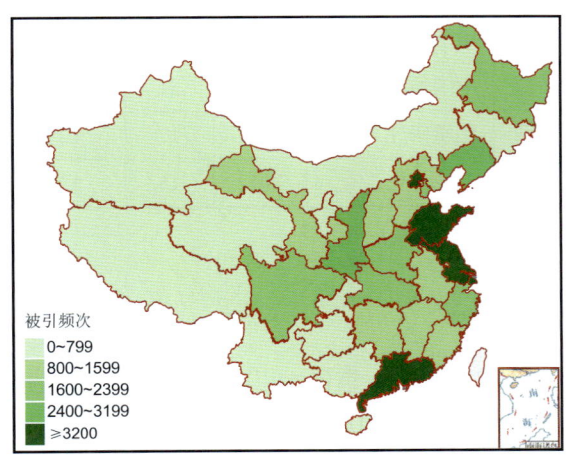
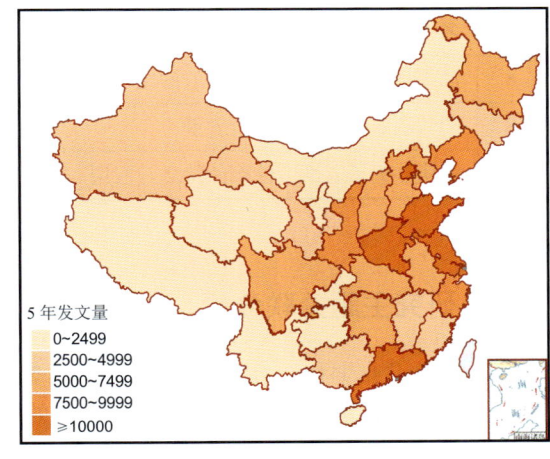

图 40-1　2013 年化学工业学科地区被引分布　　图 40-2　化学工业学科 5 年论文产出地区分布

40.2 高被引论文分析

在化学工业学科,2013 年被引频次位居前 10 位的论文(表 40-2)平均被引频次为 15.4 次,是全部 694 篇高被引论文篇均被引频次的 2.6 倍。其中,被引频次最高的论文是谭丹于 2008 年发表的《我国东、中、西部地区经济发展与碳排放的关联分析及比较》,随后 2 篇分别是赵振新于 2008 年发表的《中国褐煤的综合优化利用》和安增莉于 2011 年发表的《水稻秸秆生物炭对 Pb(Ⅱ)的吸附特性》。

从论文分布来看,刊载高被引论文数量最多的 3 种期刊分别是《化工进展》(22 篇)、《化工学报》(20 篇)和《农药》(15 篇),而《中国油脂》刊载了高被引论文 TOP 10 中的 3 篇;发表高被引论文最多的 3 位学者分别是深圳诺普信农化有限股份公司的华乃震(3 篇)、中国科学院过程工程研究所的公旭中(2 篇)和南昌大学的代志凯(2 篇);产出高被引论文数量最多的 3 所机构分别是南京工业大学(16 篇)、北京化工大学(14 篇)和华南理工大学(11 篇)。

表 40-2　化学工业学科高被引论文 TOP 10

序号	论文题名	第一作者	期刊名称	发表年份	被引频次 总频次	被引频次 2013 年
1	我国东、中、西部地区经济发展与碳排放的关联分析及比较	谭丹	中国人口·资源与环境	2008	106	32
2	中国褐煤的综合优化利用	赵振新	洁净煤技术	2008	58	17
3	水稻秸秆生物炭对 Pb(Ⅱ)的吸附特性	安增莉	环境化学	2011	27	15
4	基于 Mooney-Rivlin 模型和 Yeoh 模型的超弹性橡胶材料有限元分析	黄建龙	橡胶工业	2008	40	14
4	低温煤焦油的综合利用	张军民	煤炭转化	2010	30	14
6	饱和脂肪酸分类与生理功能	陈银基	中国油脂	2008	41	13
6	多不饱和脂肪酸的研究进展	王萍	中国油脂	2008	62	13
8	油茶籽油与橄榄油营养价值的比较	柏云爱	中国油脂	2008	51	12
8	硝酸乙醇法测定纤维素含量	王林风	化学研究	2011	17	12
8	浅谈非离子表面活性剂的特点与应用	刘贺	皮革与化工	2012	15	12

40.3 研究主题关联分析

在化学工业学科,高被引论文累计被 2013 年发表的 3549 篇论文引用了 4069 次。通过分析施引文献关键词的词频及关键词之间的共现关系,获得 2013 年化学工业学科的热点主题和主题关联,如图 40-3 所示(共现 8 次以下不显示)。由图 40-3 可知:"应用"和"性能"等关键词的文档词频较高,是化学工业学科近期的热点研究主题;"花生壳"与"乙酰丙酸""响应面法"之间的共现次数较多,显示出它们之间主题关联较为紧密。以"改性有机硅"和"异辛醇磷酸酯"为核心的多个概念相互关联,构成了领域内近期较为突出的研究主题簇。

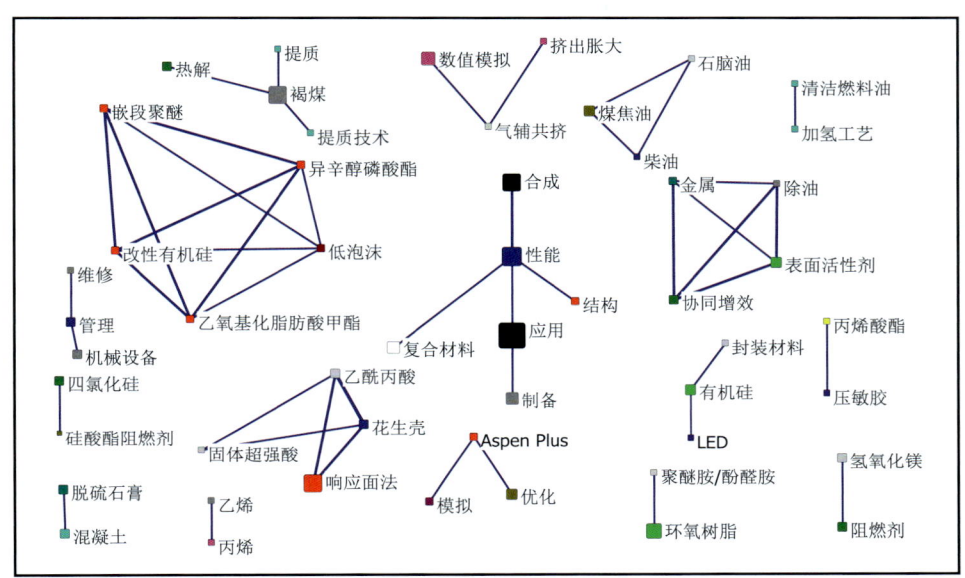

图 40-3 化学工业学科 2013 年热点主题关联

40.4 学科高影响力期刊分析

40.4.1 学科高影响力期刊 TOP 10

在化学工业学科,学科 5 年影响因子位居前 10 位的期刊见表 40-3,排在前 3 位的期刊分别是《燃料化学学报》《新型炭材料》和《化工学报》。在表 40-3 中,学科载文量占其总载文量比例最大的期刊是《林产化学与工业》;前 5 年学科载文在 2013 年被引率最高的期刊是《燃料化学学报》;期刊 5 年影响因子较高的前 3 种期刊分别是《燃料化学学报》《化工学报》和《有机硅材料》;学科 5 年影响因子与期刊 5 年影响因子差异最大的期刊是《南昌大学学报(工科版)》。表 40-3 中期刊的学科 5 年影响因子和前 5 年学科载文在 2013 年的被引率对比如图 40-4 所示,2008—2013 年期刊 5 年影响因子的变动情况如图 40-5 所示。

表 40-3　化学工业学科高影响力期刊基本指数

序号	期刊名称	前 5 年载文量			2013 年学科被引			5 年影响因子		h 指数（学科）
		学科（篇）	占比（%）	总量（篇）	频次	被引率（%）	高被引论文篇数	期刊（2013）	学科（2013）	
1	燃料化学学报	365	35.1	1041	293	40.0	8	0.746	0.803	6
2	新型炭材料	197	46.1	427	155	36.6	5	0.597	0.787	5
3	化工学报	1280	39.2	3262	882	38.3	20	0.662	0.689	7
4	有机硅材料	427	87.9	486	288	39.1	5	0.638	0.674	5
5	南昌大学学报（工科版）	68	12.5	543	45	32.4	1	0.350	0.662	4
6	高校化学工程学报	600	54.0	1112	393	37.3	11	0.623	0.655	6
7	硅酸盐通报	792	38.9	2034	514	36.1	15	0.606	0.649	7
8	生物质化学工程	440	94.0	468	278	33.6	7	0.611	0.632	5
9	林产化学与工业	884	99.9	885	544	33.8	12	0.615	0.615	6
10	塑料	950	77.1	1232	567	37.7	8	0.595	0.597	6

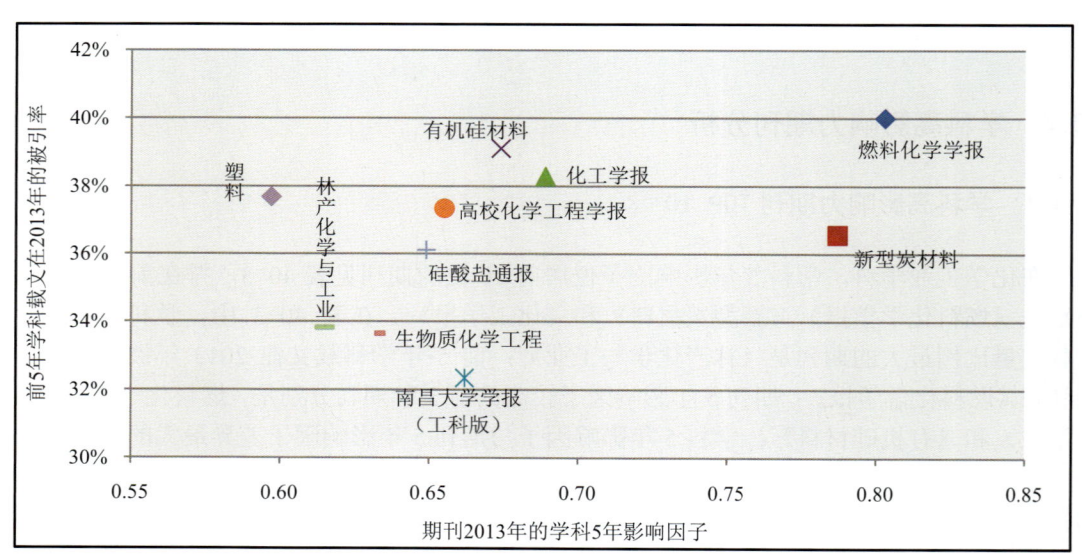

图 40-4　化学工业学科高影响力期刊对比

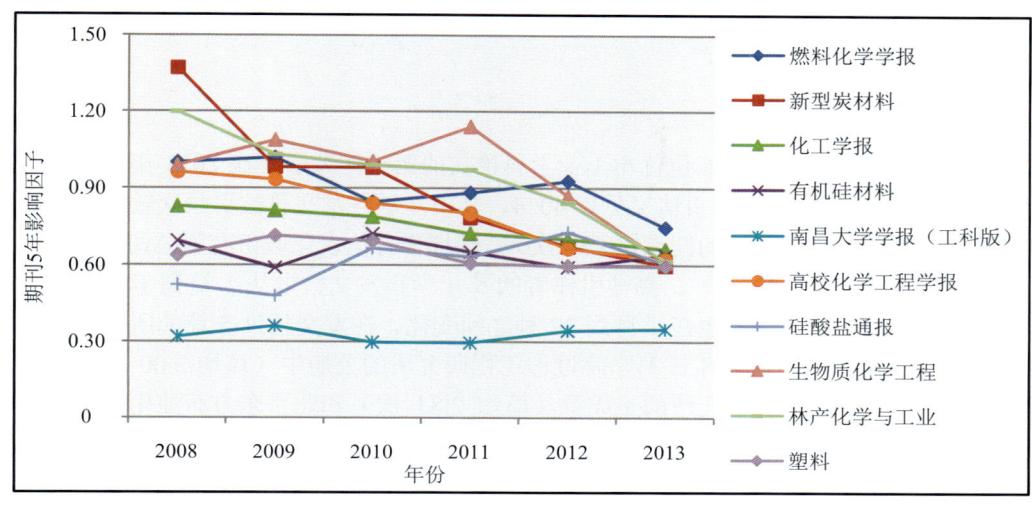

图 40-5　化学工业学科期刊 5 年影响因子变动

40.4.2　学科高影响力期刊载文主题关联

通过期刊共被引分析，获得化学工业学科高影响力期刊及与其他期刊之间的载文主题关联，如图 40-6 所示（共被引 27 次以下不显示）。结果显示，化学工业学科的高影响力期刊相互链接较为紧密，基本主导了该学科的期刊共被引网络，显示出该学科高影响力期刊可能共同刊载了许多相近的研究主题，热点研究主题分散在多种期刊上。《燃料化学学报》和《化工学报》的学科 5 年影响因子较高，显示出它们的学术影响力较大；《塑料工业》与《中国塑料》《工程塑料应用》《塑料》《塑料科技》等期刊之间的链接较强，意味着它们之间可能有较多相同或相近的载文主题。

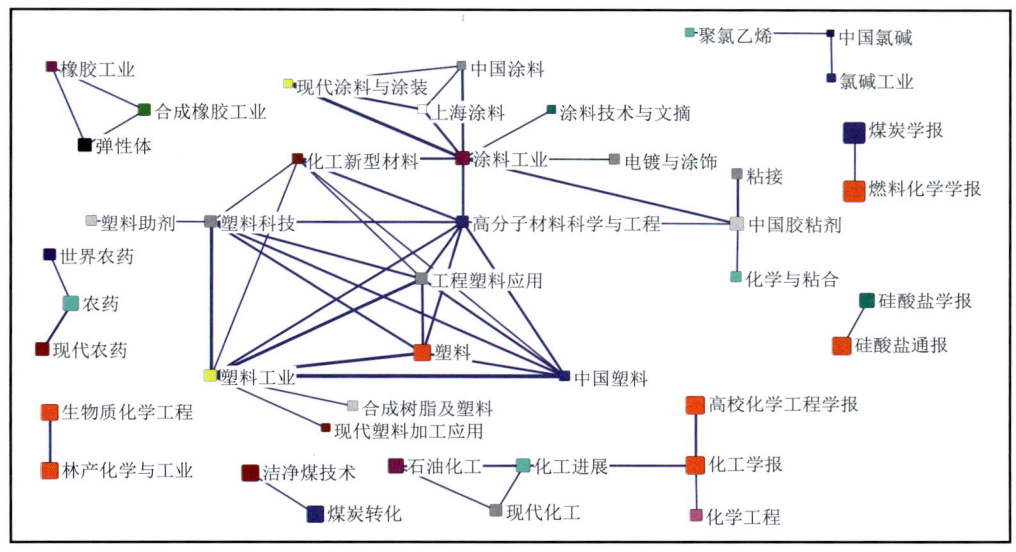

图 40-6　化学工业学科高影响力期刊载文主题关联

40.5 高被引作者分析

40.5.1 高被引作者 TOP 20

2008—2012 年,在 147666 位化学工业学科论文的第一作者中,在 2013 年学科被引频次位居前 20 位的学者的发文及被引情况见表 40-4。其中,学科发文总被引频次较高的 3 位作者分别是川化集团有限责任公司的汪家铭(54 次)、深圳诺普信农化股份有限公司的华乃震(49 次)和南京大学的谭丹(32 次)。高被引作者的 5 年学科发文数量从 1 篇到 142 篇不等,同时,作者学科发文的期刊分布也在 1 种到 27 种之间变化。在发文超过 5 篇的所有作者中,篇均被引较高的 3 位作者分别是中国科学院过程工程研究所的公旭中(篇均 3.00 次)、中国林业科学研究院林产化学工业研究所的王成章(篇均 2.83 次)和北京东方石油化工有限公司助剂二厂的邴涓林(篇均 2.80 次);前 5 年发表学科论文较多的 3 位作者分别是川化集团有限责任公司的汪家铭(142 篇)、北京燕山石油化工公司研究院的崔小明(67 篇)和宁波海达塑料机械有限公司的张友根(65 篇)。高被引作者的学科发文量和被引量对比如图 40-7 所示。

表 40-4 化学工业学科高被引作者 TOP 20

序号	姓名	作者单位	前 5 年发文			前 5 年学科发文在 2013 年的被引				h 指数(学科)
			学科发文(篇)	期刊分布(种)	发文总量(篇)	总频次	被引率(%)	最高(次)	篇均(次)	
1	汪家铭	川化集团有限责任公司	142	27	196	54	22.5	6	0.38	4
2	华乃震	深圳诺普信农化股份有限公司	30	3	30	49	50.0	9	1.63	3
3	谭丹	南京大学	1	1	4	32	100.0	32	32.00	2
4	谭德新	安徽理工大学	13	7	18	25	84.6	4	1.92	3
5	徐妍	中国农业大学	15	5	18	24	73.3	5	1.60	3
6	钟本和	四川大学	11	5	13	23	72.7	5	2.09	3
6	施惠生	同济大学	21	7	38	23	52.4	3	1.10	3
8	李玉芳	北京江宁化工技术研究所	46	15	51	22	26.1	4	0.48	2
8	李群生	北京化工大学	38	7	47	22	42.1	2	0.58	2
10	段伦博	东南大学	9	6	14	21	66.7	5	2.33	4
10	张一宾	上海市农药研究所	40	5	53	21	30.0	3	0.52	3
12	张昌辉	陕西科技大学	24	11	37	20	41.7	3	0.83	3
12	张光华	陕西科技大学	30	17	50	20	43.3	3	0.67	3
14	张浩	安徽工业大学	12	6	19	19	50.0	5	1.58	4
14	王玉新	天津大学	7	5	8	19	85.7	7	2.71	3
14	崔小明	北京燕山石油化工公司研究院	67	14	83	19	20.9	3	0.28	2

序号	姓名	作者单位	前5年发文			前5年学科发文在2013年的被引				h指数（学科）
			学科发文（篇）	期刊分布（种）	发文总量（篇）	总频次	被引率（%）	最高（次）	篇均（次）	
14	丁雪兴	兰州理工大学	14	7	22	19	57.1	6	1.36	2
14	杜郢	常州大学	16	9	16	19	56.3	5	1.19	2
19	公旭中	中国科学院过程工程研究所	6	2	6	18	100.0	7	3.00	3
19	李顺	华南理工大学	4	1	7	18	75.0	12	4.50	3
19	康永	陕西金泰氯碱化工有限公司	53	23	92	18	26.4	2	0.34	2
19	李庆钊	东南大学	7	5	7	18	85.7	6	2.57	3
19	余先纯	岳阳职业技术学院	17	13	42	18	41.2	6	1.06	3
19	张敏	陕西科技大学	28	12	56	18	35.7	4	0.64	3

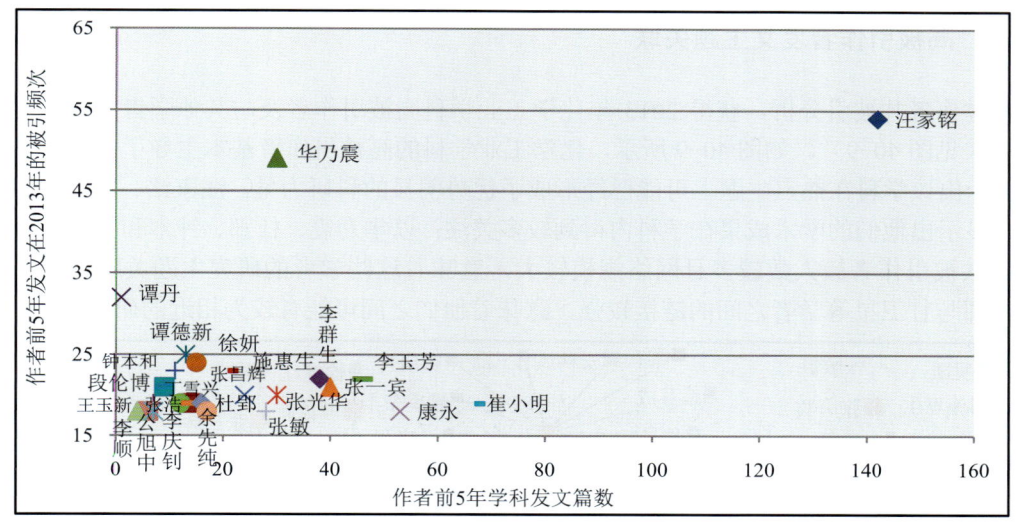

图 40-7 化学工业学科高被引作者学科发文及被引对比

40.5.2 高被引作者科研合作关系

通过作者合著分析，获得 2013 年化学工业学科高被引作者及与其他学者之间的科研论文合作关系（不考虑论文署名次序），如图 40-8 所示（合著 6 次以下不显示）。可以看出，化学工业学科的高被引作者的论文合作现象比较普遍，而且合作人数较多。康永、李玉芳和李群生等学者的发文量较多；其中，张光华的论文合作网络较为突出，在该学科的研究人员中表现出一定的集聚效应。李玉芳和伍小明之间的合作关系最为紧密，显示出他们可能属于同一支科研团队。

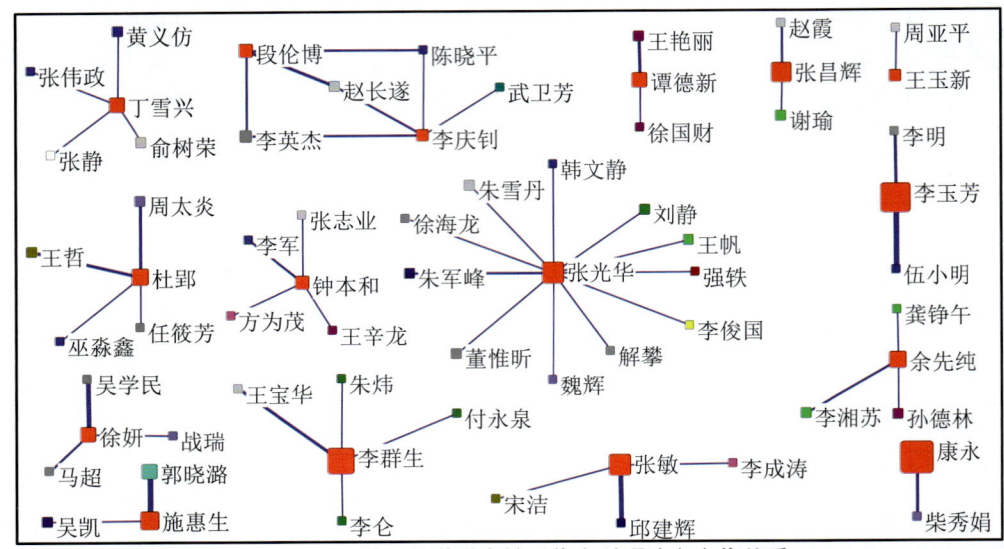

图 40-8　化学工业学科高被引作者科研论文合作关系

40.5.3　高被引作者发文主题关联

通过作者共被引分析，获得 2013 年化学工业学科高被引作者及与其他学者之间的发文主题关联（见图 40-9）。如图 40-9 所示，化学工业学科的高被引作者基本主导了作者共被引网络，显示出该学科在热点主题上可能已经形成了优势明显的科研力量。汪家铭、华乃震的节点较大，显示出他们的学术成果在学科内得到较多关注；以华乃震、杜郢、钟本和等学者为主要节点的共被引作者簇人数较多且网络规模较大，意味着这些学者的研究主题关联可能较为紧密；杜郢与甘卫星等学者之间的链接较强，意味着他们之间可能有较为相近的研究主题。

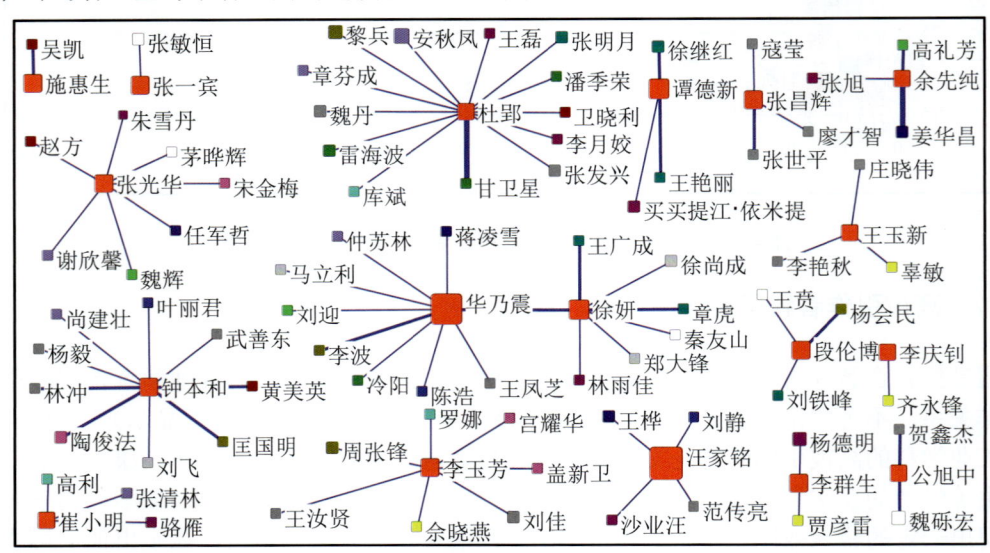

图 40-9　化学工业学科高被引作者发文主题关联

40.6 高被引机构分析

40.6.1 高被引机构

为便于比较，本书将化学工业学科的高被引机构分为高等院校和科研院所两种类型。其中，被引频次 TOP 10 高等院校和被引频次 TOP 5 科研院所的发文及被引情况分别见表 40-5 和表 40-6。其中，总被引频次较高的 3 所高等院校分别是华南理工大学、北京化工大学和南京工业大学，中国林业科学研究院林产化学工业研究所、中国科学院山西煤炭化学研究所和中国科学院过程工程研究所是总被引频次较高的 3 所科研院所；前 5 年学科发文在 2013 年的被引率最高的高等院校和科研院所分别是华南理工大学和中国科学院山西煤炭化学研究所；篇均被引最高的高等院校和科研院所分别是浙江大学和煤炭科学研究总院北京煤化工研究分院。上述高被引机构的论文被引率和篇均被引频次对比如图 40-10 所示。

表 40-5 化学工业学科高被引高等院校 TOP 10

序号	第一作者单位	学科发文量（篇）		前 5 年学科发文在 2013 年的被引			
		前 5 年	2013 年	频次	被引率（%）	最高（次）	篇均（次）
1	华南理工大学	2703	292	1215	29.0	12	0.45
2	北京化工大学	2229	346	985	28.5	11	0.44
3	南京工业大学	1774	247	825	28.7	11	0.47
4	华东理工大学	1941	257	804	26.1	7	0.41
5	四川大学	1722	252	702	26.0	11	0.41
6	青岛科技大学	2096	379	634	20.7	7	0.30
7	浙江大学	1101	168	530	29.2	11	0.48
8	陕西科技大学	1222	171	524	28.0	8	0.43
9	江南大学	1019	209	420	26.9	8	0.41
10	东华大学	1224	200	404	23.2	5	0.33

表 40-6 化学工业学科高被引科研院所 TOP 5

序号	第一作者单位	学科发文量（篇）		前 5 年学科发文在 2013 年的被引			
		前 5 年	2013 年	频次	被引率（%）	最高（次）	篇均（次）
1	中国林业科学研究院林产化学工业研究所	548	105	326	33.0	6	0.59
2	中国科学院山西煤炭化学研究所	327	36	205	35.5	10	0.63
3	中国科学院过程工程研究所	213	31	111	29.1	7	0.52
3	煤炭科学研究总院北京煤化工研究分院	164	22	111	30.5	11	0.68
5	中国石油化工股份有限公司北京化工研究院	210	49	101	27.6	6	0.48

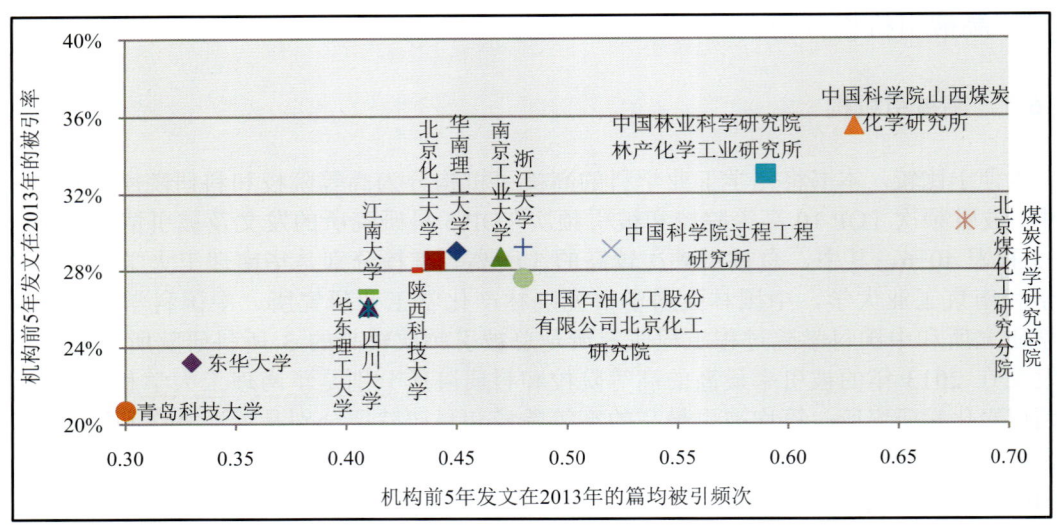

图 40-10 化学工业学科高被引机构论文篇均被引及被引率对比

40.6.2 高被引机构科研合作关系

通过合著分析，获得化学工业学科高被引机构之间及其与其他机构之间的科研合作关联，如图40-11所示（合作57次以下不显示）。分析得知，化学工业学科的机构合作链接较紧密，显示出学科内各个机构间的合作现象较为普遍；高被引机构基本主导了机构合作网络，表明出这些机构已经在学科内具有了一定的科研优势。北京化工大学和北京石油化工学院、浙江大学和浙江工业大学等机构之间的链接较强，表明它们的学术合作较为频繁。

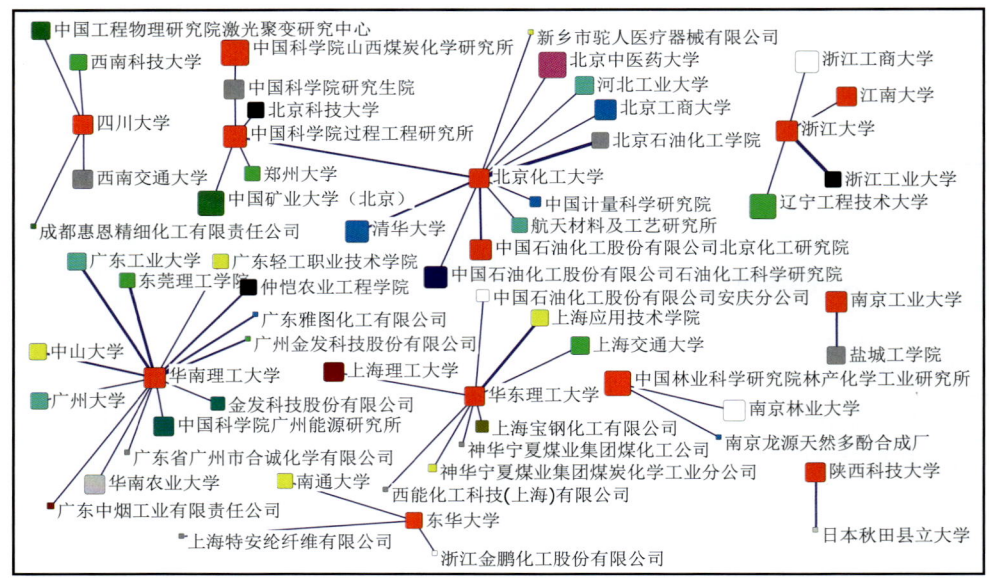

图 40-11 化学工业学科高被引机构科研合作关联

40.7 高被引图书、国外期刊及学术会议

2013 年，化学工业学科被引频次位居前 10 位的图书及国外期刊见表 40-7 和表 40-8。其中，被引次数较多的 3 种图书分别是何曼君的《高分子物理》、潘祖仁的《高分子化学》和幸松民的《有机硅合成工艺及产品应用》；被引次数较多的 3 种国外期刊分别是《Journal of Applied Polymer Science》《Polymer》和《Journal of the American Chemical Society》；被引次数较多的 3 场学术会议分别是"10th IIR Gustav Lorentzen Conference 2012""Proceeding of the 23rd International Congress on Glass"和"Proceedings of ASME Turbo Expo"。

表 40-7 化学工业学科高被引图书 TOP 10

序号	责任者	图书名称	出版社	2013 年被引频次
1	何曼君	高分子物理	复旦大学出版社	66
2	潘祖仁	高分子化学	化学工业出版社	53
2	幸松民	有机硅合成工艺及产品应用	化学工业出版社	53
4	成大先	机械设计手册	化学工业出版社	47
5	曹同玉	聚合物乳液合成原理性能及应用	化学工业出版社	33
6	孙曼灵	环氧树脂应用原理与技术	机械工业出版社	33
7	胡荣祖	热分析动力学	科学出版社	31
8	贺福	碳纤维及其应用技术	化学工业出版社	30
9	金日光	高分子物理	化学工业出版社	28
10	冯圣玉	有机硅高分子及其应用	化学工业出版社	28

表 40-8 化学工业学科高被引国外期刊 TOP 10

序号	期刊名称	2013 年被引频次
1	Journal of Applied Polymer Science	2793
2	Polymer	2176
3	Journal of the American Chemical Society	1878
4	Macromolecules	1692
5	Industrial & Engineering Chemistry Research	1683
6	Journal of Membrane Science	1598
7	Fuel	1248
8	Chemical Engineering Science	1199
9	Applied Catalysis A: General	1062
10	Journal of Catalysis	1052

第 41 章 轻工业、手工业学科高被引分析

41.1 学科论文概况

2008—2012 年,轻工业、手工业学科共有 115318 位来自 28324 所机构的论文第一作者在 3780 种期刊上发表了 173691 篇学术论文。其中,80%以上的论文产出自 28324 所机构、95395 位作者,发表在 241 种期刊上。在前 5 年发表的这些论文中,有 36027 篇在 2013 年获得过引用,整体被引率为 20.7%,总被引频次为 59538 次,篇均被引 0.34 次;其中,高被引论文有 505 篇,单篇论文最高被引频次为 71 次,累计被引 3876 次,篇均被引 7.68 次(表 41-1)。另外,2013 年轻工业、手工业学科共发表论文 33134 篇,其中有 696 篇在当年获得过引用,总共被引 842 次。

表 41-1 轻工业、手工业学科论文分布情况

年份	论文篇数	2013 年被引频次	2013 年被引率(%)	2013 年高被引论文			
				论文篇数	最高被引频次	总被引频次	篇均被引频次
2008	23251	10808	26.7	85	57	806	9.48
2009	23791	11483	28.4	75	49	708	9.44
2010	27906	13484	28.2	134	71	996	7.43
2011	44613	13554	18.4	118	62	833	7.06
2012	54130	10209	12.9	93	37	533	5.73
合计	173691	59538	20.7	505	71	3876	7.68

从轻工业、手工业学科论文的地域分布来看,2013 年被引频次较高的 5 个省、直辖市或自治区依次是江苏、广东、北京、河南和浙江(图 41-1);5 年论文产出量较多的 5 个省、直辖市或自治区依次是江苏、广东、河南、北京和山东(图 41-2)。

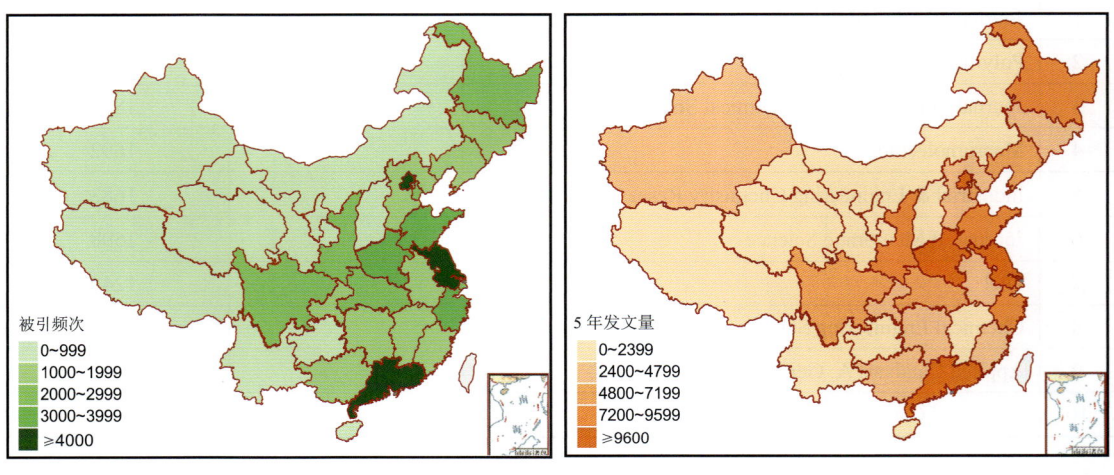

图 41-1 2013 年轻工业、手工业学科地区被引分布　　图 41-2 轻工业、手工业学科 5 年论文产出地区分布

41.2 高被引论文分析

在轻工业、手工业学科,2013年被引频次位居前10位的论文(表41-2)平均被引频次为23.36次,是全部505篇高被引论文篇均被引频次的3.0倍。其中,被引频次最高的论文是赵凯于2008年发表的《3,5-二硝基水杨酸比色法测定还原糖含量的研究》,随后2篇分别是谢剑平于2009年发表的《卷烟烟气危害性指数研究》和李运于2009年发表的《统计分析在葡萄酒质量评价中的应用》。

从论文分布来看,刊载高被引论文数量最多的3种期刊分别是《食品科学》(105篇)、《食品工业科技》(40篇)和《食品研究与开发》(23篇),而《食品科学》刊载了高被引论文TOP 10中的4篇;发表高被引论文最多的3位学者分别是深圳诺普信农化有限股份公司的华乃震(3篇)、中国科学院过程工程研究所的公旭中(2篇)和南昌大学的代志凯(2篇);产出高被引论文数量最多的3所机构分别是华南理工大学(24篇)、中国农业大学(18篇)和江南大学(17篇)。

表41-2 轻工业、手工业学科高被引论文 TOP 10

序号	论文题名	第一作者	期刊名称	发表年份	被引频次 总频次	被引频次 2013年
1	3,5-二硝基水杨酸比色法测定还原糖含量的研究	赵凯	食品科学	2008	153	41
2	卷烟烟气危害性指数研究	谢剑平	烟草科技	2009	100	33
3	统计分析在葡萄酒质量评价中的应用	李运	酿酒科技	2009	28	24
4	高效液相色谱法测胆固醇含量鉴别地沟油	郭涛	食品科学	2009	44	23
5	冷鲜猪肉中热杀索丝菌生长预测模型的建立与验证	刘超群	食品科学	2010	32	21
5	冷却肉中假单胞菌温度预测模型的建立与验证	傅鹏	农业工程学报	2008	38	21
7	食品中邻苯二甲酸酯类增塑剂含量的测定	柴丽月	食品科学	2008	58	20
8	不同冻藏条件下养殖大黄鱼鱼肉质构变化的研究	戴志远	食品与发酵工业	2008	45	19
8	邻苯三酚自氧化法测定抗氧化活性的方法研究	韩少华	中国酿造	2009	47	19
10	地沟油检测技术的发展与研究	曹文明	粮食科技与经济	2011	40	18
10	烟叶质量评价指标间的相关性研究	邓小华	中国烟草学报	2008	58	18

41.3 研究主题关联分析

在轻工业、手工业学科，高被引论文累计被 2013 年发表的 3476 篇论文引用了 3876 次。通过分析施引文献关键词的词频及关键词之间的共现关系，获得 2013 年轻工业、手工业学科的热点主题和主题关联，如图 41-3 所示（共现 7 次以下不显示）。由图 41-3 可知："抗氧化活性""提取"和"烤烟"的文档词频较高，是轻工业、手工业学科近期的热点研究主题；"预测模型"与"假单胞菌"、"烤烟"与"致香物质""化学成分"等概念之间的共现次数较多，显示出它们之间主题关联较为紧密。以"抗氧化活性""多糖"和"提取"为核心的多个概念相互关联，构成了领域内近期最为突出的研究主题簇。

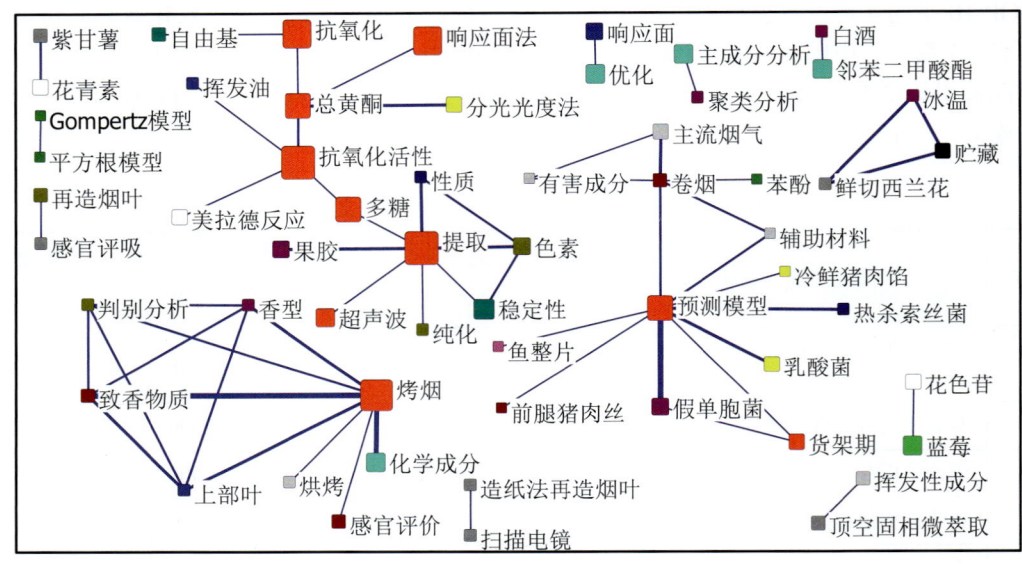

图 41-3　轻工业、手工业学科 2013 年热点主题关联

41.4 学科高影响力期刊分析

41.4.1 学科高影响力期刊 TOP 10

在轻工业、手工业学科，学科 5 年影响因子位居前 10 位的期刊见表 41-3，排在前 3 位的期刊分别是《茶叶科学》《中国烟草学报》和《食品科学》。在表 41-3 中，学科载文量占其总载文量比例最大的期刊是《食品与机械》；前 5 年学科载文在 2013 年被引率最高的期刊是《茶叶科学》；期刊 5 年影响因子较高的前 3 种期刊分别是《茶叶科学》《中国烟草学报》和《食品科学》；学科 5 年影响因子与期刊 5 年影响因子差异最大的期刊是《中国烟草学报》。表 41-3 中期刊的学科 5 年影响因子和前 5 年学科载文在 2013 年的被引率对比如图 41-4 所示，2008—2013 年期刊 5 年影响因子的变动情况如图 41-5 所示。

表 41-3 轻工业、手工业学科高影响力期刊基本指数

序号	期刊名称	前 5 年载文量			2013 年学科被引			5 年影响因子		h指数(学科)
		学科(篇)	占比(%)	总量(篇)	频次	被引率(%)	高被引论文篇数	期刊(2013)	学科(2013)	
1	茶叶科学	256	52.9	484	309	51.6	8	1.165	1.207	7
2	中国烟草学报	321	47.6	675	309	43.6	7	1.071	0.963	7
3	食品科学	6821	62.5	10912	6222	44.5	105	0.913	0.912	11
4	烟草科技	908	75.4	1204	796	43.6	13	0.899	0.877	8
5	中国粮油学报	1240	63.1	1965	958	42.3	10	0.755	0.773	7
6	食品与机械	1621	83.8	1935	1251	40.8	15	0.736	0.772	7
7	中国食品学报	1365	82.5	1654	1038	38.1	17	0.753	0.760	7
8	中国油脂	1071	66.2	1618	708	33.3	13	0.688	0.661	8
9	包装与食品机械	415	65.0	639	268	32.8	6	0.571	0.646	6
10	中国食物与营养	945	60.5	1562	590	33.2	9	0.663	0.624	7

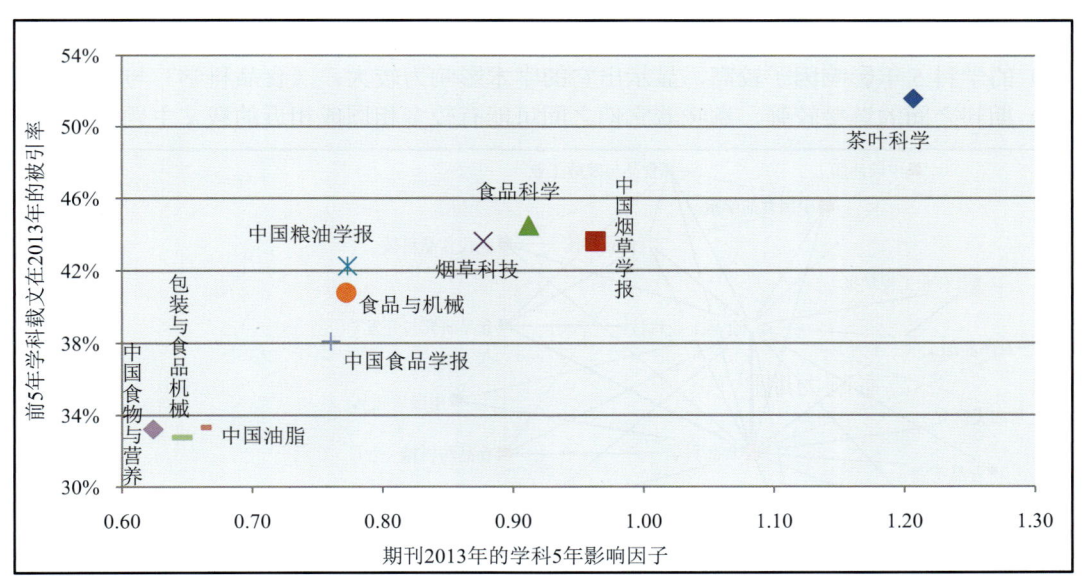

图 41-4 轻工业、手工业学科高影响力期刊对比

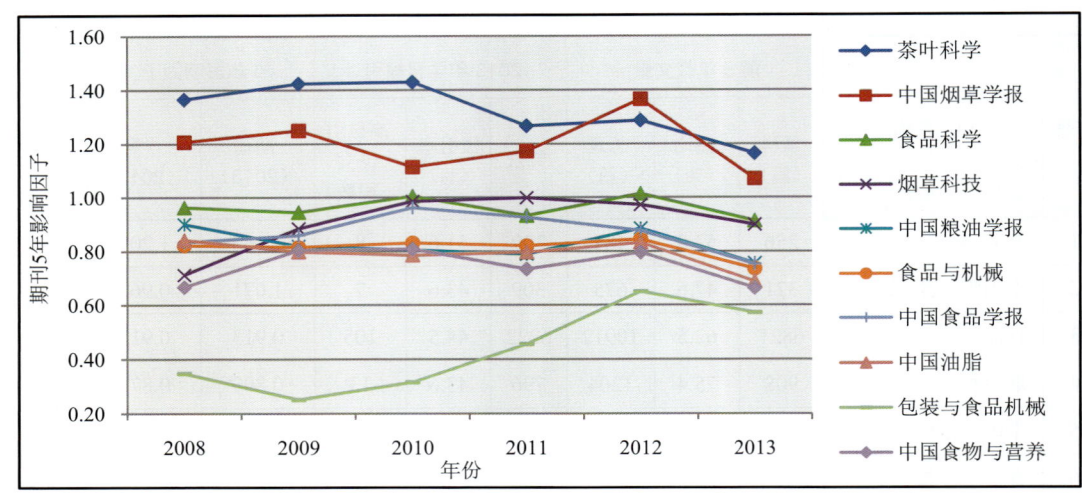

图 41-5　轻工业、手工业学科期刊 5 年影响因子变动

41.4.2　学科高影响力期刊载文主题关联

通过期刊共被引分析，获得轻工业、手工业学科高影响力期刊及与其他期刊之间的载文主题关联，如图 41-6 所示（共被引 106 次以下不显示）。结果显示，轻工业、手工业学科的高影响力期刊相互链接较为紧密，基本主导了该学科的期刊共被引网络，显示出该学科高影响力期刊可能共同刊载了许多相近的研究主题，热点研究主题分散在多种期刊上。《食品科学》的学科 5 年影响因子较高，显示出它的学术影响力较大；《食品科学》与《食品工业科技》期刊之间的链接较强，意味着它们之间可能有较多相同或相近的载文主题。

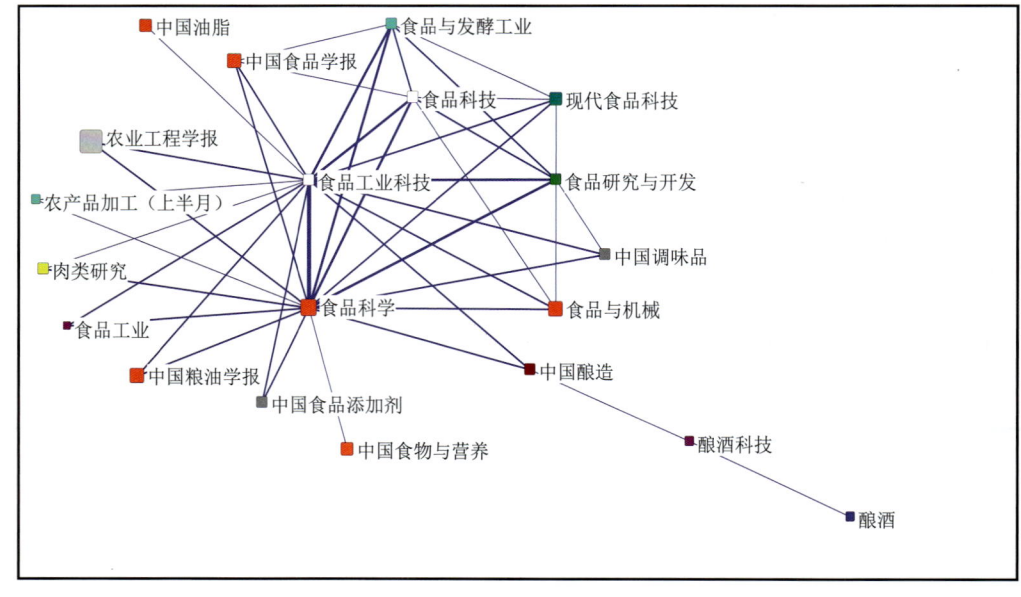

图 41-6　轻工业、手工业学科高影响力期刊载文主题关联

41.5 高被引作者分析

41.5.1 高被引作者 TOP 20

2008—2012 年，在 115318 位轻工业、手工业学科论文的第一作者中，在 2013 年学科被引频次位居前 20 位的学者的发文及被引情况见表 41-4。其中，学科发文总被引频次较高的 3 位作者分别是渤海大学的李颖畅（43 次）、哈尔滨商业大学的赵凯（43 次）和河南农业大学的李苗云（39 次）。高被引作者的 5 年学科发文数量从 3 篇到 48 篇不等，同时，作者学科发文的期刊分布也在 1 种到 13 种之间变化。在发文超过 5 篇的所有作者中，篇均被引较高的 3 位作者分别是哈尔滨商业大学的赵凯（篇均 6.14 次）、江苏大学的贾俊强（篇均 4.60 次）和河南农业大学的郝红涛（篇均 4.40 次）；前 5 年发表学科论文较多的 3 位作者分别是福建莆田鸿立印刷包装有限公司的康启来（122 篇）、中原工学院的赵博（77 篇）和中国郑州粮食批发市场的刘正敏（70 篇）。高被引作者的学科发文量和被引量对比如图 41-7 所示。

表 41-4 轻工业、手工业学科高被引作者 TOP 20

序号	姓名	作者单位	前 5 年发文			前 5 年学科发文在 2013 年的被引				h 指数（学科）
			学科发文（篇）	期刊分布（种）	发文总量（篇）	总频次	被引率（%）	最高（次）	篇均（次）	
1	李颖畅	渤海大学	24	8	29	43	50.0	10	1.79	4
1	赵凯	哈尔滨商业大学	7	2	8	43	42.9	41	6.14	1
3	李苗云	河南农业大学	16	10	24	39	75.0	10	2.44	4
4	邓小华	湖南农业大学	9	4	38	38	66.7	18	4.22	6
5	谢剑平	中国烟草总公司郑州烟草研究院	3	2	3	37	66.7	33	12.33	2
6	毕金峰	中国农业科学院农产品加工研究所	17	10	20	36	70.6	7	2.12	3
7	董庆利	上海理工大学	29	12	35	35	34.5	10	1.21	3
8	孙建霞	中国农业大学	3	3	3	34	100.0	15	11.33	3
9	周显青	河南工业大学	29	8	36	33	41.4	5	1.14	3
9	励建荣	浙江工商大学	13	5	20	33	76.9	8	2.54	4
9	孟宪军	沈阳农业大学	39	8	57	33	33.3	7	0.85	5
12	刘超群	武汉工业学院	4	1	4	32	100.0	21	8.00	3
12	范文来	江南大学	17	6	17	32	58.8	7	1.88	3
12	李超	徐州工程学院	47	13	59	32	40.4	4	0.68	2
15	张玉荣	河南工业大学	37	8	41	31	51.4	4	0.84	3

序号	姓名	作者单位	前 5 年发文			前 5 年学科发文在 2013 年的被引				h 指数（学科）
			学科发文（篇）	期刊分布（种）	发文总量（篇）	总频次	被引率（%）	最高（次）	篇均（次）	
16	刘安军	天津科技大学	34	3	53	27	32.4	8	0.79	3
16	李新华	沈阳农业大学	42	12	52	27	40.5	5	0.64	3
16	顾仁勇	吉首大学	18	6	24	27	50.0	5	1.50	4
19	张泽生	天津科技大学	48	9	66	26	39.6	4	0.54	3
19	易军鹏	江苏大学	4	3	5	26	100.0	12	6.50	4
19	张素风	陕西科技大学	21	6	31	26	52.4	5	1.24	3

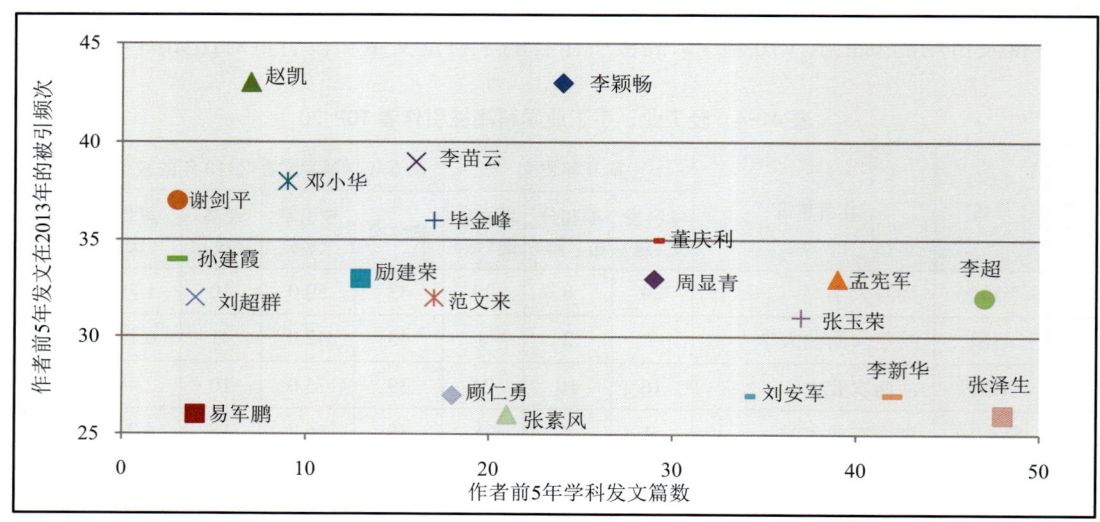

图 41-7　轻工业、手工业学科高被引作者学科发文及被引对比

41.5.2　高被引作者科研合作关系

通过作者合著分析，获得 2013 年轻工业、手工业学科高被引作者及与其他学者之间的科研论文合作关系（不考虑论文署名次序），如图 41-8 所示（合著 7 次以下不显示）。可以看出，轻工业、手工业学科的高被引作者的论文合作现象比较普遍，并且合作人数较多。其中，学者张泽生发文量最多，学者李超和孟宪军的发文量较多，且论文合作者也较多，显示出他们在该学科的研究人员中具有一定的集聚效应；学者孟宪军、毕金峰和李苗云的论文合作网络较为突出，在该学科的研究人员中表现出一定的集聚效应；张玉荣与周显青、李苗云与赵改名等学者之间的合作关系最为紧密，显示出他们可能分别属于同一支科研团队。

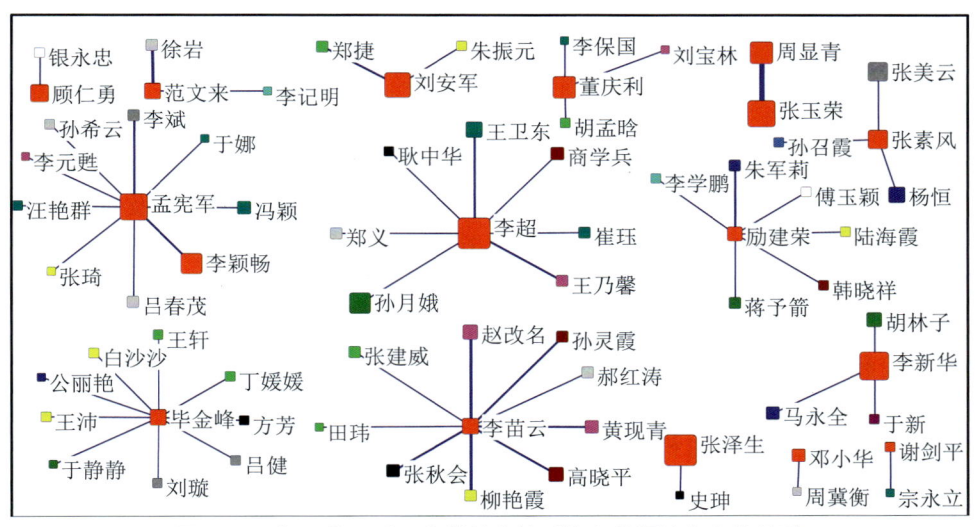

图 41-8　轻工业、手工业学科高被引作者科研论文合作关系

41.5.3　高被引作者发文主题关联

通过作者共被引分析，获得 2013 年轻工业、手工业学科高被引作者及与其他学者之间的发文主题关联（见图 41-9，共被引 2 次以下不显示）。如图 41-9 所示，轻工业、手工业学科的高被引作者基本主导了作者共被引网络，显示出该学科在热点主题上可能已经形成相对明显的科研力量。李苗云和李颖畅的节点较大，显示出他们的学术成果在学科内得到较多关注；以李苗云、董庆利和刘超群等学者为主要节点的共被引作者簇人数较多，可能意味着这些学者的研究主题关联较为紧密；刘超群与董庆利、傅鹏等学者之间的链接较强，意味着他们之间可能有较为相近的研究主题。

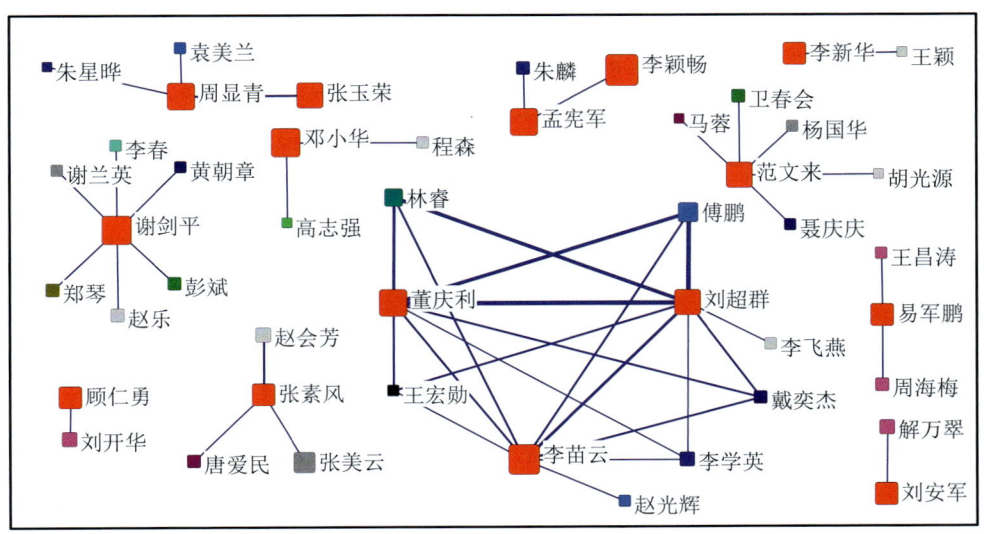

图 41-9　轻工业、手工业学科高被引作者发文主题关联

41.6 高被引机构分析

41.6.1 高被引机构

为便于比较，本书将轻工业、手工业学科的高被引机构分为高等院校和科研院所两种类型。其中，被引频次 TOP 10 高等院校和被引频次 TOP 5 科研院所的发文及被引情况分别见表 41-5 和表 41-6。其中，总被引频次较高的 3 所高等院校分别是江南大学、华南理工大学和中国农业大学，中国烟草总公司郑州烟草研究院、中国农业科学院农产品加工研究所和江苏省农业科学院是总被引频次较高的 3 所科研院所；前 5 年学科发文在 2013 年的被引率最高的高等院校和科研院所分别是西北农林科技大学和中国烟草总公司郑州烟草研究院；篇均被引较高的高等院校和科研院所分别是中国农业大学、西北农林科技大学和中国烟草总公司郑州烟草研究院。上述高被引机构的论文被引率和篇均被引频次对比如图 41-10 所示。

表 41-5　轻工业、手工业学科高被引高等院校 TOP 10

序号	第一作者单位	学科发文量（篇）		前 5 年学科发文在 2013 年的被引			
		前 5 年	2013 年	频次	被引率（%）	最高（次）	篇均（次）
1	江南大学	3342	607	1827	31.1	11	0.55
2	华南理工大学	2680	313	1433	29.9	13	0.53
3	中国农业大学	1272	169	944	37.2	21	0.74
4	西南大学	1405	226	904	36.5	8	0.64
5	陕西科技大学	2200	342	850	25.0	6	0.39
6	河南工业大学	1809	360	845	29.0	9	0.47
7	天津科技大学	1735	263	735	25.7	9	0.42
8	东华大学	2141	300	701	21.8	7	0.33
9	东北农业大学	1284	203	666	32.3	8	0.52
10	西北农林科技大学	885	170	657	39.0	12	0.74

表 41-6　轻工业、手工业学科高被引科研院所 TOP 5

序号	第一作者单位	学科发文量（篇）		前 5 年学科发文在 2013 年的被引			
		前 5 年	2013 年	频次	被引率（%）	最高（次）	篇均（次）
1	中国烟草总公司郑州烟草研究院	179	36	212	47.5	33	1.18
2	中国农业科学院农产品加工研究所	250	59	203	40.4	7	0.81
3	江苏省农业科学院	256	30	190	41.4	12	0.74
4	广东省农业科学院	217	59	141	33.2	7	0.65
5	中国农业科学院茶叶研究所	121	20	135	46.3	8	1.12

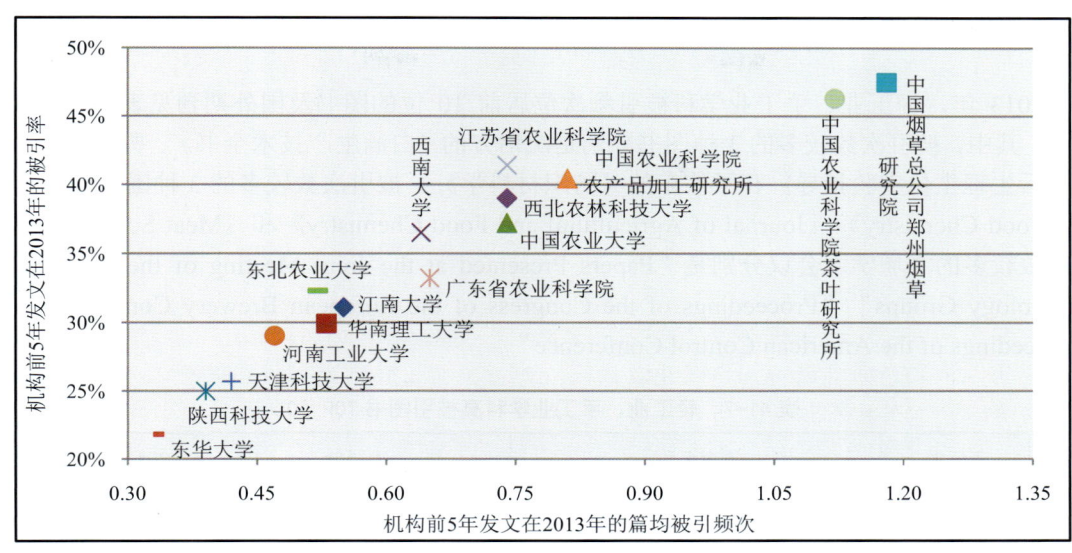

图 41-10 轻工业、手工业学科高被引机构论文篇均被引及被引率对比

41.6.2 高被引机构科研合作关系

通过合著分析，获得轻工业、手工业学科高被引机构之间及其与其他机构之间的科研合作关联，如图 41-11 所示（合作 57 次以下不显示）。分析得知，轻工业、手工业学科的机构合作链接非常紧密，表明学科内机构合作现象非常普遍；高被引机构基本主导了机构合作网络，表明这些机构已经在学科内具有了一定的科研优势。江南大学和光明乳业股份有限公司之间的链接较强，表明它们的学术合作较为频繁。

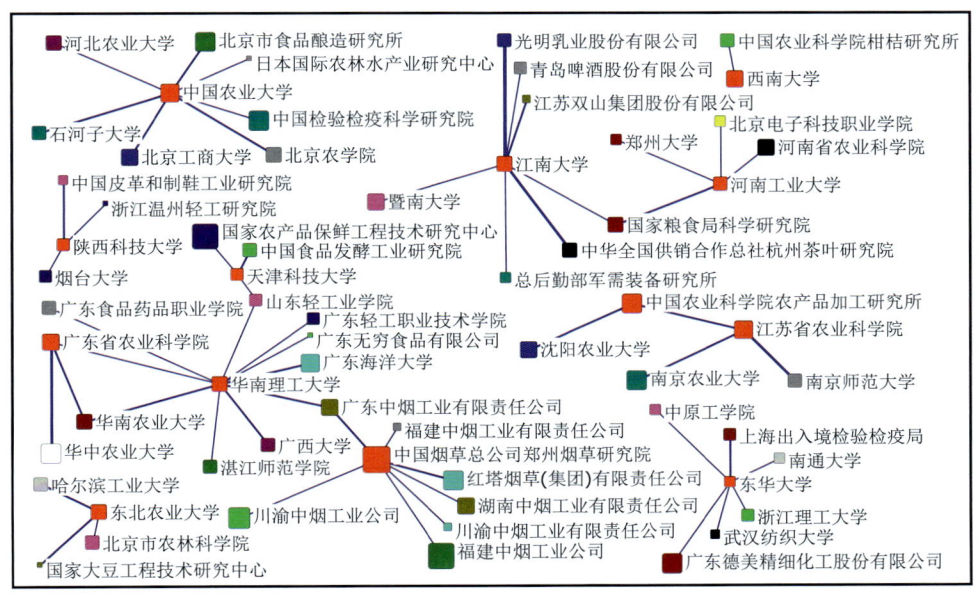

图 41-11 轻工业、手工业学科高被引机构科研合作关联

41.7 高被引图书、国外期刊及学术会议

2013 年，轻工业、手工业学科被引频次位居前 10 位的图书及国外期刊见表 41-7 和表 41-8。其中，被引次数较多的 3 种图书分别是沈怡方的《白酒生产技术全书》、曹建康的《果蔬采后生理生化实验指导》和于伟东的《纺织材料学》；被引次数较多的 3 种国外期刊分别是《Food Chemistry》《Journal of Agricultural and Food Chemistry》和《Meat Science》；被引次数较多的 3 场学术会议分别是 "Papers Presented at the Joint Meeting of the Smoke and Technology Groups" "Proceedings of the Congress of the European Brewery Convention" 和 "Proceedings of the American Control Conference"。

表 41-7 轻工业、手工业学科高被引图书 TOP 10

序号	责任者	图书名称	出版社	2013 年被引频次
1	沈怡方	白酒生产技术全书	中国轻工业出版社	78
2	曹建康	果蔬采后生理生化实验指导	中国轻工业出版社	72
3	于伟东	纺织材料学	中国纺织出版社	67
4	石淑兰	制浆造纸分析与检测	中国轻工业出版社	65
5	姚穆	纺织材料学	中国纺织出版社	64
6	宁正祥	食品成分分析手册	中国轻工业出版社	61
7	东秀珠	常见细菌系统鉴定手册	科学出版社	53
7	张水华	食品分析	中国轻工业出版社	53
9	张惟杰	糖复合物生化研究技术	浙江大学出版社	51
10	黄伟坤	食品检验与分析	中国轻工业出版社	50

表 41-8 轻工业、手工业学科高被引国外期刊 TOP 10

序号	期刊名称	2013 年被引频次
1	Food Chemistry	4953
2	Journal of Agricultural and Food Chemistry	3795
3	Meat Science	1897
4	Journal of Food Science	1655
5	Journal of Food Engineering	1491
6	International Journal of Food Microbiology	1101
7	Journal of Chromatography A	1064
8	Carbohydrate Polymers	1048
9	Food Research International	1024
10	Applied and Environmental Microbiology	828

第42章 建筑科学学科高被引分析

42.1 学科论文概况

2008—2012年,建筑科学学科共有417883位来自136784所机构的论文第一作者在4599种期刊上发表了454951篇学术论文。其中,80%以上的论文产出自73299所机构、324140位作者,发表在267种期刊上。在前5年发表的这些论文中,有73793篇在2013年获得过引用,整体被引率为16.2%,总被引频次为125909次,篇均被引0.28次;其中,高被引论文有891篇,单篇论文最高被引频次为164次,累计被引9875次,篇均被引11.08次(表42-1)。另外,2013年建筑科学学科共发表论文110155篇,其中有1339篇在当年获得过引用,总共被引1805次。

表42-1 建筑科学学科论文分布情况

年份	论文篇数	2013年被引频次	2013年被引率(%)	2013年高被引论文			
				论文篇数	最高被引频次	总被引频次	篇均被引频次
2008	59317	17592	17.6	123	87	1373	11.16
2009	70150	24053	19.4	165	127	2108	12.78
2010	89809	31576	19.2	211	163	2723	12.91
2011	115790	32245	16.1	228	164	2412	10.58
2012	119885	20443	11.6	164	97	1259	7.68
合计	454951	125909	16.2	891	164	9875	11.08

从建筑科学学科论文的地域分布来看,2013年被引频次较高的5个省、直辖市或自治区依次是广东、北京、江苏、黑龙江和上海(图42-1);5年论文产出量较多的5个省、直辖市或自治区依次是广东、江苏、黑龙江、北京和浙江(图42-2)。

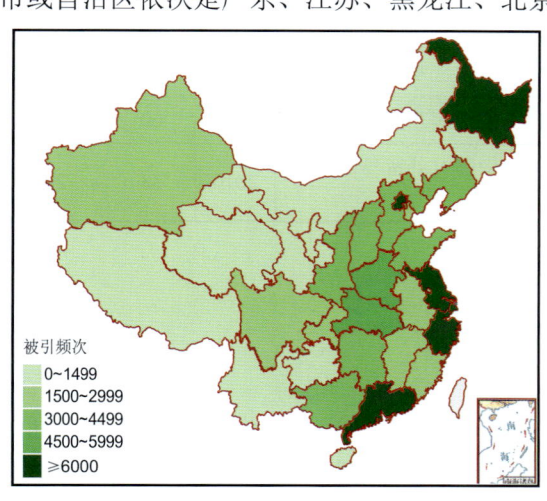

图42-1 2013年建筑科学学科地区被引分布

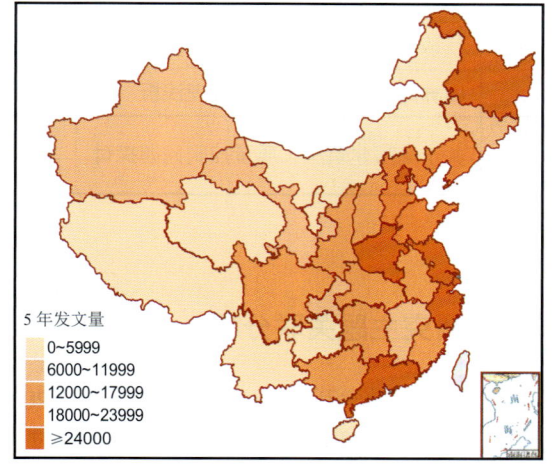

图42-2 建筑科学学科5年论文产出地区分布

42.2 高被引论文分析

在建筑科学学科,2013 年被引频次位居前 10 位的论文(表 42-2)平均被引频次为 31.6 次,是全部 891 篇高被引论文篇均被引频次的 2.9 倍。其中,被引频次最高的论文是雷燕峰于 2010 年发表的《园林绿化工程施工管理的几点思考》,随后 2 篇分别是孙玉华于 2010 年发表的《浅谈建筑工程施工管理》和顾朝林于 2009 年发表的《气候变化、碳排放与低碳城市规划研究进展》。

从论文分布来看,刊载高被引论文数量最多的 3 种期刊分别是《中国新技术新产品》(55 篇)、《科技资讯》(51 篇)和《山西建筑》(45 篇);发表高被引论文最多的 3 位学者分别是清华大学的施刚(4 篇)、清华大学的钱稼茹(3 篇)和河南理工大学的苏承东(3 篇);产出高被引论文数量最多的 3 所机构分别是同济大学(32 篇)、清华大学(21 篇)和东南大学(10 篇),而清华大学产出了高被引论文 TOP 10 中的 2 篇。

表 42-2 建筑科学学科高被引论文 TOP 10

序号	论文题名	第一作者	期刊名称	发表年份	被引频次 总频次	2013 年
1	园林绿化工程施工管理的几点思考	雷燕峰	中国新技术新产品	2010	83	38
2	浅谈建筑工程施工管理	孙玉华	价值工程	2010	100	36
3	气候变化、碳排放与低碳城市规划研究进展	顾朝林	城市规划学刊	2009	126	35
4	园林工程施工过程中应注意的问题	莫旭芬	中国高新技术企业	2009	72	33
5	浅析建筑施工过程中的质量问题	胡佐立	西部大开发(中旬刊)	2010	37	32
6	中国"低碳城市"的空间规划策略	潘海啸	城市规划学刊	2008	121	29
6	基于重力模型的中国城市体系空间联系与层域划分	顾朝林	地理研究	2008	113	29
8	浅谈高层建筑外墙防渗漏施工技术	何战宇	科学之友	2010	38	28
8	园林绿化工程施工质量管理浅析	刘有新	中国园艺文摘	2010	60	28
8	关于高层建筑施工质量控制问题探讨	李福民	中国对外贸易(英文版)	2010	33	28

42.3 研究主题关联分析

在建筑科学学科,高被引论文累计被 2013 年发表的 8405 篇论文引用了 9875 次。通过分析施引文献关键词的词频及关键词之间的共现关系,获得 2013 年建筑科学学科的热点主题和主题关联,如图 42-3 所示(共现 30 次以下不显示)。由图 42-3 可知:"建筑工程"

的文档词频较高,是建筑科学学科近期的热点研究主题;"建筑工程"与"施工技术""施工管理"等概念之间的共现次数较多,显示出它们之间主题关联较为紧密。以"建筑工程"和"施工技术"为核心的多个概念相互关联,构成了领域内近期最为突出的研究主题簇。

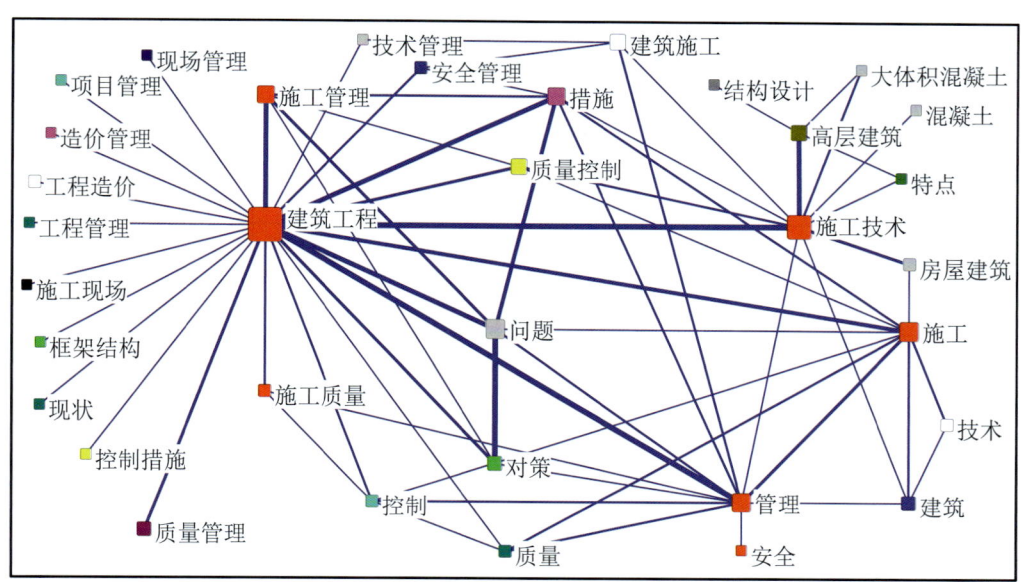

图 42-3 建筑科学学科 2013 年热点主题关联

42.4 学科高影响力期刊分析

42.4.1 学科高影响力期刊 TOP 10

在建筑科学学科,学科 5 年影响因子位居前 10 位的期刊见表 42-3,排在前 3 位的期刊分别是《岩石力学与工程学报》《建筑结构学报》和《岩土力学》。在表 42-3 中,学科载文量占其总载文量比例最大的期刊是《城市规划学刊》;前 5 年学科载文在 2013 年被引率最高的期刊是《岩石力学与工程学报》;期刊 5 年影响因子较高的前 3 种期刊分别是《岩石力学与工程学报》《建筑结构学报》和《岩土力学》;学科 5 年影响因子与期刊 5 年影响因子差异最大的期刊是《岩石力学与工程学报》。表 42-3 中期刊的学科 5 年影响因子和前 5 年学科载文在 2013 年的被引率对比如图 42-4 所示,2008—2013 年期刊 5 年影响因子的变动情况如图 42-5 所示。

表 42-3　建筑科学学科高影响力期刊基本指数

序号	期刊名称	前5年载文量			2013年学科被引			5年影响因子		h指数（学科）
		学科（篇）	占比（%）	总量（篇）	频次	被引率（%）	高被引论文篇数	期刊（2013）	学科（2013）	
1	岩石力学与工程学报	1556	57.0	2730	2178	49.9	39	1.668	1.400	14
2	建筑结构学报	1132	98.5	1149	1227	45.9	18	1.079	1.084	10
3	岩土力学	2852	67.5	4224	3041	47.4	22	1.074	1.066	10
4	城市规划学刊	850	99.9	851	817	38.5	11	0.961	0.961	8
5	土木工程学报	1009	70.0	1442	937	43.6	4	0.976	0.929	7
6	城市规划	1124	90.5	1242	1040	42.6	11	0.952	0.925	9
7	岩土工程学报	1736	81.7	2124	1575	42.2	7	0.919	0.907	8
8	震灾防御技术	62	19.3	321	49	43.6	0	0.545	0.790	4
9	国际城市规划	572	80.8	708	423	36.5	3	0.702	0.740	7
10	四川大学学报（工程科学版）	222	15.7	1412	159	36.9	1	0.525	0.716	7

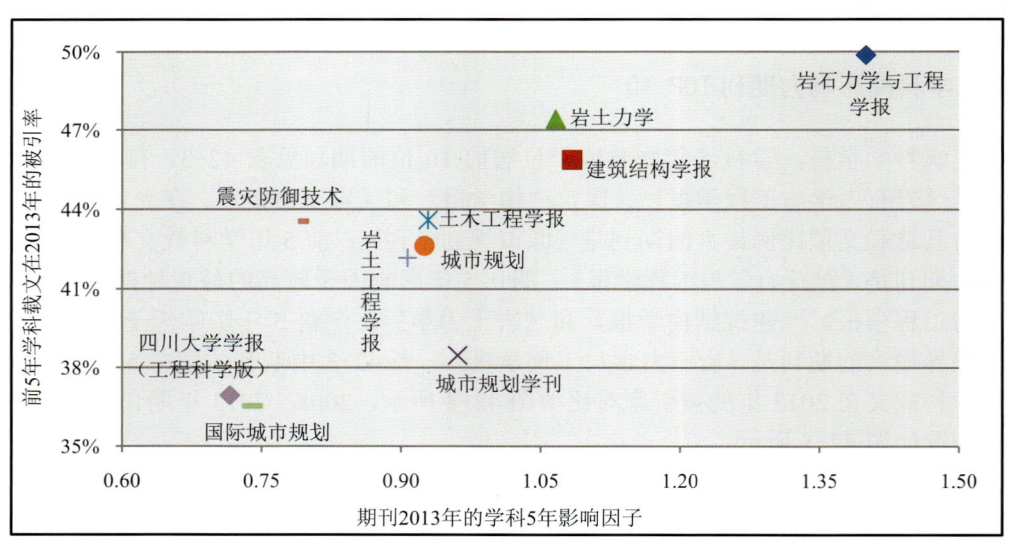

图 42-4　建筑科学学科高影响力期刊对比

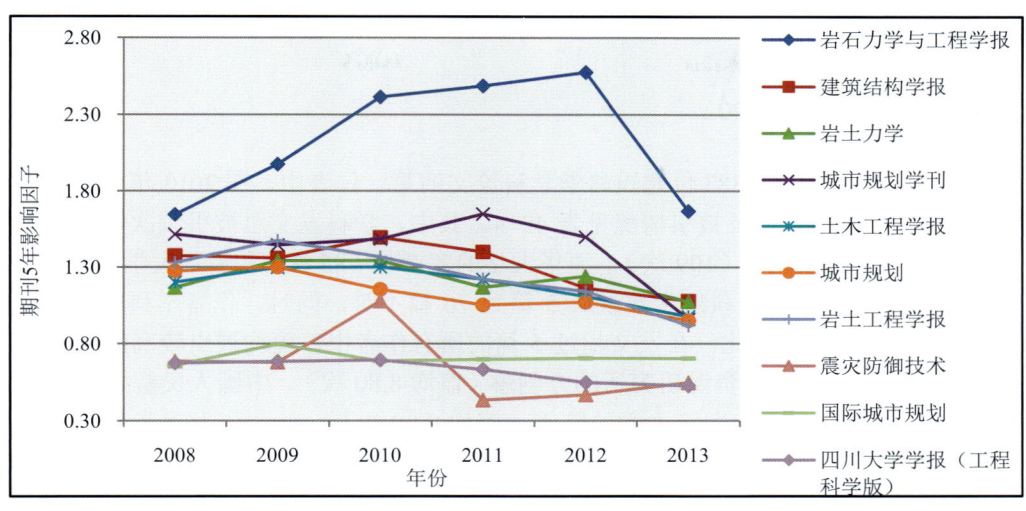

图 42-5　建筑科学学科期刊 5 年影响因子变动

42.4.2　学科高影响力期刊载文主题关联

通过期刊共被引分析，获得建筑科学学科高影响力期刊及与其他期刊之间的载文主题关联，如图 42-6 所示（共被引 61 次以下不显示）。结果显示，建筑科学学科的高影响力期刊相互链接较为紧密，部分主导了该学科的期刊共被引网络，显示出该学科高影响力期刊可能共同刊载了许多相近的研究主题，热点研究主题分散在多种期刊上。《岩石力学与工程学报》和《建筑结构学报》的学科 5 年影响因子较高，显示出它们的学术影响力较大；《岩土力学》与《岩土工程学报》《岩石力学与工程学报》等期刊之间的链接较强，意味着它们之间可能有较多相同或相近的载文主题。

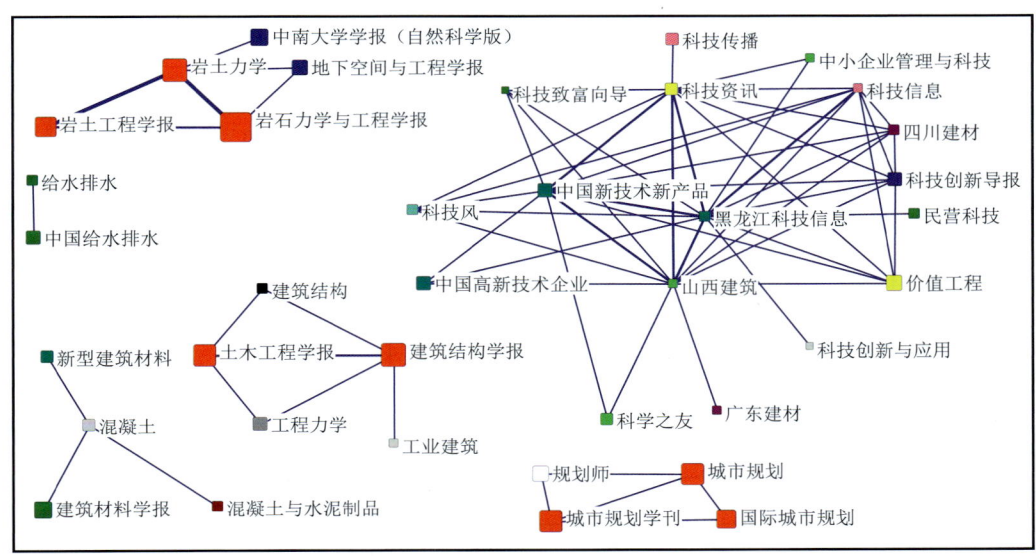

图 42-6　建筑科学学科高影响力期刊载文主题关联

42.5 高被引作者分析

42.5.1 高被引作者 TOP 20

2008—2012 年，在 417883 位建筑科学学科论文的第一作者中，在 2013 年学科被引频次位居前 20 位的学者的发文及被引情况见表 42-4。其中，学科发文总被引频次较高的 3 位作者分别是清华大学的顾朝林（109 次）、清华大学的郭彦林（85 次）和清华大学的聂建国（85 次）。高被引作者的 5 年学科发文数量从 5 篇到 76 篇不等，同时，作者学科发文的期刊分布也在 4 种到 34 种之间变化。在发文超过 5 篇的所有作者中，篇均被引较高的 3 位作者分别是中国科学院地理科学与资源研究所的方创琳（篇均 8.80 次）、中国人民解放军理工大学的钱七虎（篇均 8.40 次）和同济大学的陈飞（篇均 7.00 次）；前 5 年发表学科论文较多的 3 位作者分别是广东工业大学的谢浩（153 篇）、清华大学的郭彦林（76 篇）和清华大学的王元清（75 篇）。高被引作者的学科发文量和被引量对比如图 42-7 所示。

表 42-4 建筑科学学科高被引作者 TOP 20

序号	姓名	作者单位	前 5 年发文			前 5 年学科发文在 2013 年的被引				h 指数（学科）
			学科发文（篇）	期刊分布（种）	发文总量（篇）	总频次	被引率（%）	最高（次）	篇均（次）	
1	顾朝林	清华大学	23	12	43	109	52.2	35	4.74	7
2	郭彦林	清华大学	76	12	82	85	44.7	7	1.12	5
2	聂建国	清华大学	62	9	77	85	45.2	12	1.37	5
4	叶列平	清华大学	21	7	21	83	76.2	13	3.95	6
5	曹万林	北京工业大学	47	11	49	67	51.1	10	1.43	4
6	吴波	华南理工大学	49	12	52	63	59.2	6	1.29	4
7	钱稼茹	清华大学	27	7	28	62	59.3	10	2.30	5
8	肖建庄	同济大学	40	11	41	56	42.5	10	1.40	5
9	刘滨谊	同济大学	28	8	40	55	53.6	7	1.96	5
10	施刚	清华大学	32	14	32	54	43.8	14	1.69	4
11	仇保兴	中华人民共和国住房和城乡建设部	19	10	56	53	47.4	20	2.79	6
11	张忠苗	浙江大学	30	6	31	53	70.0	8	1.77	4
13	蒋明镜	同济大学	40	9	47	52	52.5	7	1.30	4
14	赵明华	湖南大学	52	12	72	49	51.9	6	0.94	3
15	张京祥	南京大学	20	7	36	48	60.0	9	2.40	5

序号	姓名	作者单位	前5年发文			前5年学科发文在2013年的被引				h指数(学科)
			学科发文(篇)	期刊分布(种)	发文总量(篇)	总频次	被引率(%)	最高(次)	篇均(次)	
16	黄茂松	同济大学	30	6	33	46	70.0	4	1.53	4
17	王元清	清华大学	75	34	88	44	34.7	6	0.59	3
17	潘海啸	同济大学	14	6	25	44	64.3	29	3.14	4
17	方创琳	中国科学院地理科学与资源研究所	5	4	34	44	80.0	18	8.80	7
17	郑刚	天津大学	35	5	39	44	51.4	7	1.26	3
17	周健	同济大学	55	16	67	44	36.4	7	0.80	3

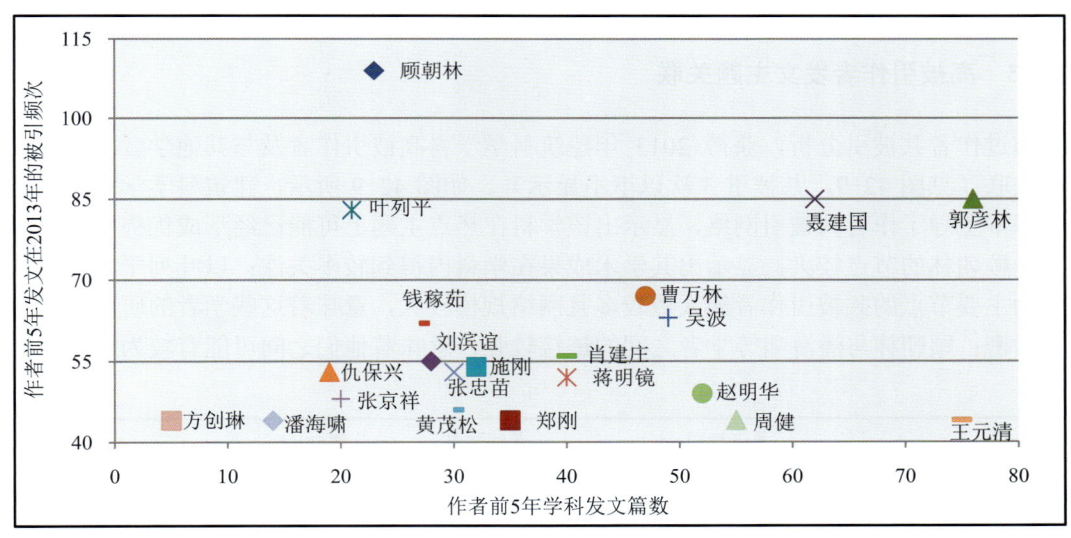

图 42-7　建筑科学学科高被引作者学科发文及被引对比

42.5.2　高被引作者科研合作关系

通过作者合著分析，获得 2013 年建筑科学学科高被引作者及与其他学者之间的科研论文合作关系（不考虑论文署名次序），如图 42-8 所示（合著 11 次以下不显示）。可以看出，建筑科学学科的高被引作者的论文合作现象比较普遍，而且合作人数较多。其中，学者郭彦林的发文量较多，论文合作者也较多，显示出其在该学科的研究人员中具有一定的集聚效应；学者王元清的论文合作网络最为突出，在该学科的研究人员中表现出一定的集聚效应；王元清和石永久之间的合作关系最为紧密，显示出他们可能属于同一支科研团队。

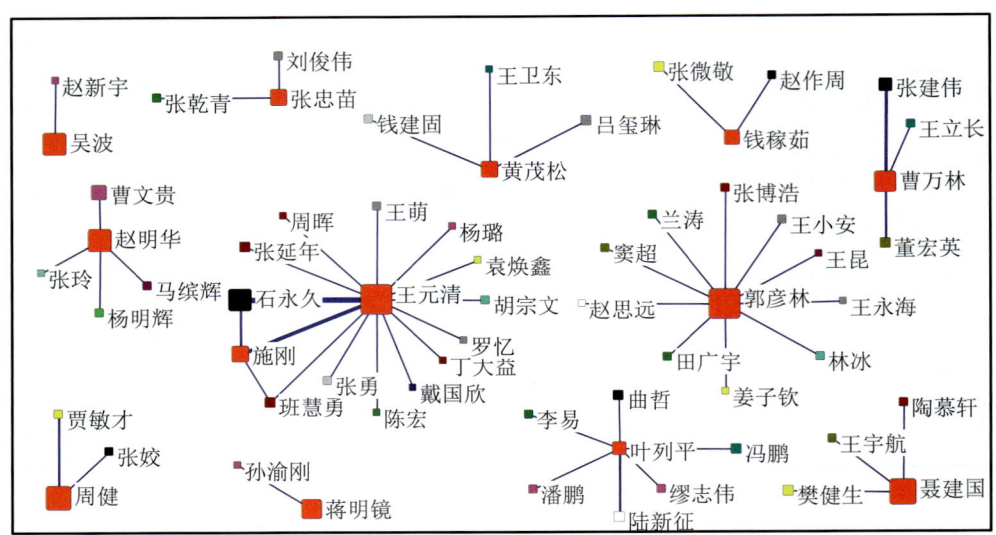

图 42-8　建筑科学学科高被引作者科研论文合作关系

42.5.3　高被引作者发文主题关联

通过作者共被引分析，获得 2013 年建筑科学学科高被引作者及与其他学者之间的发文主题关联（见图 42-9，共被引 3 次以下不显示）。如图 42-9 所示，建筑科学学科的高被引作者基本主导了作者共被引网络，显示出该学科在热点主题上可能已经形成优势明显的科研力量。顾朝林的节点较大，显示出其学术成果在学科内得到较多关注；以叶列平、钱嫁茹等学者为主要节点的共被引作者簇人数较多且网络规模较大，意味着这些学者的研究主题可能较为紧密；顾朝林与潘海啸等学者之间的链接较强，意味着他们之间可能有较为相近的研究主题。

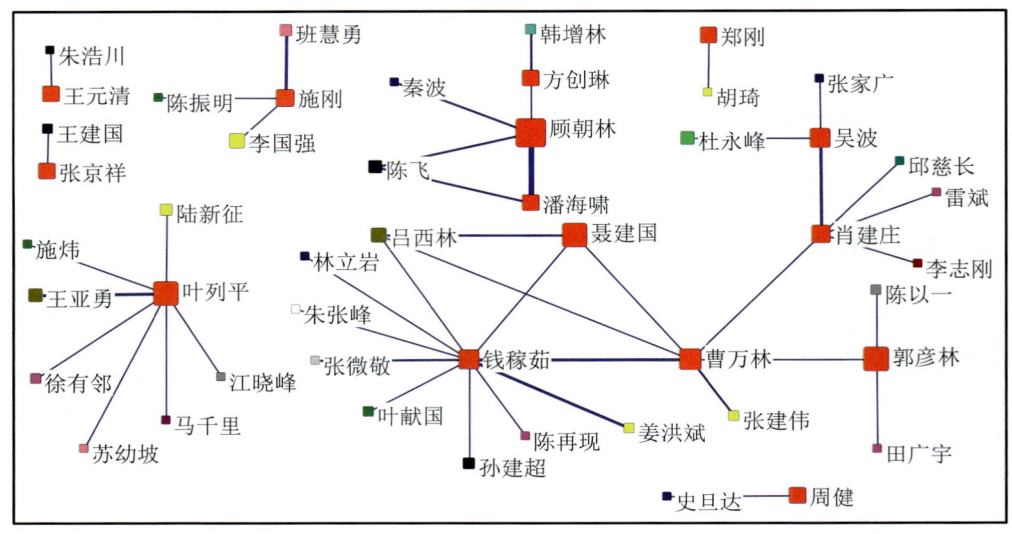

图 42-9　建筑科学学科高被引作者发文主题关联

42.6 高被引机构分析

42.6.1 高被引机构

为便于比较，本书将建筑科学学科的高被引机构分为高等院校和科研院所两种类型。其中，被引频次 TOP 10 高等院校和被引频次 TOP 5 科研院所的发文及被引情况分别见表 42-5 和表 42-6。其中，总被引频次较高的 3 所高等院校分别是同济大学、清华大学和重庆大学，中国科学院武汉岩土力学研究所、中国建筑科学研究院和中国科学院地理科学与资源研究所是总被引频次较高的 3 所科研院所；前 5 年学科发文在 2013 年的被引率最高的高等院校和科研院所分别是清华大学和中国科学院武汉岩土力学研究所；篇均被引最高的高等院校和科研院所分别是清华大学和中国科学院地理科学与资源研究所。上述高被引机构的论文被引率和篇均被引频次对比如图 42-10 所示。

表 42-5 建筑科学学科高被引高等院校 TOP 10

序号	第一作者单位	学科发文量（篇）		前 5 年学科发文在 2013 年的被引			
		前 5 年	2013 年	频次	被引率（%）	最高（次）	篇均（次）
1	同济大学	8197	1265	4009	26.1	29	0.49
2	清华大学	2827	435	1957	31.4	35	0.69
3	重庆大学	3170	518	1379	24.8	18	0.44
4	东南大学	2841	423	1205	24.5	13	0.42
5	浙江大学	2403	448	1126	26.3	8	0.47
6	西安建筑科技大学	3419	553	1064	19.1	16	0.31
7	哈尔滨工业大学	2524	339	1027	24.5	14	0.41
8	中南大学	1938	239	933	25.6	10	0.48
9	华南理工大学	2303	329	827	21.6	17	0.36
10	河海大学	1493	354	820	28.8	10	0.55

表 42-6 建筑科学学科高被引科研院所 TOP 5

序号	第一作者单位	学科发文量（篇）		前 5 年学科发文在 2013 年的被引			
		前 5 年	2013 年	频次	被引率（%）	最高（次）	篇均（次）
1	中国科学院武汉岩土力学研究所	492	102	606	50.0	13	1.23
2	中国建筑科学研究院	749	150	318	24.3	14	0.42
3	中国科学院地理科学与资源研究所	102	16	207	49.0	18	2.03
4	中国城市规划设计研究院	275	58	150	28.4	10	0.55
5	黑龙江省林业设计研究院	360	94	123	20.3	7	0.34

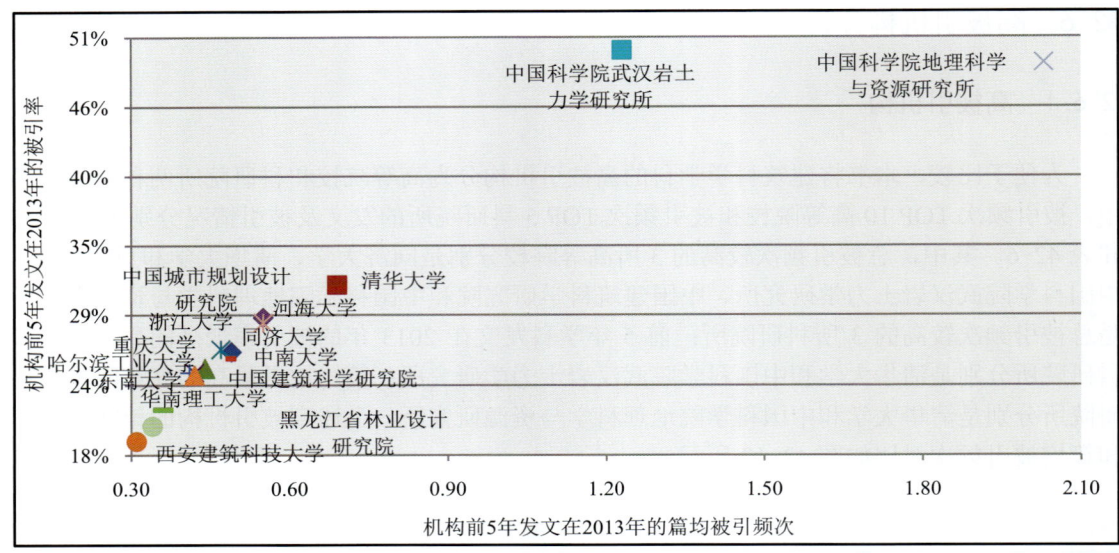

图 42-10　建筑科学学科高被引机构论文篇均被引及被引率对比

42.6.2　高被引机构科研合作关系

通过合著分析，获得建筑科学学科高被引机构之间及其与其他机构之间的科研合作关联，如图 42-11 所示（合作 77 次以下不显示）。分析得知，建筑科学学科的机构合作链接非常紧密，表明学科内机构合作现象非常普遍；高被引机构基本主导了机构合作网络，显示出这些机构已经在学科内具有了一定的科研优势。哈尔滨工业大学和北京工业大学之间的链接较强，表明它们的学术合作较为频繁。中国科学院武汉岩土力学研究所的论文篇均被引较高，说明它的研究成果总体看来较为受业内学者的关注。

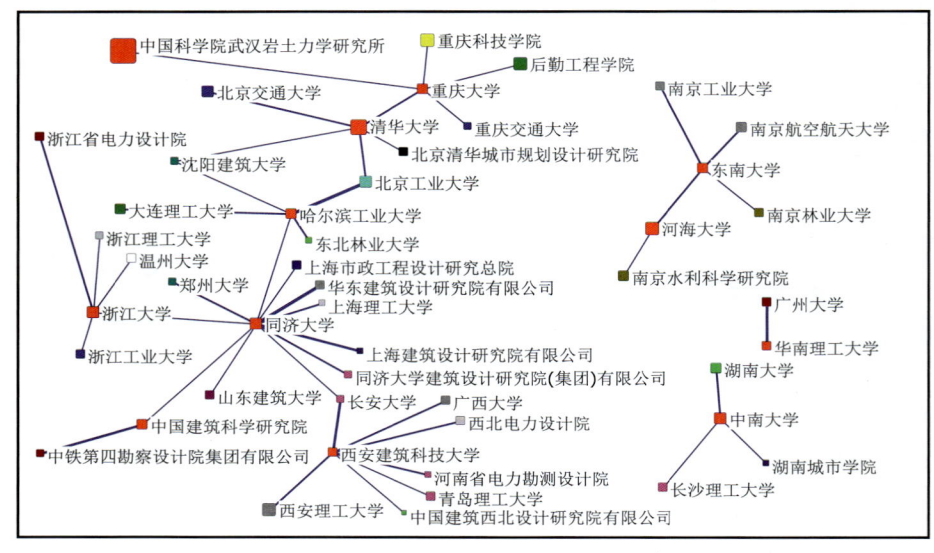

图 42-11　建筑科学学科高被引机构科研合作关联

42.7 高被引图书、国外期刊及学术会议

2013年,建筑科学学科被引频次位居前10位的图书及国外期刊见表42-7和表42-8。其中,被引次数较多的3种图书分别是王铁梦的《工程结构裂缝控制》、陆耀庆的《实用供热空调设计手册》和徐培福的《复杂高层建筑结构设计》;被引次数较多的3种国外期刊分别是《Cement and Concrete Research》《Journal of Structural Engineering》和《Géotechnique》;被引次数较多的3场学术会议分别是"Offshore Technology Conference" "Proceedings of the 7th International Conference on Soil Mechanics and Foundation"和"13th World Conference on Earthquake Engineering"。

表42-7 建筑科学学科高被引图书TOP 10

序号	责任者	图书名称	出版社	2013年被引频次
1	王铁梦	工程结构裂缝控制	中国建筑工业出版社	208
2	陆耀庆	实用供热空调设计手册	中国建筑工业出版社	202
3	徐培福	复杂高层建筑结构设计	中国建筑工业出版社	101
4	刘国彬	基坑工程手册	中国建筑工业出版社	97
5	刘建航	基坑工程手册	中国建筑工业出版社	94
6	吴中伟	高性能混凝土	中国铁道出版社	93
7	王新敏	ANSYS工程结构数值分析	人民交通出版社	80
7	过镇海	钢筋混凝土原理和分析	清华大学出版社	80
9	周维权	中国古典园林史	清华大学出版社	70
10	彭一刚	中国古典园林分析	中国建筑工业出版社	66

表42-8 建筑科学学科高被引国外期刊TOP 10

序号	期刊名称	2013年被引频次
1	Cement and Concrete Research	1815
2	Journal of Structural Engineering	1157
3	Géotechnique	1154
4	Engineering Structures	996
5	Construction and Building Materials	837
6	Canadian Geotechnical Journal	782
7	Journal of Constructional Steel Research	773
8	Journal of Geotechnical and Geoenvironmental Engineering	748
9	Cement and Concrete Composites	617
10	Earthquake Engineering & Structural Dynamics	560

第 43 章 水利工程学科高被引分析

43.1 学科论文概况

2008—2012 年,水利工程学科共有 83383 位来自 28076 所机构的论文第一作者在 2261 种期刊上发表了 87183 篇学术论文。其中,80%以上的论文产出自 11915 所机构、63925 位作者,发表在 117 种期刊上。在前 5 年发表的这些论文中,有 14186 篇在 2013 年获得过引用,整体被引率为 16.3%,总被引频次为 22362 次,篇均被引 0.26 次;其中,高被引论文有 177 篇,单篇论文最高被引频次为 31 次,累计被引 1647 次,篇均被引 9.31 次(表 43-1)。另外,2013 年水利工程学科共发表论文 21119 篇,其中有 265 篇在当年获得过引用,总共被引 318 次。

表 43-1 水利工程学科论文分布情况

年份	论文篇数	2013 年被引频次	2013 年被引率(%)	2013 年高被引论文			
				论文篇数	最高被引频次	总被引频次	篇均被引频次
2008	13428	3335	16.3	24	15	206	8.58
2009	14811	4142	17.5	27	20	269	9.96
2010	17435	5380	18.6	45	25	431	9.58
2011	20073	5515	17.1	46	31	461	10.02
2012	21436	3990	12.7	35	21	280	8.00
合计	87183	22362	16.3	177	31	1647	9.31

从水利工程学科论文的地域分布来看,2013 年被引频次较高的 5 个省、直辖市或自治区依次是江苏、湖北、北京、黑龙江和河南(图 43-1);5 年论文产出量较多的 5 个省、直辖市或自治区依次是江苏、湖北、四川、河南和黑龙江(图 43-2)。

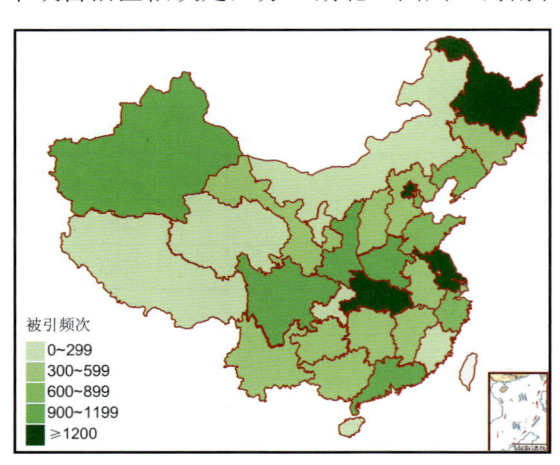
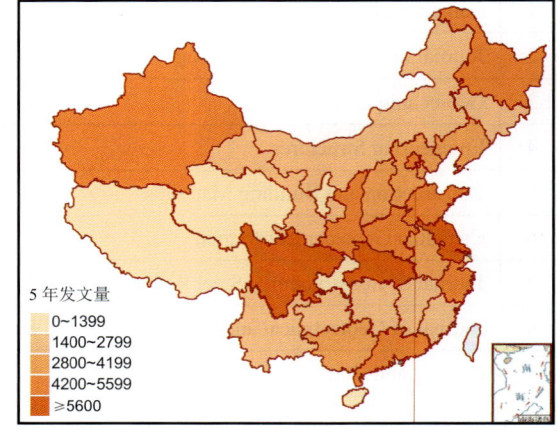

图 43-1 2013 年水利工程学科地区被引分布　　图 43-2 水利工程学科 5 年论文产出地区分布

43.2 高被引论文分析

在水利工程学科，2013 年被引频次位居前 10 位的论文（表 43-2）平均被引频次为 19.9 次，是全部 177 篇高被引论文篇均被引频次的 2.1 倍。其中，被引频次最高的论文是聂军洲于 2009 年发表的《浅析水利工程项目施工管理应注意的问题及管理创新》，随后 2 篇分别是马龙军于 2011 年发表的《关于加强水利工程施工管理的必要性》和黄谋于 2011 年发表的《水利水电建筑工程施工技术应用探讨》。

从论文分布来看，刊载高被引论文数量最多的 3 种期刊分别是《水利学报》（14 篇）、《黑龙江科技信息》（11 篇）和《水科学进展》（10 篇）；发表高被引论文最多的 3 位学者分别是大连理工大学的陈守煜（3 篇）、中国水利水电科学研究院水资源研究所的胡春宏（2 篇）和长江水利委员会长江勘测规划设计研究院的钮新强（2 篇）；产出高被引论文数量最多的 3 所机构分别是武汉大学（10 篇）、中国水利水电科学研究院（7 篇）和河海大学（6 篇）。

表 43-2 水利工程学科高被引论文 TOP 10

序号	论文题名	第一作者	期刊名称	发表年份	被引频次 总频次	被引频次 2013 年
1	浅析水利工程项目施工管理应注意的问题及管理创新	聂军洲	知识经济	2009	40	27
2	关于加强水利工程施工管理的必要性	马龙军	黑龙江科技信息	2011	44	23
2	水利水电建筑工程施工技术应用探讨	黄谋	科技传播	2011	33	23
4	水利工程施工质量及控制措施	陈利伟	安徽水利水电职业技术学院学报	2011	32	21
5	基于熵权的水资源短缺风险模糊综合评价模型及应用	罗军刚	水利学报	2008	63	20
6	水利工程施工质量控制探讨	田惠珍	内蒙古水利	2011	27	19
7	我国水资源生态足迹分析与预测	谭秀娟	生态学报	2009	46	17
7	农田水利工程建设存在问题与对策	尹利海	科技创新导报	2010	42	17
7	中国水资源承载力综合评价研究	刘佳骏	自然资源学报	2011	26	17
10	水利工程建设施工技术的探讨	刘佳云	中国新技术新产品	2010	17	15

43.3 研究主题关联分析

在水利工程学科，高被引论文累计被 2013 年发表的 1373 篇论文引用了 1647 次。通过分析施引文献关键词的词频及关键词之间的共现关系，获得 2013 年水利工程学科的热点主题和主题关联，如图 43-3 所示（共现 8 次以下不显示）。由图 43-3 可知："水利工程"和"施工技术"等关键词的文档词频较高，是水利工程学科近期的热点研究主题；"水利工程"与"施工技术""施工管理"等概念之间的共现次数较多，显示出它们之间主题关联较为紧密。

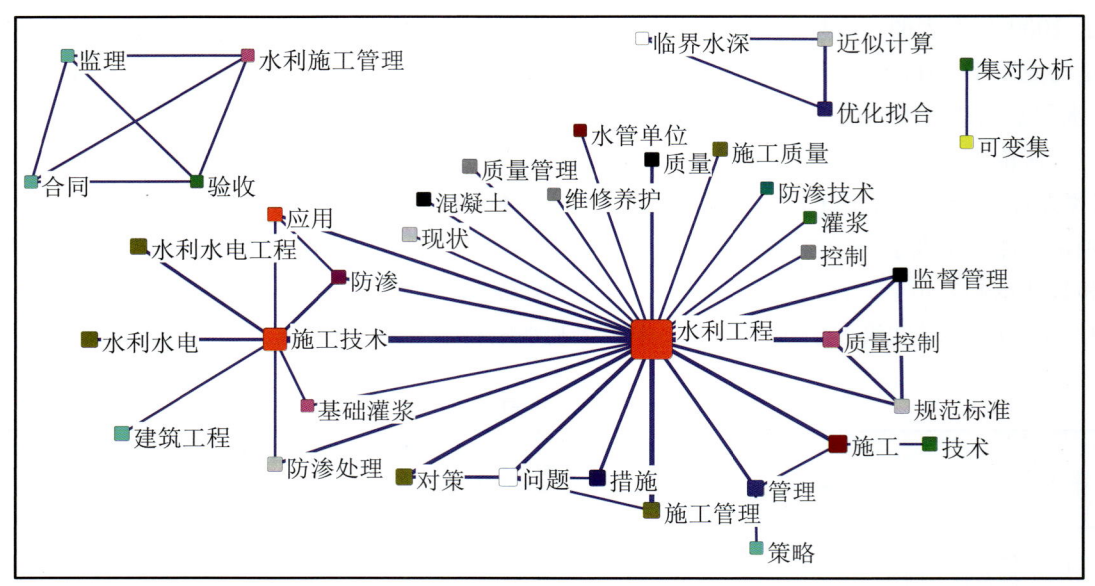

图 43-3　水利工程学科 2013 年热点主题关联

43.4　学科高影响力期刊分析

43.4.1　学科高影响力期刊 TOP 10

在水利工程学科，学科 5 年影响因子位居前 10 位的期刊见表 43-3，排在前 3 位的期刊分别是《水科学进展》《水利学报》和《应用基础与工程科学学报》。在表 43-3 中，学科载文量占其总载文量比例最大的期刊是《泥沙研究》；前 5 年学科载文在 2013 年被引率最高的期刊是《水科学进展》；期刊 5 年影响因子较高的前 3 种期刊分别是《水科学进展》《水利学报》和《水资源保护》；学科 5 年影响因子与期刊 5 年影响因子差异最大的期刊是《应用基础与工程科学学报》。表 43-3 中期刊的学科 5 年影响因子和前 5 年学科载文在 2013 年的被引率对比如图 43-4 所示，2008—2013 年期刊 5 年影响因子的变动情况如图 43-5 所示。

表 43-3 水利工程学科高影响力期刊基本指数

序号	期刊名称	前5年载文量			2013年学科被引			5年影响因子		h指数（学科）
		学科（篇）	占比（%）	总量（篇）	频次	被引率（%）	高被引论文篇数	期刊（2013）	学科（2013）	
1	水科学进展	303	40.0	758	389	49.2	10	1.499	1.284	10
2	水利学报	655	48.8	1342	680	46.4	14	1.127	1.038	9
3	应用基础与工程科学学报	73	10.3	709	66	37.0	3	0.583	0.904	6
4	水资源保护	163	20.1	812	118	39.3	1	0.679	0.724	5
5	国际泥沙研究（英文版）	43	17.0	253	31	46.5	2	0.462	0.721	3
6	水动力学研究与进展 A 辑	185	31.3	592	114	35.1	2	0.561	0.616	6
7	水动力学研究与进展 B 辑	382	61.5	621	218	36.7	1	0.451	0.571	4
8	水力发电学报	1073	75.6	1420	590	33.6	3	0.554	0.550	6
9	泥沙研究	373	85.2	438	198	32.4	1	0.541	0.531	4
10	四川大学学报（工程科学版）	211	14.9	1412	111	31.8	1	0.525	0.526	7

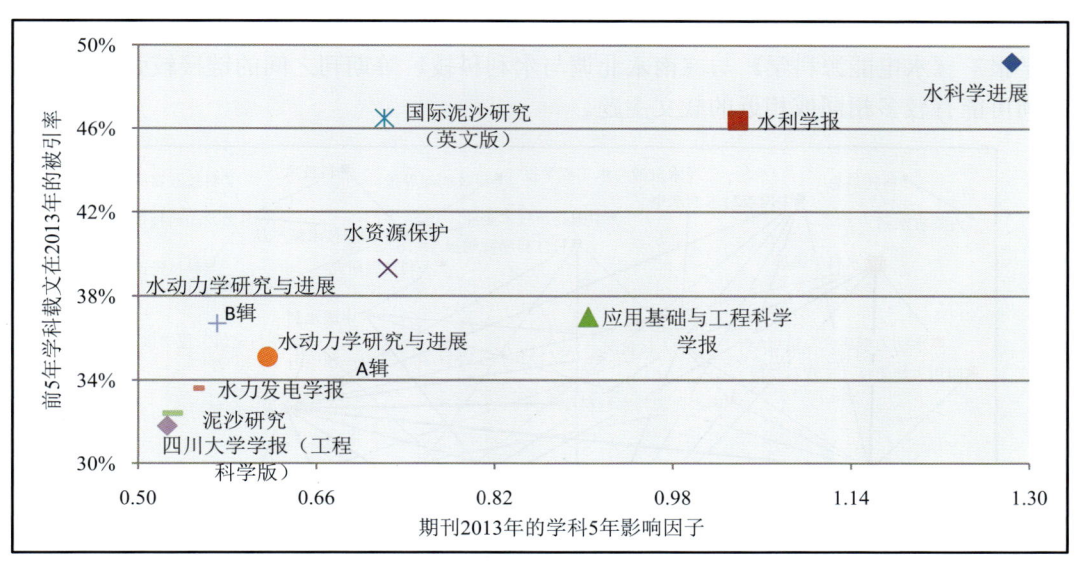

图 43-4 水利工程学科高影响力期刊对比

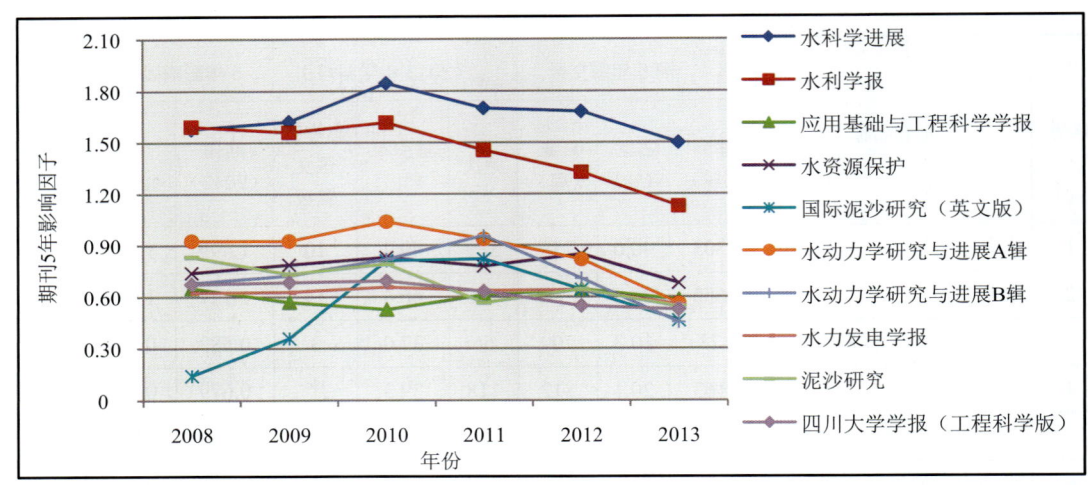

图 43-5 水利工程学科期刊 5 年影响因子变动

43.4.2 学科高影响力期刊载文主题关联

通过期刊共被引分析，获得水利工程学科高影响力期刊及与其他期刊之间的载文主题关联，如图 43-6 所示（共被引 14 次以下不显示）。结果显示，水利工程学科的高影响力期刊相互链接较为紧密，部分主导了该学科的期刊共被引网络，显示出该学科高影响力期刊可能共同刊载了许多相近的研究主题，热点研究主题分散在多种期刊上。《水科学进展》和《水利学报》的学科 5 年影响因子较高，显示出它们的学术影响力较大；《水利学报》与《水力发电学报》《水电能源科学》与《南水北调与水利科技》等期刊之间的链接较强，意味着它们之间可能有较多相同或相近的载文主题。

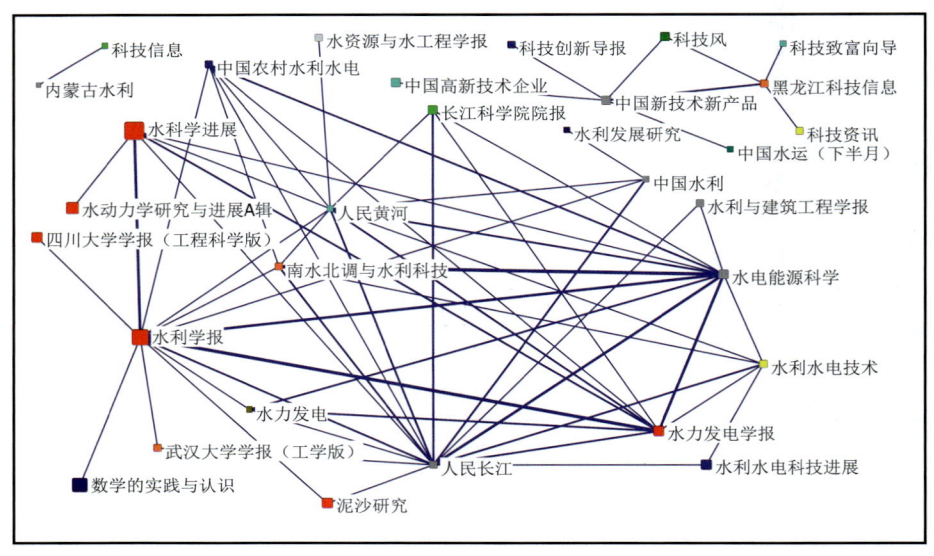

图 43-6 水利工程学科高影响力期刊载文主题关联

43.5 高被引作者分析

43.5.1 高被引作者 TOP 20

2008—2012 年，在 83383 位水利工程学科论文的第一作者中，在 2013 年学科被引频次位居前 20 位的学者的发文及被引情况见表 43-4。其中，学科发文总被引频次较高的 3 位作者分别是大连理工大学的陈守煜（44 次）、西北农林科技大学的赵延风（44 次）和郑州大学的左其亭（36 次）。高被引作者的 5 年学科发文数量从 1 篇到 31 篇不等，同时，作者学科发文的期刊分布也在 1 种到 12 种之间变化。在发文超过 5 篇的所有作者中，篇均被引较高的 3 位作者分别是大连理工大学的陈守煜（篇均 5.50 次）、中国水利水电科学研究院的张治昊（篇均 4.00 次）和武汉大学的谢平（篇均 4.00 次）；前 5 年发表学科论文较多的 3 位作者分别是天津大学的张社荣（31 篇）、广东省水利水电科学研究院的黄智敏（28 篇）和三峡大学的黄耀英（24 篇）。高被引作者的学科发文量和被引量对比如图 43-7 所示。

表 43-4 水利工程学科高被引作者 TOP 20

序号	姓名	作者单位	前 5 年发文			前 5 年学科发文在 2013 年的被引				h 指数（学科）
			学科发文（篇）	期刊分布（种）	发文总量（篇）	总频次	被引率（%）	最高（次）	篇均（次）	
1	陈守煜	大连理工大学	8	5	66	44	62.5	14	5.50	7
1	赵延风	西北农林科技大学	19	12	22	44	84.2	7	2.32	5
3	左其亭	郑州大学	13	7	27	36	69.2	10	2.77	5
4	胡春宏	中国水利水电科学研究院	17	8	18	33	47.1	10	1.94	6
5	聂军洲	湖北大禹水利水电建设有限责任公司	3	3	4	27	33.3	27	9.00	4
6	滕凯	齐齐哈尔市水务局	11	8	15	25	54.6	10	2.27	4
7	朱伯芳	中国水利水电科学研究院	23	3	26	24	47.8	11	1.04	5
8	罗军刚	西安理工大学	4	4	8	23	75.0	20	5.75	5
8	马龙军	黑龙江省农垦总局牡丹江分局水利工程管理分站	1	1	1	23	100.0	23	23.00	5
8	黄谋	广西河池水利电力建筑工程处	1	1	1	23	100.0	23	23.00	4
11	陈利伟	安徽水利开发股份有限公司	1	1	1	21	100.0	21	21.00	6
12	谢平	武汉大学	5	4	14	20	100.0	7	4.00	4
12	张社荣	天津大学	31	12	45	20	19.4	7	0.65	4
12	张治昊	中国水利水电科学研究院	5	3	10	20	80.0	7	4.00	3
12	刘曾美	华南理工大学	11	7	12	20	63.6	6	1.82	5

序号	姓名	作者单位	前5年发文			前5年学科发文在2013年的被引				h指数（学科）
			学科发文（篇）	期刊分布（种）	发文总量（篇）	总频次	被引率(%)	最高（次）	篇均（次）	
16	田惠珍	呼和浩特市水务工程质量监督站	1	1	1	19	100.0	19	19.00	4
16	谢成玉	黑龙江省水利工程建设监理公司	5	3	5	19	40.0	10	3.80	3
16	钮新强	长江水利委员会长江勘测规划设计研究院	12	6	15	19	25.0	10	1.58	4
16	谭义海	新疆农业大学	3	3	4	19	100.0	11	6.33	7
20	陈雷	水利部	18	6	150	18	33.3	8	1.00	3
20	朱晟	河海大学	12	6	14	18	58.3	5	1.50	3

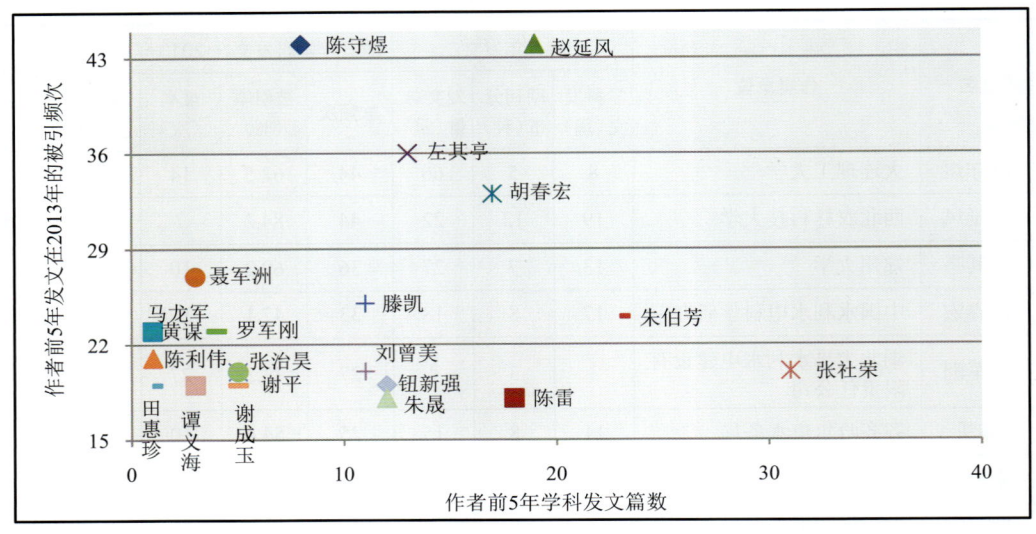

图 43-7　水利工程学科高被引作者学科发文及被引对比

43.5.2　高被引作者科研合作关系

通过作者合著分析，获得 2013 年水利工程学科高被引作者及与其他学者之间的科研论文合作关系（不考虑论文署名次序），如图 43-8 所示（合著 2 次以下不显示）。可以看出，水利工程学科的高被引作者的论文合作现象比较普遍，而且合作人数较多。其中，学者张社荣的发文量较多，论文合作者也较多，显示出其在该学科的研究人员中具有一定的集聚效应；学者左其亭的论文合作网络最为突出，在该学科的研究人员中表现出一定的集聚效应；罗军刚与解建仓、赵延风与王正中等学者之间的合作关系最为紧密，显示出他们可能分别属于同一支科研团队。

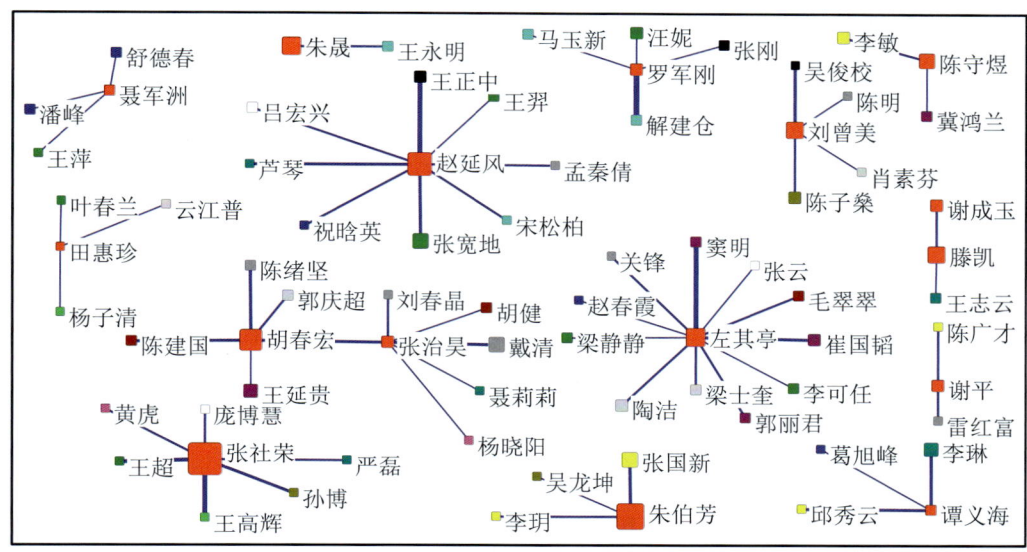

图 43-8 水利工程学科高被引作者科研论文合作关系

43.5.3 高被引作者发文主题关联

通过作者共被引分析，获得 2013 年水利工程学科高被引作者及与其他学者之间的发文主题关联（见图 43-9，共被引 3 次以下不显示）。如图 43-9 所示，水利工程学科的高被引作者基本主导了作者共被引网络，显示出该学科在热点主题上可能已经形成优势明显的科研力量。赵延风和陈守煜的节点较大，显示出他们的学术成果在学科内得到较多关注；赵延风和左其亭等学者为主要节点的共被引作者簇初具规模，意味着这些学者的研究主题关联可能较为紧密；学者郝眸与田惠珍之间的链接较强，意味着他们之间可能有较为相近的研究主题。

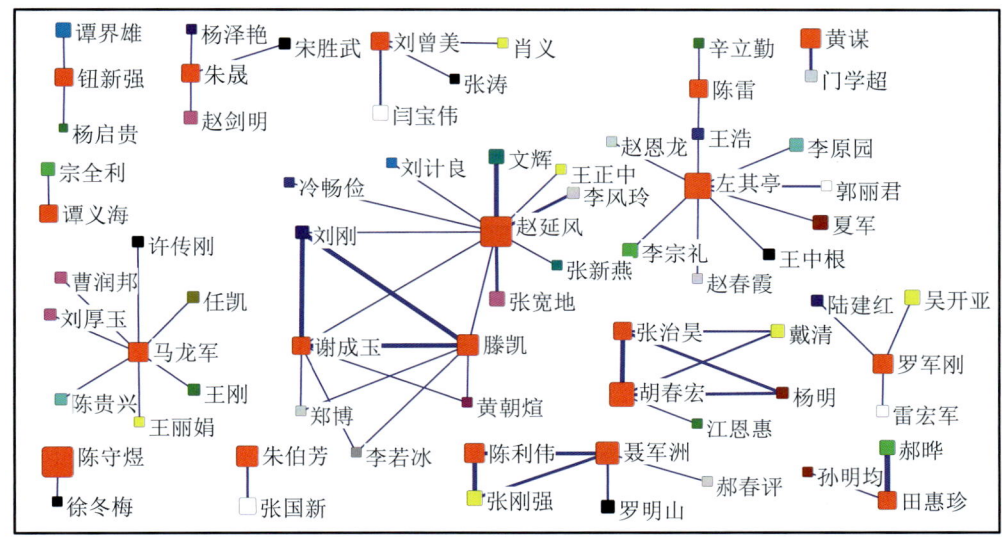

图 43-9 水利工程学科高被引作者发文主题关联

43.6 高被引机构分析

43.6.1 高被引机构

为便于比较，本书将水利工程学科的高被引机构分为高等院校和科研院所两种类型。其中，被引频次 TOP 10 高等院校和被引频次 TOP 5 科研院所的发文及被引情况分别见表 43-5 和表 43-6。其中，总被引频次较高的 3 所高等院校分别是河海大学、武汉大学和大连理工大学，中国水利水电科学研究院、南京水利科学研究院和长江水利委员会长江科学研究院是总被引频次较高的 3 所科研院所；前 5 年学科发文在 2013 年的被引率最高的高等院校和科研院所分别是清华大学和中国水利水电科学研究院水资源研究所；篇均被引最高的高等院校和科研院所分别是天津大学和中国科学院地理科学与资源研究所。上述高被引机构的论文被引率和篇均被引频次对比如图 43-10 所示。

表 43-5 水利工程学科高被引高等院校 TOP 10

序号	第一作者单位	学科发文量（篇）		前 5 年学科发文在 2013 年的被引			
		前 5 年	2013 年	频次	被引率（%）	最高（次）	篇均（次）
1	河海大学	2446	452	1076	27.9	10	0.44
2	武汉大学	1390	200	666	26.9	13	0.48
3	大连理工大学	608	99	349	32.6	14	0.57
4	清华大学	547	71	317	33.3	8	0.58
5	天津大学	470	115	280	31.9	11	0.60
6	西安理工大学	612	80	275	29.4	20	0.45
7	华北水利水电学院	760	88	271	23.2	6	0.36
8	四川大学	866	132	258	21.6	7	0.30
9	西北农林科技大学	481	57	247	29.1	9	0.51
10	三峡大学	544	115	197	23.5	12	0.36

表 43-6 水利工程学科高被引科研院所 TOP 5

序号	第一作者单位	学科发文量（篇）		前 5 年学科发文在 2013 年的被引			
		前 5 年	2013 年	频次	被引率（%）	最高（次）	篇均（次）
1	中国水利水电科学研究院	664	138	359	27.9	13	0.54
2	南京水利科学研究院	488	60	213	26.6	7	0.44
3	长江水利委员会长江科学研究院	380	60	182	31.1	7	0.48
4	中国科学院地理科学与资源研究所	83	17	87	31.3	17	1.05
5	中国水利水电科学研究院水资源研究所	97	6	84	46.4	6	0.87

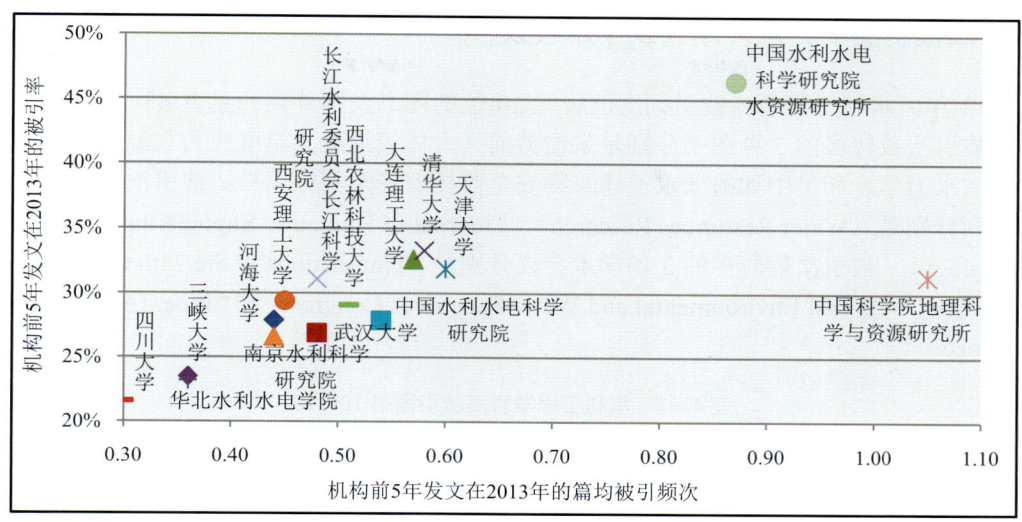

图 43-10　水利工程学科高被引机构论文篇均被引及被引率对比

43.6.2　高被引机构科研合作关系

通过合著分析，获得水利工程学科高被引机构之间及其与其他机构之间的科研合作关联，如图 43-11 所示（合作 37 次以下不显示）。分析得知，水利工程学科的机构合作链接非常紧密，表明学科内机构合作现象非常普遍；高被引机构基本主导了机构合作网络，表明这些机构已经在学科内具有了一定的科研优势。河海大学和南京水利科学研究院之间的链接较强，表明它们的学术合作较为频繁。

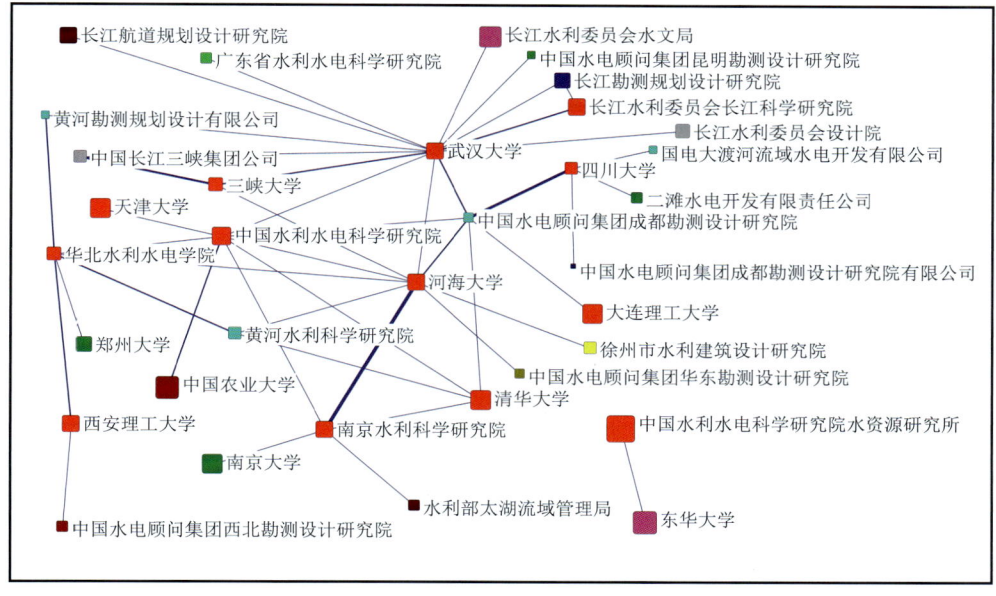

图 43-11　水利工程学科高被引机构科研合作关联

43.7 高被引图书、国外期刊及学术会议

2013年，水利工程学科被引频次位居前10位的图书及国外期刊见表43-7和表43-8。其中，被引次数较多的3种图书分别是朱伯芳的《大体积混凝土温度应力与温度控制》、吴持恭的《水力学》和吴中如的《水工建筑物安全监控理论及其应用》；被引次数较多的3种国外期刊分别是《Water Resources Research》《Journal of Hydraulic Engineering》和《Journal of Hydrology》；被引次数较多的3场学术会议分别是"Transactions of the 24th Congress of the ICOLD, Q.94""World Environmental and Water Resources Congress"和"Proc. IAHR Minnesota Conference"。

表43-7 水利工程学科高被引图书 TOP 10

序号	责任者	图书名称	出版社	2013年被引频次
1	朱伯芳	大体积混凝土温度应力与温度控制	中国电力出版社	75
2	吴持恭	水力学	高等教育出版社	45
3	吴中如	水工建筑物安全监控理论及其应用	高等教育出版社	44
4	钱宁	泥沙运动力学	科学出版社	38
5	李炜	水力计算手册	中国水利水电出版社	32
6	顾冲时	大坝与坝基安全监控理论和方法及其应用	河海大学出版社	30
7	毛昶熙	渗流计算分析与控制	中国水利水电出版社	25
8	朱伯芳	有限单元法原理与应用	中国水利水电出版社	24
8	袁光裕	水利工程施工	中国水利水电出版社	23
10	钱家欢	土工原理与计算	中国水利水电出版社	20

表43-8 水利工程学科高被引国外期刊 TOP 10

序号	期刊名称	2013年被引频次
1	Water Resources Research	311
2	Journal of Hydraulic Engineering	304
3	Journal of Hydrology	295
4	Journal of Computational Physics	121
5	Journal of Fluid Mechanics	120
6	Journal of Hydraulic Research	107
7	Hydrological Processes	101
8	Advances in Water Resources	94
9	Journal of Geophysical Research	86
10	Water Resources Management	84

第44章 交通运输学科高被引分析

44.1 学科论文概况

2008—2012年,交通运输学科共有241769位来自63600所机构的论文第一作者在3781种期刊上发表了285834篇学术论文。其中,80%以上的论文产出自35994所机构、185870位作者,发表在275种期刊上。在前5年发表的这些论文中,有45938篇在2013年获得过引用,整体被引率为16.1%,总被引频次为69436次,篇均被引0.24次;其中,高被引论文有539篇,单篇论文最高被引频次为80次,累计被引4119次,篇均被引7.64次(表44-1)。另外,2013年交通运输学科共发表论文62357篇,其中有734篇在当年获得过引用,总共被引915次。

表44-1 交通运输学科论文分布情况

年份	论文篇数	2013年被引频次	2013年被引率（%）	2013年高被引论文			
				论文篇数	最高被引频次	总被引频次	篇均被引频次
2008	40539	10857	17.4	95	62	767	8.07
2009	45539	13214	18.7	85	53	763	8.98
2010	55869	16681	19.1	150	80	1153	7.69
2011	69455	17034	16.1	119	56	905	7.61
2012	74432	11650	11.5	90	43	531	5.90
合计	285834	69436	16.1	539	80	4119	7.64

从交通运输学科论文的地域分布来看,2013年被引频次较高的5个省、直辖市或自治区依次是北京、上海、江苏、陕西和湖北(图44-1);5年论文产出量较多的5个省、直辖市或自治区依次是江苏、北京、上海、广东和湖北(图44-2)。

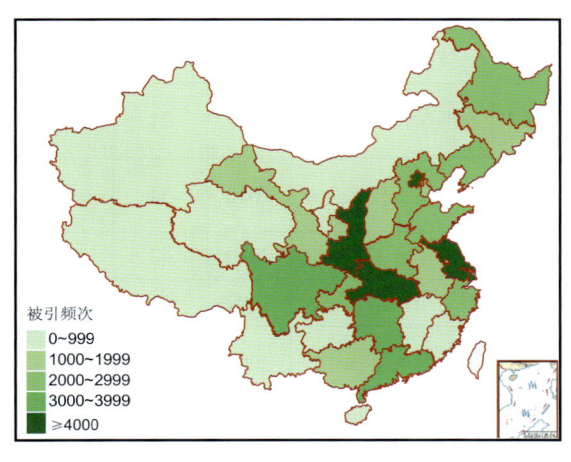

图44-1 2013年交通运输学科地区被引分布

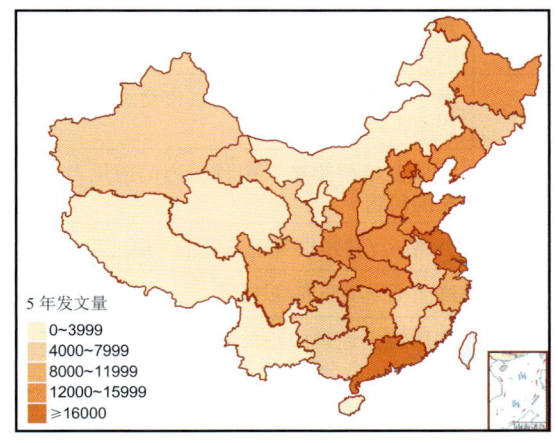

图44-2 交通运输学科5年论文产出地区分布

44.2 高被引论文分析

在交通运输学科，2013 年被引频次位居前 10 位的论文（表 44-2）平均被引频次为 21.0 次，是全部 539 篇高被引论文篇均被引频次的 2.7 倍。其中，被引频次最高的论文是高赐威于 2011 年发表的《电动汽车充电对电网影响的综述》，随后 2 篇分别是杨云彪于 2009 年发表的《浅谈道路桥梁施工中应注意的问题》和刘伟于 2010 年发表的《浅析路桥施工中预应力技术的应用》。

从论文分布来看，刊载高被引论文数量最多的 3 种期刊分别是《中国新技术新产品》（25 篇）、《岩石力学与工程学报》（19 篇）和《中国高新技术企业》（17 篇），而《中国高新技术企业》刊载了高被引论文 TOP 10 中的 2 篇；发表高被引论文最多的 3 位学者分别是中国汽车工程研究院的段虎明（2 篇）、上海市第二市政工程有限公司的王洪新（2 篇）和中铁西南科学研究院有限公司的王建宇（2 篇）；产出高被引论文数量最多的 3 所机构分别是同济大学（27 篇）、西南交通大学（25 篇）和北京交通大学（21 篇）。

表 44-2　交通运输学科高被引论文 TOP 10

序号	论文题名	第一作者	期刊名称	发表年份	被引频次 总频次	被引频次 2013 年
1	电动汽车充电对电网影响的综述	高赐威	电网技术	2011	106	52
2	浅谈道路桥梁施工中应注意的问题	杨云彪	中国高新技术企业	2009	58	25
3	浅析路桥施工中预应力技术的应用	刘伟	价值工程	2010	41	23
4	现代有轨电车主要特征与国内外发展研究	薛美根	城市交通	2008	36	22
5	电动汽车能源供给设施建设现状与发展探讨	陈良亮	电力系统自动化	2011	46	19
6	浅谈公路沥青路面施工技术	江玮	科技资讯	2010	38	18
7	论道路桥梁施工中预应力的应用及存在的问题	苏文建	中小企业管理与科技	2011	25	17
7	基于居民出行行为的北京市交通碳排放影响机理	马静	地理学报	2011	21	17
9	浅谈公路桥梁施工中预应力的应用及存在的问题	俞建辉	中国高新技术企业	2010	34	16
9	公路桥梁建筑项目现场施工管理之我见	姚元军	中国新技术新产品	2010	42	16
9	路面不平度研究综述	段虎明	振动与冲击	2009	36	16
9	汶川特大地震中山岭隧道变形破坏特征及影响因素分析	李天斌	工程地质学报	2008	49	16
9	高速公路桥梁施工的安全管理问题研究	黄明贵	科技创新导报	2009	29	16

44.3 研究主题关联分析

在交通运输学科，高被引论文累计被 2013 年发表的 3520 篇论文引用了 4119 次。通过分析施引文献关键词的词频及关键词之间的共现关系，获得 2013 年交通运输学科的热点主题和主题关联，如图 44-3 所示（共现 10 次以下不显示）。由图 44-3 可知："施工技术""质量控制"和"施工"的文档词频较高，是交通运输学科近期的热点研究主题；"施工技术"与"公路工程""质量控制"等概念之间的共现次数较多，显示出它们之间主题关联较为紧密。

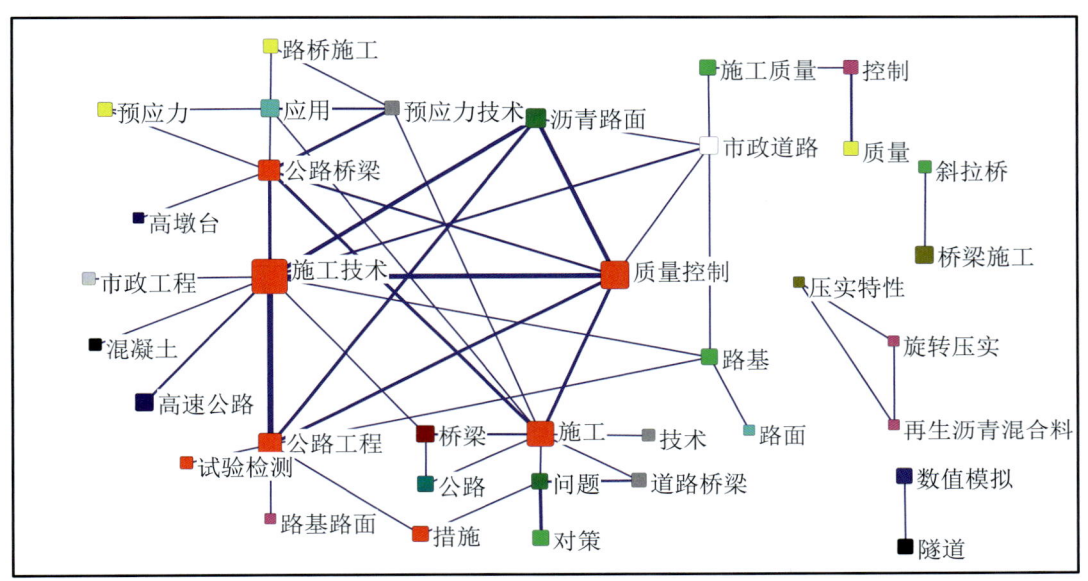

图 44-3　交通运输学科 2013 年热点主题关联

44.4 学科高影响力期刊分析

44.4.1 学科高影响力期刊 TOP 10

在交通运输学科，学科 5 年影响因子位居前 10 位的期刊见表 44-3，排在前 3 位的期刊分别是《中国公路学报》《西南交通大学学报》和《中国铁道科学》。在表 44-3 中，学科载文量占其总载文量比例最大的期刊是《中国公路学报》；前 5 年学科载文在 2013 年被引率最高的期刊是《西南交通大学学报》；期刊 5 年影响因子较高的前 3 种期刊分别是《中国公路学报》《中国铁道科学》和《桥梁建设》；学科 5 年影响因子与期刊 5 年影响因子差异最大的期刊是《西南交通大学学报》。表 44-3 中期刊的学科 5 年影响因子和前 5 年学科载文在 2013 年的被引率对比如图 44-4 所示，2008—2013 年期刊 5 年影响因子的变动情况如图 44-5 所示。

表 44-3 交通运输学科高影响力期刊基本指数

序号	期刊名称	前5年载文量			2013年学科被引			5年影响因子		h指数（学科）
		学科（篇）	占比（%）	总量（篇）	频次	被引率（%）	高被引论文篇数	期刊（2013）	学科（2013）	
1	中国公路学报	781	98.1	796	719	44.3	13	0.922	0.921	7
2	西南交通大学学报	326	32.8	993	294	44.8	6	0.715	0.902	7
3	中国铁道科学	819	91.8	892	714	43.5	13	0.860	0.872	7
4	铁道学报	733	68.3	1074	634	42.3	11	0.788	0.865	6
5	桥梁建设	785	95.2	825	665	43.1	14	0.833	0.847	7
6	交通运输工程学报	670	89.2	751	523	42.5	2	0.784	0.781	5
7	同济大学学报（自然科学版）	559	28.1	1987	432	41.5	6	0.646	0.773	7
8	城市交通	478	92.6	516	368	33.3	12	0.760	0.770	7
9	现代隧道技术	826	94.9	870	625	40.4	8	0.744	0.757	6
10	中国惯性技术学报	862	91.8	939	623	40.7	7	0.675	0.723	7

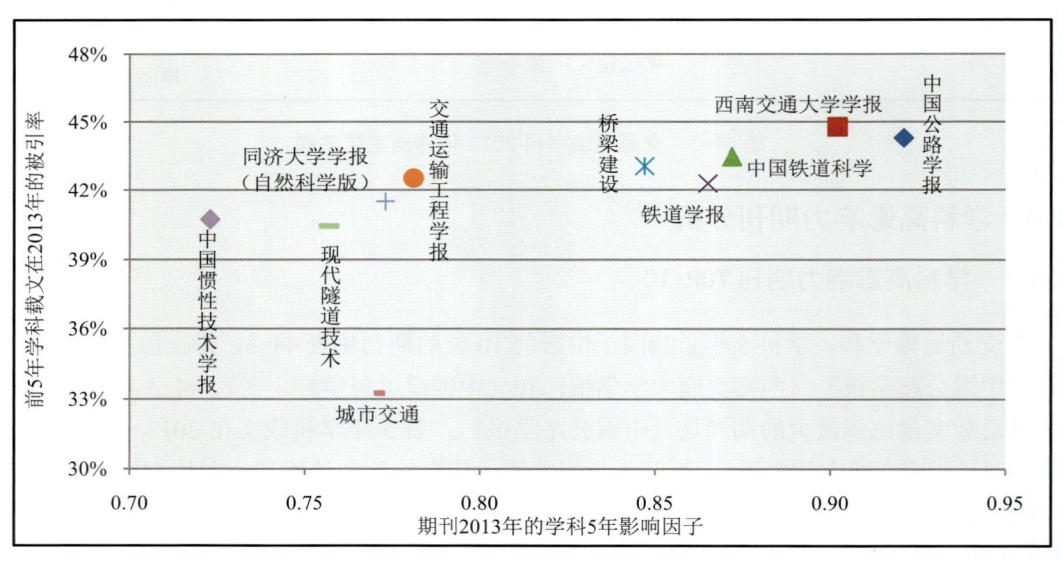

图 44-4 交通运输学科高影响力期刊对比

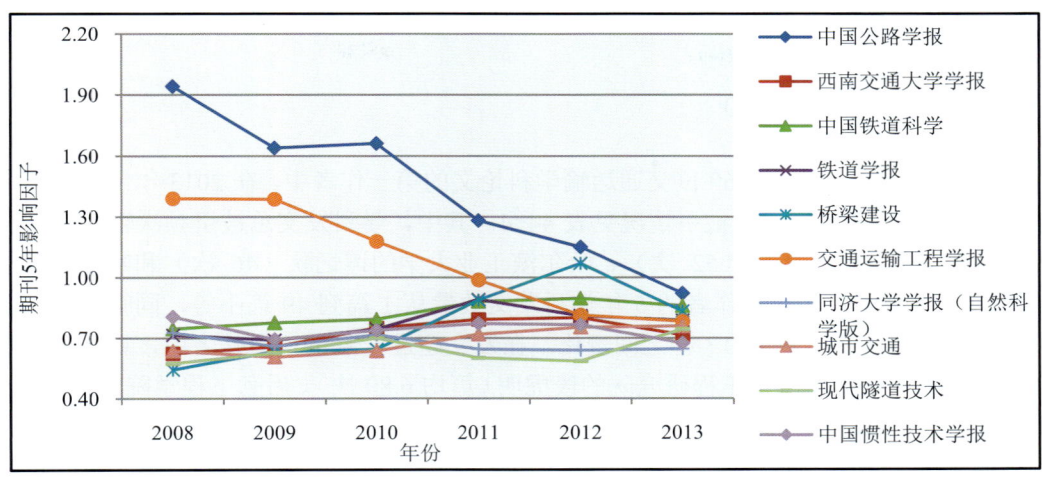

图 44-5 交通运输学科期刊 5 年影响因子变动

44.4.2 学科高影响力期刊载文主题关联

通过期刊共被引分析,获得交通运输学科高影响力期刊及与其他期刊之间的载文主题关联,如图 44-6 所示(共被引 36 次以下不显示)。结果显示,交通运输学科的高影响力期刊相互链接较为紧密,基本主导了该学科的期刊共被引网络,显示出该学科高影响力期刊可能共同刊载了许多相近的研究主题,热点研究主题分散在多种期刊上。《中国公路学报》和《西南交通大学学报》的学科 5 年影响因子较高,显示出它们学术影响力较大;《铁道学报》与《中国铁道科学》、《公路》与《中外公路》、《世界桥梁》与《桥梁建筑》等期刊之间的链接较强,意味着它们之间可能有较多相同或相近的载文主题。

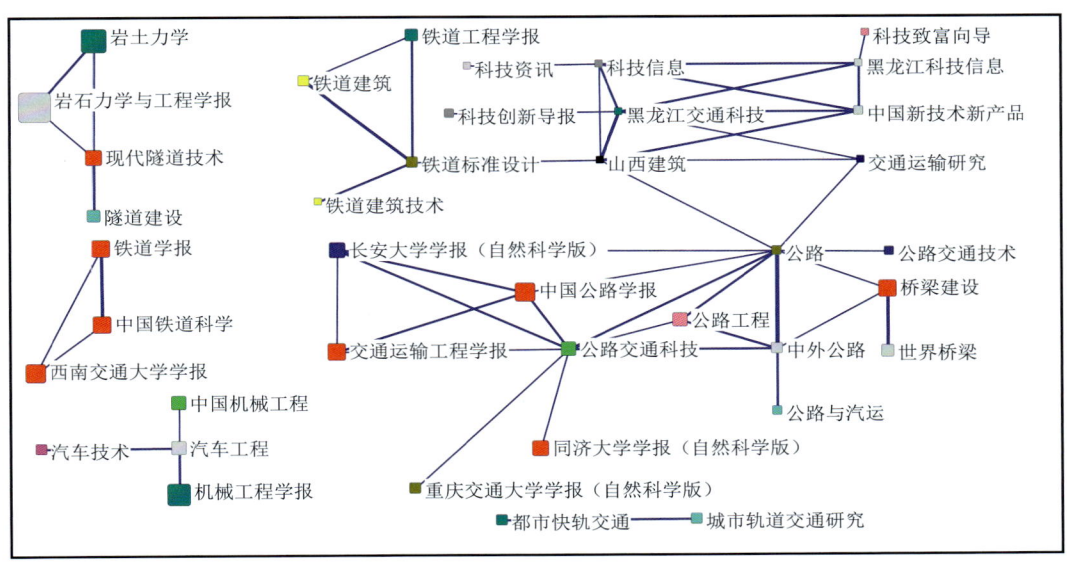

图 44-6 交通运输学科高影响力期刊载文主题关联

44.5 高被引作者分析

44.5.1 高被引作者 TOP 20

2008—2012 年，在 241769 位交通运输学科论文的第一作者中，在 2013 年学科被引频次位居前 20 位的学者的发文及被引情况见表 44-4。其中，学科发文总被引频次较高的 3 位作者分别是东南大学的高赐威（52 次）、哈尔滨工业大学的谭忆秋（46 次）和哈尔滨工程大学的孙枫（42 次）。高被引作者的 5 年学科发文数量从 1 篇到 49 篇不等，同时，作者学科发文的期刊分布也在 1 种到 17 种之间变化。在发文超过 5 篇的所有作者中，篇均被引较高的 3 位作者分别是中国汽车工程研究院的段虎明（篇均 6.80 次）、后勤工程学院的郑颖人（篇均 6.00 次）和中国人民解放军海军工程大学的杨琼方（篇均 3.50 次）；前 5 年发表学科论文较多的 3 位作者分别是重庆大学的徐中明（49 篇）、哈尔滨工程大学的姚熊亮（46 篇）和张向辉（45 篇）。高被引作者的学科发文量和被引量对比如图 44-7 所示。

表 44-4 交通运输学科高被引作者 TOP 20

序号	姓名	作者单位	前 5 年发文			前 5 年学科发文在 2013 年的被引				h 指数（学科）
			学科发文（篇）	期刊分布（种）	发文总量（篇）	总频次	被引率（%）	最高（次）	篇均（次）	
1	高赐威	东南大学	1	1	14	52	100.0	52	52.00	4
2	谭忆秋	哈尔滨工业大学	37	16	41	46	46.0	12	1.24	3
3	孙枫	哈尔滨工程大学	21	7	28	42	57.1	10	2.00	4
4	徐中明	重庆大学	49	17	51	37	40.8	4	0.76	3
5	姚熊亮	哈尔滨工程大学	46	16	68	35	34.8	7	0.76	3
6	段虎明	中国汽车工程研究院	5	3	6	34	100.0	16	6.80	4
7	陆化普	清华大学	19	10	23	30	63.2	6	1.58	3
7	郑颖人	后勤工程学院	5	4	18	30	100.0	12	6.00	3
7	王明年	西南交通大学	15	6	17	30	60.0	9	2.00	3
10	王朝辉	长安大学	15	7	16	27	66.7	10	1.80	3
11	王春生	长安大学	21	10	22	26	42.9	10	1.24	3
11	宗长富	吉林大学	14	8	14	26	71.4	6	1.86	3
11	张显库	大连海事大学	19	7	23	26	63.2	4	1.37	3
11	秦大同	重庆大学	20	4	72	26	55.0	6	1.30	4
11	姜桂艳	吉林大学	19	7	26	26	63.2	4	1.37	3
16	卢凯	华南理工大学	11	7	11	25	81.8	5	2.27	4

序号	姓名	作者单位	前5年发文			前5年学科发文在2013年的被引				h指数（学科）
			学科发文（篇）	期刊分布（种）	发文总量（篇）	总频次	被引率（%）	最高（次）	篇均（次）	
16	杨云彪	广东省第五建筑工程有限公司	1	1	2	25	100.0	25	25.00	1
18	曾胜	长沙理工大学	23	11	25	24	47.8	3	1.04	3
19	项贻强	浙江大学	27	15	33	23	48.2	4	0.85	3
19	王梦恕	北京交通大学	9	5	12	23	44.4	15	2.56	3
19	沙爱民	长安大学	11	4	12	23	72.7	6	2.09	3
19	李鹏飞	北京交通大学	9	5	15	23	66.7	12	2.56	2
19	凌天清	重庆交通大学	18	11	19	23	72.2	5	1.28	2
19	刘伟	中铁十三局集团第三工程有限公司	1	1	1	23	100.0	23	23.00	1

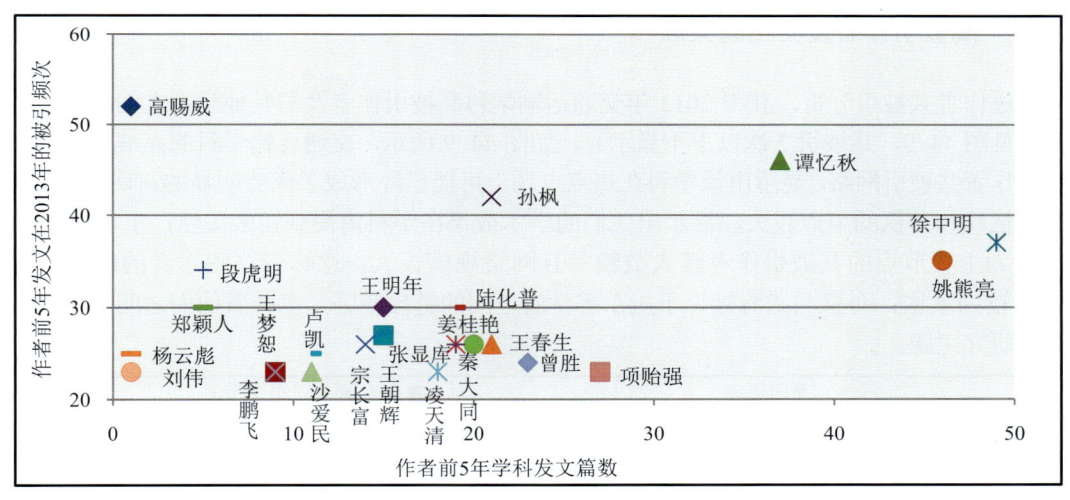

图 44-7　交通运输学科高被引作者学科发文及被引对比

44.5.2　高被引作者科研合作关系

通过作者合著分析，获得 2013 年交通运输学科高被引作者及与其他学者之间的科研论文合作关系（不考虑论文署名次序），如图 44-8 所示（合著 7 次以下不显示）。可以看出，交通运输学科的高被引作者的论文合作现象比较普遍，而且合作人数较多。其中，学者姚熊亮的发文量较多，论文合作者也较多，显示出其在该学科的研究人员中具有一定的集聚效应；学者秦大同的论文合作网络最为突出，在该学科的研究人员中表现出一定的集聚效应；徐中明与张志飞、姚熊亮与张阿漫等学者之间的合作关系最为紧密，显示出他们可能分别属于同一支科研团队。

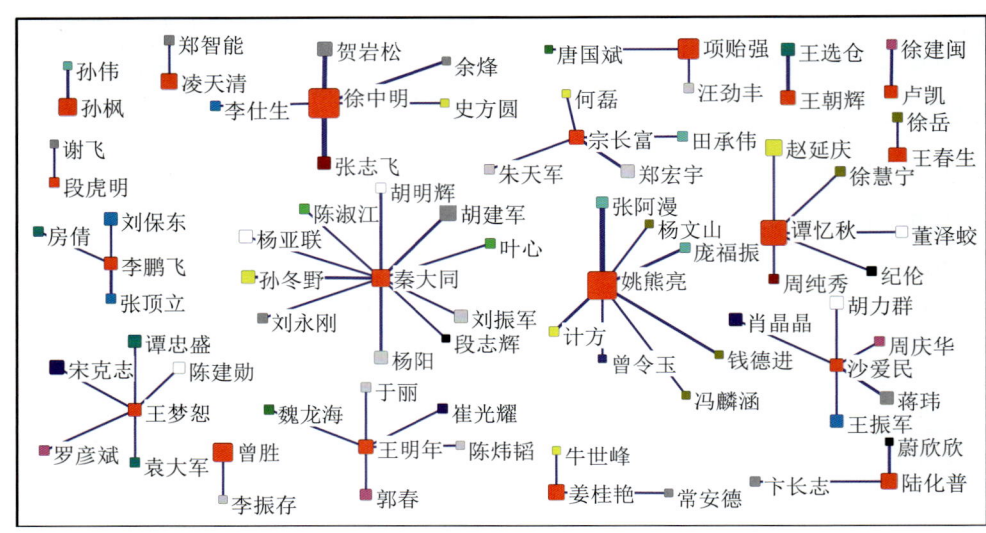

图 44-8　交通运输学科高被引作者科研论文合作关系

44.5.3　高被引作者发文主题关联

通过作者共被引分析，获得2013年交通运输学科高被引作者及与其他学者之间的发文主题关联（见图44-9，共被引2次以下不显示）。如图44-9所示，交通运输学科的高被引作者基本主导了作者共被引网络，显示出该学科在热点主题上可能已经形成了优势明显的科研力量。高赐威、谭忆秋和孙枫的节点较大，显示出他们的学术成果在学科内得到较多关注；王明年和孙枫等学者为主要节点的共被引作者簇人数较多且网络规模较大，意味着这些学者的研究主题关联可能较为紧密；孙枫与翁海娜、于旭东等学者之间的链接较强，意味着他们之间可能有较为相近的研究主题。

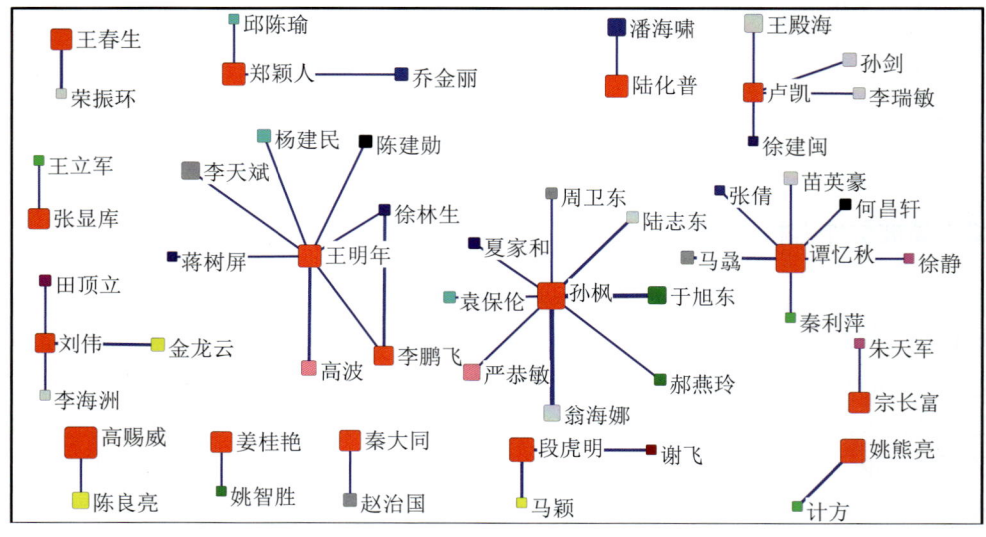

图 44-9　交通运输学科高被引作者发文主题关联

44.6 高被引机构分析

44.6.1 高被引机构

为便于比较，本书将交通运输学科的高被引机构分为高等院校和科研院所两种类型。其中，被引频次 TOP 10 高等院校和被引频次 TOP 5 科研院所的发文及被引情况分别见表 44-5 和表 44-6。其中，总被引频次较高的 3 所高等院校分别是同济大学、西南交通大学和长安大学，中铁二院工程集团有限责任公司、交通运输部公路科学研究院和中国船舶科学研究中心是总被引频次较高的 3 所科研院所；前 5 年学科发文在 2013 年的被引率最高的高等院校和科研院所分别是东南大学和中国船舶科学研究中心；篇均被引最高的高等院校和科研院所分别是东南大学和中国船舶科学研究中心。上述高被引机构的论文被引率和篇均被引频次对比如图 44-10 所示。

表 44-5　交通运输学科高被引高等院校 TOP 10

序号	第一作者单位	学科发文量（篇）		前 5 年学科发文在 2013 年的被引			
		前 5 年	2013 年	频次	被引率（%）	最高（次）	篇均（次）
1	同济大学	4128	709	2087	28.5	15	0.51
2	西南交通大学	4388	876	1937	26.2	14	0.44
3	长安大学	4075	936	1800	25.9	10	0.44
4	北京交通大学	2927	489	1575	28.8	15	0.54
5	东南大学	1848	242	1069	32.3	52	0.58
6	重庆交通大学	2797	542	818	19.7	6	0.29
7	武汉理工大学	2242	261	793	23.1	10	0.35
8	中南大学	1432	169	742	30.4	11	0.52
9	吉林大学	1148	143	638	31.7	9	0.56
10	长沙理工大学	1660	270	637	25.1	8	0.38

表 44-6　交通运输学科高被引科研院所 TOP 5

序号	第一作者单位	学科发文量（篇）		前 5 年学科发文在 2013 年的被引			
		前 5 年	2013 年	频次	被引率（%）	最高（次）	篇均（次）
1	中铁二院工程集团有限责任公司	883	179	257	19.4	9	0.29
2	交通运输部公路科学研究院	559	99	220	24.0	8	0.39
3	中国船舶科学研究中心	266	37	147	31.6	6	0.55
3	中国铁道科学研究院	351	115	147	24.8	8	0.42
5	山西省交通科学研究院	723	221	130	13.3	4	0.18

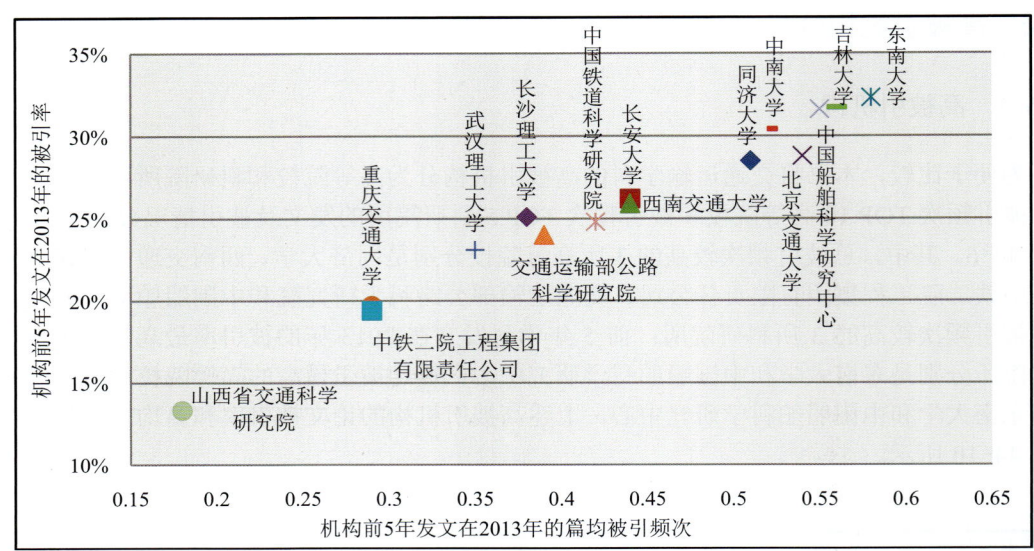

图 44-10　交通运输学科高被引机构论文篇均被引及被引率对比

44.6.2　高被引机构科研合作关系

通过合著分析，获得交通运输学科高被引机构之间及其与其他机构之间的科研合作关联，如图 44-11 所示（合作 66 次以下不显示）。分析得知，交通运输学科的机构合作链接非常紧密，表明学科内机构合作现象非常普遍；高被引机构基本主导了机构合作网络，表明这些机构已经在学科内具有了一定的科研优势。吉林大学和中国第一汽车集团公司之间的链接较强，表明它们的学术合作较为频繁。

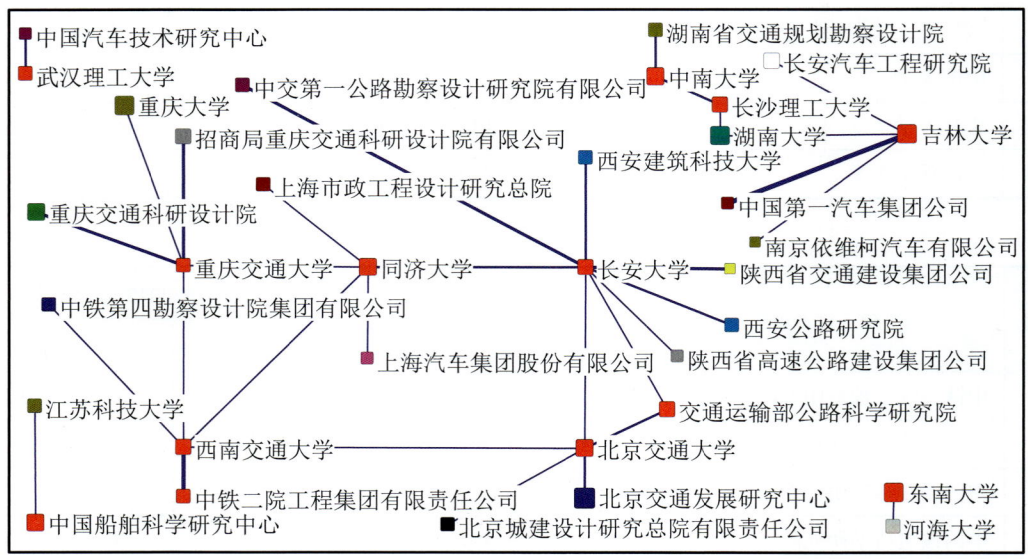

图 44-11　交通运输学科高被引机构科研合作关联

44.7 高被引图书、国外期刊及学术会议

2013 年，交通运输学科被引频次位居前 10 位的图书及国外期刊见表 44-7 和表 44-8。其中，被引次数较多的 3 种图书分别是余志生的《汽车理论》、范立础的《桥梁工程》和沈金安的《沥青及沥青混合料路用性能》；被引次数较多的 3 种国外期刊分别是《Journal of Sound and Vibration》《Transportation Research Record》和《Transportation Research Part B: Methodological》；被引次数较多的 3 场学术会议分别是"IEEE Position Location and Navigation Symposium""Proceedings of the American Control Conference"和"American Control Conference"。

表 44-7 交通运输学科高被引图书 TOP 10

序号	责任者	图书名称	出版社	2013 年被引频次
1	余志生	汽车理论	机械工业出版社	304
2	范立础	桥梁工程	人民交通出版社	138
3	沈金安	沥青及沥青混合料路用性能	人民交通出版社	114
4	周水兴	路桥施工计算手册	人民交通出版社	97
5	沙庆林	高速公路沥青路面早期破坏现象及预防	人民交通出版社	90
6	关宝树	隧道工程施工要点集	人民交通出版社	84
7	项海帆	高等桥梁结构理论	人民交通出版社	82
8	姚玲森	桥梁工程	人民交通出版社	79
9	范立础	桥梁抗震	同济大学出版社	70
10	于万聚	高速电气化铁路接触网	西南交通大学出版社	65

表 44-8 交通运输学科高被引国外期刊 TOP 10

序号	期刊名称	2013 年被引频次
1	Journal of Sound and Vibration	708
2	Transportation Research Record	443
3	Transportation Research Part B: Methodological	429
4	Tunnelling and Underground Space Technology	410
5	Vehicle System Dynamics	400
6	Engineering Structures	362
7	Journal of Structural Engineering	289
8	Journal of Wind Engineering and Industrial Aerodynamics	274
9	European Journal of Operational Research	272
10	Construction and Building Materials	261

第 45 章 航空、航天学科高被引分析

45.1 学科论文概况

2008—2012 年，航空、航天学科共有 34851 位来自 5692 所机构的论文第一作者在 1959 种期刊上发表了 42483 篇学术论文。其中，80%以上的论文产出自 2484 所机构、27180 位作者，发表在 145 种期刊上。在前 5 年发表的这些论文中，有 9616 篇在 2013 年获得过引用，整体被引率为 22.6%，总被引频次为 15130 次，篇均被引 0.36 次；其中，高被引论文有 110 篇，单篇论文最高被引频次为 14 次，累计被引 777 次，篇均被引 7.06 次（表 45-1）。另外，2013 年航空、航天学科共发表论文 9228 篇，其中有 122 篇在当年获得过引用，总共被引 150 次。

表 45-1 航空、航天学科论文分布情况

年份	论文篇数	2013 年被引频次	2013 年被引率（%）	2013 年高被引论文			
				论文篇数	最高被引频次	总被引频次	篇均被引频次
2008	6105	2605	25.8	17	14	174	10.24
2009	6668	2972	28.4	22	7	140	6.36
2010	7947	3598	28.1	29	14	203	7.00
2011	10095	3654	22.4	25	8	164	6.56
2012	11668	2301	14.1	17	8	96	5.65
合计	42483	15130	22.6	110	14	777	7.06

从航空、航天学科论文的地域分布来看，2013 年被引频次较高的 5 个省、直辖市或自治区依次是北京、陕西、江苏、吉林和黑龙江（图 45-1）；5 年论文产出量较多的 5 个省、直辖市或自治区依次是北京、陕西、江苏、上海和四川（图 45-2）。

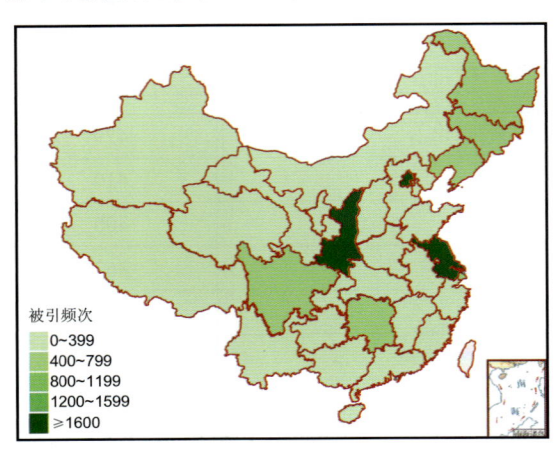 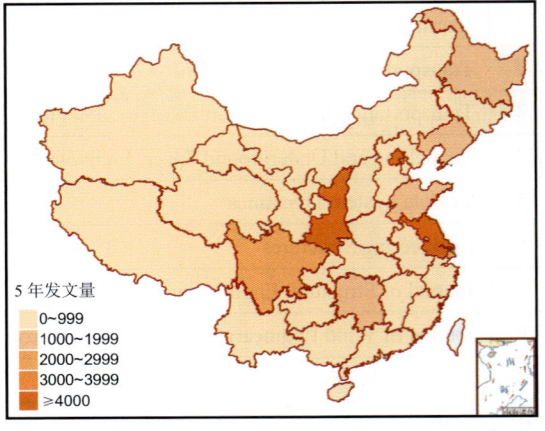

图 45-1 2013 年航空、航天学科地区被引分布　　图 45-2 航空、航天学科 5 年论文产出地区分布

45.2 高被引论文分析

在航空、航天学科，2013 年被引频次位居前 10 位的论文（表 45-2）平均被引频次为 12.4 次，是全部 110 篇高被引论文篇均被引频次的 1.8 倍。其中，被引频次最高的论文分别是周秋忠于 2008 年发表的《MBD 技术在飞机制造中的应用》和卢鹄于 2008 年发表的《基于模型的数字化定义技术》，随后是周军于 2008 年发表的《地磁导航发展与关键技术》。

从论文分布来看，刊载高被引论文数量最多的 3 种期刊分别是《光学精密工程》（14 篇）、《航空学报》（14 篇）和《航空动力学报》（9 篇）；发表高被引论文最多的 3 位学者分别是中国科学院长春光学精密机械与物理研究所的韩昌元（2 篇）、国防科学技术大学的雍恩米（2 篇）和西北工业大学的严恭敏（2 篇）；产出高被引论文数量最多的 3 所机构分别是北京航空航天大学（18 篇）、中国科学院长春光学精密机械与物理研究所（15 篇）和南京航空航天大学（11 篇），而中国科学院长春光学精密机械与物理研究所产出了高被引论文 TOP 10 中的 3 篇。

表 45-2　航空、航天学科高被引论文 TOP 10

序号	论文题名	第一作者	期刊名称	发表年份	被引频次 总频次	被引频次 2013 年
1	MBD 技术在飞机制造中的应用	周秋忠	航空维修与工程	2008	39	15
1	基于模型的数字化定义技术	卢鹄	航空制造技术	2008	45	15
3	地磁导航发展与关键技术	周军	宇航学报	2008	55	14
4	飞行器轨迹优化数值方法综述	雍恩米	宇航学报	2008	36	12
4	MBD 技术在协同设计制造中的应用	冯潼能	航空制造技术	2010	20	12
4	高分辨力空间相机的光学系统研究	韩昌元	光学精密工程	2008	43	12
4	民用发动机污染排放及低污染燃烧技术发展趋势	赵坚行	航空动力学报	2008	32	12
8	大型飞机自动化装配技术	许国康	航空学报	2008	45	11
8	基于 Backstepping 的高超声速飞行器模糊自适应控制	高道祥	控制理论与应用	2008	31	11
10	基于 Gauss 伪谱法的 UCAV 对地攻击武器投放轨迹规划	张煜	航空学报	2011	16	10

45.3 研究主题关联分析

在航空、航天学科，高被引论文累计被 2013 年发表的 715 篇论文引用了 777 次。通过分析施引文献关键词的词频及关键词之间的共现关系，获得 2013 年航空、航天学科的热点主题和主题关联,如图 45-3 所示(共现 2 次以下不显示)。由图 45-3 可知:"航空发动机"和"轨迹优化"的文档词频较高,是航空、航天学科近期的热点研究主题;"航空发动机"与"相关向量机""电力企业"与"财务管理""太阳模拟器"与"光学设计"等概念之间的共现次数较多,显示出它们之间主题关联较为紧密。

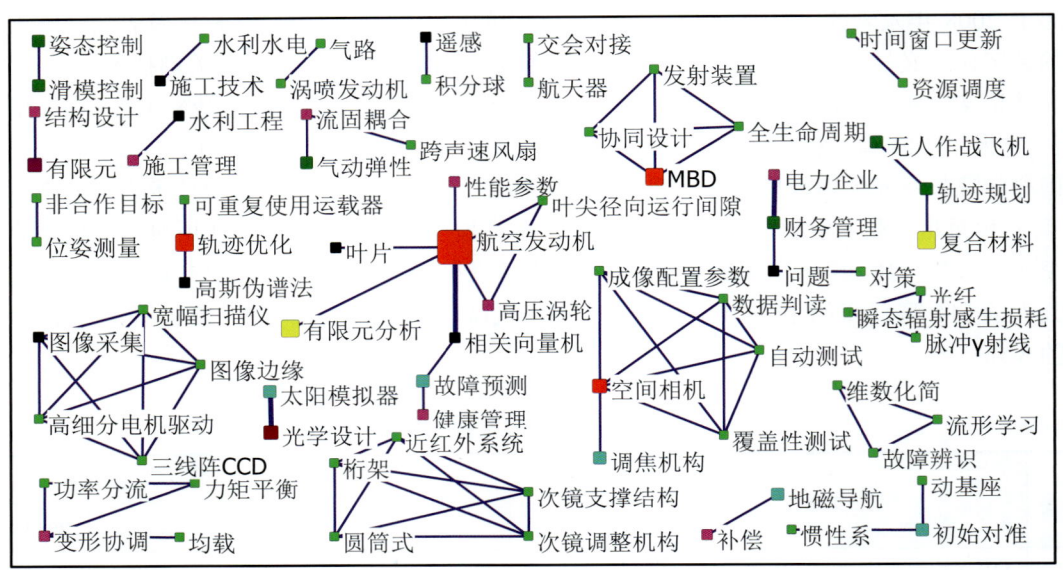

图 45-3 航空、航天学科 2013 年热点主题关联

45.4 学科高影响力期刊分析

45.4.1 学科高影响力期刊 TOP 10

在航空、航天学科,学科 5 年影响因子位居前 10 位的期刊见表 45-3,排在前 3 位的期刊分别是《航空学报》《宇航学报》和《空军工程大学学报(自然科学版)》。在表 45-3 中,学科载文量占其总载文量比例最大的期刊是《火箭推进》;前 5 年学科载文在 2013 年被引率最高的期刊是《航空学报》;期刊 5 年影响因子较高的前 3 种期刊分别是《航空学报》《宇航学报》和《航空动力学报》;学科 5 年影响因子与期刊 5 年影响因子差异最大的期刊是《空军工程大学学报(自然科学版)》。表 45-3 中期刊的学科 5 年影响因子和前 5 年学科载文在 2013 年的被引率对比如图 45-4 所示,2008—2013 年期刊 5 年影响因子的变动情况如图 45-5 所示。

表 45-3 航空、航天学科高影响力期刊基本指数

序号	期刊名称	前5年载文量			2013年学科被引			5年影响因子		h指数（学科）
		学科（篇）	占比（%）	总量（篇）	频次	被引率（%）	高被引论文篇数	期刊（2013）	学科（2013）	
1	航空学报	1525	83.9	1817	1094	39.0	14	0.732	0.717	7
2	宇航学报	1125	53.4	2108	762	38.8	8	0.678	0.677	8
3	空军工程大学学报（自然科学版）	183	25.7	711	101	33.3	2	0.380	0.552	5
4	中国航空学报（英文版）	420	67.0	627	230	30.2	2	0.447	0.548	5
5	航空动力学报	2120	85.5	2480	1035	29.9	9	0.500	0.488	6
6	推进技术	957	93.0	1029	440	27.4	3	0.442	0.460	5
7	火箭推进	474	95.4	497	209	25.7	1	0.429	0.441	4
8	空气动力学学报	592	75.4	785	244	27.9	1	0.424	0.412	4
9	北京航空航天大学学报	740	36.9	2005	301	28.4	1	0.422	0.407	5
10	南京航空航天大学学报	384	37.9	1012	153	28.4	0	0.435	0.398	5

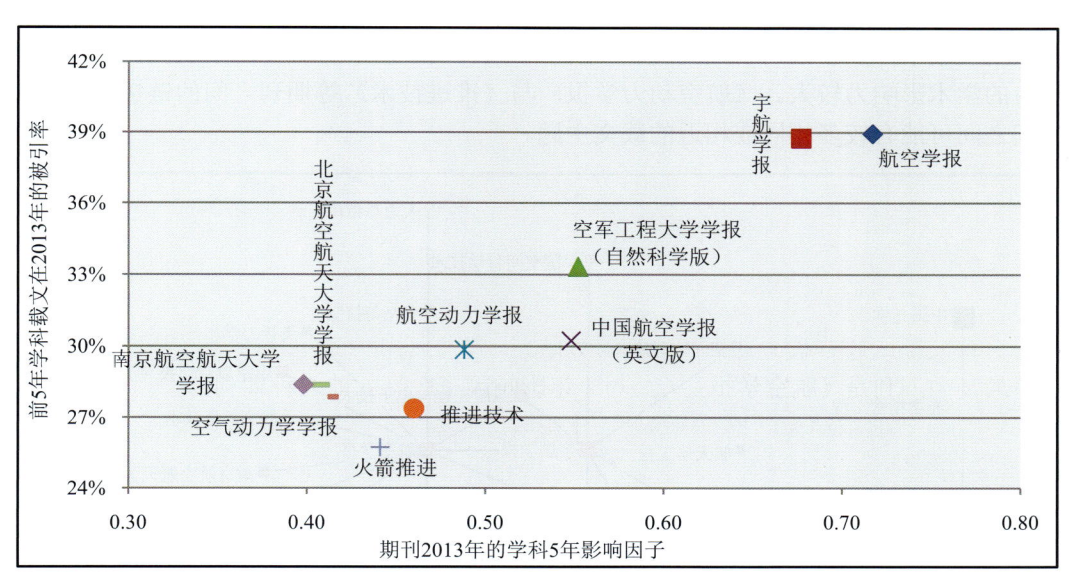

图 45-4 航空、航天学科高影响力期刊对比

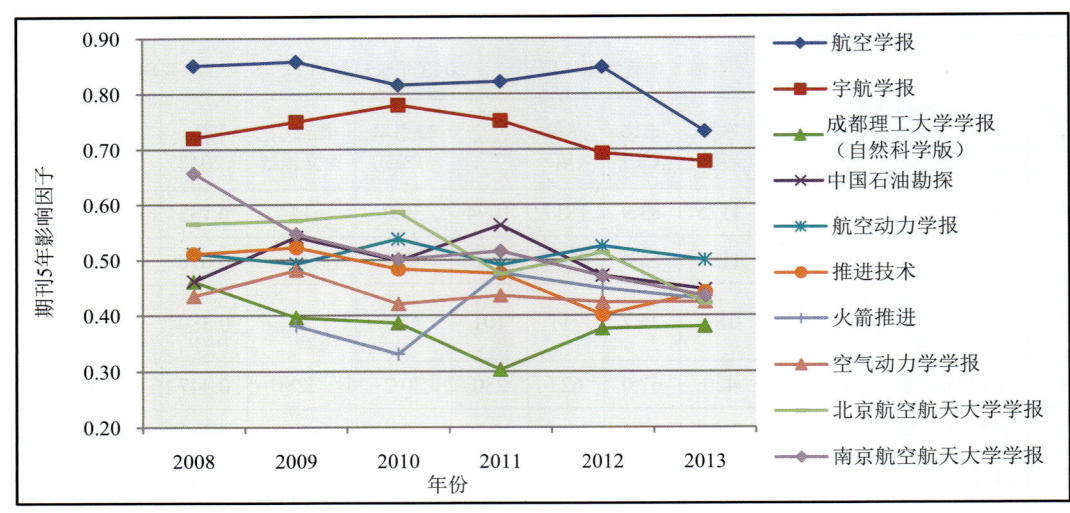

图 45-5　航空、航天学科期刊 5 年影响因子变动

45.4.2　学科高影响力期刊载文主题关联

通过期刊共被引分析，获得航空、航天学科高影响力期刊及与其他期刊之间的载文主题关联，如图 45-6 所示（共被引 16 次以下不显示）。结果显示，航空、航天学科的高影响力期刊相互链接较为紧密，基本主导了该学科的期刊共被引网络，显示出该学科高影响力期刊可能共同刊载了许多相近的研究主题。《航空学报》的学科 5 年影响因子较高，显示出其在学科内的学术影响力较大。《航空动力学报》与《推进技术》等期刊之间的链接较强，意味着它们之间可能有较多相同或相近的载文主题。

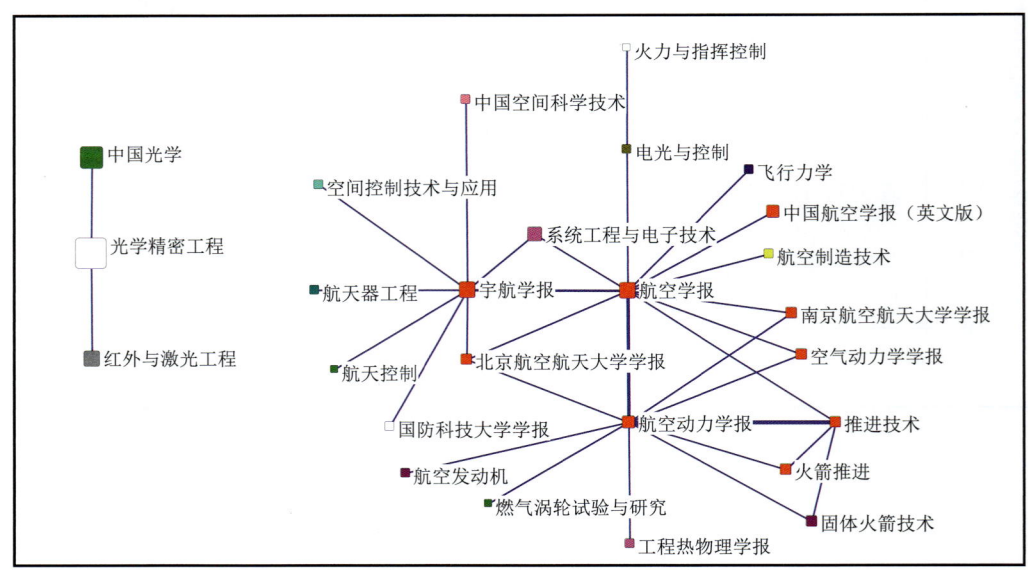

图 45-6　航空、航天学科高影响力期刊载文主题关联

45.5 高被引作者分析

45.5.1 高被引作者 TOP 20

2008—2012 年，在 34851 位航空、航天学科论文的第一作者中，在 2013 年学科被引频次位居前 20 位的学者的发文及被引情况见表 45-4。其中，学科发文总被引频次较高的 3 位作者分别是国防科学技术大学的雍恩米（27 次）、西北工业大学的严恭敏（23 次）和西北工业大学的周军（20 次）。高被引作者的 5 年学科发文数量从 2 篇到 18 篇不等，同时，作者学科发文的期刊分布也在 1 种到 10 种之间变化。在发文超过 5 篇的所有作者中，篇均被引较高的 3 位作者分别是北京航空航天大学的王乃超（篇均 3.80 次）、北京航空航天大学的王亮（篇均 2.60 次）和北京航空航天大学的梅中义（篇均 2.17 次）；前 5 年发表学科论文较多的 3 位作者分别是阳光（36 篇）、江山（27 篇）和黄伟（18 篇）。高被引作者的学科发文量和被引量对比如图 45-7 所示。

表 45-4 航空、航天学科高被引作者 TOP 20

序号	姓名	作者单位	前 5 年发文			前 5 年学科发文在 2013 年的被引				h 指数（学科）
			学科发文（篇）	期刊分布（种）	发文总量（篇）	总频次	被引率（%）	最高（次）	篇均（次）	
1	雍恩米	国防科学技术大学	4	2	4	27	100.0	12	6.75	3
2	严恭敏	西北工业大学	12	8	16	23	66.7	9	1.92	3
3	周军	西北工业大学	17	6	29	20	35.3	14	1.18	2
3	黄伟	国防科学技术大学	18	10	23	20	38.9	9	1.11	2
5	韩昌元	中国科学院长春光学精密机械与物理研究所	2	2	2	19	100.0	12	9.50	2
5	王乃超	北京航空航天大学	5	3	6	19	100.0	6	3.80	3
5	张蒙正	西安航天动力研究所	11	2	13	19	63.6	9	1.73	3
8	卢鹄	北京航空航天大学	2	2	3	17	100.0	15	8.50	2
8	许国康	北京航空制造工程研究所	3	2	4	17	100.0	11	5.67	3
10	周秋忠	北京航空航天大学	2	2	3	16	100.0	15	8.00	1
10	鲁峰	南京航空航天大学	12	7	14	16	58.3	5	1.33	2
12	辛宏伟	中国科学院长春光学精密机械与物理研究所	3	3	4	15	66.7	9	5.00	2
12	刘友宏	北京航空航天大学	13	3	13	15	38.9	5	1.15	3
12	高道祥	清华大学	3	3	3	15	100.0	11	5.00	2
12	张煜	国防科学技术大学	3	3	4	15	66.7	10	5.00	2

序号	姓名	作者单位	前5年发文			前5年学科发文在2013年的被引				h指数（学科）
			学科发文（篇）	期刊分布（种）	发文总量（篇）	总频次	被引率（%）	最高（次）	篇均（次）	
16	艾延廷	沈阳航空航天大学	10	5	15	14	40.0	5	1.40	3
16	陈玉春	西北工业大学	12	6	14	14	75.0	2	1.17	2
16	贾学志	中国科学院长春光学精密机械与物理研究所	4	2	4	14	75.0	9	3.50	2
16	李耀华	南京航空航天大学	3	1	3	14	100.0	6	4.67	3
16	祝耀昌	中国航空综合技术研究所	11	1	13	14	36.4	6	1.27	2
16	张洪海	南京航空航天大学	7	6	10	14	85.7	4	2.00	3

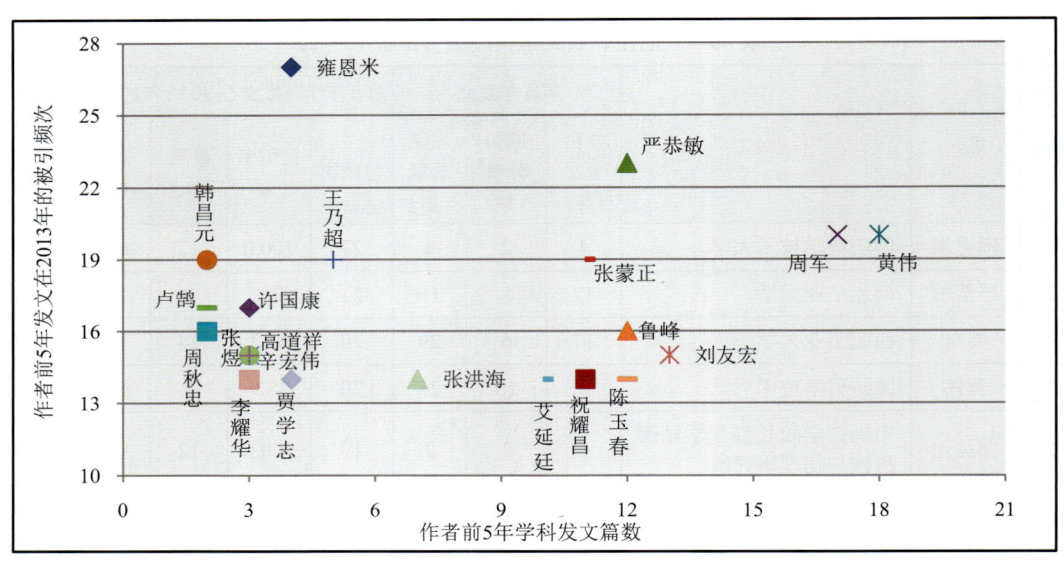

图 45-7 航空、航天学科高被引作者学科发文及被引对比

45.5.2 高被引作者科研合作关系

通过作者合著分析，获得 2013 年航空、航天学科高被引作者及与其他学者之间的科研论文合作关系（不考虑论文署名次序），如图 45-8 所示（合著 3 次以下不显示）。可以看出，航空、航天学科的高被引作者的论文合作现象比较普遍，并且合作人数较多。其中，学者周军的发文量较多，论文合作者也较多，显示出其在该学科的研究人员中具有一定的集聚效应；周军与刘莹莹、鲁峰与黄金泉等学者之间的合作关系最为紧密，显示出他们可能分别属于同一支科研团队。

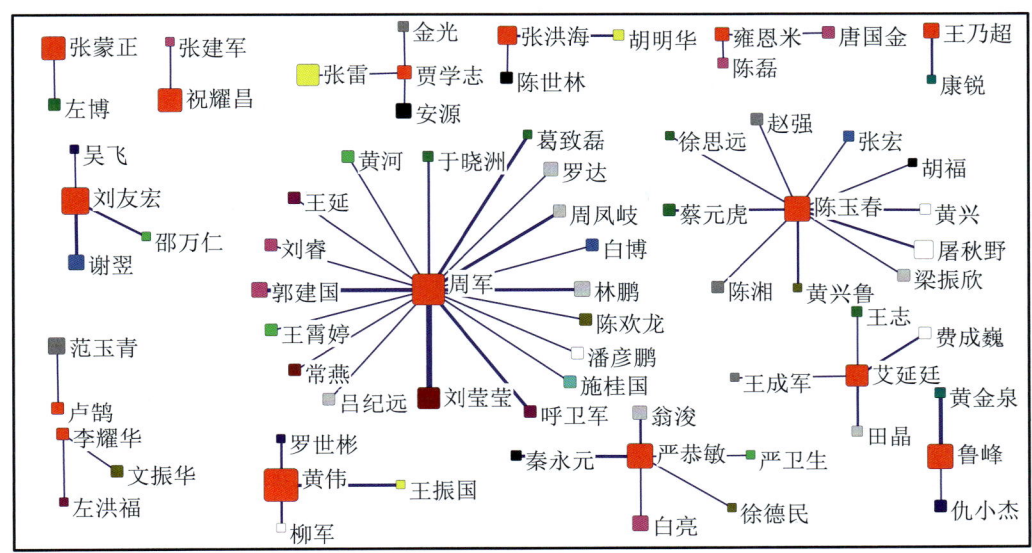

图 45-8　航空、航天学科高被引作者科研论文合作关系

45.5.3　高被引作者发文主题关联

通过作者共被引分析，获得 2013 年航空、航天学科高被引作者及与其他学者之间的发文主题关联（见图 45-9，共被引 2 次以下不显示）。如图 45-9 所示，雍恩米和严恭敏的节点较大，显示出他们的学术成果在学科内得到较多关注；以雍恩米和贾学志等学者为主要节点的共被引作者簇初具规模，意味着这些学者的研究主题关联可能较为紧密；李耀华与文振华、艾延廷与费成巍等学者之间的链接较强，意味着他们之间可能有较为相近的研究主题。

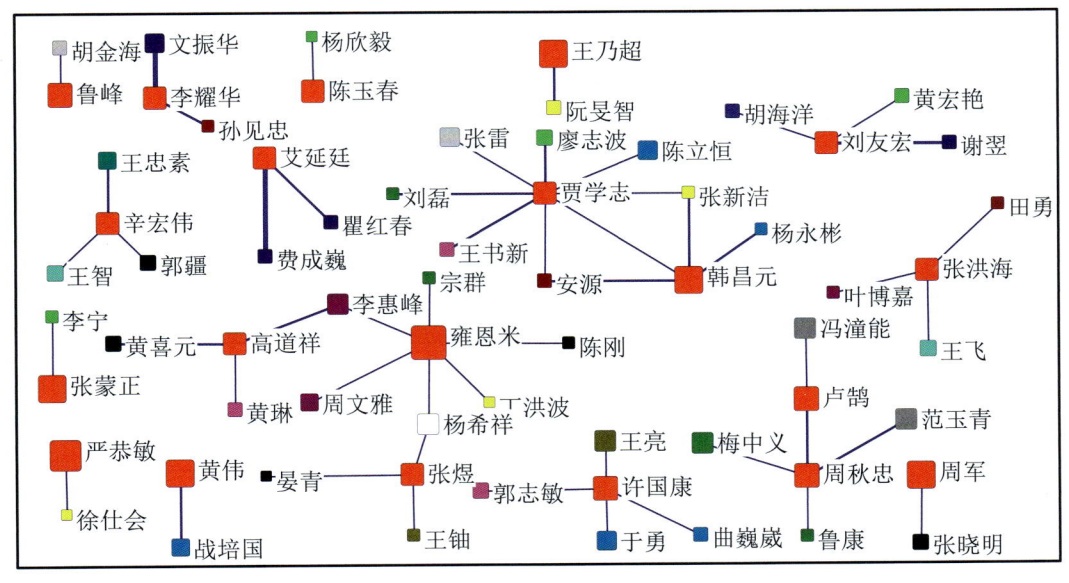

图 45-9　航空、航天学科高被引作者发文主题关联

45.6 高被引机构分析

45.6.1 高被引机构

为便于比较，本书将航空、航天学科的高被引机构分为高等院校和科研院所两种类型。其中，被引频次 TOP 10 高等院校和被引频次 TOP 5 科研院所的发文及被引情况分别见表 45-5 和表 45-6。其中，总被引频次较高的 3 所高等院校分别是西北工业大学、北京航空航天大学和南京航空航天大学，中国科学院长春光学精密机械与物理研究所、中国空间技术研究院和北京控制工程研究所是总被引频次较高的 3 所科研院所；前 5 年学科发文在 2013 年的被引率最高的高等院校和科研院所分别是清华大学和中国科学院长春光学精密机械与物理研究所；篇均被引最高的高等院校和科研院所分别是清华大学和中国科学院长春光学精密机械与物理研究所。上述高被引机构的论文被引率和篇均被引频次对比如图 45-10 所示。

表 45-5 航空、航天学科高被引高等院校 TOP 10

序号	第一作者单位	学科发文量（篇）		前 5 年学科发文在 2013 年的被引			
		前 5 年	2013 年	频次	被引率（%）	最高（次）	篇均（次）
1	西北工业大学	4728	777	1782	24.9	14	0.38
2	北京航空航天大学	3648	519	1673	28.6	15	0.46
3	南京航空航天大学	2846	525	1398	29.7	12	0.49
4	国防科学技术大学	1426	144	545	23.8	12	0.38
5	哈尔滨工业大学	1234	162	530	27.9	6	0.43
6	空军工程大学	1221	217	451	23.8	9	0.37
7	北京理工大学	450	78	182	28.0	5	0.40
8	清华大学	320	55	180	32.8	11	0.56
9	中国民航大学	539	145	168	21.0	6	0.31
10	海军航空工程学院	333	23	155	26.7	6	0.47

表 45-6 航空、航天学科高被引科研院所 TOP 5

序号	第一作者单位	学科发文量（篇）		前 5 年学科发文在 2013 年的被引			
		前 5 年	2013 年	频次	被引率（%）	最高（次）	篇均（次）
1	中国科学院长春光学精密机械与物理研究所	494	93	525	44.7	12	1.06
2	中国空间技术研究院	334	57	146	28.4	6	0.44
3	北京控制工程研究所	355	64	141	25.9	4	0.40
4	中国空气动力研究与发展中心	361	80	136	23.8	9	0.38
5	西安航天动力研究所	208	44	125	31.2	9	0.60

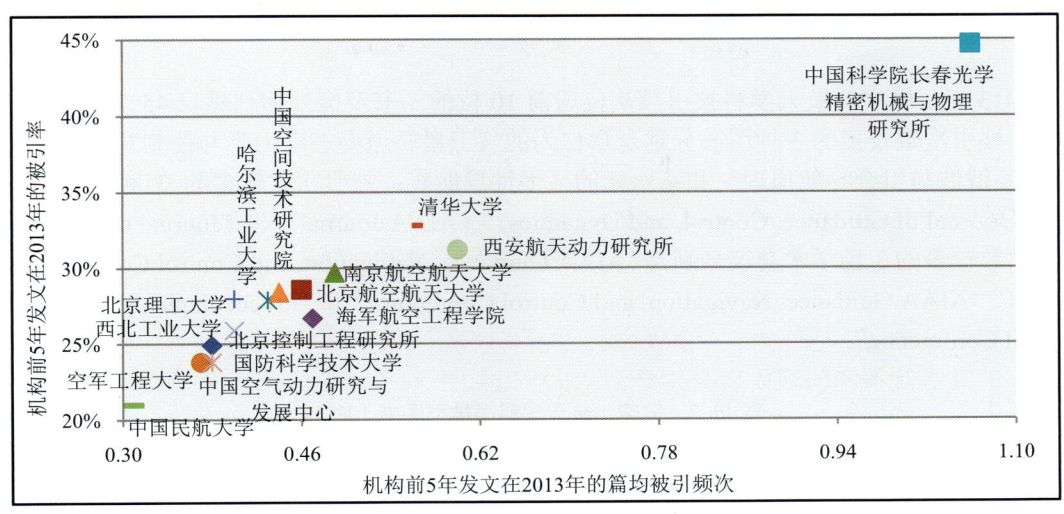

图 45-10　航空、航天学科高被引机构论文篇均被引及被引率对比

45.6.2　高被引机构科研合作关系

通过合著分析，获得航空、航天学科高被引机构之间及其与其他机构之间的科研合作关联，如图 45-11 所示（合作 49 次以下不显示）。分析得知，航空、航天学科的机构合作链接非常紧密，表明学科内机构合作现象较为普遍；高被引机构基本主导了机构合作网络，表明这些机构已经在学科内具有了一定的科研优势。西北工业大学和中国空气动力研究与发展中心、南京航空航天大学与中国燃气涡轮研究院等机构之间的链接较强，表明它们的学术合作较为频繁。

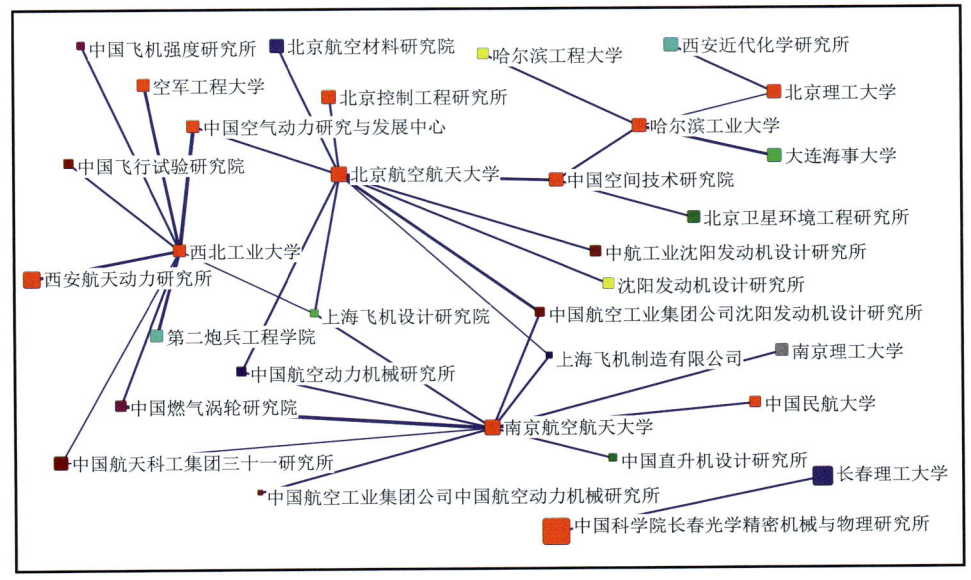

图 45-11　航空、航天学科高被引机构科研合作关联

45.7 高被引图书、国外期刊及学术会议

2013年,航空、航天学科被引频次位居前10位的图书及国外期刊见表45-7和表45-8。其中,被引次数较多的3种图书分别是章仁为的《卫星轨道姿态动力学与控制》、秦永元的《卡尔曼滤波与组合导航原理》和秦永元的《惯性导航》;被引次数较多的3种国外期刊分别是《Journal of Guidance, Control, and Dynamics》《AIAA Journal》和《Journal of Aircraft》;被引次数较多的3场学术会议分别是"AIAA Guidance, Navigation, and Control Conference and Exhibit""AIAA Guidance, Navigation, and Control Conference"和"Proceedings of the American Control Conference"。

表45-7 航空、航天学科高被引图书 TOP 10

序号	责任者	图书名称	出版社	2013年被引频次
1	章仁为	卫星轨道姿态动力学与控制	北京航空航天大学出版社	32
2	秦永元	卡尔曼滤波与组合导航原理	西北工业大学出版社	28
3	秦永元	惯性导航	科学出版社	26
4	廉筱纯	航空发动机原理	西北工业大学出版社	25
5	杨世铭	传热学	高等教育出版社	19
6	中国航空研究院	复合材料结构设计手册	航空工业出版社	16
6	范玉青	现代飞机制造技术	北京航空航天大学出版社	16
8	吴森堂	飞行控制系统	北京航空航天大学出版社	15
8	方振平	航空飞行器飞行动力学	北京航空航天大学出版社	15
8	严传俊	脉冲爆震发动机原理及关键技术	西北工业大学出版社	15

表45-8 航空、航天学科高被引国外期刊 TOP 10

序号	期刊名称	2013年被引频次
1	Journal of Guidance, Control, and Dynamics	729
2	AIAA Journal	715
3	Journal of Aircraft	527
4	Journal of Propulsion And Power	481
5	Journal of Spacecraft and Rockets	372
6	IEEE Transactions on Aerospace and Electronic Systems	337
7	Journal of Computational Physics	315
8	Acta Astronautica	280
9	Journal of Turbomachinery,Transactions of the ASME	269
10	Journal of Sound and Vibration	244

第46章　环境科学、安全科学学科高被引分析

46.1　学科论文概况

2008—2012年，环境科学、安全科学学科共有150563位来自44900所机构的论文第一作者在4811种期刊上发表了169614篇学术论文。其中，80%以上的论文产出自20009所机构、116028位作者，发表在585种期刊上。在前5年发表的这些论文中，有48435篇在2013年获得过引用，整体被引率为28.6%，总被引频次为88981次，篇均被引0.52次；其中，高被引论文有674篇，单篇论文最高被引频次为99次，累计被引6701次，篇均被引9.94次（表46-1）。另外，2013年环境科学、安全科学学科共发表论文36569篇，其中有967篇在当年获得过引用，总共被引1336次。

表46-1　环境科学、安全科学学科论文分布情况

年份	论文篇数	2013年被引频次	2013年被引率（%）	2013年高被引论文 论文篇数	最高被引频次	总被引频次	篇均被引频次
2008	25707	15300	31.3	115	76	1276	11.10
2009	28154	17600	32.7	118	75	1319	11.18
2010	31328	19765	33.3	129	77	1358	10.53
2011	42391	21737	27.6	150	99	1533	10.22
2012	42034	14579	21.6	162	85	1215	7.50
合计	169614	88981	28.6	674	99	6701	9.94

从环境科学、安全科学学科论文的地域分布来看，2013年被引频次较高的5个省、直辖市或自治区依次是北京、江苏、广东、上海和山东（图46-1）；5年论文产出量较多的5个省、直辖市或自治区依次是北京、江苏、广东、山东和辽宁（图46-2）。

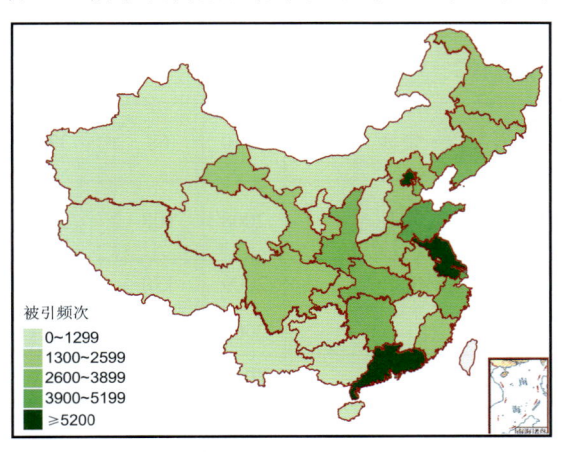

图46-1　2013年环境科学、安全科学学科地区被引分布

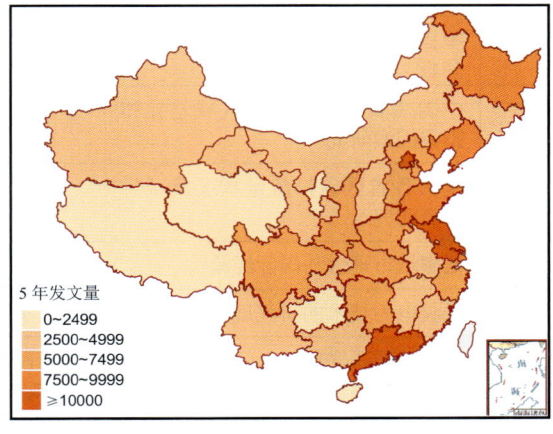

图46-2　环境科学、安全科学学科5年论文产出地区分布

46.2 高被引论文分析

在环境科学、安全科学学科，2013 年被引频次位居前 10 位的论文（表 46-2）平均被引频次为 38.2 次，是全部 674 篇高被引论文篇均被引频次的 3.8 倍。其中，被引频次最高的论文是徐争启于 2008 年发表的《潜在生态危害指数法评价中重金属毒性系数计算》，随后 3 篇分别是宋德勇于 2009 年发表的《中国碳排放影响因素分解及其周期性波动研究》、胡初枝于 2008 年发表的《中国碳排放特征及其动态演进分析》和郭金玉于 2008 年发表的《层次分析法的研究与应用》。

从论文分布来看，刊载高被引论文数量最多的 3 种期刊分别是《环境科学学报》（40 篇）、《环境科学》（39 篇）和《中国环境科学》（30 篇），而《中国人口·资源与环境》刊载了高被引论文 TOP 10 中的 3 篇；发表高被引论文最多的 3 位学者分别是中国气象局广州热带海洋气象研究所的吴兑（4 篇）、中国水产科学研究院淡水渔业研究中心的陈家长（3 篇）和北京理工大学的李生才（3 篇）；产出高被引论文数量最多的 3 所机构分别是中国环境科学研究院（17 篇）、中国科学院地理科学与资源研究所（17 篇）和南京大学（16 篇），而清华大学产出了高被引论文 TOP 10 中的 2 篇。

表 46-2　环境科学、安全科学学科高被引论文 TOP 10

序号	论文题名	第一作者	期刊名称	发表年份	被引频次 总频次	被引频次 2013 年
1	潜在生态危害指数法评价中重金属毒性系数计算	徐争启	环境科学与技术	2008	214	66
2	中国碳排放影响因素分解及其周期性波动研究	宋德勇	中国人口·资源与环境	2009	132	47
3	中国碳排放特征及其动态演进分析	胡初枝	中国人口·资源与环境	2008	167	43
3	层次分析法的研究与应用	郭金玉	中国安全科学学报	2008	144	43
5	中国碳排放量测算及影响因素分析	蒋金荷	资源科学	2011	70	34
6	中国二氧化碳排放的区域差异和影响因素研究	李国志	中国人口·资源与环境	2010	68	32
7	我国各省区碳排放量状况及减排对策研究	王铮	中国科学院院刊	2008	108	30
8	低碳城市理念与国际经验	刘志林	城市发展研究	2009	170	29
8	低碳电力技术的研究展望	康重庆	电网技术	2009	167	29
8	中国酸雨研究现状	张新民	环境科学研究	2010	70	29

46.3 研究主题关联分析

在环境科学、安全科学学科，高被引论文累计被 2013 年发表的 4701 篇论文引用了 6701 次。通过分析施引文献关键词的词频及关键词之间的共现关系，获得 2013 年环境科学、安全科学学科的热点主题和主题关联，如图 46-3 所示（共现 10 次以下不显示）。由图 46-3 可知："重金属""碳排放"和"土壤"的文档词频较高，是环境科学、安全科学学科近期的热点研究主题；"重金属"与"土壤"、"碳排放"与"能源消费"等概念之间的共现次数较多，显示出它们之间主题关联较为紧密。

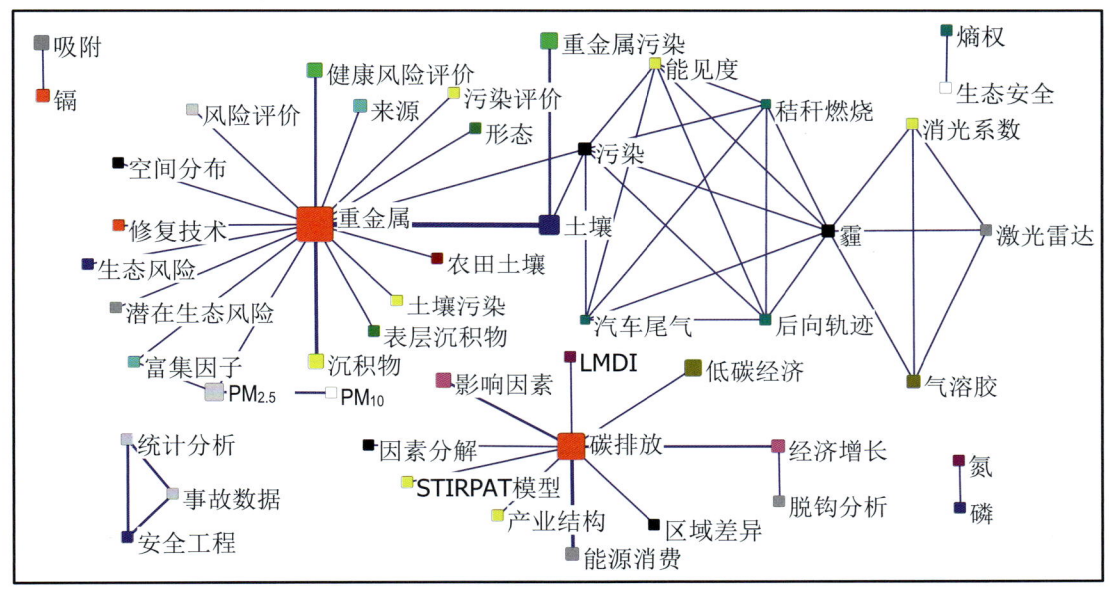

图 46-3　环境科学、安全科学学科 2013 年热点主题关联

46.4 学科高影响力期刊分析

46.4.1 学科高影响力期刊 TOP 10

在环境科学、安全科学学科，学科 5 年影响因子位居前 10 位的期刊见表 46-3，排在前 3 位的期刊分别是《中国人口·资源与环境》《资源科学》和《湿地科学》。在表 46-3 中，学科载文量占其总载文量比例最大的期刊是《中国环境科学》；前 5 年学科载文在 2013 年被引率最高的期刊是《中国人口·资源与环境》；期刊 5 年影响因子较高的前 3 种期刊分别是《中国人口·资源与环境》《资源科学》和《环境科学研究》；学科 5 年影响因子与期刊 5 年影响因子差异最大的期刊是《中国人口·资源与环境》。表 46-3 中期刊的学科 5 年影响因子和前 5 年学科载文在 2013 年的被引率对比如图 46-4 所示，2008—2013 年期刊 5 年影响因子的变动情况如图 46-5 所示。

表 46-3　环境科学、安全科学学科高影响力期刊基本指数

序号	期刊名称	前5年载文量			2013年学科被引			5年影响因子		h指数（学科）
		学科（篇）	占比（%）	总量（篇）	频次	被引率（%）	高被引论文篇数	期刊（2013）	学科（2013）	
1	中国人口·资源与环境	340	19.5	1742	751	60.9	17	1.839	2.209	17
2	资源科学	335	18.4	1823	571	49.6	14	1.687	1.704	13
3	湿地科学	143	35.3	405	194	55.2	3	1.249	1.357	6
4	环境科学研究	1294	95.5	1355	1750	53.4	22	1.345	1.352	10
5	中国环境科学	1729	99.5	1737	2236	52.1	30	1.288	1.293	11
6	生态环境学报	1388	56.9	2438	1766	53.3	21	1.283	1.272	11
7	气象与环境学报	116	20.8	559	146	43.1	2	1.150	1.259	7
8	生态与农村环境学报	487	70.0	696	606	48.7	6	1.204	1.244	8
9	环境科学学报	2280	97.9	2328	2761	48.0	40	1.203	1.211	10
10	环境科学	3605	98.6	3655	4273	50.2	39	1.171	1.185	10

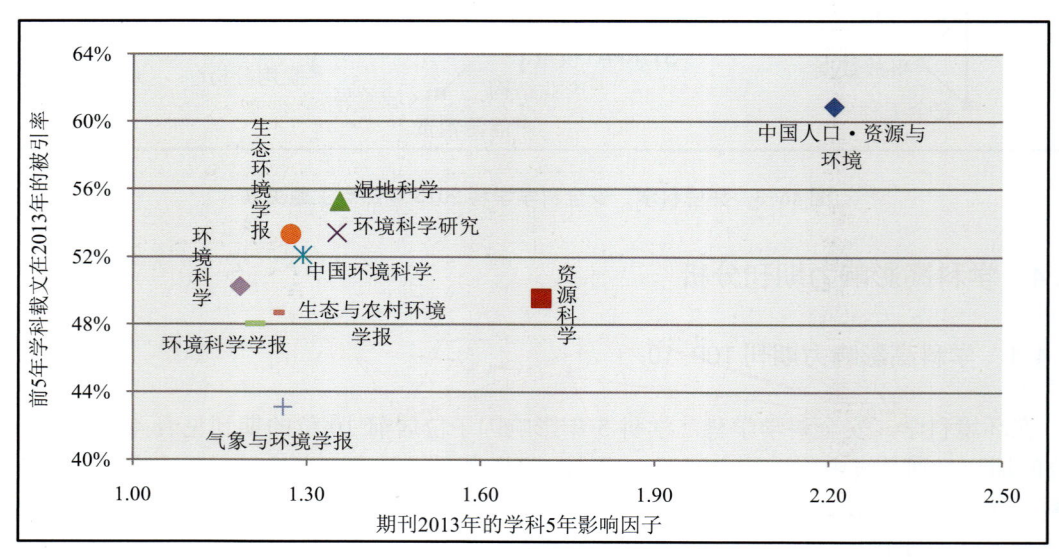

图 46-4　环境科学、安全科学学科高影响力期刊对比

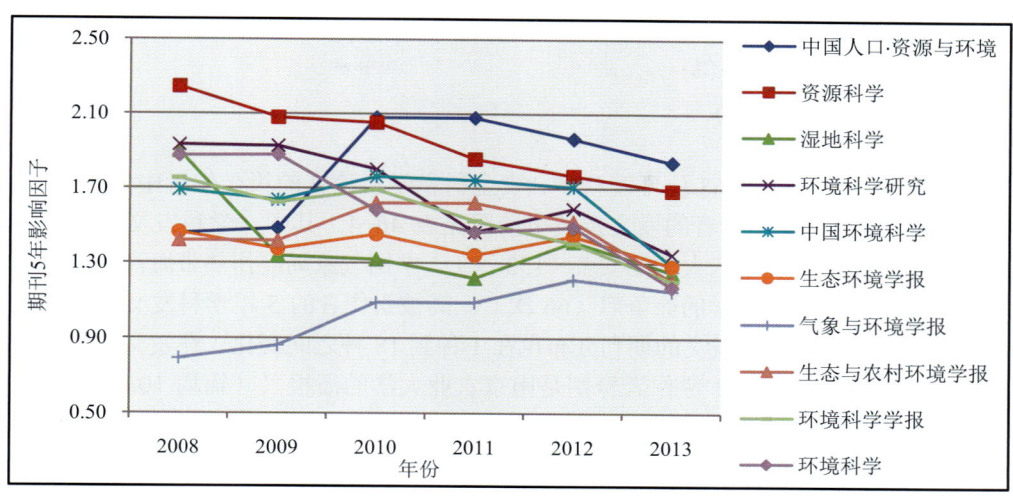

图 46-5　环境科学、安全科学学科期刊 5 年影响因子变动

46.4.2　学科高影响力期刊载文主题关联

通过期刊共被引分析，获得环境科学、安全科学学科高影响力期刊及与其他期刊之间的载文主题关联，如图 46-6 所示（共被引 91 次以下不显示）。结果显示，环境科学、安全科学学科的高影响力期刊相互链接较为紧密，基本主导了该学科的期刊共被引网络，显示出该学科高影响力期刊可能共同刊载了许多相近的研究主题，热点研究主题分散在多种期刊上。《环境科学研究》和《中国环境科学》的学科 5 年影响因子较高，显示出它们的学术影响力较大。《环境科学》与《环境科学学报》《中国环境科学》等期刊之间的链接较强，意味着它们之间可能有较多相同或相近的载文主题。

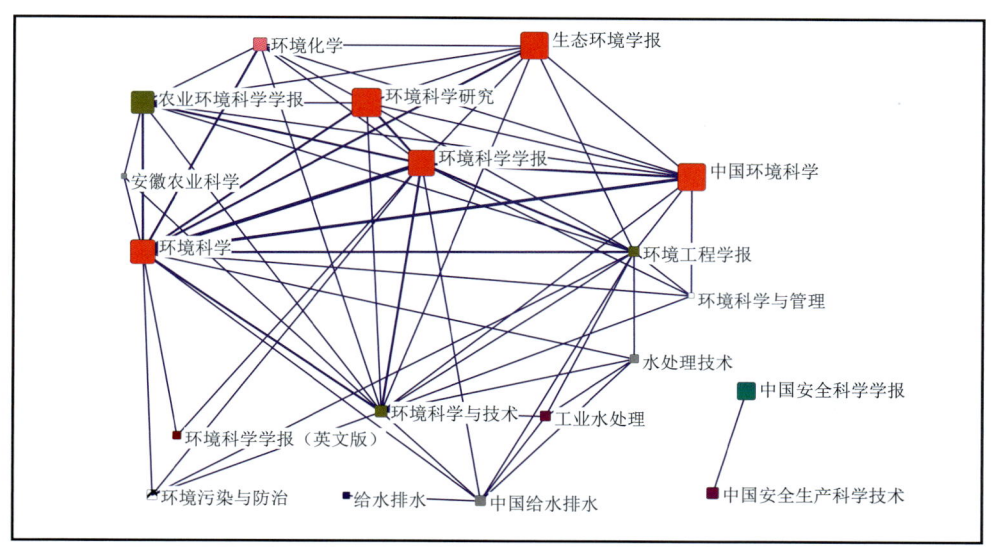

图 46-6　环境科学、安全科学学科高影响力期刊载文主题关联

46.5 高被引作者分析

46.5.1 高被引作者 TOP 20

2008—2012年，在150563位环境科学、安全科学学科论文的第一作者中，在2013年学科被引频次位居前20位的学者的发文及被引情况见表46-4。其中，学科发文总被引频次较高的3位作者分别是北京理工大学的安莹（153次）、中国气象局广州热带海洋气象研究所的吴兑（90次）和成都理工大学的徐争启（66次）。高被引作者的5年学科发文数量从1篇到46篇不等，同时，作者学科发文的期刊分布也在1种到18种之间变化。在发文超过5篇的所有作者中，篇均被引较高的3位作者分别是南京农业大学的潘根兴（篇均10.60次）、中国科学院科技政策与管理科学研究所的王铮（篇均8.40次）和中国气象局广州热带海洋气象研究所的吴兑（篇均7.50次）；前5年发表学科论文较多的3位作者分别是沈阳建筑大学的李亚峰（50篇）、华北电力大学（保定）的赵毅（46篇）和陕西理工学院的李琛（38篇）。高被引作者的学科发文量和被引量对比如图46-7所示。

表 46-4 环境科学、安全科学学科高被引作者 TOP 20

序号	姓名	作者单位	前5年发文 学科发文（篇）	前5年发文 期刊分布（种）	前5年发文 发文总量（篇）	前5年学科发文在2013年的被引 总频次	前5年学科发文在2013年的被引 被引率（%）	前5年学科发文在2013年的被引 最高（次）	前5年学科发文在2013年的被引 篇均（次）	h指数（学科）
1	安莹	北京理工大学	30	1	30	153	76.7	8	5.10	7
2	吴兑	中国气象局广州热带海洋气象研究所	12	7	19	90	75.0	20	7.50	7
3	徐争启	成都理工大学	1	1	6	66	100.0	66	66.00	1
4	宋德勇	华中科技大学	3	1	14	64	100.0	47	21.33	4
5	秦建玉	北京理工大学	9	1	9	63	100.0	8	7.00	7
6	陈家长	中国水产科学研究院淡水渔业研究中心	14	5	17	55	85.7	13	3.93	5
7	潘根兴	南京农业大学	5	4	9	53	100.0	19	10.60	4
8	骆永明	中国科学院南京土壤研究所	4	4	4	52	75.0	22	13.00	3
8	王金南	环境保护部环境规划院	18	8	29	52	66.7	14	2.89	4
10	刘铁民	中国安全生产科学研究院	18	2	19	47	61.1	8	2.61	5
10	郭金玉	中国安全生产科学研究院	4	2	6	47	75.0	43	11.75	2
12	胡初枝	南京大学	1	1	4	43	100.0	43	43.00	2
13	王铮	中国科学院科技政策与管理科学研究所	5	4	19	42	80.0	30	8.40	3

序号	姓名	作者单位	前5年发文			前5年学科发文在2013年的被引				h指数（学科）
			学科发文（篇）	期刊分布（种）	发文总量（篇）	总频次	被引率（%）	最高（次）	篇均（次）	
13	郝晓地	北京建筑工程学院	31	5	38	42	51.6	7	1.35	3
15	万金保	南昌大学	30	15	30	41	60.0	5	1.37	4
16	康重庆	清华大学	2	1	14	37	100.0	29	18.50	5
16	孟伟	中国环境科学研究院	9	6	14	37	66.7	10	4.11	4
16	王亚军	北京理工大学	8	1	13	37	100.0	7	4.62	4
16	赵毅	华北电力大学（保定）	46	18	56	37	41.3	4	0.80	3
20	李国志	南京航空航天大学	3	3	12	35	100.0	32	11.67	4

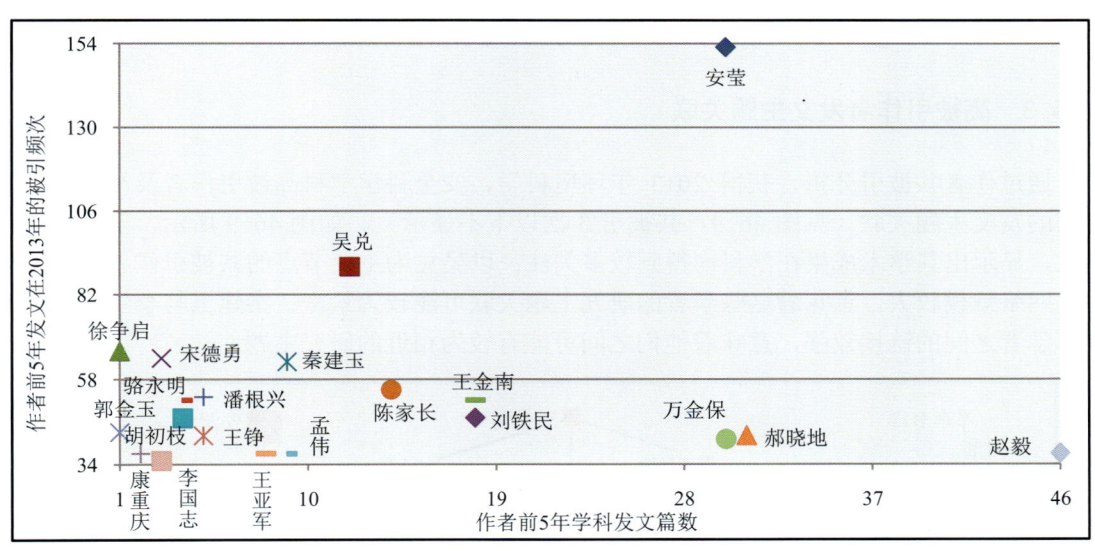

图 46-7　环境科学、安全科学学科高被引作者学科发文及被引对比

46.5.2　高被引作者科研合作关系

通过作者合著分析，获得 2013 年环境科学、安全科学学科高被引作者及与其他学者之间的科研论文合作关系（不考虑论文署名次序），如图 46-8 所示（合著 6 次以下不显示）。可以看出，环境科学、安全科学学科的高被引作者的论文合作现象比较普遍且合作人数较多。其中，学者赵毅、安莹的发文量较多；学者骆永明、陈家长的论文合作网络最为突出，在该学科的研究人员中表现出一定的集聚效应；骆永明与滕应、吴龙华之间的合作关系最为紧密，显示出他们可能属于同一支科研团队。

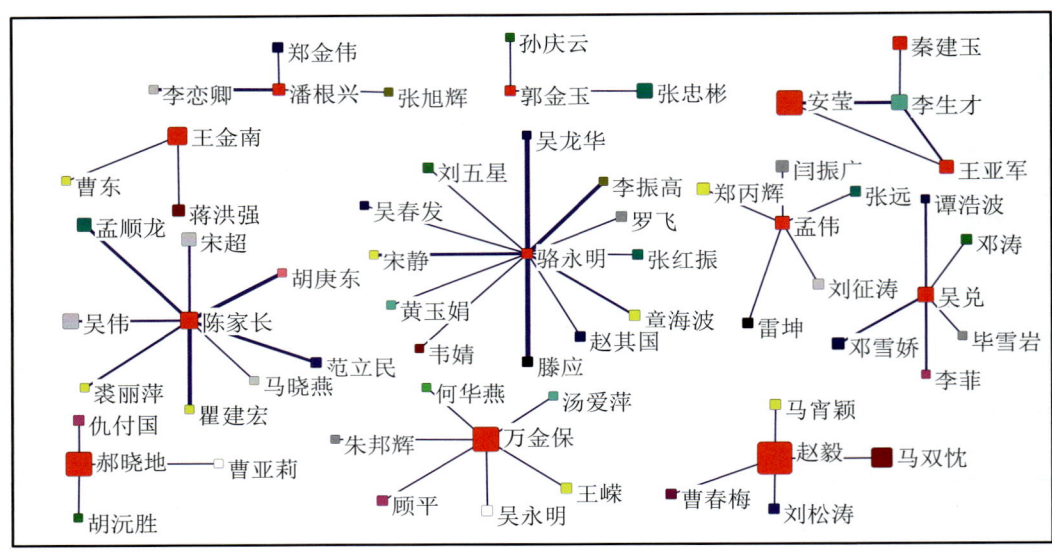

图 46-8　环境科学、安全科学学科高被引作者科研论文合作关系

46.5.3　高被引作者发文主题关联

通过作者共被引分析,获得 2013 年环境科学、安全科学学科高被引作者及与其他学者之间的发文主题关联(见图 46-9,共被引 3 次以下不显示)。如图 46-9 所示,安莹的节点较大,显示出其学术成果在学科内得到较多关注;以吴兑为主要节点的共被引作者簇人数较多且网络规模较大,意味着这些学者的研究主题关联可能较为紧密;秦建玉与李生才、王亚军等学者之间的链接较强,意味着他们之间可能有较为相近的研究主题。

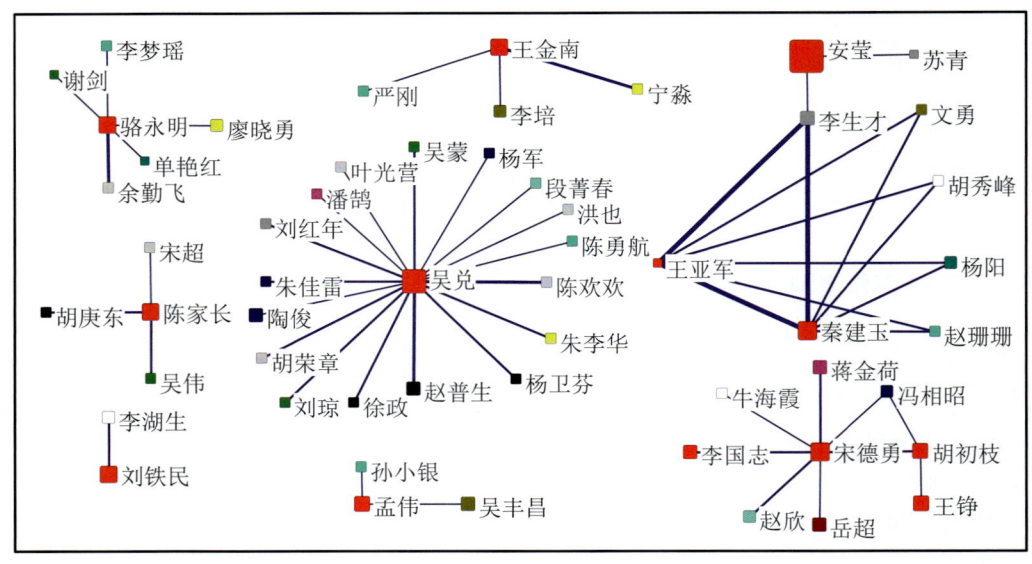

图 46-9　环境科学、安全科学学科高被引作者发文主题关联

46.6 高被引机构分析

46.6.1 高被引机构

为便于比较,本书将环境科学、安全科学学科的高被引机构分为高等院校和科研院所两种类型。其中,被引频次 TOP 10 高等院校和被引频次 TOP 5 科研院所的发文及被引情况分别见表 46-5 和表 46-6。其中,总被引频次较高的 3 所高等院校分别是清华大学、同济大学和南京大学,中国环境科学研究院、中国科学院生态环境研究中心和中国科学院地理科学与资源研究所是总被引频次较高的 3 所科研院所;前 5 年学科发文在 2013 年的被引率最高的高等院校和科研院所分别是南开大学和中国科学院南京土壤研究所;篇均被引最高的高等院校和科研院所分别是北京大学和中国科学院南京土壤研究所。上述高被引机构的论文被引率和篇均被引频次对比如图 46-10 所示。

表 46-5　环境科学、安全科学学科高被引高等院校 TOP 10

序号	第一作者单位	学科发文量（篇）		前 5 年学科发文在 2013 年的被引			
		前 5 年	2013 年	频次	被引率（%）	最高（次）	篇均（次）
1	清华大学	1270	164	1279	42.8	29	1.01
2	同济大学	1668	221	1276	39.7	14	0.76
3	南京大学	1087	136	1008	39.9	43	0.93
4	北京师范大学	993	168	1002	43.3	13	1.01
5	南开大学	916	123	927	44.2	13	1.01
6	华南理工大学	1121	145	814	38.4	13	0.73
7	重庆大学	1268	157	809	35.0	10	0.64
8	浙江大学	926	152	807	41.4	19	0.87
9	北京大学	753	110	782	43.4	24	1.04
10	南京农业大学	719	96	704	44.1	19	0.98

表 46-6　环境科学、安全科学学科高被引科研院所 TOP 5

序号	第一作者单位	学科发文量（篇）		前 5 年学科发文在 2013 年的被引			
		前 5 年	2013 年	频次	被引率（%）	最高（次）	篇均（次）
1	中国环境科学研究院	832	212	902	40.5	29	1.08
2	中国科学院生态环境研究中心	686	132	867	48.5	16	1.26
3	中国科学院地理科学与资源研究所	430	79	657	50.9	17	1.53
4	中国科学院南京土壤研究所	358	38	557	59.2	22	1.56
5	中国安全生产科学研究院	366	51	357	43.4	43	0.98

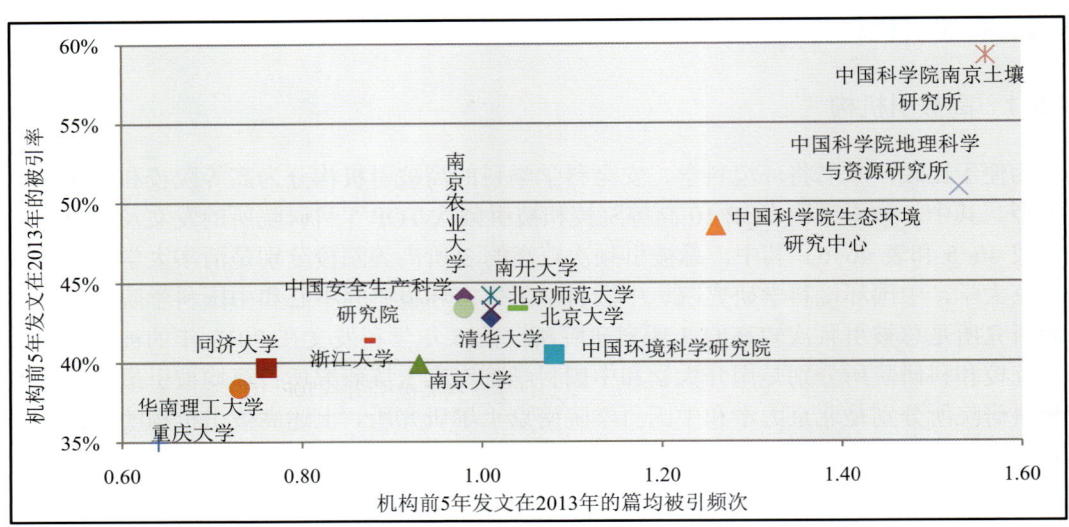

图 46-10　环境科学、安全科学学科高被引机构论文篇均被引及被引率对比

46.6.2　高被引机构科研合作关系

通过合著分析,获得环境科学、安全科学学科高被引机构之间及其与其他机构之间的科研合作关联,如图 46-11 所示(合作 84 次以下不显示)。分析得知,环境科学、安全科学学科的机构合作链接非常紧密,表明学科内机构合作现象较为普遍;高被引机构基本主导了机构合作网络,表明这些机构已经在学科内具有了一定的科研优势。北京师范大学和中国环境科学研究院之间的链接较强,表明它们的学术合作较为频繁。

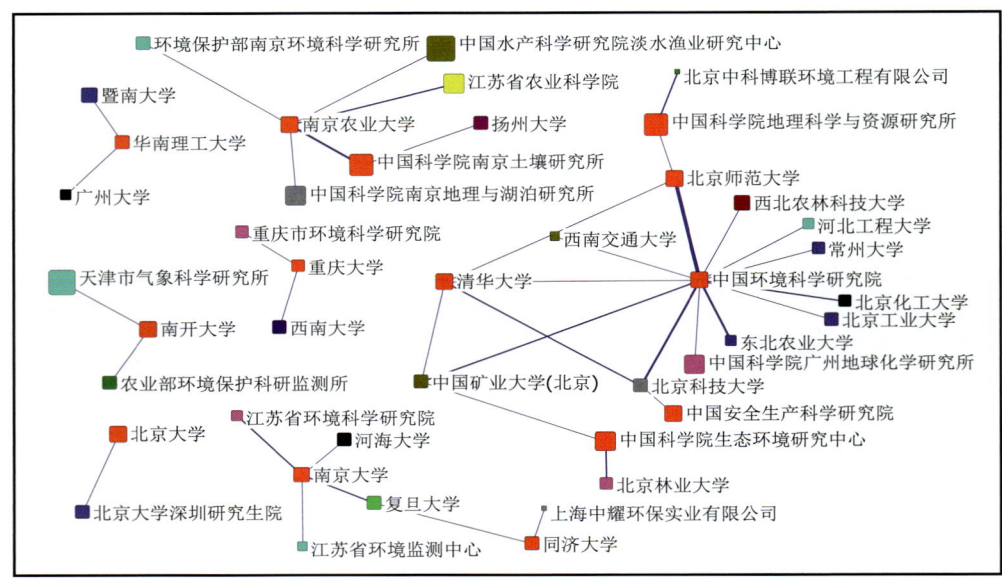

图 46-11　环境科学、安全科学学科高被引机构科研主题关联

46.7 高被引图书、国外期刊及学术会议

2013年，环境科学、安全科学学科被引频次位居前10位的图书及国外期刊见表46-7和表46-8。其中，被引次数较多的3种图书分别是国家环境保护总局的《水和废水监测分析方法》、鲁如坤的《土壤农业化学分析方法》和鲍士旦的《土壤农化分析》；被引次数较多的3种国外期刊分别是《Environmental Science & Technology》《Water Research》和《Journal of Hazardous Materials》；被引次数较多的3场学术会议分别是"2005 AIChE Annual Meeting and Fall Showcase" "Proceedings of the 4th International Conference Urban Drainage"和"Fourth European Conference for Sustainable Cities & Towns"。

表46-7 环境科学、安全科学学科高被引图书 TOP 10

序号	责任者	图书名称	出版社	2013年被引频次
1	国家环境保护总局	水和废水监测分析方法	中国环境科学出版社	881
2	鲁如坤	土壤农业化学分析方法	中国农业科技出版社	156
3	鲍士旦	土壤农化分析	中国农业出版社	125
4	奚旦立	环境监测	高等教育出版社	78
5	金相灿	湖泊富营养化调查规范	中国环境科学出版社	64
6	东秀珠	常见细菌系统鉴定手册	科学出版社	58
7	中国环境监测总站	中国土壤元素背景值	中国环境科学出版社	55
8	唐孝炎	大气环境化学	高等教育出版社	53
9	张自杰	排水工程	中国建筑工业出版社	51
10	高廷耀	水污染控制工程	高等教育出版社	47

表46-8 环境科学、安全科学学科高被引国外期刊 TOP 10

序号	期刊名称	2013年被引频次
1	Environmental Science & Technology	6456
2	Water Research	6078
3	Journal of Hazardous Materials	4677
4	Chemosphere	4340
5	Atmospheric Environment	3227
6	Bioresource Technology	3046
7	Water Science and Technology	2432
8	Science of the Total Environment	2346
9	Environmental Pollution	2110
10	Applied and Environmental Microbiology	1562

第47章 哲学、社会科学学科高被引分析

47.1 学科论文概况

2008—2012年,哲学、社会科学学科共有529164位来自113377所机构的论文第一作者在6099种期刊上发表了773508篇学术论文。其中,80%以上的论文产出自31912所机构、371817位作者,发表在945种期刊上。在前5年发表的这些论文中,有105712篇在2013年获得过引用,整体被引率为13.7%,总被引频次为176017次,篇均被引0.23次;其中,高被引论文有1314篇,单篇论文最高被引频次为216次,累计被引15433次,篇均被引11.75次(表47-1)。另外,2013年哲学、社会科学学科共发表论文156547篇,其中有2113篇在当年获得过引用,总共被引2901次。

表47-1 哲学、社会科学学科论文分布情况

年份	论文篇数	2013年被引频次	2013年被引率(%)	2013年高被引论文			
				论文篇数	最高被引频次	总被引频次	篇均被引频次
2008	118098	28269	14.4	217	167	2707	12.47
2009	126290	32583	15.4	251	174	2871	11.44
2010	145491	39465	15.9	285	202	3537	12.41
2011	187297	42804	13.6	298	216	3418	11.47
2012	196332	32896	10.5	263	173	2900	11.03
合计	773508	176017	13.7	1314	216	15433	11.75

从哲学、社会科学学科论文的地域分布来看,2013年被引频次较高的5个省、直辖市或自治区依次是北京、江苏、上海、湖北和广东(图47-1);5年论文产出量较多的5个省、直辖市或自治区依次是北京、江苏、上海、湖北和广东(图47-2)。

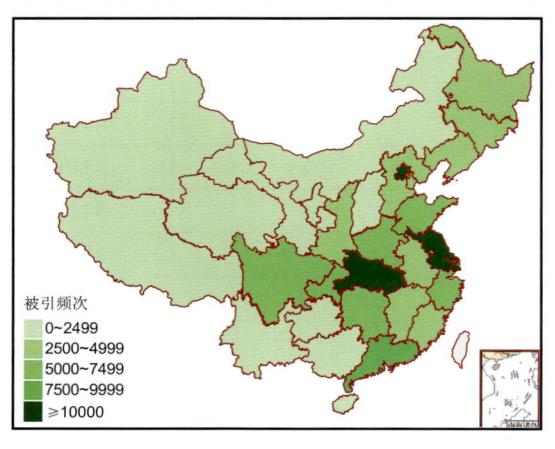
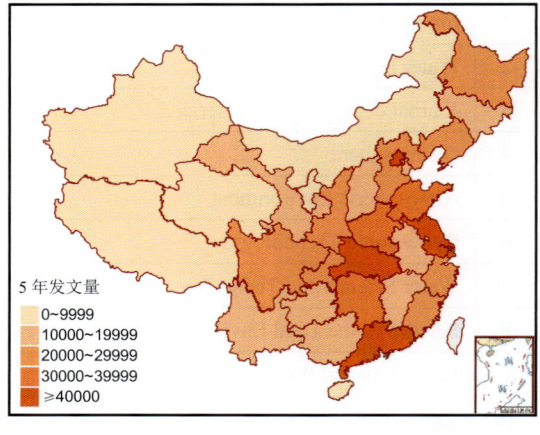

图47-1 2013年哲学、社会科学学科地区被引分布　　图47-2 哲学、社会科学学科5年论文产出地区分布

47.2 高被引论文分析

在哲学、社会科学学科，2013年被引频次位居前10位的论文（表47-2）平均被引频次为66.1次，是全部1314篇高被引论文篇均被引频次的5.6倍。其中，被引频次最高的论文是胡锦涛于2012年发表的《坚定不移沿着中国特色社会主义道路前进为全面建成小康社会而奋斗——在中国共产党第十八次全国代表大会上的报告》，随后2篇分别是陈劲于2012年发表的《协同创新的理论基础与内涵》和何郁冰于2012年发表的《产学研协同创新的理论模式》。

从论文分布来看，刊载高被引论文数量最多的3种期刊分别是《中国法学》（62篇）、《中国社会科学》（38篇）和《社会学研究》（36篇），《求是》和《科学学研究》分别刊载了高被引论文TOP 10中的2篇；发表高被引论文最多的3位学者分别是北京大学的陈瑞华（15篇）、清华大学的张明楷（13篇）和中国人民大学的王利明（10篇）；产出高被引论文数量最多的3所机构分别是中国人民大学（95篇）、北京大学（87篇）和清华大学（56篇），而北京大学产出了高被引论文TOP 10中的3篇。

表47-2 哲学、社会科学学科高被引论文 TOP 10

序号	论文题名	第一作者	期刊名称	发表年份	被引频次 总频次	被引频次 2013年
1	坚定不移沿着中国特色社会主义道路前进为全面建成小康社会而奋斗——在中国共产党第十八次全国代表大会上的报告	胡锦涛	求是	2012	151	103
2	协同创新的理论基础与内涵	陈劲	科学学研究	2012	169	93
3	产学研协同创新的理论模式	何郁冰	科学学研究	2012	138	77
4	扎实做好保持党的纯洁性各项工作	习近平	求是	2012	113	76
5	青少年心理韧性量表的编制和效度验证	胡月琴	心理学报	2008	172	65
5	社会管理创新引论	应松年	法学论坛	2010	97	65
7	新生代农民工城市融入进程及问题的社会学分析	王春光	青年探索	2010	100	47
8	网络舆情管控工作机制研究	曾润喜	图书情报工作	2009	114	46
9	关于能动司法与大调解	苏力	中国法学	2010	149	45
10	微博兴起视野下的思想政治工作	阚道远	思想政治工作研究	2010	90	44

47.3 研究主题关联分析

在哲学、社会科学学科，高被引论文累计被 2013 年发表的 11808 篇论文引用了 15433 次。通过分析施引文献关键词的词频及关键词之间的共现关系，获得 2013 年哲学、社会科学学科的热点主题和主题关联，如图 47-3 所示（共现 10 次以下不显示）。由图 47-3 可知："大学生"和"社会管理"的文档词频较高，是哲学、社会科学学科近期的热点研究主题；"对策"与"问题"概念之间的共现次数较多，显示出它们之间主题关联较为紧密。以"社会管理"和"公共服务"为核心的多个概念相互关联，构成了领域内近期较为突出的研究主题簇。

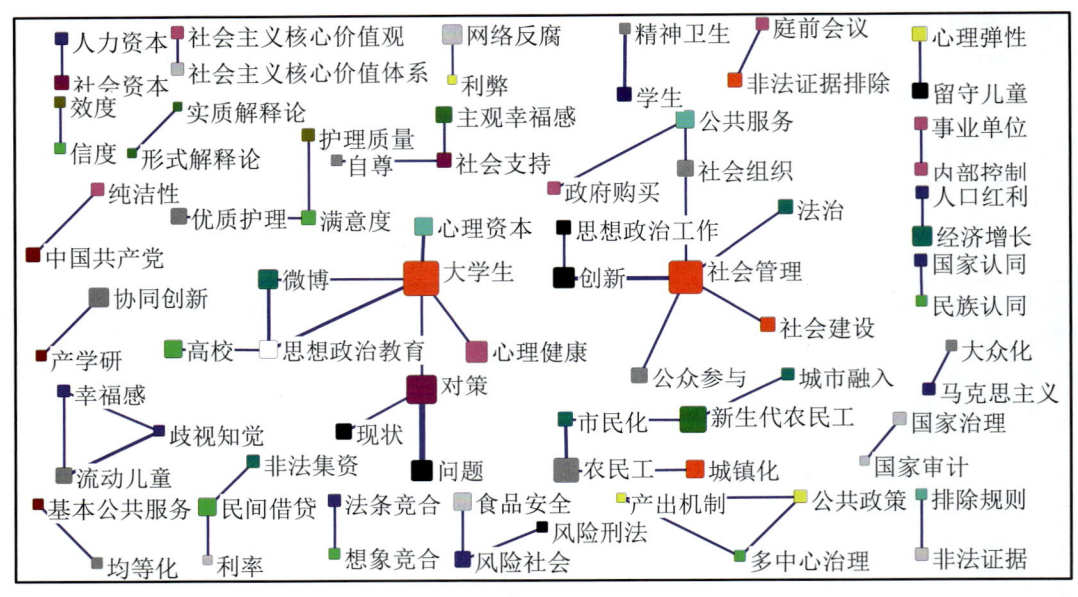

图 47-3　哲学、社会科学学科 2013 年热点主题关联

47.4 学科高影响力期刊分析

47.4.1 学科高影响力期刊 TOP 10

在哲学、社会科学学科，学科 5 年影响因子位居前 10 位的期刊见表 47-3，排在前 3 位的期刊分别是《社会学研究》《中国法学》和《中国社会科学》。在表 47-3 中，学科载文量占其总载文量比例最大的期刊是《法学研究》；前 5 年学科载文在 2013 年被引率最高的期刊是《中国法学》；期刊 5 年影响因子较高的前 3 种期刊分别是《中国社会科学》《中国法学》和《社会学研究》；学科 5 年影响因子与期刊 5 年影响因子差异最大的期刊是《中国社会科学》。表 47-3 中期刊的学科 5 年影响因子和前 5 年学科载文在 2013 年被引率对比如图 47-4 所示，2008—2013 年期刊 5 年影响因子的变动情况如图 47-5 所示。

表 47-3　哲学、社会科学学科高影响力期刊基本指数

序号	期刊名称	前5年载文量			2013年学科被引			5年影响因子		h指数（学科）
		学科（篇）	占比（%）	总量（篇）	频次	被引率（%）	高被引论文篇数	期刊（2013）	学科（2013）	
1	社会学研究	240	59.6	403	885	59.2	36	3.141	3.688	14
2	中国法学	525	96.7	543	1730	65.3	62	3.311	3.295	16
3	中国社会科学	383	60.4	634	1117	54.1	38	3.494	2.916	21
4	人口研究	314	81.1	387	728	56.4	21	2.320	2.318	11
5	法学研究	585	97.7	599	1174	57.1	31	2.033	2.007	11
6	中国人口科学	241	53.7	449	434	45.2	13	1.862	1.801	11
7	南开经济研究	45	13.3	338	80	48.9	2	1.391	1.778	7
8	中外法学	370	96.1	385	657	54.1	20	1.764	1.776	9
9	心理学报	763	97.2	785	1297	50.6	31	1.708	1.700	13
10	中国农村观察	56	16.3	343	94	51.8	1	1.720	1.679	9

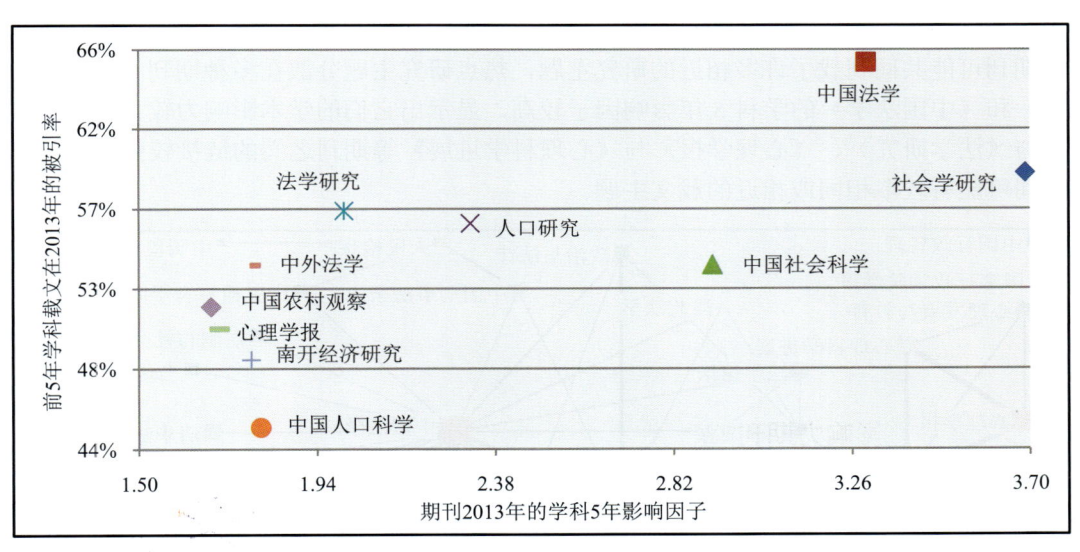

图 47-4　哲学、社会科学学科高影响力期刊对比

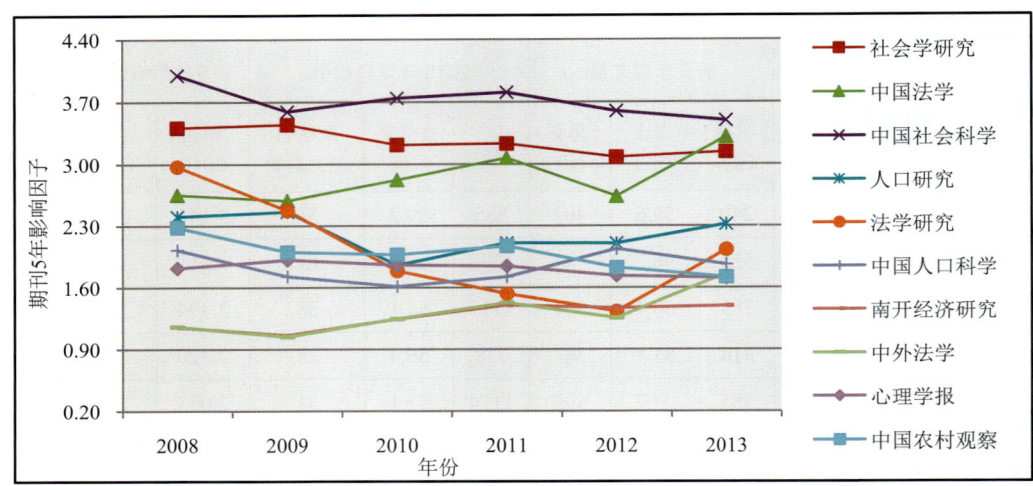

图 47-5　哲学、社会科学学科期刊 5 年影响因子变动

47.4.2　学科高影响力期刊载文主题关联

通过期刊共被引分析，获得哲学、社会科学学科高影响力期刊及与其他期刊之间的载文主题关联，如图 47-6 所示（共被引 59 次以下不显示）。结果显示，哲学、社会科学学科的高影响力期刊相互链接较为紧密，基本主导了该学科的期刊共被引网络，显示出该学科高影响力期刊可能共同刊载了许多相近的研究主题，热点研究主题分散在多种期刊上。《社会学研究》和《中国法学》的学科 5 年影响因子较高，显示出它们的学术影响力较大；《中国法学》与《法学研究》、《心理学报》与《心理科学进展》等期刊之间的链接较强，意味着它们之间可能有较多相同或相近的载文主题。

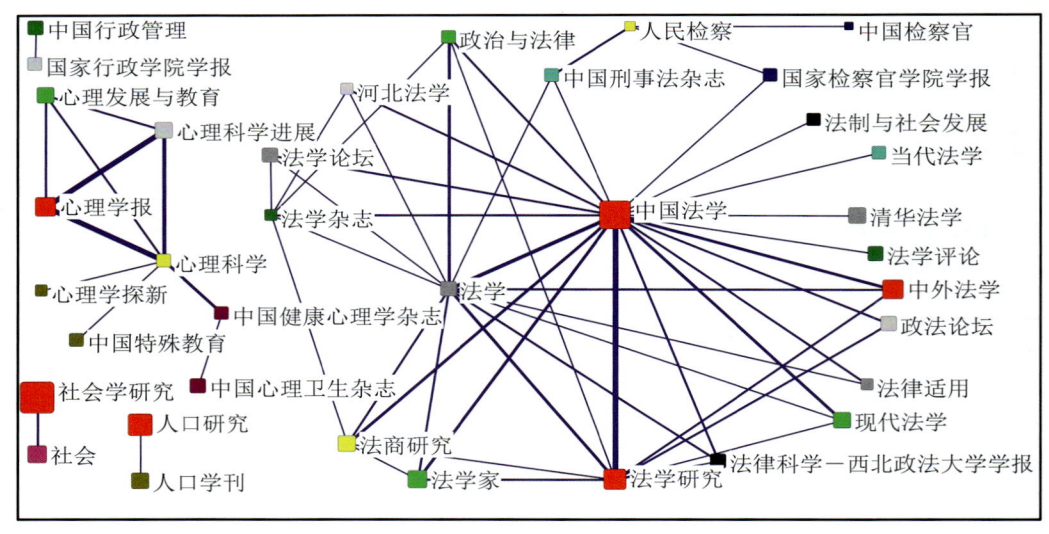

图 47-6　哲学、社会科学学科高影响力期刊载文主题关联

47.5 高被引作者分析

47.5.1 高被引作者 TOP 20

2008—2012年，在529164位哲学、社会科学学科论文的第一作者中，在2013年学科被引频次位居前20位的学者的发文及被引情况见表47-4。其中，学科发文总被引频次较高的3位作者分别是清华大学的张明楷（293次）、北京大学的陈瑞华（285次）和中国人民大学的王利明（218次）。高被引作者的5年学科发文数量从7篇到114篇不等，同时，作者学科发文的期刊分布也在5种到51种之间变化。在发文超过5篇的所有作者中，篇均被引较高的3位作者分别是浙江大学的陈劲（篇均14.43次）、武汉大学的刘传江（篇均11.80次）和四川大学的顾培东（篇均10.78次）；前5年发表学科论文较多的3位作者分别是中共山东省委党校的张书林（280篇）、河南大学的王浩斌（263篇）和华中农业大学的李长健（158篇）。高被引作者的学科发文量和被引量对比如图47-7所示。

表47-4 哲学、社会科学学科高被引作者 TOP 20

序号	姓名	作者单位	前5年发文			前5年学科发文在2013年的被引				h指数（学科）
			学科发文（篇）	期刊分布（种）	发文总量（篇）	总频次	被引率（%）	最高（次）	篇均（次）	
1	张明楷	清华大学	64	20	66	293	75.0	38	4.58	9
2	陈瑞华	北京大学	55	25	57	285	78.2	41	5.18	10
3	王利明	中国人民大学	73	35	79	218	56.2	20	2.99	9
4	陈兴良	北京大学	64	26	66	189	71.9	34	2.95	7
5	杨立新	中国人民大学	99	39	106	147	55.6	8	1.48	5
6	赵秉志	北京师范大学	114	42	119	146	49.1	14	1.28	6
7	苏力	北京大学	18	11	24	133	72.2	45	7.39	6
8	王锡锌	北京大学	25	19	28	132	80.0	22	5.28	7
9	陈卫东	中国人民大学	56	26	57	129	51.8	25	2.30	6
10	张新宝	中国人民大学	28	18	28	120	82.1	23	4.29	7
11	龙宗智	四川大学	38	11	41	118	52.6	32	3.11	6
12	段成荣	中国人民大学	23	17	28	111	60.9	31	4.83	6
13	陈光中	中国政法大学	41	22	47	110	56.1	19	2.68	5
14	张康之	中国人民大学	92	51	100	110	43.5	29	1.20	4
15	陈劲	浙江大学	7	5	54	101	57.1	93	14.43	4
16	贺雪峰	华中科技大学	41	26	113	100	48.8	16	2.44	8

序号	姓名	作者单位	前5年发文			前5年学科发文在2013年的被引				h指数（学科）
			学科发文（篇）	期刊分布（种）	发文总量（篇）	总频次	被引率（%）	最高（次）	篇均（次）	
17	汪建成	北京大学	19	12	19	99	79.0	14	5.21	7
18	于志刚	中国政法大学	70	35	75	99	54.3	11	1.41	4
19	周光权	清华大学	37	18	37	99	54.1	18	2.68	5
20	应松年	中国政法大学	15	11	17	98	53.3	65	6.53	4

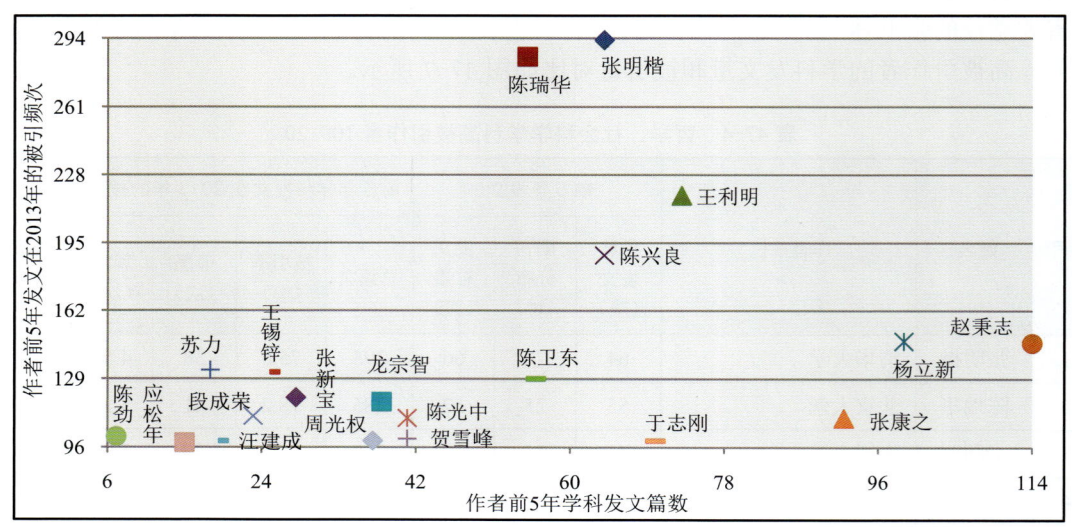

图47-7　哲学、社会科学学科高被引作者学科发文及被引对比

47.5.2　高被引作者科研合作关系

通过作者合著分析，获得2013年哲学、社会科学学科高被引作者及与其他学者之间的科研论文合作关系（不考虑论文署名次序），如图47-8所示。可以看出，哲学、社会科学学科的高被引作者的论文合作现象比较普遍，并且合作人数较多。其中，学者赵秉志的发文量较多，论文合作者也最为突出，显示出其在该学科的研究人员中具有一定的集聚效应；学者张康之和陈卫东的论文合著网络也比较突出，显示出他们在该学科的研究人员中具有一定的集聚作用；学者张康之和张乾友之间的合作关系最为紧密，显示出他们可能属于同一支科研团队。

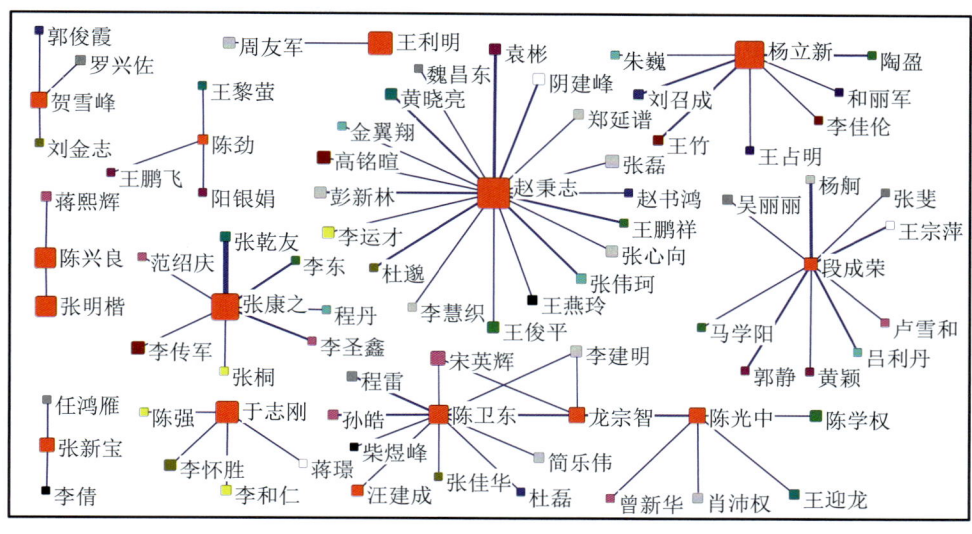

图 47-8　哲学、社会科学学科高被引作者科研论文合作关系

47.5.3　高被引作者发文主题关联

通过作者共被引分析，获得 2013 年哲学、社会科学学科高被引作者及与其他学者之间的发文主题关联（见图 47-9，共被引 6 次以下不显示）。如图 47-9 所示，哲学、社会科学学科的高被引作者基本主导了作者共被引网络，显示出该学科在热点主题上可能已经形成了优势明显的科研力量。学者张明楷和陈瑞华的节点较大，显示出他们的学术成果在学科内得到较多关注；以张明楷和陈瑞华学者为主要节点的共被引作者簇人数较多且网络规模较大，意味着这些学者的研究主题关联可能较为紧密；学者张明楷与陈兴良之间的链接较强，意味着他们之间可能有较为相近的研究主题。

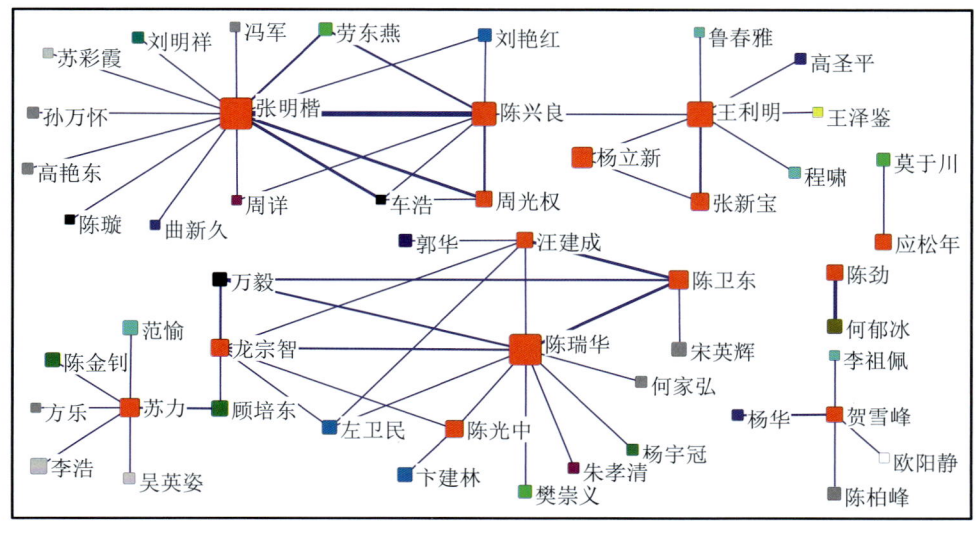

图 47-9　哲学、社会科学学科高被引作者发文主题关联

47.6 高被引机构分析

47.6.1 高被引机构

为便于比较，本书将哲学、社会科学学科的高被引机构分为高等院校和科研院所两种类型。其中，被引频次 TOP 10 高等院校和被引频次 TOP 5 科研院所的发文及被引情况分别见表 47-5 和表 47-6。其中，总被引频次较高的 3 所高等院校分别是中国人民大学、北京大学和武汉大学，中国社会科学院法学研究所、中国社会科学院社会学研究所和中国社会科学院是总被引频次较高的 3 所科研院所；前 5 年学科发文在 2013 年的被引率最高的高等院校和科研院所分别是清华大学和中国科学院心理研究所；篇均被引最高的高等院校和科研院所分别是清华大学和中国社会科学院社会学研究所。上述高被引机构的论文被引率和篇均被引频次对比如图 47-10 所示。

表47-5　哲学、社会科学学科高被引高等院校 TOP 10

序号	第一作者单位	学科发文量（篇）		前 5 年学科发文在 2013 年的被引			
		前 5 年	2013 年	频次	被引率（%）	最高（次）	篇均（次）
1	中国人民大学	12832	1973	6324	22.1	37	0.49
2	北京大学	7921	1303	4780	24.2	65	0.60
3	武汉大学	8981	1326	2868	17.4	32	0.32
4	中国政法大学	8282	1766	2695	15.8	65	0.33
5	北京师范大学	5833	858	2642	21.5	28	0.45
6	清华大学	3410	687	2498	27.3	38	0.73
7	南京大学	7331	1248	2454	17.4	28	0.33
8	复旦大学	5590	769	2221	19.4	35	0.40
9	西南政法大学	6735	1184	1863	16.3	36	0.28
10	华东政法大学	7677	1535	1851	13.8	28	0.24

表47-6　哲学、社会科学学科高被引科研院所 TOP 5

序号	第一作者单位	学科发文量（篇）		前 5 年学科发文在 2013 年的被引			
		前 5 年	2013 年	频次	被引率（%）	最高（次）	篇均（次）
1	中国社会科学院法学研究所	731	126	417	26.3	15	0.57
2	中国社会科学院社会学研究所	238	68	388	35.3	47	1.63
3	中国社会科学院	1158	273	335	16.8	8	0.29
4	上海市社会科学院	615	223	297	26.3	13	0.48
5	中国科学院心理研究所	292	38	278	40.8	20	0.95

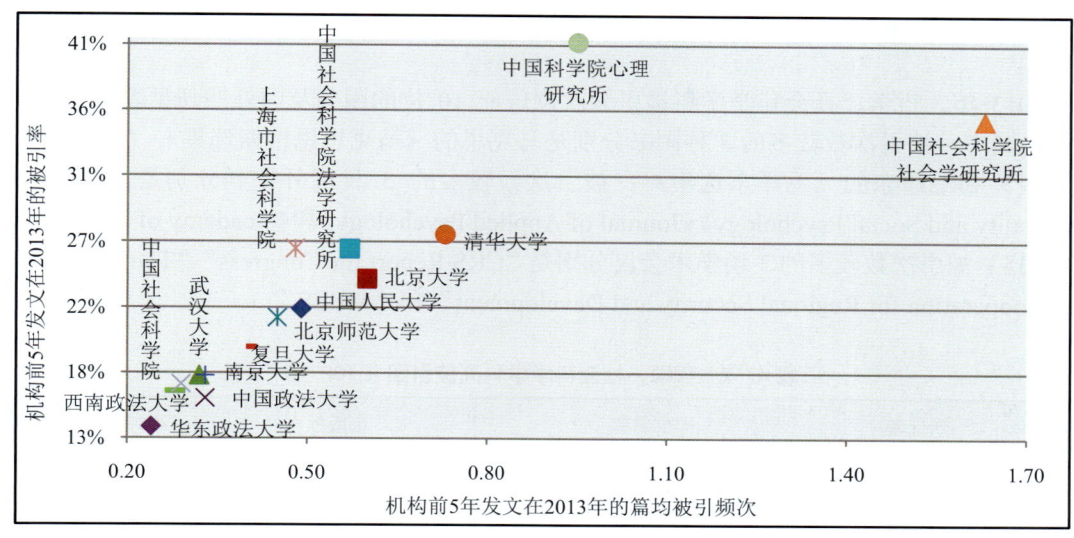

图 47-10 哲学、社会科学学科高被引机构论文篇均被引及被引率对比

47.6.2 高被引机构科研合作关系

通过合著分析,获得哲学、社会科学学科高被引机构之间及其与其他机构之间的科研合作关联,如图 47-11 所示(合作 34 次以下不显示)。分析得知,哲学、社会科学学科的机构合作链接较为紧密,表明学科内机构合作现象非常普遍;高被引机构基本主导了机构合作网络,表明这些机构已经在学科内具有了一定的科研优势。复旦大学和卫生部食品综合安全协调与卫生监督局之间的链接较强,表明它们的学术合作较为频繁。

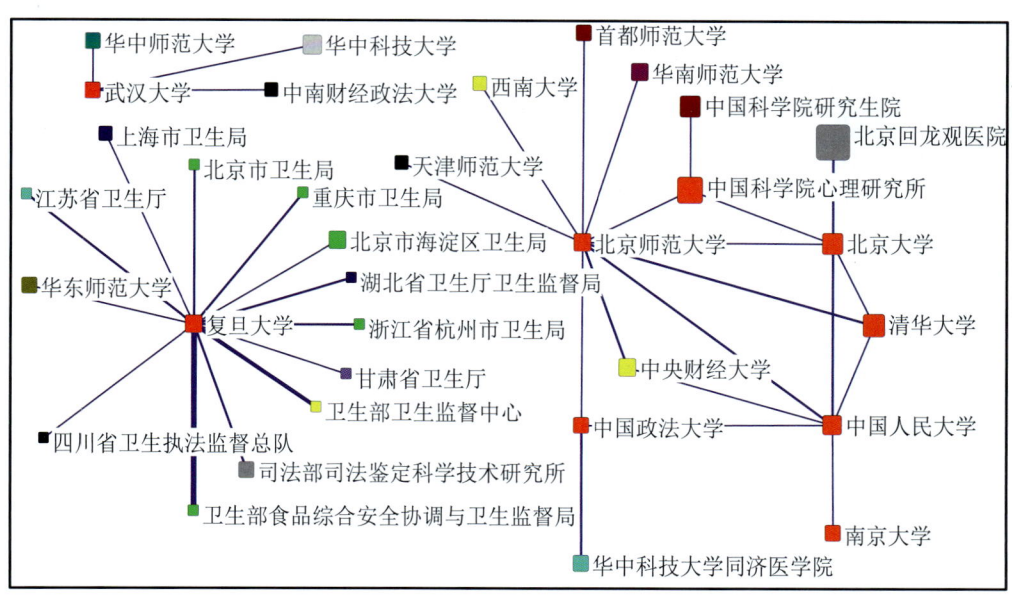

图 47-11 哲学、社会科学学科高被引机构科研合作关联

47.7 高被引图书、国外期刊及学术会议

2013 年,哲学、社会科学学科被引频次位居前 10 位的图书及国外期刊见表 47-7 和表 47-8。其中,被引次数较多的 3 种图书分别是马克思的《马克思恩格斯选集》《马克思恩格斯全集》和毛泽东的《毛泽东选集》;被引次数较多的 3 种国外期刊分别是《Journal of Personality and Social Psychology》《Journal of Applied Psychology》和《Academy of Management Journal》;被引次数较多的 3 场学术会议分别是"CRS Report for Congress""The South China Sea: Cooperation for Regional Security and Development"和"MEES"。

表 47-7 哲学、社会科学学科高被引图书 TOP 10

序号	责任者	图书名称	出版社	2013 年被引频次
1	马克思	马克思恩格斯选集	人民出版社	7111
2	马克思	马克思恩格斯全集	人民出版社	6596
3	毛泽东	毛泽东选集	人民出版社	3774
4	邓小平	邓小平文选	人民出版社	3562
5	毛泽东	毛泽东文集	人民出版社	1963
6	马克思	马克思恩格斯文集	人民出版社	1706
7	列宁	列宁全集	人民出版社	1586
8	列宁	列宁选集	人民出版社	1008
9	张明楷	刑法学	法律出版社	955
10	江泽民	江泽民文选	人民出版社	867

表 47-8 哲学、社会科学学科高被引国外期刊 TOP 10

序号	期刊名称	2013 年被引频次
1	Journal of Personality and Social Psychology	2066
2	Journal of Applied Psychology	1050
3	Academy of Management Journal	832
4	Academy of Management Review	732
5	Psychological Bulletin	614
6	Psychological Science	585
7	Science	584
8	Foreign Affairs	568
9	Psychological Review	492
10	American Journal of Sociology	476

第 48 章 经济学科高被引分析

48.1 学科论文概况

2008—2012 年，经济学科共有 1044344 位来自 278325 所机构的论文第一作者在 6322 种期刊上发表了 1533486 篇学术论文。其中，80%以上的论文产出自 187224 所机构、773607 位作者，发表在 861 种期刊上。在前 5 年发表的这些论文中，有 240808 篇在 2013 年获得过引用，整体被引率为 15.7%，总被引频次为 411871 次，篇均被引 0.27 次；其中，高被引论文有 2944 篇，单篇论文最高被引频次为 604 次，累计被引 38243 次，篇均被引 12.99 次（表48-1）。另外，2013 年经济学科共发表论文 306498 篇，其中有 4603 篇在当年获得过引用，总共被引 6424 次。

表 48-1 经济学科论文分布情况

年份	论文篇数	2013 年被引频次	2013 年被引率（%）	2013 年高被引论文			
				论文篇数	最高被引频次	总被引频次	篇均被引频次
2008	200548	56424	16.3	394	318	6000	15.23
2009	216774	71535	18.7	479	372	7263	15.16
2010	266853	95093	20.0	665	517	9395	14.13
2011	406404	108870	15.6	822	604	9775	11.89
2012	442907	79949	11.5	584	393	5810	9.95
合计	1533486	411871	15.7	2944	604	38243	12.99

从经济学科论文的地域分布来看，2013 年被引频次较高的 5 个省、直辖市或自治区依次是北京、江苏、湖北、广东和上海（图 48-1）；5 年论文产出量较多的 5 个省、直辖市或自治区依次是北京、江苏、山东、河南和湖北（图 48-2）。

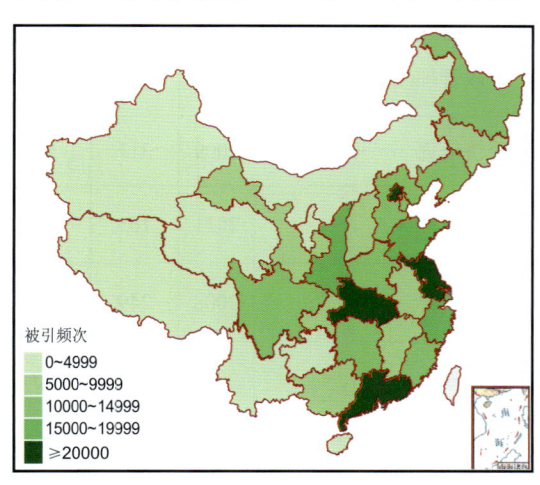

图 48-1 2013 年经济学科地区被引分布

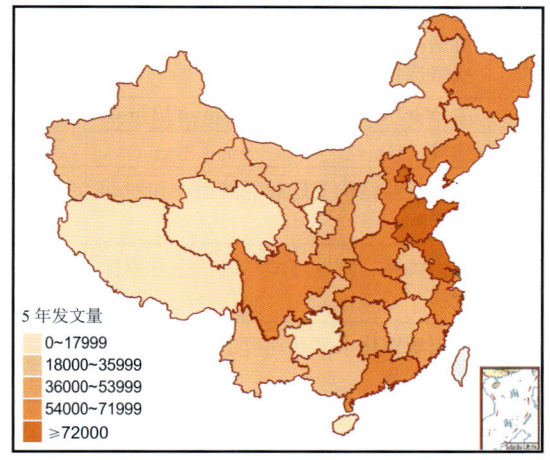

图 48-2 经济学科 5 年论文产出地区分布

48.2 高被引论文分析

在经济学科,2013 年被引频次位居前 10 位的论文(表 48-2)平均被引频次为 86.6 次,是全部 2944 篇高被引论文篇均被引频次的 6.7 倍。其中,被引频次最高的论文是单豪杰于 2008 年发表的《中国资本存量 K 的再估算:1952—2006 年》,随后 2 篇分别是蔡昉于 2010 年发表的《人口转变、人口红利与刘易斯转折点》和林伯强于 2009 年发表的《中国二氧化碳的环境库兹涅茨曲线预测及影响因素分析》。

从论文分布来看,刊载高被引论文数量最多的 3 种期刊分别是《经济研究》(283 篇)、《管理世界》(181 篇)和《会计研究》(143 篇),而《经济研究》刊载了高被引论文 TOP 10 中的 5 篇;发表高被引论文最多的 3 位学者分别是中国社会科学院人口与劳动经济研究所的蔡昉(8 篇)、浙江大学的黄祖辉(8 篇)和厦门大学的林伯强(8 篇);产出高被引论文数量最多的 3 所机构分别是中国人民大学(140 篇)、南京大学(85 篇)和北京大学(85 篇),而清华大学产出了高被引论文 TOP 10 中的 2 篇。

表 48-2 经济学科高被引论文 TOP 10

序号	论文题名	第一作者	期刊名称	发表年份	被引频次 总频次	被引频次 2013 年
1	中国资本存量 K 的再估算:1952—2006 年	单豪杰	数量经济技术经济研究	2008	375	122
2	人口转变、人口红利与刘易斯转折点	蔡昉	经济研究	2010	234	99
3	中国二氧化碳的环境库兹涅茨曲线预测及影响因素分析	林伯强	管理世界	2009	240	89
4	能源消耗、二氧化碳排放与中国工业的可持续发展	陈诗一	经济研究	2009	282	84
5	低碳经济的发展模式研究	付允	中国人口·资源与环境	2008	512	82
5	协调推进城镇化是实现现代化的重大战略选择	李克强	行政管理改革	2012	141	82
7	中国经济增长方式转换和增长可持续性	王小鲁	经济研究	2009	317	81
8	中国产业结构变迁对经济增长和波动的影响	干春晖	经济研究	2011	165	80
9	政治关系、制度环境与民营企业银行贷款	余明桂	管理世界	2008	249	74
10	中国城镇化水平和速度的实证分析与前景预测	简新华	经济研究	2010	153	73

48.3 研究主题关联分析

在经济学科，高被引论文累计被 2013 年发表的 26687 篇论文引用了 38243 次。通过分析施引文献关键词的词频及关键词之间的共现关系，获得 2013 年经济学科的热点主题和主题关联，如图 48-3 所示（共现 33 次以下不显示）。由图 48-3 可知："经济增长"和"内部控制"的文档词频较高，是经济学科近期的热点研究主题；以"低碳经济""产业结构"与"经济增长"概念为中心的研究主题形成了学科内最为显著的研究主题簇。

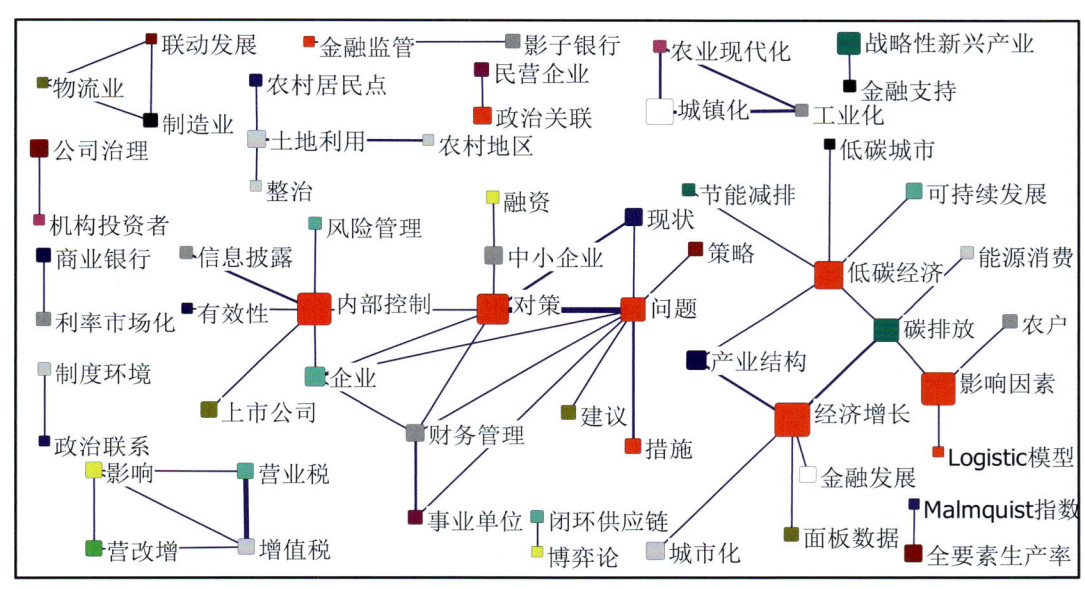

图 48-3　经济学科 2013 年热点主题关联

48.4 学科高影响力期刊分析

48.4.1 学科高影响力期刊 TOP 10

在经济学科，学科 5 年影响因子位居前 10 位的期刊见表 48-3，排在前 3 位的期刊分别是《经济研究》《会计研究》和《世界经济》。在表 48-3 中，学科载文量占其总载文量比例最大的期刊是《中国工业经济》；前 5 年学科载文在 2013 年被引率最高的期刊是《经济研究》；期刊 5 年影响因子较高的前 3 种期刊分别是《经济研究》《会计研究》和《世界经济》；学科 5 年影响因子与期刊 5 年影响因子差异最大的期刊是《自然资源学报》。表 48-3 中期刊的学科 5 年影响因子和前 5 年学科载文在 2013 年的被引率对比如图 48-4 所示，2008—2013 年期刊 5 年影响因子的变动情况如图 48-5 所示。

表 48-3　经济学科高影响力期刊基本指数

序号	期刊名称	前 5 年载文量			2013 年学科被引			5 年影响因子		h 指数（学科）
		学科（篇）	占比（%）	总量（篇）	频次	被引率（%）	高被引论文篇数	期刊（2013）	学科（2013）	
1	经济研究	864	91.1	948	6742	73.2	283	7.520	7.803	34
2	会计研究	878	97.6	900	3385	70.4	143	3.853	3.855	20
3	世界经济	574	94.7	606	1682	63.2	65	2.884	2.930	14
4	管理世界	1593	92.8	1716	4647	58.0	181	2.868	2.917	21
5	中国工业经济	1081	99.3	1089	3003	62.6	98	2.784	2.778	17
6	中国农村经济	653	94.1	694	1672	63.4	48	2.441	2.560	14
7	南开管理评论	569	97.3	585	1400	64.5	45	2.426	2.460	12
8	自然资源学报	384	32.3	1189	917	64.3	28	1.753	2.388	12
9	审计研究	575	99.0	581	1212	54.8	31	2.117	2.108	13
10	中国软科学	1072	73.8	1452	2094	59.1	55	1.835	1.953	13

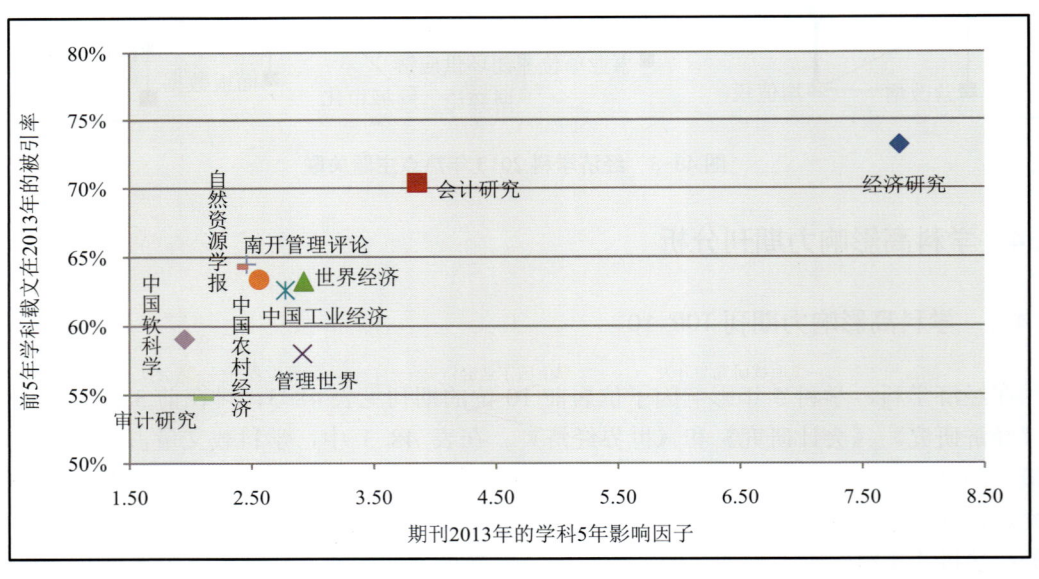

图 48-4　经济学科高影响力期刊对比

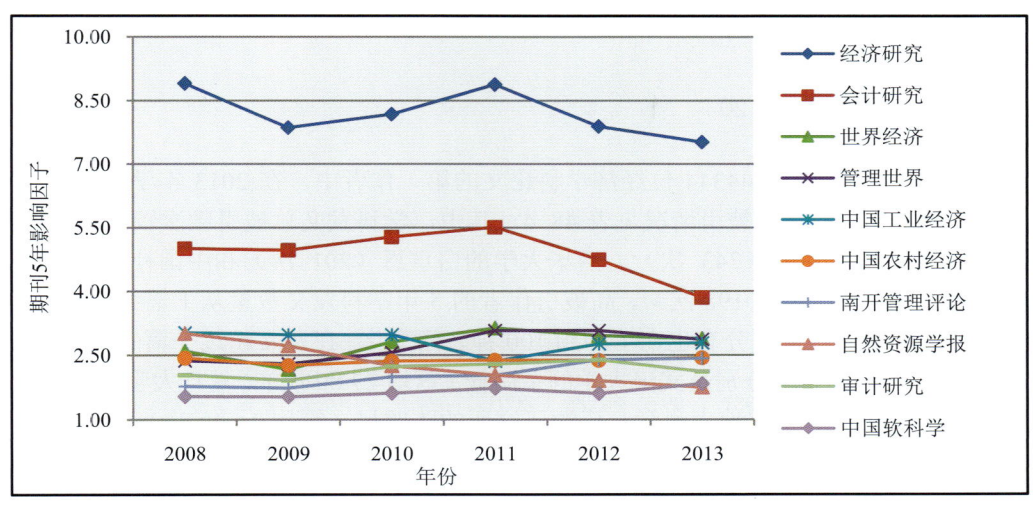

图 48-5　经济学科期刊 5 年影响因子变动

48.4.2　学科高影响力期刊载文主题关联

通过期刊共被引分析，获得经济学科高影响力期刊及与其他期刊之间的载文主题关联，如图 48-6 所示（共被引 187 次以下不显示）。结果显示，经济学科的高影响力期刊相互链接较为紧密，基本主导了学科的期刊共被引网络，显示出该学科高影响力期刊可能共同刊载了许多相近的研究主题，热点研究主题分散在多种期刊上。《经济研究》的学科 5 年影响因子较高，显示出它们的学术影响力较大；《经济研究》与《管理世界》《中国工业经济》之间的链接较强，意味着它们之间可能有较多相同或相近的载文主题。

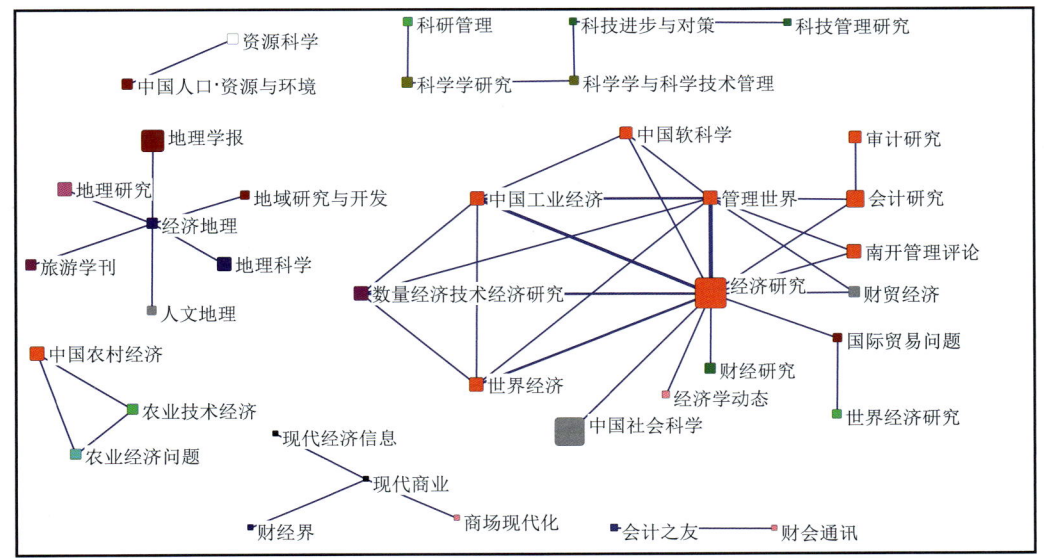

图 48-6　经济学科高影响力期刊载文主题关联

48.5 高被引作者分析

48.5.1 高被引作者 TOP 20

2008—2012年，在1044344位经济学科论文的第一作者中，在2013年学科被引频次位居前20位的学者的发文及被引情况见表48-4。其中，学科发文总被引频次较高的3位作者分别是厦门大学的林伯强（243次）、清华大学的白重恩（201次）和中国社会科学院人口与劳动经济研究所的蔡昉（198次）。高被引作者的5年学科发文数量从1篇到220篇不等，同时，作者学科发文的期刊分布也在1种到100种之间变化。在发文超过5篇的所有作者中，篇均被引较高的3位作者分别是武汉大学的余明桂（篇均27.80次）、复旦大学的陈诗一（篇均21.12次）和中国科学院地理科学与资源研究所的陈明星（篇均16.40次）；前5年发表学科论文较多的3位作者分别是天津市社会科学院的陈柳钦（220篇）、河南省信阳市质量技术监督局的杨辉（180篇）和卡莱（梅州）橡胶制品有限公司的董鹏（144篇）。高被引作者的学科发文量和被引量对比如图48-7所示。

表48-4 经济学科高被引作者 TOP 20

序号	姓名	作者单位	前5年发文			前5年学科发文在2013年的被引				h指数（学科）
			学科发文（篇）	期刊分布（种）	发文总量（篇）	总频次	被引率（%）	最高（次）	篇均（次）	
1	林伯强	厦门大学	27	17	66	243	44.4	89	9.00	8
2	白重恩	清华大学	18	12	25	201	50.0	67	11.17	7
3	蔡昉	中国社会科学院人口与劳动经济研究所	39	31	73	198	43.6	99	5.08	9
4	黄祖辉	浙江大学	44	25	55	188	72.7	34	4.27	8
5	陈柳钦	天津市社会科学院	220	100	326	177	38.6	15	0.80	4
6	陈诗一	复旦大学	8	5	12	169	87.5	84	21.12	7
7	方军雄	复旦大学	25	12	26	144	64.0	62	5.76	5
8	罗党论	中山大学	10	10	10	140	50.0	38	14.00	5
9	余明桂	武汉大学	5	3	8	139	60.0	74	27.80	5
10	安体富	中国人民大学	39	15	44	135	76.9	19	3.46	7
11	贾康	财政部财政科学研究所	133	46	204	134	30.1	30	1.01	6
12	刘彦随	中国科学院地理科学与资源研究所	19	13	25	133	63.2	40	7.00	6
12	李稻葵	清华大学	38	24	70	133	31.6	72	3.50	5
14	姜付秀	中国人民大学	11	5	13	126	72.7	53	11.45	6

序号	姓名	作者单位	前5年发文			前5年学科发文在2013年的被引				h指数（学科）
			学科发文（篇）	期刊分布（种）	发文总量（篇）	总频次	被引率（%）	最高（次）	篇均（次）	
14	王小鲁	中国经济改革研究基金会国民经济研究所	8	6	8	126	62.5	81	15.75	2
16	王兵	暨南大学	14	8	15	123	71.4	52	8.79	6
17	葛家澍	厦门大学	32	12	36	122	78.1	22	3.81	6
17	单豪杰	南洋理工大学	1	1	1	122	100.0	122	122.00	1
19	张杰	中国人民大学	40	18	55	120	50.0	23	3.00	7
20	付允	中国科学院科技政策与管理科学研究所	2	2	5	118	100.0	82	59.00	3

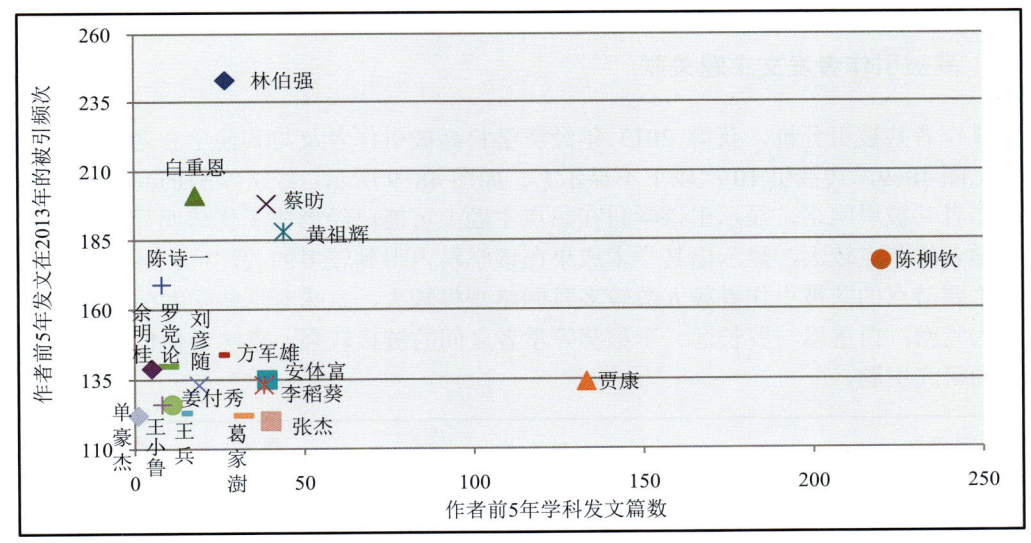

图 48-7　经济学科高被引作者学科发文及被引对比

48.5.2　高被引作者科研合作关系

通过作者合著分析，获得 2013 年经济学科高被引作者及与其他学者之间的科研论文合作关系（不考虑论文署名次序），如图 48-8 所示（合著 2 次以下不显示）。可以看出，经济学科的高被引作者的论文合作现象比较普遍，而且合作人数较多。其中，学者陈柳钦的发文量较多，论文合作者也较多，显示出其在该学科的研究人员中具有一定的集聚效应；学者贾康、刘彦随、黄祖辉的论文合著网络也比较突出，在该学科的研究人员中表现出一定的集聚效应；学者陈柳钦与胡振华的合作关系最为紧密，显示出他们可能属于同一支科研团队。

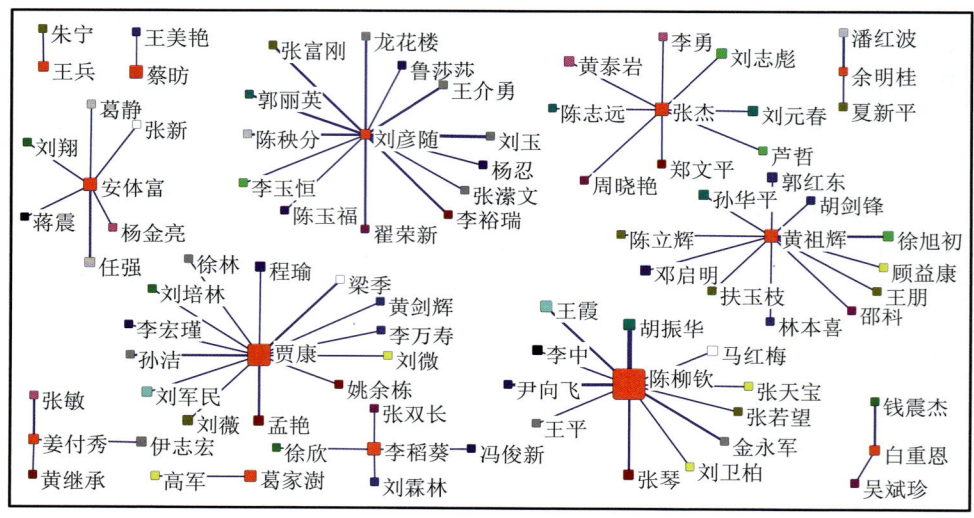

图 48-8 经济学科高被引作者科研论文合作关系

48.5.3 高被引作者发文主题关联

通过作者共被引分析，获得 2013 年经济学科高被引作者及与其他学者之间的发文主题关联（见图 48-9，共被引 10 次以下不显示）。如图 48-9 所示，经济学科的高被引作者基本主导了作者共被引网络，显示出该学科在热点主题上可能已经形成了优势明显的科研力量。林伯强学者的节点较大，显示出其学术成果在该学科内得到较多的关注；以林伯强、罗党论学者为主要节点的共被引作者簇人数较多且网络规模较大，意味着这些学者的研究主题关联可能较为紧密；白重恩与罗长远、李稻葵等学者之间的链接较强，意味着他们之间可能有较为相近的研究主题。

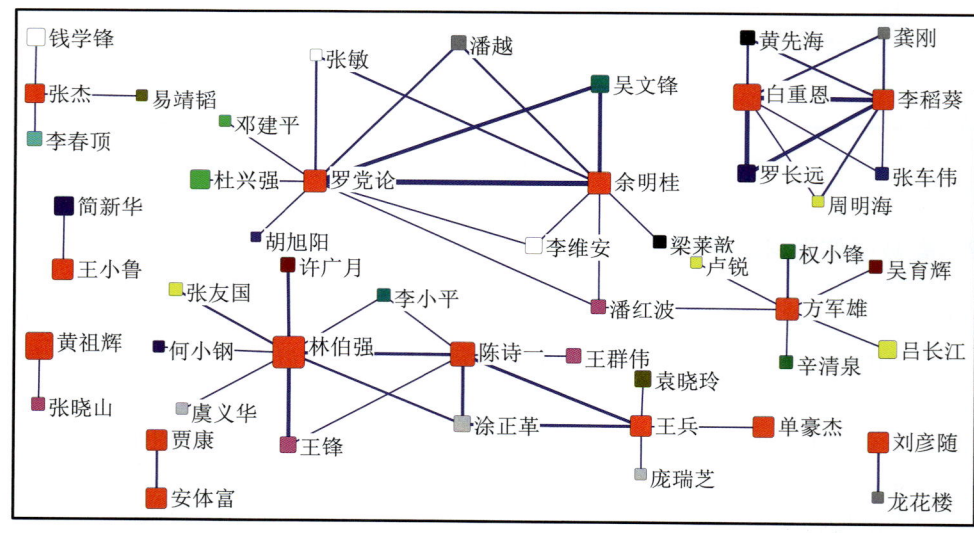

图 48-9 经济学科高被引作者发文主题关联

48.6 高被引机构分析

48.6.1 高被引机构

为便于比较，本书将经济学科的高被引机构分为高等院校和科研院所两种类型。其中，被引频次 TOP 10 高等院校和被引频次 TOP 5 科研院所的发文及被引情况分别见表 48-5 和表 48-6。其中，总被引频次较高的 3 所高等院校分别是中国人民大学、南京大学和南开大学，中国科学院地理科学与资源研究所、中国社会科学院工业经济研究所和国务院发展研究中心是总被引频次较高的 3 所科研院所；前 5 年学科发文在 2013 年的被引率最高的高等院校和科研院所分别是南京大学和中国科学院地理科学与资源研究所；篇均被引最高的高等院校和科研院所分别是南京大学和中国科学院地理科学与资源研究所。上述高被引机构的论文被引率和篇均被引频次对比如图 48-10 所示。

表 48-5　经济学科高被引高等院校 TOP 10

序号	第一作者单位	学科发文量（篇）		前 5 年学科发文在 2013 年的被引			
		前 5 年	2013 年	频次	被引率（%）	最高（次）	篇均（次）
1	中国人民大学	11569	1911	7168	25.6	57	0.62
2	南京大学	6109	810	4676	31.6	37	0.77
3	南开大学	6761	845	4521	30.5	30	0.67
4	北京大学	6257	992	4141	25.8	52	0.66
5	武汉大学	7309	1042	3645	22.8	74	0.50
6	中南财经政法大学	10646	1571	3567	17.7	44	0.34
7	厦门大学	5399	707	3529	25.2	89	0.65
8	东北财经大学	8814	1173	3406	19.8	47	0.39
9	西南财经大学	14236	2124	3393	13.3	29	0.24
10	复旦大学	4712	443	3267	25.8	84	0.69

表 48-6　经济学科高被引科研院所 TOP 5

序号	第一作者单位	学科发文量（篇）		前 5 年学科发文在 2013 年的被引			
		前 5 年	2013 年	频次	被引率（%）	最高（次）	篇均（次）
1	中国科学院地理科学与资源研究所	863	108	1870	54.8	59	2.17
2	中国社会科学院工业经济研究所	582	95	660	33.8	30	1.13
3	国务院发展研究中心	1392	245	594	20.6	14	0.43
4	中国社会科学院	1182	229	594	22.3	39	0.50
5	国家财政部财政科学研究所	622	13	534	33.1	43	0.86

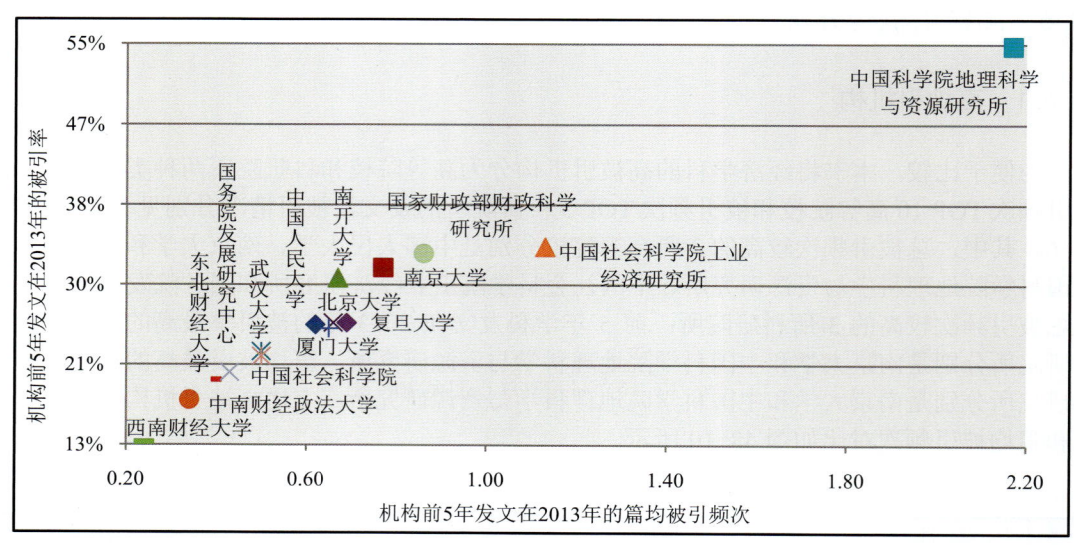

图 48-10　经济学科高被引机构论文篇均被引及被引率对比

48.6.2　高被引机构科研合作关系

通过合著分析，获得经济学科高被引机构之间及其与其他机构之间的科研合作关联，如图 48-11 所示（合作 54 次以下不显示）。分析得知，经济学科的机构合作链接非常紧密，表明学科内机构合作现象非常普遍；高被引机构基本主导了机构合作网络，表明这些机构已经在学科内具有了一定的科研优势。北京大学和中国人民大学之间的链接较强，表明它们的学术合作较为频繁。

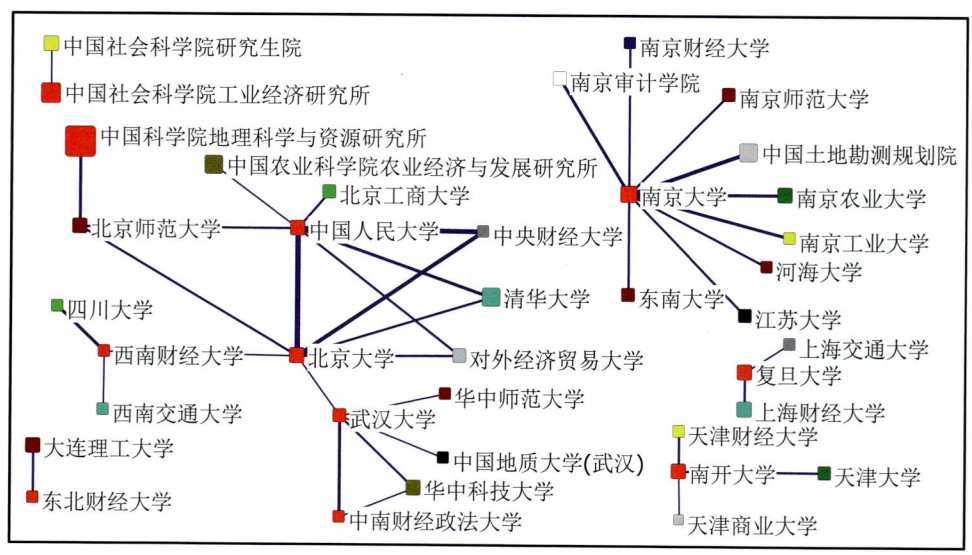

图 48-11　经济学科高被引机构科研合作关联

48.7 高被引图书、国外期刊及学术会议

2013 年，经济学科被引频次位居前 10 位的图书及国外期刊见表 48-7 和表 48-8。其中，被引次数较多的 3 种图书分别是马克思的《马克思恩格斯全集》《马克思恩格斯选集》和《资本论》；被引次数较多的 3 种国外期刊分别是《The American Economic Review》《Journal of Finance》和《Journal of Financial Economics》；被引次数较多的 3 场学术会议分别是 "Carnegie-Rochester Conference Series on Public Policy" "Proceedings of the 9th International Conference on Controlled Atmosphere and Fumigation in Stored Products" 和 "NBER Macroeconomics Annual"。

表 48-7　经济学科高被引图书 TOP 10

序号	责任者	图书名称	出版社	2013 年被引频次
1	马克思	马克思恩格斯全集	人民出版社	926
2	马克思	马克思恩格斯选集	人民出版社	620
3	马克思	资本论	人民出版社	390
4	高铁梅	计量经济分析方法与建模	清华大学出版社	226
5	邓小平	邓小平文选	人民出版社	211
6	马克思	马克思恩格斯文集	人民出版社	185
7	张维迎	博弈论与信息经济学	上海人民出版社	178
8	刘思峰	灰色系统理论及其应用	科学出版社	177
9	财政部	企业会计准则 2006	经济科学出版社	129
10	李子奈	计量经济学	高等教育出版社	124

表 48-8　经济学科高被引国外期刊 TOP 10

序号	期刊名称	2013 年被引频次
1	The American Economic Review	7053
2	Journal of Finance	5387
3	Journal of Financial Economics	4963
4	Journal of Political Economy	3987
5	Strategic Management Journal	3636
6	Quarterly Journal of Economics	3024
7	Academy of Management Journal	2754
8	Management Science	2584
9	Academy of Management Review	2345
10	Research Policy	2302

第 49 章　文化传播学科高被引分析

49.1　学科论文概况

2008—2012 年，文化传播学科共有 577874 位来自 91546 所机构的论文第一作者在 5605 种期刊上发表了 910534 篇学术论文。其中，80%以上的论文产出自 26619 所机构、392603 位作者，发表在 876 种期刊上。在前 5 年发表的这些论文中，有 84313 篇在 2013 年获得过引用，整体被引率为 9.3%，总被引频次为 123164 次，篇均被引 0.14 次；其中，高被引论文有 976 篇，单篇论文最高被引频次为 179 次，累计被引 10584 次，篇均被引 10.84 次（表 49-1）。另外，2013 年文化传播学科共发表论文 176900 篇，其中有 1388 篇在当年获得过引用，总共被引 1764 次。

表 49-1　文化传播学科论文分布情况

年份	论文篇数	2013 年被引频次	2013 年被引率（%）	2013 年高被引论文			
				论文篇数	最高被引频次	总被引频次	篇均被引频次
2008	120978	19711	11.2	190	131	1854	9.76
2009	136236	22691	11.3	166	129	2041	12.30
2010	173227	28056	10.8	223	179	2707	12.14
2011	235128	30500	8.8	220	154	2460	11.18
2012	244965	22206	6.5	177	115	1522	8.60
合计	910534	123164	9.3	976	179	10584	10.84

从文化传播学科论文的地域分布来看，2013 年被引频次较高的 5 个省、直辖市或自治区依次是北京、江苏、广东、上海和湖北（图 49-1）；5 年论文产出量较多的 5 个省、直辖市或自治区依次是江苏、北京、河南、湖北和山东（图 49-2）。

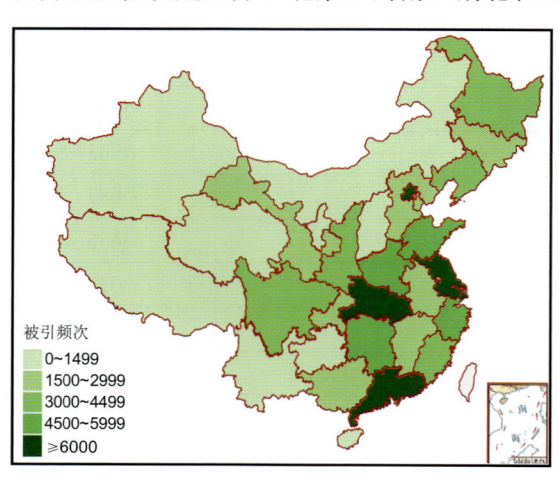 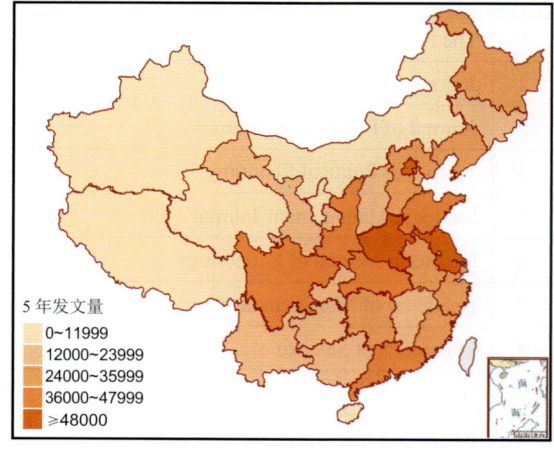

图 49-1　2013 年文化传播学科地区被引分布　　图 49-2　文化传播学科 5 年论文产出地区分布

49.2 高被引论文分析

在文化传播学科，2013年被引频次位居前10位的论文（表49-2）平均被引频次为67.6次，是全部976篇高被引论文篇均被引频次的6.2倍。其中，被引频次较高的论文分别是张德禄于2009年发表的《多模态话语分析综合理论框架探索》和胡庚申于2008年发表的《生态翻译学解读》。

从论文分布来看，刊载高被引论文数量最多的3种期刊分别是《外语界》（81篇）、《中国翻译》（48篇）和《中国外语》（37篇），而《中国外语》和《中国翻译》分别刊载了高被引论文TOP 10中的2篇；发表高被引论文最多的3位学者分别是复旦大学的蔡基刚（22篇）、北京外国语大学的文秋芳（9篇）和南京大学的王守仁（7篇）；产出高被引论文数量最多的3所机构分别是北京外国语大学（37篇）、复旦大学（37篇）和南京大学（27篇），而清华大学产出了高被引论文TOP 10中的2篇。

表49-2 文化传播学科高被引论文TOP 10

序号	论文题名	第一作者	期刊名称	发表年份	被引频次 总频次	被引频次 2013年
1	多模态话语分析综合理论框架探索	张德禄	中国外语	2009	267	99
2	生态翻译学解读	胡庚申	中国翻译	2008	240	77
3	高职高专公共英语教学现状调查与改革思路	刘黛琳	中国外语	2009	177	76
3	多模态话语理论与媒体技术在外语教学中的应用	张德禄	外语教学	2009	186	76
5	文学伦理学批评：基本理论与术语	聂珍钊	外国文学研究	2010	126	66
6	英语专业课程必须彻底改革——再谈"思辨缺席"	黄源深	外语界	2010	153	65
7	关于我国大学英语教学重新定位的思考	蔡基刚	外语教学与研究	2010	143	60
8	从术语看译论——翻译适应选择论概观	胡庚申	上海翻译	2008	145	55
8	生态翻译学的研究焦点与理论视角	胡庚申	中国翻译	2011	154	55
10	关于高校大学英语教学的几点思考	王守仁	外语教学理论与实践	2011	111	47

49.3 研究主题关联分析

在文化传播学科，高被引论文累计被2013年发表的7263篇论文引用了10584次。通过分析施引文献关键词的词频及关键词之间的共现关系，获得2013年文化传播学科的热点主题和主题关联，如图49-3所示。由图49-3可知："大学英语"是文化传播学科近期的热点研究主题；"大学英语"与"教学改革""三维转换"与"生态翻译学"等概念之间的共现次数较多，显示出它们之间的主题关联较为紧密。以"大学英语""课程设置"为核心的多个概念相互关联，构成了领域内近期较为突出的研究主题簇。

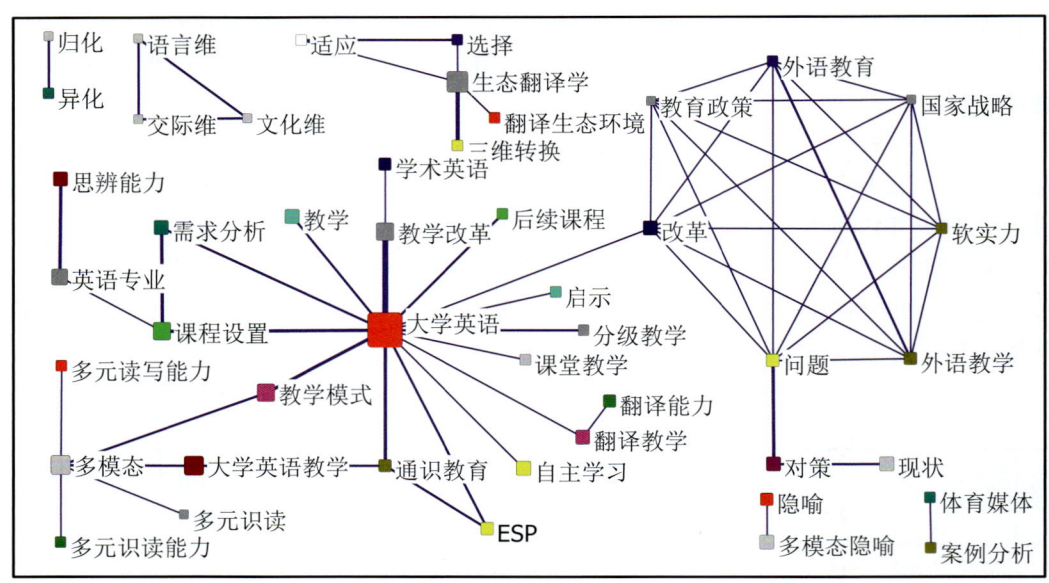

图 49-3　文化传播学科 2013 年热点主题关联

49.4　学科高影响力期刊分析

49.4.1　学科高影响力期刊 TOP 10

在文化传播学科，学科 5 年影响因子位居前 10 位的期刊见表 49-3，排在前 3 位的期刊分别是《外语界》《外语教学与研究》和《外语教学理论与实践》。在表 49-3 中，学科载文量占其总载文量比例最大的期刊是《上海翻译》；前 5 年学科载文在 2013 年被引率最高的期刊是《外语界》；期刊 5 年影响因子较高的前 3 种期刊分别是《外语界》《外语教学与研究》和《外语教学理论与实践》；学科 5 年影响因子与期刊 5 年影响因子差异最大的期刊是《外语教学理论与实践》。表 49-3 中期刊的学科 5 年影响因子和前 5 年学科载文在 2013 年的被引率对比如图 49-4 所示，2008—2013 年期刊 5 年影响因子的变动情况如图 49-5 所示。

表 49-3　文化传播学科高影响力期刊基本指数

序号	期刊名称	前 5 年载文量			2013 年学科被引			5 年影响因子		h 指数（学科）
		学科（篇）	占比（%）	总量（篇）	频次	被引率（%）	高被引论文篇数	期刊（2013）	学科（2013）	
1	外语界	490	99.2	494	1662	65.5	81	3.372	3.392	16
2	外语教学与研究	445	89.4	498	1076	54.2	8	2.261	2.418	14
3	外语教学理论与实践	194	56.9	341	419	63.4	13	1.748	2.160	10
4	外语电化教学	498	99.0	503	866	52.8	26	1.744	1.739	11
5	中国翻译	721	92.8	777	1227	42.3	48	1.651	1.702	12
6	外语教学	869	98.8	880	1104	44.8	28	1.269	1.270	11
7	现代外语	340	92.9	366	403	41.8	12	1.123	1.185	8
8	上海翻译	441	99.6	443	518	43.1	10	1.172	1.175	8
9	外语研究	726	99.2	732	825	35.4	26	1.128	1.136	13
10	外国语	409	96.5	424	464	43.0	3	1.139	1.134	8

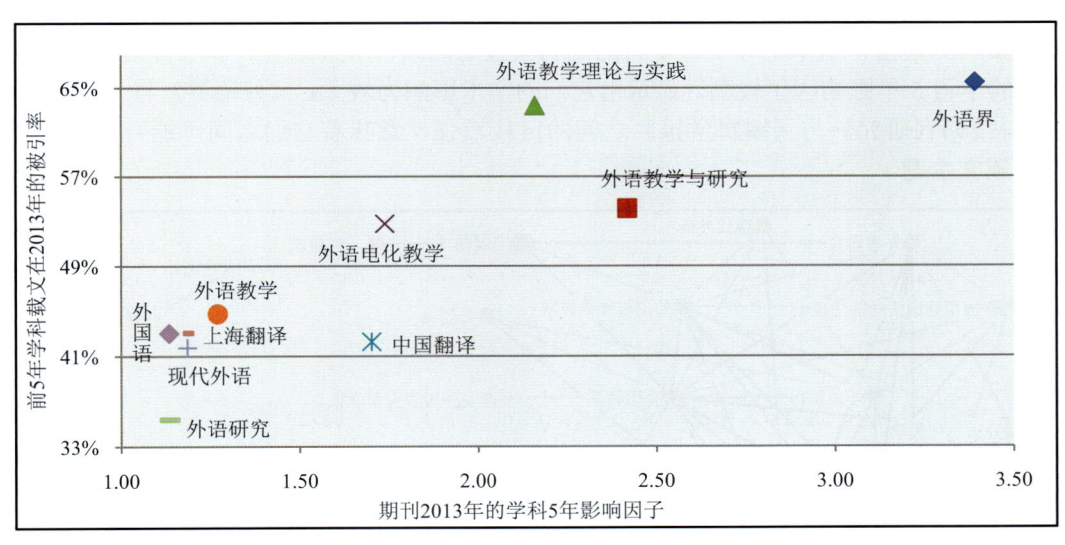

图 49-4　文化传播学科高影响力期刊对比

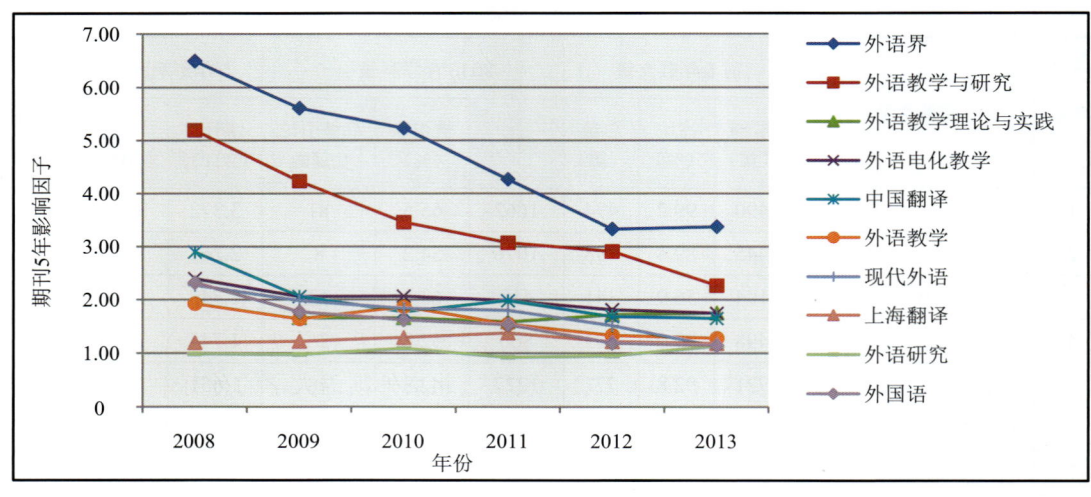

图 49-5　文化传播学科期刊 5 年影响因子变动

49.4.2　学科高影响力期刊载文主题关联

通过期刊共被引分析，获得文化传播学科高影响力期刊及与其他期刊之间的载文主题关联，如图 49-6 所示（共被引 48 次以下不显示）。结果显示，文化传播学科的高影响力期刊相互链接较为紧密，基本主导了该学科的期刊共被引网络。《外语界》和《外语教学理论与实践》的学科 5 年影响因子较高，显示出它们的学术影响力较大；《外语界》与《中国外语》《中国科技期刊研究》与《编辑学报》之间的链接较强，意味着它们之间可能有较多相同或相近的载文主题。

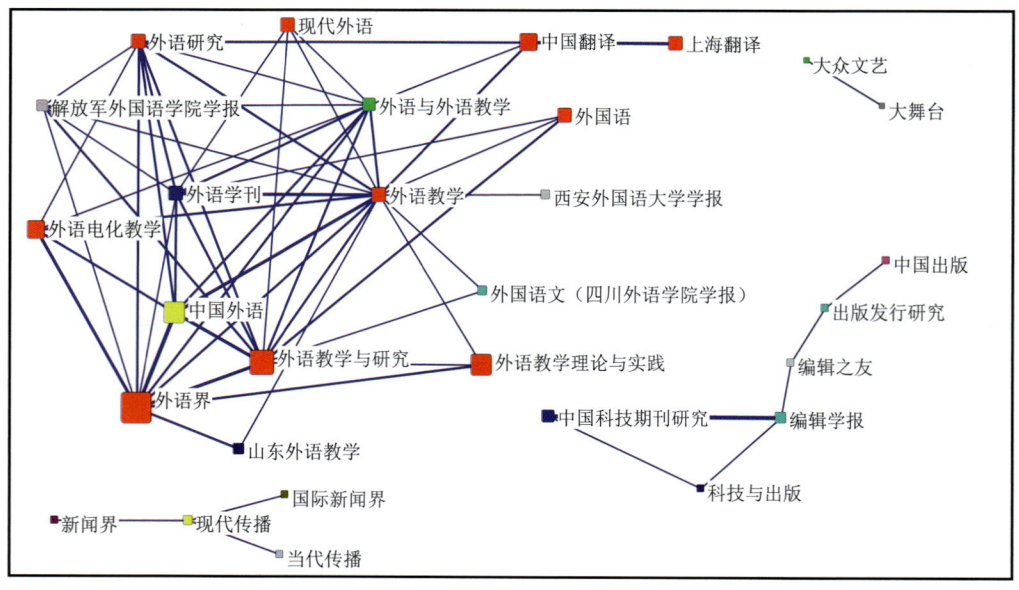

图 49-6　文化传播学科高影响力期刊载文主题关联

49.5 高被引作者分析

49.5.1 高被引作者 TOP 20

2008—2012 年，在 577874 位文化传播学科论文的第一作者中，在 2013 年学科被引频次位居前 20 位的学者的发文及被引情况见表 49-4。其中，学科发文总被引频次较高的 3 位作者分别是复旦大学的蔡基刚（466 次）、中国海洋大学的张德禄（309 次）和清华大学的胡庚申（271 次）。高被引作者的 5 年学科发文数量从 3 篇到 218 篇不等，同时，作者学科发文的期刊分布也在 2 种到 37 种之间变化。在发文超过 5 篇的所有作者中，篇均被引较高的 3 位作者分别是清华大学的胡庚申（篇均 27.10 次）、北京外国语大学的孙有中（篇均 15.00 次）和温州大学的陈冰冰（篇均 13.80 次）；前 5 年发表学科论文较多的 3 位作者分别是中国人民大学的陈力丹（218 篇）、河南师范大学的苏全有（201 篇）和辽宁师范大学的王吉鹏（122 篇）。高被引作者的学科发文量和被引量对比如图 49-7 所示。

表 49-4 文化传播学科高被引作者 TOP 20

序号	姓名	作者单位	前 5 年发文			前 5 年学科发文在 2013 年的被引				h 指数（学科）
			学科发文（篇）	期刊分布（种）	发文总量（篇）	总频次	被引率（%）	最高（次）	篇均（次）	
1	蔡基刚	复旦大学	35	12	45	466	82.9	60	13.31	13
2	张德禄	同济大学	28	14	28	309	60.7	99	11.04	7
3	胡庚申	清华大学	10	6	10	271	90.0	77	27.10	8
4	文秋芳	北京外国语大学	21	10	26	212	85.7	36	10.10	8
5	王守仁	南京大学	14	6	16	173	64.3	47	12.36	7
6	王寅	四川外语学院	38	14	44	106	68.4	13	2.79	6
7	彭兰	中国人民大学	42	23	60	104	45.2	24	2.48	6
8	刘黛琳	中央广播电视大学	3	2	4	97	100.0	76	32.33	3
9	喻国明	中国人民大学	113	25	188	93	25.7	23	0.82	4
10	聂珍钊	华中师范大学	12	6	14	89	25.0	66	7.42	3
11	束定芳	上海外国语大学	21	12	22	79	66.7	19	3.76	5
12	黄源深	上海对外贸易学院	4	2	4	75	75.0	65	18.75	2
12	孙有中	北京外国语大学	5	3	6	75	80.0	32	15.00	4
14	王立非	对外经济贸易大学	20	9	21	73	85.0	19	3.65	4
15	陈冰冰	温州大学	5	4	6	69	100.0	36	13.80	3
15	冉永平	广东外语外贸大学	15	8	16	69	86.7	18	4.60	5

序号	姓名	作者单位	前5年发文			前5年学科发文在2013年的被引				h指数（学科）
			学科发文（篇）	期刊分布（种）	发文总量（篇）	总频次	被引率（%）	最高（次）	篇均（次）	
17	陈力丹	中国人民大学	218	37	354	68	20.2	7	0.31	3
17	徐盛桓	河南大学	24	13	27	68	58.3	17	2.83	5
19	穆雷	广东外语外贸大学	13	8	14	61	76.9	18	4.69	5
20	黄璐	河北理工大学	17	12	116	59	58.8	12	3.47	5

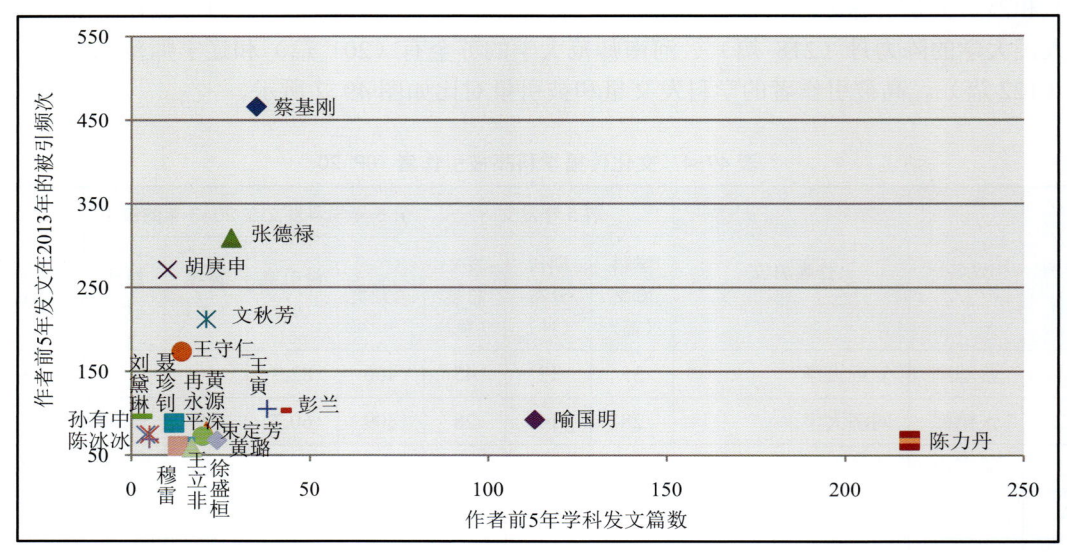

图 49-7　文化传播学科高被引作者学科发文及被引对比

49.5.2　高被引作者科研合作关系

通过作者合著分析，获得 2013 年文化传播学科高被引作者及与其他学者之间的科研论文合作关系（不考虑论文署名次序），如图 49-8 所示。可以看出，文化传播学科的高被引作者的论文合作现象比较普遍，而且合作人数较多。其中，学者陈力丹的发文量较多，论文合作者也较多，显示出其在该学科的研究人员中具有一定的集聚效应；学者文秋芳和喻国明的论文合作网络也比较突出，在该学科的研究人员中表现出一定的集聚效应；喻国明和李彪等学者之间的合作关系最为紧密，显示出他们可能属于同一支科研团队。

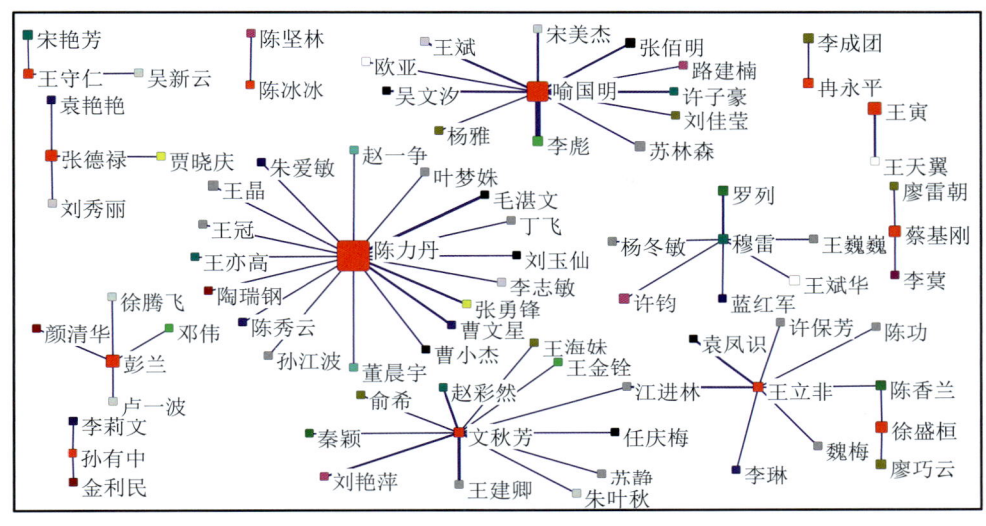

图 49-8　文化传播学科高被引作者科研论文合作关系

49.5.3　高被引作者发文主题关联

通过作者共被引分析，获得 2013 年文化传播学科高被引作者及与其他学者之间的发文主题关联（见图 49-9，共被引 4 次以下不显示）。如图 49-9 所示，文化传播学科的高被引作者基本主导了作者共被引网络，显示出该学科在热点主题上可能已经形成优势明显的科研力量。蔡基刚的节点较大，显示出其学术成果在学科内得到较多关注；以蔡基刚和张德禄学者为主要节点的共被引作者簇人数较多且网络初具规模，意味着这些学者的研究主题关联可能较为紧密；蔡基刚与王守仁等学者之间的链接较强，意味着他们之间可能有较为相近的研究主题。

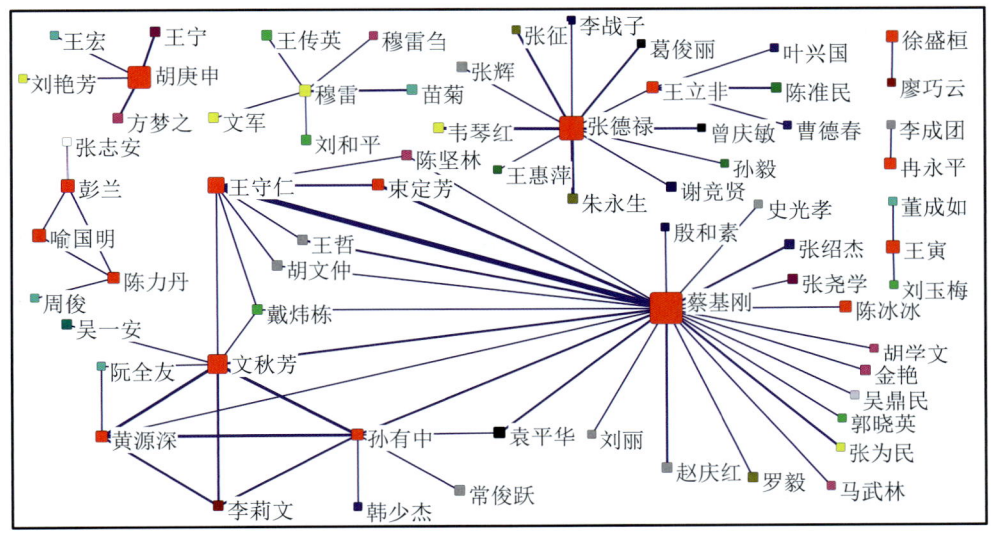

图 49-9　文化传播学科高被引作者发文主题关联

49.6 高被引机构分析

49.6.1 高被引机构

为便于比较，本书将文化传播学科的高被引机构分为高等院校和科研院所两种类型。其中，被引频次 TOP 10 高等院校和被引频次 TOP 5 科研院所的发文及被引情况分别见表 49-5 和表 49-6。其中，总被引频次较高的 3 所高等院校分别是复旦大学、南京大学和北京大学，中国社会科学院语言研究所、中国社会科学院文学研究所和中国艺术研究院是总被引频次较高的 3 所科研院所；前 5 年学科发文在 2013 年的被引率最高的高等院校和科研院所分别是清华大学和中国社会科学院语言研究所；篇均被引最高的高等院校和科研院所分别是清华大学和中国社会科学院语言研究所。上述高被引机构的论文被引率和篇均被引频次对比如图 49-10 所示。

表 49-5 文化传播学科高被引高等院校 TOP 10

序号	第一作者单位	学科发文量（篇）		前 5 年学科发文在 2013 年的被引			
		前 5 年	2013 年	频次	被引率（%）	最高（次）	篇均（次）
1	复旦大学	5142	670	1818	16.1	60	0.35
2	南京大学	6568	1071	1682	13.1	47	0.26
3	北京大学	5405	925	1517	16.0	15	0.28
4	中国人民大学	5501	908	1516	14.9	24	0.28
5	武汉大学	6716	1072	1262	11.5	23	0.19
6	中国传媒大学	6250	1607	1239	12.9	19	0.20
7	四川大学	9970	1488	1190	8.2	24	0.12
8	北京师范大学	6679	957	1123	11.1	21	0.17
9	清华大学	2374	427	966	18.1	77	0.41
10	华中师范大学	5793	1137	941	9.9	66	0.16

表 49-6 文化传播学科高被引科研院所 TOP 5

序号	第一作者单位	学科发文量（篇）		前 5 年学科发文在 2013 年的被引			
		前 5 年	2013 年	频次	被引率（%）	最高（次）	篇均（次）
1	中国社会科学院语言研究所	244	35	233	33.2	13	0.95
2	中国社会科学院文学研究所	993	97	199	13.0	13	0.20
3	中国艺术研究院	1265	220	154	8.1	6	0.12
4	中国社会科学院近代史研究所	420	78	139	23.6	6	0.33
5	天津市社会科学院	320	1	116	16.9	25	0.36

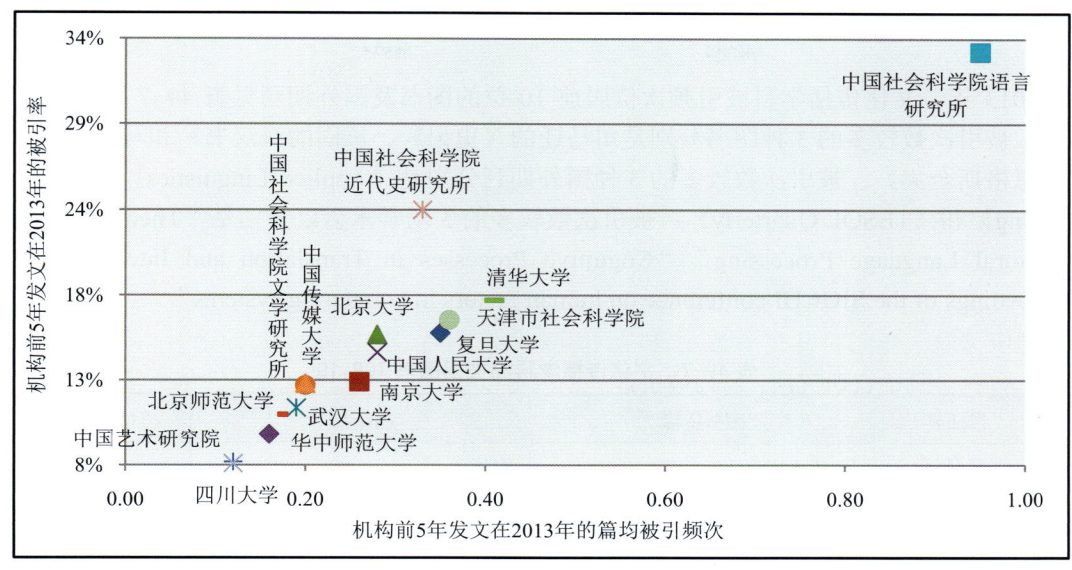

图 49-10　文化传播学科高被引机构论文篇均被引及被引率对比

49.6.2　高被引机构科研合作关系

通过合著分析，获得文化传播学科高被引机构之间及其与其他机构之间的科研合作关联，如图 49-11 所示（合作 15 次以下不显示）。分析得知，文化传播学科的机构合作链接非常紧密，表明学科内合作现象非常普遍；高被引机构基本主导了机构合作网络，表明这些机构已经在学科内具有了一定的科研优势。中国传媒大学和中央电视台之间的链接较强，表明它们的学术合作较为频繁。

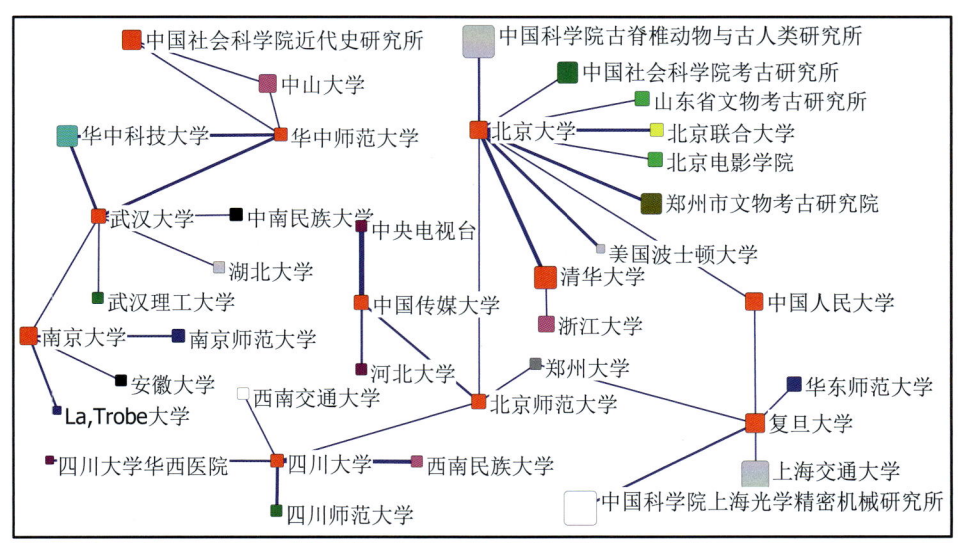

图 49-11　文化传播学科高被引机构科研合作关联

49.7 高被引图书、国外期刊及学术会议

2013 年,文化传播学科被引频次位居前 10 位的图书及国外期刊见表 49-7 和表 49-8。其中,被引次数较多的 3 种图书分别是司马迁的《史记》、班固的《汉书》和马克思的《马克思恩格斯全集》;被引次数较多的 3 种国外期刊分别是《Applied Linguistics》《Language Learning》和《TESOL Quarterly》;被引次数较多的 3 场学术会议分别是"Theoretical Issues in Natural Language Processing""Cognitive Processes in Translation and Interpreting"和"Proceedings of the SIGCHI conference on human factors in computing systems"。

表 49-7 文化传播学科高被引图书 TOP 10

序号	责任者	图书名称	出版社	2013 年被引频次
1	司马迁	史记	中华书局	931
2	班固	汉书	中华书局	755
3	马克思	马克思恩格斯全集	人民出版社	514
4	马克思	马克思恩格斯选集	人民出版社	499
5	许慎	说文解字	中华书局	494
6	脱脱	宋史	中华书局	458
7	范晔	后汉书	中华书局	442
8	鲁迅	鲁迅全集	人民文学出版社	432
9	郭庆光	传播学教程	中国人民大学出版社	397
10	房玄龄	晋书	中华书局	392

表 49-8 文化传播学科高被引国外期刊 TOP 10

序号	期刊名称	2013 年被引频次
1	Applied Linguistics	760
2	Language Learning	636
3	TESOL Quarterly	537
4	Journal of Pragmatics	480
5	The Modern Language Journal	454
6	Language	431
7	Studies in Second Language Acquisition	403
8	Linguistic Inquiry	307
9	System	282
10	Journal of Second Language Writing	269

第 50 章　图书情报档案学科高被引分析

50.1　学科论文概况

2008—2012 年，图书情报档案学科共有 110975 位来自 32928 所机构的论文第一作者在 4700 种期刊上发表了 161433 篇学术论文。其中，80%以上的论文产出自 10398 所机构、79088 位作者，发表在 312 种期刊上。在前 5 年发表的这些论文中，有 34829 篇在 2013 年获得过引用，整体被引率为 21.6%，总被引频次为 61038 次，篇均被引 0.38 次；其中，高被引论文有 398 篇，单篇论文最高被引频次为 70 次，累计被引 5197 次，篇均被引 13.06 次（表 50-1）。另外，2013 年图书情报档案学科共发表论文 32938 篇，其中有 806 篇在当年获得过引用，总共被引 1113 次。

表 50-1　图书情报档案学科论文分布情况

年份	论文篇数	2013 年被引频次	2013 年被引率（%）	2013 年高被引论文			
				论文篇数	最高被引频次	总被引频次	篇均被引频次
2008	26541	8840	19.6	65	50	852	13.11
2009	28287	11202	23.1	84	65	1074	12.79
2010	30412	13414	24.3	80	54	1051	13.14
2011	36254	15386	23.3	93	70	1260	13.55
2012	39939	12196	18.1	76	56	960	12.63
合计	161433	61038	21.6	398	70	5197	13.06

从图书情报档案学科论文的地域分布来看，2013 年被引频次较高的 5 个省、直辖市或自治区依次是北京、广东、江苏、湖北和河南（图 50-1）；5 年论文产出量较多的 5 个省、直辖市或自治区依次是江苏、北京、广东、黑龙江和河南（图 50-2）。

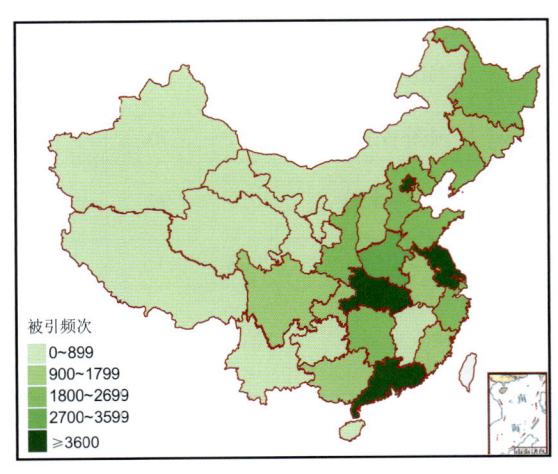

图 50-1　2013 年图书情报档案学科地区被引分布

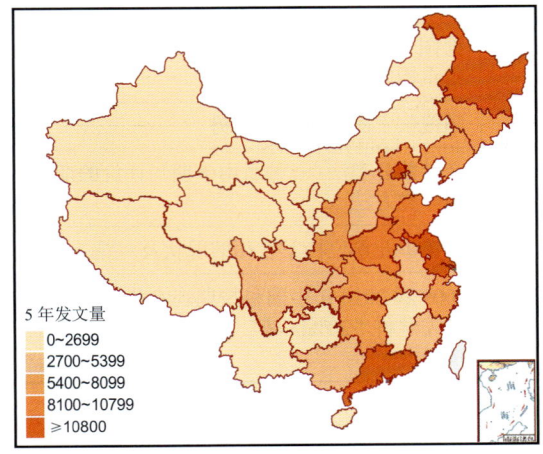

图 50-2　图书情报档案学科 5 年论文产出地区分布

50.2 高被引论文分析

在图书情报档案学科，2013 年被引频次位居前 10 位的论文（表 50-2）平均被引频次为 45.0 次，是全部 398 篇高被引论文篇均被引频次的 3.4 倍。其中，被引频次最高的论文是初景利于 2008 年发表的《第二代学科馆员与学科化服务》，随后 2 篇分别是陈超美于 2009 年发表的《CiteSpace Ⅱ：科学文献中新趋势与新动态的识别与可视化》和宋恩梅于 2010 年发表的《移动的书海：国内移动图书馆现状及发展趋势》。

从论文分布来看，刊载高被引论文数量较多的 3 种期刊分别是《图书情报工作》(36 篇)、《大学图书馆学报》（35 篇）和《图书与情报》（22 篇），而《大学图书馆学报》《安徽农业科学》和《中国图书馆学报》分别刊载了高被引论文 TOP 10 中的 2 篇；发表高被引论文最多的 3 位学者分别是南开大学的柯平（6 篇）、武汉大学的邱均平（5 篇）和中国科学院国家科学图书馆的初景利（4 篇）；产出高被引论文数量最多的 3 所机构分别是武汉大学（21 篇）、北京大学（15 篇）和中国科学院国家科学图书馆（14 篇），而中国科学院国家科学图书馆产出了高被引论文 TOP 10 中的 3 篇。

表 50-2 图书情报档案学科高被引论文 TOP 10

序号	论文题名	第一作者	期刊名称	发表年份	被引频次 总频次	被引频次 2013 年
1	第二代学科馆员与学科化服务	初景利	图书情报工作	2008	260	67
2	CiteSpace Ⅱ：科学文献中新趋势与新动态的识别与可视化	陈超美	情报学报	2009	156	66
3	移动的书海：国内移动图书馆现状及发展趋势	宋恩梅	中国图书馆学报	2010	100	47
4	CALIS 数字图书馆云服务平台模型	王文清	大学图书馆学报	2009	150	46
5	云计算给图书馆管理带来挑战	胡小菁	大学图书馆学报	2009	195	44
6	论图书馆服务的泛在化——以用户为中心重构图书馆服务模式	初景利	图书馆建设	2008	118	38
7	颠覆数字图书馆的大趋势	张晓林	中国图书馆学报	2011	70	37
8	文献数分类法：一种适用于期刊评价的期刊分类方法	房威	安徽农业科学	2010	99	36
9	浅谈事业单位档案管理的现状及对策	乐利珍	科技风	2008	115	35
10	2009 和 2010 年中国科技期刊农业科学及相关学科"20%区域"文献数均值统计报告	房威	安徽农业科学	2011	62	34

50.3 研究主题关联分析

在图书情报档案学科，高被引论文累计被 2013 年发表的 3563 篇论文引用了 5197 次。通过分析施引文献关键词的词频及关键词之间的共现关系，获得 2013 年图书情报档案学科的热点主题和主题关联，如图 50-3 所示（共现 15 次以下不显示）。由图 50-3 可知："图书馆"和"高校图书馆"的文档词频较高，是图书情报档案学科近期的热点研究主题；"学科馆员"与"学科服务""云计算"与"图书馆"等概念之间的共现次数较多，显示出它们之间主题关联较为紧密。以"图书馆"和"高校图书馆"为核心的多个概念相互关联，构成了领域内近期较为突出的研究主题簇。

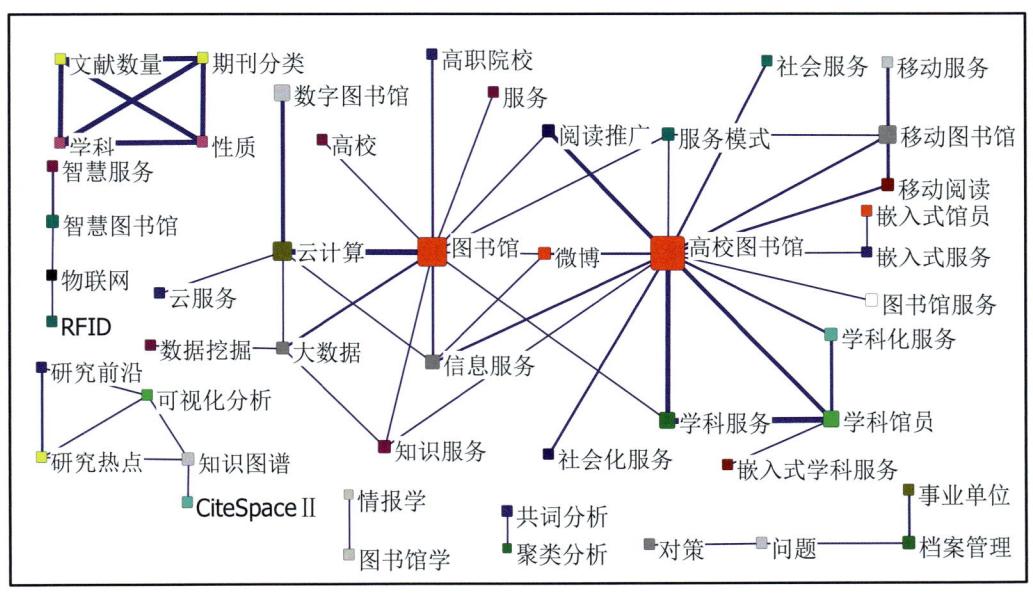

图 50-3　图书情报档案学科 2013 年热点主题关联

50.4　学科高影响力期刊分析

50.4.1　学科高影响力期刊 TOP 10

在图书情报档案学科，学科 5 年影响因子位居前 10 位的期刊见表 50-3，排在前 3 位的期刊分别是《中国图书馆学报》《大学图书馆学报》和《图书与情报》。在表 50-3 中，学科载文量占其总载文量比例最大的期刊是《图书馆建设》；前 5 年学科载文在 2013 年被引率最高的期刊是《中国图书馆学报》；期刊 5 年影响因子较高的前 3 种期刊分别是《中国图书馆学报》《大学图书馆学报》和《图书与情报》；学科 5 年影响因子与期刊 5 年影响因子差异最大的期刊是《图书与情报》。表 50-3 中期刊的学科 5 年影响因子和前 5 年学科载文在 2013 年的被引率对比如图 50-4 所示，2008—2013 年期刊 5 年影响因子的变动情况如图 50-5 所示。

表 50-3　图书情报档案学科高影响力期刊基本指数

序号	期刊名称	前5年载文量			2013年学科被引			5年影响因子		h指数（学科）
		学科（篇）	占比（%）	总量（篇）	频次	被引率（%）	高被引论文篇数	期刊（2013）	学科（2013）	
1	中国图书馆学报	533	89.6	595	1167	58.4	22	2.155	2.189	12
2	大学图书馆学报	656	81.3	807	1264	50.2	35	1.947	1.927	15
3	图书与情报	864	75.5	1144	1182	45.0	22	1.271	1.368	13
4	情报学报	777	88.3	880	824	43.8	8	1.022	1.060	8
5	图书情报知识	541	80.9	669	534	40.3	5	0.931	0.987	7
6	图书情报工作	3005	72.1	4169	2939	40.6	36	0.908	0.978	15
7	图书馆论坛	1702	93.9	1813	1652	44.4	12	0.967	0.971	9
8	图书馆建设	2144	98.9	2167	1993	40.1	19	0.927	0.930	11
9	情报资料工作	712	84.5	843	627	40.9	8	0.841	0.881	8
10	图书馆杂志	1340	87.0	1541	1176	35.7	14	0.844	0.878	10

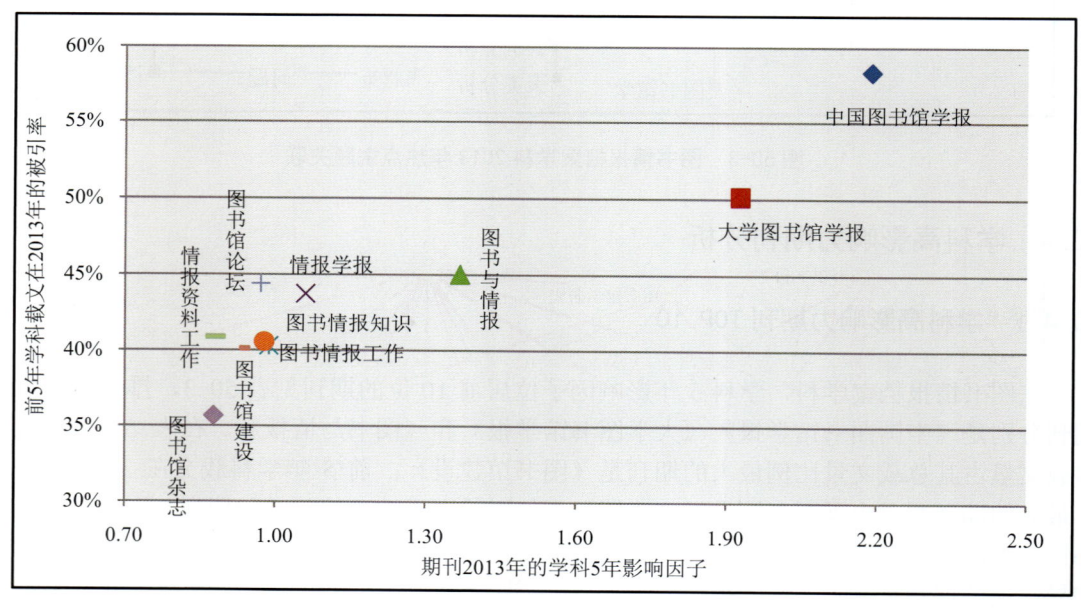

图 50-4　图书情报档案学科高影响力期刊对比

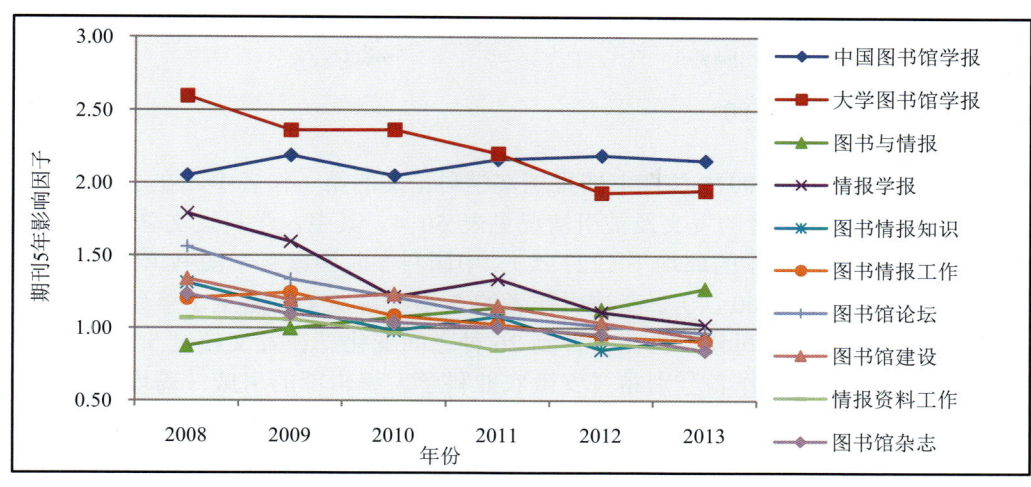

图 50-5　图书情报档案学科期刊 5 年影响因子变动

50.4.2　学科高影响力期刊载文主题关联

通过期刊共被引分析，获得图书情报档案学科高影响力期刊及与其他期刊之间的载文主题关联，如图 50-6 所示（共被引 120 次以下不显示）。结果显示，图书情报档案学科的高影响力期刊相互链接较为紧密，基本主导了该学科的期刊共被引网络，显示出该学科高影响力期刊可能共同刊载了许多相近的研究主题，热点研究主题分散在多种期刊上。《中国图书馆学报》和《大学图书馆学报》的学科 5 年影响因子较高，显示出它们的学术影响力较大；《图书情报工作》与《图书馆建设》《中国图书馆学报》《大学图书馆学报》《情报杂志》等期刊之间的链接较强，意味着它们之间可能有较多相同或相近的载文主题。

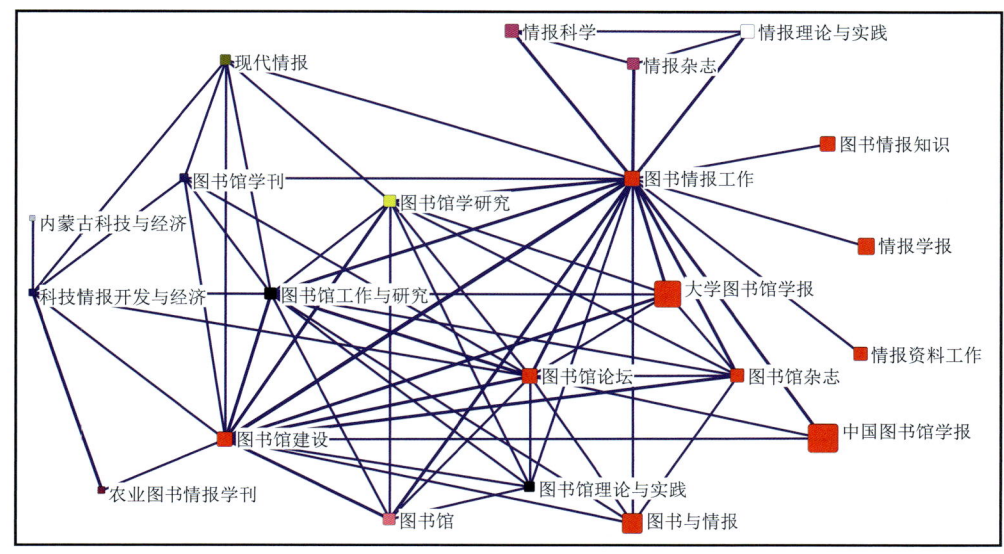

图 50-6　图书情报档案学科高影响力期刊载文主题关联

50.5 高被引作者分析

50.5.1 高被引作者 TOP 20

2008—2012 年，在 110975 位图书情报档案学科论文的第一作者中，在 2013 年学科被引频次位居前 20 位的学者的发文及被引情况见表 50-4。其中，学科发文总被引频次较高的 3 位作者分别是武汉大学的邱均平（227 次）、中国科学院国家科学图书馆的初景利（169 次）和南开大学的柯平（160 次）。高被引作者的 5 年学科发文数量从 1 篇到 123 篇不等，同时，作者学科发文的期刊分布也在 1 种到 26 种之间变化。在发文超过 5 篇的所有作者中，篇均被引较高的 3 位作者分别是《安徽农业科学》编辑部的房威（篇均 11.83 次）、南京农业大学的茆意宏（篇均 10.00 次）和中国科学院国家科学图书馆的初景利（篇均 9.39 次）；前 5 年发表学科论文较多的 3 位作者分别是南开大学的王知津（123 篇）、武汉大学的邱均平（107 篇）和《安徽农业科学》编辑部的李杨（61 篇）。高被引作者的学科发文量和被引量对比如图 50-7 所示。

表 50-4 图书情报档案学科高被引作者 TOP 20

序号	姓名	作者单位	前 5 年发文			前 5 年学科发文在 2013 年的被引				h 指数（学科）
			学科发文（篇）	期刊分布（种）	发文总量（篇）	总频次	被引率（%）	最高（次）	篇均（次）	
1	邱均平	武汉大学	107	23	177	227	55.1	18	2.12	8
2	初景利	中国科学院国家科学图书馆	18	8	23	169	66.7	67	9.39	6
3	柯平	南开大学	55	19	60	160	65.5	22	2.91	7
4	张晓林	中国科学院国家科学图书馆	15	4	19	112	73.3	37	7.47	7
5	王知津	南开大学	123	26	148	94	42.3	6	0.76	3
6	王子舟	北京大学	22	10	26	73	59.1	13	3.32	6
6	王世伟	上海市社会科学院	13	7	15	73	76.9	25	5.62	5
8	房威	《安徽农业科学》编辑部	6	2	6	71	50.0	36	11.83	2
9	茆意宏	南京农业大学	7	5	11	70	71.4	21	10.00	5
10	陈超美	Drexel 大学	1	1	1	66	100.0	66	66.00	1
11	肖希明	武汉大学	32	11	45	63	59.4	8	1.97	5
12	范并思	华东师范大学	22	12	25	62	59.1	18	2.82	4
13	栾春娟	大连理工大学	39	19	52	55	46.2	13	1.41	4
14	宋恩梅	武汉大学	3	3	6	54	66.7	47	18.00	3

序号	姓名	作者单位	前5年发文			前5年学科发文在2013年的被引				h指数（学科）
			学科发文（篇）	期刊分布（种）	发文总量（篇）	总频次	被引率（%）	最高（次）	篇均（次）	
15	黄幼菲	西安铁路职业技术学院	25	17	26	52	60.0	13	2.08	4
16	蒋永福	黑龙江大学	27	12	35	51	77.8	7	1.89	4
17	胡小菁	华东师范大学	10	6	13	49	40.0	44	4.90	2
17	蔡迎春	上海师范大学	18	7	20	49	66.7	15	2.72	4
17	刘华	上海大学	9	7	12	49	44.4	25	5.44	4
20	钟伟金	广东医学院	10	7	13	47	60.0	24	4.70	3

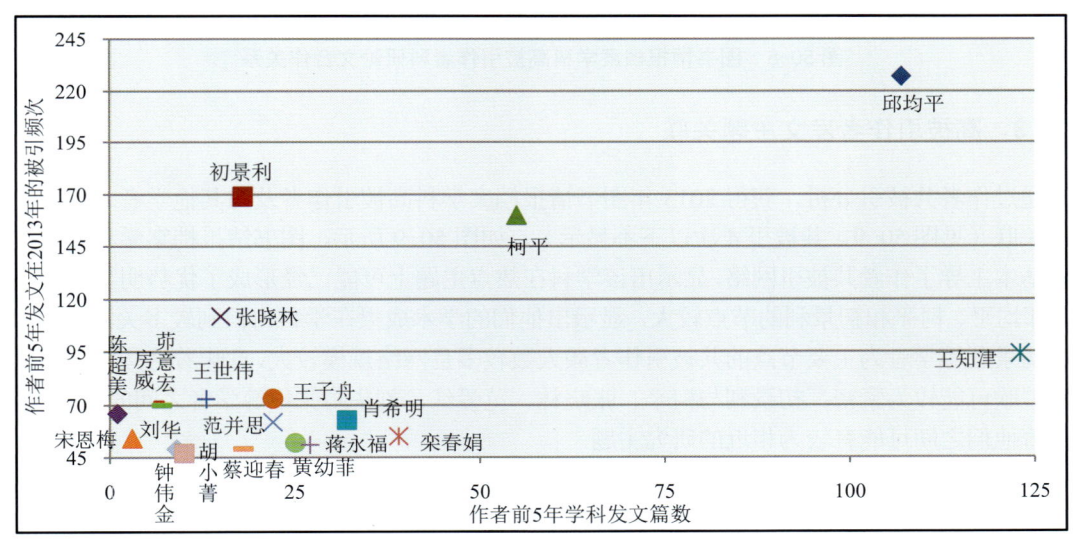

图 50-7　图书情报档案学科高被引作者学科发文及被引对比

50.5.2　高被引作者科研合作关系

通过作者合著分析，获得 2013 年图书情报档案学科高被引作者及与其他学者之间的科研论文合作关系（不考虑论文署名次序），如图 50-8 所示（合著 3 次以下不显示）。可以看出，图书情报档案学科的高被引作者的论文合作现象比较普遍，而且合作人数较多。其中，学者王知津的发文量较多，论文合作者也较多，显示出其在该学科的研究人员中具有一定的集聚效应；学者王知津、邱均平等的论文合作网络最为突出，在该学科的研究人员中表现出一定的集聚效应；房威与朱安、李杨、张志转、朱永和等学者之间的合作关系最为紧密，显示出他们可能属于同一支科研团队。

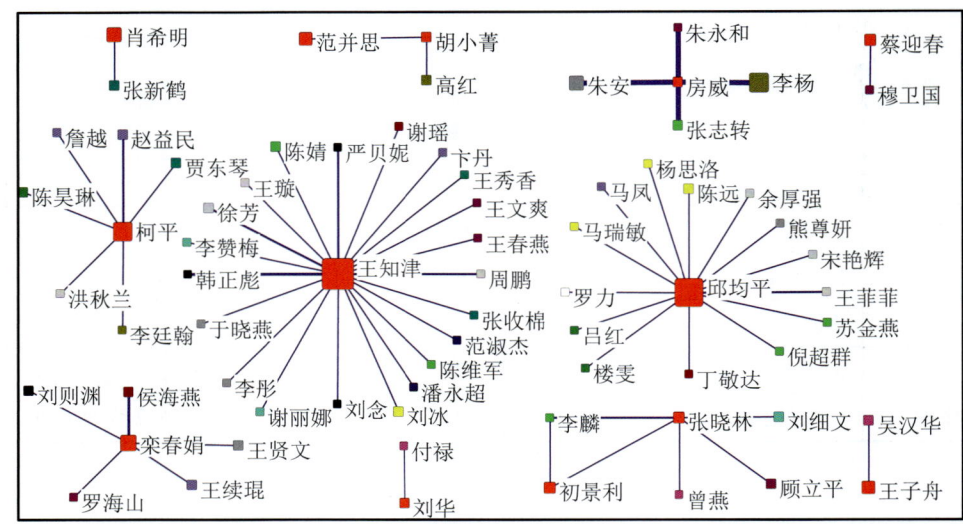

图 50-8　图书情报档案学科高被引作者科研论文合作关系

50.5.3　高被引作者发文主题关联

通过作者共被引分析，获得 2013 年图书情报档案学科高被引作者及与其他学者之间的发文主题关联（见图 50-9，共被引 4 次以下不显示）。如图 50-9 所示，图书情报档案学科的高被引作者基本主导了作者共被引网络，显示出该学科在热点主题上可能已经形成了优势明显的科研力量。邱均平、柯平和初景利的节点较大，显示出他们的学术成果在学科内得到较多关注；以邱均平和初景利等学者为主要节点的共被引作者簇人数较多且网络规模较大，意味着这些学者的研究主题关联可能较为紧密；初景利与柯平、张晓林、范爱红，刘华与张甲等学者之间的链接较强，意味着他们之间可能有较为相近的研究主题。

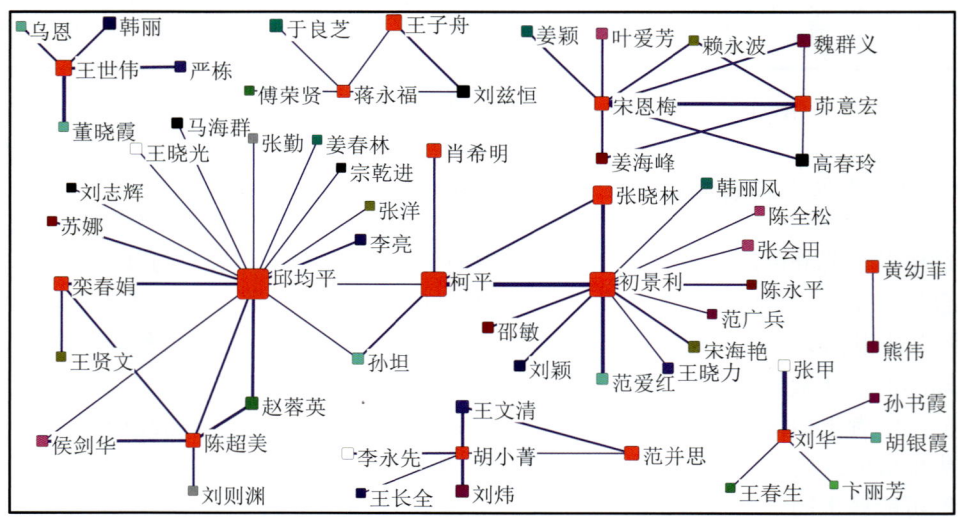

图 50-9　图书情报档案学科高被引作者发文主题关联

50.6 高被引机构分析

50.6.1 高被引机构

为便于比较，本书将图书情报档案学科的高被引机构分为高等院校和科研院所两种类型。其中，被引频次 TOP 10 高等院校和被引频次 TOP 5 科研院所的发文及被引情况分别见表 50-5 和表 50-6。其中，总被引频次较高的 3 所高等院校分别是武汉大学、北京大学和南京大学，中国科学院国家科学图书馆、中国科学技术信息研究所和上海图书馆是总被引频次较高的 3 所科研院所；前 5 年学科发文在 2013 年的被引率最高的高等院校和科研院所分别是大连理工大学和中国科学院国家科学图书馆；篇均被引最高的高等院校和科研院所分别是清华大学和中国科学院国家科学图书馆。上述高被引机构的论文被引率和篇均被引频次对比如图 50-10 所示。

表 50-5　图书情报档案学科高被引高等院校 TOP 10

序号	第一作者单位	学科发文量（篇）		前 5 年学科发文在 2013 年的被引			
		前 5 年	2013 年	频次	被引率（%）	最高（次）	篇均（次）
1	武汉大学	2121	309	1713	33.6	47	0.81
2	北京大学	1107	160	1013	35.3	27	0.92
3	南京大学	1426	266	797	27.8	13	0.56
4	南开大学	778	107	689	38.0	22	0.89
5	中山大学	880	99	538	30.3	8	0.61
6	吉林大学	779	129	443	29.9	15	0.57
7	上海大学	775	150	438	26.8	25	0.57
8	中国人民大学	774	130	436	25.5	12	0.56
9	大连理工大学	459	47	419	40.3	15	0.91
10	清华大学	415	58	406	35.2	22	0.98

表 50-6　图书情报档案学科高被引科研院所 TOP 5

序号	第一作者单位	学科发文量（篇）		前 5 年学科发文在 2013 年的被引			
		前 5 年	2013 年	频次	被引率（%）	最高（次）	篇均（次）
1	中国科学院国家科学图书馆	624	95	830	41.8	67	1.33
2	中国科学技术信息研究所	923	175	524	32.3	10	0.57
3	上海图书馆	188	27	153	31.9	29	0.81
4	辽宁省图书馆	367	69	149	25.9	6	0.41
5	深圳图书馆	194	32	147	29.4	19	0.76

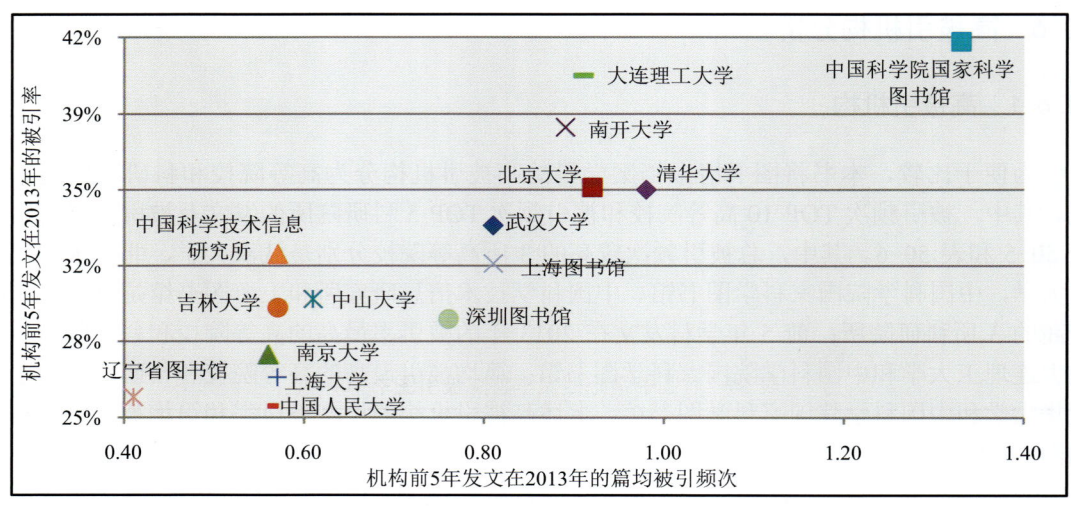

图 50-10　图书情报档案学科高被引机构论文篇均被引及被引率对比

50.6.2　高被引机构科研合作关系

通过合著分析，获得图书情报档案学科高被引机构之间及其与其他机构之间的科研合作关联，如图 50-11 所示（合作 14 次以下不显示）。分析得知，图书情报档案学科的机构合作链接较为紧密，表明学科内机构合作现象非常普遍；高被引机构基本主导了机构合作网络，表明这些机构已经在学科内具有了一定的科研优势。中国科学技术信息研究所和南京大学等机构之间的链接较强，表明它们之间的学术合作较为频繁。

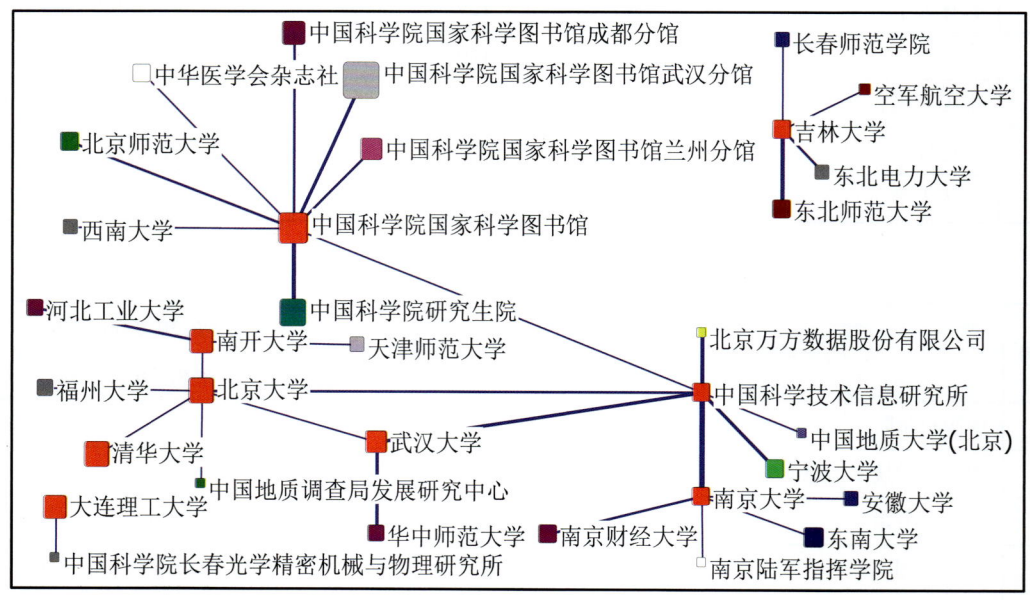

图 50-11　图书情报档案学科高被引机构科研合作关联

50.7 高被引图书、国外期刊及学术会议

2013年,图书情报档案学科被引频次位居前10位的图书及国外期刊见表50-7和表50-8。其中,被引次数较多的3种图书分别是冯惠玲的《档案学概论》、邱均平的《信息计量学》和程焕文的《信息资源共享》；被引次数较多的3种国外期刊分别是《Scientometrics》《Journal of the American Society for Information Science and Technology》和《Research Policy》；被引次数较多的3场学术会议分别是"iConference 2010 Proceedings""Proceedings of the 2012 iConference"和"Proceedings of the SIGCHI Conference on Human Factors in Computing Systems"。

表 50-7 图书情报档案学科高被引图书 TOP 10

序号	责任者	图书名称	出版社	2013年被引频次
1	冯惠玲	档案学概论	中国人民大学出版社	79
2	邱均平	信息计量学	武汉大学出版社	56
3	程焕文	信息资源共享	高等教育出版社	34
4	吴慰慈	图书馆学基础	高等教育出版社	30
5	阮冈纳赞	图书馆学五定律	书目文献出版社	29
6	吴慰慈	图书馆学概论	北京图书馆出版社	27
6	肖希明	信息资源建设	武汉大学出版社	27
6	王宏钧	中国博物馆学基础	上海古籍出版社	27
9	尹新天	中国专利法详解	知识产权出版社	25
9	于良芝	图书馆学导论	科学出版社	25

表 50-8 图书情报档案学科高被引国外期刊 TOP 10

序号	期刊名称	2013年被引频次
1	Scientometrics	705
2	Journal of the American Society for Information Science and Technology	687
3	Research Policy	262
4	Nature	203
5	Journal of Documentation	185
6	Library Trends	139
7	Science	133
8	Journal of Informetrics	129
9	MIS Quarterly	127
10	Strategic Management Journal	118

第 51 章 教育学科高被引分析

51.1 学科论文概况

2008—2012 年,教育学科共有 1765492 位来自 422899 所机构的论文第一作者在 5386 种期刊上发表了 2072784 篇学术论文。其中,80% 以上的论文产出自 105881 所机构、5386 位作者,发表在 572 种期刊上。在前 5 年发表的这些论文中,有 256997 篇在 2013 年获得过引用,整体被引率为 12.4%,总被引频次为 401769 次,篇均被引 0.19 次;其中,高被引论文有 3040 篇,单篇论文最高被引频次为 478 次,累计被引 30638 次,篇均被引 10.08 次(表 51-1)。另外,2013 年教育学科共发表论文 536584 篇,其中有 5117 篇在当年获得过引用,总共被引 6778 次。

表 51-1 教育学科论文分布情况

年份	论文篇数	2013 年被引频次	2013 年被引率(%)	2013 年高被引论文			
				论文篇数	最高被引频次	总被引频次	篇均被引频次
2008	219428	59096	16.6	511	348	5531	10.82
2009	262682	71667	17.0	540	384	5683	10.52
2010	414537	96951	14.7	706	462	7326	10.38
2011	544338	102158	12.0	724	478	7324	10.12
2012	631799	71897	7.9	559	336	4774	8.54
合计	2072784	401769	12.4	3040	478	30638	10.08

从教育学科论文的地域分布来看,2013 年被引频次较高的 5 个省、直辖市或自治区依次是江苏、广东、浙江、北京和河南(图 51-1);5 年论文产出量较多的 5 个省、直辖市或自治区依次是江苏、河南、河北、浙江和广东(图 51-2)。

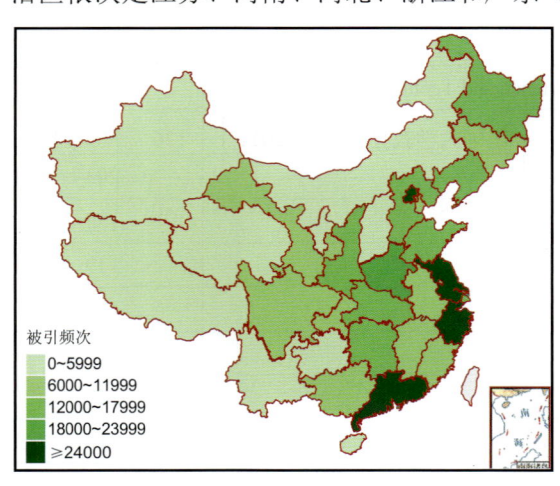

图 51-1 2013 年教育学科地区被引分布

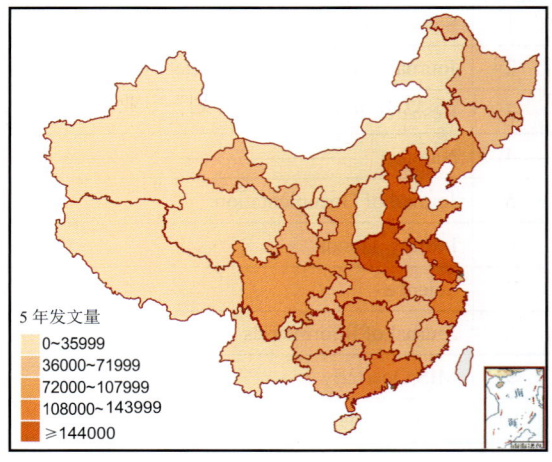

图 51-2 教育学科 5 年论文产出地区分布

51.2 高被引论文分析

在教育学科，2013 年被引频次位居前 10 位的论文（表 51-2）平均被引频次为 85.6 次，是全部 3040 篇高被引论文篇均被引频次的 8.5 倍。其中，被引频次最高的论文是姜大源于 2009 年发表的《论高等职业教育课程的系统化设计——关于工作过程系统化课程开发的解读》，随后 2 篇分别是查建中于 2008 年发表的《论"做中学"战略下的 CDIO 模式》和陈国良于 2011 年发表的《计算思维与大学计算机基础教育》。

从论文分布来看，刊载高被引论文数量最多的 3 种期刊分别是《实验技术与管理》（118 篇）、《实验室研究与探索》（91 篇）和《教育与职业》（85 篇），而《高等工程教育研究》刊载了高被引论文 TOP 10 中的 3 篇；发表高被引论文最多的 3 位学者分别是河北理工大学的黄璐（20 篇）、清华大学的林健（13 篇）和北京师范大学的何克抗（9 篇）；产出高被引论文数量最多的 3 所机构分别是北京师范大学（103 篇）、华东师范大学（54 篇）和清华大学（45 篇）。

表 51-2 教育学科高被引论文 TOP 10

序号	论文题名	第一作者	期刊名称	发表年份	被引频次 总频次	被引频次 2013 年
1	论高等职业教育课程的系统化设计——关于工作过程系统化课程开发的解读	姜大源	中国高教研究	2009	331	125
2	论"做中学"战略下的 CDIO 模式	查建中	高等工程教育研究	2008	345	113
3	计算思维与大学计算机基础教育	陈国良	中国大学教学	2011	224	110
4	从 CDIO 到 EIP-CDIO——汕头大学工程教育与人才培养模式探索	顾佩华	高等工程教育研究	2008	252	87
5	"卓越工程师教育培养计划"通用标准研制	林健	高等工程教育研究	2010	142	75
6	翻转课堂教学模式研究	张金磊	远程教育杂志	2012	302	73
7	"卓越工程师教育培养计划"专业培养方案研究	林健	清华大学教育研究	2011	126	71
8	注意各个教学环节，激发学生的学习兴趣	钱霞	中国校外教育（理论）	2009	108	69
9	校内生产性实训基地建设的探索	丁金昌	中国高教研究	2008	283	68
10	论高职教育工作过程系统化课程开发	姜大源	徐州建筑职业技术学院学报	2010	160	65

51.3 研究主题关联分析

在教育学科,高被引论文累计被 2013 年发表的 23332 篇论文引用了 30638 次。通过分析施引文献关键词的词频及关键词之间的共现关系,获得 2013 年教育学科的热点主题和主题关联,如图 51-3 所示(共现 31 次以下不显示)。由图 51-3 可知:"教学改革""大学生"和"校企合作"的文档词频较高,是教育学科近期的热点研究;以"校企合作""人才培养""实践教学"为核心的多个概念相互关联,构成了领域内近期较为突出的研究主题簇。

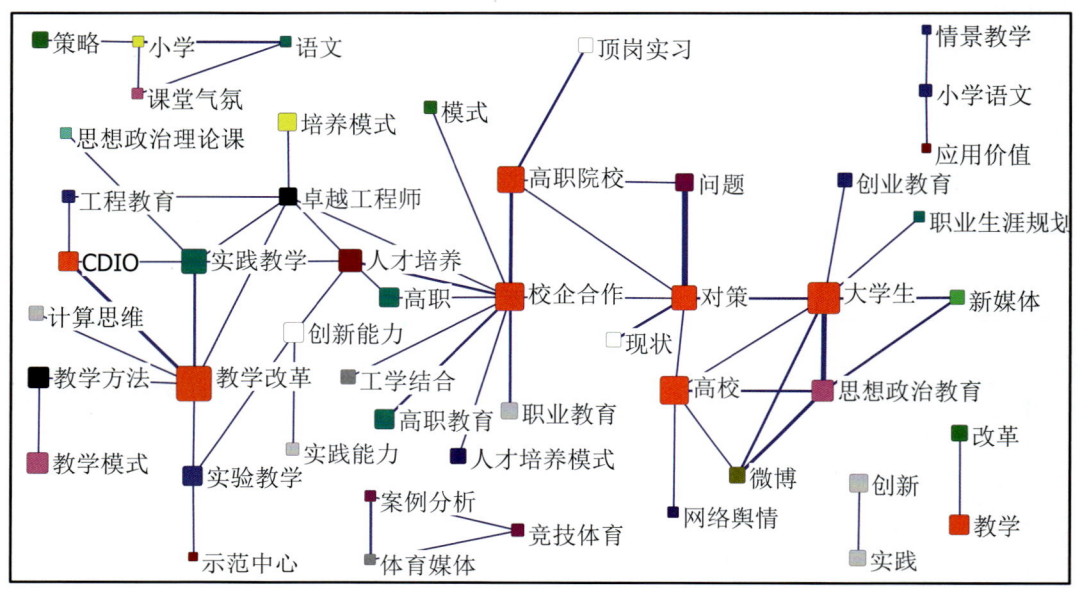

图 51-3　教育学科 2013 年热点主题关联

51.4 学科高影响力期刊分析

51.4.1 学科高影响力期刊 TOP 10

在教育学科,学科 5 年影响因子位居前 10 位的期刊见表 51-3,排在前 3 位的期刊分别是《北京师范大学学报(社会科学版)》《高等工程教育研究》和《中国大学教学》。在表 51-3 中,学科载文量占其总载文量比例最大的期刊是《体育科学》;前 5 年学科载文在 2013 年被引率最高的期刊是《北京师范大学学报(社会科学版)》;期刊 5 年影响因子较高的前 3 种期刊分别是《高等工程教育研究》《中国大学教学》和《教育研究》;学科 5 年影响因子与期刊 5 年影响因子差异最大的期刊是《北京师范大学学报(社会科学版)》。表 51-3 中期刊的学科 5 年影响因子和前 5 年学科载文在 2013 年的被引率对比如图 51-4 所示,2008—2013 年期刊 5 年影响因子的变动情况如图 51-5 所示。

表 51-3 教育学科高影响力期刊基本指数

序号	期刊名称	前 5 年载文量			2013 年学科被引			5 年影响因子		h 指数（学科）
		学科（篇）	占比（%）	总量（篇）	频次	被引率（%）	高被引论文篇数	期刊（2013）	学科（2013）	
1	北京师范大学学报（社会科学版）	96	15.2	633	191	60.4	7	0.842	1.990	8
2	高等工程教育研究	950	92.1	1032	1867	48.5	58	1.900	1.965	16
3	中国大学教学	1550	89.0	1742	2808	56.3	82	1.820	1.812	17
4	实验室研究与探索	2053	47.0	4368	3356	56.0	91	1.161	1.635	13
5	教育研究	1552	95.2	1631	2527	49.7	71	1.589	1.628	16
6	实验技术与管理	2617	60.0	4364	3979	52.2	118	1.144	1.520	14
7	中国高教研究	2022	97.0	2085	2973	46.9	81	1.457	1.470	14
8	高等教育研究	1334	98.3	1357	1847	46.9	52	1.365	1.385	12
9	体育科学	909	98.6	922	1258	52.2	27	1.369	1.384	10
10	开放教育研究	617	96.6	639	811	47.2	16	1.296	1.314	8

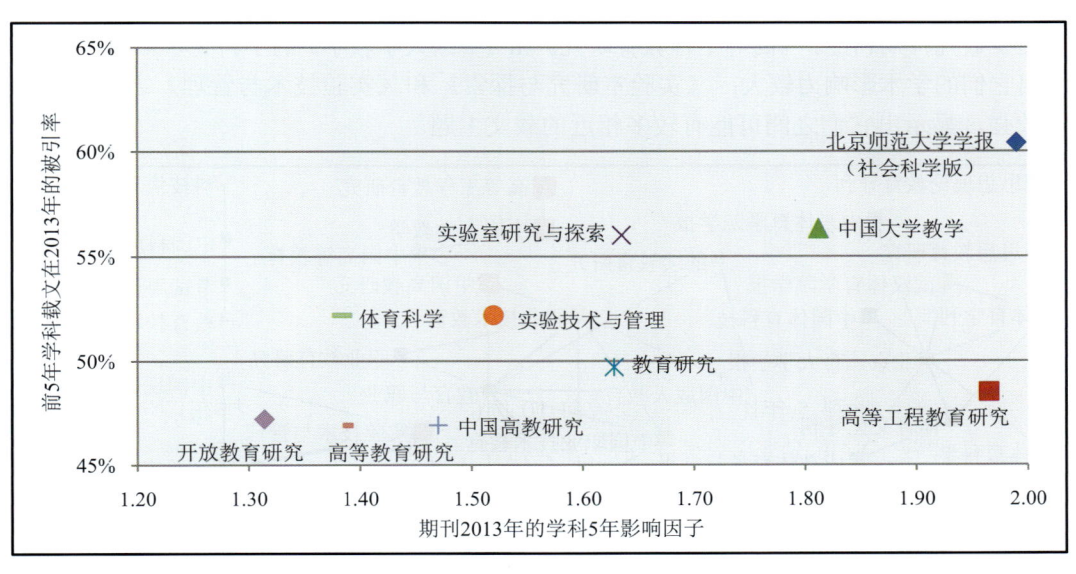

图 51-4 教育学科高影响力期刊对比

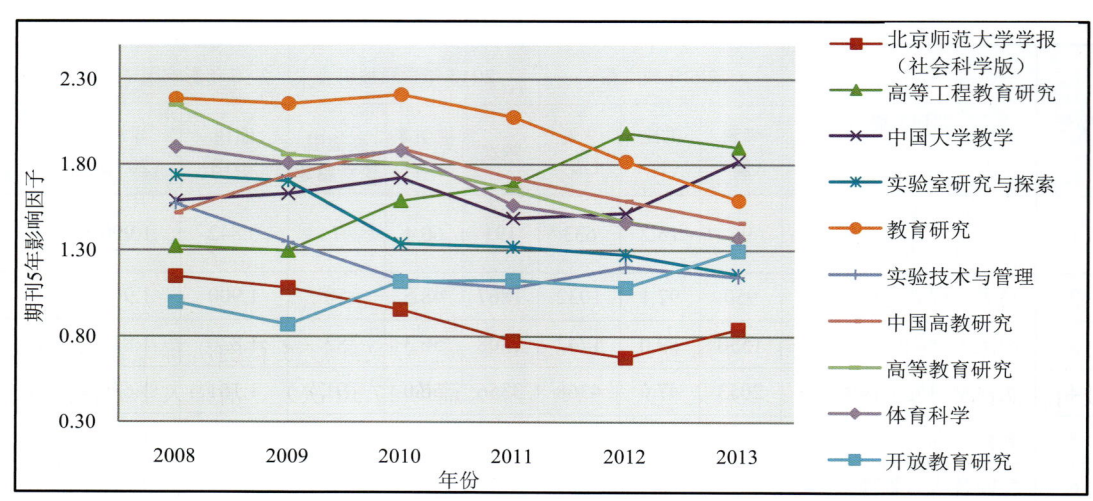

图 51-5　教育学科期刊 5 年影响因子变动

51.4.2　学科高影响力期刊载文主题关联

通过期刊共被引分析，获得教育学科高影响力期刊及与其他期刊之间的载文主题关联，如图 51-6 所示（共被引 138 次以下不显示）。结果显示，教育学科的高影响力期刊相互链接较为松散，显示出该学科高影响力期刊可能各自有着更加青睐的载文主题，热点研究主题各自集中在少数几种期刊上。《高等工程教育研究》和《中国大学教学》的学科 5 年影响因子较高，显示出它们的学术影响力较大；《实验室研究与探索》和《实验技术与管理》之间的共被引链接较强，显示出它们之间可能有较多相近的载文主题。

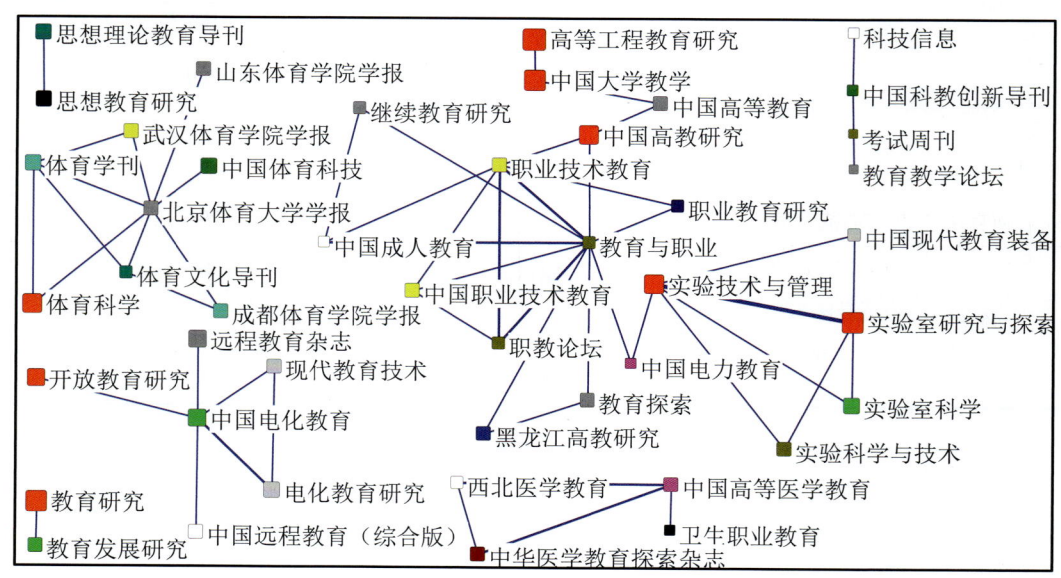

图 51-6　教育学科高影响力期刊载文主题关联

51.5 高被引作者分析

51.5.1 高被引作者 TOP 20

2008—2012 年，在 1765492 位教育学科论文的第一作者中，在 2013 年学科被引频次位居前 20 位的学者的发文及被引情况见表 51-4。其中，学科发文总被引频次较高的 3 位作者分别是清华大学的林健（429 次）、华北理工大学的黄璐（329 次）和教育部职业技术教育中心研究所的姜大源（286 次）。高被引作者的 5 年学科发文数量从 1 篇到 63 篇不等，同时，作者学科发文的期刊分布也在 1 种到 30 种之间变化。在发文超过 5 篇的所有作者中，篇均被引较高的 3 位作者分别是北京交通大学的查建中（篇均 17.30 次）、清华大学的林健（篇均 15.89 次）和教育部职业技术教育中心研究所的姜大源（篇均 11.44 次）；前 5 年发表学科论文较多的 3 位作者分别是中共河南省委党校的张祝平（100 篇）、江苏省太仓高级中学的唐惠忠（93 篇）和滁州职业技术学院的张健（92 篇）。高被引作者的学科发文量和被引量对比如图 51-7 所示。

表 51-4 教育学科高被引作者 TOP 20

序号	姓名	作者单位	前 5 年发文			前 5 年学科发文在 2013 年的被引				h指数（学科）
			学科发文（篇）	期刊分布（种）	发文总量（篇）	总频次	被引率（%）	最高（次）	篇均（次）	
1	林健	清华大学	27	6	31	429	63.0	75	15.89	11
2	黄璐	华北理工大学	37	19	116	329	83.8	34	8.89	11
3	姜大源	教育部职业技术教育中心研究所	25	10	28	286	60.0	125	11.44	8
4	潘懋元	厦门大学	45	27	50	235	57.8	47	5.22	7
5	丁金昌	温州职业技术学院	25	8	25	208	76.0	68	8.32	7
6	何克抗	北京师范大学	41	11	44	176	58.5	29	4.29	8
7	查建中	北京交通大学	10	5	13	173	80.0	113	17.30	5
8	徐国庆	华东师范大学	31	14	35	145	61.3	29	4.68	6
9	钟秉林	北京师范大学	42	15	47	126	66.7	19	3.00	6
10	黄荣怀	北京师范大学	18	10	21	118	72.2	22	6.56	7
11	祝智庭	华东师范大学	22	9	26	111	59.1	34	5.05	6
12	陈国良	中国科学技术大学	2	1	5	110	50.0	110	55.00	1
13	张安富	武汉理工大学	16	10	17	105	62.5	61	6.56	4
14	刘献君	华中科技大学	49	17	53	104	57.1	14	2.12	5

序号	姓名	作者单位	前5年发文			前5年学科发文在2013年的被引				h指数（学科）
			学科发文（篇）	期刊分布（种）	发文总量（篇）	总频次	被引率（%）	最高（次）	篇均（次）	
15	余胜泉	北京师范大学	14	8	16	102	64.3	41	7.29	6
16	褚宏启	北京师范大学	32	13	35	96	43.8	21	3.00	6
17	别敦荣	华中科技大学	30	14	31	93	66.7	24	3.10	6
18	顾佩华	加拿大工程院	1	1	1	87	100.0	87	87.00	1
19	冯建军	南京师范大学	63	30	76	86	50.8	12	1.37	5
20	王洪才	厦门大学	57	27	62	85	59.7	7	1.49	5

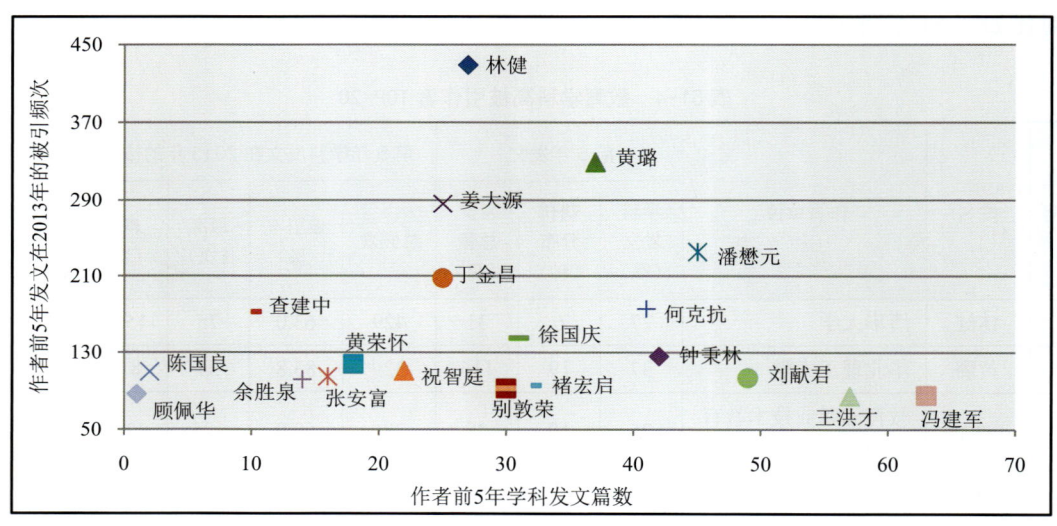

图 51-7　教育学科高被引作者学科发文及被引对比

51.5.2　高被引作者科研合作关系

通过作者合著分析，获得 2013 年教育学科高被引作者及与其他学者之间的科研论文合作关系（不考虑论文署名次序），如图 51-8 所示（合著 2 次以下不显示）。可以看出，教育学科的高被引作者的论文合作现象比较普遍，而且合作人数较多。其中，学者潘懋元、何克抗、刘献君、钟秉林等的发文量较多；学者黄荣怀、余胜泉和祝智庭的论文合作网络最为突出，在该学科的研究人员中表现出一定的集聚效应；余胜泉和杨现民等学者之间的合作关系最为紧密，显示出他们可能属于同一支科研团队。

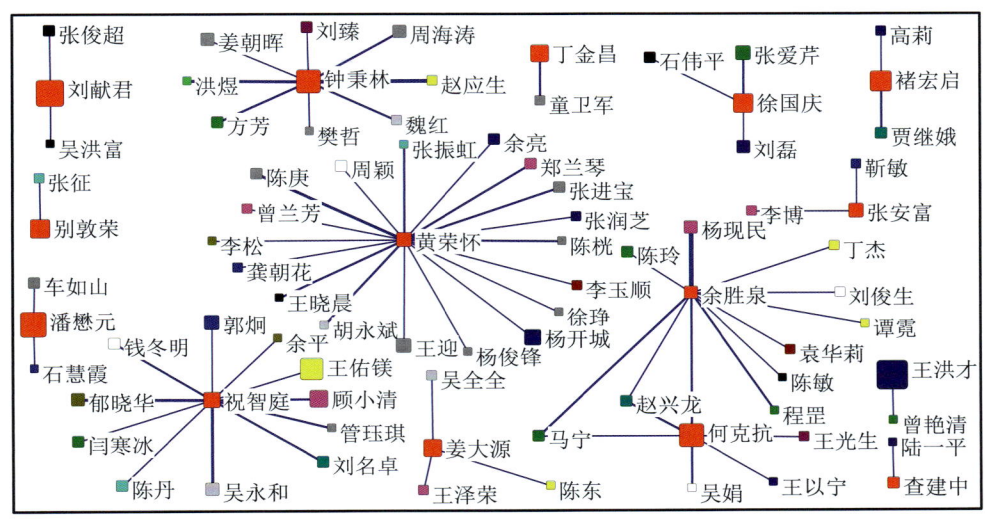

图 51-8 教育学科高被引作者科研论文合作关系

51.5.3 高被引作者发文主题关联

通过作者共被引分析，获得 2013 年教育学科高被引作者及与其他学者之间的发文主题关联（见图 51-9，共被引 4 次以下不显示）。如图 51-9 所示，教育学科的高被引作者基本主导了作者共被引网络，显示出该学科在热点主题上可能已经形成优势明显的科研力量。学者林健、黄璐的节点较大，显示出他们的学术成果在学科内得到较多关注；以学者林健为主要节点的共被引作者簇人数较多且网络规模较大，意味着这些学者的研究主题可能较为紧密；陈国良与何钦铭，查建中与顾佩华，林健与龚克、张安富等学者之间的链接较强，意味着他们之间可能有较为相近的研究主题。

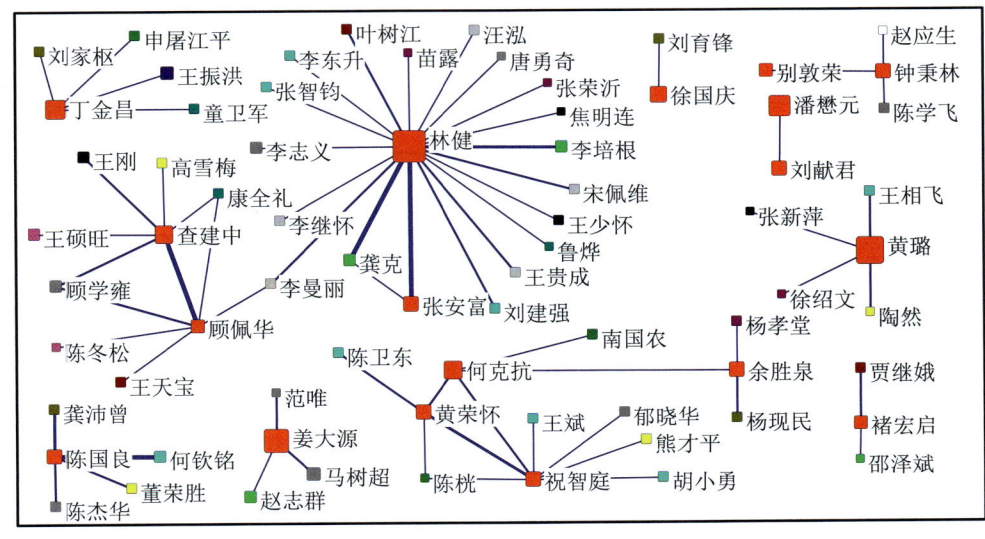

图 51-9 教育学科高被引作者发文主题关联

51.6 高被引机构分析

51.6.1 高被引机构

为便于比较,本书将教育学科的高被引机构分为高等院校和科研院所两种类型。其中,被引频次 TOP 10 高等院校和被引频次 TOP 5 科研院所的发文及被引情况分别见表 51-5 和表 51-6。其中,总被引频次较高的 3 所高等院校分别是北京师范大学、华东师范大学和西南大学,上海市教育科学研究院、中央教育科学研究所和教育部职业技术教育中心研究所是总被引频次较高的 3 所科研院所;前 5 年学科发文在 2013 年的被引率最高的高等院校和科研院所分别是清华大学和国家体育总局体育科学研究所;篇均被引最高的高等院校和科研院所分别是清华大学和教育部职业技术教育中心研究所。上述高被引机构的论文被引率和篇均被引频次对比如图 51-10 所示。

表 51-5 教育学科高被引高等院校 TOP 10

序号	第一作者单位	学科发文量(篇)		前 5 年学科发文在 2013 年的被引			
		前 5 年	2013 年	频次	被引率(%)	最高(次)	篇均(次)
1	北京师范大学	6984	1099	4290	26.0	48	0.61
2	华东师范大学	9407	1205	4016	21.6	34	0.43
3	西南大学	9710	1585	2627	16.1	12	0.27
4	南京师范大学	6031	952	2347	21.1	20	0.39
5	华南师范大学	4819	718	2307	25.3	23	0.48
6	华中师范大学	5800	1021	1997	19.4	14	0.34
7	清华大学	1648	300	1720	31.7	75	1.04
8	北京大学	2382	400	1661	30.1	24	0.70
9	东北师范大学	3651	814	1647	23.2	42	0.45
10	西北师范大学	5030	677	1522	18.3	17	0.30

表 51-6 教育学科高被引科研院所 TOP 5

序号	第一作者单位	学科发文量(篇)		前 5 年学科发文在 2013 年的被引			
		前 5 年	2013 年	频次	被引率(%)	最高(次)	篇均(次)
1	上海市教育科学研究院	479	73	348	30.7	36	0.73
2	中央教育科学研究所	510	2	329	30.4	33	0.65
3	教育部职业技术教育中心研究所	156	15	306	40.4	43	1.96
4	北京教育科学研究院	552	111	214	17.8	21	0.39
5	国家体育总局体育科学研究所	164	24	204	47.6	17	1.24

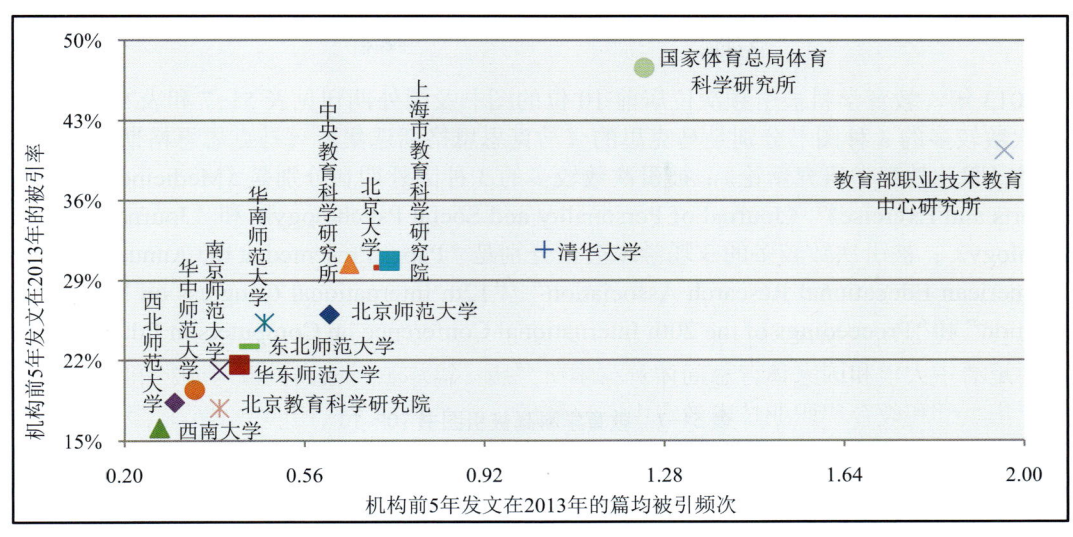

图 51-10 教育学科高被引机构论文篇均被引及被引率对比

51.6.2 高被引机构科研合作关系

通过合著分析，获得教育学科高被引机构之间及其与其他机构之间的科研合作关联，如图 51-11 所示（合作 33 次以下不显示）。分析得知，教育学科的机构合作链接非常紧密，表明学科内机构合作现象非常普遍；高被引机构基本主导了机构合作网络，表明这些机构已经在学科内具有了一定的科研优势。国家体育总局体育科学研究所和北京体育大学之间的链接较强，表明它们的学术合作较为频繁。

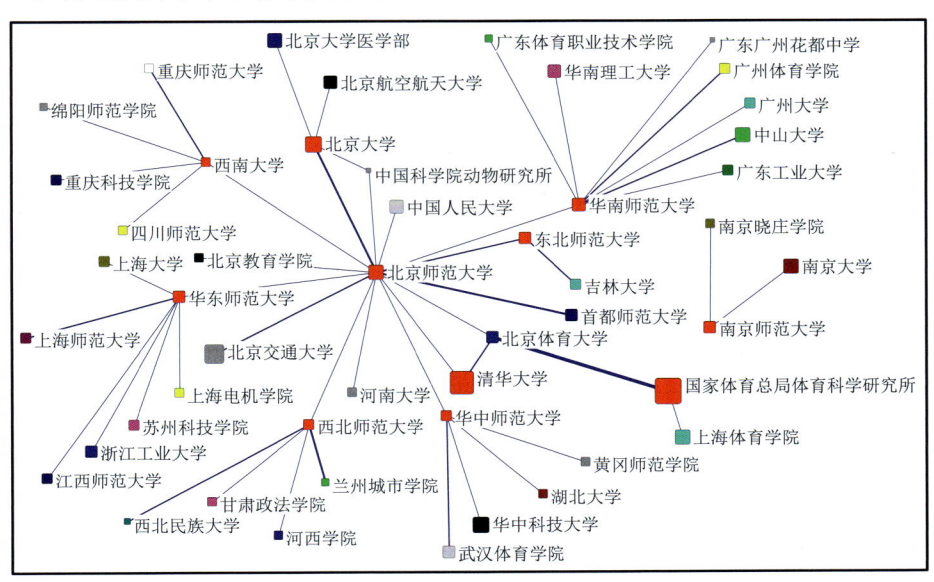

图 51-11 教育学科高被引机构科研合作关联

51.7 高被引图书、国外期刊及学术会议

2013 年,教育学科被引频次位居前 10 位的图书及国外期刊见表 51-7 和表 51-8。其中,被引次数较多的 3 种图书分别是马克思的《马克思恩格斯选集》《马克思恩格斯全集》和姜大源的《职业教育学研究新论》;被引次数较多的 3 种国外期刊分别是《Medicine and Science in Sports and Exercise》《Journal of Personality and Social Psychology》和《Journal of Applied Physiology》;被引次数较多的 3 场学术会议分别是 "Paper Presented at the Annual Meeting of the American Educational Research Association" "12th International Congress on Mathematical Education" 和 "Proceedings of the 20th International Conference on Computers in Education ICCE 2012"。

表 51-7 教育学科高被引图书 TOP 10

序号	责任者	图书名称	出版社	2013 年被引频次
1	马克思	马克思恩格斯选集	人民出版社	937
2	马克思	马克思恩格斯全集	人民出版社	777
3	姜大源	职业教育学研究新论	教育科学出版社	479
4	邓小平	邓小平文选	人民出版社	397
5	苏霍姆林斯基	给教师的建议	教育科学出版社	392
6	毛泽东	毛泽东选集	人民出版社	379
7	陈琦	当代教育心理学	北京师范大学出版社	362
8	张耀灿	现代思想政治教育学	人民出版社	355
9	王道俊	教育学	人民教育出版社	317
10	叶澜	教师角色与教师发展新探	教育科学出版社	274

表 51-8 教育学科高被引国外期刊 TOP 10

序号	期刊名称	2013 年被引频次
1	Medicine and Science in Sports and Exercise	507
2	Journal of Personality and Social Psychology	494
3	Journal of Applied Physiology	460
4	TESOL Quarterly	449
5	Journal of Educational Psychology	418
6	Applied Linguistics	362
7	American Psychologist	342
8	Teaching and Teacher Education	309
9	Language Learning	302
10	Child Development	280

参考文献

[1] 中国科学技术信息研究所. 2011 年版中国科技期刊引证报告（核心版）[M]. 北京：科学技术文献出版社，2011.

[2] 曾建勋. 2011 年版中国期刊引证报告（扩刊版）[M]. 北京：科学技术文献出版社，2011.

[3] 曾建勋，李旭林. 中国期刊高被引指数的探究[J]. 中国科技期刊研究，2007，18（4）：555-557.

[4] 曾建勋，赵捷，吴雯娜，等. 基于引文的知识链接服务体系研究[J]. 情报理论与实践，2009，32（5）：1-4.

[5] 贺德方，郑彦宁. 世界高影响力学术论文科学计量学分析（1978—2008）[M]. 北京：科学技术文献出版社，2010.

[6] 贺德方. 中国高影响力论文产出状况的国际比较研究[J]. 中国软科学，2011（9）：94-99.

[7] 贺德方. 事实型数据：科技情报研究工作的基石[J]. 情报学报，2010，29（5）：771-776.

[8] 苏新宁，邓三鸿，韩新民. 中国人文社会科学学术影响力报告[M]. 北京：高等教育出版社，2011.

[9] 苏新宁. 中国人文社会科学图书学术影响力报告[M]. 北京：中国社会科学出版社，2011.

[10] 邱均平，燕今伟，刘霞. 中国学术期刊评价研究报告：RCCSE 权威期刊、核心期刊排行榜与指南（2011—2012）[M]. 北京：科学出版社，2011.

[11] 朱强，蔡蓉华，何峻. 中文核心期刊要目总览（2011 年版）[M]. 北京：北京大学出版社，2011.

[12] 万锦堃，薛芳渝. 中国学术期刊综合引证报告（2008）[M]. 北京：科学出版社，2008.

[13] 姜晓辉. 中国人文社会科学核心期刊要览（2008）[M]. 北京：社会科学文献出版社，2009.

[14] 中国科学引文数据库项目组. 中国科学计量指标：论文与引文统计（2011 年卷）[M]. 北京：知识产权出版社，2012.

[15] 中国科学引文数据库项目组. 中国科学计量指标：期刊引证报告（2011 年卷）[M]. 北京：知识产权出版社，2011.

[16] 潘教峰，张晓林，王小梅，等. 科学结构地图 2009 [M]. 北京：科学出版社，2010.